S0-FKO-795

HERMENEUTISCHE UNTERSUCHUNGEN ZUR THEOLOGIE

Herausgegeben von

HANS DIETER BETZ · PIERRE BÜHLER
INGOLF DALFERTH · DIETZ LANGE

41

Dirk Evers

Raum – Materie – Zeit

Schöpfungstheologie im Dialog mit
naturwissenschaftlicher Kosmologie

Mohr Siebeck

DIRK EVERS, geboren 1962; 1983–89 Studium der evangelischen Theologie in Münster, Tübingen und Madurai (Südindien); 1989–94 Gemeindevikariat und Pfarrvikariat in der Württembergischen Landeskirche; seit 1994 Assistent an der Universität Tübingen; 1999 Promotion.

Die Deutsche Bibliothek – CIP-Einheitsaufnahme:

Evers, Dirk:
Raum – Materie – Zeit : Schöpfungstheologie im Dialog mit naturwissenschaftlicher Kosmologie / Dirk Evers. – Tübingen : Mohr Siebeck, 2000
(Hermeneutische Untersuchungen zur Theologie ; 41)
ISBN 3-16-147412-0

Das Buch wurde von Gulde-Druck in Tübingen auf alterungsbeständiges Werkdruckpapier gedruckt und von der Großbuchbinderei Heinr. Koch in Tübingen gebunden.

ISSN 0440-7180

Vorwort

Das vorliegende Buch ist die für den Druck leicht überarbeitete und aktualisierte Fassung meiner Dissertation, die im Sommersemester 1999 von der Evangelisch-Theologischen Fakultät der Universität Tübingen angenommen wurde. Zu danken habe ich meinem Doktorvater, Professor Dr. Eberhard Jüngel D.D., der das Entstehen der Arbeit wohlwollend begleitet und vielfältig gefördert hat, sowie Herrn Professor Dr. Dr. Dietrich Rössler, der freundlicherweise das Zweitgutachten übernommen hat. Den Herausgebern danke ich für die Aufnahme des Bandes in die Reihe „Hermeneutische Untersuchungen zur Theologie". Thomas Vogt hat beim Korrekturlesen geholfen.

Mein Interesse am Dialog mit den Naturwissenschaften fand reiche Nahrung in den Veranstaltungen des Arbeits- und Forschungsbereichs Theologie und Naturwissenschaften an der Universität Tübingen. Seinem Leiter, Dr. Dieter Henke, und den Mitarbeiterinnen und Mitarbeitern sage ich Dank für anregende Gespräche.

Meinen Eltern danke ich dafür, daß sie mir ein sorgenfreies Studium ermöglichten und mir danach auch und gerade in schwierigen Zeiten weit über das Materielle hinaus zur Seite standen. Ihnen sei dieses Buch gewidmet.

Tübingen, im Sommer 2000   Dirk Evers

Inhaltsverzeichnis

Einleitung

1. Der Ausgangspunkt

Die Gegenwartskultur unserer Gesellschaft ist in hohem Maße von naturwissenschaftlichen Erkenntnissen, Anschauungen und Denkweisen geprägt, die zunehmend auch in weite Bereiche des alltäglichen Wahrheitsbewußtseins eingedrungen sind. Die naturwissenschaftliche Sicht der Welt mit ihrer auf das rein Faktische bezogenen Methodik bestimmt unsere Auffassung von Wirklichkeit, und ein aus zentralen Entdeckungen und Theoriekomplexen aus der Geschichte der Naturwissenschaft zusammengesetztes, nicht notwendigerweise kohärentes ‚Weltbild‘ ist für unsere Vorstellungen des Kosmos und der Stellung des Menschen im gesamten Gefüge der Schöpfung leitend. Trotz zunehmender Spezialisierung und immer größerer Abstraktheit der naturwissenschaftlichen Theorien ist auch die modernste Naturwissenschaft von einer „immer gegebenen Osmose in das allgemeine Bewußtsein durch Popularisierung"[1] begleitet, die erhebliche weltbildprägende Kraft entfaltet hat. Die kopernikanische Wende weitete sich zum Bewußtsein der Unermeßlichkeit des Universums. Der Erfolg des Atommodells bis hin zur Atomspaltung vermittelte Einsichten in die elementaren Bausteine der Materie, und die Urknallhypothese verfestigte sich zum Standardmodell des Beginns und der Geschichte des Kosmos, in deren Verlauf sich die Entstehung und Entwicklung des Lebens auf unserem Planeten vollzog.

Zugleich ist vor allen Dingen in den letzten Jahrzehnten aber auch die Ambivalenz dieser Prägung ins allgemeine Bewußtsein gedrungen, steht doch mit ihr auch der Mensch mit seinem Selbst- und Weltverständnis zur Debatte. Die Errungenschaften von Wissenschaft und Technik betreffen ihn in mehrfacher Hinsicht selbst. So hat die ökologische Krise, haben darüber hinaus aber auch die ethischen Konfliktbereiche der Nuklearenergie, der Genforschung und der medizinischen Ethik gezeigt, wie sehr die Naturwissenschaften und ihre Folgen nicht nur unser Weltbild beeinflussen, sondern uns auch herausfordern, das Bild des Menschen zu bestimmen, die Vorstellungen des Machbaren und Mög-

---

[1] K. RAWER/K. RAHNER, Weltall – Erde – Mensch, in: Christlicher Glaube in moderner Gesellschaft, Bd.3, hg. von F. BÖCKLE u.a., 1981, 45.

lichen ebenso wie die der Grenze und des Geheimnisses. Zwar erfährt sich der
Mensch als durch die Naturwissenschaften befähigter Konstrukteur seiner Welt,
dessen Auszeichnung die Vernunft ist, mit der er der Natur gegenübertritt und
in sie eindringt. Er hat im Gegensatz zu jedem anderen bekannten Wesen ein
Bewußtsein seiner Geschichte und der des Kosmos und damit zumindest eine
Ahnung des weltlichen Ganzen. Und er steht der Natur als Techniker gegenüber, hat in vielen Fällen ihre Geheimnisse gelüftet und sich als ihr Bezwinger
erwiesen. Hier jedoch scheint er an eine Grenze gekommen zu sein, an der
Ausbeutung und Manipulierung der Natur umschlagen in eine Gefährdung der
eigenen Lebensgrundlagen.

Die Naturwissenschaft und ihr Weltbild zeigen sich aber der Frage nach Orientierung und nach dem Selbstverständnis des Menschen gegenüber insofern
ohnmächtig, als gerade ihre methodische Disziplin sie zu Einsichten geführt
hat, die die ursprünglich vorausgesetzte Einheit von Welt- und Selbstverständnis des Menschen, die die Wissenschaften reflexiv einzuholen sich anschickten, zu dissoziieren scheinen. Ursprünglich angetreten, mit der Aufdeckung der
wahren Verhältnisse und vernünftigen Gesetzmäßigkeiten der Welt auch den
Platz und die Bedeutung des Menschen in ihr aufzuzeigen, hat die Wissenschaft
unter der Eigendynamik ihrer Methode diese Fragestellung zunächst in unbe-
friedigender, ja selbst ideologieverdächtiger Weise etwa im Rahmen eines mechanistischen oder evolutionistischen Weltbildes zu beantworten gesucht und
dann zunehmend aus ihrem Zuständigkeitsbereich verdrängt. „Wissenschaft",
so stellt Hans Blumenberg fest, „floriert zu Lasten der Fragen, zu deren Beantwortung sie in Gang gesetzt wurde"[2]. Die Ungeheuerlichkeiten der kosmischen
Räume und Zeiten sowie die kontingente Geschichte der ziellosen Entwicklung organischen Lebens in der Nischenexistenz auf unserem Planeten in einem
sonst lebensfeindlichen Weltall provozieren die bis ins lebensweltliche Bewußtsein diffundierende Einsicht, daß die Geschichte der neuzeitlichen Kosmologie
nur darlegt, „wie ein peripheres Bewußtsein sich selbst auf die Spur kommt,
dies zu sein"[3].

Der Physiker Steven Weinberg hat dies am Schluß seines bekannten Buches
über den Anfang des Universums so zusammengefaßt, daß sich in den Erkenntnissen der neuzeitlichen Kosmologie Verstehen und Sinnlosigkeit des Universums miteinander steigern: „Man begreift kaum, daß dies alles [die Schönheit
der Erde] nur ein winziger Bruchteil eines überwiegend feindlichen Universums ist. Noch weniger begreift man, daß dieses gegenwärtige Universum sich

---

[2] H. BLUMENBERG, Die Genesis der kopernikanischen Welt, Bd.1–3, ²1989, 97.
[3] AaO., 2.

aus einem Anfangszustand entwickelt hat, der sich jeder Beschreibung entzieht und seiner Auslöschung durch unendliche Kälte oder unerträgliche Hitze entgegengeht. Je begreiflicher uns das Universum wird, um so sinnloser erscheint es auch."[4] Die naturwissenschaftliche Weltsicht, so scheint es, läßt die Welt verstummen gegenüber der „Frage, welche Stellung der Mensch in ihr einnimmt. Der Mensch ist darauf angewiesen, diese Frage nur noch an sich selbst zu stellen"[5].

Doch in allerjüngster Zeit hat sich ein neuer Trend in der kosmologischen Debatte etabliert, der dieser resignativen Sicht entgegentritt, so daß man gar von einer „Wiederkehr der Naturtheologie unter den Kosmologen"[6] gesprochen hat. Es entstand zunächst vor allem im angelsächsischen Raum eine Flut von populärwissenschaftlichen Publikationen, die sich anschickten, unter Bezug auf die inzwischen als physikalische Disziplin etablierte und verschiedene Theoriekomplexe zusammenführende naturwissenschaftliche Kosmologie die Grundprinzipien der Entstehung und Entwicklung des Kosmos als des Weltganzen naturwissenschaftlich zu erläutern[7]. Vielfach ist mit diesen Darstellungen ausdrücklich der Anspruch verbunden worden, daß nun die Naturwissenschaft beginne, den Kosmos als das *Ganze* der Wirklichkeit überhaupt in weltanschaulich verbindlicher Weise zu verstehen und vollständig darzustellen. Das schließt vielfach auch die Frage nach einem Schöpfer der Welt mit ein, vor allem aber eine Sicht des Kosmos, die diesen bis in seine grundlegenden physikalischen Eigenschaften eng auf den Menschen bezieht. Die Debatte über das sogenannte ‚Anthropische Prinzip‘, das ein Angelegtsein des Kosmos hin auf die Entstehung und Entwicklung des Menschen behauptet und dies direkt mit bestimmten physikalischen Modellen der kosmischen Entwicklung verbindet, hat auch einige philosophische und theologische Aufmerksamkeit provoziert.

---

[4] S. WEINBERG, Die ersten drei Minuten, 1980, 162. Vgl. A. PEACOCKE, Theology for a scientific age, Oxford 1990, 71: „the possible fates of the universe raise the question of whether or not . . . its whole history is not, after all, futile."

[5] H. BLUMENBERG, Kopernikus im Selbstverständnis der Neuzeit, AAWLM.G (1964), Nr.5, 337–368, 368.

[6] D.A. WILKINSON, Die Wiederkehr der Naturtheologie in der modernen Kosmologie, ezw-Texte 1992 (Information Nr.120). Hier findet sich eine systematisch geordnete Übersicht über die entsprechenden angelsächsischen Publikationen bis zu Beginn der 90er Jahre, so daß an dieser Stelle darauf verwiesen sei.

[7] Ein Auslöser war das Buch des Physikers und Mathematikers STEPHEN HAWKING „Eine kurze Geschichte der Zeit", das im Frühjahr 1988 erschien und bis 1993 in 33 Sprachen übersetzt wurde, vgl. DERS., Eine kurze Geschichte der *Kurzen Geschichte*, in: DERS., Einsteins Traum, 1994, 47–54.

Solche Deutungsversuche von Naturwissenschaftlern haben ihr Recht, wenn sie einer größeren Öffentlichkeit Rechenschaft ablegen über ihren Erkenntnisweg und das dadurch erlangte inhaltliche Wissen und dann auch begründete, in der Verantwortung des einzelnen Wissenschaftlers stehende Entscheidungsmöglichkeiten in der Beantwortung der mit diesen Einsichten verbundenen Sinn- und Wertfragen aufzeigen. So können Naturwissenschaftler in verantwortlicher Weise ihren Beitrag zum neuzeitlichen Weltbild leisten, indem sie in skeptischer oder auch explizit positioneller Weise zu den großen Deutungsfragen des Welt- und Selbstverständnisses des Menschen Stellung nehmen. Sie können dies tun aus der Freiheit und Unabhängigkeit ihrer Wissenschaft heraus und tun dies mit der Autorität ihrer in vielerlei Hinsicht so unentbehrlichen fachlichen Kompetenz. Darin liegt wohl der Grund für die Aufmerksamkeit und öffentliche Resonanz, die diese Beiträge zu einer allgemein verständlichen Kosmologie finden.

Zugleich gilt es aber festzuhalten, daß solche Interpretationen der Ergebnisse der Naturwissenschaften, die auf ein Verständnis der *Welt als ganze* zielen, nicht mit den Mitteln der naturwissenschaftlichen Methodik selbst entwickelt und entschieden werden können. Sie können sich nur auf der Ebene der metatheoretischen Reflexion vollziehen, in der sich die Naturwissenschaft – neben der alltäglichen Forschung und außerhalb des formalisierten Fachdiskurses – mit sich selbst, ihren Erkenntnisgrundlagen und Erkenntnisbedingungen und deren Tragfähigkeit beschäftigt. Hat aber die Naturwissenschaft damit ihren eigentlichen Fachdiskurs bereits verlassen und sich auf die Ebene der Interpretation ihres Welt- und Wirklichkeitsverständnisses begeben, so ist mit gleichem Recht zu fordern, daß an diesem metatheoretischen, auf das allgemeine kulturelle und gesellschaftliche Bewußtsein zielenden Diskurs diejenigen Disziplinen sich beteiligen, die auf ihre Weise sich immer schon reflektierend auf die Selbst- und Weltauslegung des Menschen beziehen. Dies sind die Philosophie im allgemeinen und die Theologie im besonderen als die reflektierende Explikation des durch den Glauben orientierten Selbst-, Welt- und Gottesverhältnisses des Menschen.

Die vorliegende Arbeit hat es sich nun zur Aufgabe gemacht, von Seiten der Theologie über die Vermittlung wissenschaftsgeschichtlicher und allgemeiner naturphilosophischer Überlegungen die Entstehung und Grundlegung der neuzeitlichen Kosmologie so zu rekonstruieren, daß die Theologie sich in ihren Aussagen über die Welt als Gottes Schöpfung und die Orientierung des Menschen in ihr sinnvoll darauf beziehen kann. Dabei versuchen wir entgegen einem vielfach zu beobachtenden Trend nicht, die schöpfungstheologischen Aussagen als direkte Antwort auf die Herausforderungen der ökologischen Krise und der

Zerstörung der Natur zu verstehen[8] und ihr Zentrum in religiös unterfütterten Appellen für eine Bewahrung der Schöpfung zu sehen. Uns erscheint gerade in der Auseinandersetzung mit den Ergebnissen der neuzeitlichen Kosmologie die Konzentration auf die ethische Fragestellung als eine Verengung, wird damit doch die theologisch bedeutsame und sich auf vielfältige biblische Traditionen berufen könnende Einsicht verstellt - oder doch vorzeitig für andere Zwecke vereinnahmt -, daß die Schöpfung zunächst um ihrer selbst willen interessant ist. Beschäftigt sich die Theologie ausschließlich oder auch nur vorrangig mit der Frage, wie denn der Mensch mit der Schöpfung umzugehen habe, ohne zunächst den Reichtum und die Fülle, aber auch die Fremdheit der Schöpfung, wie sie sich uns auch und gerade durch die naturwissenschaftliche Forschung zeigen, wahrzunehmen, so ist jeder ethischen Konsequenz ihrer Überlegungen von vornherein die Spitze gebrochen, weil sie nicht aus einer erhellenden und reflektierten Deutung dessen, was unsere Vernunft über die Welt erfahren kann, entwickelt und herausgewachsen ist, sondern nur in religiöser Überhöhung wiederholt, begründet und verfügt, was als *ethischer* Grundsatz sowieso einleuchtet. Wenn die Theologie keine inneren Gründe vorzuweisen hat, warum sie sich mit der Schöpfung um ihrer selbst willen beschäftigt, wenn es ihr nicht gelingt, sich sinnvoll auf die Zusammenhänge und Gestalten der Schöpfung so zu beziehen, daß sich der Mensch mit seinem neuzeitlichen Bewußtsein als Teil darin wiederfindet, dann wird sie keine wirklich eigene, dann auch die ethische Wachsamkeit schärfende und die Spiritualität der Glaubenden inspirierende Kraft entwickeln.

Die Theologie sollte nicht vergessen, daß die Naturwissenschaften nicht nur die Antipoden der Theologie waren und sind, sondern in ihrem Kern oft bis heute dieses Interesse an der um ihrer selbst willen interessanten Schöpfung bewahrt haben. Das Interesse an der Natur als solcher, die Entdeckerfreude des sich mit den Zusammenhängen der Natur beschäftigenden Menschen, die

---

[8] Vgl. z.B. Jürgen Moltmann, der die Leitfrage einer neuzeitlichen Schöpfungstheologie in direkter Abhängigkeit von ethischen und ökologischen Herausforderungen bestimmt: „Wie muß der christliche Schöpfungsglaube verstanden und neu formuliert werden, wenn er nicht länger selbst ein Faktor der ökologischen Krise und der Zerstörung der Natur, sondern Ferment des zu suchenden Friedens mit der Natur werden soll?" (J. MOLTMANN, Gott in der Schöpfung. Ökologische Schöpfungslehre, ³1987, 35). Diese Formulierung impliziert, daß es sich beim traditionellen Verständnis von Schöpfung um ein Mißverständnis handelt, das durch Neuformulierung mit Blick auf ethische Erfordernisse korrigiert werden kann. Daß es angesichts der Umbrüche des neuzeitlichen Weltbildes und der Komplexität der Zusammenhänge von Wissenschaft und Technik sowie Natur und Kultur mit schnell verdächtigem Anpassen und Reformulieren getan sei, mag bezweifelt werden. Daß die ökologische Fragestellung einen wichtigen Indikator für eine Krise unseres Naturverständnisses darstellt, ist dabei unbestritten.

Ehrfurcht vor ihren Geheimnissen, die mit der Lösung ihrer Rätsel in keinem
Widerspruch, sondern in einem durchaus sich gegenseitig steigernden Zusammenhang steht, nicht nur die Hybris des machenden, sondern auch die Demut
des forschenden Menschen, die Disziplin und aufklärerische Helle der mathematischen und empirischen Methoden, die nach den authentischen Antworten
der Natur auf unsere Fragen unter Absehung eigener Vorurteile suchen, die
großartigen, Offenbarungen gleichenden Durchbrüche zu neuer Erkenntnis an
den Nahtstellen der Wissenschaftsgeschichte, all das macht bis heute zumindest *auch* einen Teil der Faszination der Naturwissenschaften aus. Die Theologie – wie überhaupt jede denkerische Beschäftigung mit der Natur – wäre
schlecht beraten, diese Grundhaltung des naturwissenschaftlichen Zugangs zur
Welt achtlos zu übergehen, ist doch darin das religiöse und eigentlich schöpfungstheologische Interesse an der Natur als solcher mitunter besser bewahrt
worden als in der Theologie selbst.

Doch zugleich sind sowohl Theologie als auch Naturwissenschaft daran zu
erinnern, daß ein solcher Diskurs sich allerdings auf der metatheoretischen Ebene vollzieht und sich von daher ein direkter Anschluß theologischer Aussagen
und Konzepte an die physikalische Theorie oder auch nur an die Grenzen oder
Lücken der physikalischen Theoriebildung verbietet. Wir wollen stattdessen in
dieser Arbeit versuchen, das Projekt naturwissenschaftlicher Kosmologie in seiner historischen Entstehung, seinen grundlegenden Theoriekonzepten und den
naturphilosophisch relevanten Grundgrößen in all seiner Unabgeschlossenheit
als menschliches Erkenntnisunternehmen zu rekonstruieren, um dann in kritischer Auseinandersetzung mit aktuellen schöpfungstheologischen Entwürfen
Perspektiven aufzuzeigen, wie theologische Aussagen über die Welt als Schöpfung Gottes diese Einsichten mit ihren Grenzen sinnvoll aufnehmen und darin
den Menschen in seinem Selbstverständnis orientierend verorten können. Ein
Idealziel wäre, wenn das Bekenntnis des Glaubens angesichts der neuzeitlichen
Kosmologie einleuchten könnte, indem es die fahlen und mitunter zwielichti-
gen kosmologischen Erkenntnisse so erhellt, daß sinnhaft sich orientierender
Glaube und forschende weltliche Vernunft sich gleichermaßen verstanden sehen.

2. Christliche Theologie und Kosmologie

Ein solches Unternehmen versteht sich für die protestantische Theologie unseres Jahrhunderts nicht von selbst. Es war die gewichtige Stimme Karl Barths,
die die Theologie eindringlich davor warnte, „sich zu einer eigentlich so zu

nennenden Kosmologie, zu einer christlichen Weltanschauung zu entfalten"[9].
Die christliche Theologie sollte sich gerade absetzen von den aus universalen
Kosmologien entwickelten Weltanschauungsansprüchen. In der Tat stehen ja
zur allumfassenden Weltsicht ausgebaute Kosmologien nicht zu Unrecht unter
Ideologieverdacht, beginnt doch auch religiöser „Fundamentalismus … genau
dort, wo die Ausdifferenzierung der Gesellschaft in Ethos, Recht, Politik, Wissenschaft und Religion im Namen eines uniformen heiligen Kosmos wieder
rückgängig gemacht wird"[10].

Doch ist andererseits ein auf das Subjekt und sein Gottesverhältnis zen-
trierter, weltlos bleibender Glaube, der meint, sich frei von Natur- und Weltsichten entwerfen und unverwickelt mit Weltanschauungen halten zu können,
steril, kraftlos und ohnmächtig gegenüber den weltanschaulich aufgeladenen
naturwissenschaftlich fundierten Weltbildern und orientierungslos angesichts
der Weltlichkeit menschlicher Herkunft und Existenz. Zwar geht die naturwissenschaftliche Kosmologie in der Tat auf ein leicht mißbrauchbares totalitär-
es *totum*, nämlich auf das Ganze der in ihrer Perspektive zugänglichen Welt.
Doch sie tut dies, wenn sie es verantwortlich tut, indem sie *mitten im Kosmos* nach dem Kosmos fragt und darum weiß, daß sie sich, will sie sich damit
zugleich selbst begründen, in einem nun erst recht ideologieanfälligen Zirkel
verfängt. Eine sich ihres eigenen Erkenntnisvorgangs bewußt seiende, aufge-
klärte Kosmologie meint gerade keine totalitäre Perspektive, sondern impliziert
den Verzicht darauf, indem sie inmitten des Ganzen *in einer bestimmten Weise*
nach dem Ganzen fragt und sich der prinzipiellen Problematik ihres Gegenstandes sowie der Unabgeschlossenheit ihrer Erkenntnisbemühungen bewußt
bleibt. Dies kongruiert mit der Geschichte der neuzeitlichen Kosmologie, hat
sich doch der Blick auf das Ganze auch als der Blick ins Offene erwiesen. Ob
und inwieweit er auch ein Blick ins Haltlose ist, wird in theologischer Perspektive zu erörtern sein.

Deshalb verliert der Glaubende auch nicht sein Eigentliches, wenn er sich
auf die Debatte um das neuzeitliche Weltbild und die Grundkonzepte naturwissenschaftlicher Kosmologie einläßt und versucht, ihre Tragfähigkeit und Bedeutung abzuschätzen und sich in seinem Selbstverständnis zu ihnen in Beziehung zu setzen. Im Gegenteil, er bekommt das ihm Eigene erst richtig in
den Blick, wenn er sich in der rechten Weise seiner weltlichen Existenz bewußt wird. Denn der christliche Glaube versteht sich ja als das durch weltliche
Zusammenhänge vermittelte und dennoch als am Ende von Gott gewirkt erfah-

---

[9] K. BARTH, Die Kirchliche Dogmatik (=KD), Bd. III/2, 4.
[10] U. BARTH, Was ist Religion?, ZThK 93 (1996), 538–560, 560.

rene, im Selbstverständnis des Menschen und in seiner Lebenspraxis wirksame
Vertrauen auf das, was Gott in Jesus Christus für alle Welt getan hat, was nicht
von Menschen gemacht, sondern nur von ihnen empfangen werden kann.

Inhaltlich ist damit als ein wesentliches Moment des Glaubens bestimmt,
daß er das Wirken Gottes in solcher Tragweite erlebt und versteht, daß er *alles, was es gibt,* als in schlechthinniger Abhängigkeit von Gott bestehend zu
bestimmen sich genötigt sieht. Und da er selbst als bestimmte Existenzform
eines Geschöpfes Teil der Welt ist und innerhalb der weltlichen Zusammenhänge vorkommt, erkennt sich der Glaube selbst als geschöpfliche Wirklichkeit.
Ein wesentliches Implikat des christlichen Glaubens ist deshalb seine eigene
Welthaftigkeit. Mit Welthaftigkeit meinen wir die Anerkennung der Einsicht,
daß keine Teilmenge von existierenden Elementen und Sachverhalten und eben
deshalb auch keine Form von geschöpflicher Existenz dem Gesamtzusammenhang der Welt entnommen und von ihm unabhängig ist, so daß auch der Glaube
des Menschen an den ihm sich zuwendenden Gott sich nur als in, mit und durch
den Zusammenhang weltlichen Seins konstituiert und in ihm vollzogen verstehen kann. Für den christlichen Glauben ist dieser Bezug von allem zu Gott eine
letzte, unhintergehbare Einsicht, die zugleich dem Selbstbewußtsein des Glaubenden eine dieser unhintergehbaren Gründung der Weltwirklichkeit in Gott
angemessene und entsprechende Form, eben die Form glaubenden Vertrauens
verleiht, die sich in der Gewißheit ausdrückt, „daß weder Tod noch Leben, weder Engel noch Mächte noch Gewalten, weder Gegenwärtiges noch Zukünftiges, weder Hohes noch Tiefes noch eine andere Kreatur uns scheiden kann von
der Liebe Gottes, die in Christus Jesus ist, unserem Herrn" (Röm 8,38f.).

Wir plädieren also dafür, daß als ein Implikat des christlichen Glaubens eine
monistische Weltsicht bestimmt werden kann, die alles Sein, zu dem sich auch
der Glaube selbst zählt, als geschöpfliches Sein versteht, das sich nicht selber begründen kann und dem nur Gott und gerade kein anderes weltliches Sein
als unableitbare Größe gegenübersteht. Innerhalb des Zusammenhangs der Welt
verweist ein Teil der Welt immer wieder nur auf andere Teile, ohne daß es zu einem letzten Abschluß der Bezüge kommen könnte. Und ein dieser Grundstruktur von Geschöpflichkeit angemessenes Selbstbewußtsein ist dasjenige, das den
Menschen in den Bezügen, Möglichkeiten und Grenzen der Welt und ihres Geschehens angemessen orientiert und ihn als sich selbst vielfältig entzogen, aber
damit nicht der Welt entnommen bestimmt.

Es befreit den Menschen vom Zwang unbedingter Selbstbehauptung zu
geschöpflicher Gelassenheit. Im Vollzug seines endlichen Lebens kann der
Mensch dann gerade in seinem Verwiesensein auf andere bei sich selbst sein.
Eine dem entsprechende Lebenspraxis ist diejenige, die die menschlichen Le-

bensbezüge so gestaltet, daß ihre Unabschließbarkeit durch die Achtung des
anderen, ihre Entzogenheit durch die Freiheit des anderen und ihre Angewie-
senheit durch Solidarität mit dem anderen gewahrt bleibt. Hier liegt auch der
Anknüpfungspunkt für die oben angesprochene ethische Fragestellung in Bezug auf den technischen Umgang des Menschen mit der Natur.

3. Zum Aufbau

Die traditionelle philosophische Disziplin der Kosmologie hatte die Grundprinzipien der Wirklichkeit allen kosmischen Seins zum Gegenstand und sah sie
dann als umfassend behandelt an, wenn drei Grundkonstituenten berücksichtigt wurden: die *Dinge* der Welt und ihre Verknüpfung in *Raum* und *Zeit*[11]. So
werden in der prinzipiellen Kosmologie[12] zum Beispiel Überlegungen zur Unendlichkeit oder Endlichkeit von Raum und Zeit, zur Teilbarkeit physikalischer
Körper und zur kausalen Determination physischer und psychischer Prozesse
angestellt. Wir werden uns in unserer Darstellung an diesen drei Grundkategorien orientieren und zunächst den Raum, dann den Stoff und zum Schluß die
Zeit des Kosmos behandeln. Wir tun das in dieser Reihenfolge, weil sich unseres Erachtens so die Entwicklung der heutigen physikalischen Kosmologie am
natürlichsten rekonstruieren läßt[13]. Diese entwickelte zunächst aufgrund der die
Verhältnisse des materieerfüllten *Raumes* beschreibenden allgemeinen Relativitätstheorie das Standardmodell des Urknalls, die sie dann vor allem in Bezug

---

[11] Vgl. CHRISTIAN WOLFFS Definition des Gegenstands der allgemeinen Kosmologie (cosmologia generalis), nach der „die Welt eine Reihe veränderlicher Dinge sey, die neben einander
sind, und auf einander folgen, insgesamt aber mit einander verknüpfet sind. ... Da nun die
Dinge in der Welt mit einander verknüpfet sind, so wohl in so weit sie zugleich sind, als in so
weit sie auf einander folgen ...; so sind sie so wohl dem Raume, als der Zeit nach mit einander
verknüpfet" (Vernünftige Gedancken von Gott, der Welt und der Seele des Menschen, auch
allen Dingen überhaupt (2), Nachdr. der Ausg. 1751, in: DERS., GW, 1. Abt.: Dt. Schr., Bd.2,
hg. von C. CORR, 1983, 332f.).

[12] Christian Wolff unterscheidet schulbildend zwischen einer *cosmologia generalis scientifica*, „quae theoriam generalem de mundo ex Ontologiae principiis demonstrat" und einer
cosmologia experimentalis, „quae theoriam in scientifica stabilitam vel stabiliendam ex obser-
vationibus elicit" (DERS., Cosmologia generalis, in: GW, 2. Abt.: Lat. Schr., Bd.4, hg. von J.
ECOLE, 1964, 3).

[13] Wir weichen damit aus guten Gründen von der Reihenfolge ab, die Hermann Weyl für
den Titel seiner klassischen Darstellung der allgemeinen Relativitätstheorie gewählt hat. Über
seine Auffassung der drei kosmologischen Grundgrößen, deren Reihenfolge über systematische Überlegungen vermittelt den Aufbau seines Buches bestimmt, gibt er in der Einleitung
entsprechende Auskunft: H. WEYL, Raum Zeit Materie. Vorlesungen über allgemeine Relativitätstheorie, [5]1923, vor allem 1–9.

auf die allerersten Anfänge des Kosmos durch Überlegungen der Quantentheorie als der Standardtheorie der *Materie* ergänzte und modifizierte und zugleich begann, in das so entwickelte Modell die in der *Zeit* irreversiblen und Leben ermöglichenden thermodynamischen Prozesse zu integrieren.

Damit kommen die drei großen Theoriekomplexe der Physik unseres Jahrhunderts zur Darstellung, die *Relativitätstheorie*, die *Quantentheorie* und die *Thermodynamik*[14]. Sie werden alle drei herangezogen, um ein angemessenes Modell des Kosmos und seiner Entwicklung entwerfen zu können, und lassen sich – wie schon angedeutet – ganz grob den drei Grundkategorien der klassischen spekulativen Kosmologie zuordnen. Die *Relativitätstheorie* ist die grundlegende physikalische Theorie der Raumzeit, in ihrer Erweiterung zur allgemeinen Relativitätstheorie bezieht sie auch die Gravitation mit ein. Ihr wesentliches formales Darstellungsmittel sind Differentialgleichungen, die die Bahnen von Körpern im Raumzeit-Kontinuum darstellen. Aus den Konsequenzen der Relativitätstheorie wurde das Standardmodell der heutigen physikalischen Kosmologie, die Urknalltheorie, entwickelt, die die Expansion des materiegefüllten Kosmos rekonstruiert. Sie wird deshalb im Mittelpunkt unserer Erörterungen über den Raum des Kosmos stehen.

Die grundlegende physikalische Theorie über die mikrophysikalische Struktur und den Aufbau der Materie und der sie bestimmenden Kräfte (abgesehen von der Gravitation) stellt die *Quantentheorie* dar. An sie schließen sich seit ihrer Begründung in den 20er Jahren unseres Jahrhunderts naturphilosophische Diskussionen über die Separierbarkeit von Objekten, über Kausalität und Indeterminismus sowie über die Interpretation des Meßprozesses und die Irreversibilität physikalischer Prozesse an. Quantentheoretische Überlegungen gehen neuerdings zudem in die kosmologische Modellbildung mit ein, indem sie zur Erklärung bestimmter Entwicklungen in der frühesten Frühzeit des Kosmos im Rahmen der Modelle des sogenannten ‚inflationären' Urknalls herangezogen werden. Außerdem wird über die Bedeutung quantentheoretischer Vorstellungen für die Welt als ganze spekuliert. Die Quantentheorie wird im Mittelpunkt unserer Erörterungen über den Stoff des Kosmos stehen.

Schon in der zweiten Hälfte des letzten Jahrhunderts wurde die *Thermodynamik* als eigenständige physikalische Theorie etabliert, die sich mit den

---

[14] Vgl. die Identifizierung dreier Problemgruppen der Naturphilosophie unseres Jahrhunderts bei B. KANITSCHEIDER, Die Relevanz der Chaostheorien für die Philosophie, in: Neue Realitäten – Herausforderung der Philosophie (Vorträge und Kolloquien: XVI. Deutscher Kongreß für Philosophie, 20.–24. September 1993), hg. von H. LENK/H. POSER, 1995, 169–184, 169f.

Vorgängen wärmeerzeugender und -verbrauchender Prozesse beschäftigt. In ihr zeigte sich eine eigentümliche, mit der klassischen Mechanik im Widerspruch zu stehen scheinende Tendenz hin zu einer Ausgleichung von thermodynamischen Ungleichgewichten, die eine zeitliche Asymmetrie in das Naturgeschehen einführte. In der zweiten Hälfte unseres Jahrhunderts erlebte die Thermodynamik eine Erweiterung, als sie auf Nicht-Gleichgewichtssysteme ausgedehnt und zur umfassenden Theorie irreversibler Prozesse bis hin zur Selbstorganisation strukturierter, rückgekoppelter Systeme ausgebaut wurde. In ihr kommen nicht-lineare Gleichungen vor, die dahingehend interpretiert werden können, daß sie die Geschichtlichkeit der Entstehung und Entwicklung komplexer Systeme zur Darstellung bringen. Sie soll deshalb im Kapitel über die Zeit ausführlich behandelt werden.

Diese drei Theoriekomplexe werden in ihrer historischen Entstehung dargestellt, um auch die Intentionen des Projektes der neuzeitlichen Physik und Kosmologie klar vor Augen zu haben[15]. Dazu werden zu Beginn eines jeden Kapitels Erinnerungen an die Begriffsgeschichte der jeweils behandelten kosmologischen Grundkategorie sowie an die in der sogenannten klassischen Physik vorausgesetzten Konzepte notwendig sein. Dieser wissenschaftshistorisch rekonstruierende Zugang ist deshalb gewählt, um sich die ursprünglichen Fragestellungen, aber auch Engführungen der neuzeitlichen Naturwissenschaft als einer historischen Erscheinung bewußt zu halten und damit dem bis in die feinsten Nuancen der naturwissenschaftlichen Diktion sich verzweigenden und ständig wirksamen Zwang des ‚So ist es!‘ der naturwissenschaftlichen Selbstdarstellung entgegenzuwirken. Erwin Schrödinger, selbst einer der Begründer der Quantentheorie, hat in gleicher Intention die Naturwissenschaftler unter Berufung auf Benjamin Farrington daran erinnert, daß „there is no human knowledge, which cannot lose its scientific character when men forget the conditions under which it originated, the questions which it answered, and the functions it was created to serve"[16].

Naturphilosophische Erwägungen und Zusammenfassungen bilden in jedem Kapitel den Übergang zu den theologischen Teilen, die die gewonnenen Einsichten, aber auch offenen Fragen theologisch fruchtbar zu machen suchen.

---

[15] Im Rahmen unseres Vorhaben müssen die biologischen Wissenschaften trotz ihrer immer deutlicher gesehenen Bedeutung als Leitwissenschaften unberücksichtigt bleiben. Der Anschluß an unsere Überlegungen würde sich am naheliegendsten über die Theorien der irreversiblen Thermodynamik und der Selbstorganisation ergeben, die etwa für Theorien der Lebensentstehung in Anschlag gebracht werden.

[16] E. SCHRÖDINGER, Are there quantum jumps? Part I (1952), in: DERS., Ges. Abh., Bd.4, 1984, 478–492, 479.

Der Raum wird sich als das vielfältige Möglichkeiten eröffnende Zusammensein von Verschiedenem erweisen, der Stoff als der mit der Zeit sich vollziehende Übergang vom Möglichen zum Wirklichen, die vielfältig zu differenzierende
Zeit als eben dieses kontingente, offene Geschehen, in dem sich im Raum differenzierte und organisierte Strukturen von Materie aufbauen. Alle drei kosmologischen Kategorien werden theologisch über die eschatologisch qualifizierte
Grunddifferenz von Gott und Welt in ihrem Bezug zur Orientierung des Menschen in seiner Welt und mit seiner Welt im Kosmos zu erläutern sein.

Unsere wissenschaftsgeschichtlich-systematische Rekonstruktion und Interpretation der naturwissenschaftlichen Theoriekomplexe und ihrer kosmologischen Relevanz geschieht nicht in der Sprache der Physik, nimmt aber auf sie
Bezug. So gut es geht, wird dies ohne mathematische Formeln geschehen. Wo
sie zur Illustration des Anschlusses der qualitativen Beschreibung an die streng
formale naturwissenschaftliche Darstellung dennoch auftauchen, lassen sie sich
fast immer überlesen, entscheidend ist ihr qualitativer Sinn, der erläutert wird
und für die weiteren Überlegungen bedeutsam ist. Er sollte sich auch ohne ihre
mathematische Beherrschung nachvollziehen lassen.

1. Kapitel

Raum

A. Raum und Kosmos

Exakte Naturbeschreibung ist darauf angewiesen, die von ihr erfaßten Phänomene räumlich in Beziehung setzen zu können. Sie steht dabei vor der grundsätzlichen Frage, ob der Raum als Bedingung der Möglichkeit der Gegenstände als diesen vorgegeben aufzufassen ist oder ob umgekehrt die räumlichen Beziehungen allererst durch die ontologisch primären Gegenstände konstituiert werden. Diese Frage ist unterschiedlich entschieden worden, wir wollen uns einige wesentliche Stationen der Entwicklung des abstrakten Raumbegriffs in Verbindung mit der Raumvorstellung des Universums vor Augen führen, um die Einsichten der neuzeitlichen physikalischen Raumtheorien genauer erfassen zu können.

1. Raum und Kosmos in der Antike

In den ersten Versuchen, den Raumbegriff abstrakt zu entwickeln, steht der Raum für das Ganze des Seins, zu dem es kein ‚Außerhalb' gibt. So formuliert Thales: „μέγιστον τόπος· ἄπαντα γὰρ χωρεῖ: das Größte ist der Ort, denn er gibt allem Raum"[1]. Und es erscheint folgerichtig, wenn Parmenides, der alles Sein als das Eine, als ein Ganzes begreift, den Raum alles Seienden als vollkommene Kugel darstellt. Seine Bestimmung des alles umfassenden Seins als „εὐκύκλου σφαίρης ἐναλίγκιον ὄγκωι: einer wohlgerundeten Kugelmasse vergleichbar"[2], die das Seiende umgrenzt, wird zum Vorbild aller späteren kosmischen Raumvorstellungen der Antike. Das Seiende ist für Parmenides vollkommen, unwandelbar (die sich wandelnden Erscheinungen sind allein der trügerischen δόξα der Menschen zuzuschreiben), wesentlich *eines* und als solches

---

[1] THALES, 11 A1, in: H. DIELS, Die Fragmente der Vorsokratiker. Griechisch und Deutsch, Bd.1, hg. von W. KRANZ, 12 1966, 71,11f.

[2] PARMENIDES, 28 B8,43, aaO., 238,12.

umgrenzt, „οὕνεκεν οὐκ ἀτελεύτητον τὸ ἐὸν θέμις εἶναι: weil das Seiende
nicht ohne Abschluß sein darf"[3]. Ihm entspricht am besten die Vorstellung einer idealen Kugel, die vollkommen mit Seiendem erfüllt ist und alles Nichtsein
gänzlich ausschließt.

Doch schon die *Atomisten* beginnen die Einheit von Seiendem und Raum
aufzulösen und den Begriff des *leeren Raumes* zu entwickeln, der als das Aufnehmende den materiellen Konstituenten, den Atomen, gegenübersteht. Die
Wahrnehmung der wechselnden Qualität der Sinneswahrnehmungen ist eine
Täuschung, „ἐτεῆι δ' ἄτομα καὶ κενόν: in Wahrheit gibt es nur Atome und Lee-
res"[4]. Elementare materielle Partikel und die ihre wechselnden Konstellationen
ermöglichende unendliche Leere erzeugen Vielfalt und Wandel der Erscheinungen[5]. Das Leere (κενόν) meint wohl die bloße Abwesenheit von Materie als
Grenzbegriff ihrer immer weiteren Ausdünnung, ist doch der leere Raum vor
allem bestimmt als Mangel an Widerstand, der die wechselnden Beziehungen
und Bewegungszustände der Atome ermöglicht. An den abstrakten Begriff einer räumlichen, gar unabhängig vom erfüllenden Sein meßbaren Erstreckung
ist noch nicht gedacht.

Dieses Zusammenspiel von unveränderlichen Atomen und Bewegung er-
möglichendem leeren Raum erfordert nicht mehr die alles umfassende, abgeschlossene Kugelgestalt des Seins. Ihm entspricht eher die Unendlichkeit als
Darstellung der unerschöpflichen Variationsmöglichkeiten der Kombination der
Seinselemente. In einem unendlichen Raum erfüllt von unendlich vielen Atomen entstehen und vergehen in unendlich langer Zeit unendlich viele Welten,
einzig bestimmt durch die Zufälligkeit der Bewegungen und die Gesetzmäßigkeiten der mechanischen Wechselwirkungen der Atome untereinander. Die
Vorstellung eines mit Materieteilchen erfüllten Leerraumes, in dem sich Mate-

---

[3] 28 B8,31, aaO., 238,1.

[4] DEMOKRIT, 68 B125, in: H. DIELS, Die Fragmente der Vorsokratiker. Griechisch und
Deutsch, Bd.2, hg. von W. KRANZ, ¹¹1964, 168,5f.

[5] Vgl. LEUKIPP, 67 A14, aaO., 75,24–29: „... ταύτας δὲ τὰς ἀτόμους ἐν ἀπείρωι τῶι
κενῶι κεχωρισμένας ἀλλήλων καὶ διαφερούσας σχήμασί τε καὶ μεγέθεσι καὶ θέσει καὶ
τάξει φέρεσθαι ἐν τῶι κενῶι καὶ ἐπικαταλαμβανούσας ἀλλήλας συγκρούεσθαι καὶ τὰς μὲν
ἀποπάλλεσθαι, ὅπηι ἂν τύχωσιν, τὰς δὲ περιπλέκεσθαι ἀλλήλαις κατὰ τὴν τῶν σχημάτων
καὶ μεγεθῶν καὶ θέσεων καὶ τάξεων συμμετρίαν καὶ συμμένειν καὶ οὕτως τὴν τῶν συνθέτων
γένεσιν ἀποτελεῖσθαι: ... diese Atome aber, die in dem unendlichen Leeren voneinander getrennt sind und sich durch Gestalt, Größe, Lage und Anordnung unterscheiden, bewegen sich in
dem Leeren und, wenn sie aufeinandertreffen, stoßen sie zusammen, so daß die einen voneinander abprallen, in welcher Richtung es sich zufällig trifft, die anderen aber sich miteinander
verbinden gemäß der Symmetrie ihrer Gestalt, Größe, Lage und Anordnung und beieinander
bleiben, wodurch die Entstehung der zusammengesetzten Körper bewirkt wird."

riekonstellationen über längere Zeiträume allein durch mechanische Wechselwirkungen und Bindungskräfte herausbilden, hat in der Antike jedoch geringe
Wirkung.

Es ist dann Platon, der den Raum über seinen Charakter als das Aufnehmende hinaus als mit den materiellen Erscheinungen in Wechselwirkung stehendes
Konstituens der physikalischen Wirklichkeit bestimmt. Auch sein Denken ist
durch das Gegenüber von unveränderlichem Sein und Wandel der φαινόμενα
gekennzeichnet. Und auch bei ihm bildet der Raum (χώρα) als die „dritte Gattung" (τρίτον γένος)[6] das zwischen Sein (ὄν) und Werden (γένεσις) vermittelnde Bindeglied, dem jedoch eine eigene Potenz eignet. Im Timaios versucht
Platon zum Teil unter Verwendung bildhafter Vergleiche in einer Reihe von
Abstraktionen über die empedokleischen Elemente hinaus die Vorstellung eines allem zugrunde liegenden Allgemeinen zu entwickeln: das in sich reiche,
aber noch völlig formlose „ἐν ᾧ: worin"[7], das alle Gestalt aufnehmen kann. Platon nennt es „ἀνόρατον εἶδός τι καὶ ἄμορφον, πανδεχές: eine Art unsichtbarer
Form, selber gestaltlos und doch alles umfassend"[8]. Dieses alles Aufnehmende
ist das „Ausweichend-Platzmachende" (χώρα), der Raum. Dieser Raum ist kein
Leerraum, er ist die Potenz, die aus sich heraus die durch die Ideen geordnete
und strukturierte stoffliche Mannigfaltigkeit hervortreten läßt.

Es sind die „ ‚submikroskopischen' Feinststrukturen des R[aum]-Kontinu-
ums"[9], aus denen Stoff und Struktur entstehen. Da Stoff Körper ist, hat er die
Dimension der Tiefe, die wiederum sich aus Flächen aufbaut. Deshalb lassen
sich die geometrischen Grundgrößen der Stoffe auf die Fläche zurückführen,
deren elementare Gestalt das Dreieck ist. Zwei Arten idealer Dreiecke lassen
sich unterscheiden: das ungleichschenklig-rechtwinklige mit dem Seitenlän-
genverhältnis 1:2:3 und das gleichschenklig-rechtwinklige. Aus der ersten Art
lassen sich gleichseitige Dreiecke zusammensetzen, aus der zweiten Quadra-
te[10]. Aus diesen beiden Formen werden dann die elementaren dreidimensionalen Körper konstruiert. Dazu kann Platon unter Anknüpfung an die Pythagorä-
er die Erkenntnis der zeitgenössischen Mathematik aufnehmen, daß es genau

---

[6] PLATON, Timaios, 52a+d.

[7] AaO., 50d.

[8] AaO., 51a, vgl. 52d u.ö.

[9] H. ZEKL, Art. Raum I, HWP VIII, 67–82, 72.

[10] Also: △ und ☐ . Vgl. die instruktive Darstellung bei: W. SALTZER, Grundzustand
und Erschaffung der Neuelemente in Platos Timaios-Kosmologie, in: Die Erfindung des Universums? Neue Überlegungen zur philosophischen Kosmologie, hg. von W.G. SALTZER/P.
EISENHARDT, 1997, 224–246.

fünf reguläre konvexe Polyeder gibt[11], und sie den stofflichen Elementen zuordnen[12].

Zu den unwandelbaren ideellen Formen gehören auch und vor allem die
Gegenstände der Geometrie. Platon fragt, wovon denn die Axiome und Sätze der euklidischen Geometrie eigentlich handeln, und weist darauf hin, daß
die Längen, Winkel, Figuren usw., von denen die Geometrie spricht, nicht die
Verhältnisse wirklicher Gegenstände, sondern die nur in der Vernunft repräsen-
tierbaren Verhältnisse ideeller Gebilde meinen. Alle Beweise Euklids beziehen
sich nach Platon auf diese ideellen Formen, die in den anschaulichen Beweisen
verwendeten Linien, Dreiecke und Winkel dienen nur der Demonstration[13]. Die
Wahrheit der Sätze der Geometrie beruht deshalb auf der Einsicht in das Wesen
der ideellen Gegenstände, nicht auf empirischen Beweisen.

Daß die euklidische Geometrie auf die Erfahrung angewendet werden kann,
begründet Platon durch seine Kosmologie, derzufolge der die Welt schaffende
Demiurg die zeitlichen Gegenstände formte, indem er auf die zeitlosen Ideen
blickte und sie zum Vorbild nahm. Reale materielle Gegenstände verwirklichen
die ideellen Formen jedoch immer nur angenähert, so daß man etwa von einem
realen Dreieck nur als von „so etwas wie [einem Dreieck] – τὸ τοιοῦτον"[14]
reden sollte.

Aber auch die kosmischen Relationen der Körper zueinander und ihre Be-
wegungsformen, so postuliert Platon, lassen sich mit Hilfe geometrischer Figuren und arithmetischer Proportionen darstellen. Der Kosmos selber ist kugelförmig und besitzt damit die vollkommenste, weil immer mit sich selbst identische Gestalt[15]. Im Anschluß an Eudoxos' Modell der homozentrischen Sphä-
ren[16] berechnet dann Platon die Zahlenverhältnisse zwischen den innerhalb die-

---

[11] Theaitet führte diesen Beweis, vgl. B.L. VON DER WAARDEN, Erwachende Wissenschaft, 1956, 282ff.

[12] Zu den vier empedokleischen Elementen Erde, Wasser, Luft und Feuer tritt als fünftes
der Äther. Dem Wasser ordnet Platon den Ikosaeder, der Luft den Oktaeder, dem Feuer die
Pyramide und der Erde den Würfel zu (PLATON, Timaios, 55d ff.), der Äther wird mit dem
aus Fünfecken zusammengesetzten Dodekaeder verbunden. Wohl wegen seiner kugelähnlichen
Form sieht Platon in ihm die Form der äußeren Sphäre des Kosmos (aaO., 55c, vgl. dazu auch
DERS., Phaidon, 110b) abgebildet. Seinen 12 Flächen entsprechen die 12 Sternbilder. Vgl. dazu
schon PHILOLAOS, 44 B12, in: H. DIELS, Fragmente der Vorsokratiker, Bd.1, 412,16ff. Durch
die Rückführung der empedokleischen Elemente auf zwei inkompatible Grundformen erklärt
Platon auch deren mögliche und unmögliche Umwandlungen ineinander.

[13] PLATON, Politeia, 510d–511b.

[14] DERS., Timaios, 50b.

[15] AaO., 33b.

[16] Vgl. dazu S. SAMBURSKY, Das physikalische Weltbild der Antike, 1965, 85ff.

ser Kugel liegenden Planetenbahnen[17]. Orientierung in dem sphärischen Raum des Kosmos bietet weder die Unterscheidung von links und rechts noch die von oben und unten[18]. Die orientierenden Raumachsen hat man sich vielmehr zwischen dem Weltmittelpunkt und der Weltaußenfläche gespannt vorzustellen. Kosmos, Geometrie, Raum und Stoff sind so bei Platon in idealer Weise zusammengedacht.

Bei Aristoteles ist der Raumbegriff weniger systematisch entfaltet als bei Platon. Innerhalb der *Kategorienlehre* ist der Ort (τόπος) der Quantität zugeordnet und damit der Ausdehnung von Körpern[19], zeigt jedoch im einzelnen erhebliche Inkonsistenzen, wenn er etwa mit den Bestimmungen der Kategorie ‚wo‘ verglichen wird. In der *Physik* setzt sich Aristoteles mit der Problematik des Unendlichkeitsbegriffes der Atomisten auseinander, den er auf einen Iterationsbegriff der beliebig fortsetzbaren Wiederholung bestimmter Operationen zurückführt. Das ἄπειρον ist dann gerade nicht das alles Umfassende, zu dem es nichts Äußeres mehr gäbe, sondern dasjenige, das weiter fortsetzbar ist, zu dem es immer noch ein Weiteres gibt[20]. Auch die Teilung des Raumes ist unbegrenzt fortsetzbar, was seine Bestimmung als Kontinuum bestätigt und beweist, daß es keine atomaren Größen gibt.

Die positive Bestimmung seines Raumbegriffes sucht Aristoteles in der Physik auf anschaulichem Wege als den τόπος des konkreten Gegenstandes in seiner Ausdehnung zu bestimmen und kommt zu folgenden Ergebnissen[21]: Ort ist das unmittelbar Umfassende (πρῶτον περιέχον) eines Körpers, dabei aber kein Teil des Umfaßten und weder größer noch kleiner als dieses. Ort ist selbst kein Körper, sondern von ihm ablösbar. Die abschließende Definition lautet deshalb: „τὸ τοῦ περιέχοντος πέρας ἀκίνητον πρῶτον, τοῦτ’ ἔστιν ὁ τόπος: die unmittelbare, unbewegliche Grenze des Umfassenden, das ist Ort“[22].

Wirkungsgeschichtlich von großer Bedeutung wird Aristoteles’ Qualifizierung der Raumorientierung anhand der Begriffe oben und unten (ἄνω καὶ κάτω) und seine These von den natürlichen Orten (οἰκεῖοι τόποι), die einzunehmen die natürlichen Körper bestrebt sind. Die vier empedokleischen Elemente werden konzentrisch angeordnet und damit der nicht mehr in einem anderen Raum sich befindende All-Raum strukturiert: „ἡ μὲν γῆ ἐν τῷ ὕδατι, τοῦτο δ’ ἐν τῷ ἀέρι, οὗτος δ’ ἐν τῷ αἰθέρι, ὁ δ’ αἰθὴρ ἐν τῷ οὐρανῷ, ὁ δ’ οὐρανὸς οὐκέτι ἐν ἄλλῳ:

---

[17] PLATON, Timaios, 31c ff.
[18] AaO., 62c ff.
[19] ARISTOTELES, Kategorien, 4b,24f. + 5a.
[20] DERS., Physik, Γ 6, 207a,1ff.
[21] AaO., Δ 3, 210b,34ff.
[22] AaO., Δ 4, 212a,20f.

die Erde innerhalb der Wasser[sphäre], diese innerhalb der Luft[sphäre], diese innerhalb der Leucht[sphäre], diese innerhalb der Himmels[sphäre], der Himmel aber nicht mehr in einem anderen"[23]. Damit sind die vier empedokleischen Elemente räumlich eingeordnet. Die natürlichen Körper sind jeweils bestrebt, den Ort einzunehmen, der ihnen natürlicher Weise zukommt. Deshalb fällt ein Stein zur Erde, Luft dagegen steigt empor.

Der orientierte kosmische Raum ist damit dasjenige Element der aristotelischen Physik, das für die dynamischen *natürlichen Bewegungen* als Ursache aufkommt. Er ist nicht bloß ein passiv Aufnehmendes, sondern selbst eine aktive dynamische Größe: „αἱ φοραὶ τῶν φυσικῶν σωμάτων καὶ ἁπλῶν, οἷον πυρὸς καὶ γῆς καὶ τῶν τοιούτων, οὐ μόνον δηλοῦσιν ὅτι ἐστί τι ὁ τόπος, ἀλλ᾽ ὅτι καὶ ἔχει τινὰ δύναμιν: die Bewegungen der natürlichen einfachen Körper wie Feuer, Erde und dergleichen, zeigen nicht nur an, daß ‚Ort' wirklich etwas bedeutet, sondern daß er sogar eine gewisse Kraft besitzt"[24].

In der Auseinandersetzung mit dem Begriff des leeren Raumes der Atomisten zeigt sich, wie sehr die aristotelische Physik bis in die Raumvorstellung hinein von den aristotelischen Bewegungsprinzipien geprägt ist. Leerer Raum ist nach Aristoteles nur zu bestimmen als ein Ort, „ἐστερημένον σώματος, dem Körper weggenommen ist"[25]. Da Ort (τόπος) als Verhältnis von Körpern zu bestimmen ist, gibt es das ‚Leere' als abstrakte Kategorie nicht. Dazu kommen physikalische Argumente gegen den leeren Raum. Im leeren Raum ist es unvorstellbar, wie einmal Bewegtes zur Ruhe kommen könnte, denn in ihm fehlt Widerstand. Es ist andererseits, was die äußerlich bewirkte *erzwungene Bewegung* (κίνησις βίαιος) angeht, im leeren Raum ohne ein Medium nicht vorstellbar, wie Bewegung aufrechterhalten werden kann, denn Aristoteles kann sich solche erzwungene Bewegung nur denken als durch anderes mitgenommen (τὸ

---

[23] AaO., Δ 5, 212b,20–22. Aus der Spannung zwischen der Bestimmung des Ortes als das ‚in-einem-Umfassenden-Sein' und der Bestimmung der äußersten Himmelssphäre als des letzten Umfassenden, zu dem es kein Umfassendes gibt, speist sich die im Mittelalter viel diskutierte Frage nach dem Ort der letzten Sphäre. Da der Fixsternsphäre im antiken Weltbild durch ihren täglichen Umschwung eine Bewegung zukommen muß, Bewegung aber das ‚in-einem-Ort-Sein' voraussetzt, ergibt sich hier ein Problem, dessen Behandlung Modifikationen und Neufassungen des Raumbegriffs im Mittelalter hervorbringt. Wir können das nicht weiter verfolgen, vgl. als kurze Einführung: C. TRIFOGLI, The Place of the Last Sphere in Late-Ancient and Medieval Commentaries, in: Knowledge and the Sciences in Medieval Philosophy. Proceedings of the Eighth International Congress of Medieval Philosophy Bd.II, hg. von S. KNUUTTILA/R. TYÖRINOJA/S. EBBESEN, Helsinki 1990, 342–350.

[24] AaO., Δ 1, 208b,8–11.

[25] AaO., Δ 7, 214a,17.

ὀχούμενον)²⁶, so daß Bewegung nicht in die Leere hinein erfolgen kann. Im leeren Raum ist auch keine Richtungsauszeichnung qualifiziert, so daß die andere Kategorie von Bewegung, die *natürliche Bewegung* (κατὰ φύσιν, s.o. zu den natürlichen Orten), im leeren Raum nicht denkbar ist. Damit kehrt Aristoteles die atomistische Argumentation gerade um: leerer Raum ermöglicht nicht Bewegung, sondern verhindert sie. Bewegung von Körpern, so wie wir sie tatsächlich erfahren, ist nur möglich in einem stetig erfüllten Kontinuum, das der Bewegung angemessenen Widerstand entgegensetzt, einmal mitgeteilte Impulse weiter vermittelt und Raumrichtungen auszeichnet, so daß die natürlichen Fall- und Steigbewegungen möglich werden. Mathematisch beherrschbar ist der qualitativ strukturierte Raum des aristotelischen Kosmos nicht. Für Aristoteles sind Mathematik und Naturbeschreibung ohnehin streng geschieden. Zwar beschäftigt sich die Mathematik ebenso wie der Naturforscher mit räumlichen Gebilden, etwa mit der Gestalt der Kugel, aber nur in abstrakter Weise und „nicht insoweit dies alles Begrenzung eines natürlichen Körpers ist"²⁷.

Der Raum der *euklidischen Geometrie* kann deshalb für die Mathematisierbarkeit des physikalischen Raumes keine Grundlage liefern, da er keinen auf die physikalischen Erscheinungen und Bewegungen anwendbaren, strukturierten Raumbegriff bietet. Euklid selbst definiert den Raum nicht, mit dem er arbeitet, sondern konzentriert sich auf die konkrete Beweisführung mit Hilfe konstruierter, idealer Gegenstände wie Geraden und Punkte. Was die Ebene sei, auf der sich Euklids Geraden und Punkte befinden, bleibt offen. Im XI. Buch der Elemente wird zwar ein Körper über die dreidimensionale Ausgedehntheit definiert, so daß ein „*Körper* ist, was Länge, Breite und Tiefe hat"²⁸. Lagerungen und Bewegungen von Körpern gegeneinander im Raum sind jedoch nicht erfaßt. Auch in ihrer praktischen Anwendung auf konkrete räumliche Gegebenheiten in der Erdvermessung bleibt die antike Geometrie vor allem Operationsvorschrift für die Bestimmung von Distanzen und Winkeln. Den euklidischen Raum mit seinen unendlichen homogenen Linien und Flächen ohne Richtungsauszeichnung zur Beschreibung des endlichen, anisotropen und darin dynamischen aristotelischen Kosmos zu verwenden, erscheint von vornherein als aussichtslos.

---

²⁶ AaO., Δ 8, 215a,19.

²⁷ AaO., B 2, 193b,31f.

²⁸ EUCLIDES, Die Elemente. Buch I–XIII, nach Heibergs Text aus dem Griechischen übers. u. hg. von C. THAER, ⁷1980, 315.

2. Der Raum der klassischen Mechanik

2.1. Descartes

Die klassische Mechanik ist als mathematisch formulierte und experimentell überprüfbare Theorie darauf angewiesen, einen Raumbegriff zu entwickeln, mit dessen Hilfe sich der physikalische Raum ihrer konkreten Gegenstände, der Raum des Universums und der mathematische, geometrische Raum zu einer einzigen Größe zusammenführen lassen. Erst Descartes gelingt es, einen mathematisch beherrschbaren Raumbegriff zu entwickeln, der sich zur Repräsentation konkreter räumlicher Verhältnisse eignet. In seiner analytischen Geometrie konstruiert Descartes einen imaginären, unendlichen Raum mit drei orthogonal zueinander orientierten Achsen, in dem sich jeder mögliche Körper in Bezug auf das Koordinatensystem durch Angabe von Ortskoordinaten und Längen darstellen läßt. Auch lassen sich mathematische Operationen an den Längen im dreidimensionalen Raum ausführen, die Descartes noch vor der Definition reeller Zahlen geometrisch als Addition, Multiplikation etc. konstruiert, in Gleichungen durch Buchstaben bezeichnet und in ganzzahligen Brüchen approximiert. Alle materiellen Erscheinungen der Erfahrungswelt lassen sich in dieser Weise darstellen, so daß die grundlegende cartesische Charakterisierung des Körperlichen als ‚res extensa‘ verständlich wird. Descartes sieht in der Ausgedehntheit die eigentliche Natur der Materie bzw. des Körpers: „die Natur der Materie oder des Körpers [besteht] überhaupt nicht in Härte, Gewicht, Farbe oder einer anderen sinnlichen Eigenschaft . . ., sondern nur in seiner Ausdehnung in die Länge, Breite und Tiefe. . . .; daraus folgt dann, . . . daß sein Wesen allein darin besteht, daß er eine ausgedehnte Substanz [res extensa] ist"[29]. Ein Körper ist dadurch bestimmt, daß er durch eine geometrische Figur umgrenzt ist und einen Raum erfüllt, aus dem jeder andere Körper ausgeschlossen ist[30]. Ort und Raum bezeichnen deshalb nur in der Art der Vorstellung etwas von den darin befindlichen Körpern Verschiedenes, denn es ist in Wahrheit die Ausdehnung des Körpers, die den Raum ausmacht. Ein leerer Raum ist deshalb für Descartes ebenso wie für Aristoteles undenkbar[31].

Descartes entwirft auch eine genetische Kosmologie. Er sieht den Raum gleichmäßig mit Materie gefüllt, die sich bewegt. Seine Kosmologie gründet er

[29] R. DESCARTES, Die Prinzipien der Philosophie (PhB 28), übers. und erl. von A. BUCHENAU, ⁷1965, 32f. (Teil II,4).
[30] Vgl. DERS., Meditationes de prima philosophia, in: DERS., Philosophische Schriften in einem Band, 1996, 45f. (II, 5).
[31] Vgl. z.B. DERS., Die Prinzipien der Philosophie, 33.38ff. (II, 5,16ff.); DERS., Meditationes, aaO., 111f. (VI, 15).

auf ein Erhaltungsgesetz: Die Quantität der Bewegung in der Welt ist konstant. Damit sich die res extensa überhaupt auf endlichen Bahnen bewegen kann, müssen diese Bahnen in sich geschlossen sein. Die ursprüngliche Bewegung im materieerfüllten Weltraum ist deshalb der Wirbel. Aus einem solchen Wirbel ist auch unser Sonnensystem entstanden, in dem die Planeten von einem sich um die rotierende Sonne ausbreitenden Wirbel aus feiner Materie mitgeführt werden. Damit gelingt es Descartes, wenn auch nur in Ansätzen, zwei auffällige Eigenschaften des Sonnensystems aus einer rekonstruierten Entstehungsgeschichte zu erklären. Zum einen sieht er in den Ungleichmäßigkeiten von Wirbelbewegungen den Grund für die Abweichungen von der Kreisbahn bei den Planetenbewegungen. Zum anderen kann er die Orientierung der Planeten in einer Umlaufebene und ihren gleichgerichteten Umlaufsinn erklären.

Descartes entwickelt auch einen klaren Begriff der Relativität von Bewegung. Die gegenseitige Lage von Körpern, von Descartes im Unterschied zur Ausdehnung der Körper selbst auch *äußerer* Raum genannt, ist ebenfalls nicht in Bezug auf einen von ihnen unterschiedenen Raum zu bestimmen, sondern nur im Bezug der Körper aufeinander. Je nachdem, welchen Körper man dabei als Bezugssystem bestimmt und damit als unbewegt setzt, wird man sagen können, daß ein Körper sich gegen den anderen bewegt oder sie gegeneinander in Ruhe sind. Der Schiffsreisende ist gegenüber dem Schiff in Ruhe, bewegt sich aber gegen die Küste. Und bewegt sich das Schiff gegen die Umdrehung der Erde von Westen nach Osten mit der gleichen Geschwindigkeit, mit der die Erdoberfläche sich gegen den Fixsternhimmel dreht, so ist das Schiff diesem gegenüber in Ruhe[32]. Descartes hält es für wahrscheinlich, daß es auch am Fixsternhimmel keine letztlich unbewegten, festen Fixpunkte gibt. Nur das menschliche Denken fixiert die Körper, die als Bezugssysteme für die immer relativen Bewegungen dienen, so „daß es keinen festen und bleibenden Ort für irgend eine Sache in der Welt gibt, außer insofern er durch unser Denken bestimmt wird"[33].

Im Anschluß an Descartes ist es nun möglich, die Geometrie nicht nur auf Konstruktionsvorschriften von geometrischen Gebilden zu beschränken, son-

---

[32] Von einer Bewegung der Erde um die Sonne gegen die Fixsterne sieht Descartes an dieser Stelle ab, wie er überhaupt das ptolemäische und das kopernikanische Weltbild als bloße Hypothesen bezeichnet, ihre Gleichberechtigung behauptet und so versucht, die Annahme einer ruhenden Erde als angemessen zu rechtfertigen. Inwieweit ihn hier die Furcht vor der Zensur bestimmt hat (als Descartes 1633 von der Verurteilung Galileis erfuhr, hat er seine Abhandlung ‚Le Monde', in der er die Lehre des Kopernikus verteidigte, nicht in den Druck gegeben), soll hier unerörtert bleiben (vgl. auch den Hinweis unten S.72, Anm. 200).

[33] DERS., Die Prinzipien der Philosophie, 37 (II, 13).

dern beliebige räumlich ausgedehnte Körper mathematisch abzubilden und die im Raum herrschenden Beziehungen zwischen ihnen rechnerisch auszudrücken und exakt zu bestimmen. Es liegt in der Tendenz der cartesischen analytischen Geometrie, den euklidischen Raum auf die dreidimensionale Punktmenge $\Re^3$ des reellen Zahlenkontinuums abzubilden, so daß in Form einer bijektiven Abbildung jedem Punkt des euklidischen Raums ein Tripel aus $\Re^3$ zugeordnet wird. Descartes allerdings kann mit reellen Zahlen, wie sie gerade bei geometrischen Verhältnissen häufig auftreten (z.B. $\sqrt{2}$ als Diagonale des Einheitsquadrats), noch nicht rechnen. Descartes ist darüber hinaus bewußt, daß unendlich viele verschiedene, gleichwertige Koordinatensysteme möglich sind, die sich in der Einheit des Längenmaßes und der Position des Ursprungspunktes, also in Ort und Größe des grundlegenden Bezugsquaders voneinander unterscheiden, daß Übergänge und Umrechnungen von einem Bezugssystem zum anderen möglich sind und daß jedem Koordinatensystem eine wirkliche, mögliche oder fingierte Beobachterperspektive entspricht.

2.2. Newton

2.2.1. Absoluter und relativer Raum

Zum grundlegenden Bezugssystem für die Beschreibung von Bewegungen wird der mathematisch faßbare, dreidimensionale Raum dann bei Newton in seinen *Philosophiae Naturalis Principia mathematica* von 1686. Newton sieht in der Geometrie keine axiomatische, abstrakte Theorie mehr, sondern einen besonderen Zweig der ihr vorgeordneten Mechanik, denn diese lehrt die der Geometrie zugrundegelegten Operationen, z.B. das Konstruieren von Linien und Kreisen. „Fundatur igitur *Geometria* in praxi mechanica, et nihil aliud est quam *Mechanicae universalis* pars illa, quae artem mensurandi accurate proponit ac demonstrat."[34] Diese realistische Auffassung der Mathematik liegt den *Principia mathematica* zugrunde und ist bestimmend für Newtons Begriff des absoluten Raumes, der nicht bloß eine mathematische Struktur darstellt, sondern eine eigenständige ontologische Größe.

Newton unterscheidet zwischen dem absoluten und dem relativen Raum: „Der *absolute* Raum, der aufgrund seiner Natur ohne Beziehung zu irgendetwas außer ihm existiert, bleibt sich immer gleich und unbeweglich. Der *relative* Raum ist dessen Maß oder ein beliebiger veränderlicher Ausschnitt daraus, welcher von unseren Sinnen durch seine Lage in Beziehung auf Körper be-

---

[34] I. NEWTON, Philosophiae Naturalis Principia mathematica I+II, in: DERS., Opera quae exstant omnia, Bd.2, Faksimile-Nachdr. der Ausg. London 1779, 1964, IX.

stimmt wird, mit dem gemeinhin anstelle des unbeweglichen Raumes gearbeitet wird".[35] Erst in Bezug auf den absoluten Raum macht das erste newtonsche Axiom[36] Sinn, daß ein kräftefrei sich bewegender Körper seinen Bewegungszustand beibehält[37], denn ein gleichbleibender Bewegungszustand ist nur feststellbar in Bezug auf diejenige Klasse von Bezugssystemen, die durch absolute Ruhe gekennzeichnet sind. Nur durch Bezugnahme auf den absoluten Raum ist es Newton möglich, die Trägheitsmomente einer Bewegung von den durch Kräfte hervorgerufenen Anteilen an beschleunigter Bewegung zu unterscheiden.

Newton unterstellt also bei seiner Mechanik, daß es eine Klasse ausgezeichneter Koordinatensysteme gibt, die bei freier Wahl des Ursprungspunktes und der Orientierung ihrer Koordinaten relativ zueinander in Ruhe sind und das absolute Ruhesystem repräsentieren, so daß sich jede wirkliche Bewegung als Bewegung relativ zu dem von diesen Bezugssystemen repräsentierten absoluten Raum darstellen läßt. Nur auf diesem Hintergrund können dann die dynamischen, von Newton auf Kräfte zurückgeführten Anteile der Bewegungen abgehoben und mit den newtonschen Differentialgleichungen beschrieben werden. Damit gelingt es Newton, die Bewegung der Ortsstelle eines Körpers im dreidimensionalen, dem absoluten Raum gegenüber ruhenden oder ihm gegenüber sich in einer reinen Trägheitsbewegung befindlichen Raum als Funktion der Zeit darzustellen und die lokalen Geschwindigkeiten und Beschleunigungen durch Differentiation nach der Zeit abzuleiten.

---

[35] DERS., Mathematische Grundlagen der Naturphilosophie (PhB 394), ausgew., übers., eingel. u. hg. von E. DELLIAN, 1988, 44.

[36] Newton versteht seine Axiome oder Gesetze der Bewegung (Axiomata sive leges motus) nicht in der modernen Bedeutung von ‚Axiom' als willkürliche Setzungen, sondern als aus der Erfahrung abgeleitete und als sicher festgestellte Ausgangspunkte für die weitere Entwicklung der Bewegungsgesetze. Vgl. die Bestimmung seines Vorhabens in der Optik: „to derive two or three general principles of motion from phaenomena, and afterwards to tell us how the properties and actions of all corporeal things follow from those manifest principles" (DERS., Optics: or, a Treatise of The Reflections, Refractions, Inflections And Colours of Light, in: DERS., Opera quae exstant omnia, Bd.4, Faksimile-Nachdr. der Ausg. London 1782, 1964, 1–264, 261).

[37] „Lex I. *Corpus omne perseverare in statu suo quiescendi vel movendi uniformiter in directum, nisi quatenus illud a viribus impressis cogitur, statum suum mutare*" (DERS., Philosophiae Naturalis Principia mathematica I+II, 13). Die Unvermeidbarkeit der Annahme des absoluten Raums für die newtonsche Physik wird bald erkannt, vgl. etwa C. MACLAURIN: „Dieses Beharren eines Körpers in einem Zustand der Ruhe oder gleichförmiger Bewegung kann es nur in bezug zum absoluten Raum geben und wird nur verständlich, wenn man ihn annimmt" (Account of Sir Isaac Newton's philosophical discoveries, London 1748, Buch 2, Kap.1, Sect.9, zitiert nach: M. JAMMER, Das Problem des Raumes, 1960, 141).

Die *wahren*, d.h. die gegenüber dem absoluten Raum dynamisch beschleunigten Bewegungen von den *scheinbaren*, d.h. den ihm gegenüber nur Trägheitsbewegungen darstellenden beharrenden Bewegungen *empirisch* zu unterscheiden, stellt aber insofern eine Schwierigkeit dar, als der absolute Raum
durch keine Körper direkt repräsentiert wird. „Die wahren Bewegungen der
einzelnen Körper zu erkennen und von den scheinbaren durch den wirklichen
Vollzug zu unterscheiden, ist freilich sehr schwer, weil die Teile jenes unbeweglichen Raumes, in dem die Körper sich wirklich bewegen, nicht sinnlich
erfahren werden können. Die Sache ist dennoch nicht gänzlich hoffnungslos,
denn man kann Beweise dafür teils aus den scheinbaren Bewegungen finden,
die die Differenzen zwischen wirklichen Bewegungen sind, teils aus den Kräften, die die Ursachen und die Wirkungen der wirklichen Bewegungen sind.“[38]
Newton meint, zumindest im Fall von Rotationsbewegungen einen empirischen
Nachweis für die reale Existenz des absoluten Raumes gefunden zu haben. In
seinem bekannten Eimerversuch[39] bemüht sich Newton, die Wirkung einer Rotation gegen den absoluten Raum ohne Bezug auf andere, sichtbare Bezugskörper zu demonstrieren. In einem mit Wasser gefüllten Eimer, der an einem
verdrillten Seil hängt, bildet das Wasser in Bezug auf den Eimer eine ebene
Fläche. Wird der Eimer jedoch losgelassen, setzt ihn das Seil in eine Rotationsbewegung. Nach einiger Zeit, wenn der Eimer dem in ihm enthaltenen Wasser
seine Bewegung mitgeteilt hat, steigt das Wasser an seinen Wänden durch die
Wirkung der Zentrifugalkraft nach oben. Hat es die gleiche Rotationsgeschwin-
digkeit wie der Eimer erreicht, ist das Wasser gegenüber dem Eimer wieder in
Ruhe, nun aber zeigt es eine gekrümmte Oberfläche. Da zwischen dem Gefäß
und dem in ihm bewegten Wasser keine Relativbewegung mehr stattfindet, gibt
es nach Newton keine andere Erklärungsmöglichkeit für das Steigen des Wassers als die Wirkung der Bewegung gegenüber dem absoluten Raum[40].

Der Zusammenhang von Newtons Begriff des absoluten Raums mit seinen theologischen Anschauungen soll weiter unten bei der Frage nach dem Ort

---

[38] I. NEWTON, Mathematische Grundlagen der Naturphilosophie, 51.

[39] DERS., Philosophiae Naturalis Principia mathematica I+II, 10f.

[40] In Newtons Eimerversuch ist jedoch vorausgesetzt, daß sich auch im leeren, von keinen
Körpern und damit von keiner Gravitation erfüllten Raum eine paraboloide Verformung der
Wasseroberfläche ergibt. Ernst Mach kritisiert später, daß diese Annahme nicht durch die Erfahrung gedeckt sei und es allein die relative Bewegung des Wassers gegenüber anderen Massen
– nämlich den Fixsternen – und nicht gegenüber dem absoluten Raum sein könne, die die Zentrifugalkraft hervorrufe (E. MACH, Die Mechanik, historisch-kritisch dargestellt, [9]1933, repr.
Nachdr. 1982, 222ff.).

Gottes ausführlicher behandelt werden[41]. An dieser Stelle mag der Hinweis ge-
nügen, daß Newton die Allgegenwart des Raumes mit der Allgegenwart Gottes
in Verbindung bringt. In Query 28 der Optics wird der unendliche Raum in
einem Vergleich mit tierischer und menschlicher Sinneswahrnehmung gleichsam als göttliches Sinnesorgan bezeichnet[42]. Gottes Allgegenwart bildet nämlich den substantiellen Grund für den Zusammenhang des Kosmos. Er ist nicht
nur allgegenwärtig in seiner Wirkung, er ist in seiner Substanz allem räumlich
unmittelbar gegenwärtig, denn ohne eine zugrundeliegende Substanz ist eine
Wirkung Gottes auf die Welt nicht vorstellbar. „Omnipraesens est non per *vir-*
tutem solam, sed etiam per *substantiam*: nam virtus sine substantia subsistere
non potest. In ipso continentur & moventur universa, sed sine mutua passio-
ne."[43] Dabei kann über die Art dieser Substanz keine Aussage gemacht werden,
denn sie entbehrt jeder Körperlichkeit und Gestalt. An ihren Wirkungen aber ist
sie erkennbar. Vom omnipräsenten Gott heben sich die beweglichen Dinge der
Welt ab, die in der absoluten, ruhenden Gegenwart Gottes ihr Dasein haben.

2.2.2. Kraft und Masse

Auch die newtonschen Begriffe von Kraft und Masse sind mit dem absoluten
Bezugssystem des ruhenden Raums verbunden. Alle und nur die Abweichun-
gen von der unbeschleunigten Linearbewegung sollen durch den Kraftbegriff
(Trägheits-, Flieh- und Anziehungskräfte) dynamisch erklärt werden, der in der
Größenordnung von den beteiligten Massen abhängt. Es sind die auftretenden
Kräfte, die zwischen wahren und scheinbaren Bewegungen zu unterscheiden
erlauben[44].

Newton geht in seiner Auffassung der Materie auf Galilei zurück, der in seinen Fallversuchen die Masse als ihr wesentliches Attribut bestimmte. So lautet
die Definition I der Principia: „Quantitas materiae est mensura ejusdem orta
ex densitate et magnitudine conjunctim."[45] Ganz im Gegensatz zu Descartes,

---

[41] Siehe unten S.128ff.

[42] Vgl. unten S.130, Anm. 359.

[43] I. NEWTON, Philosophiae Naturalis Principia mathematica III, in: DERS., Opera quae
exstant omnia, Bd.3, Faksimile-Nachdr. der Ausg. London 1782, 1964, 172.

[44] DERS., Mathematische Grundlagen der Naturphilosophie, 48: „Die Ursachen, durch die
sich wirkliche und relative Bewegungen voneinander unterscheiden, sind die auf die Körper
von außen eindrückenden Kräfte, die eine Bewegung erzeugen können."

[45] DERS., Philosophiae Naturalis Principia mathematica I+II, 1. Die *quantitas materiae*
entstand als eigenständiger Begriff im Zusammenhang der Transsubstantiationslehre. Bei der
Transsubstantiation galt es zu erklären, wie es möglich ist, daß das bei allen sonstigen Prozessen Identische, nämlich die Substanz, sich in der eucharistischen Wandlung ändern konnte

der die räumliche Ausdehnung als das wesentliche Kennzeichen von Materie ansieht und alle Wechselwirkung auf Druck und Stoß fester, für einander undurchdringlicher Körper zurückzuführen versucht, ist für Newton Materie vor allem durch die ihrem Gewicht proportionale Trägheit, d.h. Widerständigkeit gegen Bewegungsänderung gekennzeichnet. Der Aspekt ihrer räumlichen Ausdehnung ist vernachlässigbar bis dahin, daß zur Beschreibung der Bewegung von Körpern diese auf ausdehnungslose Massepunkte reduziert werden können[46]. Die Eigenexistenz des homogenen, isotropen Raumes losgelöst von den in ihm enthaltenen Körpern und die Reduzierung der Körper auf Massepunkte bilden das grundlegende Instrumentarium zur Entwicklung der newtonschen Bewegungsgleichungen, die die zeitliche Veränderung der Raumstellen der Massepunkte allein aus den ihre gegenseitige Wechselwirkung bestimmenden Massen herzuleiten in der Lage ist.

Schwieriger ist es, den Charakter der Wechselwirkung, die Art der Übertragung der Schwerkraftwirkung genauer zu bestimmen. Newton führt dafür den Begriff der *Kraft* ein und gibt damit den Primat des Stoßes zur ausschließlichen Erklärung der Wechselwirkung zwischen festen Körper auf zugunsten einer berührungslos wirkenden Fernkraft[47]. Newton unterscheidet zwischen einer der Materie eingepflanzten *vis insita*, die als *potentia resistendi* die der Materie innewohnende Kraft ist, einer Bewegungsänderung Widerstand zu leisten, und einer von außen auf Körper einwirkenden *vis impressa*, die eine Änderung

---

bei gleichbleibenden Akzidentien, die sonst das Veränderliche darstellten. Wenigstens einige elementare materielle Akzidentien mußten als ohne Substanz existierend gedacht werden können. Einige Theologen versuchten deshalb, die Quantität, die als diejenige Eigenschaft galt, der die größte Unabhängigkeit von der Substanz zukommt, schon natürlicherweise als unabhängig von der Substanz existierend zu verstehen und in ihr den eigentlichen Träger, das Subjekt der Akzidentien zu sehen. Aegidius Romanus unterscheidet als erster scharf zwischen der quantitas materiae und dem Volumen bzw. Gewicht eines Körpers (vgl. M. JAMMER, Der Begriff der Masse in der Physik, 1964, 47–50). Erst Kepler aber gelingt es, unter Aufnahme neuplatonischer Gedanken die vom Substanzbegriff losgelöste Quantität der Materie mit ihrem Bewegungswiderstand, ihrer Trägheit zu verbinden. Damit bereitet er sowohl den newtonschen Massebegriff vor als auch das zu ihm komplementäre Prinzip der Kraft.

[46] Vgl. A. EINSTEIN, Maxwells Einfluß auf die Entwicklung der Auffassung des Physikalisch-Realen, in: DERS., Mein Weltbild, hg. von C. SELIG, ²⁴1991, 159–162, 159: „man dachte sich den materiellen Punkt als analog den bewegbaren Körpern, indem man von letzteren die Merkmale der Ausdehnung, der Form, der räumlichen Orientierung aller ‚inneren' Qualitäten wegließ, nur Trägheit, Translation beibehielt und den Begriff der Kraft hinzufügte".

[47] Seine Überlegungen zum Äther zeigen allerdings, daß ‚Kraft' bei Newton noch nicht der moderne abstrakte Begriff ist, sondern ein reales physikalisches Sein bezeichnet.

des gradlinig-gleichförmigen Bewegungszustands eines Körpers bewirkt[48]. Wie
nun die Schwerkraft als eine vis impressa von einem Körper auf einen anderen
wirkt, muß Newton ganz offen lassen: „Eine theoretische Erklärung für diese
Eigenschaft der Schwere habe ich aus den Naturerscheinungen noch nicht ableiten können, und bloße Hypothesen denke ich mir nicht aus – Hypotheses non
fingo."[49] Evident ist für ihn, daß ohne ein Medium eine solche Kraftübertragung
nicht denkbar ist, auch wenn zunächst offenbleiben muß, ob dieses Medium
selbst wieder als materiell vorgestellt werden kann[50].

Später spekuliert Newton im Anhang der Optics in Query 21ff. über ein materielles Äquivalent des absoluten Raumes zur Erklärung der räumlichen Fernwirkung der Gravitation, einen feinen, hochgradig elastischen, aus einander ab-
stoßenden Partikeln bestehenden Stoff, der überall im Raum verteilt ist und sich
im Mittel gegenüber dem absoluten Raum in Ruhe befindet. Im Anschluß an antike und mittelalterliche Hypothesen einer *materia caeli* nennt Newton diesen
Stoff ‚Äther‘[51]. Mit seiner Hilfe möchte er die Trägheits- und Gravitationser-
scheinungen sowie die Lichtausbreitung erklären. Wasser, Glas, Kristall und
andere massive Körper müßten diesen ätherischen Stoff ausscheiden, so daß er

---

[48] Vgl. dazu die Definitionen III und IV zu Beginn der Principia: I. NEWTON, Philosophiae
Naturalis Principia mathematica I+II, 2f.

[49] DERS., Mathematische Grundlagen der Naturphilosophie, 230. Vgl. auch die Erläuterung
der 8. Definition: „Ich benutze nämlich die Begriffe Anziehung, Anstoß, oder jedwede Hinnei-
gung zum Mittelpunkt unterschiedslos und gegeneinander austauschbar, da ich diese Kräfte
nicht physikalisch, sondern nur mathematisch betrachte. Daher hüte sich der Leser zu denken,
ich wollte irgend durch derartige Begriffe die Art und Weise von Einwirkungen oder ihre physikalische Ursache oder Seinsweise definieren" (aaO., 43).

[50] So schreibt Newton in einem Brief an Bentley, daß man ihm das Konzept einer der Materie
einwohnenden, unvermittelt wirkenden Gravitation nicht zuschreiben könne, sondern er immer
ein vermittelndes Etwas angenommen habe: „It is unconceivable, that inanimate brute matter
should, without the mediation of something else, which is not material, operate upon, and affect
other matter without mutual contact; as it must do, if gravitation, in the sense of EPICURUS, be
essential and inherent in it. And this is one reason, why I desired you would not ascribe innate
gravity to me. That gravity should be innate, inherent and essential to matter, so that one body
may act upon another at a distance through a *vacuum*, without the mediation of any thing else,
by and through which their action or force may be conveyed from one to another, is to me so
great an absurdity, that I believe no man who has in philosophical matters a competent faculty
of thinking, can ever fall into it. Gravity must be caused by an agent acting constantly according
to certain laws; but whether this agent be material or immaterial, I have left to the consideration
of my readers" (Brief an Richard Bentley vom 25.2.1692–3, in: I. NEWTON, Four Letters to
Dr. Bentley, in: DERS., Opera quae exstant omnia, Bd.4, 438).

[51] DERS., Optics, 225. Vgl. aber auch schon den Schlußabschnitt des Scholium Generale
der Principia, wo Newton „über ein gewisses äußerst feines immaterielles Prinzip [spiritus]"
spekuliert (Mathematische Grundlagen der Naturphilosophie, 230).

sich von ihnen in den leeren Raum ergießt, aber so, daß seine Dichte in zuneh-
mender Entfernung von den massiven Körpern zunimmt. Schreibt man diesem
Stoff eine hohe Elastizität zu, so müßte ihm zuzutrauen sein, daß „it may suffice
to impel bodies from denser parts of the medium towards the rarer, with all that
power we call Gravity"[52]. Als durchschnittliche Dichte dieses Stoffes nimmt
Newton einen Betrag von etwa einem Siebenhunderttausendstel der Dichte der
Luft an bei einer um denselben Faktor höheren Elastizität und berechnet den
Reibungsverlust, den Körper bei der Bewegung in diesem Medium erfahren
würden, auf ein Sechshundertmillionstel des Reibungswiderstandes von Wasser[53]. Etwaige Reibungsverluste bei der Bewegung der Planeten und eventuell
auch der Sonne gegenüber dem absoluten Raum würden durch Gott beständig
ergänzt, so daß die Gesamtbewegung immer erhalten bliebe.

2.2.3. Der Raum des Kosmos

Newton weiß, daß eigentlich nicht nur die gegenüber dem absoluten Raum ruhenden, sondern auch alle ihm gegenüber linear gleichförmig bewegten Bezugssysteme für die Beschreibung der Bewegungsgesetze äquivalent sind. So
heißt es im Corollar V der Principia: „Bei Körpern, die in einem gegebenen
Raum eingeschlossen sind, sind die Bewegungen in Beziehung aufeinander die
gleichen, ob dieser Raum nun ruht oder sich gleichförmig in gerader Richtung
ohne eine Kreisbewegung bewegt."[54] Zur Beschreibung der kräftefreien Trägheitsbewegungen sind alle linear gleichförmig bewegten Bezugssysteme gleichberechtigt. Den absolut ruhenden Raum in dieser mathematisch äquivalenten
Klasse von Bezugssystemen kann Newton über das durch den Eimerversuch postulierte ‚Daß' seiner Existenz hinaus nur durch Rückgriff auf die Kosmologie
auszeichnen[55]. Da gemäß Corollar IV der Bewegungsgesetze für Teilsysteme
zweier oder mehrerer Körper gilt, daß ihr gemeinschaftlicher Schwerpunkt bei
Ausschluß äußerer Einwirkungen und Hindernisse ruht oder in gleichförmig-

---

[52] DERS., Optics, 224.

[53] AaO., 225f.

[54] I. NEWTON, Mathematische Grundlagen der Naturphilosophie, 63, im Original kursiv.

[55] Daß Newton eine kosmische Bestimmung des absolut ruhenden Raumes versucht, zeigt
seine realistische Auffassung der von ihm definierten physikalischen Grundgrößen. Ein reiner Empirist hätte allein die beobachtbare Äquivalenz der unbeschleunigten Bezugssysteme
anerkannt. Mit der Auszeichnung eines absoluten Ruhesystems, das als solches nicht empirisch bestimmt werden kann, verläßt Newton, ohne daß es ihm bewußt wird, seine eigenen
methodischen Forderungen für eine „experimentelle Philosophie", in der alle „Lehrsätze aus
Naturerscheinungen abgeleitet und durch Induktion allgemeingültig gemacht" werden (aaO.,
230).

geradliniger Bewegung verharrt, muß für das Gesamtsystem des Kosmos gelten, daß sein gravitativer Schwerpunkt das System der absoluten Ruhe repräsentiert. Deshalb heißt es in der Hypothese I des dem Gesamtgefüge der Welt gewidmeten dritten Buches der Principia: *„Der Mittelpunkt des Weltsystems ruht.* Das ist von allen zugestanden, wenn auch manche behaupten, die Erde, andere, die Sonne ruhe im Mittelpunkt des Systems."[56] Newton vermutet als das Zentrum der Welt das Gravitationszentrum des Gesamtsystems aus Erde, Sonne und Planeten: „Daher muß der gemeinsame Schwerpunkt der Erde, der Sonne und aller Planeten für den Mittelpunkt der Welt gehalten werden."[57]

Es fällt auf, daß Newton zur Bestimmung des Ruhesystems des Kosmos die Fixsterne noch nicht mit in Betracht zieht. Das zeigt, daß für ihn die Gravitationskraft vor allem die Ordnung des Sonnensystems bewirkt, nicht aber ein kosmologisches Prinzip darstellt. Newton schreibt im Rückblick auf die Entwicklung seiner Gravitationstheorie, daß der dabei leitende Gedanke die Ausdehnung der Gravitationskraft über die irdischen Verhältnisse hinaus zunächst bis zur Sphäre des Mondes war: „And the same year [1665] I began to think of gravity extending to ye orb of the Moon"[58]. In den gleichen Kontext gehört die Wiedergabe eines Gesprächs mit dem alten Newton durch John Conduitt, der berichtet: „whilst he [sc. Newton] was musing in a garden it came into his thought that the power of gravity (wch brought an apple from the tree to the ground) was not limited to a certain distance from the earth but that this power must extend much farther than was usually thought. Why not as high as the moon said he to himself"[59]. Noch im Scholium Generale der Principia wird die Schwerkraft der Sonne nur als bis zur Bahn des Saturn reichend bestimmt[60]. Obwohl Halley 1718 nachweist, daß sich die Position einiger Sterne gegenüber der in Ptolemäus' Katalog verzeichneten verändert haben muß[61], sind für Newton auch in der dritten Auflage der Principia (1726) die Fixsterne noch wirklich fixiert[62]. Da keine Parallaxe der Fixsterne zu bemerken ist, sind

[56] AaO., 195.

[57] AaO., 197.

[58] Nach R.S. WESTFALL, Never at rest. A biography of Isaac Newton, Cambridge 1980, 143.

[59] AaO., 154. An diesen Bericht knüpft die u.a. von Voltaire verbreitete Legende an, daß Newton im Garten nachsinnend bei der Beobachtung eines fallenden Apfels der Grundgedanke seiner Gravitationstheorie aufgegangen sei.

[60] I. NEWTON, Mathematische Grundlagen der Naturphilosophie, 230.

[61] M. JAMMER, Das Problem des Raumes, 111.

[62] „Es ruhen auch die Fixsterne deswegen, weil sie zu den Aphelen und den Knoten der Bahnkurven [der Planeten] gegebene Positionen einhalten" (I. NEWTON, Mathematische Grundlagen der Naturphilosophie, 199).

sie als in so großer Entfernung befindlich anzusehen, daß ihr gravitativer Einfluß auf das Sonnensystem vernachlässigt werden kann. Für das Gesamtsystem Kosmos bringt Newton seine Gravitationstheorie also noch nicht in Anschlag, das Sonnensystem mit seiner Dynamik stellt eine Insel im ansonsten ruhenden Kosmos dar. Es ist jedenfalls für Newton der absolute, ruhende Raum, der die Einheit der Welt repräsentiert, die Gravitation ist noch keine universale, den Zusammenhang des Kosmos repräsentierende Größe. „Erst die Ubiquität der Gravitation führt zu einer *physikalischen* Basis der Einheit der Welt als eines realen Prädikats."[63]

2.2.4. Aufbau und Entstehung des Kosmos

Was die Struktur und Entstehungsgeschichte des Weltalls angeht, so finden sich nur vereinzelte Bemerkungen dazu, die in ihrer Aussage nicht eindeutig sind. In einem Briefwechsel mit Bentley, in dem Newton einige Fragen Bentleys beantwortet, weiß er sich mit diesem einig, daß, wenn die Materie aller Fixsterne homogen in einem *endlichen* Raum verteilt und die Gravitation als eine auf alle Materie einwirkende Kraft anzusehen wäre, alle Körper aufgrund der Gravitation in eine große sphärische Zentralmasse kollabieren müßten.

Die mögliche Alternative wäre eine im *unendlichen* Raum gleichmäßig verteilte Materie[64]. Dieses Szenario wird, so Bentley, von einigen Naturphilosophen als stabil angesehen, da sich gemäß dem Grundsatz ‚all infinites are equal' im Unendlichen all Kräfte die Waage halten müßten. Bentley vermutet einen Fehlschluß in diesem Argument, was Newton bestätigt[65]. Doch andererseits hält Newton Bentleys Beweise der Endlichkeit des Kosmos für nicht schlüssig und geht selbst davon aus, daß die Sterne einschließlich unserer Sonne aus einer ursprünglich gleichmäßig in einem unendlichen Raum verteilten Materie entstanden sein könnten, die sich zu mehreren großen, sich in einiger Entfernung voneinander befindlichen Massen zusammengeballt hätte. „And thus might the sun and fixed stars be formed, supposing the matter were of a lucid nature."[66] Der unendliche, mit in großer Entfernung voneinander plazierten Sternen gleichmäßig erfüllte Kosmos wäre dann deshalb stabil, weil die Gravi-

---

[63] H. BLUMENBERG, Die Genesis der kopernikanischen Welt, 637, Hervorhebung D.E.

[64] Eine endlich ausgedehnte Sternenansammlung im unendlichen Raum wäre bei Rotation allerdings stabil, diese Möglichkeit erwägt Newton nicht.

[65] Brief an Richard Bentley vom 17.1.1692–3, in: I. NEWTON, Opera quae exstant omnia Bd.4, 437: „the principle that all infinites are equal, is a precarious one".

[66] Brief an Richard Bentley vom 10.12.1692, aaO., 429.

tation eben keine über die kosmischen Entfernungen wirksame Kraft darstellt[67] und unser Planetensystem durch Rotation stabilisiert ist.

Die unterschiedliche Beschaffenheit von leuchtenden Sonnen und opaken Planeten weiß Newton auf nichts anderes zurückzuführen als auf „a voluntary Agent"[68], der auch für die Einrichtung der Bahnen und Geschwindigkeiten der Planeten verantwortlich sein muß, da diese aus natürlichen Ursachen nicht zu erklären sind. Die Hypothese, daß es sich bei den Planeten um von der Sonne eingefangene Kometen handeln könnte, die wiederum als erloschene Sonnen anzusehen sind, so daß alle Materie des Weltalls auf eine Grundmaterie zurückgeführt werden könnte, lehnt Newton ab. Die genaue Abstimmung der Bahnabstände und Geschwindigkeiten der Planeten und Monde weisen vielmehr darauf hin, daß ihr Grund nicht der Zufall sein kann und „argues that cause to be not blind and fortuitous, but very well skilled in mechanicks and geometry"[69]. Die Einrichtung des Sonnensystems war deshalb „the effect of choice, rather than chance"[70].

Es sind gerade die höchst speziellen, für seine Theorie des Planetensystems erforderlichen Anfangsbedingungen, die die Annahme einer übernatürlichen Ursache unabweislich zu machen scheinen. Die Gravitation kann nach Newton allein die Zentralkraft, die die Planeten zur Sonne hinzieht, erklären, ihre Transversalkomponente ist daraus nicht ableitbar. Newton zieht den Schluß, daß es Gott gewesen sein muß, der die Anfangsbedingungen der Planetenbewegungen so gesetzt hat, daß die zu beobachtenden nahezu kreisförmigen und koplanaren Planetenbahnen entstanden. „And though gravity might give the planets a motion of descent towards the sun, either directly or with some little obliquity, yet the transverse motions by which they revolve in their several orbs, required the Divine arm to impress them according to the tangents of their orbs."[71] Da die Fixsterne so weit von unserem Planetensystem entfernt und als

---

[67] „Und damit die Systeme der Fixsterne nicht durch ihre Schwere wechselseitig ineinander stürzen, dürfte Er [sc. der Schöpfer] dieselben in eine ungeheure Entfernung voneinander gestellt haben" (I. NEWTON, Mathematische Grundlagen der Naturphilosophie, 226). Eine konsequente Anwendung der newtonschen Gravitationsgleichungen auf kosmische Entfernungen hätte zur Folge, daß schon geringste Inhomogenitäten zunächst zu lokalen, dann zu einem immer größere Bereiche erfassenden Gravitationskollaps auch im unendlichen Kosmos führten.

[68] Brief an Richard Bentley vom 10.12.1692, aaO., 429.

[69] AaO., 432.

[70] AaO., 433.

[71] Brief an Richard Bentley vom 11.2.1693, aaO., 441. Newton beruft sich für diese Vorstellung auf Platon, gibt aber nicht an, daß sie ebenso wie der nicht verifizierbare Hinweis auf Platon aus Galileis Discorsi entnommen ist. Dort entwickelt Sagredo im vierten Tag einen angeblich von Platon stammenden Gedanken, daß der Demiurg die von ihm hergestellten Himmelskör-

jeweils isolierte Systeme anzusehen sind, für unser Planetensystem aber gilt,
daß es zu seiner Einrichtung eines intelligenten, allmächtigen Wesens bedurfte,
so ist diese Sicht auf die Fixsterne zu übertragen: „Und wenn die Fixsterne die
Mittelpunkte ähnlicher Systeme sein sollten, so wird dies alles, weil es nach
einem ähnlichen Plan aufgebaut ist, unter der Herrschaft des Einen stehen"[72].
Die Vorstellung einer natürlichen Entwicklung des Planetensystems wie des gesamten Kosmos aus einfachen Anfangsbedingungen hin zur vorfindlichen komplexen Ordnung erscheint Newton absurd[73].

2.3. Leibniz' Kritik

Newtons Einführung des absoluten Raumes ist von Anfang an, zuerst von Ber-
keley[74] und dann besonders von Leibniz kritisiert und bis zum Aufkommen der
Relativitätstheorie vielfach als unbefriedigend empfunden worden. Diese Kritik
hat einen ersten Niederschlag in dem wichtigen Briefwechsel zwischen Leibniz und Newtons Verteidiger Samuel Clarke gefunden. Leibniz bestimmt den
Raum als den Inbegriff der körperlichen Ausdehnung und der Lagebeziehung
zwischen Körpern und lehnt deshalb ebenso wie Descartes die Vorstellung eines
leeren Raumes ab. Raum, so Leibniz, ist „nichts anderes . . ., als eine Ordnung
des Daseins von Dingen, die man bemerkt, wenn sie gleichzeitig sind"[75]. Die

---

per auf einer gradlinigen Bahn beschleunigte, bis sie ihre endgültige Geschwindigkeit erreicht
hatten, um sie dann in eine kreisförmige zu verändern (G. GALILEI, Unterredungen und mathematische Demonstrationen über zwei neue Wissenszweige, die Mechanik und die Fallgesetze
betreffend, hg. von A. VON OETTINGEN, 1973, 231f.). Vgl. auch den ähnlichen Gedanken am
Anfang des Dialogs über die Weltsysteme (G. GALILEI, Dialog über die beiden hauptsächlichen Weltsysteme, das ptolemäische und das kopernikanische, in: DERS., Schriften, Briefe,
Dokumente, Bd.1, hg. von A. MUDRY, 1987, 179–328, 199, auch hier der Hinweis auf Platon).
Kant, der als erster auf der Grundlage der newtonschen Gravitationstheorie eine genetische Hypothese der Entstehung des Planetensystems aus einem primordialen Materiewirbel entwickelt,
lehnt die Sistierung mechanischer Gesetze und die Herleitung der anfänglichen Planetenbewegung aus einem ursprünglichen Akt des Schöpfers ab: „Allein sofort alle mechanische Gesetze
vorbei gehen und durch eine kühne Hypothese Gott unmittelbar die Planeten werfen zu lassen,
damit sie in Verbindung mit ihrer Schwere sich in Kreisen bewegen sollten, war ein zu weiter
Schritt, als daß er innerhalb dem Bezirke der Weltweisheit hätte bleiben können." (I. KANT,
Der einzig mögliche Beweisgrund zu einer Demonstration des Daseins Gottes (1763), in: Kant's
gesammelte Schriften, hg. von der Königlich Preußischen Akademie der Wissenschaften, Erste
Abtheilung: Werke, Bd.2, 1912, 63–163, 144)
[72] I. Newton, Mathematische Grundlagen der Naturphilosophie, 226.
[73] Vgl. den Hinweis unten S.73.
[74] Vgl. M. JAMMER, Das Problem des Raumes, 120ff.
[75] S. CLARKE, Der Briefwechsel mit G.W. Leibniz von 1715/1716 (PhB 423), übers. und
hg. von E. DELLIAN, 1990, 72.

Bildung der Raumvorstellung beschreibt Leibniz so, daß die Menschen wahrnehmen, „daß mehrere Dinge gleichzeitig existieren, und sie finden unter diesen eine bestimmte Ordnung des zusammen Existierens vor, nach der das Verhältnis der einen zu den anderen mehr oder weniger einfach ist. Das ist ihre Lage oder Entfernung voneinander"[76]. Bewegung meint dann die Veränderung der Lagebeziehungen der Körper gegeneinander. Setzt man nun einige dieser Körper als ruhend, andere aber ihnen gegenüber als bewegt, so wird man von bewegten Körpern, die zu den unbewegten Körpern in eine Lagebeziehung getreten sind, die vorher andere, jetzt wegbewegte Körper innehatten, sagen, daß sie deren Ort eingenommen haben. „Und dasjenige, was alle diese Ort in sich begreift, nennt man Raum."[77] Dieser Raum ist jedoch keine absolute, von den Körpern unabhängige Wirklichkeit, sondern als „der abstrakte Raum die Ordnung der möglichen Lagen" der Gegenstände und damit etwas, was „nur in der Vorstellung vorhanden ist"[78].

Der absolute, von den Lagebeziehungen der Körper unabhängige Raum Newtons dagegen ist homogen und isotrop. Ohne darin befindliche Körper unterscheidet sich ein Teil dieses Raumes nicht vom anderen. „Nun folgt hieraus, vorausgesetzt der Raum ist irgend etwas für sich selbst außer der Ordnung der Körper untereinander, daß es unmöglich einen Grund geben kann, weshalb Gott, bei Aufrechterhaltung derselben Lagen der Körper zueinander, sie im Raum so und nicht anders angeordnet hätte, und weshalb nicht alles entgegengesetzt angeordnet wurde, beispielsweise durch einen Tausch von Osten und Westen."[79] Der Raum ist der Inbegriff und die Summe der möglichen Lagebeziehungen zwischen Körpern, ihn aber zu einer eigenständigen ontologischen Größe zu hypostasieren, widerspräche dem Satz vom zureichenden Grunde.

In der Konsequenz der Ablehnung des absoluten Raumes und der Priorität der Trägheitsbewegung liegt auch Leibniz' Skepsis gegenüber der Einführung einer in die Ferne wirkenden Kraft. Zwar erweitert Leibniz selber die cartesische Reduzierung des Materiebegriffs auf Ausdehnung und entwickelt seine Vorstellung einer vis activa, die den Körpern innewohnt und für die Energieerhaltung und die Vermittlung und Äquivalenz von actio und reactio beim Stoß verantwortlich ist. Doch will er erklärtermaßen die unzureichende Erklärung mechanischer Vorgänge more geometrico dadurch überwinden, daß er metaphysische Prinzipien einführt und Körper als Kraftzentren auffaßt, eine Vorstel-

---

[76] AaO., 78.
[77] Ebd.
[78] AaO., 98.
[79] AaO., 29.

lung, die er später mit seinem Begriff der Monade konsequent entfaltet. Leibniz
bestreitet gerade, daß die vis activa aus dem Begriff der Masse ableitbar und
qualitativ und quantitativ mit ihr verbunden sei[80]. So bleibt es für Leibniz „eine seltsame Vorstellung, daß alle Materie schwer sein soll, und sogar zu jeder
anderen Materie hin"[81]. Wechselwirkung zwischen Körpern ist auch für Leibniz nicht anders vorstellbar als durch Berührung und (elastischen) Stoß: „Ein
Körper wird auf natürliche Weise niemals anders bewegt, als durch einen anderen Körper, der ihn anstößt, indem er ihn berührt; ... Jede andere Wirkung auf
Körper ist entweder übernatürlich oder eingebildet."[82]

Leibniz beharrt deshalb darauf, daß alle Bezugssysteme, alle Perspektiven
auf die Welt gleichberechtigt sind. Die Leibnizsche Monade nimmt keine distinkte Ortsstelle in einem kosmischen Raum ein, sondern besitzt, da Räumlichkeit Beziehung meint und in der Welt alles mit allem verbunden ist, ohne
daß es leeren Raum zwischen den Körpern gibt, durch ihre Beziehung zu allem
anderen eine interne, jeweils das Ganze auf je eigene Weise erfassende Perspektive auf das Universum. „Da nun infolge der durchgängigen Erfüllung der Welt
alles miteinander in Verbindung steht und jeder Körper, je nach der Entfernung,
mehr oder weniger auf jeden anderen Körper einwirkt und so durch dessen Reaktion betroffen wird, so folgt daraus, daß jede Monade ein lebendiger, der
inneren Tätigkeit fähiger Spiegel ist, der das Universum aus seinem Gesichtspunkte darstellt und ebenso eingerichtet ist wie das Universum selbst."[83]

Auch Leibniz unterscheidet absolute und relative Bewegung, jedoch so, daß
alle wirkliche Bewegung von den Monaden als Kraftzentren ausgeht und alle relative Bewegung ihre Folge in der Änderung der Beziehungen darstellt.
„Jedoch stimme ich damit überein, daß es einen Unterschied zwischen einer
absolut wirklichen Bewegung eines Körpers und einer bloßen relativen Veränderung der Lage im Verhältnis zu einem andere Körper gibt. Denn wenn die
unmittelbare Ursache der Veränderung im Körper ist, so ist er wirklich in Be-

---

[80] G.W. LEIBNIZ, Specimen Dynamicum (PhB 339), übers. u. hg. von G. DOSCH u.a.,
1982, 23.
[81] S. CLARKE, Der Briefwechsel mit G.W. Leibniz, 75.
[82] Ebd. Gegen den vor allem auf dem Kontinent vielfach erhobenen Vorwurf, er würde mit
Gravitations- und Trägheitskraft *qualitates occultae* einführen, wehrt sich Newton am Ende
seines Anhangs zur Optik in Query 31, vgl. I. NEWTON, Optics, 261.
[83] G.W. LEIBNIZ, Vernunftprinzipien der Natur und der Gnade. Monadologie (PhB 253),
²1982, 5. Vgl. aaO., 55 (Monadologie §60): „Nicht im Gegenstande also, sondern in der verschiedenen Art der Erkenntnis des Gegenstandes haben die Monaden ihre Schranken. Verwor-
ren reichen sie alle bis ins unendliche, bis zum Ganzen; sie sind jedoch begrenzt und voneinander verschieden durch die Grade der Deutlichkeit der Perzeptionen"; vgl. ebd. (Monadologie
§62): „Jede geschaffene Monade stellt das ganze Universum vor."

wegung; und dann wird sich folgerichtig die Lage der anderen im Verhältnis zu ihm verändern, obwohl die Ursache dieser Veränderung gar nicht in ihnen liegt."[84] Leibniz' Relativitätsprinzip hat sein physikalisches Recht in Bezug auf die Kinematik, da sich, wie wir sahen, das absolute Ruhesystem durch keine empirische Beobachtung auszeichnen läßt. Andererseits stellen gleichförmige und beschleunigte Bewegungen verschiedene Äquivalenzklassen dar, und eine Erklärung der auftretenden Phänomene erscheint unerläßlich. An dieser Stelle stößt Leibniz' Theorie der Bewegung an ihre Grenze. Die dynamischen Kräfte wie z.B. die Zentrifugalkraft bei einer drehenden Scheibe lassen sich durch sie nicht konsistent erfassen. Die Drehbewegung der Scheibe ließe sich wegtransformieren, indem man feste Punkte auf der Scheibe als ruhendes Bezugssystem setzt. Die auftretenden Kräfte aber verschwinden nicht. Das haben Leibniz und sein physikalischer Lehrer Huygens gesehen, aber nicht lösen können. Sie kamen zu keinen tauglichen dynamischen Gleichungen. Im Sinne des leibnizschen Relativitätsprinzips bestünde auch der Unterschied zwischen der ptolemäischen und der kopernikanischen Beschreibung des Planetensystems einzig in der Einfachheit der mathematischen Beschreibung. Dynamische Gründe, daß etwa die Schwerkraft der Sonne die Planeten auf ihren Bahnen hält und sie deshalb als Bezugspunkt ausgezeichnet ist, kann Leibniz nicht angeben.

Untersucht man die Symmetrien, die dem newtonschen und dem leibnizschen Raumbegriff zugrundeliegen, so werden die Unterschiede besonders deutlich. In Leibniz' Raum gibt es keine bevorzugten Bewegungen, die sich als gerade Linien darstellen ließen. Außer der Gleichzeitigkeit zu einem bestimmten Zeitpunkt gibt es keine ausgezeichneten Achsen oder räumlichen Parallelismus. Ein Linienelement, daß feste Abstände bestimmt, läßt sich bei Einbeziehung beschleunigter Bezugssysteme nicht eindeutig definieren, da die entsprechenden Bewegungsgleichungen nicht kovariant[85] sind in Bezug auf Rotation und beschleunigte Translation. „Im Unterschied zur Newtonschen Raum-Zeit ist also die Leibnizsche nicht affin."[86]

Es ist aber festzuhalten, daß Leibniz zwar an der Beschreibung der dynamischen Gesetze scheiterte, durch sein Insistieren auf der Relativität *aller* Bewegung aber das Programm einer rein empirischen Mechanik von Ernst Mach

---

[84] S. CLARKE, Der Briefwechsel mit G.W. Leibniz, 83.

[85] Kovariant bezüglich einer Koordinatentransformation heißen solche Gleichungen, die sich bei geänderten Koordinaten als form-invariant erweisen, also ihre allgemeine Form und Gültigkeit behalten.

[86] K. MAINZER, Philosophie und Geschichte von Raum und Zeit, in: Philosophie und Physik der Raum-Zeit (Grundlagen der exakten Naturwissenschaften 7), hg. von DERS./J. AUDRETSCH, ²1994, 11–51, 27.

und das allgemeine Relativitätsprinzip Einsteins im Ansatz vorwegnahm. Das newtonsche Instrumentarium mit Massepunkt, Fernwirkung und absolutem, bis auf den Äther leeren Raum sollte sich dagegen zunächst als überaus erfolgreich erweisen bei der Beschreibung der dynamischen Phänomene. Auch in Anwendung auf die planetarischen Bewegungen konnte Newtons Mechanik die tatsächlichen Bewegungen angemessen erfassen und mathematisch exakt beschreiben. Descartes gefülltes Universum war einfach zu dicht und Leibniz' Raum hatte als bloße Lagebeziehung zu wenig Struktur, als daß sie mathematisch darstellbare, dynamische Bewegungsgleichungen ermöglichten, die den Phänomenen gerecht werden konnten.

2.4. Die transzendentale Wendung

Mit dem Siegeszug der newtonschen Physik wird im Laufe des 18. Jahrhunderts auch der Begriff des absoluten Raumes physikalisch allgemein akzeptiert, doch erweist es sich als schwierig, seine Notwendigkeit und reale Existenz über die operative Bedeutung als Hintergrund der dynamischen Bewegungen hinaus auch physikalisch plausibel zu machen. Leonhard Euler z.B. versucht unter Ausnutzung des Zusammenhangs von Trägheitsbewegung und absolutem Raum die Notwendigkeit des absoluten Raums auf den Satz vom zureichenden Grunde zurückzuführen. Für einen Körper, auf den keine äußeren Kräfte einwirken, kann kein Grund angegeben werden, warum er sich eher in die eine, statt in alle anderen Richtungen bewegen sollte. Deshalb ist das Trägheitsgesetz eine logische Notwendigkeit und mit ihm der absolute Raum als Zustand absoluter Ruhe. Eine ähnliche Argumentation findet sich bei D'Alembert, so daß Jammer feststellt: „Es war eine ziemlich allgemeine Annahme jener Zeit, daß sich mit Hilfe des Satzes vom zureichenden Grunde das Trägheitsgesetz und damit indirekt die Existenz des absoluten Raumes beweisen lasse."[87]

Immanuel Kant hat seit dem Beginn seines Philosophierens an der Diskussion um den absoluten Raum lebhaften Anteil genommen. Anfangs verteidigt er, in vollem Bewußtsein, damit im Widerspruch zur herrschenden Schulmeinung zu stehen, mit aller Entschiedenheit den Grundsatz der Relativität aller Bewegung: „Ich soll niemals sagen: Ein Körper ruht, ohne dazu zu setzen, in Ansehung welcher Dinge er ruhe, und niemals sprechen, er bewege sich, ohne zugleich die Gegenstände zu nennen, in Ansehung deren er seine Beziehung ändert."[88]

---

[87] M. JAMMER, Das Problem des Raumes, 142.
[88] I. KANT, Neuer Lehrbegriff der Bewegung und Ruhe und der damit verknüpften Folgerungen in den ersten Gründen der Naturwissenschaft (1758), in: Kant's gesammelte Schriften,

Unter dem Einfluß Eulers und dem Eindruck der Exaktheit der newtonschen Physik aber gibt Kant das Prinzip der Relativität aller Bewegung zunächst auf, um es erst auf dem Boden seiner kritischen Transzendentalphilosophie neu zu begründen. In der kleinen Schrift *Von dem ersten Grunde des Unterschiedes der Gegenden im Raume* (1768)[89] versucht Kant, Euler an die Seite zu treten und ein von dynamischen Begründungen unabhängiges Argument für den absoluten Raum zu entwickeln, das er in der Chiralität ('Händigkeit') asymmetrischer dreidimensionaler Gegenstände (z.B. der rechten und linken Hand) gefunden zu haben meint. Ein asymmetrischer räumlicher Gegenstand ist mit seinem Spiegelbild durch keine Operation im Raum zur Deckung zu bringen. Kant sieht darin die Notwendigkeit der Annahme absoluter, nicht durch andere Körper repräsentierter Ausrichtungen im Raum begründet, da für die trotz gleicher Größe und Form zweier Körper bestehende Unterschiedenheit bei Spiegelbildlichkeit ein innerer Grund angegeben werden muß. Dieser kann wegen der spiegelbildlichen Symmetrie nicht aus den Lagen der Teile der Materie gegeneinander erschlossen werden, sondern nur durch den Rückgriff „auf den *absoluten* und *ursprünglichen Raum*"[90].

In der *Kritik der reinen Vernunft* und den *Prolegomena* versucht Kant dann aber, durch die Bestimmung der transzendentalen Idealität des Raums den Rückgriff auf kosmologische oder empirische Argumente für den Raumbegriff zu überwinden und ihn erkenntnistheoretisch zu verankern. Zeit und Raum sind Formen der sinnlichen Anschauung, die alle mögliche Erfahrung strukturieren. Zur genaueren Analyse des Raumbegriffs führt Kant vier metaphysische und eine transzendentale Bestimmung an. Die vier metaphysischen, d.h. den Begriff als a priori gegebenen erläuternden Bestimmungen lauten: „1) Der Raum ist kein empirischer Begriff, der von äußeren Erfahrungen abgezogen worden [gegen Newton]. ... 2) Der Raum ist eine notwendige Vorstellung a priori, die allen äußeren Anschauungen zum Grund liegt. ... 3) Der Raum ist kein discursiver oder, wie man sagt, allgemeiner Begriff von Verhältnissen der Dinge überhaupt, sondern eine reine Anschauung [gegen Leibniz]. ... 4) Der Raum wird als ei-

---

hg. von der Königlich Preußischen Akademie der Wissenschaften, Erste Abtheilung: Werke, Bd.2, 1912, 13–25, 17.

[89] DERS., Von dem ersten Grunde des Unterschiedes der Gegenden im Raume (1768), aaO., 375–383, 378. Vgl. dazu P. JANICH, Das Maß der Dinge. Protophysik von Raum, Zeit und Materie, 1997, 106–109.

[90] I. KANT, Von dem ersten Grunde des Unterschiedes der Gegenden im Raume (1768), 383.

ne unendliche *gegebene* Größe vorgestellt."[91] In transzendentaler Hinsicht, d.h.
als Prinzip der Möglichkeit von Erkenntnis a priori, ist der Raum als „Form des
äußeren *Sinnes*"[92] zu bestimmen, durch welche auch die Möglichkeit der Geometrie als einer synthetischen Erkenntnis a priori, die sich in apodiktischen,
d.h. als notwendig wahr bewußten Sätzen äußert, einsichtig wird[93]. Dem Raum
eignet damit „*Realität* (d.i. die objective Gültigkeit)", die Kant sogar als „*empirische Realität*"[94] bezeichnet, weil er alle mögliche äußere Erfahrung konstituiert. Er stellt aber zugleich eine transzendentale *Idealität* dar, insofern er nicht
selbst Gegenstand der äußeren Wahrnehmung sein kann, sondern bloß die *Form
reiner Anschauung* der Gegenstände ist[95].

Während die Zeit dem inneren Sinn zugeordnet ist, gehört der Raum zum
äußeren Sinn. *In* diesem Raum werden die Gegenstände angeschaut: die räumliche Form der sinnlichen Anschauung ist das, „darin Gegenstände als außer uns
angeschaut werden"[96]. Das ‚Behälter-Bild' des Raumes, so wie es die newtonsche Physik voraussetzt, wird vom transzendentalen Begriff des Raums erst
abgeleitet und konstruiert durch einen Schematismus der reinen Einbildungskraft, und dieser Raum, der die zugleich nebeneinander existierenden Gegen-

---

[91] DERS., Kritik der reinen Vernunft. Zweite Auflage 1787, in: Kant's gesammelte Schriften,
hg. von der Königlich Preußischen Akademie der Wissenschaften, Erste Abtheilung: Werke,
Bd.3, 1911, 52f. (B38f.).
[92] AaO., 54 (B41).
[93] Kant spricht nur von ‚Geometrie' und bezeichnet sie nicht näher als ‚euklidisch', existiert
doch zu seiner Zeit auch noch keine entwickelte nicht-euklidische Geometrie. *Die* Geometrie
ist die auf der Grundlage von Euklid aufgebaute. Daß Kant in den Zusammenhängen der euklidischen Geometrie denkt, wird an den von ihm verwendeten Beispielen deutlich. Als einen
Grundsatz der reinen Geometrie führt Kant den Satz an, daß „die gerade Linie zwischen zwei
Punkten die kürzeste sei" (aaO., 38 (B16)), und die Notwendigkeit der Behauptung, „daß zwischen zwei Punkten nur eine gerade Linie sei" (DERS., Kritik der reinen Vernunft (1. Aufl.)
1781, in: Kant's gesammelte Schriften, hg. von der Königlich Preußischen Akademie der Wissenschaften, Erste Abtheilung: Werke, Bd.4, 1911, 1–252, 32 (A24)), und als Beispiele für
apodiktische geometrische Sätze gelten: „der Raum hat nur drei Abmessungen" (DERS., Kritik der reinen Vernunft. Zweite Auflage, 54 (B41)), oder der für sphärisch gekrümmte Flächen
nicht zutreffende Satz, „daß durch zwei Linien sich gar kein Raum einschließen lasse, mithin keine Figur möglich sei" (aaO., 68 (B65)). Von daher wird man zumindest indirekt darauf
schließen können, daß Kant „den Raum mit der euklidischen Metrik und der üblichen topologischen Zusammenhangsform" (B. KANITSCHEIDER, Philosophie und moderne Physik, 1979,
419, Anm. 223) bei unendlicher Erstreckung in drei Dimensionen gemeint hat.
[94] I. KANT, Kritik der reinen Vernunft. Zweite Auflage, 56 (B44).
[95] Vgl. auch aaO., 297, Anm. (B457): „Der Raum ist bloß die Form der äußeren Anschauung
(formale Anschauung), aber kein wirklicher Gegenstand, der äußerlich angeschaut werden
kann."
[96] AaO., 55 (B43).

stände enthält, ist das *Bild* für den reinen Begriff des Raumes: „Das reine Bild aller Größen (quantorum) vor dem äußeren Sinne ist der Raum"[97]. Er ist das *Ganze* und nicht aus Teilen zusammengesetzt, sondern dieselben in sich schließend. Man kann sich deshalb „nur einen einigen Raum vorstellen, und wenn man von vielen Räumen redet, so versteht man darunter nur Theile eines und desselben alleinigen Raumes"[98]. Die geometrischen Gegenstände als extensive Größen werden nun durch sukzessive Konstruktion innerhalb des Raumes als des reinen Quantums entwickelt. „Ich kann mir keine Linie, so klein sie auch sei, vorstellen, ohne sie in Gedanken zu ziehen, d.i. von einem Punkte alle Theile nach und nach zu erzeugen"[99]. Dies geschieht im empirischen Bewußtsein a priori durch die „successive Synthesis der productiven Einbildungskraft"[100].

Als transzendentale Idealität hat der Raum keine Existenz, keine Realität an sich. Würde man den reinen Begriff des Raumes zum objektiven Begriff für den Welt-Raum des Kosmos machen, so verwickelte sich die Vernunft in einen Selbstwiderspruch bei dem Versuch zu entscheiden, ob dieser Raum endlich oder unendlich sei. Der newtonsche, durch die euklidische Geometrie strukturierte Begriff des Raums bleibt eine apriorische transzendentale Idealität und kann nicht selbst zum Gegenstand der Vorstellung gemacht und etwa mit dem Bild des Welt-Raums verwechselt werden.

In den *Metaphysischen Anfangsgründen* führt Kant seine Gedanken weiter und versucht, die Verbindung zwischen empirischem Inhalt und transzendentaler Form deutlicher zu bestimmen. Es gelingt ihm, den Begriff des absoluten Raums so zu fassen, daß zugleich die Relativität *aller* wirklichen Bewegung damit ausgesagt wird. Er unterscheidet nun im Anschluß an Newton zwischen dem materiellen oder relativen Raum, der selbst beweglich ist, und dem reinen oder absoluten Raum als Idee, „in welchem alle *Bewegung* zuletzt gedacht werden muß"[101]. „Der absolute Raum ist also nicht als ein Begriff von einem wirklichen Object, sondern als eine Idee, welche zur Regel dienen soll, alle Bewegung zu ihm blos als relativ zu betrachten, nothwendig, und alle Bewegung und Ruhe muß auf den absoluten Raum reducirt werden, wenn die Erscheinungen derselben in einen bestimmten Erfahrungbegriff (der alle Erscheinungen vereinigt) verwandelt werden soll."[102] Der absolute Raum ist also kein Gegen-

---

[97] AaO., 137 (B182).
[98] AaO., 53 (B39).
[99] AaO., 149 (B203).
[100] AaO., 150 (B204).
[101] DERS., Metaphysische Anfangsgründe der Naturwissenschaft (1786), in: Kant's gesammelte Schriften, Erste Abtheilung: Werke, Bd.4, 465–565, 480.
[102] AaO., 560.

stand der Erfahrung, sondern logischer Vernunftbegriff und meint „die *logische Allgemeinheit* irgend eines Raumes, mit dem ich jeden empirischen als darin eingeschlossen vergleichen kann"[103]. Diese *logische* Allgemeinheit darf nicht mit *physischer* Allgemeinheit verwechselt werden.

Wir halten an dieser Stelle fest, daß damit eine Klarheit der Begrifflichkeit gewonnen ist, die auch bei der Analyse von Raum und Zeit in der Relativitätstheorie noch fruchtbar gemacht werden kann. Raum und Zeit im transzendentalen Sinne als ‚reine Formen der Anschauung' bleiben auch im Rahmen der Relativitätstheorie als logische Zuordnung der Phänomene unter den Gesichtspunkten des Nebeneinander und Nacheinander in Geltung, ja die allgemeine Relativität aller Bewegung erhält nur vor diesem Hintergrund ihren Sinn. Das werden wir im nächsten Kapitel ausführlicher erörtern. Zuvor jedoch soll noch die weitere Entwicklung der physikalischen und mathematischen Begrifflichkeit bis zur Entstehung der Relativitätstheorie vorgeführt werden.

2.5. *Der Begriff des Inertialsystems*

Auffallend ist, daß zwar die prinzipielle Notwendigkeit der Annahme eines absoluten Raums im 18. Jahrhundert allgemein akzeptiert wird, seine physikalische Relevanz jedoch immer mehr zurücktritt, je deutlicher es wird, daß er weder empirisch nachweisbar noch unabhängig vom Trägheitsgesetz von Bedeutung ist. Euler, Lagrange und Hamilton geben der newtonschen Mechanik eine analytische Darstellung, die die Bewegungsgesetze nicht mehr wie bei Newton selbst über geometrische Konstruktionen herleitet, sondern aus Differentialgleichungen entwickelt. Es gelingt, der newtonschen Mechanik eine solche mathematische Form zu geben, daß die Dynamik eines materiellen Systems durch eine einzige Funktion, die Hamilton-Funktion, dargestellt werden kann. Es zeigt sich, daß die Entwicklung eines dynamischen Systems als eine Funktion der sogenannten kanonischen Variablen, der Koordinate q und des Impulses p, vollständig beschrieben werden kann. Durch Ableitung der Hamilton-Funktion $H(p,q)$ nach p bzw. q erhält man jeweils die zeitliche Änderung der anderen Größe, die kanonischen Gleichungen. Die hamiltonsche Formulierung wird mit Erfolg auch auf die Theorie der Elektrizität und des Magnetismus angewendet. Durch zusätzliche statistische Überlegungen und Theorien gelingt es im 19. Jahrhundert sogar, das Verhalten der Gesamtheit einer großen Anzahl frei beweglicher materieller Teilchen in der kinetischen Gastheorie zu beschreiben und so den Anschluß an die Wärmetheorie zu finden. Die kanonischen Glei-

---

[103] AaO., 482.

chungen sind streng deterministisch und reversibel. Werden die Impulsvektoren der materiellen Teilchen in ihrer Richtung genau umgedreht, läuft das Geschehen so ab, als ob man die Zeit umgekehrt hätte. Die Bewegungsgleichungen sind weiterhin lineare Differentialgleichungen. Je genauer die Kenntnis eines gegebenen Zustands im Rahmen von Meßungenauigkeiten bekannt ist, um so genauer lassen sich vergangene oder zukünftige Zustände berechnen.

In dieser Darstellung erweisen sich diese Grundgleichungen als invariant gegen die sogenannte Galilei-Transformation, durch die die Koordinaten gegeneinander mit der Geschwindigkeit *v* gradlinig-gleichförmig bewegter Bezugssysteme aufeinander abgebildet und ineinander umgerechnet werden können:

$$x' = x - \nu_x t$$
$$y' = y - \nu_y t$$
$$z' = z - \nu_z t^{104}.$$

Es liegt deshalb nahe, den physikalischen Sinn des newtonschen absoluten Raumes darauf zu reduzieren, daß unter Verzicht auf den Begriff eines realen absoluten Raums diejenige Klasse von Bezugssystemen als grundlegend bestimmt wird, in denen das newtonsche Trägheitsgesetz gültig ist und zwischen denen mit Hilfe der Galileitransformationen die Bewegungen der betrachteten Körper formerhaltend umgerechnet werden können. Ludwig Lange hat diesen Schritt 1885 getan und diejenigen Bezugssysteme ‚Inertialsysteme‘ (von lat. inertia, Trägheit) genannt, denen gegenüber die newtonschen Bewegungsgesetze invariant sind und in denen die Bahnen kräftefrei sich bewegender Körper gerade Linien darstellen[105]. In den newtonschen Axiomen, so Lange, heißt es von den Trägheitsbewegungen nur, daß sie gradlinig und gleichförmig sind, es wird aber nicht gesagt, in Bezug auf *welchen Raum* sie gradlinig und in Bezug auf *welche Zeit* sie gleichförmig seien. Die Schwierigkeit ist offensichtlich: „Kein gegebenes materielles Object im Weltall ist geeignet, in allen Fällen zum Bezugsobjecte des Trägheitsgesetzes zu dienen."[106] Newton hat seine Antwort zwar an anderer Stelle in den Principia mit dem Hinweis auf den absoluten Raum und die absolute Zeit gegeben, doch ein solches ‚Gespenst‘, so Lange, kann „nun und nimmermehr zur Grundlage einer exacten Wissenschaft gemacht werden"[107]. Allerdings gelang es bis dato niemandem, etwas besseres an dessen

---

[104] Die meist stillschweigend vorausgesetzte Gleichsetzung der Zeitkoordinate in den verschiedenen Galileisystemen impliziert die Möglichkeit einer instantanen Kraftübertragung. Damit sollte erst die Relativitätstheorie brechen.

[105] L. LANGE, Über das Beharrungsgesetz, Ber. über die Verhandlungen der Königlich Sächsischen Gesellschaft der Wiss. zu Leipzig. Math.-Phys. Classe, Bd.37 (1885), 333–351.

[106] AaO., 334.

[107] Ebd.

Stelle zu setzen. Zur dynamischen Beschreibung von Bewegung ist der Physiker nach wie vor gezwungen, *absolute* von *relativer* Bewegung zu unterscheiden.

Durch den Begriff des ‚Trägheitssystems' aber will Lange die Idee eines absoluten Raums durch einen physikalisch vollgültigen Ersatz überflüssig machen. Lange geht davon aus, daß, wenn drei Massepunkte aus einem gemeinsamen Ursprung in verschiedene Richtungen herausgeschleudert und dann sich selbst überlassen werden, die drei geraden, kräftefreien Linien, auf denen sie sich bewegen, die Achsen eines Koordinatensystems definieren, in Bezug auf das Newtons Trägheitsgesetz gültig ist. Auch die gültige Zeitskala für Trägheitsbewegungen definiert Lange über die Trägheitsbewegung eines Punktes: „‚Inertialzeitscala' heisst eine jede Zeitscala, in Bezug auf welche *ein* sich selbst überlassener auf ein Inertialsystem bezogener Punkt … gleichförmig fortschreitet."[108]

Langes Begriff des ‚Inertialsystems' wird von seinen Zeitgenossen als gelungene Grundlegung der Mechanik begrüßt und allgemein als tragfähiger Grundbegriff der Physik aufgenommen. Seeliger wendet ihn auf die in der Astronomie verwendeten Bezugssysteme an und stellt fest, daß das astronomische Fundamentalsystem (heute meist ‚Laborsystem' genannt), das so definiert ist, daß die durchschnittliche Drehbewegung der Galaxien ihm gegenüber in Ruhe ist, eine gute Näherung eines Inertialsystems darstellt[109]. Er bestimmt die Abweichung von einem idealen Trägheitssystem mit weniger als 2 Bogensekunden pro Jahrhundert.

2.6. Raum und Geometrie

Parallel zu dieser Entwicklung beginnt die Mathematik, Räume zu entwickeln, die nicht der euklidischen Geometrie gehorchen und die Gleichberechtigung verschiedener, in ihrer Metrik unterschiedlicher Typen von Raumgeometrien auch jenseits anschaulicher Vorstellbarkeit zu diskutieren. Da das Konzept nicht-euklidischer Geometrien für die Raumzeit der allgemeinen Relativitätstheorie von entscheidender Bedeutung und für das Verständnis des Standardmodells der heutigen Kosmologie unverzichtbar ist, wenden wir uns der Entwicklung nicht-euklidischer Geometrien an dieser Stelle genauer zu[110].

---

[108] AaO., 338.
[109] H. SEELIGER, Über die sogenannte absolute Bewegung, SBAW (1906), 85, nach: M. JAMMER, Das Problem des Raumes, 157.
[110] Vgl. die einführende Darstellung bei H. MEHRTENS, Moderne - Sprache - Mathematik, 1990, 42–60.

Schon seit langem wurde vermutet, daß das 5. Axiom der Elemente Euklids[111], das sogenannte Parallelenaxiom, zum Beweis der ersten 28 Theoreme Euklids nicht notwendig ist. In einfacher Formulierúng besagt es, daß durch einen gegebenen Punkt einer Ebene eine und nur eine Parallele zu einer gegebenen, nicht durch diesen Punkt gehenden Gerade gezogen werden kann. Verschiedene Versuche, dieses Postulat umgekehrt aus den übrigen euklidischen Axiomen herzuleiten, schlugen allerdings ebenfalls fehl. Zum Beweis seiner Unverzichtbarkeit versuchte man meist, eine dem Parallelenaxiom entgegengesetzte Annahme einzuführen und dann einen Widerspruch herzuleiten. In der ersten Hälfte des 19. Jahrhunderts aber wird allmählich klar, daß seine Negation nicht notwendig zu Widersprüchen mit den anderen Postulaten führt, und es stellt sich die Frage, ob andere, konsistente nicht-euklidische Geometrien möglich seien und ob der physikalische Erfahrungsraum wirklich exakt euklidische Struktur zeige oder nicht.

Carl Friedrich Gauss hat als erster bestritten, daß die euklidische, auf der Gültigkeit des Parallelenaxioms beruhende Geometrie sich vor anderen als die wahre auszeichnen ließe. Er versucht Kriterien für eine empirische Entscheidung der Frage nach der tatsächlich geltenden Geometrie zu finden und macht praktische Versuche dazu. So ist er der erste, der ein großes Dreieck auf der Erdoberfläche ausmißt und versucht, eine Abweichung der Winkelsumme von 180° zu finden. Unter großen Mühen vermißt er mittels Lichtstrahlen das durch den Brocken, den Hohen Hagen und den Inselberg gebildete Dreieck, kann aber im Rahmen der Meßgenauigkeit keine Abweichung von der euklidischen Struktur feststellen[112]. Trotzdem ist er von der Gültigkeit der von ihm entwickelten nicht-euklidischen (oder, wie er selbst sie nannte, ‚anti-euklidischen‘) Geometrien überzeugt und davon, daß sich die Notwendigkeit der euklidischen Geometrie logisch nicht beweisen läßt, auch wenn das Experiment die Euklidizität des Erfahrungsraums zu bestätigen scheint. Es sind allein die Angst vor dem ‚Lärm und Geschrei der Dummköpfe‘, die ihn zurückhalten, diese Einsichten zu veröffentlichen[113].

---

[111] EUCLIDES, Die Elemente, 2f.

[112] Auch Lobatschewskys Versuch, die Winkel eines Dreiecks auszumessen, dessen Basis der Durchmesser der Erdbahn und dessen Spitze der Sirius bildete, brachte keine Entscheidung, weil noch keine exakte Bestimmung der Parallaxe bei Fixsternen gelungen war (vgl. N. LOBATSCHEWSKY, Zwei geometrische Abhandlungen, übers. von F. ENGEL, 1898).

[113] Vgl. M. JAMMER, Das Problem des Raumes, 165.

Gauss entwickelt seine Analyse nicht-euklidischer Räume anhand der Untersuchung gekrümmter Flächen[114]. Aufgrund seiner Beschäftigung mit Geodäsie und Kartographie stellt er sich die Frage, ob und wie sich die Eigenschaften gekrümmter Flächen mathematisch darstellen lassen ohne Bezug auf einen sie einbettenden dreidimensionalen Raum. Es gelingt Gauss, dieses Problem in seiner Allgemeinheit zu lösen und einen Begriff der intrinsischen Krümmung einer Fläche zu entwickeln (die Gauss'sche Krümmung). Gauss definiert zwei Kurvenscharen u und v auf beliebig gekrümmten Flächen, die Gauss'schen Koordinaten, die die gewöhnlichen cartesischen Koordinaten ersetzen. Von diesen Koordinaten wird nichts weiter verlangt, als daß sie beliebig dicht gelagert werden können (und so ein affin zusammenhängendes Kontinuum bilden), daß jede u-Kurve von jeder v-Kurve in nur einem Punkt geschnitten wird und daß alle u-Kurven und alle v-Kurven jeweils untereinander keinen Punkt gemeinsam haben. So läßt sich jedem Punkt der Fläche ein bestimmter u- und ein bestimmter v-Wert eindeutig zuordnen.

Mit Hilfe dieser Koordinaten gelingt es Gauss, das sogenannte Linienelement zu definieren, das durch die Krümmung der Fläche in jedem Punkt bestimmt wird und den infinitesimalen Abstand zweier benachbarter Punkte darstellt. Da im infinitesimal Kleinen einer gekrümmten Fläche die euklidische Geometrie gilt[115], ergibt sich durch Anwendung des Satzes von Pythagoras als infinitesimaler Abstand zweier benachbarter Punkte $ds^2 = g_{11}du^2 + 2g_{12}du\,dv + g_{22}dv^2$, wobei die Größen g_{11}, g_{12}, g_{22} die Komponenten der Krümmung in der betrachteten Umgebung in den verschiedenen Richtungen der Fläche darstellen. Durch die Angabe des Linienelements werden also die geometrischen Eigenschaften der Fläche bestimmt, ihr wird eine sogenannte Metrik aufgeprägt.

Bernhard Riemann verallgemeinert dann in seiner Habilitationsschrift, die er im Alter von 28 Jahren schreibt, die Gauss'sche Geometrie für n-dimensiona-

---

[114] C.F. Gauss, Allgemeine Flächentheorie (Disquisitiones generales circa superficies curvas) (1827), dt. hg. von A. Wagerin, 1889, repr. Nachdr. in: C.F. Gauss/B. Riemann/H. Minkowski, Gaußsche Flächentheorie, Riemannsche Räume und Minkowski-Welt (Teubner-Archiv zur Mathematik 1), hg. von J. Boehm u.a., 1984, 15–51.

[115] Nach Gauß kann z.B. die Oberfläche einer Kugel als durch unendlich kleine euklidische Flächen zusammengesetzt gedacht werden. Das legt sich dadurch nahe, daß etwa die Summe des Innenwinkels eines Dreiecks auf einer Kugel sich 180° umso stärker nähert, je kleiner das betrachtete Dreieck im Vergleich zur gesamten Kugeloberfläche ist.

le Mannigfaltigkeiten[116]. Er ersetzt den Begriff des Raumes durch den allgemeinen „Begriff ausgedehnter Größen", wobei der reale Raum „nur einen besonderen Fall einer dreifach ausgedehnten Größe bildet"[117]. Diesen allgemeinen Begriff findet Riemann in dem einer mehrfach ausgedehnten Mannigfaltigkeit, für die er allgemeine Maßbestimmungen entwickelt. Er verallgemeinert dann die Gauss'sche Krümmung zu einem mit den Koordinaten veränderlichen Krümmungsmaß dieser n-dimensionalen Mannigfaltigkeit und gibt das allgemeine Linienelement an mit $ds^2 = \sum_{\mu\nu} g_{\mu\nu}\, dx^\mu\, dx^\nu$ an, wobei μ und ν jeweils über 1, 2, ..., n zu summieren sind, je nach Anzahl der Dimensionen. Die geometrische Struktur des riemannschen Raums ist erst dann bestimmt, wenn die Koeffizienten $g_{\mu\nu}$, die die Krümmung in Abhängigkeit von den Koordinaten bestimmen, bekannt sind.

Riemann unterscheidet am Ende seiner Untersuchung zwischen *Unbegrenztheit* und *Unendlichkeit*: „Bei der Ausdehnung der Raumconstructionen in's Unmessbargroße ist Unbegrenztheit und Unendlichkeit zu scheiden; jene gehört zu den Ausdehnungsverhältnissen, diese zu den Massverhältnissen."[118] In diesem Zusammenhang erwägt Riemann schon die Möglichkeit einer sphärischen Krümmung der realen Welt, die dann zwar räumlich unbegrenzt, nicht aber unendlich wäre und einer nicht-euklidischen Metrik gehorchen würde. Die immer weiter mögliche Ausweitung räumlicher Gebiete der Wahrnehmung wird durch die Erfahrung fortwährend bestätigt, so daß die *Unbegrenztheit* des Raumes „eine grössere empirische Gewissheit besitzt, als irgend eine äußere Erfahrung"[119]. Daraus folgt jedoch nicht die *Unendlichkeit* des Raumes, denn wenn man eine konstante positive Krümmung voraussetzt, ist er notwendig endlich. Allerdings bezeichnet Riemann diese Betrachtungen über das ‚Unmeßbargroße' noch als „für die Naturerklärung müssige Fragen"[120]. Erst Einsteins allgemeine Relativitätstheorie wird ihnen einen physikalischen Sinn geben und in ihrer kosmologischen Anwendung darauf zurückkommen.

In den Schlußabschnitten stellt Riemann noch Gedanken an über den ‚innern Grund der Maßverhältnisse des Raumes'. Sollte es sich beim empirischen Raum nicht um ein Kontinuum handeln, sondern „das dem Raum zu Grunde lie-

[116] B. RIEMANN, Über die Hypothesen, welche der Geometrie zugrunde liegen (1854), in: DERS., Ges. mathematische Werke, wissenschaftlicher Nachlaß und Nachträge. Collected papers, nach der Ausg. von H. WEBER u.a. neu hg. von R. NARASIMHAN, 1990, 304–319.
[117] AaO., 304.
[118] AaO., 316.
[119] Ebd.
[120] AaO., 317

gende Wirkliche eine discrete Mannigfaltigkeit bilden"[121], so wäre das Prinzip
der Maßverhältnisse schon in dem Begriff dieser Mannigfaltigkeit gegeben[122].
Im anderen Fall einer stetigen Mannigfaltigkeit aber muß das die inneren Maßverhältnisse des Raumes bestimmende Prinzip zusätzlich hinzukommen, so daß
Riemann sich gegen die Vorstellung ausspricht, „daß die Metrik des Raumes
unabhängig von den in ihm sich abspielenden physischen Vorgängen festgelegt
sei und das Reale in diesen metrischen Raum wie in eine fertige Mietskaserne
einziehe"[123]. Auch auf diese Andeutung wird die Relativitätstheorie zurückkommen[124].

Parallel zur mathematischen Entwicklung wird die a priorische Geltung der
euklidischen Geometrie unter Hinweis auf die subjektinterne Erzeugung der
Raumvorstellung in physiologischen Wahrnehmungstheorien bei Hermann von
Helmholtz in Frage gestellt. Zwar ist für ihn die räumliche Ausdehnung als
reine Anschauung in der apriorischen Konstitution des Wahrnehmungsappa-
rates begründet, über ihre geometrische Gestalt aber wird rein empirisch entschieden. Die Axiome der euklidischen Geometrie jedenfalls seien keinesfalls
als apriorisch gewiß zu setzen. Helmholtz untersucht vor allem die Wahrnehmung von Farben (Farbenraum beim Dreifarbensehen) und Tönen und versucht
auf physiologisch-psychologischer Grundlage den Begriff des Raumes als Anschauungsform unter Aufnahme kantischer Terminologie auch hier in Anwendung zu bringen. Dazu legt er aber nicht wie Kant den dreidimensionalen Raum
der euklidischen Geometrie als unhintergehbare Anschauungsform zugrunde,
sondern versucht unter Einbeziehung seiner optisch-empirischen Erkenntnisse
den Raumbegriff tiefer zu begründen über den Distanzbegriff (Abstand) und

---

[121] AaO., 318.

[122] Weyl vermutet von dieser Möglichkeit, daß „in ihr vielleicht einmal die endgültige Antwort auf das Raumproblem enthalten sein wird" (H. WEYL, Erläuterungen zu B. Riemann:
Über die Hypothesen, welche der Geometrie zugrunde liegen (1919), in: B. RIEMANN, Ges.
mathematische Werke, wissenschaftlicher Nachlaß und Nachträge, 739–768, 767). Das ist wohl
als Hinweis auf die grundlegend diskrete Struktur der bis heute nicht mit der allgemeinen Relativitätstheorie zu einer wirklichen Einheit verbundenen Quantentheorie gedacht.

[123] B. RIEMANN, Über die Hypothesen, welche der Geometrie zugrunde liegen, 318.

[124] So nimmt HERMANN WEYL diese Aussage Riemanns auf, um das Verhältnis von Materie
und Raum im Rahmen der allgemeinen Relativitätstheorie zu veranschaulichen: „Das Wirkliche
zieht in den Raum nicht ein wie in eine rechtwinklig-gleichförmige Mietskaserne, an welcher
all sein wechselvolles Kräftespiel spurlos vorübergeht, sondern wie die Schnecke baut und
gestaltet die Materie selbst sich dieses Haus." (Mathematische Analyse des Raumproblems,
1923, 44)

die freie Beweglichkeit von konstant gehaltenen Abständen (Meßkörpern) und damit die Geometrien der beschriebenen Räume variabel zu halten[125].

Für den physikalischen Raum geht Helmholtz aus von der über Evidenz begründeten Feststellung, daß es frei bewegliche, endlich ausgedehnte, starre Körper gibt. Helmholtz gibt deshalb Newton recht, der, wie wir oben sahen, die Geometrie in der mechanischen Praxis gründete und als Kunst des Messens auffaßte[126]. Der Begriff des Raumes muß auf grundlegendere Begriffe zurückgeführt werden als die Axiome der euklidischen Geometrie, die ihre apriorische Gültigkeit nur durch eine scheinbare Evidenz begründen, die aus der Alltagserfahrung im ebenen Raum gewonnen ist. Auch die geometrische Struktur des Anschauungsraumes, wie Kant ihn analysiert, ist „eine empirische, durch Häufung und Verstärkung gleichartig wiederkehrender Eindrücke, in unserem Gedächtnis gewonnene Kenntnis, keine transzendentale und vor aller Erfahrung gegebene Anschauungsform"[127]. Kants Auffassung von a priori gegebenen Formen räumlicher Anschauung ist allein in der Hinsicht zutreffend, daß es grundlegende Formen von Anschauung überhaupt gibt, „aber diese Formen müssen inhaltsleer und frei genug sein, um jeden Inhalt, der überhaupt in die betreffende Form der Wahrnehmung eintreten kann, aufzunehmen", die Axiome der euklidischen Geometrie aber beschränken die mögliche Erfahrung auf unangemessene Weise: „Hier ist Kant in seiner Kritik nicht kritisch genug gewesen"[128].

Als grundlegender als die aus der Alltagserfahrung gewonnenen Begriffe sieht Helmholtz den Begriff der Ausdehnung bzw. Distanz und die Konstruktion bestimmter symmetrieerhaltender Operationen an, wie Translation, Rotation u.a., da sie die Voraussetzungen für jede empirische Messung der Verhältnisse im Raum bilden. Denn um Abstände messen zu können, muß man auf Maßstäben Längeneinheiten abtragen und dann die Maßstäbe beliebig im Raum bewegen können, um Kongruenzen zwischen Strecken feststellen zu können. Nur starre Körper, bei denen sich der relative Abstand der Längeneinheiten bei freier Bewegung im Raum nicht ändert, kommen dafür in Betracht. Helmholtz geht davon aus, daß physikalisch nicht verformbare Körper als hinreichend starre Maßstäbe gelten können, da sie „zu jeder Zeit und an jedem Ort und nach jeder

---

[125] H. VON HELMHOLTZ, Über die tatsächlichen Grundlagen der Geometrie (1866–1869), in: DERS., Abh. zur Philosophie und Geometrie (Studientexte Philosophie 1), hg. und eingel. von S. GEHLHAAR, 1987, 108–112; DERS., Über den Ursprung und die Bedeutung der geometrischen Axiome (1868/69), aaO., 113–132; DERS., Die Tatsachen in der Wahrnehmung (1878), aaO., 133–171.

[126] Vgl. die Hinweise oben S.22.

[127] DERS., Über den Ursprung und die Bedeutung der geometrischen Axiome, 132.

[128] DERS., Die Tatsachen in der Wahrnehmung,171.

Drehung aneinander gelegt, immer wieder dieselben Kongruenzen zeigen, wie
vorher", eine Feststellung, die sich „auf rein geometrischem Wege, ohne mechanische Betrachtungen hinzuzunehmen, gar nicht entscheiden"[129] läßt. Entschieden gegen Riemann spricht Helmholtz von den ‚Tatsachen' in der Geometrie, mit deren Hilfe er die Frage beantworten will: „Wieviel von den Sätzen der
Geometrie hat objectiv gültigen Sinn?"[130]

Aus den physikalisch bestimmten Bedingungen der Möglichkeit empirischer Geometrie entwickelt Helmholtz dann diejenigen strukturellen Voraussetzungen, denen so etwas wie geometrisch bestimmbarer Raum überhaupt ge-
nügen muß. Helmholtz gelingt es, diese Voraussetzungen an minimaler Struktur
begrifflich zu explizieren und erhält, indem er die ‚physikalische Tatsache' der
freien Beweglichkeit fester Körper für seine ‚physische Geometrie' zugrundelegt, den Fall homogener dreidimensionaler riemannscher Mannigfaltigkeiten
mit konstanter Krümmung.

Diese und weitere mathematische Überlegungen am Ende des 19. Jahrhunderts führen zu der Einsicht, daß unter der Voraussetzung der großräumigen
Homogenität und Isotropie des wirklichen Raums des Kosmos nur drei verschiedene Typen von Geometrien möglich sind: Entweder ist die Riemann'sche
Krümmung überall 0, dann ist der Raum euklidisch flach, oder sie ist eine positive Konstante, dann ist der Raum sphärisch (kugelförmig) gekrümmt, oder sie
ist eine negative Konstante und der Raum ist hyperbolisch gekrümmt[131]. Jedes
Mal ist der Raum unbegrenzt, doch im zweiten Fall positiver Krümmung ist
er zusätzlich auch endlich! Lokal gilt auch im 1. und 3. Fall bei hinreichend
kleinen Abmessungen näherungsweise die euklidische Geometrie.

2.7. Das Machsche Prinzip

Mit dem Ende des 19. Jahrhunderts, so stellten wir fest, wird die Einsicht un-
abweisbar, daß der absolute Raum sich jeder empirischen Feststellung entzieht.
In aller Deutlichkeit hat deshalb Ernst Mach gefordert, die Mechanik auf eine neue Grundlage zu stellen, so daß auf alle unbeobachtbaren Größen bei der

---

[129] DERS., Über den Ursprung und die Bedeutung der geometrischen Axiome, 131.

[130] DERS., Die Tatsachen in der Wahrnehmung, 133.

[131] „Der Raum ist Form der Erscheinungen und, sofern er das ist, notwendig *homogen*. Nun
ist aber der allgemeine riemannsche Raum keineswegs von homogener metrischer Struktur;
sondern ein homogenes metrisches Feld besitzen allein die drei ... schon angeführten Geometrien: die Euklidische, die sphärische und die Bolyai-Lobatschefskysche" (H. WEYL, Raum
Zeit Materie, 98). Der Bolyai-Lobatschefksche Raum ist ein Raum mit hyperbolischer Krümmung.

Formulierung der Bewegungsgesetze konsequent verzichtet wird. Newton habe, so Mach, mit dem „verzweifelte[n] Gedanke[n] an den absoluten Raum"[132] eine geradezu metaphysische, selbst jedenfalls nicht beobachtbare Größe in seine Mechanik eingeführt. Alle Bewegung ist ausschließlich als Relativbewegung zu anderen Körpern zu verstehen, nicht aber als absolute Bewegung gegenüber einem absoluten Raum, der als aktive Ursache für das Beharrungsvermögen wie für auftretende Fliehkräfte angesehen werden muß, selbst aber keine Einwirkungen erleiden kann. Für Mach gibt es überhaupt nur eine relative Bewegung, und auch einen kategorialen Unterschied zwischen Rotation und Trägheitsbewegung gilt es seiner Ansicht nach zu vermeiden. „Bleibt man auf dem Boden der Tatsachen, so weiß man bloß von *relativen* Räumen und Bewegungen."[133] Die mechanischen Gesetze, so Machs Forderung, wären so zu fassen, daß sich auch für Relativdrehungen die entsprechenden Zentrifugalkräfte ergeben. Er möchte deshalb alle Bewegung im Kosmos am Ende nicht auf den absoluten Raum, sondern auf die Gesamtheit der Massen im Universum beziehen[134]. Die auftretenden Kräfte in Newtons Eimerversuch führt Mach auf die relative Drehung des Eimers gegen die Masse der Erde und die übrigen Himmelskörper zurück. Über das Verhalten des Wassers in einem gänzlich massefreien Raum sagt der Versuch nichts aus. Mach sieht die Einführung des absoluten Raumes bei Newton allein bedingt durch die damit erreichte Einfachheit der dynamischen Gleichungen.

Einstein verallgemeinert Machs Ansicht später zu der Behauptung, daß jedes lokale Inertialsystem allein durch die Masseverteilung im Universum bestimmt sei und nennt diesen Grundsatz ‚Machsches Prinzip'[135]. Mach selbst gelingt es nicht, zu einer konsistenten und vollständigen Darstellung der Mechanik zu kommen, die die Trägheitsgesetze auf reine Relativbewegungen gegen die Gesamtheit der ponderablen Körper zurückführt. Es sollte erst der speziellen und allgemeinen Relativitätstheorie gelingen, alle Bewegung konsequent als Relativbewegung darzustellen. Nicht vorhersehbar war, daß mit der allgemeinen Relativitätstheorie zugleich die Voraussetzungen zur Entwicklung einer den Kosmos umfassend beschreibenden Raumzeit-Theorie geliefert wurden, durch die die Gravitation zum grundlegenden physikalischen Prinzip der Einheit der kosmischen Raumzeit avancierte. Der Raum der physikalischen Ge-

---

[132] E. MACH, Die Mechanik, historisch-kritisch dargestellt, 225.

[133] AaO., 226.

[134] „Statt nun einen bewegten Körper *K* auf den Raum … zu beziehen, wollen wir direkt sein Verhältnis zu den Körpern des Weltraumes betrachten" (aaO., 227).

[135] A. EINSTEIN, Prinzipielles zur Allgemeinen Relativitätstheorie, Ann. Phys. 55 (1918), 241–244.

genstände, die mathematisch-geometrische Struktur räumlicher Beziehungen
und der Raum des Kosmos wurden damit zu derjenigen Einheit zusammen-
geführt, die der Urknalltheorie als dem sogenannten Standardmodell der neuzeitlichen Kosmologie zugrundeliegt, dessen Grundlegung in der allgemeinen
Relativitätstheorie der folgende Abschnitt entwickelt.

3. Die Raum-Zeit in der Relativitätstheorie

3.1. Die Entwicklung der speziellen Relativitätstheorie

3.1.1. Die Raumzeit der klassischen Physik

Das Konzept der Inertialsysteme scheint in der zweiten Hälfte des letzten Jahrhunderts eine solide Basis für die Darstellung der klassischen Mechanik zu bilden. Die grundlegenden physikalischen Entitäten der Mechanik sind Raum und
Zeit sowie materielle Teilchen und Kräfte, die als Fernwirkungen zwischen den
Teilchen vermitteln[136]. So kann die klassische Mechanik nur mit Hilfe der Begriffe des *Massepunktes*, seiner Lokalisation in gleichförmig bewegten Inertial-
systemen, die den absoluten *räumlichen Hintergrund* allen Geschehens repräsentieren, und in der absoluten *Zeit* sowie mit Hilfe von Druck und *Stoß* und
der instantan wirkenden *Fernkraft* der Gravitation dargestellt werden.

Raum und Zeit sind dabei sowohl voneinander als auch von den materiellen
Gegenständen unabhängig. Es ist jederzeit im Prinzip objektiv entscheidbar, ob
zwei Ereignisse gleichzeitig sind und in welcher räumlichen Distanz sie geschehen. Es können deshalb zu jedem Zeitpunkt parallele ‚Gleichzeitigkeitsschnitte‘
derjenigen Raumpunkte angelegt werden, die zu diesem Zeitpunkt zueinander
gleichzeitig sind. Von jeder Gleichzeitigkeitsebene aus sind für alle ihre Punkte
vergangene und zukünftige Ereignisse absolut und identisch bestimmt, die Gegenwart als Menge aller gleichzeitigen Ereignisse bildet die Grenze von Vergangenheit und Zukunft.

Das Raum-Zeit-Konzept der klassischen Physik läßt sich graphisch so darstellen, daß orthogonal zu einer linearen, einparametrischen Zeitachse (t) die
Schichten gleichzeitiger Ereignisse durch zweidimensionale parallele Ebenen
zu aufeinanderfolgenden Zeitpunkten $t_1, \ldots, t_4, \ldots$ repräsentiert werden, die
eine bezugssystemunabhängige, absolute Bedeutung haben. Die durch die

---

[136] Vgl. DERS., Maxwells Einfluß auf die Entwicklung der Auffassung des Physikalisch-
Realen, 159: „Gemäß Newtons System ist das Physikalisch-Reale durch die Begriffe Raum,
Zeit, materieller Punkt, Kraft (gleich Wechselwirkung zwischen materiellen Punkten) gekenn-
zeichnet."

Ebenen verfolgten Ortsstellen eines kräftefrei ruhenden Körpers bilden eine
zur Zeitachse parallele Gerade, d.h. bei gleichbleibenden Raumkoordinaten
ändert sich nur seine Zeitkoordinate. Bei gleichförmiger Bewegung ergibt sich
eine gegen die Zeitachse geneigte Gerade, bei der der Winkel zur Zeitachse der
Geschwindigkeit proportional ist, bei beschleunigter Bewegung beschreibt der
Körper eine Kurve.

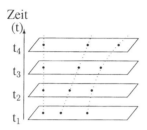

Abbildung 1: Raum und Zeit in der klassischen Physik

3.1.2. Der Feldbegriff

Durch die Behandlung der elektromagnetischen Phänomene um die Mitte des
letzten Jahrhunderts wird dann eine neue physikalische Größe mit ins Spiel gebracht: das Feld. Dadurch erst gelingt es, Magnetismus und Elektrizität zu einer
dynamischen Einheit zu verbinden und ihre sich mit endlicher Geschwindigkeit im Raum ausbreitende, raumübergreifende Wirkung auf geladene Teilchen
darzustellen. Zunächst behandelt man die elektrischen und magnetischen Kräfte ganz analog zur Fernwirkung der Gravitation: Körper mit ungleichnamiger
elektrischer oder magnetischer Ladung ziehen sich an, wobei die Kraft mit dem
Quadrat der Entfernung abnimmt. Bald zeigen sich jedoch immer mehr Differenzen. Elektrische und magnetische Ladung sind im Gegensatz zur Gravitation polarisiert, und ihre Bewegung spielt für ihren Wirkungszusammenhang
eine Rolle. Ein bewegter Magnet induziert einen elektrischen Strom in einer
Spule, fließende Elektrizität in einem Leiter erzeugt um diesen ein Magnetfeld.
Die beiden ursprünglich getrennt betrachteten Phänomenklassen zeigen tieferliegende Gemeinsamkeiten und Zusammenhänge. Durch den Begriff des Feldes
gelingt es dann Faraday und Maxwell, diese grundlegende Einheit darzustellen
und mathematisch zu erfassen: Elektrizität und Magnetismus stellen die komplementären Erregungszustände des gemeinsamen elektromagnetischen Feldes
dar, das die Wirkungen der geladenen Teilchen im sie umgebenden Raum vermittelt.

Als dann aufgrund der Theorie des elektromagnetischen Feldes von Faraday und Maxwell auch Licht als elektromagnetische Strahlung erkannt wird, erlangt die Ätherhypothese neue Bedeutung. Schon zu Beginn des 19. Jahrhunderts war aufgrund neu beobachteter Beugungs-, Interferenz- und Polarisationserscheinungen die Wellentheorie des Lichtes wiederbelebt worden und hatte erneut die Frage nach einem Medium zur Ausbreitung der Lichtwellen aufgeworfen. Auch die schon von Thomas Young hervorgehobene Tatsache, daß Licht einer starken Lichtquelle sich ebenso schnell ausbreitet wie das einer schwachen, läßt sich einfacher erklären, wenn man Licht als Ausbreitung einer Störung oder Erregung in einem Äther auffaßt denn als von der Lichtquelle ausgesandten Teilchenstrom. Mitte des 19. Jahrhunderts hatte sich deshalb die Wellentheorie des Lichtes einschließlich der Vorstellung eines Lichtäthers allgemein durchgesetzt.

Schon 1846 vermutet nun Faraday aufgrund seiner Entdeckung diamagnetischer Effekte, daß das Licht aus elektromagnetischen Schwingungen entlang der Kraftlinien des Feldes besteht. Doch erst nach und nach wird aus den maxwellschen Gleichungen deutlich, daß Elektrizität und Magnetismus nur dann konsistent dynamisch miteinander verbunden werden können, wenn man zugleich die Existenz eines Verschiebungsstromes fordert, mit dem sich Erregungen des elektromagnetischen Feldes in Form von Transversalwellen mit konstanter Geschwindigkeit ausbreiten. Ein Empfänger für solche Wellen wird im Jahr 1886 von Heinrich Hertz gebaut, einem Schüler von Helmholtz, der außerdem zeigt, daß diese Strahlung Eigenschaften besitzt, die denen des Lichts gleichen. Licht wird nun mit den bisher gesondert betrachteten elektrischen und magnetischen Phänomenen in einen Zusammenhang gebracht und als elektromagnetische Schwingung verstanden, die sich im Raum wellenförmig ausbreitet.

Da man nicht dem Raum selbst Eigenschaften zuschreiben will, nimmt man einen Äther als Träger dieser Vorgänge an und beschreibt seine Zustände mit Hilfe des maxwellschen Feldbegriffes. Maxwell selbst beschränkt sich bald intuitiv auf den reinen Begriff des Feldes in seiner mathematischen Darstellung, ohne definitive Angaben über seinen materiellen Träger zu machen. Andere jedoch entwickeln eine Vielzahl von Äthermodellen, um die Funktion des Äthers mechanisch zu erklären und so die Ausbreitung des elektromagnetischen Feldes in Analogie zu Druck- und Stoßvorgängen zwischen starren oder elastischen Körpern wie Flüssigkeiten oder Gasen zu verstehen. Solche Modelle führen jedoch aus unterschiedlichen Gründen zu keinem Erfolg, so daß man bald aufhört, über die Natur des Lichtäthers weiter zu spekulieren. „So ward aus dem

Äther eine Materie, deren einzige Funktion darin bestand, daß sie als Träger der ihrer Natur nach nicht weiter analysierbaren elektrischen Felder diente."[137]

Eines jedoch wird allgemein anerkannt: Der Äther als Träger der Lichtausbreitung muß relativ zum kosmischen Inertialsystem in Ruhe sein. Da sich die Erde auf einer Kreisbahn im Raum bewegt, ist anzunehmen, daß sie sich auch gegenüber dem Äther bewegt und diese Bewegung die elektromagnetischen Erscheinungen auf der Erde beeinflußt, so daß sich das Phänomen eines sogenannten ‚Ätherwindes' auf der Erdoberfläche bemerkbar machen müßte. Um einen solchen Ätherwind festzustellen, entwickelt Michelson ab 1881 ein Interferometer, das eine Bewegung der Erde relativ zum Äther von auch nur einigen Kilometern in der Sekunde deutlich nachweisen soll. Der Grundgedanke von Michelson ist, daß die Zeit, die ein Lichtstrahl parallel zur Bewegungsrichtung der Erde braucht, um eine bestimmte Strecke zurückzulegen, abweichen müßte von der Zeit, die er quer zur Bewegung der Erde für die gleiche Strecke benötigte. Zum Erstaunen aller Physiker findet Michelson, selbst als er 1887 mit Morley das Experiment mit noch größerer Sorgfalt wiederholt[138], keine signifikante Abweichung.

Während einige Physiker eine Mitführung des Äthers durch die Erde erwägen, so daß kein Ätherwind mehr nachweisbar wäre, versucht Lorentz[139] an einem ruhenden Äther, durch den sich die Erde bewegt, festzuhalten, ja ihn überhaupt zum unbeweglichen Repräsentanten des physikalischen Raumes selbst zu machen[140]. Er möchte die beobachteten Phänomene im Anschluß an Überlegungen von Fitzgerald durch Annahme einer realen Kontraktion der Ausdehnung materieller Körper und damit der beim Michelson-Morley-Experiment verwendeten Maßstäbe bei ihrer Bewegung durch den Äther in Bewegungsrichtung erklären[141].

---

[137] DERS., Das Raum-, Äther- und Feld-Problem der Physik, aaO., 142.

[138] A.A. MICHELSON/E.W. MORLEY, On the relative motion of the earth and the luminiferous aether, Philos. Mag. ser. 5, 24 (1887), 449–463.

[139] H.A. LORENTZ, Electromagnetical phenomena in a system moving with any velocity less than that of light, Proceedings of the Koninklijke Nederlandse Akadmie von Wetenschapen 6 (1904), 809–831, Nachdr. in dt. Übers. in: Das Relativitätsprinzip, hg. von H.A. LORENTZ/A. EINSTEIN/H. MINKOWSKI/H. WEYL, [8]1982, 6–25.

[140] „Man kann heute seine [sc. Lorentz'] Erkenntnis so aussprechen: physikalischer Raum und Äther sind nur verschiedene Ausdrücke für ein und dieselbe Sache; Felder sind physikalische Zustände des Raumes" (A. EINSTEIN, Das Raum-, Äther- und Feld-Problem der Physik, 143).

[141] Dies sollte mit eben dem Faktor $\sqrt{1 - v^2/c^2}$ geschehen, der dann später in den Lorentztransformationen von Einsteins spezieller Relativitätstheorie erscheint.

3.1.3. Einsteins spezielle Relativitätstheorie

Es gelingt dann Einstein in seiner Abhandlung *Zur Elektrodynamik bewegter Körper* von 1905[142], die Vorstellung eines Äther und des absoluten Raumes aufzugeben und nur noch Relativbewegungen von Bezugssystemen zueinander zuzulassen und dieses *Relativitätsprinzip* sowohl für mechanische als auch für elektrodynamische und optische Phänomene aufrechtzuerhalten. Die „mißlungenen Versuche, eine Bewegung der Erde relativ zum ‚Lichtmedium' zu konstatieren, führen zu der Vermutung, daß dem Begriff der absoluten Ruhe nicht nur in der Mechanik, sondern auch in der Elektrodynamik keine Eigenschaften der Erscheinungen entsprechen ... Wir wollen diese Vermutung (deren Inhalt im folgenden ‚Prinzip der Relativität' genannt wird) zur Voraussetzung erheben."[143] Damit sollte sich die Physik endgültig vom Konzept des absoluten Raums verabschieden. „Die Einführung eines ‚Lichtäthers' wird sich insofern als überflüssig erweisen, als nach der zu entwickelnden Auffassung weder ein mit besonderen Eigenschaften ausgestatteter ‚absolut ruhender Raum' eingeführt, noch einem Punkte des leeren Raumes, in welchem elektromagnetische Prozesse stattfinden, ein Geschwindigkeitsvektor zugeordnet wird."[144]

Zum Relativitätsprinzip tritt als zweite Voraussetzung das *Prinzip der Konstanz der Lichtgeschwindigkeit im Vakuum* unabhängig von der Geschwindigkeit des Bezugssystems, wie es die Michelson-Morley-Versuche nahelegen[145]. Beide Prinzipien widersprechen sich, wenn man das klassische Additionstheorem der Geschwindigkeiten zu Grunde legt. Danach müßte die Geschwindigkeit eines Lichtstrahls im Vakuum für zwei relativ zueinander bewegte Bezugssysteme unterschiedlich erscheinen, je nachdem wie groß ihr Bewegungsanteil in Richtung oder Gegenrichtung des Lichtstrahls ist. Durch gleichzeitiges Festhalten an beiden Prinzipien aber gelangt Einstein zu einer neuen Theorie, die die so widersprüchlich erscheinenden Phänomene integriert. Aus ihr ergeben sich vor allem für die kosmologischen Grundbegriffe Zeit und Raum einschneidende Konsequenzen.

---

[142] DERS., Zur Elektrodynamik bewegter Körper, Ann. Phys. 17 (1905), 891–921, Nachdr. in: Das Relativitätsprinzip, 26–50.

[143] AaO., 26. Nach diesem Relativitätsprinzip erhält Einsteins Theorie den Namen ‚Relativitätstheorie'. Diese Bezeichnung für seine Theorie benutzte Einstein erstmals in dem Aufsatz: Über die vom Relativitätsprinzip geforderte Trägheit der Energie, Ann. Phys. 23 (1907), 371–384, 373.

[144] DERS., Zur Elektrodynamik bewegter Körper, 27.

[145] Dem Betrag nach ergibt sich die Lichtgeschwindigkeit im Vakuum aus den Maxwellschen Feldgleichungen als Konstante, sie berechnet sich aus der elektrischen Feldkonstante ϵ_0 und der magnetischen Feldkonstante μ_0 nach $c = 1/\sqrt{\epsilon_0 \mu_0}$.

Zum einen folgt daraus, daß die als Dauer gemessene Zeit (etwa der zeitliche Abstand zweier verschiedener Ereignisse) für verschieden bewegte Beobachter unterschiedlich und von dem Maß ihrer Bewegung gegeneinander abhängig ist, so daß sich *keine objektive Gleichzeitigkeit* mehr bestimmen läßt. Jedes System, das sich relativ zu einem anderen bewegt, hat seine eigene Zeit und mißt zeitartige Abstände anders als ein gegenüber diesem System ruhender Beobachter. Zwar ist das eigene subjektive Empfinden der eigenen Zeit eines Beobachters nicht tangiert, doch nimmt er die Zeit gegen ihn bewegter Systeme als seiner Zeit gegenüber verlangsamt wahr. Bedeutsam wird dieser Effekt allerdings erst bei Geschwindigkeiten nahe der Lichtgeschwindigkeit.

Analog zu dieser sogenannten Zeitdilatation folgt aus der Relativitätstheorie zum anderen eine *Kontraktion räumlicher Maßstäbe* für relativ zueinander bewegte Inertialsysteme. Der räumliche Abstand zweier Punkte eines starren Körpers, also ein räumlicher Maßstab, ist ebenfalls abhängig vom Bewegungszustand des Beobachters relativ zu diesem Körper. Damit (und mit der Zeitdilatation) ist das klassische Additionstheorem der Geschwindigkeiten hinfällig, nach dem sich die Geschwindigkeit des bewegten Systems zu den Geschwindigkeiten der in diesem System von einem ruhenden System aus beobachteten Prozesse nach ihren Richtungsanteilen einfach addiert. Geschwindigkeiten können nicht mehr bis ins Unendliche aufsummiert werden, sondern haben in der Lichtgeschwindigkeit eine obere Grenze. „Für Überlichtgeschwindigkeit werden unsere Betrachtungen sinnlos; wir werden übrigens in den folgenden Betrachtungen finden, daß die Lichtgeschwindigkeit in unserer Theorie physikalisch die Rolle unendlich großer Geschwindigkeit spielt."[146] Der Übergang von einem räumlichen Koordinatensystem zum anderen ergibt sich nun nicht mehr wie in der klassischen Physik durch die Galileitransformation[147], sondern durch die neue Lorentztransformation, die für zwei Bezugssysteme K und K', die längs ihrer x-Achsen gegeneinander gleichförmig bewegt sind, lautet:

$$x' = (x - vt) \cdot 1/\sqrt{1 - v^2/c^2}$$
$$y' = y$$
$$z' = z$$
$$t' = \left(t - \frac{v}{c^2}\right) \cdot 1/\sqrt{1 - v^2/c^2}.$$

Man erkennt gegenüber den Galileitransformationen den geschwindigkeitsabhängigen Faktor $1/\sqrt{1 - v^2/c^2}$, der die Raum- bzw. Zeitdilatation darstellt.

---

[146] DERS., Zur Elektrodynamik bewegter Körper, 36.
[147] Vgl. oben S.41.

In Bewegungsrichtung wird z.B. ein bewegter Gegenstand für den ruhenden Beobachter um eben diesen Faktor verkürzt, die sogenannte Lorentz-Kontraktion.

Eine Zeitdifferenz, die relativ zu einem Bezugssystem zwischen zwei Ereignissen besteht, kann nun relativ zu einem anderen Bezugssystem verschwinden. Die von einem Beobachter festgestellte rein räumliche Distanz zwischen zwei für ihn gleichzeitigen Ereignissen wird von einem anderen, ihm gegenüber bewegten Beobachter zusammen mit einer zeitlichen Distanz wahrgenommen[148]. Insofern kann die Zeit in der speziellen Relativitätstheorie nicht mehr als selbständige, vom Raum unabhängige Dimension betrachtet werden.

3.1.4. Die Minkowski-Welt

Bald nach der Veröffentlichung von Einsteins grundlegenden Arbeiten zur speziellen Relativitätstheorie gelingt es dem russisch-deutschen Mathematiker Hermann Minkowski, ihr eine solche mathematische Form zu geben, daß die drei Raumdimensionen mit der Zeitdimension zu einem vierdimensionalen Kontinuum, der sogenannten Raum-Zeit, vereinigt werden können[149]. Bekannt sind die Einleitungssätze zu seinem Vortrag *Raum und Zeit* von 1908: „Von Stund an sollen Raum für sich und Zeit für sich völlig zu Schatten herabsinken und nur noch eine Art Union der beiden soll Selbständigkeit bewahren."[150]

Die Raumzeit von Minkowski setzt sich aus Einzelereignissen zusammen, die jeweils durch vier Koordinaten, den drei räumlichen Koordinaten x, y, z und eine zeitliche Koordinate, beschrieben werden. Um allerdings Raum und Zeit als ein affines, vierdimensionales Kontinuum darstellen zu können, gibt Minkowski der Zeitdimension statt der üblichen klassischen Zeitkoordinate t eine ihr proportionale imaginäre und in räumlichen Einheiten darstellbare Größe in der Form $\sqrt{-1}ct$, wobei c die Lichtgeschwindigkeit und t die Zeit darstellt.

---

[148] Vgl. E. SCHRÖDINGER, Die Struktur der Raum-Zeit, 1987, 80: „Was in einem Koordinatensystem als der zu verschiedenen Zeitpunkten betrachtete gleiche Raumpunkt anzusehen ist, wird sich im allgemeinen in einem anderen Koordinatensystem als zwei Punkte im Raum erweisen, die zu zwei verschiedenen Zeitpunkten betrachtet werden. Wiederum wird das, was in einem Koordinatensystem als derselbe Zeitpunkt an zwei verschiedenen Raumpunkten erscheint, im allgemeinen in einem anderen Koordinatensystem als verschiedene Zeitpunkte, die sich auf verschiedene Punkte im Raum beziehen, erscheinen."

[149] „Ein mystischer Schauer ergreift den Nichtmathematiker, wenn er von ‚vierdimensional' hört, ein Gefühl, das dem vom Theatergespenst erzeugten nicht unähnlich ist. Und doch ist keine Aussage banaler als die, daß unsere gewohnte Welt ein vierdimensionales zeiträumliches Gebilde ist" (A. EINSTEIN, Über die spezielle und die allgemeine Relativitätstheorie, [21]1973, 46).

[150] H. MINKOWSKI, Raum und Zeit, in: Das Relativitätsprinzip, 54–66, 54.

Gemeinsam spannen die vier Koordinaten einen vierdimensionalen Raum auf, den Minkowski als ‚die Welt' bezeichnet. Nicht Orte und Zeitpunkte sind die Grundelemente der Minkowski-Welt, sondern raum-zeitliche ‚Weltpunkte', die dann im Fall bewegter Weltpunkte ‚Weltlinien' bilden[151].

Zur graphischen Darstellung der Minkowski-Welt fixieren wir einen Punkt 0 der vierdimensionalen Mannigfaltigkeit, das Hier und Jetzt eines Beobachters. Die senkrechte Koordinate bildet dann die rein zeitliche Achse für diesen Beobachter, nach links/rechts und nach vorn/hinten können dann zwei der drei räumlichen Dimensionen aufgetragen werden, die die räumlichen Verhältnisse repräsentieren. Von diesem Ursprung ausgehend wird ein vorwärts gerichteter Lichtkegel gezeichnet, innerhalb dessen sich alle Weltpunkte befinden, die von 0 mit Lichtgeschwindigkeit erreicht werden können, und entsprechend ein rückwärts gerichteter Lichtkegel, der alle die Weltpunkte enthält, von denen mit höchstens Lichtgeschwindigkeit Signale am Punkt 0 eintreffen können. Die Weltlinien von in 0 eintreffenden und von 0 ausgehenden möglichen Lichtsignalen bilden den Mantel des Kegels. Von dem Weltpunkt 0 eines Beobachters aus bilden dann diejenigen Raum-Zeit-Punkte, die sich von 0 aus mit höchstens Lichtgeschwindigkeit noch beeinflussen lassen, die von 0 aus *zukünftigen* Ereignisse, die innerhalb des vorwärtsgerichteten Lichtkegels liegen. Entsprechend bilden diejenigen Ereignisse, die 0 mit höchstens Lichtgeschwindigkeit beeinflußt haben können, den rückwärts gerichteten, die *Vergangenheit* von 0 darstellenden Lichtkegel. Die für 0 zukünftigen und vergangenen Ereignisse heißen ‚zeitartig' zu 0[152]. Nur sie können in Richtung zunehmender Werte von t kausal miteinander in Verbindung stehen. Die zeitliche Distanz zwischen ihnen wird zwar mit zunehmender Geschwindigkeit eines Beobachters immer klei-

---

[151] Das raumzeitliche Linienelement der vierdimensionalen Metrik $ds^2 = c^2dt^2 - dx^2 - dy^2 - dz^2$, der sogenannte Viererabstand als Maß für die Länge einer solchen Weltlinie, ist invariant und vom Bezugssystem unabhängig. Wählt man die Einheiten so, daß $c = 1$ ist (mißt man etwa die Zeit in Jahren und die Entfernungen in Lichtjahren), sind Längen- und Zeiteinheiten austauschbar und man erhält die besonders einfache Darstellung mit $ds^2 = dt^2 - dx^2 - dy^2 - dz^2$. Von der pythagoreisch-euklidischen Metrik unterscheidet sich dieser Term durch die Minuszeichen. Die deshalb quasi- oder pseudo-euklidisch genannte Metrik der Minkowski-Welt ist nämlich indefinit, d.h. auch nicht-reellwertige Abstände sind möglich. Insbesondere kann der Viererabstand zwischen zwei Ereignissen Null sein, wenn diese durch ein Lichtsignal verbunden sind. Dadurch gilt auch die Dreiecksungleichung nicht, nach der die direkte Verbindung zweier Punkte des Kontinuums immer kleiner oder höchstens gleich ist der Summe der Verbindungen dieser Punkte mit einem dritten Punkt. Im euklidischen Kontinuum gilt $d(x,y) \leq d(x,z) + d(z,y)$, im quasi-euklidischen Kontinuum dagegen können Umwege ‚kürzer' sein als die direkte Verbindung zwischen zwei Punkten.

[152] Für sie gilt $ds^2 > 0$.

ner, kann aber nie Null werden, da seine Geschwindigkeit immer unter der des
Lichts bleiben muß. Ihre zeitliche Distanz läßt sich also nicht durch einen bestimmten Bewegungszustand wegtransformieren oder gar in Richtung der Vergangenheit umkehren.

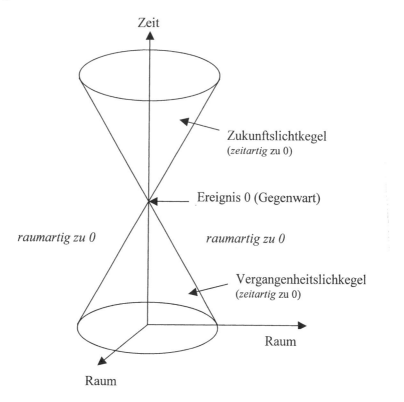

Abbildung 2: Raum und Zeit in der speziellen Relativitätstheorie

Diejenigen Weltpunkte, zu denen 0 mit höchstens Lichtgeschwindigkeit keine
Verbindung haben kann, heißen ‚raumartig‘[153]. Hier läßt sich der Bewegungszustand eines Beobachters so wählen, daß ihre zeitliche Distanz wegfällt, sie also
für diesen Beobachter gleichzeitig erscheinen und rein räumlich von einander
getrennt sind. Zwischen raumartigen Ereignissen kann keinerlei Wechselwirkung bestehen. Die Grenze zwischen beiden Klassen von Ereignissen bilden
die ‚lichtartigen‘ Weltpunkte, also diejenigen Ereignisse, die von 0 aus mit genau Lichtgeschwindigkeit erreicht werden können[154]. Die Weltlinie eines mas-

---

[153] Für sie gilt $ds^2 < 0$.
[154] Für sie gilt $ds^2 = 0$.

siven Teilchens ist immer eine zeitartige Kurve, die eines masselosen Teilchens (z.B. eines Photons) eine lichtartige. Raumartige Weltlinien wirklicher physikalischer Objekte gibt es nicht. Massive Teilchen, auf die keine Kräfte einwirken, die also eine Trägheitsbewegung ausführen, folgen einer zeitartigen Geodäte, d.h. der kürzesten Verbindung zweier Raumpunkte, und das ist auch im quasi-euklidischen Raum eine Gerade.

3.2. Die Erweiterung zur allgemeinen Relativitätstheorie

3.2.1. Das allgemeine Relativitätsprinzip

Das Relativitätsprinzip der speziellen Relativitätstheorie behauptet die Gleichberechtigung aller gegeneinander linear gleichförmig bewegten Bezugssysteme, also aller Inertialsysteme. Einstein stellt sich nun bald nach Abschluß seiner Theorie die Frage, ob nicht eine Ausweitung über die ausschließliche Bezugnahme auf Inertialsysteme hinaus möglich wäre. Wenn nur relative und keine absoluten Bewegungen physikalische Bedeutung haben sollen, so liegt es in der Konsequenz des Relativitätsprinzips, alle Arten von Bewegungen, auch Bewegungen mit Geschwindigkeits- oder Richtungsänderungen, also beschleunigte und rotierende Bezugssysteme, einzubeziehen: „Wenn dem Begriff der Geschwindigkeit nur ein relativer Sinn zugeschrieben werden kann, soll man trotzdem daran festhalten, die Beschleunigung als absoluten Begriff festzuhalten?"[155]

Inertialsysteme, so hatten wir uns vor Augen geführt, sind diejenigen physikalischen Bezugssysteme, in denen das newtonsche Trägheitsgesetz gilt. Auch in der speziellen Relativitätstheorie gilt, daß jede Einbeziehung beschleunigter Bewegungen Zusatzkräfte einführen muß, die durch das Bezugssystem erzeugt werden, z.B. Zentrifugal- oder Gravitationskräfte. Einsteins Ansatzpunkt zu ihrer Integration bildet der längst bekannte Satz der Gleichheit von träger und schwerer Masse. In diesem Äquivalenzprinzip, so Einsteins Vermutung, müsse „der Schlüssel für ein tieferes Verständnis der Trägheit und Gravitation liegen"[156]. Wirkungen der Gravitation, die auf die schwere Masse eines Körpers wirken, und die übrigen, die Trägheitsbewegung eines Körpers ändernden

---

[155] A. EINSTEIN, Einiges über die Entstehung der allgemeinen Relativitätstheorie, in: DERS., Mein Weltbild, 134–138, 135.

[156] Der ungarische Physiker Eötvös hatte kurz vor Einsteins Entwicklung der allgemeinen Relativitätstheorie noch einmal die Äquivalenz von träger und schwerer Masse mit neuen Experimenten auf empirischem Wege eindrucksvoll bestätigt. Einstein selbst hat nach eigener Erinnerung allerdings erst nach seiner Entwicklung der allgemeinen Relativitätstheorie von diesen Experimenten erfahren, vgl. aaO.,136.

und an seiner trägen Masse ansetzenden Beschleunigungswirkungen müssen, so scheint es, auf einer tieferen Ebene zusammenhängen.

Einstein nähert sich nun der Lösung des Problems der Einbeziehung von beschleunigten Bezugssystemen dadurch, daß er versucht, das Gravitationsgesetz im Rahmen der speziellen Relativitätstheorie zu behandeln[157]. Da wegen der Auflösung des Begriffs der Gleichzeitigkeit und wegen der Grenze der Lichtgeschwindigkeit in der speziellen Relativitätstheorie die Gravitation nicht mehr als instantane, sich mit unendlicher Geschwindigkeit ausbreitende Fernwirkung verstanden werden kann, versucht Einstein, sie als Feld mit entsprechenden Feldgesetzen und endlicher Ausbreitungsgeschwindigkeit aufzufassen[158]. Außerdem fordert er von der aufzustellenden Theorie, daß sie für ein in einem Gravitationsfeld ruhendes und für ein gleichförmig beschleunigtes Bezugssystem gleiche Ergebnisse liefern muß.

3.2.2. Die gekrümmte Raum-Zeit

Einstein erkennt bald, daß er nichtlineare Transformationen der Koordinaten des vierdimensionalen Raum-Zeit-Kontinuums finden muß, unter denen ein neu zu formulierendes ,Trägheitsgesetz' seine Form beibehält. Die geraden ,Weltlinien', die ein Körper in der Raumzeit beschreibt, auf den keine Kräfte wirken, sollten ebenso die ,natürlichen' Bewegungen für diesen Körper darstellen wie die gekrümmten ,Weltlinien' eines Körpers, auf den allein Gravitationskräfte wirken. Dazu galt es, das starre, (quasi-)euklidische Linienelement der Minkowski-Welt aufzugeben und durch ein variables, von den Koordinaten abhängiges Linienelement, also durch eine riemannsche Metrik[159] zu ersetzen. So gelingt es Einstein, sich von der Vorstellung starrer Bezugskörper zu lösen, und er entwickelt im Rahmen der allgemeinen Relativitätstheorie eine Geometrie des Raum-Zeit-Kontinuums, die nicht auf starren Maßstäben und gleichmäßig gehenden Uhren aufbaut, sondern auf bei einem Übergang von einem Ort des Raum-Zeit-Kontinuums zum anderen in ihrer Gestalt beliebig veränderbare Bezugskörper und in ihrem Gang beliebig veränderbare Uhren. Nur hat diese Veränderung von einem Raum-Zeit-Punkt zum nächsten stetig zu erfolgen, die Raumzeit bildet also nach wie vor ein Kontinuum, bei dem die Maßstä-

---

[157] Vgl. aaO., 134–138.

[158] Wie schon erwähnt, war es Maxwell, der den Feldbegriff in die Physik einführte und damit die Grundlage zur Überwindung des Konzeptes der Fernkraft legte. Einstein selbst hat diese Bedeutung Maxwells immer hervorgehoben, vgl. etwa: DERS., Maxwells Einfluß auf die Entwicklung der Auffassung des Physikalisch-Realen, aaO., 159–162.

[159] Vgl. oben S.44f.

be und Uhren beliebig naher Punkte infinitesimal wenig voneinander abweichen[160]. Das Maß der Veränderung von Raum und Zeit beim Übergang von einem Raum-Zeit-Punkt zum nächsten, die ‚Krümmung' der Raumzeit, wird dabei bestimmt durch das die Geometrie festlegende Feld, das mit dem Gravitationsfeld gleichzusetzen ist.

Das die Krümmung der Raumzeit darstellende Linienelement ergibt sich mit $ds^2 = \sum_{\mu\nu} dx^\mu dx^\nu$ (bei einer Summation der Indizes über $\mu, \nu = 1, \ldots, 4$ wegen der Vierdimensionalität des Raum-Zeit-Kontinuums). Die Struktur eines solchen vierdimensionalen Kontinuums ist an sich völlig unbestimmt und ergibt sich erst, wenn die Koeffizienten $g_{\mu\nu}$ bekannt sind, die wiederum Funktionen der Koordinaten sind. Die Metrik des Raumes hängt deshalb ab von dem Feld, das die Gesetze der Änderung der $g_{\mu\nu}$ bestimmt. Dieses metrische Feld, dessen Koeffizienten die Krümmung der Raumzeit bestimmen, so erkennt Einstein, ist zugleich das Gravitationsfeld, das durch die Verteilung der Massen im Raum bestimmt ist. Die innere Struktur der Raumzeit, ihre Metrik, ist nur im Grenzfall flach und euklidisch, ansonsten ist sie durch das Gravitationsfeld der vorhandenen Massen gekrümmt. Eine solche Krümmung wird mathematisch durch einen sogenannten *Tensor* beschrieben, dessen Komponenten die $g_{\mu\nu}$ in Abhängigkeit von den Koordinaten ergeben. Der Krümmungstensor einer vierdimensionalen raumzeitlichen Mannigfaltigkeit entspricht physikalisch der Wirkung des Gravitationsfeldes. Einstein hat ihn wie folgt bestimmt:

$G_{\mu\nu} = \frac{8\pi G}{c^4} T_{\mu\nu}$.

Die linke Seite drückt die Krümmung der Raumzeit aus (der sogenannte Einstein-Tensor), in die rechte Seite gehen alle materiellen Größen ein, die die Krümmung der Raumzeit bewirken. Das ist zum einen die Kopplungskonstante G für die Gravitation (empirisch bestimmbar), zum anderen der Materietensor $T_{\mu\nu}$. Aufgrund der Äquivalenz von Masse und Energie[161] wirken alle Formen von Energie gravitierend und tragen zur Krümmung der Raumzeit bei, d.h. in den Materietensor gehen außer der Masse auch Druck, Spannung, Ladung etc.

---

[160] Vgl. DERS., Über die spezielle und die allgemeine Relativitätstheorie, 79: „Man benutzt daher nichtstarre Bezugskörper, welche nicht nur als Ganzes beliebig bewegt sind, sondern auch während ihrer Bewegung beliebige Gestaltänderungen erleiden. Zur Definition der Zeit dienen Uhren von beliebigem, noch so unregelmäßigem Ganggesetz, welche man sich an je einem Punkte des nichtstarren Bezugskörpers befestigt zu denken hat, und welche nur die eine Bedingung erfüllen, daß die gleichzeitig wahrnehmbaren Angaben örtlich benachbarter Uhren unendlich wenig voneinander abweichen."

[161] Dazu vgl. unten S.173.

ein[162]. Die Geometrie des Raumes ist damit von physikalischen Einflüssen abhängig und bestimmt durch ein von den physikalischen Massen und Energien hervorgebrachtes metrisches Feld. Die Gravitationsgleichungen bleiben dann bei allgemeinen Koordinatentransformationen kovariant, und nur im Grenzfall verschwindender Gravitation und lokal in frei fallenden Bezugssystemen gelten die Gesetze der speziellen Relativitätstheorie. Beim Vorliegen einer gravitativ bestimmten Situation ist also alle Physik in einer entsprechend gekrümmten Raumzeit zu formulieren, die spezielle Relativitätstheorie ist in der allgemeinen als Grenzfall verschwindender Krümmung enthalten.

3.2.3. Geometrische Führung

Auch in der gekrümmten Raumzeit lassen sich kürzeste Linien definieren, die sogenannten ‚Geodäten‘, die die Verbindung extremal kürzester Länge zwischen zwei Punkten darstellen. Bei Abwesenheit von Gravitationskräften stellen die Geodäten gradlinige Bahnen dar, längs derer sich ein Punktteilchen kräftefrei bewegt. In einem Gravitationsfeld, etwa in der Nähe einer großen Masse, werden diese Bahnen zu Kurven verdellt. Dadurch wird ein sich auf seiner Geodäte bewegendes Teilchen auf einer gekrümmten Bahn in Richtung auf die gravitiv wirkende Masse geführt. Damit sind Trägheitsbewegungen und in einem Gravitationsfeld beschleunigte Bewegungen gleichberechtigt: sie beschreiben den kürzesten Weg in der Raumzeit.

Das Konzept der Kraft als einer Fernwirkung ist damit aufgegeben. Teilchen werden nicht mehr in einem Gravitationsfeld abgelenkt, sie erfahren keine Schwerkraft, sondern werden durch eine gekrümmte Geometrie in ihrer Weltlinie *geführt*. „*Die Gravitationskraft wird durch geometrische Führung ersetzt.*"[163] Das erklärt auch, warum die Masse eines Teilchens keinen Einfluß auf

---

[162] Es sei zumindest darauf hingewiesen, daß im Unterschied zum elektromagnetischen Feld das Gravitationsfeld mit sich selbst wechselwirkt (anders als das elektrisch neutrale Photon, das die elektromagnetische Kraft vermittelt, besitzt das Graviton selbst sozusagen gravitive ‚Ladung‘). Die Energie des Gravitationsfeldes selbst geht aber nicht in den Materietensor $T_{\mu\nu}$ mit ein. Die einsteinschen Feldgleichungen stellen deshalb nur eine erste Näherung dar. Für die mathematisch höchst anspruchsvolle vollständige Theorie gilt: „Jede nichttriviale Feldtheorie ist nichtlinear." (B. DEWITT, Quantentheorie der Gravitation, in: Quantenphilosophie (Spektrum der Wissenschaft: Verständliche Forschung), hg. von W. NEUSER/K. NEUSER-VON OETTINGEN, 1996, 176–189, 186)

[163] J. AUDRETSCH, Ist die Raum-Zeit gekrümmt? Der Aufbau der modernen Gravitationstheorie, in: Philosophie und Physik der Raum-Zeit (Grundlagen der exakten Naturwissenschaften 7), 52–82, 72.

seine Beschleunigung in einem Gravitationsfeld hat[164]: alle Körper und Licht-strahlen bewegen sich in derselben Geometrie der Raumzeit und werden durch sie geführt. Im elektromagnetischen Feld sind die Verhältnisse anders, hier er-fahren unterschiedlich geladene Teilchen verschiedene Beschleunigung.

Aus der allgemeinen Relativitätstheorie folgen einige überprüfbare Voraus-sagen, die bald nach Einsteins Abschluß der Theorie bestätigt werden. Wissen-schaftshistorisch bedeutsam sind vor allem die durch die allgemeine Relativi-tätstheorie ermöglichte Erklärung der um 43" per anno zu großen Perihelbe-wegung des Merkurs[165], die Feststellung der Krümmung von Lichtstrahlen im Schwerefeld der Sonne durch eine englische Expedition anläßlich einer Son-nenfinsternis im Jahr 1919, die Einstein über Nacht berühmt machte, und die Messung der Rotverschiebung der Spektrallinien des Sonnenlichtes durch die Schwerkraft der Sonne[166].

3.3. Relativität und Erfahrung: Zur Heuristik der Relativitätstheorie

Einstein gibt im Rückblick kurz nach Fertigstellung der endgültigen Theorie drei voneinander abhängige ‚Hauptgesichtspunkte‘ an, die ihn bei der Entwick-lung der allgemeinen Relativitätstheorie geleitet haben: a) das *Relativitätsprin-zip*, nach dem die Form der allgemeinen Bewegungsgesetze unabhängig sein muß vom Bewegungszustand des Beobachters, b) das *Äquivalenzprinzip*, nach dem Trägheit und Schwere wesensgleich sind, c) das *Machsche Prinzip*, nach dem das Schwerefeld restlos durch die Verteilung der Massen bestimmt ist[167]. Nachdem wir im vorigen Abschnitt schon auf das Äquivalenzprinzip hingewie-sen haben, wollen wir jetzt noch einmal auf das Relativitätsprinzip ausführli-cher eingehen, um dann im nächsten Abschnitt auf das Machsche Prinzip zu-rückzukommen.

Einstein stellt fest, daß das *Relativitätsprinzip* selbst kein Erfahrungswissen, keine empirisch gewonnene Größe darstellt, aber bei der Darstellung der ge-

---

[164] Das gilt allerdings nur, wenn man die gravitative Wirkung des Teilchens selbst vernach-lässigt.
[165] Vgl. A. EINSTEIN, Erklärung der Perihelbewegung des Merkurs aus der allgemeinen Relativitätstheorie, SPAW 47 (1915), 831–839.
[166] Vgl. A. EINSTEIN, Über die spezielle und die allgemeine Relativitätstheorie, 97–105. Vgl. allgemein zur empirischen Bestätigung von spezieller und allgemeiner Relativitätstheorie: H. DEHNEN, Empirische Grundlagen und experimentelle Prüfung der Relativitätstheorie, in: Philosophie und Physik der Raum-Zeit (Grundlagen der exakten Naturwissenschaften 7), 182–220.
[167] A. EINSTEIN, Prinzipielles zur Allgemeinen Relativitätstheorie, 241.

suchten Bewegungsgleichungen „doch eine bedeutende heuristische Kraft"[168] entfaltet habe, indem von ihm ausgehend die Gleichungen eine mathematisch einfache und klare Form erhalten haben. Zwar sind andere, äquivalente Formen der Bewegungsgleichungen möglich, aber von „zwei mit der Erfahrung vereinbarten Systemen wird dasjenige zu bevorzugen sein, welches vom Standpunkte des absoluten Differentialkalküls das einfachere und durchsichtigere ist". Das Relativitätsprinzip schließt andere Formen der Darstellung „zwar nicht theoretisch, aber praktisch"[169] aus.

Das Relativitätsprinzip stellt also vor allen Dingen eine Vorschrift für die physikalische Begriffsbildung dar und keine Feststellung eines direkt empirisch prüfbaren Sachverhalts. Die aus dem Relativitätsprinzip entwickelte *Beschreibung* der Phänomene ist an der Erfahrung prüfbar, nicht das Relativitätsprinzip selbst. Einstein sieht darin ein Grundprinzip physikalischer Theorie, das schon Kepler anwendete. „Es scheint, daß die menschliche Vernunft die Formen erst selbständig konstruieren muß, ehe wir sie in den Dingen nachweisen können. Aus Keplers wunderbarem Lebenswerk erkennen wir besonders schön, daß aus bloßer Empirie die Erkenntnis nicht erblühen kann, sondern nur aus dem Vergleich von Erdachtem mit dem Beobachtetem."[170] Mit der allgemeinen Relativitätstheorie sieht Einstein diese Einsicht besonders deutlich vor Augen gestellt: Die Grundbegriffe und Grundgesetze der Physik sind „freie Schöpfungen des menschlichen Geistes"[171], die sich dann an der Erfahrung bewähren, sie sind nicht aus den Phänomenen durch Induktion gewonnen. Newtons stolze Behauptung ‚Hypotheses non fingo'[172] erweist sich nach Einstein aufgrund des fiktiven Charakters der Grundlagen der physikalischen Theorie als Illusion.

Die brauchbaren mathematischen Begriffe können zwar durch die Erfahrung nahegelegt, nicht aber aus ihr gewonnen werden, liegt doch das „eigentlich schöpferische Prinzip . . . in der Mathematik"[173]. Durch die Geschichte der Physik und dann in besonderer Weise durch den Erfolg der Relativitätstheorie, die gezeigt hat, daß die physikalischen Grundbegriffe „durch andere, der Sphäre der unmittelbaren Erfahrung ferner stehende ersetzt werden müssen,

---

[168] AaO., 242.
[169] Ebd.
[170] A. EINSTEIN, Johannes Kepler, in: DERS., Mein Weltbild,147–151, 151.
[171] A. EINSTEIN, Raum und Zeit in der vorrelativistischen Physik, in: DERS., Grundzüge der Relativitätstheorie, ⁵1969, 5–27, 6.
[172] Siehe oben S.27.
[173] AaO., 117.

wenn wir ein tieferes Begreifen der Zusammenhänge anstreben"[174], wird deutlich, daß mitunter gerade abstrakt konstruierte mathematische Prinzipien und daraus entwickelte Theorien sich an der Erfahrungswelt in hohem Maße bewähren können. Überdies sind wir nach „unserer bisherigen Erfahrung ... zum Vertrauen berechtigt, daß die Natur die Realisierung des mathematisch denkbar Einfachsten ist"[175]. Der logischen Konsistenz der Theorie kommt deshalb ein hoher Stellenwert zu.

Entscheidend ist dennoch der Bezug der Theorie auf die Erfahrung und die Bewährung an ihr. Daß eine bestimmte mathematische Theorie eine Theorie der physikalischen Wirklichkeit ist, ist nur so bestimmbar, daß sie bei aller Abstraktheit auf beobachtbare Gegenstände bezogen wird und durch empirische Daten widerlegt werden kann. Über die Gültigkeit einer *rein mathematischen* Theorie ohne Wirklichkeitsbezug entscheidet allein die innere Konsistenzprüfung. Fällt diese positiv aus, sind die Sätze dieser Theorie absolut sicher und durch keine Erfahrung zu falsifizieren. Über die Gültigkeit einer *physikalisch-mathematischen* Theorie entscheidet darüber hinaus der Bezug auf beobachtbare, d.h. meßbare Größen. Ihre Sätze sind immer unsicher, da sie durch neue Beobachtungen ganz oder in Teilen falsifiziert werden kann, so daß gilt: „Insofern sich die Sätze der Mathematik auf die Wirklichkeit beziehen, sind sie nicht sicher, und insofern sie sicher sind, beziehen sie sich nicht auf die Wirklichkeit"[176]. Wir werden sehen, daß die hier angedeutete Grundstruktur physikalischer Theoriebildung auch für die Entwicklung der neuzeitlichen kosmologischen Modelle von großer Bedeutung ist, da Einfachheitsannahmen und heuristische Prinzipien wie zum Beispiel das sogenannte *kosmologische Prinzip* zur Entwicklung der entsprechenden Modelle unerläßlich sind. Hier erweist sich zudem die empirische Überprüfung des Modells wegen des unterstellten Bezugs auf das Gesamte der physikalischen Wirklichkeit als besonders schwierig, nur indirekt möglich und mit vielen Unsicherheiten behaftet und steht darum

---

[174] Das vollständige Zitat lautet: „Newton verzeih' mir; du fandest den einzigen Weg, der zu deiner Zeit für einen Menschen von höchster Denk- und Gestaltungskraft eben noch möglich war. Die Begriffe, die du schufst, sind auch jetzt noch führend in unserem physikalischen Denken, obwohl wir nun wissen, daß sie durch andere, der Sphäre der unmittelbaren Erfahrung ferner stehende ersetzt werden müssen, wenn wir ein tieferes Begreifen der Zusammenhänge anstreben" (DERS., Autobiographisches, in: Albert Einstein als Philosoph und Naturforscher, hg. von A. SCHILPP, 1955, 1–35, 12).
[175] A. EINSTEIN, Zur Methodik der theoretischen Physik, in: DERS., Mein Weltbild, 113–119, 116f.
[176] DERS., Geometrie und Erfahrung, in: DERS., Mein Weltbild, 119–127, 119f.

in der Gefahr, daß Plausibilitäten eingeführt und mitgeführt werden, die sich außerphysikalischen Interessen verdanken.

3.4. Das Projekt der Vereinheitlichten Feldtheorie

Einstein, der nach dem Abschluß der allgemeinen Relativitätstheorie der Meinung war, daß durch deren Ergebnisse „Zeit und Raum [man wird hinzufügen müssen: als die absoluten Größen der newtonschen Physik] der letzten Spur objektiver Realität beraubt werden"[177], möchte durch ihre konsequente Weiterentwicklung das *Machsche Prinzip* erstmals umfassend zur Geltung bringen: „In einer konsequenten Relativitätstheorie kann es keine Trägheit *gegenüber dem ‚Raume'* geben, sondern nur eine Trägheit der Massen *gegeneinander.*"[178] Es liegt in der ursprünglichen Intention der einsteinschen Interpretation seiner eigenen Theorie, die Raumzeit nicht mehr als eigene physikalische Größe und eigenständige ontologische Entität aufzufassen. Es sind allein die Massen, die die Ursache der Gesamtstruktur des Raum-Zeit-Kontinuums bilden, indem sie es durch das Gravitationsfeld in seiner Metrik etablieren. „Trägheit, Gravitation und metrisches Verhalten der Körper und Uhren", so schreibt er im Rückblick, „wurden auf eine einheitliche Feldqualität zurückgeführt, dies Feld selbst wieder als von den Körpern abhängig gesetzt"[179]. Eine leere, und das heißt ‚feldfreie' Raumzeit, in die dann die zu betrachtenden Massen allererst eingebracht werden, sollte es eigentlich nicht mehr geben, das metrische Feld, das die räumlichen Beziehungen der Massen untereinander bestimmt, tritt an

---

[177] DERS., Erklärung der Perihelbewegung des Merkurs aus der allgemeinen Relativitätstheorie, 831.

[178] DERS., Kosmologische Betrachtungen zur allgemeinen Relativitätstheorie, Protokolle der Sitzungen der Preußischen Akademie der Wiss., 1917, 142–152, 145. Noch in der Entstehungsphase der allgemeinen Relativitätstheorie schreibt er 1913 in einem Brief an Mach: „Hochgeehrter Herr Kollege. Dieser Tage haben Sie wohl meine neue Arbeit über Relativität und Gravitation erhalten, die nach unendlicher Mühe und quälendem Zweifel nun endlich fertig geworden ist. Nächstes Jahr bei der Sonnenfinsternis soll sich zeigen, ob die Lichtstrahlen an der Sonne gekrümmt werden, ob mit anderen Worten die zugrunde gelegte fundamentale Annahme der Äquivalenz von Beschleunigung des Bezugssystems einerseits und Schwerefeld andererseits wirklich zutrifft. Wenn ja, so erfahren Ihre genialen Untersuchungen über Grundlagen der Mechanik – Plancks ungerechtfertigter Kritik zum Trotz – eine glänzende Bestätigung. Denn es ergibt sich mit Notwendigkeit, daß die Trägheit in einer Art Wechselwirkung der Körper ihren Ursprung hat, ganz im Sinne Ihrer Überlegungen zum Newtonschen Eimerversuch" (zitiert nach B. KANITSCHEIDER, Von der mechanistischen Welt zum kreativen Universum, 1993, 129f.).

[179] A. EINSTEIN, Newtons Mechanik und ihr Einfluß auf die Gestaltung der theoretischen Physik, in: DERS., Mein Weltbild, 151–158, 157.

ihre Stelle. Würde man alle physikalischen Objekte entfernen, so bliebe nicht die leere Raumzeit übrig, sondern Raum und Zeit müßten zusammen mit den Gegenständen verschwinden.

Waren in der klassischen Physik der topologische Raum und das physikalisch Raumerfüllende voneinander unabhängige Größen, so haben nun weder das Raumerfüllende noch der materiefreie Raum eine Sonderexistenz. „Wenn man das Gravitationsfeld, d.h. die Funktionen g_{ik} weggenommen denkt, so bleibt nicht etwa ein Raum vom Typus (1) [sc. ein pseudo-euklidischer Raum einer Minkowski-Welt], sondern überhaupt *nichts* übrig, auch kein ‚topologischer' Raum. ... Ein Raum vom Typus (1) ist im Sinne der allgemeinen Relativitätstheorie nicht etwa ein Raum ohne Feld, sondern ein Spezialfall des g_{ik}-Feldes, für welchen die g_{ik} ... Werte haben, die nicht von den Koordinaten abhängen; einen leeren Raum, d.h. einen Raum ohne Feld, gibt es nicht."[180] Gravitationsfreie Inertialsysteme, die für Newton den absoluten Raum repräsentierten, bilden nur den lokalen Grenzfall eines durch die globale Verteilung der Massen mit verschwindender Krümmung realisierten Raumes. Die euklidische Struktur eines lokal krümmungsfreien Raumes ist durch empirisch bestimmbare, kontingente Zusammenhänge bedingt und nicht a priori als kräftefreier Normalfall durch die Prinzipien der Theorie gesetzt.

Damit ist die ontologische Differenz der einsteinschen Raumauffassung zur newtonschen deutlich. Der Raum ist nicht mehr der passive, unbeeinflußte Behälter der durch Kräfte, Druck und Stoß in Wechselwirkung stehenden Materiepartikel, sondern die inhomogen verteilten Massen generieren das Raum-Zeit-Kontinuum, bestimmen seine Struktur und folgen in ihren Bewegungen wiederum seiner Geometrie. Nur die Einheit von Raum, Zeit und Materie hat einen physikalischen Sinn und ist als *Feld* darstellbar. „Das, was den räumlichen Charakter des Realen ausmacht, ist dann einfach die Vierdimensionalität des Feldes. Es gibt dann keinen leeren Raum, d. h. keinen Raum ohne Feld."[181] Die weitere Ausarbeitung und Anwendung der allgemeinen Relativitätstheorie auf den Raum des Kosmos zeigt jedoch, daß das Machsche Prinzip in seiner strengen Form nicht aufrechtzuerhalten ist. Schon 1917 findet Wil-

---

[180] DERS., Über die spezielle und allgemeine Relativitätstheorie, 125 (die Indizes *ik* entsprechen den $\mu\nu$, die wir oben verwendet haben). Einstein fährt im übrigen fort: „DESCARTES hatte demnach gar nicht so unrecht, wenn er die Existenz eines leeren Raumes ausschließen zu müssen glaubte. Die Meinung scheint zwar absurd, solange man das physikalische Reale ausschließlich in den ponderablen Körpern sieht. Erst die Idee des Feldes als Darsteller des Realen in Verbindung mit dem allgemeinen Relativitätsprinzip zeigt den wahren Kern von DESCARTES' Idee: es gibt keinen ‚feld-leeren' Raum" (aaO., 125f.).

[181] DERS., Vorwort zu: M. JAMMER, Das Problem des Raumes, XV.

lem de Sitter Lösungen der einsteinschen Feldgleichungen, die zeigen, daß im Gegensatz zu Einsteins Auffassung das Vorhandensein einer festen metrischen Struktur mit der Abwesenheit von Materie vereinbar ist. Dazu muß er allerdings ein Universum annehmen, das exponentiell mit der Zeit expandiert. Später werden auch Lösungen gefunden, die zeigen, daß gekrümmte Raumzeiten mit der Abwesenheit von Materie vereinbar sind[182]. Kurz: „Raumzeit wurde immer mehr zu einer ontologisch respektablen Entität, und sie übernahm laufend Eigenschaften von materialen Objekten."[183] Weder hat sich das Machsche Prinzip als Folgerung aus der allgemeinen Relativitätstheorie erwiesen, noch ist es als seine Voraussetzung notwendig.

Auch Einstein sieht bald das Machsche Prinzip als ein Vorurteil an, das zwar zur Entwicklung der Relativitätstheorie unerläßlich war, aber eigentlich noch an den Begriff des ponderablen Körpers gebunden ist[184]. Es erscheint dagegen möglich, daß der Begriff des Feldes den des ponderablen Körpers überhaupt auflösen und ihn als physikalischen Grundbegriff überflüssig machen könnte[185]. Einstein entwickelt deshalb das Konzept einer *allgemeinen Feldtheorie*, die das Gegenüber von Raumzeit und ponderablem Körper endgültig überwinden und alle möglichen Wechselwirkungen zwischen Körpern darstellen sollte.

Schon Einsteins grundlegender Aufsatz von 1915 faßt mehr ins Auge als die Gravitation, nämlich jede Form von dynamischer Wechselwirkung. Das Gravitationsfeld ist ja nicht das einzige bekannte Feld, das elektromagnetische Feld existiert daneben. Einstein sieht die Möglichkeit, daß zum Gravitationsfeld additiv Glieder hinzugefügt werden können, die dann das elektromagnetische Feld beschreiben. Einsteins Theorie gelingt es jedoch nur, den einfachen Fall der rein gravitativen Wechselwirkung als geometrische Einschränkung der Raum-

---

[182] Vgl. M. JAMMER, Das Problem des Raumes, 217.

[183] B. KANITSCHEIDER, Kosmologie, ²1991, 171.

[184] So schreibt Einstein später in einem Brief an Felix Pirani: „Von dem Machschen Prinzip sollte man meiner Meinung nach überhaupt nicht mehr sprechen, es stammt aus der Zeit, in der man dachte, dass die ponderablen Körper das einzig physikalisch Reale seien und dass alle nicht durch sie völlig bestimmbaren Elemente in der Theorie vermieden werden sollten. Ich bin mir der Thatsache wohl bewußt, dass auch ich lange Zeit durch diese fixe Idee beeinflußt war", zitiert nach B. KANITSCHEIDER, Von der mechanistischen Welt zum kreativen Universum, 131.

[185] Vgl. A. EINSTEIN, Vorwort zu: M. JAMMER, Das Problem des Raumes, XV: „Die Überwindung des absoluten Raumes bzw. des Inertialsystems wurde erst dadurch möglich, daß der Begriff des körperlichen Objektes als Fundamentalbegriff der Physik allmählich durch den des Feldes ersetzt wurde. Unter dem Einfluß der Ideen von Faraday und Maxwell entwickelte sich die Idee, daß die gesamte physikalische Realität sich vielleicht als Feld darstellen lasse, dessen Komponenten von vier raum-zeitlichen Parametern abhängen".

zeit wiederzugeben, der Elektromagnetismus ist nicht auf die gleiche Weise in das grundlegende Feld integriert. Sein Ziel aber bleibt es, beide Feldarten auf eine einheitliche Struktur des Raum-Zeit-Kontinuums zurückzuführen. „Es war aber für den theoretischen Geist der Gedanke unerträglich, daß es zwei voneinander unabhängige Strukturen des Raumes gäbe, nämlich die metrisch-gravitationelle und die elektromagnetische. Es drängt sich die Überzeugung auf, daß beide Feldarten einer einheitlichen Struktur des Raumes entsprechen müßten."[186] Erwin Schrödinger, der selbst lange Zeit im Anschluß an Einstein an einer solchen verallgemeinerten Feldtheorie arbeitete, formuliert das Ziel einer Erweiterung der allgemeinen Relativitätstheorie so: „Das ideale und letzte Ziel dieser Theorie ist nicht mehr und nicht weniger als folgendes: Ein vier-dimensionales Kontinuum wird mit einer gewissen inneren Struktur versehen, die gewissen inneren, rein geometrischen Gesetzen unterliegt. Dieses Kontinuum liefert dann ein angemessenes Modell oder Bild der ‚realen Welt um uns in Raum und Zeit', mit allem, was sie enthält, einschließlich ihres Verhaltens und der Verteilung aller Ereignisse, die in ihr stattfinden."[187]

Dadurch sollte der Begriff des Körpers, Teilchens oder Massepunktes in den Feldbegriff aufgelöst werden. In den Feldgleichungen der allgemeinen Relativitätstheorie stellen die Massepunkte der massiven Teilchen Singularitäten[188] dar. Das liegt nach Einstein aber daran, daß sie nur das Gravitationsfeld erfassen. „Würde man die Feldgleichung des Gesamtfeldes haben, so müßte man verlangen, daß die Teilchen selbst als *überall* singularitätsfreie Lösungen der vollständigen Feldgleichungen sich darstellen lassen. Dann erst wäre die allgemeine Relativitätstheorie eine *vollständige* Theorie."[189] Es sollte also die Materie selbst als Eigenschaft und Zustand des grundlegenden Feldes angesehen und damit überhaupt auf den Partikelbegriff verzichtet werden.

1918 werden die ersten ausgearbeiteten Entwürfe solcher vereinheitlichter Feldtheorien vorgestellt, beginnend mit einer Arbeit von Hermann Weyl[190]. Es stellt sich bald heraus, daß schon die Integration des Elektromagnetismus in das vierdimensionale Raum-Zeit-Kontinuum vor großen Schwierigkeiten steht. Theodor Kaluza und Oskar Klein führen deshalb 1926 eine zusätzliche fünfte Dimension in der Größenordnung von etwa 10^{-30} cm ein, die sich nur bei

---

[186] A. EINSTEIN, Das Raum-, Äther- und Feld-Problem der Physik, in: DERS., Mein Weltbild, 138–147, 147.

[187] E. SCHRÖDINGER, Die Struktur der Raum-Zeit, 1.

[188] Zum Begriff der Singularität vgl. unten S.98.

[189] A. EINSTEIN, Autobiographisches, in: Albert Einstein als Philosoph und Naturforscher, 30.

[190] H. WEYL, Raum, Zeit, Materie.

extrem kleinen Abständen bemerkbar machen und durch die die elektromagnetische Kraft in ein nun fünfdimensionales Kontinuum integriert werden soll[191].
In den dreißiger Jahren entdeckt man dann noch die starke und die schwache
Wechselwirkung, die in Atomkernen zwischen den Kernteilchen wirksam ist,
was die Schwierigkeiten erhöht, alle Nicht-Gravitationskräfte in einem Feld zu
vereinen.

Es stellen sich zudem mathematische Schwierigkeiten prinzipieller Art ein,
etwa durch das Auftreten von Unendlichkeiten (der Masse, der Ladung etc.) in
einem Raumpunkt, die nur durch ad-hoc-Hypothesen, sogenannte Renormie-
rungsverfahren[192], vermieden werden können. Es läßt sich vermuten, daß für
diese Schwierigkeiten nicht nur unzulängliche mathematische Instrumentarien
verantwortlich sind, sondern sich ein Hinweis auf die prinzipielle Unzulänglichkeit des radikalisierten feldtheoretischen Ansatzes verbirgt[193]. Der Feldbegriff erlaubt es zwar, Fernwirkungen ohne Bezug auf ein stoffliches Substrat der
Übertragung (Äther o.ä.) darzustellen, sein Bezug auf reale, empirische Größen
jedoch läßt sich nicht anders als wiederum mit Hilfe von Körpern bestimmen.
Zum einen setzt die Berechnung der Feldgrößen in einem bestimmten Raumpunkt ein Wissen über die Quellen des Feldes, d.h. über die es erzeugenden
Körper voraus. Zum anderen lassen sich auch die Wirkungen eines Feldes nur
durch den Nachweis von Kraftwirkungen auf Probekörper bestimmen, die in
das Feld eingebracht werden. „Der physikalisch höchst fruchtbare Feldbegriff
leistet also zwar eine Ablösung mechanistisch verstandener und auf Widersprüche führender Äthertheorien, nicht jedoch eine Ablösung des methodisch primären Begriffs des Körpers"[194]. Während also der Begriff der Masse mit der
geometrischen Raumstruktur in einen engen Zusammenhang gebracht werden
konnte, bleiben die Materieteilchen als Basisteilchen mit ihren nicht gravitativ
bestimmten Eigenschaften eine Größe sui generis.

Vor allem aber die Anfang unseres Jahrhunderts entwickelte Quantentheorie, zu deren Grundlegung Einstein selbst einen entscheidenden Beitrag gelei-

---

[191] Vgl. dazu E. SCHMUTZER, Die fünfte Dimension, in: Quantenphilosophie (Spektrum der
Wissenschaft: Verständliche Forschung), hg. von W. NEUSER/K. NEUSER-VON OETTINGEN,
1996, 168–175.
[192] Die Renormierung ist eine mathematische Transformation, bei der von unendlichen Größen (meist Integralen) unendliche Größen abgezogen werden, um endliche Resultate zu erhalten. Die Renormierung wird gerade so vorgenommen, daß man die Größen in Übereinstimmung
mit den empirischen Daten erhält.
[193] Vgl. M. JAMMER, Art. Feld, Feldtheorie I, HWP II, 923–926, 926.
[194] P. JANICH, Art. Feld, Enzyklopädie Wissenschaftstheorie und Phil., Bd.1, 636f., 637.

stet hat[195], stellt das Projekt einer einheitlichen Feldtheorie vor bis heute un-
überwindliche Schwierigkeiten, da sie im atomaren und subatomaren Bereich
grundsätzlich diskontinuierliche Phänomene entdeckt, die sich einer Einbeziehung in ein Feldkontinuum hartnäckig widersetzen. Schon 1927 muß deshalb
Einstein feststellen: „Aber während die Durchbildung der Feldtheorie noch in
vollem Gang war, offenbarten die Tatsachen der Wärmestrahlung, der Spektren,
der Radioaktivität usw. eine Grenze der Brauchbarkeit des gesamten Gedanken-
systems, die uns heute noch trotz gigantischer Erfolge im einzelnen schier un-
übersteigbar erscheint. Daß ein mechanisches System nur diskreter Energiewer-
te bzw. Zustände dauernd fähig sei, ... scheint zunächst aus einer Feldtheorie,
die mit Differentialgleichungen arbeitet, kaum ableitbar zu sein."[196]

Wir werden diese Einschränkungen des Geltungsbereiches desr allgemeinen Relativitätstheorie im Auge behalten müssen, wenn wir nun im folgenden
ihre Anwendung auf den Kosmos als ganzen betrachten. Die allgemeine Relativitätstheorie ist und bleibt die gültige und gut bewährte Standardtheorie der
Gravitation, eine Theorie über alles ist sie nicht. Trotzdem bildet sie die erste
Wahl, wenn es darum geht, die großräumigen Verhältnisse im Kosmos zu beschreiben. Die Gründe dazu werden im folgenden expliziert. Zuvor allerdings
sollen kurz die wesentlichen Vorläufer einer genetischen Erklärung der kosmischen Strukturen vorgestellt werden.

4. Das Standardmodell des Urknalls

4.1. Frühe Modelle eines kosmischen Werdens

Descartes' Wirbeltheorie ist, wie wir sahen, der erste neuzeitliche Versuch, eine
Kosmogonie aus einfachen Anfangsbedingungen heraus nur mit Hilfe physikalischer Prinzipien bis zum Aufbau der gegenwärtigen Welt zu rekonstruieren[197].

---

[195] Dafür, nämlich für seine Arbeit *Über einen die Erzeugung und Verwandlung des Lichtes
betreffenden heuristischen Gesichtspunkt*, Ann. Phys. 17 (1905), 132–148, bekam Einstein 1921
den Nobelpreis und nicht für seine damals dem Komitee noch als zu ungesichert erscheinende
Relativitätstheorie.

[196] A. EINSTEIN, Newtons Mechanik und ihr Einfluß auf die Gestaltung der theoretischen
Physik, 158. Später erweist sich allerdings der umgekehrte Weg als der gangbare, der das Kontinuum des Feldes quantisiert. Das Wellenfeld z.B. eines elektromagnetischen Feldes wird ‚ge-
quantelt' (sogenannte zweite Quantelung) und mit dem Materiefeld des mit dem Feld wechselwirkenden Teilchens gekoppelt. Diese Wechselwirkung zwischen Wellenfeld und Materiefeld
erfolgt durch den Austausch von virtuellen Feldquanten. In diesem Verfahren kommt die Äquivalenz des Wellen- und Teilchenbildes zum Ausdruck.

[197] Vgl. oben S.20.

Es finden sich die drei charakteristischen Elemente physikalischer Kosmologie: einfacher chaotischer Anfangszustand, Naturgesetze und das Moment einer längeren zeitlichen Entwicklung, die zusammen gleichwertig sind einer creatio ex nihilo der fertigen Gestalt der Welt, wie sie die traditionelle Schöpfungslehre behauptete. Zwar betont Descartes im *Discours de la méthode*, daß seine Darstellung der Entstehung der Welt reine Hypothese und ihre Erschaffung durch Gott aus dem Nichts wohl doch wahrscheinlicher sei[198]. Er sucht dann aber das Einverständnis des Theologen für seine mechanistische Theorie, wenn er fortfährt, daß man doch anerkanntermaßen die schaffende und erhaltende Tätigkeit Gottes als gleichwertig zu betrachten habe. Deshalb sei eine Entstehung der jetzt vorfindlichen materiellen Welt aus einem chaotischen Urzustand nur mit Hilfe der von Gott gegebenen Gesetze der Natur durchaus denkbar[199]. Descartes geht sogar noch weiter – und läßt damit seine anfängliche Bevorzugung einer Schöpfung aus dem Nichts als bloße captatio benevolentiae gegenüber Theologie und Kirche seiner Zeit erscheinen[200] –, wenn er feststellt, daß sich durch eine rein natürliche, allmähliche Entstehung der Welt die Natur der Dinge weit leichter begreifen läßt, „als wenn man sie in fertigem Zustand betrachtet"[201].

Erst Newton gelingt eine physikalisch einleuchtende Erklärung der vorfindlichen Planetenbahnen. Doch seine Beschreibung der Planetenbewegung stellt gerade die Bedeutung der Anfangsbedingungen heraus, die gegeben sein müssen, um die Planetenstellungen zu einem bestimmten Zeitpunkt berechnen zu können, und diese Anfangsbedingungen scheinen höchst kontingent und deshalb aus den newtonschen Gesetzen nicht genetisch rekonstruierbar. Eine Herleitung der komplexen Konstellation des Planetensystems aus einfacheren An-

---

[198] „Toutefois je ne voulais pas inférer de toutes ces choses, qui ce monde ait été créé en la façon que je proposais; car il est bien plus vraisemblable que, dès le commencement, Dieu l'a rendu tel qu'il devait être" (R. DESCARTES, Discours de la méthode pour bien conduire sa raison, et chercher la verité dans les sciences (1637), in: DERS., Philosophische Schriften in einem Band, 74 (V,3)).

[199] Ebd.: „Mais il est certain, et c'est une opinion communément reçue entre les théologiens, que l'action, par laquelle maintenant il le conserve, est toute la même que celle par laquelle il l'a créé; de façon qu'encore qu'il ne lui aurait point donné, au commencement, d'autre forme que celle du chaos, pourvu qu'ayant établi les lois de la nature, il lui prêtât son concours, pour agir ainsi qu'elle a de coutume, on peut croire, sans faire tort au miracle de la création, que par cela seul toutes les choses qui sont purement matérielles auraient pu, avec le temps, s'y rendre telles que nous les voyons à présent."

[200] Inwieweit es sich bei der zitierten Stelle um eine Schutzbehauptung gegenüber der Inquisition auf dem Hintergrund des Falls Galilei (Prozeß 1633) handelt, kann an dieser Stelle unberücksichtigt bleiben, vgl. aber Descartes eigene Bemerkungen dazu aaO., 98ff. (VI,1).

[201] „que lorsqu'on ne les considère que toutes faites" (ebd.).

fangszuständen liegt zudem quer zu Newtons theologischen Anschauungen und damit außerhalb seiner Vorstellungen: „the growth of new systems out of old ones, without the mediation of a Divine Power, seems to me apparently absurd"[202].

Doch nur zwei Generationen später beginnt sich die Einsicht durchzusetzen, daß nicht nur die beobachteten periodischen Bewegungen des Sonnensystems, sondern auch seine Entstehung aus unstrukturierten, chaotischen Anfangsbedingungen heraus mit Hilfe der newtonschen Mechanik erklärt werden kann[203]. Es ist der junge Kant, der in seiner Schrift *Allgemeine Naturgeschichte und Theorie des Himmels* von 1755 Grundannahmen der cartesischen Wirbeltheorie und die newtonsche Mechanik miteinander verbindet und auf eine ursprüngliche, unstrukturierte Materie anwendet: *„Gebet mir Materie, ich will eine Welt daraus bauen!* das ist: gebet mir Materie, ich will euch zeigen, wie eine Welt daraus entstehen soll. Denn wenn Materie vorhanden ist, welche mit einer wesentlichen Attractionskraft begabt ist, so ist es nicht schwer diejenigen Ursachen zu bestimmen, die zu der Einrichtung des Weltsystems, im Großen betrachtet, haben beitragen können."[204]

Kant nimmt die Entstehung des Sonnensystems aus einem rotierenden Gasnebel an, der sich durch die Rotation abflacht. In seiner Mitte konzentriert sich

---

[202] Brief an Richard Bentley vom 25.2.1692–3, in: I. NEWTON, Opera quae exstant omnia, Bd.4, 438. Vgl. zu Newton auch oben S.30f.

[203] Da das erste newtonsche Axiom der Bewegungserhaltung gilt, sind die Anfangsimpulse, ihre Richtungen und die ursprüngliche Bildung der Massen der Himmelskörper „fast das einzige, wovon man die erste natürliche Ursachen zu suchen hat" (I. KANT, Der einzig mögliche Beweisgrund zu einer Demonstration des Daseins Gottes, 138). Dann geht Kant aber über Newton hinaus, wenn er auch für die Ausbildung der Planetenköper, ihrer Bahnen und Geschwindigkeiten natürliche Ursachen angeben möchte, eine Forderung, deren Berechtigung sich aus der relativen Unvollkommenheit des Planetensystems (z.B. der Tatsache, daß die Umlaufbahnen der Planeten nicht vollkommen in einer Ebene liegen) begründet, das einen Rückschluß auf eine unmittelbar herstellende übernatürliche Ursache gerade nicht nahelegt: „Wenn denn endlich Gott unmittelbar den Planeten die Wurfskraft ertheilt und ihre Kreise gestellt hätte, so ist zu vermuthen, daß sie nicht das Merkmal der Unvollkommenheit und Abweichung, welches bei jedem Product der Natur anzutreffen, an sich zeigen würden" (aaO., 142).

[204] I. KANT, Allgemeine Naturgeschichte und Theorie des Himmels oder Versuch von der Verfassung und dem mechanischen Ursprunge des ganzen Weltgebäudes, nach newtonschen Grundsätzen abgehandelt, in: Kant's gesammelte Schriften, hg. von der Königlich Preußischen Akademie der Wissenschaften, Erste Abtheilung: Werke, Bd.1, 1910, 215–368, 230. Ähnlich wie für Newton ist auch für Kant die Gravitation nicht auf tiefer liegende Zusammenhänge zurückzuführen, sie ist „eine der Materie eigene Grundkraft", und eine solche „darf und kann nicht erklärt werden" (DERS., Der einzig mögliche Beweisgrund zu einer Demonstration des Daseins Gottes, 138).

dann durch die Gravitation ein Großteil seiner Masse in dem Zentralgestirn der
Sonne, um das herum die Planeten durch Kondensation der zerstreuten Teile des
Nebels entstehen. Kant schon weitet diese Vorstellung aus auf die Milchstraße und betrachtet andere Spiralnebel als der Milchstraße entsprechende Gebilde, die er alle jeweils als aus rotierenden Gasnebeln entstandene Sternsysteme
ansieht. Aus einfachen Anfangsbedingungen (einer rotierenden, ungeordneten
Materiewolke) kann er die Entstehung der vorhandenen Strukturen im Ablauf
relativ großer Zeiträume nur mit Hilfe der newtonschen Gesetze beschreiben
und so „die Verfassung des Weltbaues aus dem einfachsten Zustande der Natur
bloß durch mechanische Gesetze ... entwickeln"[205].

Kant geht sogar noch weiter und entwirft ein Gesamtbild des Kosmos als
eines unendlichen, gleichmäßig mit ungeordneter Materie gefüllten Alls, durch
das von dessen ‚Mittelpunkt' her[206] eine Welle von Ordnung hervorgeht, die
sich ins Unendliche ausbreitet. Aus der Mitte des Weltalls heraus beginnt die
Gravitationskraft, aus den chaotischen Materiemassen geordnete Sternsysteme
zu bilden. Doch eben dieselben Gravitationskräfte sind es auch, die die entstandenen Welten nach einiger Zeit wieder in die Unordnung zurücksinken lassen,
so daß ein Prozeß von Werden und Vergehen sich vom Mittelpunkt her wie eine
Welle ausbreitet und immer neue Räume erfaßt. Als letzte Idee, die Kant als
„eben so wahrscheinlich, als der Verfassung der göttlichen Werke wohlanstän-
dig"[207] ansieht, entwickelt er die Vorstellung wiederholter Wellen von Kräften,
die aus dem Mittelpunkt des Alls hervorgehend den chaotisch ungeordneten
Stoff, den die jeweils vorige Welle zurückgelassen hat, aufs neue in Bewegung
und damit zur Bildung von Ordnung bringen, bis auch diese Welten wieder im
Chaos versinken, um das Rohmaterial für die nächste, Welten hervorbringende Welle zu liefern. „Die ausgebildete Welt befindet sich diesemnach zwischen
den Ruinen der zerstörten, und zwischen dem Chaos der ungebildeten Natur
mitten inne beschränkt"[208].

Doch auch Kant bezieht in seiner Frühschrift die Entstehung des Alls am
Ende auf Gott. Denn es ist die Vernunft, die in der Lage ist, die Schönheit und
Genauigkeit der Zusammenhänge der Weltentstehung zu erfassen, und sie würde sich selbst als Torheit ins Unrecht setzen, würde sie sich unterstehen, „alles
dieses dem Zufalle und einem glücklichen Ungefähr zuzuschreiben"[209]. Gott

---

[205] AaO., 234.
[206] Kant geht auf die Schwierigkeiten, einen solchen ausgezeichneten Punkt in einem unendlichen Raum zu definieren, nicht weiter ein.
[207] AaO., 320.
[208] AaO., 319.
[209] AaO., 331.

als die höchste Weisheit muß den Entwurf zu diesem Schauspiel der Schöpfung gemacht und mit seiner unendlichen Macht ins Werk gesetzt haben, auch wenn dieser Entwurf sich nicht auf die Konstruktion der jetzt vorhandenen Welt bezieht, sondern die Inkraftsetzung der allgemeinen Bewegungssätze meint, die dann notwendig zur Ausbildung von Welten wie der unsrigen führt.

Ein weiteres wichtiges Element der kantischen Kosmologie ist die Vorstellung ungeheuer großer Räume und Zeiten, die allein es erlauben, daß aus einfachen Anfangsbedingungen die vorfindliche komplexe Welt entstehen konnte. Allerdings ist in der Aufklärung die ‚Unendlichkeit‘ der Welt längst zum gängigen Topos geworden. Kants Bild des Kosmos zeigt einen unendlichen *Raum*, der nach und nach in die Schöpfung mit einbezogen wird, und eine einmal begonnene, sich dann ins Unendliche fortsetzende *Zeit*, deren noch ausstehender „Theil allemal unendlich und der abgeflossene endlich ist"[210]. Die Schöpfung „hat zwar einmal angefangen, aber sie wird niemals aufhören"[211], von einem Punkt ausgehend breiten sich die ordnenden und Welten bildenden Kräfte aus, um die unendlichen, mit Chaos gefüllten Räume nach und nach zu ergreifen, und „Millionen, und ganze Gebürge von Millionen Jahrhunderten"[212] werden dabei verfließen.

Diese ewig fortgesetzte und ins Unendliche sich erstreckende Schöpfung sieht Kant in Korrespondenz zu den Eigenschaften des höchsten Wesens, das die Materie mit ihren Gesetzen erschaffen hat und das selbst ewig und unendlich ist. Zwar sind eben wegen der Unendlichkeit des Gegenstandes dem menschlichen Verstand keine „untrüglichen Beweise" zugänglich, so daß der „Einwurf der Unerweislichkeit"[213] nicht gänzlich zurückgewiesen werden kann, doch die Korrespondenz zwischen Schöpfer und Geschöpf ist nach Ansicht von Kant ein Hinweis darauf, daß die von ihm entwickelte Hypothese der Ordnung und Entstehung des Kosmos der Wahrheit nahe zu kommen vermag, da sich in seinem Entwurf im unendlichen Geschöpf die Eigenschaften des unendlichen Schöpfers abbilden. Es wäre eine Herabwürdigung des ewigen, unendlichen und unermeßlichen Gottes, ihm weniger als eine ewige, unendliche, unermeßliche Schöpfung zuzutrauen[214].

Unabhängig von Kant formuliert vierzig Jahre nach dessen *Allgemeiner Naturgeschichte* Laplace eine ähnliche Hypothese der Entstehung des Sonnen-

---

[210] AaO., 314.

[211] Ebd.

[212] Ebd.

[213] AaO., 315.

[214] Eben dieses Argument benutzte schon Giordano Bruno zur Begründung der Unendlichkeit des Kosmos, vgl. H. BLUMENBERG, Kopernikus im Selbstverständnis der Neuzeit, 344f.

systems aus einem rotierenden Nebel. Seine Theorie hat größere Wirkung als
Kants frühe Schrift, die nun aber wiederentdeckt wird und damit in eine breite-
re öffentliche Wahrnehmung gerät. Die Verbindung beider Entwürfe zur Kant-
Laplaceschen-Theorie beherrscht dann die Kosmologie des 19. Jahrhunderts[215].
Gestützt wird sie durch Beobachtungen wie die von Friedrich Wilhelm Her-
schel, der schon 1783 lokale Ansammlungen von Sternen bemerkt und die Form
der Milchstraße als linsenförmig bestimmt. Er stellt fest, daß sich die Fixsterne
der Milchstraße mit ihr rotierend bewegen, und entdeckt 2000 kosmische Nebel,
in denen er in der Entstehung befindliche Sternsysteme in der Art der Milchstraße sieht. Seine Beobachtungen stützen die Ausweitung der Nebularhypothese
auf die Entstehung von Galaxien.

4.2. Einsteins statisches Universum

Für die physikalische Kosmologie bleibt die gleichmäßige Verteilung der Ma-
terie im unbegrenzten Raum unhinterfragte Voraussetzung. Hugo Seeliger und
Carl Neumann bringen jedoch Ende des 19. Jahrhunderts einen entscheidenden
Einwand gegen diese Konzeption vor und weisen die Unvereinbarkeit einer sta-
tischen, unendlich ausgedehnten Welt mit der newtonschen Gravitationstheorie
nach[216]. Sie zeigen, daß zur newtonschen Theorie Grenzbedingungen für das
Unendliche hinzutreten müssen, damit das Gravitationspotential ϕ einem festen
Wert zustrebt und nicht überall ins Unendliche wächst[217].

Durch die allgemeine Relativitätstheorie wird dann die newtonsche Gravitationstheorie abgelöst, und damit ergeben sich auch neue Ansätze zur Beschreibung der kosmischen Massenverteilungen. Eine neue Gravitationstheorie ist
deshalb von entscheidender Bedeutung für die Kosmologie, weil sich die Gravitation neben der elektromagnetischen Kraft als die einzige langreichweitige
Wechselwirkung erwiesen hat und sie zudem im Unterschied zur elektromagne-

---

[215] Die Bezeichnung Kant-Laplace-Hypothese geht auf einen Vorschlag von Hermann von
Helmholtz zurück, den er in einem populärwissenschaftlichen Vortrag geäußert hat: H. VON
HELMHOLTZ, Über die Entstehung des Planetensystems, in: DERS., Populäre wissenschaftliche
Vorträge (3.Heft), 1876, 99–137.

[216] Vgl. B. KANITSCHEIDER, Kosmologie, 141ff. Auch das sogenannte Olberssche Para-
doxon, das zeigt, daß in einem unendlichen, gleichmäßig mit sonnenhellen Sternen erfüllten
Universum jeder Punkt am Nachthimmel so hell wie die Sonne leuchten müßte, bildet einen im
19. Jahrhundert diskutierten Einwand, vgl. aaO., 135–141.

[217] Aus der unmodifizierten Poisson-Gleichung $\Delta\phi = 4\pi K\rho$, die die Abnahme des Gravi-
tationspotentials mit der Entfernung beschreibt, ergibt sich nämlich die Konsequenz, daß die
sich überlagernden Gravitationspotentiale eines gleichmäßig mit Materie gefüllten Kosmos im
Unendlichen entarten.

tischen Kraft, die nur auf elektrisch geladene Materie wirkt, nicht abschirmbar oder neutralisierbar ist. Während die makroskopische Materie im Mittel ungeladen ist, weil positive und negative Ladungen sich neutralisieren, wirkt die Gravitation auf alles. Deshalb muß der großräumige Aufbau des Kosmos als gravitationsdominiert angesehen werden.

Einstein stellt bald nach Abschluß der allgemeinen Relativitätstheorie erste *Kosmologische Betrachtungen zur allgemeinen Relativitätstheorie* an und diskutiert in diesem Zusammenhang auch das Problem der Stabilität eines mit Materie erfüllten unendlichen Weltraums und seine bisher versuchten Lösungen[218]. Um der Konsequenz einer Entartung der Gravitationspotentiale im Unendlichen zu entgehen, bieten sich zwei Auswege an. Zum einen kann man die Vorstellung der gleichmäßigen Masseverteilung aufgeben und statt dessen eine Art massereicher Mitte des Universums annehmen, um die herum die Sternendichte nach außen hin immer weiter abnimmt, so daß auch das gesamte Gravitationspotential stärker als mit dem Quadrat der Entfernung bis ins Unendliche abnehmen würde[219]. Diese Vorstellung wäre jedoch aus zwei Gründen unbefriedigend. Zum einen müßte man einen inhomogenen Kosmos mit einem ausgezeichneten Zentrum annehmen, eine für Einstein ‚unsympathische Vorstellung‘[220]. Zum anderen legen thermodynamische Überlegungen nahe, daß die vorhandene Dichtedifferenz sich aufgrund der Bewegungen der Himmelskörper, vergleichbar mit der Diffusion von Gasmolekülen bei stationärer Wärmebewegung, ausgleichen und sich Licht und Himmelskörper im immer leerer werdenden Unendlichen im Laufe der Zeit verlieren würden[221].

Seeliger selbst hatte die Möglichkeit erwogen, daß die Gravitation aus unbekannten Gründen zwischen zwei Massen stärker als mit dem Quadrat der Entfernung abnimmt. Er fügte einfach einen zusätzlichen Term in die entsprechende Differentialgleichung ein, durch den das newtonsche Gravitationspotential ϕ durch ein anderes, ihm entgegenwirkendes $-\phi$ überlagert wird, und zwar mit einer Stärke, die durch eine empirisch zu bestimmende universelle Konstan-

---

[218] A. EINSTEIN, Kosmologische Betrachtungen zur allgemeinen Relativitätstheorie, 142–152.

[219] Man darf nicht vergessen, daß 1917 noch keine endgültige Entscheidung darüber gefallen war, ob die beobachteten Spiralnebel noch zu unserer Galaxie zu rechnen sind, oder eigene Galaxien darstellen. Erst nachdem Hubble 1924 durch die Gesetzmäßigkeiten bei veränderlichen Sternen den Abstand des Andromedanebels zuverlässig bestimmt hatte, fand die These, daß die Nebel eigene Galaxien darstellen, Eingang in die Lehrbücher.

[220] A. EINSTEIN, Über die spezielle und allgemeine Relativitätstheorie, 84.

[221] Dies ist der sogenannte Verödungseinwand.

te festgelegt ist, die er mit λ bezeichnete. Mit diesem Gravitationsgesetz wäre eine gleichmäßige Materieverteilung im unendlichen Raum vereinbar.

Einstein aber kommt durch seine Überlegungen zur allgemeinen Relativitätstheorie auf eine andere Möglichkeit, die Möglichkeit einer endlichen und doch nicht begrenzten Welt. Ein solches Gebilde veranschaulicht Einstein in seinem allgemein verständlichen Büchlein *Über die spezielle und allgemeine Relativitätstheorie* anhand einer Analogie auf der zweidimensionalen Ebene[222]. Man stelle sich zweidimensionale Geschöpfe vor, die auf einer Ebene leben. Sie haben Werkzeuge zum Ausmessen der Ebene (Maßstäbe) und sind auf ihr frei beweglich, können sie aber nicht über die dritte Dimension verlassen. Ist ihre Ebene flach, so können sie deren euklidische Geometrie mit ihren Instrumenten realisieren.

Nun denken wir uns das ganze Szenario auf eine Kugeloberfläche versetzt. Messen die Wesen eine gerade Strecke aus, so erhalten sie Kreisbögen. Ziehen sie von einem Punkt gleichlange Linien in verschiedene Richtungen und verbinden deren Endpunkte, so erhalten sie einen Kreis und können das Verhältnis von Radius und Umfang mit ihrem Maßstab messen. Sie stellen fest, daß ihre Welt nicht flach ist, sondern gekrümmt und nur in kleinen Abmessungen die euklidische Geometrie gilt. Aber das wichtigste: Die Welt dieser Wesen ist endlich und hat doch keine Grenze. Die Wesen könnten sogar den Kugelradius ausrechnen, indem sie das Maß der Abweichung von π bei steigendem r bestimmen. Ist aber die Ausdehnung der den Wesen zugänglichen Teilwelt sehr klein im Verhältnis zur Gesamtfläche, so ist der Unterschied zur flachen Ebene kaum feststellbar.

Die Kugel ist von anderen geschlossenen Flächen dadurch ausgezeichnet, daß bei ihr die Krümmung überall konstant ist. Zur Kugel gibt es ein dreidimensionales Analogon, den sphärisch gekrümmten Raum Riemanns. Auch er ist unbegrenzt, hat aber ein endliches Volumen. Gemäß der allgemeinen Relativitätstheorie sind die geometrischen Eigenschaften des Raumes durch die Materie bedingt. Nun könnte es sein, daß die Massen den Raum nur lokal ein wenig krümmen, er aber immer noch unendlich ausgedehnt ist, ähnlich wie im Zweidimensionalen eine gekräuselte Wasseroberfläche. Da es jedoch keine der Gravitation entgegenwirkende, negative Masse mit negativer Gravitation gibt, muß die Krümmung überall positiv sein. Ist die mittlere Dichte der Materie von Null verschieden, so muß der Raum notwendig sphärisch gekrümmt sein. Ist die Materie zudem großräumig gleichmäßig verteilt, so ist die Krümmung im Mittel konstant. Dann aber ist der Raum notwendig endlich, die Welt ist ein räumlich

---

[222] AaO., 85ff.

geschlossenes Kontinuum und hat ein endliches Volumen, das man anhand der Krümmung errechnen kann. Die Gravitationskräfte können nun nicht mehr im Unendlichen entarten.

Allerdings steht auch Einsteins Universum in der Gefahr eines Gravitationskollaps. Einstein geht zunächst von einem unveränderlichen Volumen des Kosmos aus und erweitert seine Feldgleichungen in Analogie zu Seeliger um einen „mit einer vorläufig unbekannten universellen Konstante $-\lambda$"[223] multiplizierten Tensor, der dem allgemeinen Materietensor entgegenwirkt, um so einen stabilen, allein gravitativ bestimmten Kosmos zu erhalten. Allerdings empfindet Einstein selbst diese Annahme als unbefriedigend. „Die Einfügung dieses zweiten Gliedes ist eine Komplizierung der Theorie, welche deren logische Einfachheit bedenklich vermindert. Seine Einführung kann nur durch die Notlage entschuldigt werden, welche die kaum vermeidbare Einführung einer endlichen durchschnittlichen Dichte der Materie mit sich bringt."[224] Das hinzugefügte kosmologische Glied wirkt etwa wie der Druck eines Gases und antigravitativ, um einen Gravitationskollaps zu vermeiden und die Raumkrümmung konstant zu halten. Die kosmologische Konstante λ sollte allerdings nur wenig von Null abweichen, damit kein Konflikt entsteht mit den beobachteten Verhältnissen der Gravitation im Kosmos[225]. Den entsprechenden Materietensor erhält Einstein dadurch, daß er die großräumige Verteilung der Materie als homogenes, isotropes, also mit geringen Relativbewegungen versehenes, druckloses Gas auffaßt[226].

In ihrer Metrik stellt die so aufgefaßte Raumzeit die Form eines vierdimensionalen Zylinders dar mit den zeitartigen Weltlinien der Materieteilchen in Längsrichtung der Zylinderachse. Dazu orthogonal steht eine endliche, randlose, konstant positiv gekrümmte dreidimensionale riemannsche Mannigfaltigkeit, die den Raum repräsentiert. Es ist auffallend, daß die zeitliche Koordinate der ‚kosmologischen Zeit' vom Raum entkoppelt ist und ein globales, ausgezeichnetes Ruhesystem eingeführt ist, über das kosmologische Gleichzeitigkeit

---

[223] A. EINSTEIN, Kosmologische Betrachtungen zur allgemeinen Relativitätstheorie, 151.

[224] A. EINSTEIN, Zum ‚kosmologischen Problem', in: DERS., Grundzüge der Relativitätstheorie, 107–131, 110.

[225] Torretti gibt aus Beobachtungen ferner Galaxien als obere Grenze $|\lambda| \leq 10^{-56}\,cm^{-2}$ an, vgl. R. TORRETTI, Kosmologie als ein Zweig der Physik, in: Moderne Naturphilosophie, hg. von B. KANITSCHEIDER, 1984, 183–199, 194.

[226] 1930 weist Eddington jedoch nach, daß die einsteinsche statische, sphärisch gekrümmte Welt mit kleinem λ instabil ist gegen Dichteschwankungen und ständig zu lokalen Zusammenbrüchen führen müßte, vgl. A. EDDINGTON, On the Instability of Einstein's Spherical World, Monthly Notices of the Royal Astronomical Soc. 19 (1930), 668–678.

definiert werden kann. Die Relativität der Zeit, die der speziellen Relativitätstheorie zugrundeliegt, ist durch die Modellannahmen für die kosmische Materie
ihrerseits wieder relativiert: es gibt eine kosmische Zeit, die für alle gegen die
Gesamtheit der kosmischen Materie ruhenden Beobachter gleich verläuft. Nur
wer sich relativ zu diesem kosmischen Ruhesystem bewegt, erfährt eine Relativierung der Eigenzeit der kosmischen Zeit gegenüber. Es wird sich zeigen, daß
dies ein Grundzug nicht nur des statischen einsteinschen Kosmos ist, sondern
auch auf alle dynamischen Modelle zutrifft.

Einsteins Modell zeigt erstmalig, daß eine konsistente physikalische Theorie des Gesamtkosmos möglich ist. Die Grundlage dieses und auch der nachfolgenden Modelle bildet die Gravitationstheorie der allgemeinen Relativitätstheorie. Sie liefert aber nur mögliche geometrische Eigenschaften der Raumzeit, ihr muß ein Materiemodell zur Seite treten, das aus Annahmen über die
kosmische Massenverteilung und ihre Eigenschaften versucht, das kosmische
Gravitationsfeld zu bestimmen, das dann in die relativistischen Feldgleichungen eingesetzt werden kann. Bemerkenswert und für Einstein in Bezug auf die
Probleme einer newtonschen Kosmologie bedeutsam ist, daß das Modell ganz
ungezwungen einen finiten Kosmos liefert und Endlichkeit und Unbegrenztheit
des Kosmos ganz im Sinne Riemanns miteinander vereinbart. Bei gegebener
mittlerer Dichte und bekanntem λ liefert das Modell einen einfachen Zusammenhang zwischen endlichem Volumen der Welt und ihrer endlichen Gesamtmasse. Weder gibt es einen Mittelpunkt der Welt noch stellt sich das Problem
eines durch einen ‚Rand‘ begrenzten Kosmos, der sogleich die Frage provoziert,
was denn wohl dahinter liegen möge.

4.3. Das expandierende Friedmann-Universum

Fast zur gleichen Zeit, als Einstein seine Feldgleichungen modifiziert und auf
den Kosmos anwendet, weist Willem de Sitter nach, daß auch eine strenge Lösung der Feldgleichungen für eine leere Welt, d.h. eine Welt mit der Dichte
$\rho = 0$ existiert. Das Gravitationsfeld des De-Sitter-Universums ist statisch und
isotrop, betrachtet man jedoch rein räumliche Schnitte zu verschiedenen festen
kosmischen Zeitpunkten, so zeigt sich, daß das Raumelement, der sogenannte
Skalenfaktor, mit der Zeit exponentiell, d.h. mit konstanter Beschleunigung expandiert. Brächte man eine isotrope Wolke frei fallender Probeteilchen, die das
metrische Feld nicht stören sollen, in das De-Sitter-Universum ein, so würden
diese sich voneinander fortbewegen. De Sitter, der mit den astronomischen Erkenntnissen besser vertraut ist als Einstein, erkennt, daß diese Fluchtbewegung
im expandierenden Raum mit der schon bekannten Rotverschiebung der Gala-

xien in Zusammenhang gebracht werden kann, die allerdings erst 1929 durch Hubble als mit der Entfernung der Galaxien wachsend bestimmt wird. Einige Zeit jedenfalls wird die Rotverschiebung auch ‚De-Sitter-Effekt‘ genannt.

Um 1917 ist man also im Besitz zweier relativistisch konsistenter kosmologischer Modelle, das einsteinsche Modell, dessen metrisches Feld allein durch die Materie bestimmt wird und das sich statisch verhält, und das de-sittersche, das keine Materie enthält, aber expandiert[227]. Einsteins Modell löst das Unendlichkeitsproblem, muß aber eine willkürliche kosmologische Konstante einführen. De Sitters Modell kommt ohne willkürliche Zufügungen aus, enthält aber keine Materie. Beides ist offensichtlich unbefriedigend, und Eddington beschreibt im Rückblick die Alternative, die sich zu diesem Zeitpunkt stellt, als die Frage: „Shall we put a little motion into Einstein's world of inert matter or shall we put a little matter into de Sitter's primum mobile?“[228]

Der russische Mathematiker Alexander Friedmann zeigt dann 1922, daß eine ganze Klasse von Lösungen der einsteinschen Feldgleichungen möglich ist, die Einsteins und de Sitters Lösung jeweils als Grenzfall enthält[229]. Friedmann läßt alle Werte für λ zu und nimmt wie Einstein an, daß die Materie als ideales Gas zu betrachten ist, das homogen und isotrop verteilt ist und sich ohne Turbulenzen mit gegenüber der Lichtgeschwindigkeit vernachlässigbaren Relativgeschwindigkeiten bewegt. Alle anderen möglichen Parameter wie Druck (ihn setzt Friedmann gleich Null), Scherung, Zähigkeit u.ä. werden ausgeschlossen. Die Materie ist dann allein durch ihre Dichte charakterisiert.

Es ergibt sich daraus, daß auch der Kosmos in seiner großräumigen Metrik als homogen und isotrop anzusehen ist. ‚Homogenität‘ des Kosmos meint die Eigenschaft, aufgrund derer, vergleichbar mit der Oberfläche einer Kugel, kein *Raumpunkt* des Universums vor anderen ausgezeichnet ist, es also kein Zentrum des Universums gibt. Von jedem typischen Raumpunkt aus zeigt das Universum das gleiche Bild. Daß der kosmische Raum zudem ‚isotrop‘ ist, bedeutet, daß keine *Raumrichtung*, in die ein Beobachter in den Kosmos blickt, sich prinzipiell von anderen unterscheidet, sondern in jeder Richtung die Materieverteilung in etwa dasselbe Bild zeigt. Eine homogene und isotrope Metrik ist das symmetrischste und einfachste Modell der Raumzeit. Sie ist Ausdruck für das allen modernen kosmologischen Theorien zugrundeliegende *kosmologische Prinzip*,

---

[227] Eine gute Darstellung und Analyse der forschungsgeschichtlichen Situation zu dieser Zeit bietet P. KERSZBERG, The Invented Universe. The Einstein-De Sitter Controversy (1916-17) and the Rise of Relativistic Cosmology, Oxford 1989.

[228] A. EDDINGTON, The Expanding Universe, Cambridge 1952, 48.

[229] A. FRIEDMANN, Über die Krümmung des Raumes, Z. Phys. 10 (1922), 377–386.

demzufolge kein Raumpunkt und keine Raumrichtung im Universum vor anderen bevorzugt ist.

Entscheidend ist nun, daß Friedmann Einsteins Annahme eines gleichmäßig gekrümmten kosmischen Raums mit de Sitters Annahme eines von der Zeit abhängigen Krümmungsradius des Raumes verbindet. Im Sinne der letzteren sollen die drei Raumkoordinaten von der Zeitkoordinate unabhängig sein, so daß eine kosmische Zeit definierbar ist, „die Zeit ist orthogonal zum Raum"[230]. Das Universum wird gegenüber dieser Zeit als nicht-stationär beschrieben, sein Raumelement dehnt sich mit ihr aus. Friedmann zeigt, daß je nach dem Verhältnis von λ und der Gesamtmasse des Universums verschiedene Klassen von Universen möglich sind, solche mit positiver Krümmung, flache ohne Krümmung und solche mit negativer Krümmung. Im heutigen Formalismus wird die Art Krümmung durch eine Konstante k repräsentiert, im Fall positiver Krümmung gilt $k = 1$, bei Flachheit $k = 0$ und bei negativer Krümmung $k = -1$. Es zeigt sich – ein homogen-isotropes Materiemodell vorausgesetzt[231] –, daß unabhängig von k und λ die sich ergebende zeitliche Funktion für den Radius des Universums eine Nullstelle in der Zeit hat, an der die räumliche Ausdehnung des Kosmos verschwindet. Sind Massedichte, Radius der Welt und λ des derzeitigen Universums bekannt, so läßt sich berechnen, wieviel kosmische Zeit vergangen ist, seit der Raum auf einen Punkt reduziert war, Friedmann nennt dies „*die Zeit seit der Erschaffung der Welt*"[232]. Er zeigt zudem, daß sich drei Typen unterscheiden lassen: *monotone* Welten zweiter und dritter Art ($k = 0$ bzw. $k = -1$), deren Krümmungsradius eine stetig zunehmende Funktion der Zeit ist, und eine *periodische* Welt, deren Krümmungsradius bis zu einem festen Wert zunimmt, um dann wieder bis zu einer erneuten Nullstelle abzunehmen ($k = 1$). Welche Welt unser Weltall darstellt, läßt sich anhand der Kenntnisse des Kosmos noch nicht entscheiden[233]. Friedmann versucht eine einfache Überschlagsrechnung, setzt $\lambda = 0$, $k = 1$ und die Masse der Welt mit $5 \cdot 10^{21}$ Sonnenmassen an und erhält als Weltperiode etwa 10 Milliarden Jahre[234].

---

[230] AaO., 379.

[231] Ein Modell mit homogener, aber anisotroper Materieverteilung entwickelt Gödel 1949: K. GÖDEL, An Example of a New Type of Cosmological Solutions of Einstein's Field Equations, Rev. Mod. Phys. 21 (1949), 447–450.

[232] A. FRIEDMANN, Über die Krümmung des Raumes, 384.

[233] Friedmann beschränkt sich in seiner ersten Arbeit auf die Lösung mit $k = 1$, zwei Jahre später legt er eine Lösung für $k = -1$ vor (DERS., Über die Möglichkeit einer Welt mit konstanter negativer Krümmung, Z. Phys. 12 (1924), 326–332). Die Lösung für $k = 0$ entwickelt Robertson 1929, vgl. H. GOENNER, Einführung in die Kosmologie, 1994, 87.

[234] A. FRIEDMANN, Über die Krümmung des Raumes, 386.

Durch die Annahme der Expansion des Raumes mit der Zeit, die der Gravitation entgegen wirkt, gelingt es Friedmann, ein stabiles Modell zu entwickeln, bei dem auf das willkürlich eingeführte kosmologische Glied des einsteinschen Kosmos deshalb verzichtet werden kann, weil die Expansion des Raumes der Gravitation entgegenwirkt. Die Vorstellung einer Expansion des Kosmos erfährt nur wenige Jahre später eine empirische Stütze, als es dem Astronomen Edward Hubble 1929 gelingt, die schon seit längerem bekannte Rotverschiebung des Lichts entfernter Sterne mit ihrer Entfernung in einen Zusammenhang zu bringen und dies als eine Expansion, ein Auseinanderfliegen der Galaxien deutet. Dies ist der erste und bis heute wichtigste Hinweis auf ein expandierendes Weltall, aus dem auch die Geschwindigkeit der Fluchtbewegung in etwa bestimmt werden kann. Wir werden auf die empirischen Daten, die das Modell des expandierenden Kosmos stützen, im übernächsten Abschnitt noch zurückkommen. Zuvor aber sollen die Grundlagen und Lösungsmöglichkeiten der Friedmann-Universen systematisch dargestellt werden.

4.4. Das Standardmodell

4.4.1. Die Grundlagen

Betrachten wir die gesamte Klasse möglicher Friedmann-Universen, so lassen sich allgemeine *Grundannahmen*, das zugrundegelegte *Materiemodell* und die einsteinsche *allgemeine Relativitätstheorie* als Theorieelemente unterscheiden. Halten wir zunächst einige *Grundannahmen* fest, die eine kosmologische Theoriebildung, d.h. die Ausweitung unserer lokal gewonnenen Physik auf kosmische Verhältnisse überhaupt erst ermöglichen[235]:

(A 1) Die lokal gewonnenen Gesetze (z.B. der Elektrodynamik) sollen universelle Gültigkeit besitzen.

(A 2) Der Kosmos ist als *ein* zusammenhängendes physikalisches Objekt beschreibbar.

(A 3) Die fundamentalen physikalischen Konstanten (z.B. Lichtgeschwindigkeit c, Gravitationskonstante G, Elementarladung e u.a.) haben überall und zu allen Zeiten die von uns feststellbaren Werte.

Grundsätzlich unaufgebbar ist Annahme (A 1). Annahme (A 2) gilt für das Standardmodell, das die einsteinschen Feldgleichungen zugrundelegt und Raumzeit und Gravitation als den kosmischen Zusammenhang bestimmt. Der Kosmos läßt sich, so die Voraussetzung, als die Gesamtheit der gravitativ wechselwirkenden Systeme im vierdimensionalen Kontinuum angemessen darstel-

---

[235] Vgl. H. GOENNER, Einführung in die Kosmologie, 54.

len. Neuere quantenkosmologische Überlegungen entwickeln darüber hinaus Modelle, die eine Vielzahl von jeweils in sich zusammenhängenden, raumzeitlich und gravitativ aber voneinander getrennten Universen annehmen, bei denen dann das gesamte Ensemble von Welten das Objekt der Theorie darstellt. Dazu später mehr[236]. Annahme (A 3) ist insofern einschränkbar, als Theorien entworfen werden könnten, die einzelne fundamentale Konstanten als in Abhängigkeit von der kosmischen Zeit veränderlich setzen, z.B. die Gravitationskonstante, und dafür wieder ein Gesetz ihrer Veränderung suchen müßten. Dazu müßte man durch empirische Befunde genötigt werden.

Von diesen ganz allgemeinen Grundannahmen ausgehend wird das kosmologische Standardmodell nun aus zwei Theorieelementen heraus entwickelt. Zum einen wählt man ein adäquat erscheinendes *Materiemodell*, das die kosmische Materieverteilung und -bewegung angemessen beschreiben soll, und analysiert die damit verknüpften Eigenschaften der Raumzeit. Die kosmische Dynamik gewinnt man dann, wenn man dieses Modell in die einsteinschen *Feldgleichungen* einsetzt. Da es sich beim Materiemodell im allgemeinen um homogen-isotrope Modelle handelt, definiert Goenner das „Standardmodell" als „homogen-isotrope Lösung der einsteinschen Feldgleichungen"[237]. Betrachten wir das Verhältnis beider Theorieelemente genauer.

Die Materie als diejenige Quelle, die nach der allgemeinen Relativitätstheorie die Metrik des Gravitationsfeldes bestimmt, wird in ihrer großräumigen Verteilung durch den Energie-Impuls-Tensor einer idealen Flüssigkeit (oder Gases) beschrieben, der nur durch Geschwindigkeit, Energiedichte und Druck gekennzeichnet ist. Man sieht also von der ‚Klumpigkeit' der Materie im Universum ab und betrachtet sie als kontinuierlich verschmiert. Weiterhin werden nur laminare Strömungen der Materie, keine Turbulenzen zugelassen. Um das mit einem solchen Materiemodell verbundene Gravitationsfeld bestimmen und mit vorhandenen Theorien beschreiben zu können, muß man weitere Annahmen machen. So ist ein *ausgezeichnetes Ruhesystem* einzuführen, relativ zu dem sich die Gesamtheit der kosmischen Massen im Mittel in Ruhe befindet, das sogenannte mitbewegte Koordinatensystem. Für dieses Ruhesystem stehen Raum und Zeit orthogonal zueinander.

Für den Gesamtkosmos wird also über das kosmische Materiemodell die Zeitkoordinate vom Raum abgekoppelt. In Bezug auf den Kosmos verliert die im Zusammenhang der Relativitätstheorie so oft hervorgehobene Relativität der Zeit und der Entfernung dadurch ihre Radikalität, daß durch die Voraussetzung

---

[236] Vgl. unten den Abschnitt S.214ff.
[237] AaO., 85.

der Homogenität und Isotropie des Materiemodells ein natürlicher Standard der Ruhe der mittleren Materieverteilung definiert wird. Er ist sogar von empirischer Relevanz und wird im heutigen Kosmos durch den Mikrowellenhintergrund repräsentiert. Es läßt sich die relative Bewegung der Erde bzw. unserer Galaxie diesem ausgezeichneten Ruhesystem gegenüber durch Beobachtung bestimmen[238].

Als weitere Voraussetzung tritt hinzu, daß die großräumige Materieverteilung allein durch gravitative Wechselwirkung bestimmt ist. Wir hatten uns die fundamentale kosmologische Bedeutung der Gravitation vor den anderen Wechselwirkungen schon vor Augen geführt. Es sollen sich alle Teilchen auf ihren zeitartigen Geodäten bewegen, ohne daß andere Einflüsse als die Gravitation in Betracht zu ziehen sind, sie sind deshalb wie frei fallende Teilchen in einem Gravitationsfeld zu behandeln. Nimmt man nun noch an, daß die lokal beobachtbare Homogenität und Isotropie der Materieverteilung für den ganzen Kosmos gilt, so erhält man als Metrik der kosmischen Raumzeit ein Linienelement, das durch eine unabhängige Zeitkoordinate, eine von der Zeit abhängige Funktion des Raumelements oder Skalenfaktors und einen gleichmäßig gekrümmten dreidimensionalen Raum bestimmt ist. Diese Metrik heißt *Robertson-Walker-Metrik* nach den beiden Physikern, die sie zuerst abgeleitet haben. Es ergibt sich für das Linienelement der folgende mathematische Ausdruck:

$$g_{\mu\nu}dx^{\mu}dx^{\nu} = c^2 dt^2 - S^2(t)\frac{dx^2+dy^2+dz^2}{\left[1+\frac{k}{4}(x^2+y^2+z^2)\right]^2}.$$

Man erkennt, daß die Zeitkoordinate dt von den drei Raumkoordinaten abgekoppelt ist, sie repräsentiert die kosmische Zeit. Die Konstante k im Nenner der rechten Seite gibt die Krümmung des dreidimensionalen Raums an, sie ist sphärisch bei $k=1$, hyperbolisch bei $k=-1$ und flach (euklidisch) bei $k=0$, wenn also der ganze Nenner 1 wird. Dadurch werden die drei einzig möglichen geometrischen Grundtypen homogener und isotroper Räume dargestellt[239]. Der Skalenfaktor $S(t)$ beschreibt die Änderung der räumlichen Abstände in Abhängigkeit von der Zeit (Expansion oder Kontraktion).

Um die vollständige kosmologische Theorie zu erhalten, wird im nächsten Schritt die Robertson-Walker-Metrik in die einsteinschen *Feldgleichungen* eingesetzt und nach Lösungen gesucht. Dazu kommt die kosmologische Konstan-

---

[238] So wurde 1977 eine anisotrope Abhängigkeit der Temperatur des kosmischen Strahlungshintergrunds festgestellt, aus der auf eine Bewegung der Erde gegen den Strahlungshintergrund in Richtung des Sternbilds Löwe mit einer Geschwindigkeit von $390(\pm60)$ km/s geschlossen wird, aaO., 36f.

[239] Vgl. oben S.48.

te λ, die je nach Vorzeichen abstoßend oder anziehend wirkt. Setzt man wie Friedmann den Druck der Materie $p = 0$ und vernachlässigt die kosmologische Konstante (setzt also $\lambda = 0$) und trägt den Skalenfaktor $S(t)$ gegen die Zeit ab, so kann man die drei grundlegenden Typen von Friedmann-Universen unterscheiden und wie folgt darstellen[240]:

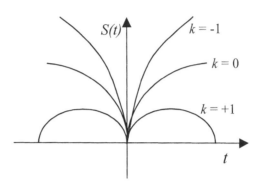

Abbildung 3: Zeitentwicklung der materiedominierten Friedmann-Modelle

Betrachtet man den rechten Teil des Graphen[241], so lassen sich die drei Fälle wie folgt beschreiben: Ein Universum mit negativer Krümmung dehnt sich immer weiter aus bis ins Unendliche und nähert sich bei abnehmender Beschleunigung einer konstanten Ausdehnungsgeschwindigkeit. Die Ausdehnung eines flachen Universums verlangsamt sich ebenfalls, aber so, daß sie asymptotisch gegen Null geht. Allein das Universum mit positiver Krümmung erreicht nach endlicher Zeit seine maximale Ausdehnung, um dann wieder zu kollabieren und in einer zweiten Nullstelle zu enden.

Vorausgesetzt also, daß man λ vernachlässigen kann und das hochsymmetrische Materiemodell angemessen ist, lassen sich genau diese drei Typen von Universen unterscheiden. Ob unser Universum sphärisch gekrümmt, flach oder hyperbolisch gekrümmt ist, hängt dann nur noch ab vom Verhältnis der Energie-Materie-Dichte des Universums zu seiner Expansionsrate. Als kritische Dichte

---

[240] Vgl. H. GOENNER, Einführung in die Kosmologie, 94.

[241] Da alle drei Lösungen der Feldgleichungen zeitsymmetrisch sind, gibt die Darstellung auch die linken, zeitgespiegelten Zweige wieder. Eine Beschränkung auf die rechte Seite, also der Ausgang von der mittleren Nullstelle in positiver Richtung auf der Zeitachse, wie sie den Erklärungen der Geschichte des Kosmos aufgrund der friedmannschen Lösungen zugrundegelegt wird, ist durch die Gleichungen selbst nicht gerechtfertigt, sondern gehört schon zu ihrer kosmologischen Deutung.

für das derzeit beobachtete Universum ergibt sich $\rho_{krit} = (3/8\pi G)\, H_0^2$. Es gehen neben dimensionslosen Konstanten ein die Gravitationskonstante G und der Hubble-Parameter H_0, der die derzeitige Expansionsrate darstellt. Zur Veranschaulichung: gängige Schätzungen der Expansion unseres Universums vorausgesetzt, läge die kritische Massendichte bei etwa drei Wasserstoffatomen pro Kubikmeter[242]. Oberhalb dieses Wertes würde das Weltall im Standardmodell nach endlicher Zeit kollabieren, unterhalb sich ohne Ende ausdehnen. Entweder hat das Universum also so viel Masse pro Volumen, daß die Massenanziehung die Expansion so stark abbremst, daß sie nach endlicher Zeit zum Stillstand kommt, sich dann umkehrt und das ganze Universum wieder kollabiert. Oder die Massenanziehung ist aufgrund geringer Dichte so schwach, daß sie die Expansion nicht zum Stillstand bringen kann, so daß sich am Ende alle Galaxien mit gleichmäßiger Geschwindigkeit voneinander fortbewegen. Oder Gesamtmasse des Universums und Fluchtgeschwindigkeit sind gerade so gegeneinander austariert, daß die Fluchtgeschwindigkeit der Galaxien immer kleiner wird und gegen Null geht.

Für die Frühzeit des Universums wirken sich die verschiedenen Krümmungsvorzeichen kaum aus, die Beschleunigungsraten der Expansion laufen noch nicht sehr weit auseinander. Für die Anfänge aller Friedmann-Universen sind also ähnliche Szenarien anzunehmen. Was jedoch die Prognose der weiteren kosmischen Entwicklung angeht, weichen die Modelle stark voneinander ab, denn dann entscheiden die unterschiedlichen Krümmungen darüber, ob sich das Universum als offenes immer weiter ausdehnt oder als geschlossenes wieder in sich zusammenfällt.

Was würden diese drei verschiedenen Typen von Modellen für den Raum des Kosmos bedeuten? Alle Friedmann-Universen beseitigen aufgrund der Expansion die Schwierigkeiten der newtonschen Kosmologie und entgehen für immer oder zumindest für ein kosmisches Weltalter dem Gravitationskollaps. Aber nur für ein sphärisch gekrümmtes Universum wäre Einsteins ursprüngliche Annahme eines endlichen, aber unbegrenzten Weltraumes realisiert[243]. Das flache Universum (Krümmung gleich Null, Energiedichte und Expansionsrate stehen in exakt dem Verhältnis, das der kritischen Dichte entspricht) und

---

[242] Vgl. H. FRITZSCH, Vom Urknall zum Zerfall, ⁶1990, 283.

[243] Da im hyperbolischen Raum durch die fortgesetzte Expansion die Dichte gegen Null geht und dadurch die Struktur des Raums immer weniger durch die Materie bestimmt wird, scheint für Einstein „der Fall negativer Krümmung als physikalische Möglichkeit weniger befriedigend zu sein als der Fall positiver Krümmung. Trotzdem bleibt natürlich die Entscheidung zwischen beiden denkbaren Fällen der Erfahrung vorbehalten" (A. EINSTEIN, Grundzüge der Relativitätstheorie, 122).

das hyperbolische Universum (Krümmung negativ, die Energiedichte zu gering, als daß die Expansion abgebremst würde) sind *jederzeit* von unendlicher Ausdehnung, d.h. es existiert zu jedem Zeitpunkt unendlich viel Materie in einem unendlich ausgedehnten Raum. Es ist lediglich der die räumlichen Abstände bestimmende Skalenfaktor, der expandiert, nicht das immer schon unendliche Volumen des Raums. Welche semantischen Schwierigkeiten sich aus diesen Unendlichkeiten für die Interpretation und Anwendung der Modelle auf den wirklichen Kosmos ergeben, werden wir noch diskutieren müssen[244].

4.4.2. Vielfalt der Modelle

Man kann die Fülle der möglichen Modelle sprunghaft ansteigen lassen, indem man auch andere Werte von λ zuläßt. Eine vollständige Erläuterung und Beschreibung aller relativistischen Modelle kann hier nicht erfolgen, wir geben einen groben Überblick, indem wir die verschiedenen Fälle vorstellen und in einer Graphik zusammenfassen[245].

Nimmt man $\lambda < 0$, so beginnt das Universum immer mit einer Singularität und expandiert bis zu einer maximalen Größe, um dann wieder in einer Singularität zu enden, und zwar unabhängig von seiner Krümmung (Typ O). Nimmt man $\lambda > 0$, so lassen sich verschiedene Expansionsformen unterscheiden. Bei Flachheit oder negativer Krümmung ($k \leq 0$) expandiert der Kosmos immer weiter und nähert sich dem De-Sitter-Universum an (Typ M_1). Bei $k > 0$ ergeben sich verschiedene Entwicklungen in Abhängigkeit von λ. Es existiert nun nämlich eine kritische Größe λ_{krit}[246]. Ist λ größer als λ_{krit}, so beginnt die Expansion mit einer Anfangssingularität, verlangsamt sich fast bis zum Stillstand, um sich dann mit beschleunigter Expansion immer weiter auszudehnen (ebenfalls Typ M_1)[247]. Nimmt man nun für die kosmologische Konstante gerade den kritischen Wert an, also $\lambda = \lambda_{krit}$, so erhält man entweder das schon statische Einstein-Universum oder eines, welches sich Einsteins ursprünglicher Lösung von der Anfangssingularität her nähert (Typ A_1), oder das von einem Einstein-Universum ausgehend (also ohne Anfangssingularität!) sich einem De-Sitter-

---

[244] Vgl. den Abschnitt unten S.104ff.
[245] Wir orientieren uns an B. KANITSCHEIDER, Kosmologie, 212ff. und H. GOENNER, Einführung in die Kosmologie, 97ff.
[246] Sie bestimmt sich mit $\lambda_{krit} = \frac{4\pi G \mu_1}{c^4}$, wobei μ_1 die Energiedichte darstellt.
[247] Dieses Universum wird auch das Lemaître-Universum genannt. Durch entsprechende Wahl der Parameter kann der mittlere Teil der Entwicklung mit fast stillstehender Expansion beliebig ausgedehnt werden, deshalb sind diese Modelle auch unter der Bezeichnung ‚hesitating' oder ‚loitering' cosmological models bekannt.

Universum approximiert (Typ A_2). Die drei Modelle mit $\lambda = \lambda_{krit}$ und $k = 1$ unterscheiden sich also durch ihren Ausgangspunkt, d.h. den Anfangswert des Skalenfaktors $S(t)$. Gilt aber $0 < \lambda < \lambda_{krit}$ bei positiver Krümmung, so gibt es zwei weitere Möglichkeiten. Entweder ein Universum, das mit unendlicher Ausdehnung beginnend sich zusammenzieht, um bei Erreichen eines Minimalwertes in eine unendliche Expansion überzugehen (Typ M_2), oder – bei Setzen des Beginns in einer Singularität – ein oszillierendes Modell vom selben Typ wie die zu Beginn erwähnten Universen mit $\lambda < 0$, weshalb sie dieselbe Typbezeichnung erhalten (Typ O).

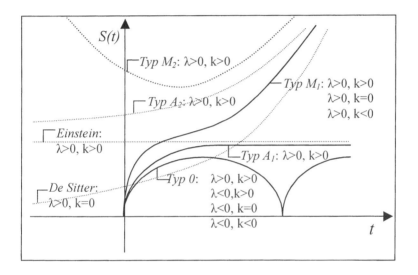

Abbildung 4: Übersicht über die Typen kosmischer Modelle

Betrachtet man diese umfassende Klasse homogen-isotroper Lösungen der Friedmann-Gleichungen, so ergibt sich, daß bis auf die Fälle A_2, M_2 und das Einstein-Universum in allen Modellen eine Anfangssingularität auftaucht, d.h. ein Punkt, bei dem der Skalenfaktor $S(t)$ gegen Null geht und den man als Anfangspunkt der Kurve auffassen kann. Darf man die üblichen Gleichungen bis in diesen Punkt anwenden und ihn physikalisch deuten, so hieße das, daß in ihm die Energiedichte als unendlich anzusehen wäre. Das statische Einstein-Universum scheidet als realistisches Modell aus, da es extrem instabil ist gegen kleine Störungen und Inhomogenitäten. Auch Typ M_2, ein aus dem Unendlichen kollabierendes Universum, das zwar ein Minimum des Skalenfaktors erreicht, von dem an es sich ohne Schranke wieder ausdehnt, das aber keine Singularität aufweist (in der Literatur auch als ‚bounce cosmological model' bezeichnet), wird als unrealistisch angesehen, da dieses Modell eine maximale Rotverschiebung impliziert, die auf jeden Fall nicht mit den Beobachtungen in Einklang zu bringen ist[248]. Das singularitätenfreie Modell A_2 wurde zwar von Lemaître und Eddington favorisiert, doch setzt es ein seit unendlichen Zeiten existierendes instabiles und statisches Einstein-Universum voraus, das dann durch eine zufällige lokale Störung vor 10^{10} Jahren in Richtung auf eine wachsende Expansion, die sich asymptotisch dem De-Sitter-Universum annähert, verlassen wurde. Ein solcher Anfangszustand erscheint höchst unplausibel.

Die globale raumartige Anfangssingularität scheint also eine Eigenschaft aller realistischen kosmischen Standardmodelle zu sein. Auch durch kompliziertere Materiemodelle kann man sie nicht vermeiden. Überlegungen zu nicht-homogenen Materiemodellen, die z.B. Rotation und Scherung mit einbeziehen, zeigen, daß dies zwar die ‚Form‘ der anfänglichen Singularität verändert, nicht aber ihr Vorhandensein. Es gilt deshalb als allgemein anerkanntes Fazit der Anwendung der allgemeinen Relativitätstheorie auf den Kosmos, daß „the existence of singularities may be a general property of *all* spacetimes which can be regarded as reasonable models of the universe"[249]. Wir halten dieses Ergebnis an dieser Stelle nur fest und werden uns im letzten Abschnitt dieses Kapitels noch genauer mit dem Begriff der Singularität und seiner Bedeutung beschäftigen[250].

4.4.3. Zur Empirie

Aus der Fülle der möglichen Modelle muß nun aufgrund empirischer Daten eine Auswahl getroffen und müssen die freien Parameter entsprechend festgelegt werden. Die Lösungen der friedmannschen Gleichungen, so haben wir gesehen, hängen ab vom Hubble-Parameter, der die Expansionsrate bestimmt, vom Dichteparameter und der kosmologischen Konstante. Sind diese Größen bestimmt, kann man daraus das Weltalter, das Vorzeichen der Krümmung und die Kurve der Expansion ableiten. Wir beschränken uns auf die beiden wichtigsten, durch das Modell des expandierenden Kosmos erklärten und es stützenden Phänomene, nämlich die Rotverschiebung und den kosmischen Strahlungshintergrund, und stellen dann die Frage, ob aufgrund der empirischen Daten über die Krümmung des kosmischen Raums entschieden werden kann.

---

[248] Vgl. H. GOENNER, Einführung in die Kosmologie, 102f.

[249] S. HAWKING/G. ELLIS, The Large-Scale-Structure of Space Time, Cambridge 1973, 142.

[250] Vgl. den Abschnitt unten S.98ff.

Die einzigen Daten und Beobachtungen, die Auskunft geben können über die großräumige Verteilung der kosmischen Materie und ihre physikalischen Eigenschaften und Zustände, beruhen auf der Analyse und Interpretation der elektromagnetischen Strahlung, die uns aus dem Weltall erreicht[251]. In ihr läßt sich ein über den ganzen Himmel gleichmäßig verteilter, nicht lokalisierbarer Strahlenhintergrund (Mikrowellen, Röntgenstrahlung) von einem Anteil unterscheiden, der von diskreten Quellen aus bestimmten Richtungen ausgeht. Die Strahlung läßt sich jeweils in Spektren aufspalten und ihre Intensität als Funktion der Frequenz bestimmen. Es lassen sich kontinuierliche Spektren, die z.B. eine bestimmte thermische Strahlung repräsentieren, von diskreten Spektren abheben, die aus Emissions- oder Absorptionslinien bestehen und z.B. Rückschlüsse auf die Elementverteilung der Strahlungsquelle zulassen.

Um nun ein räumliches Bild der kosmischen Verhältnisse nachzeichnen zu können, muß man aber wissen, in welcher Entfernung eine Strahlungsquelle sich befindet. Direkte Entfernungsmessungen (etwa durch Ausmessen von Parallaxen) sind aufgrund der ungeheuren Ausdehnung des Kosmos nur für nahe Objekte möglich[252], für größere Abstände ist man auf aus den Beobachtungen abgeleitete Theorien angewiesen, die die auf der Erde wahrnehmbare scheinbare Leuchtkraft des Objekts mit seiner absoluten Leuchtkraft in Beziehung setzen und über die Abnahme der absoluten Leuchtkraft die Entfernung berechnen[253]. Die absolute Leuchtkraft wird nach verschiedenen Methoden für unter-

---

[251] Es gibt auch die aus massiven Teilchen bestehende kosmische Strahlung, die aus Überresten von Sternexplosionen stammen könnten. Eine überzeugende Theorie dafür existiert jedoch noch nicht. Die durch die einsteinsche allgemeine Relativitätstheorie vorhergesagten Gravitationswellen sind noch nicht nachgewiesen, entsprechende terrestrische und extraterrestrische Detektoren sind jedoch in Planung und Bau.

[252] Durch einfache trigonometrische Vermessung von Parallaxen mit der Erdbahn als Basis erreicht man etwa 30 parsec (1 parsec, von Parallaxensekunde, ist ein in der Astronomie gebräuchliches Entfernungsmaß und entspricht der Entfernung eines Sterns, dessen Parallaxe mit der Erdbahn als Basis eine Bogensekunde beträgt, das entspricht etwa 3,26 Lichtjahren oder $3,086 \cdot 10^{18}$ cm), über die sogenannte statistische Parallaxe, die die Positionsveränderung von Sternen durch die Eigenbewegung der Sonne über Jahre hinweg bestimmt, erreicht man einige hundert parsec.

[253] Man geht z.B. davon aus, daß bei den veränderlichen Cepheiden-Sternen, deren Licht periodisch pulsiert, die Frequenz der Pulsation proportional ist zu ihrer absoluten Leuchtkraft. Kann man nun die Entfernung von nahen Cepheiden aus der eigenen Milchstraße über die Parallaxe bestimmen und über die nun bekannte Entfernung aus ihrer scheinbaren Leuchtkraft ihre absolute Leuchtkraft errechnen, so kann man den Zusammenhang von Pulsationsfrequenz und absoluter Leuchtkraft für Cepheiden allgemein bestimmen und dann die Entfernung weiter entfernter Cepheiden aus dem Verhältnis ihrer Pulsationsfrequenz und ihrer scheinbaren Leuchtkraft errechnen.

schiedliche Stern- und Galaxieklassen und für verschiedene Entfernungsskalen bestimmt. Durch einen gegenseitigen Abgleich erreicht man eine Ausdehnung der Entfernungsmessung bis in die Größenordnung von etwa 100 Mparsec
(Mega-Parsec). Für die lokale Galaxiengruppe schätzt man den Unsicherheits-
faktor auf weniger als 10%, ab einer Entfernung von 3-4 Mparsec aber scheinen
„zwei verschiedene Entfernungsskalen, eine ‚kürzere' und eine ‚längere' in Gebrauch zu sein, deren jeweilige Befürworter noch bezüglich der Güte und Genauigkeit der Messungen und ihrer Interpretation Meinungsverschiedenheiten
haben"[254].

Der erste empirische Hinweis auf ein expandierendes Weltall ergab sich
daraus, daß man eine *Verschiebung der Spektren des Lichts* bestimmter strah-
lender Gebilde im Kosmos ins Rote beobachtete und eine Abhängigkeit dieser
Verschiebung von der Entfernung des Objekts feststellte. Schon 1886 entdeckte
Huggins beim Sirius und anderen Sternen, daß das Absorptionsspektrum ihres
Lichts ein wenig ins Rote, mitunter auch ins Blaue verschoben ist. „Er deutete
dies zutreffend als eine Dopplerverschiebung, bedingt durch die Bewegung des
Sterns von der Erde fort oder auf sie zu."[255] 1924 gelingt es dem Astronomen
Edward Hubble, einige nähere Spiralnebel in einzelne Sterne aufzulösen und
unter ihnen veränderliche Sterne (Cepheiden) zu identifizieren, mit deren Hilfe Entfernungsbestimmungen möglich werden. Hubble kann erstmals zeigen,
daß diese Nebel wirklich außerhalb unserer Milchstraße liegen, und zwar in
der Größenordnung einiger Millionen Lichtjahre, und er kann auch die Entfernungen der schwachen, nicht mehr auflösbaren Nebel abschätzen. Durch systematische Durchmusterung der Spektren der Galaxien gelingt es Hubble 1929,
eine lineare Abhängigkeit der Rotverschiebung von der Entfernung der Galaxi-
en zu approximieren und das nach ihm benannte Hubble-Gesetz aufzustellen,
nach dem sich die Fluchtgeschwindigkeit einer Galaxie über einen konstanten
Faktor, die Hubblesche Konstante, aus der Entfernung ergibt[256].

---

[254] H. GOENNER, Einführung in die Kosmologie, 20.

[255] S. WEINBERG, Die ersten drei Minuten, 23. Ein vergleichbarer Effekt ergibt sich bei bewegten Schallquellen. Fährt ein Auto auf uns zu, so erreicht uns sein Schall mit kürzerer Wellenlänge und der Ton wird höher. Fährt es von uns fort, nehmen wir seinen Schall mit größerer
Wellenlänge wahr, der Ton wird niedriger. Dem entspricht eine Verschiebung des Spektrums
einer Lichtquelle ins Blaue (kürzere Wellenlänge) bzw. ins Rote (größere Wellenlänge). Nur
einige wenige, uns am nächsten liegende Galaxien wie etwa der Andromedanebel weisen eine
Blauverschiebung auf und bewegen sich auf uns zu (vgl. aaO., 35).

[256] Das Hubblesche Gesetz lautet $v = H_0 D$, dabei ist H_0 die Hubblesche Konstante, die
die heutige Expansionsrate ausdrückt, und D die Entfernung der beobachteten Galaxie. Wegen der Schwierigkeiten der Entfernungsmessungen ist die Hubble-Konstante bis heute nur bis
auf einen Faktor 2 genau bekannt, die gängige Größenordnung geht von einer Zunahme der

Anschaulich ausgedrückt folgt aus Hubbles Beobachtungen: alle Galaxien im Weltall bewegen sich voneinander fort, und je weiter sie voneinander entfernt sind, mit um so größerer Geschwindigkeit streben sie auseinander. Dieser Zusammenhang von Entfernung und Fluchtgeschwindigkeit ist linear: verdoppelt man die Entfernung, verdoppelt sich auch die Geschwindigkeit. Innerhalb der Meßfehler hat sich die Hubble-Konstante als isotrop, d.h. als unabhängig von der Himmelsrichtung erwiesen. Die Galaxienflucht ist also ein im ganzen uns zugänglichen Kosmos gleichförmig anzutreffendes Phänomen[257]. Sie ist am einfachsten dadurch zu erklären, daß der Raum des Universums tatsächlich expandiert und die durch die Gravitation zusammenhaltenden Galaxien von der Expansion mitgeführt werden.

Neben der Rotverschiebung des Lichtes entfernter Galaxien ist die zweite wichtigste empirische Stütze für das Standardmodell der *kosmische Mikrowellenhintergrund*. Bereits George Gamov (ein Schüler Friedmanns) entwickelt in der 40er Jahren eine Hypothese, nach der das Universum, sollte es wirklich aus einem sehr dichten Zustand heraus expandiert sein, in einem frühen Stadium wegen der großen Dichte sehr heiß gewesen sein muß. Die Expansion des Weltalls aus dem heißen Urplasma ist dann einer ,Explosion' vergleichbar, einer Explosion freilich, die nicht aus einem Zentrum nach außen treibt, sondern mit der sich der Raum selbst beginnt auszudehnen. Dafür prägt Fred Hoyle in einem Radiointerview den ursprünglich ironisch gemeinten Begriff ,big bang', Urknall. Gamovs Schüler Alpher und Herman folgern aus diesem Szenario, daß als Überbleibsel der sehr frühen heißen Phase des Kosmos eine Strahlung im Mikrowellenbereich vorhanden sein müßte, die bis heute den ganzen Kosmos erfüllt. Im ganz frühen Kosmos sollten die Photonen der elektromagnetischen Strahlung so energiereich gewesen sein, daß sie ständig mit den Materieteilchen wechselwirkten und diese ionisierten, also eine Verbindung von Protonen und Elektronen zu Atomen nicht zuließen. Strahlung und Materie befanden sich durch diesen ständigen Austausch im thermodynamischen Gleichgewicht. Als

---

Fluchtgeschwindigkeit der Galaxien von 50 bis 90 km/s pro Megaparsec aus. Es lassen sich zwei Gruppen von Werten für die Hubble-Konstante unterscheiden, die von Wissenschaftlern angenommen werden, und zwar ein höherer und ein niederer Wert, die jeweils an den Grenzen des angegebenen Intervalls liegen. Was hinter diesem Auseinanderklaffen steckt (verschiedene Meßmethoden, systematische Fehler), ist umstritten, vgl. H. GOENNER, Einführung in die Kosmologie, 121f.

[257] Mit größerer Meßgenauigkeit werden allerdings auch zunehmend lokale Abweichungen beobachtet, die aber wohl nicht für das kosmologische Gesamtmodell, sondern für die möglichen Strukturbildungsmodelle der großräumigen Materieverhältnisse relevant sind, vgl. aaO., 30ff.

sich der Kosmos aber durch die Expansion weiter abkühlte, wurde die mittlere Photonenenergie kleiner als die zur Ionisation des kleinsten Atoms, des Wasserstoff, benötigte Energie, so daß Elektronen und Protonen sich zu Wasserstoffatomen rekombinierten und sich der Wechselwirkung mit den Photonen entziehen konnten. Dadurch entkoppelten sich Strahlung und Materie. Die nun den Kosmos wechselwirkungsfrei durchdringende Strahlung müßte eine Energie gehabt haben, die einer Temperatur von etwa 4000 K entspricht. Durch die weitere Expansion des Kosmos müßte diese Strahlung an Energie verloren und sich abgekühlt haben, in ersten Abschätzungen bestimmen sie ihre heutige Temperatur auf 5 K.

Gamovs Arbeiten und die seiner Schüler werden zunächst nicht ernst genommen. 1965 jedoch stellen die Physiker Penzias und Wilson beim Test eines empfindlichen Mikrowellendetektors eine hartnäckige Störstrahlung fest, die aus allen Richtungen des Kosmos zu kommen scheint. Ohne es zunächst zu wissen, haben sie damit den vorausgesagten, von der heißen Phase des Urknalls stammenden Strahlungshintergrund entdeckt. Er ist heute für viele verschiedene Frequenzen gemessen und zeigt in seinem Spektrum die Planck-Verteilung eines schwarzen Strahlers mit einer Temperatur von etwa $2,726$ K[258]. Innerhalb der verfügbaren Meßgenauigkeiten variiert seine Temperatur über den ganzen Himmel um weniger als 0,1%. Der kosmische Strahlungshintergrund läßt sich aufgrund eben dieser großen Richtungsunabhängigkeit nicht als durch lokale Quellen erzeugt verstehen, er muß aus der homogenen Frühphase des Kosmos stammen. Durch den Wert seiner Temperatur und durch seine Isotropie ist der Strahlungshintergrund eine starke Stütze für ein expandierendes Weltall, das mit einem heißen Urknall begann.

Welche der friedmannschen Lösungen beschreibt nun aber unseren Kosmos angemessen? Ist er durch die in ihm enthaltene Materie sphärisch gekrümmt und damit von endlichem Volumen, dann wird er nach endlicher Zeit wieder kollabieren. Reicht die Materie nicht aus, dann wäre er flach oder hyperbolisch gekrümmt, hätte jederzeit unendliches Volumen und würde auf ewige Zeiten weiter expandieren bei zunehmender Ausdünnung der Materie. Neben der Bestimmung der Expansionsrate ist zur Entscheidung dieser Alternative die Abschätzung der Energiedichte des Universums wichtig. Beides ist mit großen

---

[258] Dieser Wert sowie die hochgradige Isotropie der Strahlung sind in jüngster Zeit von den Ergebnissen des seit 1989 in einer Erdumlaufbahn installierten Satelliten COBE (=*CO*smic *B*ackground *E*xplorer) noch einmal eindrucksvoll bestätigt worden, vgl. dazu C. BENNET, Eine Karte vom kalten Glühen des Urknalls, in: Immer Ärger mit dem Urknall. Das kosmologische Standardmodell in der Krise, hg. von R. BREUER, 1993, 58–68.

Unsicherheiten behaftet. Für die Energiedichte des Universums läßt sich jedenfalls sagen, daß sie nicht weit von der kritischen Dichte liegen muß, da, soweit wir feststellen können, der Kosmos lokal euklidisch ist.

Durch Hochrechnung der leuchtenden Sternmaterie erhält man jedoch einen Wert, der um den Faktor 100 unter der kritischen Dichte liegt. Es spricht allerdings einiges dafür, daß die direkt beobachtbare Materie nur einen geringeren Teil zur Energiedichte des Gesamtkosmos beiträgt, vielleicht etwa 10%. Man bezieht in die entsprechenden Überlegungen deshalb auch sogenannte ‚dunkle Materie‘[259] mit ein, die in nichtleuchtenden Gaswolken, schwarzen Löchern u.ä. bestehen könnte, doch führt auch dies nicht erheblich näher an die kritische Dichte heran. Andere Überlegungen haben ungewöhnliche Materiearten als Dunkelmaterie vorgeschlagen. So könnten etwa Neutrinos, eine bestimmte Art von Elementarteilchen, die kaum mit normaler Materie wechselwirken und deshalb schwer festzustellen sind, eine, wenn auch ganz geringe Ruhemasse haben. Durch die Annahme massiver Neutrinos ließen sich auch andere gravitative Effekte wie z.B. der Zusammenhalt der Galaxienhaufen erklären. Zu ihrem Nachweis laufen immer noch aufwendige Experimente[260].

Wir haben gesehen, daß die Einführung einer nichtverschwindenden kosmologischen Konstante die Zahl der zur Verfügung stehenden Modelle beträchtlich erhöht. Eine vorhandene kosmologische Konstante müßte sich im Prinzip in einigen beobachtbaren Effekten niederschlagen. Gegenwärtig gibt es allerdings weder einen positiven Hinweis dafür, daß $\lambda \neq 0$ ist, noch läßt sich $\lambda = 0$ aus der Theorie zwingend herleiten. Es lassen sich aus den Beobachtungen nur Schranken für die Größenordnung von λ angeben, innerhalb derer sich die kosmologische Konstante bewegen darf, die also auf jeden Fall nicht allzu groß sein sollte.

Wir können festhalten, daß die empirischen Daten im Zusammenhang mit den möglichen theoretischen Modellen ganz entscheidend für ein expandierendes Weltall mit einem endlichen derzeitigen Weltalter sprechen[261]. Welche

---

[259] Vgl. H. GOENNER, Einführung in die Kosmologie, 51f.

[260] Vgl. H. FRITZSCH, Vom Urknall zum Zerfall, 286ff. Die im Juni 1998 veröffentlichten Ergebnisse einer japanisch-amerikanischen Forschergruppe deuten in der Tat darauf hin, daß mindestens eine Art von Neutrinos eine Masse hat, allerdings im Fall des Myon-Neutrinos von nur 0,1 eV, vgl. W. GIBBS, A massive discovery, Sci. Amer. 278 (1998), Heft 8, 9f. Eine Zusammenfassung der Forschungsstandes bieten M. ALTMANN/L. OBERAUER, Neutrino Physics at the Dawn of the Twenty-First Century, Naturwiss. 86 (1999), 571-583.

[261] Dies wird auch gestützt durch Messungen und Theorien über die Elementverteilung im Weltall und durch Abschätzungen des Weltalters aufgrund des radioaktiven Zerfalls, vgl. H. GOENNER, Einführung in die Kosmologie, 9ff.

Raumkrümmung allerdings vorliegt, ob unser Kosmos positiv gekrümmt und
damit geschlossen ist und ein endliches Volumen hat, oder ob er flach bzw. negativ gekrümmt ist und damit unendliche Ausdehnung besitzt, kann aufgrund
der astrophysikalischen Beobachtungen derzeit nicht entschieden werden.

4.4.4. Das Szenario des heißen Urknalls

Wenn das Modell des expandierenden Kosmos zutrifft, lassen sich weitere Folgerungen ziehen, indem man die frühe thermische Geschichte des zunächst
extrem dichten und heißen Kosmos zu rekonstruieren versucht. Nahe der Anfangssingularität muß die Materie extrem dicht gewesen sein. Oberhalb einer
kritischen Temperatur von 10^9 K sollten sogar Photonen und Nukleonen miteinander wechselwirken, wenn die Energie der Strahlung energiereich genug ist,
um Protonen und Neutronen bei einer Verbindung zu einem Heliumkern gleich
wieder zu trennen. Der Kosmos ist in dieser Phase als ein extrem heißes *Plas-
ma* aus Kernteilchen, Elektronen und Photonen vorzustellen. Erst als die Temperatur unter die kritische Grenze fällt (bei einem Weltalter von etwa 3 min),
beginnt die schon von Gamov erwogene primordiale *Nukleosynthese*, also die
Bildung der Kerne der leichten Elemente wie Deuterium (ein Wasserstoffisotop
mit einem Proton und einem zusätzlichen Neutron als Kern), Helium und Lithi-
um. Die entsprechenden Umwandlungs- und Gleichgewichtsprozesse zwischen
Kernteilchen lassen sich heute mit Hochenergiebeschleunigern simulieren. Da
in dieser frühen Epoche fast alle bis heute vorhandenen Nukleonen gebildet
wurden, können die Voraussagen der Theorie der Urknall-Nukleosynthese mit
Abschätzungen des tatsächlichen Verhältnisses von Photonen und Materieteilchen im Kosmos sowie dem Verhältnis von Wasserstoff und Helium (und mit
Einschränkungen auch der anderen leichten Elemente) verglichen werden. Hier
gibt es noch viele Unsicherheiten, insgesamt aber läßt sich sagen, „daß eine
akzeptable *Konsistenz* von Nukleosyntheserechnungen und beobachteter Ele-
menthäufigkeit besteht"[262].

Danach aber ist die Temperatur immer noch so hoch, daß die Photonen
der elektromagnetischen Strahlung energiereich genug sind, um die vorhandene
Materie zu ionisieren. Erst als der Kosmos so weit expandiert und abgekühlt ist,
daß die durchschnittliche Energie der Photonen unterhalb der Energie liegt, bei
der Elektronen mit Protonen und Heliumkernen zu Wasserstoffatomen bzw. He-

---

[262] AaO., 202. Vgl. dagegen die folgende Bemerkung von Audretsch: „Hier liegt eine un-
mittelbare [!] Bestätigung des heißen Modells für das Frühstadium des Universums vor" (J.
AUDRETSCH, Physikalische Kosmologie I: Das Standardmodell, in: Vom Anfang der Welt.
Wissenschaft, Philosophie, Religion, Mythos, hg. von DERS./K. MAINZER, 1989, 66–92, 88).

liumatomen dauerhaft rekombinieren, entkoppeln sich Strahlung und Materie, weil nun die Strahlung von den vorhandenen Atomen höchstens gestreut werden kann, sie aber nicht mehr energiereich genug ist, um Elektron und Proton wieder voneinander zu trennen. Die entsprechende Rekombinationstemperatur liegt bei etwa 4000 K, sie wird nach den gängigen Berechnungen erreicht, als der Kosmos etwa 100 000 Jahre alt ist[263]. Der kosmische Mikrowellenhintergrund ist dieses zum Zeitpunkt der Abkoppelung von Strahlung und Materie vorhandene und durch die weitere Expansion kälter gewordene Photonengas. Nachdem Strahlung und Materie aus dem thermodynamischen Gleichgewicht ausgeschieden sind, fällt die Temperatur der Materie sehr viel schneller als die der Strahlung und sie beginnt, sich unter dem Einfluß der nun dominierenden Gravitation zu größeren Gebilden zusammenzuballen, innerhalb derer durch gravitative Verdichtung dann lokale Energieproduktion durch Kernfusion in Gang kommt: die Sterne beginnen zu leuchten[264].

---

[263] Vor diesem Zeitpunkt war die Energiedichte vor allem durch die vorhandene Strahlung und den von ihr verursachten Strahlungsdruck bestimmt und deshalb *strahlungsdominiert*. Danach wird die Energiedichte des Kosmos im wesentlichen von der Materiedichte bestimmt, man nennt den Kosmos *materiedominiert*. Das strahlungsdominierte Universum hat eine andere Expansionsform als das Friedmann-Universum, die geänderten Beschleunigungs- und Krümmungsterme sind jedoch für kleine S nicht von Bedeutung. Wichtiger ist, daß die Strahlungsdichte in einem einfachen Zusammenhang mit der Temperatur steht, so daß auf die Temperatur bis nahe an die Anfangssingularität zurückgerechnet werden kann.

[264] Was die großräumige Strukturbildung der kosmischen Materieverteilung unter dem Einfluß der Gravitation angeht, so werden zwei Szenarien diskutiert. Die eine Möglichkeit ist die der ‚hierarchischen Klumpung‘, nach der die Strukturbildung zunächst auf kleinen Skalen beginnt und sich dann auf größeren Skalen fortsetzt, so daß durch die vorgegebenen Inhomogenitäten sich zunächst die Keime der Galaxie bilden, die sich zu Galaxienhaufen zusammenschließen, die sich zu Superhaufen strukturieren. Die Alternative ist das Modell der immer weiteren Fragmentation, bei der sich zuerst Strukturen auf der größtmöglichen Skala bilden, die sich dann auf kleineren Skalen ausdifferenzieren (vgl. J. SILK/A. SZALAY/J. ZEL'DOVICH, Die Entstehung der Galaxienhaufen, in: Kosmologie. Struktur und Entwicklung des Universums, 134–145). „Man kann vermuten, daß beides Grenzfälle eines sehr viel komplizierteren tatsächlichen Prozesses sind" (H. GOENNER, Einführung in die Kosmologie, 131). Ungeklärt ist der Zusammenhang zwischen den beobachteten Klumpungsskalen der Galaxienverteilung und den Skalen und Amplituden der Schwankungen des kosmischen Strahlungshintergrundes, die auf die Verteilung und Größenordnung der vorauszusetzenden Dichtefluktuationen beim Beginn der materiedominierten Epoche zurückschließen lassen. Weder Skalierung noch Größenordnung lassen sich über wirklich gesicherte Modelle verbinden, vgl. aaO., 164ff.

4.5. Zur Interpretation des Standardmodells

4.5.1. Die Anfangssingularität

Bei der Analyse der möglichen Friedmann-Welten haben wir gesehen, daß die realistischen Modelle unter ihnen mindestens eine Singularität aufweisen, die als Beginn des Universums interpretiert werden kann[265]. Von Singularitäten spricht man in mathematischen und physikalischen Zusammenhängen. So kann man eine topologische Singularität von einer physikalischen unterscheiden. Bei einer topologischen Singularität wird eine Krümmung unendlich groß, die durch die Funktion dargestellte Kurve ist an dieser Stelle nicht stetig fortsetzbar. Im harmlosen Fall ist dies etwa eine Ecke, Kante oder der Rand einer topologischen Mannigfaltigkeit. Bei einer physikalischen Singularität nehmen physikalisch interpretierte Parameter unendliche Werte an, z.B. Massedichte, Temperatur, Feldstärken etc. Bei der Urknall-Singularität liegt beides vor. Mit $S(t) \to 0$ wird ein Rand der Raumzeit erreicht, in dem deren Metrik zusammenbricht und es keinen Sinn mehr macht, noch von Ausdehnung oder Dauer zu sprechen. Zugleich geht damit die Materiedichte gegen unendlich ($\rho \to \infty$). Damit stellt sich die Frage: Läßt sich dieser pathologische Zustand der Raumzeit noch physikalisch interpretieren?

Üblicherweise gelten Singularitäten in physikalischen Theorien als Grenzpunkte, an denen die Theorie ihre Geltung verliert und durch eine andere Beschreibung ersetzt werden muß. Singularitäten weisen hin auf ein Versagen des begrifflichen Instrumentariums[266]. Singularitäten sind von daher aber auch besonders interessante Phänomene in physikalischen Theorien, weil sie dazu auffordern, den Grund für das Versagen des Modells aufzusuchen und das Phänomen innerhalb eines erweiterten Modells zu integrieren.

Zunächst versuchte man, mit dem Auftreten der Nullstellen in den Friedmann-Gleichungen auf analoge Weise umzugehen, sie als Grenze der Geltung der Theorie zu interpretieren und ihnen keine wirkliche physikalische Bedeutung im Rahmen der Relativitätstheorie beizumessen. Friedmann aber schon erwägt, die Nullstellen der Skalenfunktion im Falle des geschlossenen Uni-

---

[265] Wir haben dies in Abbildung 4 auf S.89 anschaulich durch den Graphen der $S(t)$-Funktion dargestellt.

[266] Überschreitet etwa die Geschwindigkeit einer laminar strömenden Flüssigkeit einen kritischen Wert, dann treten Turbulenzen auf, die durch Singularitäten in den laminare Strömungen beschreibenden Gleichungen repräsentiert werden, bei denen unendliche Werte auftreten. Um das Verhalten der Turbulenzen und Wirbel beschreiben zu können, muß man die ursprünglichen Gleichungen verlassen und zu einem anderen Theorieansatz überwechseln, im Fall der turbulenten Strömung z.B. zu einer nicht-linearen Theorie.

versums nicht als Rand der Raumzeit anzusehen, sondern die Endsingularität einer Epoche mit der Anfangssingularität der folgenden Epoche zu identifizieren und so ein periodisches Universum zu erhalten. Einstein empfindet dagegen die „Einführung einer solchen neuartigen Singularität ... an sich bedenklich"[267], hofft aber, daß eine vereinheitlichte Feldtheorie, die ja die Dichotomie von Gravitationsfeld und Materieteilchen überwinden sollte, auch für unendlich hohe Materiedichten tauglich sei: „Es mag wohl sein, daß in einer einheitlichen Theorie eine Singularität nicht auftreten würde."[268] Singularitäten werden jedenfalls nicht als physikalisch referentiell angesehen, und bis in die dreißiger Jahre hinein ist man der Überzeugung, daß das Auftreten von Singularitäten allein durch die hohe Symmetrie der Robertson-Walker-Metrik bestimmt sei und diese verschwinden würden, könnte man realistischere Modelle mit Inhomogenitäten anwenden. Es zeigt sich jedoch, daß selbst in inhomogenen Modellen die Anfangssingularität unvermeidbar ist, und man beginnt darüber nachzudenken, ob Singularitäten nicht doch ernstzunehmende Voraussagen der allgemeinen Relativitätstheorie darstellen.

Stärkere Plausibilität gewinnt die Vorstellung, daß es sich bei der Anfangssingularität um ein mögliches physikalisches ‚Objekt' handeln könnte, dadurch, daß man die Möglichkeit, ja bei uneingeschränkter Gültigkeit der Relativitätstheorie sogar Unvermeidbarkeit *lokaler* Singularitäten entdeckt, die sogenannten Schwarzen Löcher[269]. Anfang der 30er Jahre beweist der Astrophysiker Chandrasekhar noch auf der Basis der klassischen Gravitationstheorie, daß ein Stern oberhalb einer kritischen Masse von etwa 1,4 Sonnenmassen durch die eigene Gravitation kollabieren muß, wenn er erkaltet und damit der durch die Kernprozesse im Innern aufrechterhaltene Druck nachläßt. 1939 prognostiziert Oppenheimer, was in einem solchen Fall passieren würde. Er weist nach, daß das Gravitationsfeld eines hochverdichteten Sterns, dessen Ausdehnung unter einen von seiner Masse abhängigen Radius, den sogenannten Schwarzschildradius, sinkt, so groß wird, daß auch die schnellsten Objekte, also Lichtstrahlen, ihm nicht mehr entkommen können. Alles, nicht nur alle materiellen Teilchen, sondern auch alle elektromagnetische Strahlung wird innerhalb des Schwarzschildradius durch das starke Gravitationsfeld zurückgehalten. Es gibt also durch ein solches Gravitationsfeld eine Region in der Raumzeit, eine Men-

---

[267] A. EINSTEIN, Zum ‚kosmologischen Problem', in: DERS., Grundzüge der Relativitätstheorie, 122.

[268] AaO., 123.

[269] Vgl. R. SEXL/H. SEXL, Weiße Zwerge – Schwarze Löcher. Einführung in die relativistische Astrophysik, ²1984, aber auch S. HAWKING, Eine kurze Geschichte der Zeit, 1988, 107ff. und B. KANITSCHEIDER, Kosmologie, 240ff.

ge von Raum-Zeit-Punkten, aus denen nichts entkommen kann. Eine solche
Region in der Raumzeit wird deshalb ‚Schwarzes Loch' genannt. Nichts kann
von innerhalb eines Schwarzen Lochs nach außen gelangen, so daß Ereignisse
in ihm nicht außerhalb registriert werden können. Man bezeichnet seinen Rand
deshalb auch als Ereignishorizont.

Erst in den sechziger Jahren allerdings wird die lange vergessene Arbeit Op-
penheimers wiederentdeckt und die Möglichkeit Schwarzer Löcher ausführlich
diskutiert. Hawking und Penrose weisen 1970 nach, daß der Gravitationskollaps
tatsächlich unvermeidbar ist und sich im Innern eines Schwarzen Lochs eine
Singularität von unendlicher Dichte und Raumzeitkrümmung befinden muß[270].
Auch bei realistischen Modellen eines solchen Kollaps, bei denen eine mögliche Rotation des Sterns und eine nicht vollkommen kugelsymmetrische Form
berücksichtigt werden, ergibt sich ein Ende in einer Singularität, die nur noch
durch die Parameter Masse, Drehimpuls und elektrische Ladung gekennzeichnet ist[271]. Man beginnt nun ernsthaft, nach Schwarzen Löchern im Universum
zu suchen. Es müßte, so die Vorstellung, ein Schwarzes Loch anhand seiner gravitativen Wirkung in der Nähe eines anderen Sterns nachweisbar sein oder dadurch, daß das Schwarze Loch außerhalb des Schwarzschildradius befindliches
Gas einfängt und zu bestimmter Röntgenstrahlung veranlaßt. Man hat inzwischen einige Doppelsternsysteme gefunden, bei denen ein Partner ein Schwarzes Loch sein könnte[272].

Der Unterschied zwischen einem durch einen Gravitationskollaps entstandenen Schwarzen Loch und der Anfangssingularität besteht darin, daß die Anfangssingularität keinen Ereignishorizont und einen sie umgebenden Außen-

---

[270] S. HAWKING/R. PENROSE, The Singularities of Gravitational Collapse and Cosmolo-
gy, Proc. Royal Soc. A 314 (1970), 529–548, Nachdr. in: S. HAWKING, Hawking on the Big
Bang and Black Holes (Advanced Series in Astrophysics and Cosmology 8), Singapore/New
Jersey/London/Hongkong, 1993, 7–26.

[271] Vgl. R. SEXL/H. URBANTKE, Gravitation und Kosmologie. Eine Einführung in die
Allgemeine Relativitätstheorie, ³1987, 275ff. Dieses Theorem, daß Größe und Gestalt des
Schwarzschildradius eines Schwarzen Lochs nur durch Masse, Ladung und Rotationsgeschwin-
digkeit bestimmt sind und die Beschaffenheit des Körpers, aus dem es entstand, nicht mehr
feststellbar ist, heißt auch das ‚Keine-Haare-Theorem'.

[272] Bei der Röntgenquelle Cygnus X1 im Sternbild des Schwan etwa scheint tatsächlich dieser Fall vorzuliegen, auch im Zentrum der Galaxie M87 könnte ein Schwarzes Loch sein. Der
Gravitationskollaps zu einem Schwarzen Loch sollte nach der allgemeinen Relativitätstheorie
starke Gravitationswellen auslösen. Bis jetzt stehen noch keine entsprechenden Detektoren zum
direkten Nachweis zur Verfügung, in einem großangelegten Projekt werden zur Zeit entsprechende Anlagen gebaut. Sie werden vielleicht den direkten Nachweis eines entsprechenden
Gravitationskollaps erbringen.

raum besitzt. Während die Urknallsingularität für alle Ereignisse des Universums in der Vergangenheit liegt, liegen die Singularitäten Schwarzer Löcher für äußere Beobachter immer in der Zukunft, weil zeitartige Weltlinien von der Singularität selbst nicht ausgehen, sondern in ihr nur enden können[273]. Beobachtungen innerhalb des Schwarzschildradius kann nur der Beobachter machen, der sich hinein begibt. Dann aber kann keine mögliche Kraft ihn mehr in Distanz von der Singularität halten geschweige denn ihn wieder hinausbefördern. Sein Leben, seine Weltlinie wird wie die jedes materiellen Objekts innerhalb des Ereignishorizontes unweigerlich in ihr enden.

In einem grundlegenden Aufsatz hat Roger Penrose 1974 deshalb drei Arten von raumzeitartigen Singularitäten unterschieden: vergangenheitsraumartige, zeitartige und zukunftsraumartige Singularitäten[274]. Zur ersten Klasse würde die Urknallsingularität gehören: bildet das Universum eine topologisch zusammenhängende Mannigfaltigkeit, so liegt sie für jedes andere Ereignis in der Vergangenheit, alle zeitartigen Weltlinien gehen von ihr aus. Zeitartige Singularitäten (anschaulich könnte man sie als ‚Knick‘ oder ‚Ecke‘ einer zeitartigen Weltlinie beschreiben) möchte Penrose ausschließen durch eine einfache Setzung, die er ‚kosmische Zensorhypothese‘ nennt: in der Raumzeit kann es keine solche sogenannten ‚nackten‘ Singularitäten geben, alle in ihr auftretenden Singularitäten sind von ihrem Außenraum durch einen Ereignishorizont abgeschirmt. Der Sinn dieser Forderung ist verständlich: Es soll vermieden werden, daß innerhalb der Raumzeit Singularitäten entstehen können, die Wirkungen

---

[273] Daß Schwarze Löcher für ihre Umgebung immer in der Zukunft liegen, wird anschaulich, wenn man sich vor Augen führt, daß nach der allgemeinen Relativitätstheorie die Zeit in starken Gravitationsfeldern für einen äußeren Beobachter langsamer vergeht. Man stelle sich einen in gleichbleibendem Abstand von einem überschweren Stern ruhenden Beobachter vor, der z.B. den überschweren Stern gleichmäßig umkreist. Der Stern beginne nun zu einem Schwarzen Loch zu kollabieren. Je mehr sich die Oberfläche des Sterns dem Schwarzschildradius nähert, umso stärker wird das von ihr ausgesandte Licht ins Rote verschoben. Es nimmt deshalb immer mehr an Energie ab, je näher die Emission am Schwarzschildradius stattfindet. Vom Außenraum aus gesehen wird die Strahlung nie ganz Null werden, und der zusammenfallende Stern scheint unendlich lange am Schwarzschildradius zu verharren. Sein Licht wird immer roter und schwächer, aber der äußere Beobachter wird nie sehen können, wie die Oberfläche des Sterns vom Schwarzschildradius gänzlich verschluckt wird. Die russische physikalische Literatur bevorzugt deshalb statt der Bezeichnung ‚Schwarzes Loch‘ den Begriff ‚gefrorener Stern‘, der dieses infinitesimale Schwächerwerden und Verharren des Sterns am Schwarzschildradius zum Ausdruck bringt, vgl. R. SEXL/H. SEXL, Weiße Zwerge – Schwarze Löcher, 77.

[274] R. PENROSE, Singularities in Cosmology, in: Confrontation of Cosmological Theories with Oberservational Data (Proceedings of the Copernicus Symposium II 1973 (International Astronomical Union), Symposium No.63), hg. von M.S. LONGAIR, Dordrecht/Boston 1974, 263–271.

aus sich entlassen, die völlig unvorhersehbar und ohne kausalen Zusammenhang mit vorhergehenden Ereignissen sind[275]. Die Singularität eines Schwarzen Lochs stellt dagegen ebenso wie die mögliche Endsingularität eines geschlossenen Universums eine sogenannte zukunftsraumartige Singularität dar, in ihr können zeitartige Weltlinien nur enden, sie können aber nicht von ihr ausgehen. Ein intuitiv einsichtiges, die Welt als einen topologischen Zusammenhang mit ausgezeichneter Zeitrichtung und gerichteter Kausalität beschreibendes Szenario würde nahelegen, eine Anfangssingularität anzunehmen, von der alle Ereignisse des Raum-Zeit-Kontinuums ihren Anfang nehmen, und lokale sowie eventuell eine globale Endsingularität zu postulieren, in der einige, am Ende vielleicht alle Weltlinien enden. Warum aber keine ‚nackten' Singularitäten möglich sind, ist physikalisch ungeklärt. Es bleibt die Frage, ob die kosmische Zensurhypothese „in der ART [Allgemeinen Relativitätstheorie] erfüllt ist oder nicht – eines der großen ungelösten Probleme der Theorie"[276].

Zunächst also stellte die Anfangssingularität, die sich aus den friedmannschen Lösungen ergibt und in der die einsteinschen Feldgleichungen zusammenbrechen, eine Art Metaphysikum der naturwissenschaftlichen Theorie dar, da der eigentliche Anfangspunkt der Theorie entzogen scheint und damit die Anfangsbedingungen, mit denen der Kosmos aus der Singularität hervorgeht, von der Theorie selbst nicht mehr erfaßt werden können. Mit gewissem Recht schlossen sich hieran auch schöpfungstheologische Überlegungen zur creatio ex nihilo an. Es schien als Ergebnis der Anwendung der allgemeinen Relativitätstheorie auf den Kosmos festzustehen, daß sie ihren eigenen Zusammenbruch am Ursprungspunkt vorhersagt und daraus selbst ihre eigene Unzuständigkeit für ursprünglichen Anfang des Kosmos festzustellen scheint. „Thus classical general relativity brings about its own downfall: it predicts that it can't predict the universe."[277]

Durch Einbeziehung quantentheoretischer Überlegungen jedoch sind in der Folge Theoriemodelle entwickelt worden, die den singulären Charakter des Anfangspunktes der Raumzeit überwinden wollen. Sie verfolgen die Strategie, die relativistischen Friedmann-Modelle in einen durch die Quantentheorie

---

[275] Rein theoretisch wäre es jedoch möglich, daß aufgrund von Anfangsbedingungen Weltlinien sich so schneiden, daß eine nackte Singularität entsteht. Es handelte sich um den in der Zeit gespiegelten Fall eines Schwarzen Lochs, manchmal Weißes Loch genannt, aus dem unvorhersehbare Wirkungen entlassen werden könnten. Mitunter ist vermutet worden, daß vielleicht Elementarteilchen, wenn man sie als Punktteilchen auffassen darf, als nackte Singularitäten beschrieben werden können.

[276] R. SEXL/H. URBANTKE, Gravitation und Kosmologie, 277.

[277] S. HAWKING/R. PENROSE, The Nature of Space and Time, Princeton 1995, 77.

geprägten umfassenderen Theorierahmen einzubetten und die Anfangssingularität dadurch als statistisch beschreibbare Fluktuation theoretisch wieder beherrschbar zu machen. So hat Stephen Hawking zusammen mit Jim Hartle eine ‚no-boundary-Hypothese' vorgeschlagen, die versucht, eine singularitätenfreie Darstellung des Raum-Zeit-Kontinuums des Kosmos zu entwickeln[278]. Es handelt sich dabei um eine alternative Darstellungsform der Raumzeit, die „sich von keinem anderen Prinzip ableiten"[279] läßt und sich an Hypothesen über eine mögliche Verbindung von Quantentheorie und Relativitätstheorie anschließt. Durch eine einfache Grundbedingung, die sogenannte ‚no-boundary-condition', sollen aus allen möglichen Universen diejenigen ausgesondert werden, die keine Singularitäten zeigen. Nach Hawkings Meinung hätte seine Keine-Grenzen-Hypothese weitreichende philosophische und sogar theologische Konsequenzen „für die Rolle Gottes in den Geschicken des Universums"[280], da nun das Universum ohne singulären Anfangspunkt und ohne Grenze und Rand keinen kontingenten Anfangs- und Randbedingungen mehr unterworfen wäre. „Es gäbe keine Singularitäten, an denen die Naturgesetze ihre Gültigkeit einbüßten, und keinen Raumzeitrand, an dem man sich auf Gott berufen müßte, um die Grenzbedingungen der Raumzeit festzulegen. ... Man könnte einfach sagen: ‚Die Grenzbedingung des Universums ist, daß es keine Grenze hat.' Das Universum wäre völlig in sich abgeschlossen und keinerlei äußeren Einflüssen unterworfen. Es wäre weder erschaffen noch zerstörbar, es würde einfach SEIN. ... Wo wäre dann noch Raum für einen Schöpfer?"[281]

Da mit den quantenkosmologischen Theorien die für die Quantentheorie grundlegende Unbestimmtheit mit in die Theorie eingeht, wäre die Vorhersagekraft der kosmologischen Theorie zwar für die Anfangssingularität wieder hergestellt, aber zugleich so, daß sie sie nur auf statistische Weise beschreiben kann. „However, although the quantum theory restores the predictability that the

---

[278] Vgl. dazu auch unsere Ausführungen unten S.222f.

[279] S. HAWKING, Eine kurze Geschichte der Zeit, 174.

[280] S. HAWKING, Einsteins Traum, 95.

[281] DERS., Eine kurze Geschichte der Zeit, 173;179. Wenn Hawking davon spricht, daß das Universum dann „weder einen Anfang noch ein Ende" (S. HAWKING, Eine kurze Geschichte der Zeit, 179) hätte, so ist das nur bedingt richtig, da die Zeitkoordinate selbstverständlich ein Minimum und sogar ein Maximum hätte, allerdings ohne daß dort jeweils eine Singularität aufträte. In diesem Sinne stellt Hawking an anderer Stelle genau das Gegenteil fest: „Thus, in this sense, the universe will have a beginning and an end" (S. HAWKING, Quantum Cosmology, in: Relativity Groups and Topology (Les Houches Lectures), hg. von B. DEWITT/R. STORA, North-Holland 1984, Nachdr. in: S. HAWKING, Hawking on the Big Bang an Black Holes, 223–243, 242).

classical theory lost, it does not do so completely."[282] Damit stellt sich das Interpretationsproblem der Quantentheorie auch in der Kosmologie als Frage nach der Vollständigkeit ihrer Beschreibung und ihrem über die unhintergehbare Unterscheidung von Beobachtung und Objekt vermittelten Realitätsbezug, der gerade einen kosmologischen Ganzheitsbegriff nicht zu erlauben scheint. Dieses auf spezifischen Interpretationsfragen der Quantentheorie beruhende Problem werden wir im zweiten Teil unserer Untersuchung genauer bearbeiten müssen.

4.5.2. Was heißt physikalisch ‚unendlich‘?

Wie wir sahen, war Einstein bei der ursprünglichen Aufstellung seiner kosmologischen Gleichungen davon inspiriert, daß nun eine unbegrenzte, aber endliche Welt vorstellbar sei, bei der sich die Frage nach dem, was denn jenseits der Welt liege, trotz ihrer Endlichkeit nicht stellt. Schon Riemann hatte ja bei seiner Analyse gekrümmter Räume auf diese Möglichkeit eines unbegrenzten aber endlichen Raumes im Fall konstanter positiver Krümmung hingewiesen. Friedmann zeigt dann aber, daß bei der Annahme eines expandierenden Kosmos alle Anforderungen an die Stabilität des Universums erfüllt werden können, zugleich aber in Abhängigkeit von dem Verhältnis zwischen Materiedichte und Expansionsgeschwindigkeiten nicht nur positive, sondern auch negative konstante Krümmung oder Flachheit möglich ist. In diesen Fällen aber ist das Universums in seiner Ausdehnung nicht mehr, wie von Einstein ursprünglich begrüßt, endlich, sondern unendlich oder, wie es zumeist lapidar heißt, offen.

Doch stellt sich hier ein semantisches Problem physikalischer Begriffsbildung, das kaum erörtert wird[283]. Das unendliche, offene Weltall, das aufgrund der kosmischen Schätzungen von Masse und Expansionsrate durchaus als wahrscheinlich angesehen wird, soll im Mittel gleichmäßig mit Materie erfüllt sein. Welchen *physikalischen Sinn* aber kann ein solcher aktual unendlich ausgedehnter Kosmos haben, wenn mit ihm die Existenz aktual unendlich vieler physikalischer Objekte verbunden ist? Schon bei Kant heißt es, daß eine unendliche und unbegrenzte Welt „für allen möglichen empirischen Begriff *zu groß*"[284] sei.

Seit Zenon seine Paradoxien aufstellte, nimmt die Diskussion des Unendlichkeitsproblems in der Mathematik einen hervorragenden Platz ein. Geführt wurde diese Diskussion im Anschluß an Leibniz und Newton insbesondere im

---

[282] S. HAWKING/R. PENROSE, The Nature of Space and Time, 103.

[283] Eine Ausnahme bilden die Hinweise bei B. KANITSCHEIDER, Kosmologie, 285ff.; 433ff., und der aufschlußreiche Artikel P.M. HUBY, Kant or Cantor? That the Universe, if Real, must be Finite in both Space and Time, Phil. 46 (1971), 121–132.

[284] I. KANT, Kritik der reinen Vernunft. Zweite Auflage, 336 (B515).

Zusammenhang mit der Entwicklung von Begriffen zur Beschreibung von Bewegung, d.h. dem mathematischen Grenzbegriff und dem Begriff der Kontinuität, dann aber auch in Bezug auf die Unendlichkeit der räumlichen Erstreckung des Universums. Newton selbst war der Meinung, daß die Abneigung gegen die Unendlichkeit der Welt nur daher rühre, daß man sie sich nicht vorstellen könne, begrifflich erfassen und mathematisch beschreiben lasse sich die Unendlichkeit aber sehr wohl: „Si quis iam obiciat quod extensionem infinitam esse non possumus imaginari concedo: Sed interea contendo quod possumus intelligere"[285].

Nun haben zwar Bolzano und Cantor in der Entwicklung der Mengenlehre gezeigt, daß man in der Tat mit aktual unendlichen Klassen konsistent umgehen und sogar transfinite Zahlen konsistent definieren kann, wenn auch der grundsätzliche Widerspruch der Intuitionisten und strengen Finitisten (z.B. Wittgenstein) bis heute nicht verstummt ist. Wie aber die Debatte um die Mächtigkeit des Kontinuums und die Beweisbarkeit von Cantors Kontinuumshypothese zeigt, bleibt der Realitätsbezug aktual unendlicher Mengen ungeklärt, und um eine solche aktual unendliche Menge konkreter physikalischer Objekte müßte es sich im Falle des ‚offenen', unendlichen Universums mit gleichmäßiger Materieverteilung handeln. Setzt man voraus, daß es diskrete Entitäten enthält wie zum Beispiel Galaxien, dann müßte deren Menge abzählbar unendlich viele Elemente enthalten[286].

Nun legt sich die Annahme nahe, daß es eine endliche Wahrscheinlichkeit dafür gibt, daß Lebewesen wie wir existieren, da es nur endlich viele chemische Elemente gibt und auch die Größe stabiler Moleküle begrenzt ist[287]. Dann aber folgt, daß bei unendlich vielen Galaxien mit mehr oder weniger gleichen Anfangsbedingungen auch bei nur geringer Wahrscheinlichkeit der Entstehung unserer Lebensform diese noch einmal, ja im Prinzip sogar unendlich häufig noch einmal erscheinen muß, da bei unendlich häufigem Vorkommen jede mögliche Konstellation auch unendlich viele Male realisiert wird. Die Vorstellung, daß sich im unendlichen Kosmos unendlich häufig die Entstehung einer Erde wie

---

[285] I. NEWTON, Unpublished Scientific Papers, hg. von R. HALL/M. BAAS HALL, Cambridge 1962, 134.

[286] Abzählbar unendlich heißt, daß die Elemente der Menge so nacheinander geordnet werden können, daß die entstehende eindimensionale Reihe abgezählt, d.h. bijektiv auf die Menge der natürlichen Zahlen abgebildet werden kann. Ihre Mächtigkeit ist dann die der kleinsten transfiniten Kardinalzahl, also $\aleph_0$.

[287] Nach der Chemie, wie wir sie kennen und wie sie im Kosmos, der uns mit unseren Meßinstrumenten zugänglich ist, herrscht, scheint überhaupt nur das Kohlenstoffatom und seine Verbindungen als Baustoff für komplexere Moleküle in Frage zu kommen.

der unseren mit Lebensformen wie den unseren und in letzter Konsequenz auch mit den gleichen Individuen und identischer Geschichte wiederholt hat, scheint eine notwendige Folge der Annahme eines unendlichen Universums zu sein.

Ebenso problematisch in ihrer physikalischen Bedeutung ist in diesem Fall die Anfangssingularität. Das flache oder offene Universum muß *jederzeit* aktual unendlich sein. Der anschaulich eher vorstellbare Fall des geschlossenen endlichen Universums, das aus einer punktförmigen Singularität seinen Anfang nimmt, ist hier nicht einfach übertragbar. Wenn bei endlicher Dichte zu jedem Zeitpunkt unendlich viele Materieteilchen existieren, so ist es ungeklärt, was es heißen soll, daß sich alle ihre Weltlinien in einem Anfangspunkt schneiden. Die zu einem Punkt zusammenschrumpfende Minimierung eines unendlichen Kontinuums ist zwar mathematisch konsistent behandelbar, es macht aber Mühe, ihr eine physikalische Bedeutung für die reale Welt zuzuschreiben. Wenn es nun heißt, die offenen oder flachen Friedmann-Universen stellten mögliche Modelle unserer Wirklichkeit dar, so wird zumeist nicht deutlich markiert, was denn damit über unsere Welt gesagt wird und mit wieviel begrifflichen und anschaulichen Schwierigkeiten die Übertragung des mathematischen Modells auf die wirkliche Welt bei Annahme aktualer Unendlichkeit verbunden ist. Diese semantischen Probleme des Standardmodells werden zumeist unterschlagen.

5. Alternative Modelle

Wir haben uns bisher allein mit dem Standardmodell der heutigen physikalischen Kosmologie beschäftigt, dem Urknallmodell. Wir können an dieser Stelle mögliche Alternativen nicht ausführlicher diskutieren, das Standardmodell des heißen Urknalls ist und bleibt trotz aller Schwierigkeiten die konsistenteste und bei der Beschreibung der Phänomene erfolgreichste Hypothese. Nur einer gewissen Vollständigkeit halber und weil noch einmal Grundsätzliches im Zusammenhang kosmologischer Theoriebildung dabei gezeigt werden kann, soll an dieser Stelle noch kurz auf die sogenannte Steady-State-Theorie eingegangen werden, die ebenfalls versucht, die Konstatierung eines Anfangs des Kosmos zu umgehen.

Die Steady-State-Theorie (SST) wurde 1948 als Alternativmodell zum Standardmodell von Herman Bondi[288] und Thomas Gold und in einer anderen

---

[288] Vgl. das spätere Standardwerk H. BONDI, Cosmology, Cambridge 1968, aber auch die populäre deutsche Darstellung DERS., Das Weltall und Wir, 1960.

Version von Fred Hoyle[289] entwickelt. Die SST fand zunächst durchaus Beachtung, vor allem deshalb, weil sie das Problem des kontingenten Anfangs aus
einer Singularität vermeiden konnte. Sie weitet das traditionelle, sich auf die
Materieverteilung im Raum beziehende kosmologische Prinzip zu der Annahme eines uniformen und unveränderlichen Kosmos aus. Danach muß die einfachste und vorurteilsfreieste Kosmologie davon ausgehen, daß in Analogie zur
immerwährenden und überall zu postulierenden Gültigkeit der physikalischen
Gesetze auch der Kosmos als das alles umfassende System in seinen großräumigen Verhältnissen jederzeit und überall im Prinzip das gleiche Bild bietet:
„Apart from local irregularities the universe presents the same aspect from any
place at any time."[290] Bondi nennt dies das ‚Vollkommene Kosmologische Prinzip', demzufolge gleichbleibende nomische Strukturen sowie Homogenität und
Isotropie der Materieverteilung im großräumigen Maßstab jederzeit und überall
vorausgesetzt werden sollen.

Dieser grundlegenden Annahme steht auf den ersten Blick die kaum anders als durch die Expansion des Weltalls zu erklärende Tatsache der Rotverschiebung des Lichts entfernter Galaxien entgegen. Durch eine Expansion aber
würde die Materie ständig weiter ausgedünnt und die großräumige Struktur des
Weltalls würde sich im Widerspruch zur Voraussetzung mit der Zeit ändern. Um
die Stationarität des Universums dennoch aufrechterhalten zu können, nimmt
die SST eine ständige Neuschaffung von Materie in den expandierenden Räumen an. „The fundamental assumption of the theory is that the present universe presents on the large scale an unchanging aspect. Since the universe must
(on the thermodynamic grounds) be expanding, new matter must be continu-
ally created in order to keep the density constant."[291] Bei der derzeitigen Expansionsrate und Materiedichte kann die Materieausdünnung durch die Entstehung eines Wasserstoffatoms pro Liter alle 10^9 Jahre ausgeglichen werden[292].
Damit wird zwar eine Art ständiger creatio ex nihilo in der kosmologischen
Theorie mitgeführt, lokal allerdings, in einem begrenzten Raumvolumen bleibt
die Materiedichte konstant, weil die daraus entweichende Materie beständig ersetzt wird. „In this sense matter is conserved in any constant *proper volume* of
space."[293] Das Universums hat dann keinen Anfang und kein Ende, es ist seit

---

[289] F. HOYLE, Die Natur des Universums, 1951. Hoyle hat seine Version der SST später
modifiziert, aber nicht gänzlich zurückgenommen, vgl. DERS., Astronomy and Cosmology, San
Francisco, 1975.
[290] H. BONDI, Cosmology, 12.
[291] AaO., 140.
[292] AaO., 143.
[293] AaO., 144.

ewigen Zeiten existent und bietet immer denselben Anblick, jeder Abschnitt seiner Entwicklung ist jedem anderen gleichwertig. Die Expansion bewirkt nur die Entstehung einer auf größerem Maßstab wiederkehrenden Selbstähnlichkeit der Materieverteilung des Universums.

Die eigentliche Attraktivität der SST liegt in der Möglichkeit der Vermeidung eines kontingenten Anfangs, wodurch, so ihre Verfechter, weniger unüberprüfbare Hypothesen zugrundegelegt werden müssen. Kein Element der physikalischen Theorie muß in den unzugänglichen Anfangspunkt projiziert werden, die SST habe deshalb, so Bondi, einen weniger hypothetischen Charakter als das Standardmodell. „A theory of continual creation necessarily answers more questions, since no events in the past are required, that have no counterpart now."[294] Der kontingente Anfang, „the abrupt beginning"[295] entzieht sich einem physikalischen Zugang, kontinuierliche Materieentstehung könnte jedoch beobachtet und ein möglicher Mechanismus dafür entworfen werden. Überhaupt können abgesehen vom Vollkommenen Kosmologischen Prinzip alle anderen Behauptungen der SST empirisch überprüft werden. Die Annahme eines Ursprungspunktes, bei dem die Theorie notwendigerweise abbricht und über dessen Ursprung sie selbst nichts mehr zu sagen in der Lage ist, komme dagegen, so Bondi, einem Denkverbot gleich, das den Begriff der Schöpfung einer wissenschaftlichen Behandlung vorenthalten soll[296]. Auch Hoyle sieht in der Annahme eines Anfangs oder Ursprungs des Universums einen wissenschaftlich nicht legitimierten Übergang zu religiösen und metaphysischen Vorstellungen. Bei der Behauptung eines Ursprungs werden dessen Bedingungen bewußt außerhalb der Theorie gehalten, nach Hoyle ein Abbruch der wissenschaftlichen Denkbemühung, der dazu verleitet, unkontrolliert einen Gottesbegriff von jenseits der Wirklichkeit einzuführen. Das macht seiner Meinung nach die verführerische Attraktivität des Urknallmodells aus. „To many people this thought process seems highly satisfactory because a ‚something' outside physics can then be introduced at $\tau = 0$ [zum Zeitpunkt 0 des Urknalls]. By a semantic maneuver, the word ‚something' is then replaced by ‚god', except that the first

---

[294] AaO., 152.

[295] F. HOYLE, Astronomy and Cosmology, 684.

[296] „To push the entire question of creation into the past is to restrict science to a discussion of what happened after creation while forbidding it to examine creation itself. This is a counsel of despair to be taken only if everything else fails" (H. BONDI, Cosmology, 152).

letter becomes a capital, God, in order to warn us that we must not carry the enquiry any further."[297]

Die SST kann heute als empirisch wiederlegt gelten. Dabei sind weniger grundsätzliche Überlegungen ausschlaggebend gewesen, wie etwa die fortwährende Entstehung von Materie in den expandierenden Räumen, ohne daß ein physikalisch konsistenter Mechanismus dafür angegeben werden kann[298], als vielmehr die astrophysikalischen Daten. Kanitscheider führt drei entscheidende Phänomene an, die sich mit der SST nicht vereinbaren lassen. Zum einen gab es im frühen Kosmos mehr Radioquellen als heute, da sich ihre Anzahl erhöht, je weiter man in den Kosmos hinein blickt. Zum anderen ist die Rotverschiebung der Quasare, die in großer Entfernung von uns stehen und wegen der langen Zeit, die ihr Licht zu uns braucht, ein Bild des früheren Kosmos zeigen, von der heutigen verschieden und impliziert eine Verlangsamung der Expansion des Kosmos. Beide Beobachtungen sind mit dem vollkommenen kosmologischen Prinzip nicht vereinbar. Vor allem aber kann die SST zum dritten den kosmischen Mikrowellenhintergrund nicht erklären, der im Rahmen der SST nicht als Überbleibsel des Urknalls angesehen werden kann, sondern Quellen erfordert, die ihn ständig erzeugen. Wegen der hochgradigen Isotropie der Hintergrundstrahlung wäre jedoch ein ungeheuer fein und gleichmäßig verteiltes Ensemble von Quellen dafür nötig, eine Voraussetzung, die schwer vorzustellen ist und durch keine Empirie gedeckt wird.

6. Grenzen des Standardmodells

Dem Standardmodell des heißen Urknalls eignen einige kontingente Züge, die im Rahmen des Modells nicht erklärt werden können, sondern als genaue Anfangs- und Randbedingungen gesetzt werden müssen. Wir werden sie in der Einleitung zu den quantenkosmologischen Theorien genauer behandeln[299] und zählen sie deshalb an dieser Stelle nur kurz auf. Zunächst ist hier die *Homogenität* und *Isotropie* der großräumigen Materieverteilung im Kosmos zu nennen, die durch die Gleichmäßigkeit und Richtungsunabhängigkeit des kosmischen Strahlungshintergrunds bestätigt wird. Im Standardmodell erweist sich diese

---

[297] F. HOYLE, Astronomy and Cosmology, 685; vgl. DERS., The Origin of the Universe and the Origin of Religion, Wakefield RI/London 1993, 18: „Whenever the word ‚origin' is used disbelieve everything you are told".

[298] Vgl. die Bemerkung W. Paulis zu F. Hoyle: „If matter could be created it would be very good but you must tell me exactly how it happens", die Hoyle selber wiedergibt in: F. HOYLE, Steady-State-Cosmology Revisited, Cardiff 1980, 9.

[299] Vgl. den Abschnitt unten S.214ff.

Eigenschaft des Kosmos als überaus sensibel gegenüber Störungen. Jede minimale Abweichung der Gleichförmigkeit des Kosmos in einer ganz frühen Phase sollte sich durch die Expansion bis heute extrem verstärken. Damit die heute zu beobachtende relativ homogene Materieverteilung hat entstehen können, muß der Kosmos in seiner frühen Phase in seiner Materieverteilung überaus homogen und isotrop gewesen sein. Da aber der Kosmos gleich nach dem Urknall größer war als seine kausal zusammenhängenden Gebiete, ist kein physikalischer Mechanismus denkbar, der die Gleichförmigkeit der Dichte im kausal unzusammenhängenden frühen Kosmos hätte garantieren können (diese Problem wird als *Horizontproblem* bezeichnet). Seine Homogenität ist als Anfangsbedingung in den Modellrechnungen vorauszusetzen.

Ein analoges Problem stellt die Frage nach der Begründung der *Flachheit* unseres Kosmos dar. Unser Universum erweist sich, so weit wir es feststellen können, als annähernd euklidisch. Ein euklidisches, d.h. flaches Weltall kann aber nur entstehen, wenn Expansionsrate und Energiedichte in etwa dem Verhältnis stehen, bei dem die Krümmung verschwindet. Da auch dieses Verhältnis extrem empfindlich gegen Störungen ist, die durch die Expansion stark anwachsen würden, geht auch diese Eigenschaft unseres Universums als willkürlich gesetzte Anfangsbedingung in die Modelle mit ein.

Neuere Theorien eines modifizierten, durch eine sogenannte inflationäre Phase ergänzten Urknalls wollen diese Eigenschaften unseres Universums erklären und als notwendige Folge quantenmechanischer Effekte herleiten, die in der frühesten Frühzeit des Kosmos wirksam waren. Um uns dieser Theoriebildung annähern und ihre Tragweite genauer bestimmen zu können, aber auch, um einen dem gegenwärtigen Stand der physikalischen Theorie angemessenen Materiebegriff zu rekonstruieren, werden wir uns im zweiten großen Teil unserer Untersuchung der anderen bedeutenden physikalischen Theoriebildung unseres Jahrhunderts, der Quantentheorie zuwenden.

B. Gott und der Raum seiner Schöpfung

Nach diesem Durchgang durch die Geschichte des abstrakten Raumbegriffs und der Entwicklung des kosmischen Standardmodells fassen wir einige Aspekte des physikalischen Raumbegriffs zusammen, bevor wir uns der theologischen Erörterung zuwenden.

1. Der Raum des Kosmos

1. Durch die Entdeckung nicht-euklidischer Geometrien, die Entwicklung des abstrakten mathematischen Raumbegriffs der riemannschen Mannigfaltigkeit und die erfolgreiche Verbindung dieser Einsichten mit der physikalischen Kosmologie hat sich gezeigt, daß der Raum des physikalischen Geschehens einen konkreten Sonderfall einer abstrakten Kategorie darstellt. Das neuzeitliche Konzept des Raumes ist zurückführbar auf tiefere Begriffe und Zusammenhänge. Diese basalen Begriffe sind *Ausdehnung* (Abstand), *Dimension* (Freiheitsgrade) und *Metrik* (Feld). Sie sind interpretierbar als Differenz in Beziehung (Ausdehnung, Abstand), als die komplexe Zustandsmöglichkeiten erlaubende Unabhängigkeit von veränderlichen Größen in Beziehungen von Beziehungen (Dimension) und als der kontinuierliche Übergänge ermöglichende Zusammenhang (Beweglichkeit) innerhalb der Beziehungen (Metrik).

‚Raum' kann deshalb bestimmt werden als die Bedingung der Möglichkeit eines koexistenten, relationierten Beieinanders von Verschiedenem[300]. Er ermöglicht distinkte Verschiedenheit, ohne daß das voneinander Verschiedene beziehungslos auseinanderfällt. Im abstrakten, durch Ausdehnung und Teilbarkeit bestimmten Begriff des Raumes sind schon Kontinuität, Homogenität und Isotropie des Raumes und der räumlichen Operationen impliziert (Helmholtz). Der über den Begriff des Abstands entworfene mathematische Begriff des Raumes als einer n-dimensionalen Mannigfaltigkeit besagt gerade dies, daß Zustände in Abständen nebeneinander da sind und ineinander überführt werden können. Von ihm ist der konkrete, mit kontingenten Eigenschaften ausgestattete Raum des Kosmos zu unterscheiden. In ihm sind Dinge und Ereignisse nebeneinander da, gleichursprünglich voneinander geschieden und dadurch aufeinander bezogen, daß über Bewegung alles ineinander räumlich überführt werden kann und durch distanzübergreifende, mit endlicher Geschwindigkeit sich vollziehende Wechselwirkung in Beziehung steht (Minkowski-Welt). Der Raum ist als solcher das die Gegenstände ins Verhältnis Setzende und selber kein Gegenstand.

2. Zugleich hat die neuzeitliche Physik in einem langen Prozeß lernen müssen, daß der physikalische Raum nicht reduziert werden kann auf die ansonsten eigenschaftsfreie relative Lagerung von Körpern. Das Physische zieht nicht einfach in den Raum ein, es spannt ihn vielmehr erst auf und wird seinerseits in

---

[300] Vgl. I.U. DALFERTH, Existenz Gottes und christlicher Glaube, 1984, 137: Raum läßt sich „bestimmen als die Ordnungsstruktur von Dingen und Ereignissen unter dem Gesichtspunkt ihres Beieinander". Vgl. schon die klassische Definition in der Wolffschen Ontologie: „*Spatium est* ordo simultaneorum, quatenus scilicet coexistunt" (C. WOLFF, Philosophia Prima sive Ontologia, in: GW, 2. Abt.: Lat. Schr., Bd.8, hg. von J. ECOLE, 1962, 454).

seinen Konfigurationsmöglichkeiten durch ihn bestimmt. Der Raum selbst ist zu einer an physikalischen Eigenschaften reichen Größe geworden. Ohne die in ihm vorhandene Materie, mit deren Bewegungsverhalten er über seine Metrik wechselwirkt, und ohne seine dynamische Geschichte verliert er seine konkrete Struktur[301]. Es gibt keinen absoluten Raum, wie es auch keine absolute Zeit gibt. Es gibt aber den kosmischen Raum und die kosmische Zeit, weil es aufgrund der Expansion aus einem Anfang eine kosmische Geschichte gibt (siehe 6. und 7.).

3. Die Wechselwirkung zwischen Raumzeit und Materie gilt nach der allgemeinen Relativitätstheorie allerdings nur für den Masse- und Energieaspekt der Materie. Die gegenseitige Anziehung über das Gravitationsfeld zeigt sich als die den Kosmos großräumig strukturierende und seinen relationalen Zusammenhang im Ganzen vorrangig konstituierende Größe. Die im Begriff der Ausdehnung und Teilbarkeit implizierte Kontinuität, Homogenität und Isotropie des Raumes hat im durch die Massen bestimmten metrischen Feld der Raumzeit ihr physikalisches Äquivalent.

4. Alle Bemühungen aber, die Materie in allen ihren Eigenschaften in das Kontinuum des Feldes aufzulösen, sind an der diskontinuierlichen Grundstruktur der Elementarteilchen- und Wechselwirkungstheorien gescheitert. Das relative Gegenüber von aufnehmendem Raum und aufgenommenen Objekten scheint irreduzibel. Der Raum des Kosmos ist deshalb nicht mit dem in ihm stattfindenden mannigfaltigen Geschehen identisch, sondern als Möglichkeitsbedingung von wechselwirkendem Nebeneinandersein der materiellen Objekte in vielfältigen Konfigurationsmöglichkeiten zu bestimmen.

5. Der Raum ermöglicht so die ‚Gleichzeitigkeit‘ von Verschiedenem. Der Begriff der ‚Gleichzeitigkeit‘ ist allerdings durch die Relativitätstheorie relativiert worden, indem er vom Bewegungszustand des Beobachters abhängig gemacht wurde. Raum und Zeit bilden in der Minkowski-Welt einen vierdimensionalen Zusammenhang, bei dem das Auseinandertreten von rein räumlichen und rein zeitlichen Distanzen vom Bezugssystem abhängt und sie sich nicht mehr für alle Beobachter gleichartig bestimmen lassen. Trotzdem wird die kategoriale Differenz zwischen Zeit und Raum nicht aufgehoben, weil zeitartiges Zusammensein immer mögliche Wechselwirkung zweier Ereignisse und raum-

---

[301] Im übrigen ist auch der leere Raum, das ‚Vakuum‘, nach Aussage der Quantentheorie selbst bei Abwesenheit massiver und anderer reeller Teilchen überaus reichhaltig und enthält noch im ‚leeren‘ Grundzustand einen reichhaltigen Hintergrund an energetischen Fluktuationen und sogenannten virtuellen Teilchen, mit denen dann die reellen Teilchen wechselwirken. Vgl. dazu den Abschnitt unten S.210ff.

artiges Zusammensein den Ausschluß dieser Möglichkeit meint. Das objektive Moment des relativistischen Raumbegriffs ist das wechselwirkungsfreie Nebeneinander, das des Zeitbegriffs die Ordnung des kausalen Nacheinander[302]. Beide sind dadurch miteinander verschränkt, daß es keine instantane, räumliche Distanzen ignorierende Kausalwirkung gibt.

6. Der konkrete Raum des Kosmos expandiert (Einstein-Friedmann-Universum). Als statisches Raum-Zeit-Kontinuum wäre er instabil. Der Kosmos hat eine unumkehrbare Geschichte. Durch seine Expansion wird eine kosmische Zeit etabliert, die sich vom räumlichen Nebeneinander abheben läßt, das durch ein ausgezeichnetes kosmisches Ruhesystem repräsentiert wird. Dem konkreten Raum des Kosmos eignen vielfältige kontingente, nur empirisch zu bestimmende Eigenschaften. Dazu gehören vielleicht seine Dreidimensionalität, vor allem aber seine durch das Verhältnis von Materiedichte und Expansionsgeschwindigkeit bestimmte Krümmung und die seine metrische Struktur mitbestimmenden Kopplungskonstanten der Materie, vor allem die Gravitationskonstante.

7. Die Expansion impliziert einen Anfangspunkt des dynamischen kosmischen Geschehens. Alle einen solchen Anfang vermeidenden Modelle scheinen unrealistisch. Dieser Anfangspunkt könnte eine ‚Singularität' sein, in der Raum, Zeit und Materie/Energie ihren physikalischen Sinn verlieren. Daß das Universum einen singulären Punkt voraussetzt, würde aus vier physikalischen Grundannahmen folgen: a. Die Gravitation ist nur anziehend und wirkt auf alles. b. Das Universum expandiert zur Zeit und enthält mindestens soviel Materie, wie zur Bildung eines schwarzen Loches erforderlich ist. c. Weltlinien sind immer zeitartig, d.h. raumartige kausale Wirkungen sind ausgeschlossen. d. Die allgemeine Relativitätstheorie ist die richtige Gravitationstheorie. Die letzte Annahme ist wohl nur näherungsweise richtig, da die allgemeine Relativitätstheorie nicht mit der Quantentheorie verträglich ist. Vorausgesetzt ist zudem immer, daß die uns zugängliche Physik überhaupt unter den extremen Bedingungen der allerersten Anfangsphase des Urknallmodells noch gültig ist.

Es ist zu beachten, daß die Anfangssingularität nicht eine Art ‚Rand' der Raumzeit meint. Es gibt keinen Zeitpunkt, bei dem man nicht mehr fragen könnte, was unmittelbar davor lag. Einzig die Zeitspannen zwischen den immer früheren Ereignissen werden mit zunehmender Annäherung an die Singularität infinitesimal klein und die zugeordneten physikalischen Parameter wachsen ins Unendliche[303]. Neuere quantenkosmologische Modelle deuten darauf hin, daß es bei Einbeziehung quantenphysikalischer Überlegungen möglich und ange-

---

[302] ‘Vgl. unsere Erläuterungen im Abschnitt unten S.294ff.
[303] Vgl. R. TORRETTI, Kosmologie als Zweig der Physik, 197.

messen sein könnte, den Kosmos *einschließlich seines Anfangs* singularitäten-
frei darzustellen, doch auch ein solcher, in das Raum-Zeit-Kontinuum integrier-
ter Anfang wäre immer noch der Anfang von Raum und Zeit sowie von Energie
und Materie überhaupt, hinter den man nicht sinnvoll zurückfragen kann.

    8. Der Anfangspunkt scheint im Rahmen der physikalischen Grundtheori-
en nur über quantentheoretische und damit stochastische Überlegungen einbezogen werden zu können. In letzter Konsequenz wäre dann „auch die Entstehung der Raumzeit mit der Materie als ein einziges, spontanes, unverursachtes
Quantenereignis zu fassen"[304]. Es führt jedenfalls im Rahmen der allgemeinen
Relativitätstheorie als der physikalischen Standardtheorie der Raumzeit keine
ununterbrochene raumzeitliche Weltlinie durch den Anfangspunkt des Kosmos
hindurch. Nur über wahrscheinlichkeitstheoretische Aussagen im Rahmen von
quantenmechanisch begründeten Theorien, die sich auf mögliche Welten oder
auf ganze Ensemble wirklicher raumzeitlicher Welten beziehen, könnte derzeit der Urknall unseres Universums ein Element der kosmischen Theorie werden[305].

    9. Ob der wirkliche Raum des Kosmos *endlich* oder *unendlich* in seiner
Ausdehnung ist, muß aufgrund der empirischen Daten zur Zeit ebenso unent-
schieden bleiben wie die damit zusammenhängende Frage, ob seine Expansion
zum Stillstand kommt und sich in einen Kollaps umkehrt oder nicht. Er ist jedenfalls in seiner Ausdehnung unbegrenzt in dem Sinne, daß er keinen ‚Rand‘
besitzt, über den hinaus man nach einem ‚Außerhalb‘ fragen könnte. Sollte er
sich bei flacher oder negativer Krümmung als unendlich in der Ausdehnung erweisen, wären damit gewichtige semantische Probleme eines physikalischen,
aktualen Unendlichkeitsbegriffs aufgeworfen, die nicht einmal ansatzweise reflektiert sind.

2. Gott und Raum

Wie ist es nun heute angesichts der Einsichten der neuzeitlichen Kosmologie
und des auf ihnen begründeten Weltbilds möglich, von der Gegenwart Gottes
gegenüber dem Raum seiner Schöpfung zu sprechen? Mit dieser Frage verlassen wir den naturwissenschaftlichen und naturphilosophischen Teil unserer
Ausführungen zum Raum des Kosmos und treten ein in die theologische Erörterung[306]. Wir beginnen mit einer kurzen Erinnerung in systematischer Absicht

---

[304] B. KANITSCHEIDER, Kosmologie, 265.

[305] Vgl. dazu den Abschnitt unten S.214ff.

[306] Zu den wenigen theologischen Erörterungen zum Raumbegriff und zur Raumvorstellung
gehören W. ELERT, Morphologie des Luthertums, Bd.1: Theologie und Weltanschauung des

an die Ursprünge der christlichen Rede vom Himmel als dem Wohnort Gottes
und stellen in einer knappen Skizze die sich an den innerprotestantischen Streit
um das Verständnis des Abendmahls anschließenden reformatorischen Überlegungen zur räumlichen Anwesenheit Gottes vor. Unter dem von David Friedrich Strauß geprägten Stichwort der zunehmenden „Wohnungsnoth Gottes"[307]
schließt sich eine Rekonstruktion der Folgen des neuzeitlichen Weltbilds für
die Frage nach dem Ort Gottes an, die in eine anthropologische bzw. futuri-
sche Auflösung des Himmels mündeten. Es wird dann dem gegenüber an Karl
Barths Erneuerung der Rede von Himmel und Erde erinnert und an seine qualifizierende Bestimmung des Raumes der Schöpfung als Schauplatz des Bundes,
die er allerdings mit einer entschiedenen Ablehnung jeglicher Anschlußmög-
lichkeit an naturwissenschaftliche Kosmologie verband. Wir wollen hier neuen
Problemkontakt herstellen und versuchen deshalb in einem abschließenden Teil
unter Aufnahme von Einsichten von Ingolf Dalferth und Karl Heim den Begriff
räumlicher Relationalität so zu fassen, daß er den Raum der Schöpfung und
ihren Bezug zum Schöpfer in einer Weise darzustellen in der Lage ist, die das
christliche Gottes- und Weltverständnis im Blick auf die neuzeitliche Kosmologie in realistischer Weise präzisiert.

2.1. Gott im Himmel

2.1.1. Die biblische Redeweise

In der biblischen, jüdisch-christlichen Tradition wird Gott in seinem Gegenüber
zur Welt des Menschen dadurch bestimmt, daß die Welt mit dem Dual ‚Himmel und Erde' beschrieben und Gott als ‚in den Himmeln' wohnend angerufen
wird. Abstrakte Begriffe für das Ganze der von Gott geschaffenen Wirklichkeit
wie Kosmos, Weltall, Universum o.ä. werden von den biblischen Autoren nur
selten verwendet[308]. Zumeist wird das Ganze der Schöpfung durch eine Auf-
zählung der verschiedenen Bereiche bezeichnet, aus denen sie besteht. Dazu
gehören immer Himmel und Erde (הַשָּׁמַיִם וְהָאָרֶץ), gelegentlich können auch
das Meer, Sonne, Mond und Sterne dazutreten. Und immer sind die Bewohner

---

Luthertums, hauptsächlich im 16. und 17. Jahrhundert, verb. Nachdr. der 1. Aufl., 1952, 355–
406 (Kap.5: Die Welt als Raum); J. MOLTMANN, Gott in der Schöpfung, 151–166 (Kap.6: Der
Raum der Schöpfung); W. PANNENBERG, Systematische Theologie, Bd.2, 1991, 105–124. Vgl.
aber auch schon R. ROCHOLL, Die Realpräsenz, 1875.

[307] D.F. STRAUSS, Der alte und der neue Glaube. Ein Bekenntnis, 1872, 105.

[308] Im AT erscheint zweimal der Ausdruck הַכֹּל für das Ganze (Ps 8,7; Jes 44,24, vgl. aber
auch Sir 45,23).

von Himmel, Erde und Meer mit gemeint, was etwa durch das Hinzufügen der Formel ‚mit ihrem ganzen Heer‘[309] ausgedrückt wird.

In den alttestamentlichen Schriften ist der ‚Himmel‘ nicht nur Bezeichnung eines Ortes, sondern einer Relation. Er ist deshalb steigerungsfähig. Einmal wird in Gen 1,8 der Himmelsfeste, also dem sichtbaren, sich über die Erde wölbenden Himmel der Name שָׁמַיִם gegeben als dem physischen Ort der Gestirne und dem Lebensraum der Vögel (Gen 1,20). Andererseits wird davon geredet, daß der Himmel Gottes Thron (Jes 60,1), daß er sein Wohnort sei (vgl. Gen 28,12; 1.Kön 8,12; Ps 2,4; 11,4; Jes 66,1 u.ö.). Daß damit nicht einfach der sichtbare Himmel gemeint ist, geht aus der steigernden Bezeichnung des Wohnortes Gottes als des ‚Himmels aller Himmel‘ (שְׁמֵי הַשָּׁמַיִם) hervor, wie sie sich in Dtn 10,14; 1.Kön 8,27 u.ö. findet, wobei in 1.Kön 8,27 zusätzlich noch festgestellt wird, daß selbst dieser ‚Himmel der Himmel‘ Gott nicht zu fassen vermag.

Verallgemeinernd kann man festhalten, daß die Beschreibung der Schöpfung als Himmel und Erde versucht, in der Schöpfung tendenziell zu unterscheiden zwischen dem Bereich, der dem Menschen zugänglich ist, und dem, der ihm als solcher entzogen und Gott vorbehalten ist: „Der Himmel ist der Himmel des Herrn, die Erde gab er den Kindern der Menschen" (Ps 115,16)[310]. Der Himmel ist zu hoch, als daß der Mensch ihn ersteigen könnte (vgl. Dtn 30,11f.; Prov 30,4). ‚Unter dem Himmel leben‘ ist deshalb der Ausdruck vor allem des Deuteronomiums und des Buches Kohelet für die menschliche Existenz. Ist der Himmel auch dem Menschen entzogen, so ist er doch zugleich der Horizont, der die Erde als Lebensraum des Menschen sichtbar überwölbt, unter dem sich das Leben des Menschen vollzieht und der dem Menschen gerade in seiner Unzugänglichkeit seinen Ort anweist. Der Himmel ist der sichtbare Ausdruck dafür, daß das, was die Lebenswelt des Menschen darstellt, überspannt und überschritten wird von einer gottnahen Sphäre, auf die der Mensch sich beziehen kann, die zu erreichen oder gar in sie einzugreifen ihm aber verwehrt ist. Der Himmel ist der göttliche Horizont des menschlichen Lebensraumes, durch den Gott zugleich entzogen und als der solchermaßen Entzogene anwesend ist.

Himmel und Erde sind im Raum der Schöpfung gekennzeichnet durch eine beziehungsreiche Geschichte. Daß Gott im Himmel Wohnung hat, hat Folgen für die Erde, und zugleich nimmt der Himmel am Schicksal der Erde teil. Nach Jer 4,28 (vgl. Jes 50,3) kann der Himmel Trauer tragen wegen der Gerichte Gottes. Gott ‚sieht‘, ‚hört‘ und ‚erhört‘ vom Himmel her, nimmt also als der im

---

[309] Z.B. Gen 2,1: וְכָל־צְבָאָם.
[310] Vgl. Koh 5,1: „Gott ist im Himmel und du auf Erden."

Himmel Wohnende am Geschehen auf der Erde teil[311]. So erklärt sich auch die eigentümliche ‚Optik' oder Perspektive Gottes vom Himmel her: er ist der, der hoch droben thront, aber tief herabschaut und aus dem Staub den Geringen aufrichtet (Ps 113,5f.). An ihn wendet sich der Beter: „Blicke herab vom Himmel, von deiner heiligen Wohnung" (Dtn 26,15). Vom Himmel schaut die Gerechtigkeit Gottes nieder auf die Erde (Ps 85,12), die Himmel sind es, die Gottes Gerechtigkeit verkünden, und in ihnen ist Gottes Treue (אֱמוּנָה) festgemacht (Ps 89,3). In Zeiten der Krise dagegen hat Israel den Himmel als verschlossen erlebt (1.Kön 8,35 u.ö.), und der Prophet ruft zu Gott: „Oh, daß du den Himmel zerrissest und führest hinab" (Jes 63,19).

Das NT knüpft an den alttestamentlichen Sprachgebrauch an und verwendet τὰ πάντα für das Universum nur an wenigen Stellen (Kol 1,16; Eph 3,9; Apk 4,11) und dann zusammen mit dem terminus technicus für ‚schaffen', κτίζω (vgl. aber 1.Kor 8,6: θεὸς - ἐξ οὗ τὰ πάντα u.ö.). Allerdings spielt der Begriff κόσμος ein gewichtigere Rolle, vor allem im Johannesevangelium, wo ὁ κόσμος im Gegensatz zu Gott steht und die von Gott losgelöste Welt und ihre Strukturen meint. Auch Röm 1,20, Apg 17,24 u.ö. wird das Ganze der Schöpfung als κόσμος bezeichnet. Direkt an den hebräischen Sprachgebrauch knüpft Kol 1,16 an, wo τὰ πάντα durch das Wortpaar ‚Himmel und Erde' expliziert wird: Gott schuf τὰ πάντα ἐν τοῖς οὐρανοῖς καὶ ἐπὶ τῆς γῆς, τὰ ὁρατὰ καὶ τὰ ἀόρατα. Auch im NT kennzeichnet diese duale Struktur ‚das Ganze'.

Hatte, wie wir sahen, schon das AT den Beziehungsreichtum zwischen Himmel und Erde vielfältig zum Ausdruck gebracht, so stellt das NT wiederholt fest, daß Himmel und Erde durch das Christusgeschehen in ein neues Verhältnis gebracht sind. Bei der Taufe Jesu, so heißt es, zerriß der Himmel und Gottes Geist kam wie eine Taube auf Jesus herab (Mk 1,10p), und im Johannesevangelium kündigt Jesus in Anspielung an die Bethelgeschichte Gen 28 seinen ersten Jüngern an, sie „werden den Himmel offen und die Engel Gottes über dem Menschensohn auf- und niedersteigen sehen" (Joh 1,51). Christus hat das All, hat Himmel und Erde zusammengeschlossen[312]. Dem entspricht die Bitte des Vaterunser, daß Gottes Wille geschehen möge ὡς ἐν οὐρανῷ καὶ ἐπὶ γῆς. Als wahrer Hohepriester hat Christus nach dem Hebräerbrief die Himmel durchschritten (Hebr 4,14; vgl. 7,26), ist in das himmlische Heiligtum eingegangen (Hebr 9,24) und bis zum Throne Gottes gelangt (Hebr 4,16). Der Himmel ist im NT auch der Ort der Heilsgüter, dort sind die Namen der Jünger verzeich-

---

[311] Vgl. G. VON RAD, Art. οὐρανός B, ThWNT 5, 501–509, 505f.

[312] Eph 1,10: ἀνακεφαλαιώσασθαι τὰ πάντα ἐν τῷ Χριστῷ, τὰ ἐπὶ τοῖς οὐρανοῖς καὶ τὰ ἐπὶ τῆς γῆς.

net (Lk 10,20), dort ist aber auch ihr Lohn (Mt 5,12) und der wahre Schatz (Mt 6,20; vgl. Mk 10,21). Die Christen haben deshalb Bürgerrecht im Himmel, dort ist ihre wahre Heimat (Phil 3,20: πολίτευμα) und ihr ewiges Zuhause (2.Kor 5,1f.). Und nach der Apokalypse, in der der Seher Johannes den Himmel offen sieht, werden die Gebete der Heiligen im Himmel aufbewahrt (Apk 5,8).

Durch seine Himmelfahrt ist der Auferstandene in die Wirklichkeit Gottes eingegangen. Es ist auffällig, daß sich keinerlei kosmologische Spekulationen oder Belehrungen an die Himmelfahrtsberichte anschließen. Es geht vor allen Dingen darum, die irdische Entzogenheit des Auferstandenen zum Ausdruck zu bringen[313] und gerade darin seine Bezogenheit zur gesamten raumzeitlichen Schöpfung zu begründen. Auch hier wiederholt sich die Grundfigur von Relationierung durch Distanzierung. Das wird auch darin deutlich, daß im Matthäusevangelium, bei dem ein Himmelfahrtsbericht fehlt, stattdessen der Auferstandene den Jüngern auf dem Berg in Galiläa seine nun universale Gewalt im Himmel und auf Erden und seine *Gegenwart* alle Tage bis an der Welt Ende verkündet (Mt 28,18–20). Die Entzogenheit im Himmel Gottes ist die Etablierung der universalen Gegenwart Christi. Deshalb erfolgt auch die Ausgießung des Geistes als das Zeichens dieser wirkungsvollen Gegenwart für die Glaubenden an Pfingsten „vom Himmel her" (Apg 2,2).

2.1.2. Die Verbindung mit der griechischen Kosmologie

Die Bekenntnisse der frühen Christenheit knüpfen an den biblischen Sprachgebrauch an. Im Vaterunser rufen die Christen Gott an als den, der in den Himmeln ist (ὁ ἐν τοῖς οὐρανοῖς), und das Nizänum bekennt ihn als ποιητὴν οὐρανοῦ καὶ γῆς, ὁρατῶν τε πάντων καὶ ἀοράτων. Die Zweiheit von Himmel und Erde steht für die Offenheit der Schöpfung auf Gott hin und das Gefälle von Nähe und Fer-

---

[313] Es ist ein entscheidender Aspekt von Christi Himmelfahrt, daß sie die Entzogenheit Christi zum Ausdruck bringt. Keine Verehrung eines Leichnams, keine Pilgerstätte am Grab eines Märtyrers und Glaubenshelden ist mehr möglich. Das erinnert an die Geschichten des Entzogenseins von Mose und einigen Propheten und die zunehmende Unwichtigkeit der Verehrung heiliger historischer Stätten in Israel neben dem Tempel. Vom Mittler des Sinaibundes Mose wird ausdrücklich festgestellt, daß sein Grab unbekannt sei (Dtn 34,6), den von Gott in den Himmel fortgenommenen Propheten Elia lassen Prophetenschüler durch fünfzig Mann suchen, ohne daß sie ihn finden (2.Kön 2,17), Henoch „war nicht mehr, denn Gott hatte ihn hinweggenommen" (Gen 5,24). Diese Feststellung des Entzogen-seins selbst historischer Relikte des Lebens von für die Glaubensgeschichte wichtigen Menschen stellt einen positiven Ausweis für die enge Verbundenheit dieser Menschen mit dem unsichtbaren Gott dar. In der Bewahrung des Motivs der unbedingten Entzogenheit haben auch die Geschichten vom leeren Grab Jesu eine entscheidende Pointe.

ne zu ihm, in dessen spannungsreicher Mitte auf der Erde über dem Nichts und unter dem Himmel Gottes der Mensch seinen Ort hat. So schreibt Augustin: „fecisti ‚caelum et terram', duo quaedam, unum prope te, alterum prope nihil, unum, quo superior tu esses, alterum, quo inferius nihil esset: du hast ‚Himmel und Erde' erschaffen, ein Zweifaches, nahe dir das eine, das andere nahe dem Nichts, das eine, das über sich nur Dich, das andere, das unter sich nur das Nichts haben sollte"[314].

Der Dual von Erde und Himmel und die Vorstellung des Himmels als des Wohnortes Gottes kann von der mittelalterlichen christlichen Theologie leicht verbunden werden mit dem aristotelischen Weltbild, das die sublunare irdische und translunare himmlische Sphäre streng voneinander scheidet und letztere als Ort des Gottes versteht. Schon Aristoteles selbst bezeichnet als Himmel zum einen die äußerste sich drehende Schale des Alls, dann aber auch das Äußerste und Oberste (τὸ ἔσχατον καὶ τὸ ἄνω μάλιστα), in dem auch das Göttliche (τὸ θεῖον πᾶν) seine Wohnstatt hat[315]. So unterscheidet Thomas von Aquin drei Bedeutungen der biblischen Rede von ‚Himmel': zum einen den natürlichen Gebrauch proprie dictu, der die umschließenden Himmelssphären vom empyreischen Himmel über die Planetensphären bis hin zur Fixsternschale bezeichnet, zum zweiten die Bezeichnung der sublunaren Himmel, im aristotelischen Weltbild die natürlichen Orte der feineren oder leuchtenden Stoffe und deshalb unterteilbar in Luft-, Kristall- und Feuerhimmel, sowie zum dritten die übertragene Bedeutung metaphorice, die die Dreieinigkeit selbst, die geistigen Güter oder übernatürlichen Erscheinungen als Himmel bezeichnet[316]. Dadurch wird auch die qualifizierende aristotelische Unterscheidung zwischen unten und oben bewahrt, für die sich Thomas ausdrücklich auf Aristoteles beruft: „. . . quanto aliqua corpora perfectius participant bonitatem divinam, tanto sunt superiora corporali ordine, *qui est ordo localis.* – . . . je vollkommener irgendwelche Körper an der göttlichen Gutheit teilnehmen, um so höher stehen sie in der körperlichen Ordnung, da diese vom Ort her bestimmt ist."[317] Es gilt also, daß dem würdigeren Wesen der höhere Platz zukommt und deshalb geisti-

---

[314] AUGUSTINUS, Conf., XII 7.
[315] ARISTOTELES, De caelo, A, 278 b,14f.
[316] THOMAS VON AQUIN, S. th. I, q.68, a.4, corp. Zum physikalischen Kosmos vgl. die gründliche und umfassende Darstellung bei E. GRANT, Planets, Stars, and Orbs. The Medieval Cosmos, 1200–1687, Cambridge 1994, pass.
[317] S. th. III, q.57, a.4, corp, Hervorhebung D.E. Vgl. S. th. III, q.57, a.5, corp.: „. . . tanto alicui rei debetur altior locus, quanto est nobilior".

ge Wesen himmlische Wesen sind und Christus in seiner Himmelfahrt über alle Himmel und alle geistigen Wesen hinauf an den höchsten Ort auffuhr[318].

Durch die Himmelfahrt Christi ist den Gläubigen der Leib Christi entzogen, es bleibt ihnen allerdings seine Anwesenheit der Gottheit nach. Die leibliche Entzogenheit hat nach Thomas ihren dreifachen Sinn und ist nützlicher, als wenn Christus mit seinem verklärten Auferstehungsleib auf Erden gegenwärtig geblieben wäre. Zum einen wird das Wachstum des Glaubens dadurch gefördert, daß er sich nun auf etwas richten muß, was er nicht sieht, zum anderen wird den Glaubenden die Hoffnung aufgerichtet, daß auch sie einst in den Himmel gelangen werden, und zum dritten wird bei den Glaubenden so die Sehnsucht weg vom Irdischen hin auf das Himmlische gerichtet[319].

2.1.3. Die Reformation und das neue Weltbild

Die Reformation und die Konsolidierung der aus ihr hervorgehenden Konfessionen fällt historisch zusammen mit dem Umbruch des aristotelisch-geozentrischen zum neuzeitlich-heliozentrischen Weltbild und der als Folgerung aus ihm sich ergebenden Vielheit der Welten. Im Zentrum der theologischen Bemühungen der Reformation steht jedoch die Klärung christologischer und soteriologischer Fragen, die auch zur innerprotestantischen konfessionellen Positionsbestimmung als entscheidend angesehen und deshalb vornehmlich reflektiert werden. Trotz aller inhaltlichen Nähe und der sich in einzelnen herausragenden Gestalten wie Kepler[320] manifestierenden Verbindung mit dem neuen Weltbild stößt man in den Fragen der Gottes- und Schöpfungslehre und der Kosmologie trotz eindrucksvoller systematisierender Durchdringung und Modifikationen im einzelnen nicht zu einem Verständnis durch, das zur konstruktiven Auseinandersetzung mit der neuzeitlichen Wissenschaft fähig wäre. Man versäumt durch die alles beherrschende Apologetik die so wichtige Auseinandersetzung mit dem neuen Weltbild, mit der dann allerdings wohl auch eine Infragestellung eigener Grundlagen, vor allem einer ganz anders zu bestimmenden biblischen Hermeneutik verbunden gewesen wäre. Naturkundlich verstandene Bibeltexte, wie die – von Luther selbst gelegentlich der ersten Nachrichten über das kopernikanische System bekräftigte – Aussage von Jos 10,12f., daß die Sonne einst von Gott durch ein Wunder für eine Zeit zum Stillstand gebracht wurde, was eine tatsächliche Bewegung der Sonne impliziert, und die damit verbundene

---

[318] Vgl. S. th. III, q.57.
[319] S. th. III, q.57, a.1, ad 3.
[320] Dazu vgl. vor allem J. HÜBNER, Die Theologie Johannes Keplers zwischen Orthodoxie und Naturwissenschaft (BHTh 50), 1975.

2. Gott und Raum

Rekonstruktion eines ‚biblischen' Weltbilds stehen einer vorurteilsfreien Begegnung grundsätzlich im Wege. Man meint, den Schöpfungsglauben über die mit ihm verbundene Beschreibung der Entstehung der Welt bestimmen zu müssen[321] und bedenkt nicht konsequent, in welch weiten Abstand die schon gewonnene und die möglicherweise noch zu erreichende naturwissenschaftliche Erkenntnis zu den biblischen Schöpfungsberichten und anderen naturkundlichen Vorstellungen biblischer Texte getreten ist bzw. noch treten könnte. „Man darf aber wohl auf beiden Seiten des Konflikts [sc. auf Seiten der Theologie und der Naturwissenschaft] auch ein Gefühl dafür unterstellen, daß mit der Änderung der Kulissen, vor denen das Drama der Heilsgeschichte sich abspielte, das Verständnis dieses Dramas selbst Modifikationen erfahren mußte."[322] Vor diesen Konsequenzen scheut man sich.

Es ist dann für die Aufklärung ein leichtes Spiel, auf die entsprechenden, bis ins Absurde ausziehbaren Diskrepanzen zwischen wissenschaftlichem und theologischem Weltbild hinzuweisen und sie gegen die offizielle Kirchendogmatik auszuspielen. Nach Elerts Urteil zeigt sich, daß hier das Luthertum, aber in Abwandlungen genauso die römisch-katholische und calvinistische Theologie „hoffnungslos in eine in den letzten Zügen liegende und krampfhaft nach Luft ringende Weltanschauung verstrickt sind"[323].

Überlegungen zur Lokalisierung Gottes und seiner Verhältnisbestimmung zum Raum der Schöpfung sind für die reformatorische Theologie allerdings zusätzlich provoziert durch die in den konfessionellen Auseinandersetzungen bedeutsame Frage nach der Anwesenheit Christi im Abendmahl, und hier gelingen Einsichten, die in schöpfungstheologischer Hinsicht für die Frage des Weltbilds neue Perspektiven hätten eröffnen können. Für Luthers Abendmahlsverständnis ist es elementar daran festzuhalten, daß Christi himmlischer Leib und Blut in den Elementen von Brot und Wein real präsent seien. Dem wird von reformierter Seite entgegengehalten, daß Christus schließlich aufgefahren sei in den Himmel und nicht gleichzeitig auf Erden anwesend sein könne: „So nun *Christus* zu der grechten gottes sitzt und da sitzt, biß das er am jüngsten tag wider kumen wirt, wie kan er denn hie imm sacrament lyplich geessen

---

[321] So bezeichnet z.B. Hollatz den Schöpfungsbericht Gen 1 konsequent als ‚historica creationis descriptio' (D. HOLLATZ, Examen theologicum acroamaticum (1707), p.I, c.III, q.9, repr. Nachdr. 1971, 516 u.ö.) und legt in den ersten quaestiones des Lehrstücks ‚De creatione' die Werke der sechs Tage des ersten Schöpfungsberichts naturphilosophisch und naturkundlich aus.

[322] C.F. VON WEIZSÄCKER, Art. Kopernikus, RGG³ IV, 3.

[323] W. ELERT, Morphologie des Luthertums, Bd.1, 356.

werden?"[324] Man unterscheidet streng zwischen der leiblichen Natur Jesu, seinem sterblichen Körper, und seiner gottgleichen göttlichen Natur. Während sein leiblicher Körper, der wie alle Körper Raum einnimmt, durch die Himmelfahrt zur Rechten Gottes in den Himmel entrückt wurde, ist Christus seiner göttlichen Natur nach allgegenwärtig.

Luther entwickelt dagegen seine Vorstellung der Ubiquität Gottes und versucht, die Bestimmung des Himmels als eines lokalisierbaren Ortes überhaupt zu überwinden. „Die Schrift aber lehret uns, daß Gottes rechte Hand nicht sei ein sonderlicher Ort, da ein Leib solle oder müge sein, als auf einem gulden Stuhl, sondern sie die allmächtige Gewalt Gotts, welche zugleich nirgend sein kann und doch an allen Orten sein muß"[325]. Um die Gegenwart Gottes und Christi in der Welt genauer zu bestimmen, greift Luther in seiner großen Abendmahlsschrift auf drei scholastische Definitionen von Gegenwärtigkeit zurück[326]: 1) *circumscriptive* oder localiter: der Ort als Ausdehnung eines Körpers (etwa Wein in einem Faß), 2) *definitive*: Anwesenheit eines nicht sinnlich erfahrbaren Dinges an einem körperlichen Ort, ohne daß es auf faßliche Weise von dem Raum seiner Anwesenheit umgriffen wird, da ihm eigentlich überhaupt keine Ausdehnung zukommt (etwa Engel, Geister, der verklärte Leib des auferstandenen Christus), 3) *repletive*: „wenn etwas zu gleich gantz vnd gar / an allen o(e)rten ist vnd alle o(e)rte fullet / vnd doch von keinem ort abgemessen vnd begriffen wird nach dem raum des orts / da es ist. Diese weise wird allein Gotte zu geeignet"[327]. Da Christus als in einer Person geeint wahrer Gott und wahrer Mensch ist, hat er an Gottes Wesen teil, und es gilt für jede Lokalisierung: „wo du kanst sagen / Hie ist Gott / da mustu auch sagen / So ist Christus der mensch auch da"[328].

Gleichzeitig lehnt Luther aber die Vorstellung von Gott als dem alles umfassenden körperlichen Raum ab. Es sind die Schwärmer, die Gottes Gegenwart nur in Analogie zur ersten, lokalen Gegenwart denken können und Gott so beschreiben, „als sey die Gottheit leiblicher begreifflicher weise allenthalben / als were Gott ein so gros ausgebreitet ding / das durch vnd vberaus alle creatur rei-

---
[324] H. ZWINGLI, Eine klare Unterrichtung vom Nachtmahl Christi (1526), CR 91, 773–862, 829.
[325] M. LUTHER, Daß diese Wort Christi „Das ist mein leib" noch fest stehen. 1527, WA 23, 64–283, 133.
[326] M. LUTHER, Vom Abendmahl Christi. Bekenntnis. 1528, in: DERS., Studienausgabe, Bd.4, hg. von H.-U. DELIUS, 1986, 25–258, 88f. (=WA 26, 261–509, 327f.). Vgl. schon THOMAS VON AQUIN, S. th. I, q.52, a.2.
[327] M. LUTHER, aaO., 89 (=WA 26, 329).
[328] AaO., 91 (=WA 26, 332).

chet"[329]. Dagegen hält Luther, „Das Gott nicht ein solch ausgereckt / lang / breit / dick / hoch / tieff wesen sey / sondern ein vbernatu(e)rlich vnerforschlich wesen / das zu gleich ynn eym iglichen ko(e)rnlin gantz vnd gar / vnd dennoch ynn allen vnd vber allen vnd ausser allen Creaturn sey ... Nichts ist so klein / Gott ist noch kleiner / Nichts ist so groß / Gott ist noch gro(e)sser ..."[330]. Gott kann zwar in die raumzeitliche Wirklichkeit eingehen wie er es in Christus getan hat, aber er ist seinem Wesen nach außer und über allen Kreaturen zu denken. ‚Im Himmel sein' ist keine lokale Ortsbestimmung, sondern die nicht-lokale, alles durchdringende Gegenwart Gottes, so daß selbst alle sterblichen Christen auf Erden, sofern sie an Christus glauben und so mit der Realität dieser Gegenwart leben, ‚im Himmel sind'. ‚Im Himmel sein' und ‚auf der Erde sein' sind keine sich ausschließenden Ortsbestimmungen. Es ist der Geist der Schwärmer, der im göttlichen ‚Himmel' nicht mehr sieht „denn das er mit fingern vnd augen vber sich zeigen mag / da die sonn vnd mond stehen"[331].

Den Unterschied zur scholastischen Tradition markieren dabei nicht die begrifflichen Bestimmungen von lokalisierbarer Anwesenheit, die Luther vielmehr aus ihr übernimmt, sondern die Frage nach der Lokalisierbarkeit des Himmels gegenüber den irdischen Verhältnissen und der Ordnung ihrer Zusammengehörigkeit. Luther hebt die stufenförmige Hierarchisierung von Erde und Himmel auf und verläßt damit die räumliche Ordnung des mittelalterlich-aristotelischen Kosmos[332]. Von daher ist seine relative Gleichgültigkeit gegenüber dem neuen kopernikanischen Weltbild zu erklären, mit dem er sich nicht wirklich auseinandersetzt. Dagegen zieht Luther die Konsequenzen aus der Allgegenwart des Himmels in seinem Naturverständnis und in seinem Aufheben der religiösen Begründung des hierarchischen Standesdenkens. ‚Oben' und ‚unten', ‚hier' und ‚dort' sind keine religiös qualifizierten und in der kosmischen Ordnung fundierten Kategorien mehr. Die Gnade vollendet nicht den Stufenbau der Natur, und die weltliche und kirchliche Hierarchie spiegelt nicht die kosmische Abstufung von Nähe und Ferne Gottes wieder, sondern wird in ihrer religiösen Qualifizierung durch Gottes Nähe grundsätzlich in Frage gestellt. Damit restituiert Luther die biblische ‚Optik', nach der Gott denen besonders nahe ist, die aus der Tiefe zu ihm rufen, und seine Gnade gerade den Niedrigen gilt: „Alszo d(aß) sein augen nur ynn die tieffe / nit ynn die hohe sehen ... Denn die weil er d(er) aller hohist / vnd nichts vber yhn ist / mag er nit vber sich sehen

---

[329] AaO., 93 (=WA 26, 333).

[330] AaO.,102 (=WA 26,339).

[331] AaO.,108 (=WA 26,346f.).

[332] Vgl. E. METZKE, Sakrament und Metaphysik, in: DERS., Coincidentia oppositorum (FBESG 19), hg. von K. GRÜNDER, 1961, 158—204, 192f.

/ mag auch nit neben sich sehen / die weil yhm niemant gleich ist / musz er von not ynn sich selb / vnnd vnter sich sehen / vnnd yhe tieffer yema(n)t vnter yhm ist / yhe basz er yhn sihet."[333]

Die Erde des Menschen und der Himmel Gottes verhalten sich für Luther also nicht wie Anfang und Fortsetzung derselben Wirklichkeit. Das Jenseits Gottes ist im Diesseits anwesend als das andere. Es ist vom Raum der Schöpfung durch keine inhaltliche, sondern eine dimensionale Grenze getrennt[334], die allererst die Weltwirklichkeit zu einem Ganzen und innerhalb ihrer Grenze kohärenten Zusammenhang macht. Alle Welterkenntnis, alle weltliche Vernunft kann sich nur innerhalb dieser dimensionalen Grenze orientieren. Doch zugleich gilt wie für jede Unterscheidung, daß auch die dimensionale Grenze zwischen Gottes Himmel und dem Raum der Schöpfung zugleich eine Relationierung darstellt, die alle innerweltlichen Verhältnisse mitbetrifft.

Diese Relation ist eine asymmetrische insofern, als der Himmel Gottes gerade keine selbständige Überwelt, keine zweite eigenständige Wirklichkeit über oder auch nur hinter der Weltwirklichkeit darstellt, sondern nur wirklich ist in seiner Bezogenheit auf den Raum der Schöpfung und ohne diesen Bezug nicht ist. Diese Relationierung von Gott und Welt ist es, die Luther immer wieder herausstellt, die er nicht ohne räumliche Kategorien darstellen kann, die er aber vor einer Verwechslung mit anschauungsräumlichen Größen zu bewahren sucht. Kein beziehungsloses Nebeneinander von Himmel und Erde als additiv aneinander anschließende Wirklichkeitsbereiche ist gemeint, sondern ein dynamisches, eschatologisch vermitteltes Spannungsverhältnis, das für den Menschen im Glauben und Vertrauen realisiert wird. Die Unsichtbarkeit Gottes und die Entzogenheit Christi haben für Luther genau diese doppelte Funktion, die Eigenständigkeit des Raumes der Schöpfung zu wahren und zugleich die beziehungsreiche weltliche Gegenwart Gottes zum Ausdruck zu bringen, die keine besonders ausgezeichneten lokalen Kontaktstellen kennt, sondern sich für den Glaubenden in Wort und Sakrament faßlich ereignet[335].

In der Folgezeit macht sich jedoch die Unterlassung der Auseinandersetzung mit dem neuen Weltbild und der entstehenden Physik verhängnisvoll bemerkbar. Das offene Universum mit seinen vielen Welten konsolidiert sich, Räume und Zeiten werden ins Unendliche entgrenzt und die Vorstellung ei-

[333] M. LUTHER, Das Magnificat verdeutscht und ausgelegt. 1521, in: DERS., Studienausgabe, Bd.1, hg. von H.-U. DELIUS, 1979, 314–364, 317 (=WA 7, 544–604, 547).

[334] Zu der auf Karl Heim zurückgehenden Unterscheidung von inhaltlicher und dimensionaler Grenze vgl. den Abschnitt unten S.150ff.

[335] Vgl. dazu auch M. LUTHER, Sermon von dem Sakrament des Leibes und Blutes Christi, wider die Schwarmgeister. 1526, WA 19, 482–523, besonders 491ff.

ner fertigen Schöpfung aus dem Nichts muß aufgegeben werden. Der Abstand zwischen dem, was die orthodoxe Theologie als ‚biblisches Weltbild' rekonstruiert, und dem, was die Naturwissenschaft über den Kosmos herausfindet, vertieft sich zu einem mit den traditionellen theologischen Kategorien nicht mehr überbrückbaren garstigen Graben. Naive, eine neue kosmische Lokalisierung des Ortes Gottes im Rahmen des neuzeitlichen Weltbilds behauptende Vorstellungen[336], eine starke rationalistisch orientierte Tendenz, den Himmel der Tradition als bloß symbolischen Ausdruck für die schlechthinnige überweltliche Transzendenz Gottes selbst zu verstehen, und eine Physikotheologie, die wissenschaftliche Naturbetrachtung über teleologische Emphase in religiöse Erbauung zu überführen sucht, bestehen unvermittelt nebeneinander.

2.2. Die ‚Wohnungsnot' Gottes

2.2.1. Die kopernikanische Wende

In der Konsequenz der kopernikanischen Wende liegt der Verlust der Qualifizierung der Richtungen im kosmischen Raum und der lokalisierbaren räumlichen Wohnstatt Gottes, was jedoch erst allmählich ins Bewußtsein tritt. Durch die Fixierung der Fixsternschale und die neue Orientierung des Kosmos auf das Zentralgestirn hin kippt kurzfristig die Perspektive und die neue Mitte erfüllt die Funktion des aristotelischen Äußersten. Bereits Kopernikus restituiert unter Aufnahme pythagoreisch-platonischer und neuplatonischer Traditionen eine kosmische Ordnung, indem er die nun in der Mitte aller Dinge residierende Sonne als Ort der Regierung des Alls bestimmt und sie sogar im Anschluß an Trismegistos als „sichtbaren Gott"[337] bezeichnet. Die Welt als ganze ist aber auch für Kopernikus noch kugelförmig und an ihrem äußeren Rand in dieser Form durch die Fixsternschale begrenzt[338].

Für Kepler ist ebenfalls die Sonne als der Mittelpunkt des Universums Wohnort des einfachen Intellekts, des Feuers der Weltvernunft, die die Quelle

---

[336] So z.B. Lavater in seinen ‚Aussichten in die Ewigkeit': „Mehr als hunderttausend Millionen Jahre hätte eine Kanonenkugel – in den nächsten Fixstern fortzueilen. – Man kann sich vorstellen, mit welcher Schnelligkeit Jesus in den Himmel gefahren" (zit. nach R. ROCHOLL, Die Realpräsenz, 122). Überhaupt zeigt Rocholl, aaO., 120ff. an einigen Beispielen, wie im reformierten Raum das ptolemäische Weltbild bis in das 18. Jahrhundert noch weit verbreitet ist und mit räumlichen Himmelfahrtsvorstellungen verbunden wird.

[337] N. COPERNICUS, De revolutionibus, in: DERS., Das neue Weltbild. 3 Texte: Commentariolus, Brief gegen Werner, De revolutionibus I (lateinisch – deutsch) (PhB 300), übers. und hg. von H. ZEKL, 1990, 59–153, 136f. (I, 10).

[338] Vgl. aaO., 85f. (I, 1).

der Harmonie des Weltalls ist[339]. Die Sonne gilt ihm schon in einer frühen Dis-
putation als der einzige Himmelskörper, der würdig wäre, daß dort „der höchste
Gott, wenn ihm eine materielle Wohnstatt gefallen würde und er überhaupt von
einem Ort umfaßt werden könnte, mit den gesegneten Engeln einwohnte"[340].
Unter Aufnahme von Vorstellungen des Cusaners sieht Kepler den Kosmos darüber hinaus als Abbild der Trinität. Da die Welt kugelförmig begrenzt ist und
in der Mitte die Sonne als ihr Zentrum steht, kann sie nach der Dreiheit der
Kugel, nach Oberfläche, Mittelpunkt und Inhalt gegliedert werden. Die Sonne
trägt dabei das Bild des Vaters als des Schöpfers, Erhalters und Regenten, der
sich in der Fixsternsphäre als dem Bild des Sohnes abbildet. Verbunden sind
Vater und Sohn durch den Zwischenraum, dessen Radien im Falle der vollkommenen Kugel sich durch gleiche Distanzen auszeichnen und damit das Bild des
verbindenden Geistes darstellen. Der heliozentrische Kosmos ist so die „Abbildung des dreieinigen Gottes in der Kugeloberfläche, nämlich des Vaters im
Mittelpunkt, des Sohnes in der Oberfläche, des Geistes in der Gleichheit des
Verhältnisses zwischen Punkt und Umfang"[341].

Doch die Exzentrizität auch dieses Ortes und die zunehmend sich aufdrän-
gende Annahme eines unendlichen Kosmos mit vielen weiteren Sonnen machen bald auch diese Orientierung zunichte[342], und es setzt ein, was David
Friedrich Strauss als die Entwicklung einer zunehmenden „Wohnungsnoth"[343]

---

[339] „. . . in Sole verò Intellectum simplicem, πῦρ νοερὸν seu Νοῦν habitae, omnis Harmoniae
fontem . . ." (J. KEPLER, Harmonice Mundi, in: DERS., GW, Bd. 6, hg. im Auftrag der Dt.
Forschungsgemeinschaft und der Bayerischen Akademie der Wiss. von M. CASPAR, 1940,
367).

[340] „. . . in quo Deus Opt. Max., si corporeo domicilio delectaretur et capi loco posset, cum
beatis angelis inhabitaret", nach J. HÜBNER, Die Theologie Johannes Keplers, 188.

[341] „Dei triuni imago in Sphaerica superficie, Patris scilicet in centro, Filij in superficie, spiritus in aequalitate σχέσεως inter punctum et ambitum" (J. KEPLER, Mysterium cosmographicum, in: DERS., GW, Bd. 1, hg. im Auftrag der Dt. Forschungsgemeinschaft und der Bayerischen
Akademie der Wiss. von M. CASPAR, 1938, 1–80, 23), vgl. dazu J. HÜBNER, Die Theologie
Johannes Keplers, 186ff.

[342] Auch Leibniz kennt die auf den Cusaner zurückgehende Kugelmetapher, gebraucht sie
aber in ihrem ursprünglichen Sinne zur Beschreibung der Unendlichkeit Gottes: „Man hat sehr
gut von ihm [sc. Gott] gesagt, daß sein Zentrum überall, seine Peripherie indes nirgends sei"
(G.W. LEIBNIZ, Vernunftprinzipien der Natur und der Gnade. Monadologie, 21). Pascal dagegen hat sie schon vom Gottesbegriff losgelöst und auf den nun unendlichen Raum des Kosmos
zurückgewendet: „Das [Weltall] ist eine Kugel, deren Mittelpunkt überall und deren Oberfläche nirgends ist. – C'est une sphère dont le centre est partout, la circonférence nulle part" (B.
PASCAL, Pensées et Opuscules, Paris 1953, 348 (Frgm. 72)).

[343] „. . . als die Welt sich in eine Unendlichkeit von Weltkörpern, der Himmel in einen op-
tischen Schein auflöste: da erst trat an den alten persönlichen Gott gleichsam die Wohnungs-

Gottes bezeichnet hat. Während Kopernikus und Kepler nur das Sonnensystem neu strukturieren, die Fixsternschale aber unberührt lassen, so daß noch eine räumlich vorstellbare Transzendenz Gottes möglich bleibt, wird mit der Auffassung der Fixsterne als Zentralkörper weiterer Planetensysteme und der Auflösung des begrenzten Kosmos in ein Universum von Welten Gott ganz aus dem räumlichen Kosmos herausgedrängt. Schon Giordano Bruno[344] spekuliert ganz folgerichtig über das Planetensystem hinaus und überträgt von dort das kopernikanische Prinzip auf die Fixsternsphäre, indem er auch die heliozentrische Perspektive wiederum als exzentrisch relativiert. Die Denkfigur der Versetzung der Perspektive und der damit einhergehenden Relativierung der Standpunkte kann nach Bruno ad infinitum potenziert werden, so daß sich eine gegenseitige Relativierung aller Standpunkte im unermeßlichen Kontinuum des Raumes ergibt. Wenn man sich vorstellte, auf den Mond versetzt zu sein, so würde man die Erde am Himmel stehen sehen, so wie wir von der Erde aus den Mond betrachten. Wendet man die Einsicht in die Reziprozität der Perspektiven auf die Fixsterne an und überwindet damit endgültig die Differenz zwischen den terrestrischen und den translunaren Prozessen, so gelangt man mit Bruno zu der Einsicht, daß die Fixsterne Sonnen wie die unsere sein müssen, die von Planeten wie den unsrigen, womöglich bewohnten, umkreist werden.

Ein unendliches Universum, erfüllt mit unzähligen Planetensystemen – dieser Gedanke Brunos ist für seine Zeit ungeheuerlich. Noch zehn Jahre nach Brunos Hinrichtung als Ketzer schreibt Kepler, der Zeit seines Lebens an einer geschlossenen Fixsternschale festhält, an Galilei, der mit dem Fernrohr soeben die Jupitermonde entdeckt hat: „Hättest du auch Planeten entdeckt, die einen Fixstern umlaufen, dann würde das für mich eine Verbannung in das unendliche All Brunos bedeutet haben." Und er fährt fort, ihm bereite „schon der bloße Gedanke einen dunklen Schauer, [s]ich in diesem unermeßlichen All umherir-

---

noth heran" (D.F. STRAUSS, Der alte und der neue Glaube, 105), vgl. die Aufnahme bei E. HAECKEL, Die Welträthsel. Gemeinverständliche Studien über Monistische Philosophie, 1903, 138.

[344] Der historische Primat für die Annahme einer unendlich ausgedehnten Welt gehört wohl Thomas Digges, der über die Welt jenseits unseres Sonnensystems und den Charakter der Fixsterne als eigene Sonnen schon 1576 in seiner Schrift ‚A Perfit Description of the Caelestiall Orbes' spekulierte, vgl. A. KOYRÉ, Von der geschlossenen Welt zum unendlichen Universum, 1969, 42ff. Doch für Digges ist die unendliche Ausdehnung der Fixsternschale weiterhin ‚sphärisch' mit dem Sonnensystem als ‚Mittelpunkt'. Das unendlich ausgedehnte Universum ist gerade in seiner Unendlichkeit und mit seinen unzähligen Sonnen „die Wohnung des großen Gottes, die Heimstatt der Erwählten und der himmlischen Engel" (aaO., 44), so daß Koyré das Fazit zieht: „Wir sehen also, daß Thomas Digges seine Sterne an einen theologischen Himmel setzt, nicht in ein astronomisches Firmament" (aaO., 45).

rend zu finden", das „jener unglückselige Bruno in seiner grundlosen Unend-
lichkeitsschwärmerei" gelehrt habe[345]. Doch Brunos Entgrenzung des Kosmos
in eine Unendlichkeit vieler Welten liegt ganz in der Konsequenz der kopernikanischen Wende und setzt sich schnell durch, nachdem die Einheit der kosmischen und terrestrischen Physik unabweislich wird und die instrumentelle
Himmelsbeobachtung immer neue Welten entdeckt, so daß zu Newtons Zeiten
die Unendlichkeit des Kosmos längst zum stehenden Topos geworden ist.

2.2.2. Die Auseinandersetzung zwischen Clarke und Leibniz

Ist aber der Kosmos in seiner Erstreckung unendlich und nicht mehr räumlich
orientiert, dann legt es sich nahe, nicht mehr Orte, Richtungen oder Strukturiertheit mit Gottes Ort in seiner Schöpfung zu verbinden, sondern den unendlichen
Raum selbst als Attribut Gottes aufzufassen. Wie wir sahen, bringt Newton den
für seine Physik notwendigen absoluten Raum als das Gleichzeitigsein aller
Dinge mit der Allgegenwart Gottes in Verbindung[346]. Darin hat er Vorläufer.
Schon Henry More sieht die Annahme der Realität eines unabhängigen, unendlichen Raums des Kosmos, der unendlich viele Welten enthalte, als unabweislich an und zieht aufgrund der Vollkommenheiten des absoluten Raumes den
Schluß von seiner Realität auf seine Göttlichkeit: „Und nicht als Reales nur
... sondern als etwas Göttliches erscheint dieses unendlich Ausgedehnte und
Unbewegliche"[347]. So kommen dem Raum der Schöpfung die Attribute Gottes
selbst zu: er ist unendlich, ewig, ungeschaffen, unveränderlich, unvergänglich,
einer, einfach, notwendig, vollkommen, allgegenwärtig, unkörperlich, alles umfassend, reiner Akt (actus purus)[348]. More weist selbst darauf hin, daß schon die
Kabbala den Gottesnamen mit dem Begriff des Raumes oder Ortes (מָקוֹם) verbindet: „Nebenbei sei erwähnt, daß das göttliche Numen bei den Kabbalisten
den Namen ‚makom', d.h. Ort, trägt."[349] Es spricht einiges dafür, daß Newton
in seiner Auffassung des unendlichen Raumes als eines Ausdrucks für die Allgegenwart Gottes von More beeinflußt wurde, mit dem er persönlichen Kontakt
hatte[350].

Für Newton ist der absolute Raum das Bindeglied zwischen Theologie
und Naturwissenschaft, Gott und Schöpfung. Aus den Erscheinungen selbst,

[345] Zitiert nach H. VON DITFURTH, Wir sind nicht nur von dieser Welt, 1981, 325, Anm. 77.
[346] Vgl. oben S.24f.
[347] Nach M. JAMMER, Das Problem des Raumes, 49.
[348] Vgl. W. BREIDERT, Art. Raum II, HWP VIII, 82–88, 86.
[349] Nach M. JAMMER, Das Problem des Raumes, 49.
[350] Vgl. aaO., 118f.

so Newton, geht hervor, „that there is a Being incorporeal, living, intelligent, omnipresent, who, in infinite space, as it were in his sensory, sees the things themselves intimately, and throughly perceives them, and comprehends them wholly by their immediate presence to himself"[351]. Der Schöpfer ist dabei nicht mit Raum und Zeit einfach zu identifizieren, doch können diese keinen anderen Grund haben als die ewig währende, unendliche und wirksame Gegenwart des Schöpfers selbst, mit der er mit allem Verbindung behält, das er schafft. So heißt es im Scholium Generale zur zweiten Auflage der Principia von 1713: „Er [sc. der wahre Gott] ist ewig und unendlich, allmächtig und allwissend, das heißt, er währt von Ewigkeit zu Ewigkeit und ist da von Unendlichkeit zu Unendlichkeit; er lenkt alles und erkennt alles, was geschieht oder geschehen kann. Er ist nicht ‚die Ewigkeit' und ‚die Unendlichkeit', sondern er selber ist ewig und unendlich; er ist nicht ‚die Zeit' und ‚der Raum', sondern er selber währt und ist da. Er währt immer und ist allgegenwärtig; und dadurch, daß er immer und überall ist, bringt er die Zeit und den Raum zum Sein."[352] Die ewige Gegenwart Gottes erklärt den Zusammenhang der Welt und des Geschehens in Raum und Zeit und läßt sie zugleich in der Eigenständigkeit ihres Wirkungszusammenhangs einfach da sein: „In ihm [sc. Gott] nur wird die ganze Welt zusammengehalten und in ihm wird sie bewegt, aber ohne sich gegenseitig in Mitleidenschaft zu ziehen. Gott erleidet nichts durch die Bewegungen der Körper; jene ihrerseits erfahren keinen Widerstand aufgrund der Allgegenwart Gottes."[353]

Diese Verhältnisbestimmung von Gott und Raum, mit der Newton das Geschehen der Schöpfung mit der ungehinderten Nähe Gottes zu ihr zusammendenkt, hat den scharfen Protest Leibniz' hervorgerufen, der in seinem ersten, die Auseinandersetzung mit Newtons Verteidiger Samuel Clarke eröffnenden Brief an Prinzessin Caroline von Wales vom November 1715 Newton vorwirft: „Herr Newton sagt, daß der Raum das Organ ist, dessen Gott sich bedient, um die Dinge wahrzunehmen. Wenn er aber, um sie wahrzunehmen, irgendein Mittel benötigt, so sind sie demnach ganz und gar nicht von ihm abhängig und ebensowenig von ihm geschaffen."[354] Leibniz kritisiert, daß eine zwischen Gott und

---

[351] I. NEWTON, Optics, 238.

[352] Ebd.

[353] AaO., 228.

[354] S. CLARKE, Der Briefwechsel mit G.W. Leibniz, 10. Leibniz' Vorwurf könnte darauf zurückzuführen sein, daß er ein Exemplar der lateinischen, in London 1706 erschienenen Ausgabe von Newtons Optik besaß, in der tatsächlich der unendliche Raum direkt als ‚sensorium divinum' bezeichnet wird. Newton und Clarke hatten aus mehreren Gründen nach dem Druck diese Seite aus allen noch greifbaren Exemplaren herausschneiden und durch eine korrigierte Fassung ersetzen lassen, in der u.a. vor sensorium ein ‚tanquam' eingefügt wurde, das ganz in

dem eigenständigen Geschehen der Schöpfung vermittelnde Größe von Newton eingeführt wird, die deshalb theologisch höchst problematisch erscheint, weil sie sowohl die unbedingte Unterscheidung Gottes von dem Geschehen der Welt als auch die unvermittelte Allwirksamkeit des höchsten Wesens relativiert. Sein Hauptargument gegen die Verbindung von Gott und Raum bei Newton ist dabei die Teilbarkeit des Raumes. Wenn Gottes Allgegenwart mit der Omnipräsenz des absoluten Raumes gleichzusetzen wäre, dann wäre Gott teilbar wie der Raum teilbar ist. Gott aber ist „allein die ursprüngliche Einheit oder die ursprüngliche einfache Substanz"[355]. Darüber hinaus ist für Leibniz eine Gegenwart, die die Form einer Wahrnehmung haben soll, ohne einen Einfluß der Dinge aufeinander nicht denkbar. Deshalb gilt: „Der Grund, weshalb Gott Bewußtsein von allem hat, ist nicht seine bloße Gegenwart, sondern außerdem sein Wirken"[356]. Gott ist Macht, Erkenntnis und Wille[357] und steht durch seine Wirksamkeit in ständiger und unteilbarer Beziehung zur Schöpfung. Gott ist für Leibniz zu bestimmen als welt-transzendente „*intelligentia supramundana*", damit er angemessen von der Natur der Dinge unterschieden und es verhindert werden kann, daß er als „*intelligentia mundana*", als ‚Weltseele' mißverstanden wird[358].

Clarke als Newtons Verteidiger weist zunächst ein wenig ausweichend darauf hin, daß Newton sich nur eines Gleichnisses bedient habe, nicht aber der Ansicht sei, daß der Raum wirklich ein Organ Gottes darstelle oder daß Gott überhaupt eines Mittels bedürfe, um die Dinge wahrzunehmen. Vielmehr sei Gott allen Dingen an allen Orten unmittelbar gegenwärtig, so „wie der menschliche Geist allen in seinem Gehirn geformten Bildern der Dinge nahe ist"[359].

Entsprechung zur englischen Vorlage den Gleichnischarakter von Newtons Bemerkung sicherstellte. Dies ist jedoch nicht konsequent bei allen Exemplaren durchgeführt worden. A. Koyré und I.B. Cohen haben 18 erhaltene Exemplare dieser Ausgabe untersucht und in vier von ihnen die alte Originalseite gefunden. Aufgrund der Tatsache, daß die Bemerkung zum sensorium divinum von Query 24 nicht geändert wurde, kann allerdings vermutet werden, daß Newtons ursprüngliche Auffassung in der Tat die von Leibniz kritisierte war und er erst später vorsichtiger formulierte, ohne der Sache nach von ihr abzurücken. Vgl. zu dem ganzen Vorgang: A. KOYRÉ/I.B. COHEN, The Case of the Missing *Tanquam*: Leibniz, Newton and Clarke, Isis 52 (1961), 555–566, die am Schluß ihrer Untersuchung fragen: „Can we not go a step farther and assume that it was the earlier discarded text that expressed Newton's real conviction?"

[355] G.W. LEIBNIZ, Vernunftprinzipien der Natur und der Gnade. Monadologie, 47 (Monadologie §47).

[356] S. CLARKE, Der Briefwechsel mit G.W. Leibniz, 18.

[357] G.W. LEIBNIZ, Vernunftprinzipien der Natur und der Gnade. Monadologie, 46ff. (Monadologie §48).

[358] S. CLARKE, Der Briefwechsel mit G.W. Leibniz, 20.

[359] AaO., 13.

Clarke betont gegen Leibniz, daß es gerade Gottes Macht und Herrschaft über
die Welt entspreche, ihn als denjenigen aufzufassen, ‚in dem wir leben, weben
und sind' (Apg 17,28)[360], der dadurch im Regiment sitzt, daß er über den absoluten Raum beständig mit der Schöpfung in Kontakt ist und in sie eingreifen
kann. Er betrachtet es gerade nicht als Herabsetzung, sondern als Explikation
der Herrlichkeit Gottes und seines Werkes, „daß nichts ohne seine immerwährende Herrschaft und Aufsicht geschieht"[361], so daß Gott weder als überweltli-
ches Verstandeswesen gedacht werden darf, dem eine seelenlose Weltmaschine
gegenübersteht, noch als immanente Weltseele, sondern als an seinem Werk
beständig teilnehmender, allgegenwärtiger Herrscher[362], der auch auf mechani-
schem Gebiet die in ihr möglichen Störungen und Verluste souverän korrigiert
und so für die Beständigkeit seiner relativ selbständigen Schöpfung sorgt und
sie erhält. „Gott ohne Herrschaft, Vorsehung und Zweckursachen ist nichts anderes als blindes Schicksal und bloße Natur."[363] Dieses Verhältnis von Schöpfer und Schöpfung trägt der kontingenten Einrichtung der Universums vor dem
Hintergrund der absoluten Zeit und des absoluten Raums Rechnung. „Als Voraussetzungen für die Kontingenz der Welt rücken Raum und Zeit zwangsläufig
auf die Seite der Gottheit – wenn nicht ihrer Attribute, so doch ihrer Organe."[364]

Eine genetische Entstehungstheorie für die vorfindliche Einrichtung des
Kosmos sieht Newton wegen der Kompliziertheit und Abgestimmtheit des gegenwärtigen Zustands ganz folgerichtig als unmöglich an. Eine solch differenzierte Ordnung kann nicht ohne Gottes direktes intentionales Eingreifen aus
chaotischen Anfangsbedingungen entstehen, und sie kann wegen der vielfältigen gegenseitigen Störungen, Reibungsverluste und Wechselwirkungen auch
nur durch den immer wieder neuen, souveränen Eingriff Gottes erhalten werden[365]. Newton zieht den Schluß: „Dieses uns sichtbare, höchst erlesene Gefüge

---

[360] Vgl. I. NEWTON, Account of the Commercium Epistolicum, auszugsweise abgedr. im
Anh. von: S. CLARKE, Der Briefwechsel mit G.W. Leibniz, 151–154, besonders 154.

[361] S. CLARKE, aaO., 14.

[362] Vgl. I. NEWTON, Mathematische Grundlagen der Naturphilosophie, 226: „Er lenkt alles,
nicht als Weltseele, sondern als der Herr aller Dinge."

[363] AaO., 229.

[364] H. BLUMENBERG, Die Genesis der kopernikanischen Welt, 600.

[365] Es ist deshalb falsch zu behaupten, daß Newton „mit Hilfe der Vorstellung vom absoluten
Raum zwar die *Welt in Gott* denken [konnte], nicht aber Gott als Schöpfer der Welt und die Welt
als kontingente Schöpfung" (so J. MOLTMANN, Gott in der Schöpfung, 165). Das Gegenteil
ist richtig: das Konzept des absoluten Raumes ist gerade aus der Einsicht in die Kontingenz
der Schöpfung sowie der nach Newton direkt daraus folgenden Souveränität des Schöpfers
erwachsen und ist nicht mit pantheistischen oder auch nur pan-entheistischen Vorstellungen zu
verwechseln.

von Sonne, Planeten und Kometen konnte allein durch den Ratschluß und unter der Herrschaft eines intelligenten und mächtigen wahrhaft seienden Wesens entstehen"[366]. Newton steht noch keine handhabbare Störungstheorie zur Verfügung, mit der er die gegenseitige Beeinflussung der Planeten auf ihren Bahnen und damit die Stabilität des Sonnensystems abschätzen könnte. Ihm ist bewußt, daß hier komplizierte, rückgekoppelte Zusammenhänge vorliegen könnten, und er spekuliert in der Optik darüber, daß die gegenseitigen störenden Einwirkungen von Kometen und Planeten aufeinander „will be apt to increase, till this system wants a reformation"[367]. Es ist diese Annahme, die Leibniz zu der sarkastischen Bemerkung veranlaßt, daß nach Newton und seinen Anhängern Gott wohl von Zeit zu Zeit seine Uhr aufziehen müsse[368].

Newton dagegen wirft Leibniz vor, daß er Gott jenseits der Grenzen der Welt setze, woraus „folgt, daß er innerhalb der Grenzen der Welt nichts bewirken kann, es sei denn durch unvorstellbare Wunder"[369]. Dieser Vorwurf ist jedoch unzutreffend und durch Hinweis auf Leibniz' Vorstellung der prästabilierten Harmonie zu korrigieren. Für Leibniz ist Gott als der höchste Urheber allein der zureichende Grund dafür, *„warum es eher Etwas als Nichts gibt"* und weshalb die Dinge *„so existieren müssen wie sie sind* und nicht anders"[370]. Gott hat „bei der Hervorbringung des Universums den bestmöglichen Plan gewählt"[371]

---

[366]   I. NEWTON, Mathematische Grundlagen der Naturphilosophie, 226.

[367]   I. NEWTON, Optics, 262. Newton nimmt neben dem Schöpfer, der das Sonnensystem in seiner Stabilität durch Eingriffe erhält, weitere aktive Agenten und Prinzipien an, die die ständigen Bewegungsverluste in der Welt ausgleichen. Er spricht zwar in den Principia (im Corollar III zu den Gesetzen der Bewegung) von der Erhaltung des Maßes der Bewegung. Dieses gilt jedoch nur im Idealfall für den Zusammenstoß großer, sphärischer Körper unter Vernachlässigung der Widerstands- und Reibungsverluste. Das ganze zweite Buch der Principia ist dagegen Bewegungen gewidmet, bei denen Widerstandskräfte auftreten. Hier wird deutlich, daß die grundlegenden Ausführungen zu Beginn Idealisierungen darstellen, die bei den tatsächlichen Bewegungen nicht wirklich realisiert sind. In Query 31 der Optics beschäftigt sich Newton dann mit dem elastischen Stoß und zeigt dabei eine Ahnung des Entropieprinzips der späteren Thermodynamik: „By this instance it appears, that motion may be got or lost. But by reason of the tenacity of fluids, and attrition of their parts, and the weakness of elasticity in solids, motion is much more apt to be lost than got, and is always upon the decay. . . . Seeing therefore the variety of motion, which we find in the world, is always decreasing; there is a necessity of conserving and recruiting it by active principles" (I. NEWTON, Optics, 259). Solche aktiven Prinzipien sieht Newton in der Gravitation, im Vorgang der Verbrennung (vor allem im Stoffwechsel der Lebewesen, aber auch in der Erwärmung im Erdinnern und in der Sonne) und den Kohäsions- und Adhäsionskräften, die die Kapillarerscheinungen hervorrufen.

[368]   S. CLARKE, Der Briefwechsel mit G.W. Leibniz, 10.

[369]   I. NEWTON, Account of the Commercium Epistolicum, aaO., 154.

[370]   G.W. LEIBNIZ, Vernunftprinzipien der Natur und der Gnade. Monadologie, 15 (§7).

[371]   AaO., 17 (§10).

und „die passendsten und den abstrakten oder metaphysischen Gründen ange-
messensten *Bewegungsgesetze*"[372] gewählt. Die Bewegungsgesetze der Materie
(Leibniz führt Erhaltungsgesetze und das Prinzip der gleichen Quantität von
actio und reactio an) lassen sich nicht aus den Wirkursachen selbst als notwendig erkennen und gehorchen auch nicht dem Prinzip der Notwendigkeit wie die
logischen, arithmetischen und geometrischen Wahrheiten. Sie lassen sich nur
verstehen als das Ergebnis einer durch Weisheit getroffenen Wahl. Man muß
die Zweckursachen betrachten, um eine Begründung für die Bewegungsgesetze
zu bekommen, für Leibniz „einer der wirksamsten und sinnfälligsten Beweise
der Existenz Gottes"[373].

Ebenso sieht Leibniz in der Harmonie oder Übereinstimmung zwischen
Seele und Leib kein immerwährendes Wunder, „sondern die Wirkung oder Folge eines ursprünglichen, bei der Erschaffung aller Dinge vollbrachten Wunders,
wie es alle natürlichen Dinge sind"[374], und allenfalls diese Tatsache könnte man
als „eine immerwährende wunderbare Sache" bezeichnen[375]. Doch ist die entscheidende Differenz zu Newton damit markiert, daß durch das ‚ursprüngliche‘
und singuläre Wunder der prästabilierten Harmonie, die die beste aller möglichen Welten ins Sein ruft, in der alle einfachen Substanzen immer in Harmonie
zueinander stehen, ohne daß sie aufeinander einwirken, das bei Newton über
den Raum der Schöpfung vermittelte Gegenüber von selbständiger, kontingenter Schöpfung und souveränem, seinerseits kontingent eingreifendem Schöpfer
sinnlos wird.

Die Supramundanität Gottes impliziert bei Leibniz, daß die Welt nicht
Raum und Zeit für ein kontingentes Geschehen der Schöpfung gewährt, sondern daß Gott allein bei der Einrichtung, der Schaffung der Welt als Planer
und Gesetzgeber auf kontingente Weise wirksam war. Nach einmal getroffener
Wahl aber braucht die beste aller möglichen Welten sich nur noch zeitlich zu
entfalten, ohne daß ein Eingreifen des Schöpfers in die Schöpfung anzunehmen
ist, ist doch nicht vorstellbar, wie bei der im Anfang betätigten Vollkommenheit
des höchsten Urhebers die raum-zeitlich sich vollziehende Schöpfung noch etwas über die ursprüngliche Einrichtung Hinausgehendes beitragen könnte. Ein
wirkliches Werden der Welt und eine über bloße Perzeption hinausgehende
Teilnahme Gottes daran kommt eigentlich nicht in Frage. Sind die Dinge „ein
für allemal nach größtmöglicher Ordnung und Übereinstimmung eingerichtet",

---

[372] AaO., 17 (§11).
[373] Ebd.
[374] S. CLARKE, Der Briefwechsel mit G.W. Leibniz, 93.
[375] Ebd.

so kann die Zukunft nichts wirklich Neues bringen und spiegelt jeder Teil die Harmonie des Ganzen: „die Gegenwart trägt die Zukunft in ihrem Schoße, aus dem Vergangenen könnte man das Zukünftige ablesen, das Entfernte wird durch das Naheliegende ausgedrückt"[376].

Die Auseinandersetzung zwischen Newton und Clarke auf der einen und Leibniz auf der anderen Seite stellt sich damit in einer Hinsicht dar als ein Disput über die relative Selbständigkeit der Schöpfung und ihren Bezug zum Schöpfer. In dieser Streitfrage nimmt die Frage nach dem Ort Gottes in seiner Schöpfung deshalb eine prominente Stellung ein, weil kosmologisch die qualifizierte räumliche Strukturiertheit der Welt als ganze sich aufgelöst hat und man nicht mehr über räumliche Orientierung Unterschiedenheit und Bezogenheit von Schöpfer und Schöpfung aussagen kann. In dieser Situation kann Newton den anscheinend physikalisch ausgezeichneten absoluten Behälterraum selbst als das Gleichnis für Gottes Gegenwart in Anspruch nehmen. Die Stärke seines Ansatzes ist es, daß die Welt als kontingentes, eigenständiges und zusammenhängendes Geschehen gedacht werden kann und zugleich eng mit Gott verbunden wird, da sie sich in ihm vollzieht und er dadurch an der Welt teilnimmt. Gewährter Raum und eingeräumte Zeit sind die Modi, in denen Gott der Schöpfung ihr eigenes Recht gibt und sie doch zugleich nicht beziehungslos aus sich entläßt. Die Welt kann nicht losgelöst von Gott verstanden werden, zumal Newton die Notwendigkeit der fortwährenden eingreifenden Wirksamkeit Gottes zusätzlich noch unter Hinweis auf die in ihrer Komplexität und langfristigen Ermüdung begründeten Korrekturbedürftigkeit der kosmischen Bewegungen physikalisch plausibel macht.

2.2.3. Schöpfungslehre als Endlichkeitsreflexion?

Wenn die newtonsche Physik den absoluten Raum der Schöpfung als Instrument für Gottes Gegenwart proklamiert, dann hat Gott selbst keinen eigenen Ort mehr. Wenn er nicht mehr eher da als dort ist, so fragt sich, warum man nicht überhaupt auf Gott als bloßer Doppelung des physikalischen Raumes, als Chiffre für ‚das Ganze' ohne physikalischen Mehrwert verzichtet. Bei der immer besser gelingenden Erklärung der Welt als eines durchgängigen Kausalzusammenhanges und der Einsicht in die physikalische Unbegründbarkeit des Begriffs des absoluten Raumes und seiner Ablösung durch das Inertialsystem wird es immer problematischer, das ‚Überall' Gottes noch physikalisch plausibel zu machen und seine Teilnahme und Wirksamkeit in Bezug auf das

---

[376] G.W. Leibniz, Vernunftprinzipien der Natur und der Gnade, 19 (§13).

physikalische Geschehen zu denken. Seine Analogiefähigkeit im Blick auf über ihn hinausweisende Aussagen hat der kosmische Weltenraum ohnehin verloren, er ist das neuzeitliche Symbol reiner ‚Immanenz‘[377].

Die Neubegründung der Verhältnisbestimmung von Gottesglauben und Welterfahrung im Anschluß an die Kantsche Wende reagiert auf diese Herausforderung dadurch, daß sie Welt- und Gottesbezug des Menschen über die Subjektivität vermittelt sieht, in der allein ein dem geschlossenen Ursache-Wirkungszusammenhang der phänomenalen Welt noch entzogener, noumenaler Sachverhalt ausgemacht werden kann, der dann zur Fundierung des Gottesgedankens tauglich scheint. Die Beschreibung von Selbstbewußtsein als Frage nach dem Grund und der Einheit der Subjektivität wird in der Folge als *das* religiöse Urphänomen entwickelt, das alle *theologische* Rede von Gott und Welt begründet. Transzendentale, subjektivitätstheoretisch gewonnene Unhintergehbarkeiten bilden nun Basis und Paradigma von Schöpfungsaussagen und nicht mehr kosmologische Überlegungen zu Anfang, Entstehung und Erhaltung der Welt.

Wir können im Rahmen unserer Untersuchung die Entwicklung der Theologie im Anschluß an den deutschen Idealismus nicht im einzelnen verfolgen und weisen nur auf die eindrucksvolle Konzeption des späten Schleiermacher hin, dessen Schöpfungslehre das Verhältnis von Gott und Welt entwickelt, wie es im frommen Selbstbewußtsein begründet ist, das er durch das wechselseitige Verhältnis von Sünden- und Gnadenbewußtsein, von Freiheits- und Abhängigkeitsgefühl und ihren Übergängen bestimmt und zu deren Aufweis und Interpretation die naturwissenschaftliche Weltbeschreibung schlechterdings nichts beizutragen in der Lage ist. Das fromme Selbstbewußtsein gründet zuletzt in der schlechthinnigen Abhängigkeit von Gott, so daß „unser Grundgefühl nur auf der Endlichkeit des Seins überhaupt beruht"[378]. Schöpfungslehre kann für Schleiermacher deshalb nichts anderes mehr sein als „Endlichkeitsreflexi-

---

[377] L. OEING-HANHOFF, Art. Immmanent, Immanenz, HWP IV, 220–237, hat gezeigt, daß der Begriff ‚immanent‘ eine scholastische Neubildung ist, die das klassische Latein so nicht kannte. Den Gegenbegriff bildete das Adjektiv ‚transeunt‘, so in der Differenzierung von immanenten und transeunten Tätigkeiten der Trinität, wo diese Unterscheidung ihren ursprünglichen Ort hat. In diesen Zusammenhang gehört auch das Substantiv ‚Immanenz‘, das das Ineinandersein und Ineinanderbleiben der drei trinitarischen Personen bezeichnet und im Begriff der ‚wechselseitigen Immanenz‘ (in invicem immanentia) zur Wiedergabe der griechischen ‚Perichorese‘ gebraucht wird. Dieser Sprachgebrauch wurde von der altprotestantischen Orthodoxie übernommen. Erst Kant bildet das Gegensatzpaar ‚immanent/transzendent‘ (I. KANT, Kritik der reinen Vernunft (1. Aufl.), 189 (A295f.)).

[378] F. SCHLEIERMACHER, Der christliche Glaube, Bd.1, hg. von M. REDEKER, [7]1960, 230 (§46, Zusatz).

on"[379]. Die Schöpfungslehre kann den vollständig bedingten Naturzusammen-
hang, wie ihn die Naturwissenschaft darstellt, anerkennen und zugleich als von
Gott schlechthinnig abhängig betrachten, ist doch „die göttliche Erhaltung als
die schlechthinnige Abhängigkeit aller Begebenheiten und Veränderungen von
Gott, und die Naturursächlichkeit als die volle Bedingtheit alles dessen, was
geschieht durch den allgemeinen Zusammenhang, nicht eine von der andern
gesondert", sondern beide erweisen sich als „dasselbige . . ., nur von verschiedenen Gesichtspunkten betrachtet"[380]. Deshalb handelt die Schöpfungslehre
„nicht mehr vom Entstehen der Welt, sondern von ihrem Zusammensein mit
Gott und ihrem Bezogenwerden auf Gott"[381]. Im Gegenüber zu dem das religiöse Gefühl konstituierenden Gefühl der schlechthinnigen Abhängigkeit des
Menschen von Gott begreift Schleiermacher das Sein Gottes als schlechthinnige
Ursächlichkeit von Zeit und Raum. Die Ewigkeit Gottes ist für ihn „die mit allem Zeitlichen auch die Zeit selbst bedingende schlechthin zeitlose Ursächlichkeit"[382], wie für ihn die Allgegenwart Gottes „die mit allem Räumlichen auch
den Raum selbst bedingende schlechthin raumlose Ursächlichkeit Gottes"[383]
ist. Damit scheint jede konfligierende Zuordnung von naturwissenschaftlicher
Weltbetrachtung und theologischem Schöpfungsverständnis vermieden, so daß
erst kürzlich Ulrich Barth noch gemeint hat feststellen zu können: „Indem die
Religion konsequent Abschied nimmt von allen Versuchen einer Welterklärung,
befreit sie sich zu ihrem eigentlichen Wesen. ... Seit Schleiermacher – dies
kann ohne Übertreibung festgehalten werden – ist der Streit zwischen Theologie und Naturwissenschaften um Fragen der Kosmologie im Grunde kein Thema mehr."[384]

2.2.4. Die Futurisierung des Himmels

Die subjektivitätstheoretische Neubegründung der Schöpfungslehre ist jedoch
ohnmächtig gegenüber der weltbildprägenden Kraft einer Kosmologie, die sich
als geschichtliche Rekonstruktion des Kosmos entwickelt und seit der Darwin-

---

[379] U. BARTH, Abschied von der Kosmologie – Befreiung der Religion zu sich selbst, in:
Urknall oder Schöpfung? Zum Dialog von Naturwissenschaft und Theologie, hg. von W.
GRÄB, 1995, 14–42, 32. Vgl. die Gegenthese von Dalferth, für den „die christliche Rede von
der Schöpfung *universalisierte Heilserfahrung, nicht generalisierte Endlichkeitserfahrung*" ist
(I.U. DALFERTH, Schöpfung – Stil der Welt, FZPhTh 46 (1999), 419-444, 433).
[380] F. SCHLEIERMACHER, Der christliche Glaube, Bd.1, 229 (§46.2).
[381] Ebd.
[382] AaO., 267 (§52, Leitsatz).
[383] AaO., 272 (§53, Leitsatz).
[384] U. BARTH, Abschied von der Kosmologie, 35.

schen Evolutionstheorie auch die Genese des Menschen und damit zumindest tendenziell auch seines Bewußtseins in die kosmische Entwicklung einzuordnen vermag. Im Ergebnis hat sie die radikale Inkongruenz von menschlicher Selbsterfahrung und kosmischer Umgebung aufgezeigt, die zu einer Interpretation der menschlichen Situierung und der Anthropogenese im Rahmen der kosmischen Entwicklung provoziert, die den Menschen nur als ein marginales Teilmoment des Ganzen darstellt. Begünstigt durch die evolutionäre Denkfigur wird durch die subjektivitätstheoretische Fundierung und Konzentration der Religion auf das menschliche Selbstbewußtsein die Möglichkeit nahegelegt, den Gottesgedanken selbst nur als geschichtliches *Produkt* und nicht als *Grund* von Gefühl und Vernunft zu verstehen, wie es die Religionskritik des 19. Jahrhunderts vorführt.

Ludwig Feuerbach schickt sich an, die Transzendenz Gottes ganz in eine innerweltliche Selbsttranszendenz des Menschen zurückzuholen, ist doch Gott nach Feuerbach „nichts Anderes, als das *eigene gegenständliche Wesen des Verstandes*"[385]. Dabei handelt es sich nicht um eine simple Reduktion des Gottesgedankens auf eine, weil bloß gedachte, deshalb rein illusionäre Größe, sondern um die Rekonstruktion eines dem Denken selbst eigenen, dem Bedürfnis des Denkens selbst notwendigen Grenzbegriffs[386] mit der Absicht, zuerst und vor allem eine Kritik des Menschen zu sein, der sich mit dem falschen Denken Gottes als abstrakte, ins Leere gehende Transzendenz seine eigenen Möglichkeiten zur Selbsttranszendenz verstellt. Ist Gott als Grenzbegriff des Selbstbewußtseins des Menschen als eines sich selbst überschreiten könnenden Gattungswesens rekonstruiert, dann ist der Himmel als der Raum Gottes der Projektionsraum dessen, was der Mensch als Möglichkeiten in sich selber trägt. Ist Gott als Begriff „das *vergegenständlichte Wesen des Verstandes*"[387], so ist der Himmel seine Entfaltung, so „dass im Himmel in die Länge und Breite ausgedehnt wird, was in Gott in Einem Punkt zurückgedrängt ist"[388]. Im Himmel wird „sinnlich ausgemalt, ausgeführt …, was in Gott nur Entwurf, Concept ist"[389]. So ist „der Himmel der eigentliche Gott der Menschen"[390]. Sein Jenseits aber ist zu bestimmen als das Jenseits der geschichtlichen Zukunft, so daß Feuerbachs Kritik des

[385] L. FEUERBACH, Das Wesen des Christentums, in: DERS., Sämtliche Werke, Bd.6, hg. von W. BOLIN/F. JODL, ²1960, 43.

[386] Vgl. E. JÜNGEL, Gott als Geheimnis der Welt, ⁶1992, 188–195.

[387] L. FEUERBACH, Das Wesen des Christentums, 42.

[388] AaO., 209.

[389] AaO., 211. Vgl. 207: „Gott ist nur der *unentwickelte Himmel*, der *wirkliche Himmel* der *entwickelte Gott*."

[390] AaO., 211.

Himmels in der Forderung mündet, an „die Stelle der Gottheit ... die menschliche Gattung oder Natur, an die Stelle der Religion die Bildung, an die Stelle des
Jenseits über unserem Grabe im Himmel das Jenseits über unserem Grabe auf
Erden, die *geschichtliche Zukunft*, die Zukunft der Menschheit zu setzen"[391].

Ernst Bloch hat dann an die Religionskritik Feuerbachs die Frage gestellt,
ob „das Problem des Orts, in das Götter hinein und hinüber imaginiert worden
sind, ein Scheinproblem [sei], das sich mit dem Ende des religiösen Scheins von
selbst erledigt" oder aber ob „die Leere, in die die göttlichen Illusionen projiziert worden sind, nicht als diese wenigstens vorhanden"[392] sei, und kommt
zu dem Schluß, daß dieser Hohlraum, dieser Überbau im Überbau, in dem die
„religiöse Verhimmelung der Wunschbilder"[393] stattfindet, zwar keine wirkliche Realität hat, doch andererseits mehr ist als ein ausgemachtes Nichts. Er
bedeutet „ein offen Gehaltenes für künftig mögliche, für noch nicht entschiedene Realität"[394], er gehört zum „*Vor-uns*"[395], zur „Weltstraße der Zukunft"[396].
Der durch den Atheismus entgötterte Himmel wird zum utopisch-realen Hohlraum, in den hinein sich der Mensch in seiner geschichtlichen Zukunft entfalten
kann[397].

Dieser Auflösung einer räumlichen Relationierung von Gott und Welt in
eine zeitliche Dynamik korrespondiert in unserem Jahrhundert die Dynamisierung der Kosmologie durch die erfolgreiche Anwendung der genetischen
Fragestellung auf den Kosmos als ganzen. Die Kontingenz der vorfindlichen
Schöpfung zeigt sich als die Kontingenz ihrer faktischen geschichtlichen Entwicklung, nicht jedoch als der Hinweis auf eine sie herstellende, einrichtende
und erhaltende göttliche Vernunft. Hatte sich Newtons absoluter Raum auch
zunächst als die physikalisch fruchtbarere Hypothese bewährt, so hat er sich
doch am Ende aufgelöst in die kontingente Faktizität einer geschichtlich sich
entwickelnden Raumzeit mit einem rein futurischen Jenseits ohne Beziehung
zu ihrem Grund und Schöpfer. Diese Beziehungslosigkeit zwischen dem Raum
der Schöpfung und dem Schöpfer hat die christliche Schöpfungstheologie zu
überwinden.

---

[391] AaO., 308.
[392] E. BLOCH, Das Prinzip Hoffnung, [8]1982, 1529.
[393] AaO., 1530.
[394] Ebd.
[395] AaO., 1531.
[396] AaO., 1533.
[397] Jürgen Moltmann hat dies für die Theologie aufgegriffen und versucht, die Zukunft „als
neues Paradigma der Transzendenz" zu verstehen, vgl. J. MOLTMANN, Die Zukunft als neues
Paradigma der Transzendenz, in: DERS., Zukunft der Schöpfung. Ges. Aufs., 1977, 9–25.

2.3. *Der Kosmos als Schauplatz des Bundes*

Bevor wir unsere eigene Bestimmung des göttlichen Verhältnisses zum Raum der Schöpfung versuchen, sei noch an Karl Barth erinnert, der in enger Anlehnung an die biblischen Texte den Dual von Erde und Himmel als spannungs- und beziehungsreiche Beschreibung des Raumes der Schöpfung in soteriologischer Perspektive entfaltet hat, bei dem sich aber auch die problematischen Konsequenzen fehlender Anschlußfähigkeit an Einsichten der neuzeitlichen Kosmologie besonders deutlich zeigen.

Karl Barth hat einen Bezug der Theologie zur Kosmologie nachdrücklich abgelehnt und zwischen naturwissenschaftlicher Welterkenntnis und theologischer Schöpfungslehre streng unterschieden. Im Vorwort zum dritten Band seiner Kirchlichen Dogmatik begründet Barth, warum er sich mit den sich im Zusammenhang der Schöpfungsthematik aufdrängenden Fragen zum naturwissenschaftlichen Weltbild nicht auseinandergesetzt hat. Barth meinte es ursprünglich tun zu müssen, kam dann aber zu dem Schluß, „daß es hinsichtlich dessen, was die heilige Schrift und die christliche Kirche unter Gottes Schöpfungswerk versteht, schlechterdings keine naturwissenschaftlichen Fragen, Einwände oder auch Hilfestellungen geben kann"[398]. Theologie und Naturwissenschaft können sich hüben und drüben der sie trennenden Grenze frei und ohne gegenseitigen Bezug bewegen, nur das Bestimmen des Wo und Wie dieser Grenze mag eine die Theologie noch interessierende Frage sein.

Christliche Schöpfungslehre ist von naturwissenschaftlicher Kosmologie deshalb kategorial geschieden, weil die Aussage, daß Gott die Welt geschaffen hat, nur als Glaubensartikel behauptet, aus Gottes Selbstoffenbarung begründet und aus keinem weltlich vorfindlichen Sachverhalt erschlossen werden kann. Dann ist aber auch festgelegt, wo das Verhältnis von Schöpfer und Geschöpf allein eindeutig bestimmt ist, nämlich in der Offenbarung Gottes in Jesus Christus: „Seine Offenbarung und der Glaube an ihn vermittelt uns auch in Sachen der Schöpfung die eine, wahre, klare und gewisse Erkenntnis"[399]. Dieser *noetische* Zusammenhang zwischen Christus und Schöpfungserkenntnis entspricht einem *ontischen* Grund: Christus ist das Wort, durch das Gott die Schöpfung vollzogen hat[400], und in ihm wird erkannt, daß Liebe, Güte und Barmherzigkeit den Schlüssel zum Verständnis der Schöpfung überhaupt darstellen. Nur die Theologie kann deshalb von der Schöpfung als Wohltat reden, jegliche von Gottes Offenbarung absehende Weltanschauung kann nur mit dem menschli-

---

[398] K. BARTH, KD III/1, II (Vorwort).
[399] AaO., 25.
[400] AaO., 29.

chen Anschauen und Begreifen rechnen und bleibt bei der Betrachtung des bloßen Werdens stehen.

Die Beziehung zwischen Gott und Mensch ist also der Fluchtpunkt, von dem her alle theologische Rede über die Schöpfung zu entfalten ist. Dann ist aber auch der Mensch und nicht die Natur als solche der eigentliche Gegenstand der Lehre vom Geschöpf, die deshalb für Barth praktisch als Anthropologie zu entfalten ist, weil der Mensch dasjenige Geschöpf ist, dessen Verhältnis zu Gott uns in Gottes Wort offenbart wurde[401]. Der Mensch ist zwar nur ein Geschöpf unter vielen, aber eben das Geschöpf, auf das Gottes Offenbarung zielt. Das Wort Gottes spricht vom und zum Menschen und enthält deshalb eine in einer Schöpfungslehre zu entfaltende Ontologie des Menschen, nicht aber eine solche des Himmels und der Erde. Daher hat sich die Theologie in ihrer Lehre vom Geschöpf mit dem Menschen zu beschäftigen und erst von daher mit seinem, des Menschen Kosmos. Der Glaube kann nicht „in der Totalität der Geschöpfwelt sein Thema erblicken. Er glaubt an Gott in dessen Verhältnis zu dem unter dem Himmel auf der Erde existierenden Menschen, er glaubt nicht an diese und jene Beschaffenheit des Himmels und der Erde."[402]

Barth betont ganz folgerichtig, „daß die Dogmatik von ihrem Gegenstand her weder Anlaß noch Auftrag hat, sich zu einer eigentlich so zu nennenden Kosmologie, zu einer christlichen Weltanschauung zu entfalten"[403]. Nun hat zwar der Glaube, und das bestreitet Barth keineswegs, seit den biblischen Schöpfungsberichten Anschauungs- und Begriffsmaterial der wechselnden Weltanschauungen aufgenommen, aber er hat dies immer in kritischer Weise getan und sich nie mit einer bestimmten Weltanschauung, Ontologie oder Kosmologie letztendlich identifiziert und ihren *Anspruch* als Weltanschauung gerade bestritten.

Das Wort Gottes hat allerdings eine Kontaktstelle zu kosmologischen Überlegungen, eine „kosmologische Grenze"[404], indem es den Kosmos als *Schauplatz* des Geschehens zwischen Gott und Mensch zeigt. Es beleuchtet die Welt und offenbart sie als den Raum des Bundes, als die Schöpfung des sich dem Menschen verbündenden Gottes und die Welt des mit Gott verbündeten Menschen. Der Sinn des Kosmos ist von der Geschichte Gottes mit dem Menschen her erkennbar und ganz im Bezug auf sie auszulegen, so daß Barth mit seiner bekannten Formel die Schöpfung als den ‚äußeren Grund des Bundes‘ und

---

[401] KD III/2, 2.

[402] AaO., 7.

[403] AaO., 4.

[404] AaO., 11.

umgekehrt den Bund als den ‚inneren Grund der Schöpfung' bestimmt[405]. Das
Wort Gottes sagt so ein Doppeltes über die Welt. Zum einen ist der Kosmos
um des Menschen willen da, und er findet seinen inneren Sinn im Geschehen
zwischen Gott und Mensch. Dieses Wissen der Theologie um den Sinn des Kosmos ist für Barth „insofern ‚anthropozentrisch', als es der Zentrierung folgt, die
ihr durch das Wort Gottes vorgeschrieben ist: der Zentrierung auf den Menschen"[406]. Und zum anderen identifiziert das Wort Gottes die Welt dadurch als
Raum des Bundes, daß es zwischen Himmel und Erde unterscheidet.

Erläutern wir zunächst, wie Barth die Schöpfung als den äußeren Grund
des Bundes auslegt. Barth sieht im priesterschriftlichen Schöpfungsbericht die
Schöpfung beschrieben als Bereitstellung des Raumes der Geschichte Gottes
mit dem Menschen. Die Erschaffung des Kosmos wird im biblischen Schöpfungsbericht beschrieben als „der Erbauung eines Tempels vergleichbar, dessen
Anlage und Konstruktion im Ganzen und im Einzelnen durch die Liturgie bestimmt ist, der er dienen soll"[407]. Wie ein Tempel seinen Sinn in der ganz äu-
ßerlichen Funktion hat, den Raum zur Gottesbegegnung bereitzustellen, so ist
die Schöpfung nicht um ihrer selbst willen da, sondern als der „in bestimmter
Gestalt ins Dasein gerufene Schauplatz und Rahmen, Ort und Hintergrund der
Geschichte"[408] Jesu Christi. Der Sinn der Schöpfung ist es, „Weg und Mittel
zum Bunde"[409] Gottes mit dem Menschen zu sein. Der Kosmos ist so von vornherein auf den Bund bezogen und bildet „seine technische Ermöglichung, die
Bereitstellung und die Ausstattung des Raumes, in welchem die Begründung
und Geschichte des Bundes sich abspielen"[410]. Unter Aufnahme von Calvins
Bestimmung der Welt als des *theatrum gloriae Dei* sieht Barth im Kosmos die
auf das in ihr stattfindende Drama zwischen Gott und Mensch eingerichtete
Bühne des Heilsgeschehens[411].

Diese auf den Bund bezogene Einrichtung der Welt, und damit kommen
wir zum zweiten, was das Wort Gottes uns nach Barth über den Kosmos mitteilt, wird erläutert und genauer bestimmt durch die Unterscheidung des Ganzen
der Schöpfung in Himmel und Erde. Himmel und Erde sind ein Gleichnis für
das Zusammensein von Gott und Mensch, insofern es „eine *Entsprechung*, eine
Ähnlichkeit des Verhältnisses zwischen Himmel und Erde und des Verhältnis-

---

[405] KD III/1, 103.107 u.ö.
[406] KD III/2, 12.
[407] KD III/1, 107.
[408] KD IV/1, 155.
[409] KD III/1, 259.
[410] AaO.,107.
[411] KD IV/1, 155. Vgl. auch KD III/3, 55f.

ses zwischen dem Schöpfer und seinem Geschöpf"[412] gibt. Himmel und Erde
sind beides Geschöpfe, von Gott geschaffen und nicht mit ihm selbst zu verwechseln. Der Sinn des Duals ist aber der, daß der Mensch auf die Erde als den
ihm zugänglichen Bereich der Schöpfung verwiesen ist. Er lebt auf der Erde, er
ist ,aus Erde gemacht' und sieht sich zugleich dem Himmel als dem Inbegriff
der ihm „unsichtbaren, unbekannten und unverfügbaren Geschöpfwirklichkeit"
gegenüber, der ihn „an den göttlichen Horizont des menschlichen Bereiches erinnert"[413]. ,Unter dem Himmel leben' aber heißt „ursprünglich und eigentlich:
unter der von Gott gesetzten Bedingung und so unter Gottes Schutz und Herrschaft, aber auch unter seiner Gerichtsbarkeit leben ... So bildet der Himmel
in mannigfachster Hinsicht so etwas wie den *göttlichen Horizont* des ganzen
Lebens im irdischen Kosmos."[414]

Damit sind aber gewichtige Aussagen über den Kosmos aus den biblischen
Texten abgeleitet, die prima facie in einiger Spannung zur neuzeitlichen Kosmologie stehen. Zum einen meint Karl Barth eine Kongruenz von innerem
Grund und äußerer Einrichtung des Kosmos behaupten zu müssen, die in den
von Gott ursprünglich gesetzten Bedingungen ihren Grund hat. Mit dem Hinweis auf den Ort der menschlichen Existenz auf der Erde unter dem Himmel
zeigt uns das Wort Gottes nach Barth, daß „sich der Kosmos in dieser Übereinstimmung mit der sich in ihm abspielenden Geschichte befindet"[415]. Daß wir
„in einer gemäß seiner väterlichen Absicht geordneten Welt"[416] leben, deren
Funktion nichts anderes ist, als den Schauplatz der Geschichte zwischen Gott
und Mensch bereitzustellen, läßt sich in Bezug auf den kosmologischen Befund
der Neuzeit allerdings schwerlich plausibilisieren. Die Lebens- und Schicksalsmaße des Menschen jedenfalls liegen unterhalb der Schwelle kosmischer Relevanz: „In der Kosmologie kommt der Mensch nicht vor."[417] Er findet sich in
einer peripheren Nische und erfährt sich zugleich als ein kontingentes Produkt
lokaler Tendenzen der kosmischen Eigendynamik. Eine funktionale Ordnung
des Kosmos hin auf den Menschen ist nicht zu entdecken[418].

Problematisch ist ebenfalls die bei Barth allerdings noch recht kontrollierte Tendenz, die nicht-menschliche Schöpfung zur bloßen Staffage und Teil-

---

[412] KD III/3, 488.
[413] KD III/2, 11.
[414] KD III/1, 157.
[415] KD III/2, 11.
[416] KD III/3, 56.
[417] H. BLUMENBERG, Die Genesis der kopernikanischen Welt, 665.
[418] Wir halten die Argumentation des Anthropischen Prinzips für nicht überzeugend, vgl.
dazu unten S. 244ff.

nahmslosigkeit (Barth spricht z.B. von ‚Dienern' oder ‚Werkzeugen')[419] gegenüber dem Geschehen zwischen Gott und Mensch als dem eigentlichen Sinn der
Schöpfung zu degradieren. An Barth wäre die Frage zu richten, ob die außer-
menschliche Schöpfung nicht zunächst einfach um ihrer selbst willen da ist und
ohne weitere Einschränkungen einfach festgestellt werden kann, daß auch die
Natur als solche ein Ziel des Schöpfungshandelns Gottes darstellt und dem Sinn
der Schöpfung nicht einfach äußerlich bleibt? Barth selbst kann ja gelegentlich
die ganze Kreatur in ein dynamisches Geschehen mit einbeziehen, wenn er vom
„großen Drama des Seienden"[420] redet, in das der Mensch verwickelt ist. Sollte
nicht eben die ganze Schöpfung daran teilhaben?[421]

Daran schließt sich als zweite kritische Bemerkung die Beobachtung an,
daß Barths Bestimmung der Schöpfung als äußeren Grund des Bundes entgegen
seiner eigener Intention ein problematisches Verständnis des Schöpfungsaktes
selber nahelegt. Ist die Schöpfung die „technische [!] Ermöglichung, die Bereitstellung und die Ausstattung des Raumes", in welchem die Geschichte des
Bundes sich vollzieht, dann legt sich ein Verständnis des Schöpfungsaktes zumindest in Bezug auf Raum, Zeit und irdische Umwelt des Menschen als der eines technischen Konstruierens und Einrichtens nahe. Doch so zeigt sich uns der
Kosmos gerade nicht. Die naturwissenschaftliche Kosmologie beschreibt den
Kosmos als ein kontingentes Werden über riesige Räume und Zeiten, nicht als
einen noch dazu auf ein ihm äußeres Ziel hin intentional eingerichteten ‚Schauplatz'. Barths Rede von einer theologisch möglichen „Beschreibung der Teleologie des göttlichen Werkes"[422] wäre unter den Voraussetzungen und Ergebnissen neuzeitlicher Kosmologie ein Unterfangen, das einen überaus vorsichtigen
und disziplinierten Umgang mit dem Begriff teleologischen Denkens erforderte. Die Schöpfung ist nicht von vornherein intentional eingerichtet, sie entsteht
im kontingenten Prozeß ihres Werdens. Ihr Sinn liegt nicht darin, Raum, Zeit
und Gelegenheit für eine irgendwie transmundan induzierte und begründete Geschichte bereitzustellen. Die neuzeitliche Kosmologie zeigt den Menschen als
verwoben in den Zusammenhang des werdenden Seins. Er ist nicht hineinge-
setzt in den fertigen Raum der Schöpfung, wie es das Bild des Schauplatzes
oder der Bühne nahelegt.

Eine weitere problematische Konsequenz der barthschen Sicht der Schöpfung ist die, daß mit seiner Rede von der technischen Einrichtung der eher sta-

---

[419] K. BARTH, KD III/3, 59.

[420] AaO., 56.

[421] Diesen Einwand hat auch J. MOLTMANN, Gott in der Schöpfung, 75 unter Hinweis auf
Ian Barbour geltend gemacht.

[422] K. BARTH, KD III/3, 56.

tisch verfaßten Schöpfung durch die Hintertür die sonst von ihm so bekämpfte Rede von den Schöpfungsordnungen wieder Einzug halten kann. Barths Bestimmung der Schöpfung als Schauplatz des Bundes, der sich in Übereinstimmung mit der sich auf ihm abspielenden Geschichte befindet, erweckt den Anschein einer divinatorischen Setzung der kosmischen Ordnung. Das Gegenüber von sichtbarer und unsichtbarer Welt, die Vorordnung des Mannes gegenüber der Frau[423], der Vorrang der regierenden Seele gegenüber dem dienenden Leib[424], dies alles werden in Barths Konzeption Ursprungsverhältnisse, die die göttliche Einrichtung der Welt im Bezug auf das asymmetrische Miteinander von Gott und Mensch im Rahmen des Bundes zumindest gleichnishaft widerspiegeln.

Es dürfte gegenüber den Bestimmungen Barths geltend zu machen sein, daß sie den eschatologischen Charakter der Relation Gottes zur Welt und zur sich entwickelnden Schöpfung zu wenig beachten, die als eigenständige, kontingente und kontinuierliche Geschichte gerade in ihrer Offenheit auf Zukunft und auf unableitbare Möglichkeiten hin in der Gegenwart des sie begleitenden Gottes existiert. Dann aber kann die Theologie ein positiveres und realistischeres Verhältnis zur naturwissenschaftlichen Erkenntnis gewinnen, ohne die kritische Kraft zu verlieren, ihr totalitäre Erkenntnisansprüche absprechen zu können, ist doch dann auch die naturwissenschaftliche Erkenntnisbemühung als ein Teil des geschöpflichen Werdens selbst zu bestimmen. Gerade in der ihr eigenen empirisch kontrollierten Methodik kann sie immer nur Hypothesen, und das heißt jederzeit durch tauglichere Modelle überbietbare Erklärungen bieten, die „der Welt gleichsam probeweise und darum auf Widerruf eine ... selbst entworfene Ordnung ... unterstellen"[425], und so versuchen, dem kontingenten Geschehen der Schöpfung nachzudenken, ohne letzte Gewißheiten erlangen zu können.

Barth ist darin Recht zu geben, daß die Theologie keine eigene Weltentstehungstheorie entwickeln und zu einer solchen inhaltlich auch nicht ein Fünkchen beitragen kann, erst recht nicht aus den naturkundlichen Implikationen der biblischen Texte. Sie ist allein darauf konzentriert, die Beziehung der faktisch vorfindlichen Welt zu ihrem Schöpfer als eine streng theologische Aussage zu rekonstruieren und zu formulieren. Daß sie aber *diese* Welt als eine geschaffene bekennt und die Gottoffenheit eben *dieser* Welt zu bekennen und zu verstehen sucht, macht die Auseinandersetzung mit dem, was die menschliche Vernunft

---

[423] KD III/1, 209 u.ö.

[424] KD III/2, 440ff.

[425] C. LINK/H.J. MAUL, Einleitung zum Kapitel B: Physik, in: Der Dialog zwischen Theologie und Naturwissenschaft, hg. von J. HÜBNER, 1987, 176–187, 177.

im Rahmen ihrer wissenschaftlichen Bemühungen über die Welt als ganze und die Stellung des Menschen in ihr herauszufinden vermag, zu einer genuinen Aufgabe theologischer Schöpfungslehre. Diese Auseinandersetzung ist unter bedachtsamer Achtung der Differenz von empirisch kontrollierter Modellbildung der Naturwissenschaften und begründungsrationaler Argumentation der Theologie zu führen. Totalitärer Ausweitung der naturwissenschaftlichen Deutungskompetenz hin zu einem geschlossenen Weltbild oder einer hermetischen Weltanschauung, daran erinnert Karl Barth, ist dabei vor allem kritisch zu begegnen. Und erst recht ist die Theologie selbst davor zu warnen, ihre Aussagen in bloßer Verlängerung und Steigerung kosmologischer Erkenntnisse zu gewinnen. Aber die kritische Begleitung des Erkenntnisweges der Naturwissenschaften durch eine sich auf der Höhe der Zeit befindliche, sich für sie interessierende *theologia viatorum* ist um beider, der zur Orientierung des Menschen gebrauchten und vielfach mißbrauchten Naturwissenschaften ebenso wie der kontingente Welterfahrung zu leicht überspielenden Theologie willen unverzichtbar.

2.4. Gott und der Raum seiner Schöpfung

2.4.1. Die Differenz von Schöpfer und Schöpfung

Mit einem durch diese theologiegeschichtlichen Überlegungen geschärften Problembewußtsein können wir nun daran gehen, das Verhältnis Gottes zum Raum seiner Schöpfung unter Bezug auf die neuzeitliche Kosmologie positiv zu bestimmen. Der christliche Glaube kann grundsätzlich Gott und Schöpfung weder identifizieren im Sinne des spinozistischen *deus sive natura* noch in deistischer Manier beziehungslos nebeneinander setzen. Die vom Christentum beharrlich betriebene und an sich nicht selbstverständliche strenge Unterscheidung von Gott und Welt hat ihre Absicht gerade nicht darin, dadurch Gott als den fernen, der Welt schlechthin distanten Gott darzustellen, sondern die Nähe von Gott und Welt unter Wahrung ihrer Differenz konkret und beziehungsreich zum Ausdruck zu bringen.

Redet der Glaube in räumlichen Analogien von Gott, so bekennt er ihn *neben* seiner Schöpfung, und zwar so, daß der Schöpfer das von ihm gewollte und ins Dasein gerufene andere neben sich da sein läßt. Eberhard Jüngel hat nachdrücklich darauf hingewiesen, daß dieses *Nebeneinander von Schöpfer und Geschöpf* impliziert, daß der ursprüngliche Akt der Schöpfung, mit dem Gott anderes als sich selbst da sein läßt, deshalb nur als „Akt einer schöpferischen

Selbstbegrenzung"[426] Gottes verstanden werden kann. Diese Auffassung knüpft
an die von Gerschom Scholem wieder ins Bewußtsein gerückte kabbalistische
Lehre des Zim-Zum an[427], nach der Gott, der Schöpfer, sich zurücknimmt, um
seiner Schöpfung neben sich Raum zu geben. Hat Gott etwas *neben* sich, dann
ist er dadurch begrenzt, daß dem Geschaffenen sein eigenes Recht, eine von
Gott zumindest relativ unabhängige Existenz zukommt, über die Gott aber nun
nicht mehr sie ignorierend oder negierend hinweggeht, sondern auf die er sich
in seinem Gottsein immer bezieht. In dieser Bezogenheit auf seine Schöpfung
ist Gott begrenzt, durch diese Selbstbegrenzung erhält anderes ihm gegenüber
sein Dasein[428].

Das steht nicht im Widerspruch zur Gottheit Gottes, sondern ist geradezu
ihre Steigerung, ist Gott doch als der Dreieine schon in sich selbst als Vater,
Sohn und Geist ein vielfältiges und beziehungsreiches Wesen, dem es wesentlich ist, in konkreter und deshalb auch selbstbegrenzter Bezogenheit zu existieren. Und Gottes Souveränität und Freiheit erhalten gerade in ihrer Selbstbe-

---

[426] E. JÜNGEL, Gottes ursprüngliches Anfangen als schöpferische Selbstbegrenzung, in:
DERS., Wertlose Wahrheit. Zur Identität und Relevanz des christlichen Glaubens (Theologische
Erörterungen III), 1990, 151–162, 151 u.ö.

[427] Zim-Zum bedeutet so viel wie ‚Kontraktion' oder ‚Konzentration' Gottes und war in der
rabbinischen Theologie ursprünglich dazu entwickelt, um die Möglichkeit der Einwohnung
Gottes im Tempel denken zu können, bei der er als sich auf einen Punkt zusammenziehend
verstanden wurde. Isaak Luria hat dann die Bewegungsrichtung umgekehrt und von der Selbst-
Zurücknahme Gottes in sich gesprochen, durch die eine Art ‚mystischer Urraum' entstand, in
dem und aus dem Gott dann die Welt als sein Gegenüber schaffen konnte. Vgl. G. SCHOLEM,
Die jüdische Mystik in ihren Hauptströmungen, 1967, 285ff.; M. JAMMER, Das Problem des
Raumes, 37; J. MOLTMANN, Gott in der Schöpfung, 166; DERS., Trinität und Reich Gottes.
Zur Gotteslehre, ²1986, 124ff.; E. JÜNGEL, Gottes ursprüngliches Anfangen als schöpferische
Selbstbegrenzung, 157.

[428] Ähnliche Vorstellungen finden sich aber auch bei Nikolaus von Kues. Gott geht als absolute Einheit dem Verschiedenen und Entgegengesetzten voraus und einigt es („Deus est absoluta
maximitas atque unitas, absoluta differentia atque distantia praeveniens atque uniens", N. VON
KUES, De docta ignorantia II, lat. – dt., übers. und hg. von P. WILPERT, 1967, II, c. IV, 113, 30).
Den Übergang vom Ununterschiedenen zum Unterschiedenen markiert der Schöpfungsakt, der
als contractio begriffen wird. Das All (mundus seu universum) ist eingeschränkte Unendlichkeit (infinitas contracta, aaO., 32), als solche noch Ununterschiedenheit und Einfachheit, aber
vermöge seiner Einschränkung in der Lage, sich vom Absoluten so zu entfernen, das Vielheit
und Unterschiedenheit möglich wird. Die eingeschränkte Unendlichkeit des Alls ist in der drei-
faltigen Einheit Gottes begründet. Schon Vater, Sohn und Heiliger Geist sind in vollendetster
Weise im gegenseitigen Bezug eingeschränkt (perfectissime ad invicem contracti), so daß aus
ihnen ein All entsteht, dessen Einschränkung durch die Einheit von Einschränkbarkeit (contra-
hibilitas, Vater), Einschränkendem (contrahens, Sohn) und die Verbindung von beidem (nexus
contrahentis et contrahibilis, Heiliger Geist) ermöglicht wird (aaO., II, c. VII, 48ff.).

grenzung, mit der sich Gott in der Schöpfung auf anderes als auf sich selbst bezieht, ihre Konkretheit und ihren gesteigerten Beziehungreichtum, wie wir das auch aus innerweltlichen Zusammenhängen kennen: der wahre Souverän kennt seine Grenzen, der wahre Freie kennt die Grenzen seiner Freiheit[429]. Die Selbstbegrenzung, die der Schöpfung ihr eigenes Recht und ihre eigene Freiheit, den ihr eigenen Raum ihrer Vollzüge ein-räumt, ist deshalb alles andere als ein Rückzug Gottes in die Verhältnislosigkeit, sondern gerade Ausdruck der Beziehung des Schöpfers zur Schöpfung: als der ihr ihren Raum Gewährende und nicht in ihrem Raum selbst Manifeste ist er ihr *Gegenüber*.

Dieses in räumlichen Analogien beschriebene, in der traditionellen Redeweise als Himmel bezeichnete Gegenüber Gottes ist nun nicht wiederum in den konkreten kosmischen Anschauungsraum einzuordnen, will man nicht in eine überholte, aporetische Kosmologie zurückfallen, die Gott einen Ort innerhalb des Raumes der Welt zuweist. Zugleich ist aber die Bezogenheit Gottes zum Raum seiner Schöpfung unaufgebbar, soll Gottes Existenz für seine Schöpfung überhaupt denkbar bleiben. Deshalb ist über die anschauliche, räumliche Analogie hinaus auf den abstrakten Raum- und Relationsbegriff zurückzugehen. Ingolf Dalferth hat aufgewiesen, daß ein enger Zusammenhang besteht zwischen der in aller christlichen Rede von Gott präsupponierten Annahme der Existenz Gottes und einer relationalen ,Verortung' Gottes und des Menschen. Er zeigt anhand der sprachlogischen Debatte um singuläre Existenzsätze und ihre semantische Interpretation, daß deren Aporien nur über eine pragmatische Analyse von Existenzbehauptungen überwunden werden können. Dalferth verweist auf den „Befund linguistischer Untersuchungen verschiedener Sprachen, die zeigen, daß die Verwendung von ,sein' oder ,existierend' in wesentlicher Hinsicht lokalisierend ist"[430]. Jede Existenzbehauptung ist deshalb nicht primär eine Bezeichnung, sondern eine Lokalisierung, in der der Gegenstand, dessen Existenz behauptet wird, in seiner Beziehung zum Sprecher lokalisiert wird. Ohne diesen lokativen, relationalen und den Sprecher involvierenden Grundzug lassen sich Existenzbehauptungen, wie Dalferth zeigt, nicht semantisch sinnvoll interpretieren.

Die bei einer Existenzbehauptung implizierte Relation zwischen Gegenstand und Sprecher kann genauerhin als eine *reale* Relation bezeichnet werden, die eine Unterklasse möglicher Relationen zwischen Menschen und Gegenständen darstellt. In realen Relationen zu uns stehen genau diejenigen Gegenstän-

---

[429] Vgl. E. JÜNGEL, Gottes ursprüngliches Anfangen als schöpferische Selbstbegrenzung, 153f.

[430] I.U. DALFERTH, Gott. Philosophisch-theologische Denkversuche, 1992, 40.

de, die es so gibt, daß es sie geben kann, ohne daß es uns geben muß[431]. Dies
impliziert aber wiederum, daß sich der als existierend behauptete Gegenstand
vom Sprecher „so identifizieren lasse, daß damit zugleich er selbst identifiziert
sei"[432]. Auch wenn seine Existenz nicht von der Existenzbehauptung abhängt,
der Gegenstand also gerade nicht mit der Behauptung des Sprechers identifiziert werden kann, so ist doch zugleich impliziert, daß Gegenstand und Sprecher insofern in einem Zusammenhang stehen, als sie *gemeinsam* als voneinander *verschieden* identifiziert werden können. Die Einbeziehung des pragma-
tischen Aspekts von Existenzbehauptungen und die Reziprozität des damit verbundenen Lokalisierens erweisen „so die Identifikationsproblematik als Kern
des Existenzproblems"[433]. Die Identifikation kann aber nur in einem gemeinsamen Zusammenhang erfolgen, innerhalb dessen Gegenstand und Sprecher als
in einer reziproken Relation gleichermaßen daseiend bestimmt werden können.
Bei Aussagen über materielle Gegenstände oder mit materiellen Gegenständen
ein-eindeutig korrelierte Zustände, Abläufe, Prozesse etc. stellen im allgemeinen Raum und Zeit das gemeinsame Identifikationssystem dar.

Ist diese Analyse von Existenzbehauptungen richtig, dann behaupten Christen mit der Aussage ‚Gott existiert‘ eine reale Relation zwischen sich und Gott,
die sich über die Zusammenhänge Schöpfung, Erlösung und Versöhnung konstituiert. Dabei interessiert uns für unser Thema vor allem der erste Zusammenhang, ohne daß über eine analytische Unterscheidung dieser Zusammenhänge
hinaus damit schon eine sachliche Isolierung dieses Zusammenhanges von den
übrigen behauptet werden soll. Diese Behauptung eines realen Zusammenhangs
zwischen Gott und Mensch kann aber nur eingelöst werden, wenn Gott identifiziert, und das heißt im Verhältnis zum Menschen auf eine solche reziproke
Weise lokalisiert werden kann, daß damit zugleich auch der Mensch als das
komplementäre Relat verortet ist. Die Frage nach der Identifizierbarkeit Gottes
ist deshalb für den Glauben von äußerster Relevanz, hängt doch von ihrer positiven Beantwortung ab, ob Gott als existent behauptet werden kann und also
christliche Rede von Gott eine reale Relation impliziert oder mit leeren Begriffen operiert.

Damit aber steht der Gottes Existenz behauptende Christ vor einem *fundamentalen Problem*, da Gott nicht im Rahmen des allgemeinsten weltlichen Iden-

---

[431] Vgl. die Bestimmung von E. Herms: „*Der Existenzoperator bezeichnet im Rahmen der
Struktur möglicher Bezeichnungen ... spezifisch solche Sachverhalte, deren Verfassung nicht
ausschließlich von ihrem Bezeichnetwerden abhängig ist.*" (E. HERMS/W. HÄRLE, Rechtfertigung. Das Wirklichkeitsverständnis des christlichen Glaubens, 1980, 70).
[432] I.U. DALFERTH, Gott, 41, im Original kursiv.
[433] AaO., 42.

tifikationszusammenhanges, also in Raum und Zeit lokalisiert werden kann, in dem sich der Mensch vorfindet. Zudem fällt die Möglichkeit aus, Gott mit Raum und Zeit, also mit unserem umfassendsten Identifikationssystem selbst gleich oder doch in eine besondere Beziehung dazu zu setzen, wie Newton dies versuchte, will man ihn noch von der Totalität des Seienden unterscheiden können und ihn nicht nur als nicht mehr relationierbare und am Ende überflüssige Chiffre für ‚das Ganze' in seinen Aussagen mitführen. Es gilt also, einen die physikalische Raumzeit umgreifenden Identifikationszusammenhang zu bestimmen, der diese als relationierten und zugleich selbständigen Teilraum enthält. Dies kann nur gelingen, indem wir uns auf die für den konkreten Raumbegriff grundlegenden abstrakten Strukturen beziehen.

2.4.2. Die Unhintergehbarkeit abstrakter räumlicher Relationalität

Das neuzeitliche Konzept des Raumes, so sahen wir[434], ruht auf den basalen Begriffen *Ausdehnung* (Abstand), *Dimension* (Freiheitsgrade) und *Metrik* (Feld), die in der Mathematik (nicht-euklidische gekrümmte Räume, n-fach ausgedehnte Mannigfaltigkeiten) und dann auch in der Physik (gekrümmtes Raum-Zeit-Kontinuum) vielfältige, über den dreidimensionalen Erfahrungsraum oder den Raum der euklidischen Geometrie hinausgehende Raummodelle zu konstruieren erlauben. Die konkrete Struktur des physikalischen Raumes und seiner Geometrie erweist sich als bestimmter Sonderfall einer ausgedehnten Mannigfaltigkeit. Es sind die grundlegenden, mathematisch-abstrakt operationalisierbaren Kategorien, die jedem Begriff des Raumes als eines relationierten Zusammenseins von Verschiedenem zugrundeliegen. Wie auch Helmholtz' Herleitung des Raumbegriffs aus der physiologischen Sinneswahrnehmung (Farbenraum beim Dreifarbensehen, Tonraum beim Hören) vermuten ließ, sind genau diese Kategorien die Bedingung der Möglichkeit der Erfahrung von differenzierenden Relationszusammenhängen überhaupt[435]. Unser innerer Anschauungsraum

---

[434] Vgl. oben S.111ff.

[435] Vgl. oben S.46f. Konstruktivistische Wahrnehmungstheorien legen es nahe, daß die Orientierung im dreidimensionalen Erfahrungsraum erst erworben wird und die physiologische Wahrnehmung einschließlich der Raumwahrnehmung über abstrakte Transformationsmodelle beschreibbar ist, die metrische Plastizität zeigen. Es ist nicht die naive, angeborene innere räumliche Anschauung, aus der erst durch Abstraktion die komplexen Raumbegriffe entwickelt würden, das Begründungsverhältnis ist vielmehr umzukehren: das operationalisierte, sich in abstrakten Zustandsräumen vollziehende Verarbeiten der Sinneseindrücke erzeugt den räumlichen Eindruck. Damit ist die Realität des Erfahrungsraumes gerade nicht geleugnet, sondern begründet, denn es werden eben diejenigen Operationen entwickelt, die mit den Phänomenen des gleichzeitigen Verschiedenen im konkreten physikalischen Raum angemessen umgehen.

allerdings ist wie der physikalische kosmische Raum auf drei Dimensionen beschränkt, nur in mathematisierter Abstraktion durch iterative Anwendung formaler Operationen vermögen wir darüber hinaus mehrdimensionale Raummodelle zu entwerfen.

Alle Verhältnisse von gegenseitig relationierten, nicht aufeinander zurückführbaren Größen, so halten wir als Fazit fest, lassen sich nur über die vor-
geführten, auch der räumlichen Anschauung zugrundeliegenden relationsonto-
logischen Begriffe und Kategorien aussagen[436]. Ist aber die in diesem Sinne
‚räumliche‘ Begrifflichkeit unhintergehbar, dann ist bei jeder ‚lokalisierenden‘
Relationierung von Verschiedenem die Verwechslung mit konkreten anschauungsräumlichen Verhältnissen deshalb unvermeidbar, weil sie auf denselben
fundamentalen Kategorien basieren. Soll das Verhältnis von Gott und Welt nicht
als rein logische Differenz, sondern als ein relationiertes Nebeneinander ausgesagt werden, dann ist ein übergreifender Identifikationszusammenhang zu beschreiben, innerhalb dessen die empirische, konkrete Raumzeit des Kosmos als
ein Relat ihrer abständigen, beziehungsreichen und orientierten Differenz verortet wird. Dieser übergreifende ‚Raum‘ wird unanschaulich bleiben und vor
einer Verwechslung mit erfahrungs-raumzeitlichen Verhältnissen nicht durch
terminologische Vorkehrung geschützt werden können.

2.4.3. Das Beispiel Karl Heims

Einen eindrücklichen Versuch einer Beschreibung innerweltlicher Relationen
und der Gott-Welt-Relation mit Hilfe eines auf seine formale Grundlegung zurückgeführten Raumbegriffs stellt die Theologie Karl Heims dar. Angesichts
der Tatsache, daß durch die neuzeitliche Kosmologie „der Gedanke der *Jenseitigkeit Gottes* seinen ursprünglichen, klar definierten, räumlichen Sinn verloren"[437] hat, muß die Theologie nach Heim, will sie weder die Weltjensei-
tigkeit Gottes für einen logisch unvollziehbaren Gedanken erklären noch Gott
und Welt in eins setzen, sich auf grundlegende Bestimmungen von „innerwelt-

---

[436] T.F. Torrance hat darauf hingewiesen, daß in unserem Jahrhundert in Physik, Philosophie
und Theologie (z.B. Trinitätslehre) ‚onto-relational concepts‘ zunehmend der Vorzug gegeben
wird, die ein ‚Zusammensein in Verschiedenheit‘ als Leitvorstellung verwenden, vgl. T.F. TOR-
RANCE, The Ground and Grammar of Theology, Belfast 1980; DERS., Reality and Scientific
Theology, Edinburgh 1985.

[437] K. HEIM, Glaube und Denken. Philosophische Grundlegung einer christlichen Lebensanschauung (Der Evangelische Glaube und das Denken der Gegenwart Bd.1), 1931; 5. neu
durchges. Aufl. 1957. Ich zitiere nach der 6., nicht mehr von Karl Heim selbst durchgesehenen
Auflage Wuppertal, 1975, Zitat dort 219 (Leitsatz I).

lichen Grenzverhältnisse[n]"[438] besinnen. Dazu entwickelt Heim in ausdrück-
licher „Weiterführung von Kants Lehre von den Anschauungsformen"[439] und
unter Bezug auf die nicht-euklidische Geometrie der Minkowski-Welt[440] eine
‚Philosophie der Räume‘, die vor allem über den Begriff der dimensionalen
Grenze versucht zu beschreiben, wie komplex schon innerweltliche, nur relational zu erfassende Verhältnisbestimmungen sich darstellen[441]. Heim unterscheidet zwischen *inhaltlichen* und *dimensionalen* Grenzen, wobei erstere Teile innerhalb einer ausgedehnten Mannigfaltigkeit abgrenzen, letztere inhaltlich unbegrenzt ausgedehnte Mannigfaltigkeiten so voneinander unterscheiden, daß sie
sich weder aufeinander zurückführen lassen noch Teile voneinander abgrenzen,
sich aber innerhalb eines umfassenderen Raumes dennoch durchdringen und
so in Beziehung zueinander treten[442]. Diejenigen innerweltlichen Grenzverhältnisse, die sich durch dimensionale Grenzen bestimmen lassen, sieht Heim
durch grundlegende *Polaritäten*, durch je konkrete Ich-Du-Es-Verhältnisse, auf-
gespannt. Soll Gott zu all diesen innerweltlichen Grenzverhältnissen als jensei-
tig in Beziehung gesetzt werden können, so ist er für Heim nur als ‚*überpolar*‘
zu denken, als das nicht polare Ursein, von dem alles andere Sein umfangen
ist: „Gott steht jenseits der Polarität, die den inhaltlichen Verhältnissen und den
dimensionalen Beziehungen ihr gemeinsames Gepräge gibt. Gott ist überpolar."[443] Damit möchte Heim vermeiden, daß Gott als bloße Steigerung innerweltlicher Grenzverhältnisse begriffen wird und dann nur wieder in ein polares
Verhältnis zur Welt gesetzt werden kann. „Gott wäre dann der Gegenpol der

---

[438] Ebd.

[439] AaO., 34.

[440] Vgl. DERS., Der christliche Gottesglaube und die Naturwissenschaft (Der Evangelische
Glaube und das Denken der Gegenwart Bd.4), ²1953, 130–144.

[441] Zu Heims Dimensionenlehre vgl. H. KRAUSE, Theologie, Physik und Philosophie im
Weltbild Karl Heims, 1995, bes. 81–88. Zur Grundlegung der Theologie des frühen Karl Heim
vgl. auch: E. GRÄB-SCHMIDT, Erkenntnistheorie und Glaube. Karl Heims Theorie der Glaubensgewißheit vor dem Hintergrund seiner Auseinandersetzung mit dem philosophischen Ansatz Edmund Husserls, 1994.

[442] Vgl. die in Leibniz’ Übersetzung und Interpretation des Infinitesimalkalküls begründete
und vor allem bei Kant wirksam gewordene Unterscheidung von *Schranke* (limes) und *Grenze*
(terminus): „Grenzen (bei ausgedehnten Wesen) setzen immer einen Raum voraus, der außerhalb einem gewissen bestimmten Platze angetroffen wird und ihn einschließt; Schranken be-
dürfen dergleichen nicht, sondern sind bloße Verneinungen, die eine Größe afficiren, so fern sie
nicht absolute Vollständigkeit hat" (I. KANT, Prolegomena zu einer jeden künftigen Metaphysik, die als Wissenschaft wird auftreten können. 1781, in: Kant’s gesammelte Schriften, Erste
Abtheilung: Werke, Bd.4, 253–383, 352).

[443] K. HEIM, Glaube und Denken. Philosophische Grundlegung einer christlichen Lebensanschauung (Der Evangelische Glaube und das Denken der Gegenwart Bd.1), 222.

Welt und die Welt der Gegenpol Gottes. Gott und Welt würden einander gegenseitig bedingen."[444]

Wir folgen Heim in dieser letzten Konsequenz nicht. Wir hatten uns vor Augen geführt, daß Gottes ursprüngliches Anfangen als seine ursprüngliche Selbstbeschränkung zu denken ist, mit der Gott seiner Schöpfung Raum gibt und sich zugleich zu ihr in Beziehung setzt und damit begrenzt. In dieser Hinsicht bedingen sich Gott und Welt in der Tat gegenseitig, wobei dieses Verhältnis allerdings deshalb als ein asymmetrisches zu verstehen ist, weil Gott derjenige ist, der mit sich selbst und nur mit sich selbst anfängt und das gegenseitige Bedingungsverhältnis durch seinen freien Entschluß, anderem als sich selbst Raum zu geben, allererst schafft. Heim dagegen fordert, daß Gott „jenseits des Gegensatzes aller Systeme und aller Räume liegen"[445] muß, da andernfalls die Setzung eines ‚Raumes' immer schon vorausgesetzt werden müßte und Gott „nicht die Urquelle sein" könnte, „aus der alle Systeme hervorgehen"[446]. Wir aber hatten das ursprüngliche Anfangen des Schöpfers als gerade eine solche Setzung einer Ursprungsrelation bestimmt, in der Gott sich so auf ein anderes als sich selbst bezieht, daß ein durch eine – in der auch hier sinnvollen Terminologie Heims – ‚dimensionale Grenze' charakterisiertes, beziehungsreiches Gegenwartsverhältnis zwischen Gott und Welt etabliert wird. Ein letztes, überpolares, relationsfreies Sein wäre ein bloßer Grenzbegriff, Existenzaussagen darüber wären wegen des fehlenden Identifikationszusammenhangs unsinnig, und erst recht wäre es nicht mit dem Gott zu identifizieren, der als Vater, Sohn und Geist in sich schon immer beziehungsreich lebt und den der Glaube als den Schöpfer der raumzeitlichen Wirklichkeit bekennt.

2.4.4. Der Ort des Glaubens im Raum der Welt

Damit sind wir in der Lage, Grundlinien des Verhältnisses von Gott und der raumzeitlichen Mannigfaltigkeit des Kosmos zu bestimmen und vom Selbstverständnis des christlichen Glaubens her zu interpretieren.

1. Soll die christliche Rede von Gott an der Lokalisierung und damit Relationierung Gottes unter der Voraussetzung der weltlichen Unsichtbarkeit und Nicht-Notwendigkeit Gottes nicht scheitern, muß sie die Raumzeit der Welt noch einmal mit Hilfe einer Differenz relationieren, die die Raumzeit des Kos-

---

[444] AaO., 204.
[445] K. HEIM, Die Wandlung im naturwissenschaftlichen Weltbild. Die moderne Naturwissenschaft vor der Gottesfrage (Der Evangelische Glaube und das Denken der Gegenwart Bd.5), [5]1978, 110.
[446] AaO., 111.

mos, in der sich der Mensch vorfindet, zu dem von ihr dimensional unterschiedenen und darin zugleich auf sie bezogenen Schöpfer in Beziehung setzt. Der
ursprüngliche Akt der schöpferischen Selbstbegrenzung Gottes ist deshalb nicht
als bloße Freigabe des Raumes der Schöpfung durch den Rückzug Gottes, sondern als Differenzierung durch Relationierung zu verstehen, mit der sich Gott
als das Gegenüber zur Raumzeit seiner Schöpfung selbst bestimmt und damit
einen die Raumzeit des Kosmos übergreifenden Identifikationszusammenhang
etabliert. Dieses Gegenüber zur Raumzeit wird nur über den abstrakten Raumbegriff zu verstehen und sprachlich wie anschaulich nicht ohne die unhintergehbaren basalen ‚räumlichen‘ Kategorien zu explizieren sein und darin die Eigenständigkeit beider Relate dieser Relation zur Geltung zu bringen haben.

2. Spannt die schöpferische Selbstbegrenzung den gemeinsamen Identifika-
tionsraum von Gott und Welt auf, dann hat dies Konsequenzen für das Verständnis von Schöpfung. Gott ist dann in doppelter Hinsicht als Schöpfer zu begreifen. *Zum einen* ist er dadurch *Ursprung* von Raum und Zeit, daß er in einem Akt
ursprünglichen Anfangens etwas anderem Raum und Zeit gewährt. Dabei geht
es nicht um den Anstoß im Anfangspunkt, sondern darum, daß überhaupt etwas
ist und nicht nichts und daß dieses Etwas sich selbständig als Raum und Zeit
entfaltet und nicht bloß einen Moment der Selbstbewegung Gottes darstellt.
Ob der Anfang des Seienden aus einer unableitbaren Singularität hervorgeht,
aus einem Möglichkeitsraum von Universen oder sich als der ‚Ohne-Grenzen-
Anfangspunkt‘ des Hawking-Hartle-Universums bestimmt, ist dafür gänzlich
unerheblich. Die Schöpfungslehre hat dieses uranfängliche Schaffen Gottes traditionellerweise als *creatio ex nihilo* bezeichnet, in der Gott mit nichts anderem
als sich selbst anfängt und ‚das Nichtseiende ruft, daß es sei‘ (Röm 4,17). Dieses
ursprüngliche Anfangen ist jedoch mißverstanden, wenn es als ein intentionales Herstellen fertiger Gestalten aus dem Nichts begriffen wird. Es ist das als
schöpferische Selbstbegrenzung Gottes zu verstehende Gewähren von Raum
und Zeit für das expandierende Raum-Zeit-Kontinuum des Kosmos, das nicht
einfach einen Behälter darstellt, der die materielle Welt dann aufnimmt, sondern
als ein offener und sich vollziehender Prozeß zu beschreiben ist.

Und *zum anderen* ist Gott Schöpfer in dem Sinne, daß er in einem *beziehungsreichen Gegenüber zu seiner Schöpfung* verharrt, als der ihr Raum,
Zeit und differenzierte Möglichkeiten gewährende ursprünglich Anfangende ihr
Gegenüber bleibt und sich nicht in ein beziehungsloses Daneben zurückzieht
(*creatio continua*). Beide Hinsichten sind mit der neuzeitlichen Kosmologie
deshalb verträglich und sogar durch sie explizierbar, als der Kosmos in der Tat
nicht einfach ‚immer‘ war und Welt einfach ‚überall‘ heißt, sondern er wesentlich als ein kontingenter, endlicher Prozeß aus einem wie auch immer gearte-

ten Anfang heraus zu rekonstruieren ist, in dessen Verlauf Raum und Zeit sich durch die Expansion entfalten und durch die damit verbundenen Symmetriebrechungen der Grundkräfte und Teilchen und die der zunehmenden Ausdünnung entgegengesetzte Gravitationskraft sich diskrete Zustandsmöglichkeiten, Ungleichgewichte, Strukturen und Systeme bilden können.

3. Die Schöpfung ist insofern als selbständig zu begreifen, als der ihr Raum gewährende Schöpfer für die weltlich sich vollziehenden Prozesse nicht notwendig ist[447]. Die Differenz zwischen Schöpfer und Schöpfung hat die Gestalt einer dimensionalen Grenze: weder ist der Schöpfer aus der Schöpfung durch Verlängerung, Steigerung oder dialektische Überbietung extrapolierbar und damit der Umkehrschluß von einer noetischen Unabweisbarkeit auf die ontische Voraussetzung Gottes gültig, noch hat er sich hinter eine innerweltlich unerreichbare inhaltliche Schranke in die Beziehungslosigkeit zurückgezogen. Die Selbständigkeit der Schöpfung als eines kohärenten, raumzeitlichen Zusammenhangs läßt sich belegen anhand der kosmischen Modelle der Neuzeit, die durch ihre Homogenität und Isotropie keine Schranke aufzeigen, die ein ‚Dahinter‘ implizierte, noch eine räumliche Richtung auszeichnen, die über sie hinausweisen würde[448].

4. Ist unsere Analyse richtig, dann läßt sich die in Gottes ursprünglicher Selbstbegrenzung begründete Selbständigkeit der Schöpfung mit Gottes beziehungsreichem Gegenüber zur Schöpfung nur dann zusammendenken, wenn die Relation Gottes zur Schöpfung nicht als das statische Gegenüber eines ruhendes Seins, sondern als eine die Schöpfung als Geschehen[449] freisetzende *eschatologische Relation*[450] verstanden wird. Auch diese Sicht ist insofern mit der neuzeitlichen Kosmologie verträglich und durch sie interpretierbar, als der Kosmos nicht einfach als eine manifeste Tatsache oder ein einmal hergestelles Szenario verstanden werden kann, sondern als ein Prozeß sich darstellt, der kontingente Möglichkeitsräume aufbaut und durch die Entstehung von unableitbar Neuem

---

[447] Vgl. E. JÜNGEL, Gott als Geheimnis der Welt, 19ff.

[448] Es muß offen bleiben, ob die Raumzeit des Universums offen oder geschlossen ist. Die Annahme der Geschlossenheit des Universums steht zu der beobachteten Materiedichte des Kosmos im Widerspruch, die Annahme der Offenheit des Universums impliziert die Unendlichkeit seiner Erstreckung und impliziert nicht zu unterschätzende semantische Folgeprobleme.

[449] Vgl. die altprotestantische Orthodoxie, die aufgrund der Lehre von der creatio continua Gottes Gegenwart bei den Geschöpfen (adessentia Dei ad creaturas) als adessentia operosa bestimmt hat, vgl. D. HOLLATZ, Examen theologicum acroamaticum I, 393.

[450] Vgl. dazu I.U. DALFERTH, Existenz Gottes und christlicher Glaube, 273–275; DERS., Gott, 48–50.

ständig über das schon Vorfindliche hinausgeht. Die Gegenwart Gottes als eschatologische Relation läßt sich in dreierlei Hinsicht genauer charakterisieren.

a) Zum *einen* impliziert sie ein *Spannungsverhältnis*, dessen konstitutive Differenz nicht auf eine letzte zugrundeliegende Einheit zurückgeführt oder in ein zeitliches Nacheinander aufgelöst werden kann[451]. Für ein theologisches Denken, das Relation in ontologischer und noetischer Hinsicht für unhintergehbar ansieht, ist die Differenz zwischen Schöpfer und Schöpfung nicht wieder auflösbar in eine letzte unpolare, relationsfreie Einheit. Es ist deshalb die „Vorstellung von Gott ohne Welt ... ein bloßer Grenzgedanke"[452], der sich auf das ursprüngliche Anfangen Gottes bezieht, zur Fundierung eines konkreten Gottes- und Weltbegriffs aber untauglich ist. Andererseits läßt sich aufgrund der Unaufhebbarkeit dieser Differenz die eschatologische Relation Gottes zur Welt nicht mit den weltlichen Raum-Zeit-Relationen verrechnen und sich so in eine innerweltliche Dynamik auflösen. Eschatologisch ist die Relation Gottes zur Welt also deshalb zu nennen, weil die Welt durch Gottes Gegenwart so konstituiert ist, daß sie weder ohne diese Nähe wäre noch in dieser Nähe aufgeht, sondern durch diese Nähe ihr eigenes, aber selbständiges Wesen dadurch erhält, daß sie ihr Sein im Werden hat.

b) Die eschatologische Relation ist deshalb zum *anderen* nur beschreibbar als *Geschehen*. Sie impliziert ein dynamisches Verhältnis, so daß zu den räumlichen Kategorien notwendig zeitliche hinzutreten müssen: eschatologische Abständigkeit setzt Zeit aus sich heraus. Auch dies ist mit der neuzeitlichen Kosmologie verträglich und insofern durch sie interpretierbar, als die Verbindung von Raum und Zeit durch die Relativitätstheorie aufgezeigt und in ihrem Zusammenhang über Wechselwirkungen und Gravitation dynamisiert wurde und sich die Einführung einer kosmischen Zeit in den kosmologischen Modellen als unvermeidbar herausstellte. Räumlichkeit ohne Zeitlichkeit ist eine Abstraktion der klassischen physikalischen Theoriebildung.

---

[451] Wolfhart Pannenberg meint, die Kategorie des Raumes über den Begriff der Gleichzeitigkeit (trotz dessen Relativierung durch die spezielle Relativitätstheorie) auf den fundamentaleren Begriff der Zeit zurückführen zu müssen, weil allein die „Reduktion des Raumes auf die Zeit ... die Bedingung für eine theologische Interpretation der Gegenwart Gottes im Raum" liefern kann (W. PANNENBERG, Systematische Theologie, Bd.2, 111). Gott kann dann auch bestimmt werden als die „absolute Zukunft" (DERS., Systematische Theologie, Bd.1, 1988, 443). Unser Ansatz dagegen hält an der basalen irreduziblen Differenz von Raum und Zeit fest und gibt der beide Aspekte verbindenden, nicht auf Zukünftigkeit reduzierbaren eschatologischen Gott-Welt-Relation den Vorzug.

[452] G. EBELING, Dogmatik des christlichen Glaubens, Bd.1, ²1982, 224.

c) Und zum *dritten* setzt die eschatologische Gegenwart ein dynamisches zeitliches Geschehen solcher Art frei, das die *Entstehung von wirklich Neuem* impliziert. Ist die Schöpfung auf das eschatologisch bestimmte Gegenüber Gottes bezogen, dann ist Zukunft als der offene Raum unableitbarer Möglichkeiten zu verstehen, in den hinein das raumzeitlich Wirkliche sich entwickeln und Strukturen und Zusammenhänge aufbauen kann. Die eschatologisch relationierte Selbständigkeit der Schöpfung eröffnet kontingente Geschichtlichkeit.

5. Der jüdisch-christliche Glaube hat diese eschatologische Relation Gottes zum Raum der Schöpfung dadurch zum Ausdruck gebracht, daß er ihn *im Himmel* anruft. Die Differenz, mit der die biblische und kirchliche Tradition den gemeinsamen Identifikationszusammenhang von Gott und menschlicher Welt anschaulich beschrieben hat, ist die Differenz von Himmel und Erde, die als eine mit räumlichen Kategorien ausgedrückte eschatologische Relation bezeichnet werden kann. Mit ihrer Hilfe sollte zugleich die Anwesenheit Gottes für die Welt und seine Entzogenheit zum Ausdruck gebracht werden. Gott wird als der angerufen, der in der Welt da ist, ohne raumzeitlich manifest und lokalisierbar zu sein. Es sollte in unserer Darstellung deutlich geworden sein, daß die Anrufung Gottes im Himmel nicht einfach als naive anschauungsräumliche Vorstellung desavouiert werden kann, sondern in ihrer anschaulichen, auch lebensweltlich orientierenden Aussagekraft unüberbietbar ist. Der Lebensraum des Menschen ‚auf der Erde unter dem Himmel‘ ist gleichnisfähig für die in der Reflexion nur überaus abstrakt zu rekonstruierende eschatologische Beziehung zwischen Schöpfer und Geschöpf.

6. Für den Glauben ist die *Entzogenheit Gottes* kein Defizit geschöpflicher Existenz. Daß Gott nicht manifest vorhanden ist, daß sein Da-Sein im Gegenüber zur Welt keine weltlich festzustellende und hinzunehmende Tatsache ist, sondern in seiner Selbstbegrenzung begründet ist, ist vielmehr die Voraussetzung für die Selbständigkeit und Freiheit seiner Geschöpfe, die ihm gegenüber als selbständige Wesen da sein dürfen. Die eschatologisch qualifizierte Differenz von Gott und Schöpfung begründet eben kein additiv zusammenzuordnendes Gegenüber, aus dem theologisch dadurch Kapital geschlagen werden könnte, daß Gott als Kompensation einer defizitären Seinsordnung weltlich notwendig gemacht werden könnte, sondern konstituiert die Welt als das selbständige, sich als offener Prozeß entfaltende Geschehen des expandierenden Kosmos.

Die Wahrnehmung dieses Gegenübers kann von uns Menschen als sinnbestimmt orientierten Lebewesen nur durch den Glauben realisiert werden, durch den der Mensch sich seiner selbst in seiner Beziehung zum Schöpfer gewiß wird. „Gott ist uns als der Entzogene nah. Das ist die Gewißheit des Glaubens, die als solche Gottesgewißheit und deshalb entsichernde Selbstgewißheit

ist."[453] Der Glaube an Gottes Gegenwart läßt sich durch kein kosmologisches
Argument über den Status existentieller Gewißheit hinausführen.

7. Die Tatsache, daß der Gott, den der Glauben bekennt, weltlich nicht vorhanden ist, ist also keine dem Glauben fremde Einsicht. Es ist dem Glauben
vielmehr wesentlich, daß er Gott ,im Himmel' bekennt und nicht in den manifesten Tatsachen aufzuweisen verspricht. Gott ist deshalb aller Schöpfung potentiell gleich nah und gleich entzogen. Jesu Vater, der in den Himmeln ist und
seine Sonne aufgehen läßt über Böse und Gute und regnen läßt über Gerechte
und Ungerechte (Mt 5,45), kennt keine räumlich verifizierbaren Unterschiede
zwischen sakral und profan, seine Nähe als der Entzogene beansprucht universelle Geltung. Doch steht er andererseits nicht differenzlos allem gleichermaßen
gegenüber, sondern seine nichträumliche Nähe hat gerade in ihrer universellen Geltung orientierende Kraft, indem sie Differenzen wie die zwischen gut
und böse, gerecht und Sünder, Selbstbestimmung und Selbstvergessenheit erst
Recht zur Geltung bringt[454].

Nichtsdestotrotz kennt nun auch das Christentum besondere Orte und Räume, Zeiten und Anlässe, in denen Gottes Nähe in besonderer Weise zur Geltung kommen soll. Es ist jedoch charakteristisch, daß der sakrale Umgang mit
Gottes besonderer Nähe im Christentum vor allem öffentlich und in Gemeinschaft bekannt und gefeiert wird und auch in Form des Sakraments elementar
auf sein Verheißungswort bezogen ist. Die Feier von Gottes Nähe geschieht in
Erinnerung an und Erwartung von Gottes Zuwendung, die sich zumindest nach
protestantischem Verständnis nicht ex opere operato herstellen läßt, sondern als
Verheißung sich selbst für Individuum und Gemeinschaft in Geltung setzt, ohne daß dies über die individuelle Gewißheit hinaus erwiesen werden könnte.
Die Nähe Gottes kann für den Glaubenden nur je und je ergriffen werden, sie
kann als solche nur kommunikativ und in Gemeinschaft vergegenwärtigt wer-

---

[453] E. JÜNGEL, Gott als Geheimnis der Welt, 248.

[454] Vgl. dazu auch N. LUHMANN, Die Unterscheidung Gottes, in: DERS., Soziologische Aufklärung 4: Beiträge zur funktionalen Differenzierung der Gesellschaft, 1987, 236–
253, besonders 246ff. Religion generiert sich nach Luhmann über den Generalcode Imma-
nenz/Transzendenz. Dieser Code beansprucht universelle Geltung, hat aber gerade dadurch,
wie die Geschichte zeigt, durchaus selektive Kraft: die emphatische Behauptung der universellen Nähe Gottes muß sich semantisch bewähren. „Zur Entwicklungslogik des Universalcodes
gehört auch, daß schließlich *alles* Immanente der Transzendenz *gleich nah und gleich fern* sein
muß. Es gibt keine heiligen Plätze, Orte, Bilder mit privilegierter Gottesnähe. . . . Damit ist aber
bereits vorbereitet, daß es zu der Frage nach dem Ort der Transzendenz kommen kann, die dann
recht künstlich mit der Antwort ,überall und nirgends' als Frage negiert werden muß." (aaO.,
248f.) Die spezifisch theologische Differenzbildung über eschatologische Relationierung muß
dem Soziologen fremd bleiben.

den. „Insofern der Christ . . . an der kommunikativen Perspektive des Glaubens teilhat, in welche die säkulare Welt in Gottesdienst, Fürbitte oder in der ethischen Reflexion des Glaubenden hineingeholt wird, existiert er mit dieser Welt vor Gott."[455]

Daß Gott nicht manifest da ist, schafft der Schöpfung Raum. Daß er aber auf seine Weise als *eschatologischer Horizont* da ist, macht umgekehrt die Schöpfung erst zur offenen, sich entwickelnden Welt, in der dann auch der Mensch sein Leben bewähren oder verfehlen kann, und nicht zur bloß manifesten Tatsache. Nur dadurch, daß der Kosmos einen Horizont hat, den der Glaube ‚Himmel‘ nennt, wird der Kosmos zur offenen, sich entwickelnden, ihr eigenes Leben entfaltenden und neue Möglichkeiten realisierenden Schöpfung und der Mensch zu dem Wesen, dem seine Lebensgestaltung aufgetragen ist.

8. Die Grenze zwischen Himmel und Erde hat anschaulich die *Form des Horizonts*. Der Himmel meint keine eigenständige Hinter- oder Überwelt. Zu oft wurde der Himmel mißbraucht als Projektionsraum einer besseren, überlegeneren Welt, in der fromme, mitunter aber auch durchaus gottlose Phantasien himmlischen Lohns, himmlischer Hierarchie und höllischer Strafe realisiert werden konnten. Der Himmel ist keine Welt hinter der Welt, sondern als offener Horizont *dieser einen* Welt das anschauliche Symbol der dimensionalen Grenze der eschatologischen Differenz von Gott und Welt[456].

Der Himmel als Horizont ist als solcher dem direkten Zugang entzogen. Er weicht zurück, wenn man sich ihm nähert und enttäuscht die naive Erwartung, einmal an seinen Rand zu kommen. Der Horizont zentriert zugleich auf den Beobachter, er ist je mein eigener Horizont, der mit anderen Horizonten allenfalls im Fernen verschmilzt. Mit seinem Zurückweichen verweist der Horizont auf das Nahe und macht das zugängliche Zentrum bewußt, das den Horizont als seine Umgebung hat. Er konzentriert auf das Nahe als das jetzt und hier Wirkliche und Mögliche, und hält zugleich das Ferne gegenwärtig als seinen

---

[455] J. FISCHER, Kann die Theologie der naturwissenschaftlichen Vernunft die Welt als Schöpfung verständlich machen?, FZPhTh 41 (1994), 491–514, 513.

[456] Deshalb orientiert sich auch die Bestimmung des Verhältnisses von naturwissenschaftlicher und religiöser Weltsicht nicht an einer Unterscheidung von Natur und Übernatur und läuft also gerade nicht auf die Frage hinaus, „ob die Natur in einer Übernatur eingebettet ist und ob für dieses Umgreifende irgendein rationales Indiz gefunden werden kann" (B. KANITSCHEIDER, Im Innern der Natur. Philosophie und moderne Physik, 1996, 135), bleibt doch allein schon gänzlich unbestimmt, wie ein solches ‚rationales Indiz‘ aussehen könnte, das Kanitscheider akzeptieren würde. Es führt den Dialog zwischen Theologie und Naturwissenschaften in eine (von Kanitscheider gewollte?) Sackgasse, wenn man ihn auf der Frage nach möglichen, am Ende gar noch empirisch identifizierbaren „Berührungspunkten zwischen Natur und Übernatur" (aaO., 165) begründen wollte.

offenen Rand, der Richtungen und Perspektiven weiterer Möglichkeiten und Zugänge eröffnet, aber auch das für den Beobachter jetzt Unzugängliche vor Augen führt[457].

Angesichts der neuzeitlichen Kosmologie wird die Theologie diese Grundstruktur menschlicher Weltwahrnehmung in angemessener Weise nachzuvollziehen und aus der Perspektive des Glaubens zu interpretieren haben. Die von uns vorgeführte neuzeitliche Einsicht in die Exzentrizität und Marginalität des Menschen angesichts der Ungeheuerlichkeit der kosmischen Dimensionen verweist auf die ungeheure Weite der offenen und dem Menschen vielfach unzugänglichen Räume, Zeiten und Welten, und konzentriert den Menschen zugleich auf sich selbst und das ihm Zugängliche, Verfügbare und Mögliche. Der Kosmos hat die Bedeutung eines dem Menschen zugewandten göttlichen Prospekts verloren. Er hat sich in unvorhergesehener Weise ins Unbegrenzte geöffnet, ist als solcher stumm geworden gegenüber den Schicksalsfragen des Menschen und hat ihn dadurch zugleich gezwungen, in der Konzentration auf die ihm zugänglichen eigenen Möglichkeiten und Grenzen an seinem Ort und zu seiner Zeit die Antwort im Umgang mit sich selbst zu suchen, der, so die Perspektive des Glaubens, in der Gründung in Gott zu seiner Eigentlichkeit findet.

9. Der konkrete physikalische Raum, so hatten wir gesehen, ist nicht der abstrakte Behälterraum der klassischen Physik, sondern ein mit kontingenten und mannigfaltigen Eigenschaften ausgestattetes physikalisches Objekt und steht in einer wechselseitigen Beziehung zu den Gegenständen und Konfigurationen der materiellen Gegenstände. Raum, Zeit und Materie verbinden sich zu einem Geschehenskomplex. Der Raum des Kosmos ist nicht einfach nur Bühne, in die das materielle Geschehen einzieht wie in eine ‚Mietskaserne‘[458]. Man könnte von einer ‚Eschatologisierung‘ des Raumes durch Physik und Kosmologie des 20. Jahrhunderts sprechen, da sich nun Raum und Zeit im Raum-Zeit-Kontinuum und die Materie zumindest mit ihrem gravitativen Aspekt im dynamischen kosmologischen Standardmodell verbunden haben: *Die Welt geschieht.*

Damit sind aber auch die Themen der folgenden Kapitel festgelegt. Soll die Welt als Geschehen kosmologisch erläutert werden, ist dazu eine genauere Klärung der Begriffe des physikalisch Möglichen und damit des physikalischen

---

[457] Vgl. E. BLOCH, Das Prinzip Hoffnung, 226: „Bewegtes, sich veränderndes, veränderbares Sein . . . hat dieses unabgeschlossene Werdenkönnen, Noch-Nicht-Abgeschlossensein in seinem Grund wie an seinem Horizont.“
[458] Vgl. oben S.46, Anm. 123.

Materiebegriffs sowie der Vorstellung von Zeit notwendig. Wir wenden uns zunächst der Materie zu. Nach einem kurzen wissenschaftsgeschichtlichen Abriß stellen wir die derzeitige Standardtheorie der Materie, die Quantentheorie, als weitere physikalische Fundamentaltheorie vor, um dann die Anreicherung der kosmologischen Modelle durch quantentheoretische Überlegungen vorzuführen. Man kann die Quantentheorie verstehen als das Endergebnis des Programms des Atomismus, der die Zusammensetzung der Materie auf immer kleinere und kleinste Bauteile zurückführen wollte und dann im mikrophysikalischen Bereich auf unvorhergesehene Zusammenhänge stieß.

Während die allgemeine Relativitätstheorie die aktuelle Gravitationstheorie darstellt und Raum und Zeit sowie Materie unter dem Aspekt ihrer gravitativ wirkenden Masse zusammenbringt, ist die Quantentheorie die Standardtheorie der übrigen Wechselwirkungen der Materie in mikrophysikalischen Größenordnungen, die auch den Aufbau ihrer elementaren Strukturen bestimmen. Eine vollständige und allgemein überzeugende Vereinigung von allgemeiner Relativitätstheorie und Quantentheorie ist bis jetzt noch nicht gelungen[459]. Dies liegt mit daran, daß sich die Quantentheorie nicht nur auf andere physikalische Referenten bezieht, sondern auch einen anderen Theorietyp darstellt, dessen grundlegender Formalismus nicht durch die Differentialgleichungen der klassischen Physik[460] bestimmt wird, sondern durch Voraussagen von Wahrscheinlichkeiten der statistischen Verteilung von Zuständen und Ereignissen. Dabei gilt die Quantentheorie in ihrem Formalismus und ihrer Gültigkeit allgemein als die empirisch am besten bestätigte Theorie der Physik überhaupt. Da jedoch ihre naturphilosophische Interpretation durchaus umstritten ist, werden wir uns auch mit einigen an ihr anknüpfenden grundlegenden ontologischen und erkenntnistheoretischen Überlegungen beschäftigen, bevor wir die Anwendung auf Probleme der Kosmologie darstellen. Um uns der neuzeitlichen Problematik anzunähern, wird auch in diesem Teil ein wissenschaftsgeschichtlicher Abriß vorangestellt. Im dritten Teil wird es dann um die Zeit der Schöpfung gehen.

---

[459] Vgl. unsere Ausführungen zu den Vereinigungstheorien unten S.211ff.
[460] In diesem Sinne ist noch die Relativitätstheorie als klassische Theorie zu bezeichnen.

2. Kapitel

Materie

A. Materie und Kosmos

Wolfgang Stegmüller hat es als einen „Treppenwitz des 20. Jahrhunderts" bezeichnet, daß sich für die Physik der Neuzeit, der zumeist ein ‚materialistisches' Weltbild unterstellt wird, „ausgerechnet der Materiebegriff als der schwierigste, unbewältigste und rätselhafteste überhaupt"[1] darstellt. Es bleibt also gleich zu Beginn festzuhalten, daß ein Begriff von Materie als solcher nicht rein physikalisch bestimmbar ist, allenfalls sind dies einzelne seiner Aspekte. Es gibt keine physikalische Größe, die die Materie als solche repräsentiert. Auch als terminus technicus kommt die ‚Materie' in keiner physikalischen Theorie vor. Wir können die komplizierte Geschichte ihres Begriffs hier auch nicht ansatzweise aufarbeiten und konzentrieren uns auf die Nachzeichnung der wichtigsten Stufen der Ausbildung des neuzeitlichen Atomismus' und seines Teilchenbegriffs.

Rein formal läßt sich Materie bestimmen als das, woraus ein in Raum und Zeit identifizierbares Phänomen besteht, also als Relationsbegriff, der die veränderlichen Erscheinungen in Beziehung setzt zu dem ihnen Zugrundeliegenden (ὑποκείμενον), das beharrend das Gleichbleibende und Unvergängliche in den sich wandelnden Phänomenen darstellt. Es legte sich zunächst nahe, dieses Zugrundeliegende mit der Stofflichkeit zu verbinden, die unsere Sinne erfahren, und damit mit ausgedehnter Widerständigkeit und so ein Substrat als das in aller Veränderung gleichbleibende Materiequantum zu verstehen[2]. Zu den entsprechenden physikalisch meßbaren und beschreibbaren Grundgrößen in diesem Sinn gehören etwa Ausgedehntheit und die Trägheit und Schwere der Masse[3]. Im 19. Jahrhundert begann man dann aus theoretischen Erwägungen,

---

[1] W. STEGMÜLLER, Hauptströmungen der Gegenwartsphilosophie, Bd.3, 89f.

[2] Vgl. Kants bekannten Grundsatz der ersten Analogie der Erfahrung: *„Bei allem Wechsel der Erscheinungen beharrt die Substanz, und das Quantum derselben wird in der Natur weder vermehrt noch vermindert."* (I. KANT, Kritik der reinen Vernunft. Zweite Auflage, 162 (B224)).

[3] Vgl. dazu M. JAMMER, Der Begriff der Masse in der Physik.

Anklänge von Stofflichkeit oder Substrat aus dem Materiebegriff zu entfernen und ihn rein operational auf Messungen zu beziehen[4]. Die Entdeckungen unseres Jahrhunderts, die zunächst das Atommodell letzter unteilbarer Bausteine der Materie endgültig durchzusetzen schienen, lösten dann den klassischen, an Stofflichkeit gebundenen Materiebegriff überhaupt auf, als die Äquivalenz von Masse und Energie gezeigt und der Welle-Teilchen-Dualismus entdeckt wurde und verschiedene Aspekte der physikalischen Wirklichkeit wie Teilchen, Wellen und Strahlung sich als über Symmetriegesetze ineinander verwandelbar erwiesen. Die quantentheoretisch erfaßbaren Erscheinungen der elementaren Teilchen und Materie- und Energiezustände erzwangen den Verzicht auf die Anschaulichkeit der grundlegenden Bausteine der physikalischen Wirklichkeit. Diese Entwicklung gilt es nun nachzuzeichnen und naturphilosophisch zu interpretieren.

1. Der antike Atomismus

Der neuzeitliche Atombegriff hat seinen Vorläufer im antiken Atomismus, der auf Leukipp und Demokrit zurückgeht. Ihre einzelnen Beiträge lassen sich schwer voneinander trennen. Jedenfalls ist für sie leitend zu klären, wie ein unveränderliches Wesen des Seins und die vorfindliche Veränderung der Welt über einfache Grundprinzipien zusammenzudenken seien. Dazu entwickeln sie eine duale Ontologie von unveränderlichen Materieteilchen und leerem Raum[5]. Nach atomistischer Vorstellung gibt es eine unendliche Anzahl von unteilbaren, unsichtbaren Teilchen, die sich nur in ihrer Größe und Form[6] in unendlichen Variationen voneinander unterscheiden, im übrigen aber keinerlei qualitative Unterschiede zeigen, da sich ihrer Elementarität und Unteilbarkeit wegen keine weitere strukturelle Differenzierung ihrer Struktur denken läßt. Sie bewegen sich im leeren Raum und prallen entweder durch elastischen Stoß voneinander ab oder schließen sich aufgrund ihrer Gestalt zu den größeren, zusammengesetzten Körpern zusammen. Durch ihre Bewegungen und veränderlichen Kon-

---

[4] Vgl. aber noch die Definition von Charles de Freycinet von 1896: „Wenn ich Materie definieren müsste, so würde ich sagen: Materie ist all das, was Masse hat, oder auch all das, was Kraft erfordert, um in Bewegung gesetzt zu werden" (nach M. JAMMER, Der Begriff der Masse in der Physik, 91).

[5] Vgl. auch oben S.14ff.

[6] Schwere hat Demokrit nach dem Zeugnis des Aristoteles wohl nur zusammengesetzten Körpern als Eigenschaft zugeschrieben, vgl. ARISTOTELES, De generatione et corruptione, A 8, 326 a,9f.

stellationen im Raum bringen die Atome so die Mannigfaltigkeit und Veränder-
lichkeit des Seins hervor.

Mit dieser Ontologie verbinden die Atomisten eine genetische Kosmologie,
nach der die Atome im leeren Raum eine wirbelförmige Bewegung hervorrufen, bei der sich die größeren Atome im Mittelpunkt sammeln, sich miteinander
fester verbinden und die Erde bilden. Während Demokrit bei der traditionellen
Vorstellung der Erde als einer Scheibe bleibt[7], hat Leukipp nach dem Bericht
des Diogenes Laertius in seiner Kosmogonie die Vorstellung eines Atomwir-
bels entwickelt, aus dem sich die Erde als Kugel und die sie umgebende Haut
des Himmels gebildet haben[8]. Die flüchtigeren Atome der drei übrigen Elemente werden nach außen getrieben und bilden im Laufe der Zeit die Atmosphäre
und die Himmelskörper. Da es unendlich viele Atome gibt, muß es auch unendlich viele Welten geben, die entstehen und wieder vergehen. Alles Geschehen kann somit verstanden werden aus den Bewegungen der ewigen Atome im
leeren Raum und ist damit auf eine rein materielle Grundlage gestellt. Entsprechend wird von Demokrit eine deterministische Weltsicht überliefert: „Denn
von Ewigkeit her sei alles, was geschehen sei, was jetzt ist und was künftig sein
wird, in der Notwendigkeit schon vorher enthalten."[9]

Epikur versucht den Erklärungswert der atomistischen Vorstellung zu steigern, indem er nicht beliebige Atomformen zuläßt, sondern ihre Struktur durch
mechanische Anforderungen einschränkt: Atome dürfen nicht beliebig groß
und verzweigt und damit zerbrechlich sein. Neben Größe und Gestalt fügt Epikur zur Erklärung der Bewegung der Atome als dritte Eigenschaft die Schwere
(βάρος) hinzu. Außerdem entwickelt er schon eine Vorstellung von einfachen
Atomverbindungen und faßt den Raum nicht bloß als Zwischenraum zwischen
den Atomen, sondern im newtonschen Sinne als Behälterraum auf.

Insgesamt jedoch bleibt vor allem die qualitative Erklärungskraft des Atomismus zu gering, und seine Verbindung mit deterministischen und materialistischen Vorstellungen desavouiert seine naturphilosophische Tauglichkeit. Zwar
sucht auch Platon die Vielfältigkeit und Ordnung der Erscheinungen zu erklären
durch Eigenschaften mikroskopischer Elementarteilchen, diese jedoch gründen
in ihrer geometrischen Gestalt und den Vollkommenheiten der zugrundeliegenden Formen. Die Stoffe und Kräfte der vorsokratischen Naturphilosophen führt
er so auf das eigentlich Seiende der idealen Formen zurück, daß er die Baustei-

---

[7] DEMOKRIT, 68 B15, in: H. DIELS, Fragmente der Vorsokratiker, Bd.2, 145,12ff.

[8] DIOGENES LAERTIUS, Lives and Opinions of Eminent Philosophers in Ten Books, Bd.2,
griech. und engl., hg. und übers. von R.D. HICKS, London/Cambridge (Mass.) 1970, 440.

[9] PLUTARCH, Stromateis, 7, nach: H. DIELS, Fragmente der Vorsokratiker, Bd.2, 94,22f.

ne der vier antiken Elemente als Realisierung aller aus Grundtypen von Drei-
ecken im dreidimensionalen Raum gewonnenen konvexen Polyeder auffaßt[10].
Damit wird für Platon die ideale Form zum Grundprinzip stofflicher Wirklichkeit, primär ‚materielle‘ Eigenschaften wie Tastbarkeit, Undurchdringlichkeit
oder Schwere bleiben zweitrangig. Die Einsicht, daß ein Verständnis der Materie im Erfassen elementarer Strukturen und Formprinzipien begründet sein
könnte, ist jedoch ein Gedanke, den die Quantentheorie in gewandelter Form
wiederbelebt hat.

Den ideengeschichtlich wirksamsten Materiebegriff prägt Aristoteles, dessen Gegenüberstellung von Materie (ὕλη) und Form (μορφή) den Sinn hat, unter
besonderer Berücksichtigung der phänomenologisch wahrnehmbaren Ordnung
der Natur das fortgesetzte Entstehen und Vergehen zu erklären. Der Begriff der
Materie bezeichnet dabei „das, was wird" (τὸ γιγνόμενον), die Form „das, wo-
zu dieses wird" (ὃ τοῦτο γίγνεται)[11]. Die Materie ist damit logisch gesehen
eine Relation, das heißt ein zweistelliges Prädikat der Form *x ist M. von y* und
keine Bezeichnung für einen Urstoff. Ohne eine konkrete Form ist Materie nach
Aristoteles reine Möglichkeit (δύναμις)[12]. Die bloße ὕλη als das, woraus etwas
wird (τό καθ᾽ οὔ), ist gerade kein bestimmter Gegenstand, kein τόδε τι[13].

In der Beschreibung des Werdens eines Gegenstandes wird das, woraus etwas entsteht, in Beziehung gesetzt zu dem, was entsteht. Daraus ergibt sich
das Forschungsprogramm der aristotelischen Naturphilosophie: „das Werden
bestimmter Gegenstände oder Klassen von Gegenständen daraufhin zu untersuchen, was jeweils als Materie für sie anzusehen ist und durch welche Ursachen –
in Gestalt von Form, Bewegungsursache oder Ziel – die Realisierung ihrer spezifischen Dispositionen bedingt ist"[14]. Aristoteles entwickelt daraus einen zusammenhängenden stufenförmigen Aufbau alles Seienden, den er in drei Bereiche unterteilt: das unbewegte und ewige Göttliche, das bewegte, aber gleichfalls
ewige Sein der Gestirne und die supralunare Welt des Bewegten und Veränderlichen. Die veränderlichen Gegenstände des letzten Bereichs sind immer ein aus
den beiden unselbständigen Prinzipien Form und Materie Zusammengesetztes
(συνθετόν)[15], so daß jeweils die Elemente der niedrigeren Stufe die Materie der
Gegenstände der nächst höheren Stufe bilden und so auf jeder Stufe neue Formen hinzukommen. Die unterste Stufe bildet die ἐσχάτη oder πρώτη ὕλη, dasje-

---

[10] Siehe oben S.15, Anm. 10.
[11] ARISTOTELES, Physik, A 7, 190b,11ff.
[12] Vgl. Metaphysik, Θ 6, 1048a,25ff.
[13] Metaphysik, Θ 6, 1049a,28f.
[14] W. DETEL, Art. Materie I, HWP V, 870–880, 875.
[15] ARISTOTELES, Physik, A 7, 190b.

nige, das nicht mehr als aus einem anderen bestehend ausgesagt werden kann[16]. Aus der ersten Materie entstehen durch die elementaren Formen warm – kalt, feucht – trocken die vier Grundelemente Erde, Wasser, Luft und Feuer[17]. Aus den vier Elementen entstehen dann die unvermischten, aus gleichartigen Teilchen zusammengesetzten Stoffe (Gold, Holz etc.), die wiederum die Materie für die aus verschiedenartigen Teilchen zusammengesetzten, ungleichteiligen Stoffe bilden. Beide Arten von Stoffen sind die Materie für die Lebewesen, bei denen die Seele ihre Form (ἐντελέχεια) bildet[18]. Da das Formprinzip zugleich das Gattungsprinzip für die Einzelindividuen darstellt, scheint Aristoteles das principium individuationis im Gegensatz zum mittelalterlichen Aristotelismus dem Stoff zugeschrieben zu haben, wenn er z.B. Sokrates und Kallias als nur durch den Stoff verschieden, hinsichtlich ihrer Form als Menschen jedoch als identisch bestimmt[19]. Die Eigenschaften der jeweils zugrundeliegenden Materie grenzen dabei die Möglichkeiten der mit ihr zu realisierenden Formen ein, die Materie wird so zur Ursache der Unvollkommenheit zumindest in der sublunaren Sphäre.

Die Stärke der aristotelischen Philosophie ist ihre Nähe zur Empirie und ihre Fähigkeit, die naturkundlichen Phänomene in ein konsistentes Gesamtbild einzuordnen. Davon war der frühe Atomismus weit entfernt. Aussagen über kleinste, unteilbare Materieteilchen mußten als abwegige Spekulation erscheinen, solange keine begründeten Aussagen über ihre Eigenschaften getroffen werden konnten, die ihren Erklärungswert hätten erhöhen können. Andererseits aber stoßen Rezeption und Ausbau des Aristotelismus im Mittelalter schnell an die Grenzen der aristotelischen Anschauung, und in Auseinandersetzung mit den systemimmanenten Schwierigkeiten entwickeln sich Begriffe und Vorstellungen, die das Anliegen des Atomismus aufnehmen und seine erneute Rezeption nach dem Ende des mittelalterlichen Weltbildes vorbereiten[20]. Es waren vor allem Aristoteles' eher beiläufige Bemerkungen über die nur begrenzte Teilbarkeit eines konkreten Stoffes[21], die Anlaß gaben, über eventuelle kleinste Teil-

---

[16] Metaphysik, Θ 6, 1049a,25f.

[17] De generatione et corruptione, B 3, 330a,30.

[18] De anima, B 1f., 412a,1ff.

[19] Metaphysik, Z 8, 1034a,7f. Aristoteles kann jedoch auch davon sprechen, daß jeder Mensch sein eigenes εἶδος hat, das sich der *Art* nach nicht von dem der übrigen Menschen unterscheidet (Metaphysik, Λ 5, 1071a,27ff.).

[20] Hans Blumenberg hat in ähnlichem Zusammenhang von einer „Lockerung der Systemstruktur durch Ausschöpfung der Systemleistung" (H. BLUMENBERG, Die Genesis der kopernikanischen Welt, 162) gesprochen.

[21] Vgl. etwa ARISTOTELES, Physik A 4, 187b,13–34.

chen zu spekulieren. Schon der griechische Kommentator Simplikios spricht von den ἐλάχιστα, den kleinsten möglichen Teilchen eines Stoffes, wobei allerdings unklar bleibt, als wie real die aktuale Existenz dieser Teilchen angesehen wird. Jedenfalls stellen die ἐλάχιστα eine kleinste potentielle Teilungsgrenze dar, unterhalb derer der Stoff seine charakteristischen Eigenschaften verliert.

Prägend für die scholastische Diskussion wird die Rezeption der arabischen Kommentare des Aristoteles. In der lateinischen Übersetzung des Averroës erscheint der Ausdruck *minima naturalia*, der in der Folge unterschiedlich stark mit atomistischen Vorstellungen verbunden und auf die aktualen Bestandteile der Stoffe angewendet wird. Durch die ebenfalls aus dem arabischen Raum einwirkende Alchemie ergibt sich aus den Beobachtungen verschiedener chemischer Stoffe und Reaktionen ein Konflikt mit der aristotelischen Auffassung chemischer Verbindungen. Nach Aristoteles kann es nur *eine* Form für einen Stoff geben, eine sich bei der Verbindung zweier Stoffe durchhaltende Bestimmtheit kleinster Bausteine, wie sie sich durch die alchemistischen Scheideverfahren nahelegt, ist damit ausgeschlossen. Dieses Problem versucht man mit der Annahme zusammengesetzter Formen zu lösen, bei der die untergeordneten Teilformen der sich verbindenden Stoffe erhalten bleiben. Auch manche Wirkungen von Pharmaka in der Heilkunde und die Phänomene bei Färbe- und Legierungsprozessen oder der Metallumwandlung lassen sich nur schwer mit dem ursprünglichen aristotelischen Hylemorphismus in Einklang bringen und legen korpuskulare Vorstellungen nahe.

2. Atomismus und Mechanik

Zu Beginn des 17. Jahrhunderts erfolgt dann die Wiederentdeckung des antiken Atomismus unter anderem durch Gassendi, der die Texte von Demokrit und Epikur seiner Zeit wieder bekannt macht. Um das Problem der Qualitätslosigkeit der Atome zu umgehen, entwickelt er die Vorstellung eines Zusammenschlusses von Atomen zu *moleculae*, die aufgrund ihrer verschiedenen Struktur unterschiedliche Eigenschaften zeigen. Robert Boyle[22] nimmt die Atomtheorie auf und verbindet sie mit seiner Gastheorie, der die Beobachtung zugrunde liegt, daß Gase komprimierbar sind und der Druck eines Gases sich umgekehrt proportional zu seinem Volumen verhält. Dies kann er dadurch erklären, daß die Atome des auf die Hälfte des ursprünglichen Volumens komprimierten Gases einfach doppelt so dicht im Raum gepackt sind und damit, wenn man sie sich als winzige Spiralen oder sich in unregelmäßiger Bewegung

---

[22] Vgl. zum folgenden S. MASON, Geschichte der Naturwissenschaft, [2]1974, 284ff.

befindliche elastische Kugeln vorstellt, doppelten Widerstand erzeugen. Gegen Descartes' Ablehnung des mit der Atomvorstellung verbundenen leeren Raumes ist Boyle der Überzeugung, daß es möglich sein müßte, ein Vakuum durch eine Luftpumpe herzustellen. Schwierigkeiten hat er jedoch bei der Übertragung der Atomtheorie auf chemische Vorgänge wegen der Mannigfaltigkeit der Stoffe und ihrer Eigenschaften. Es gelingt ihm aber, chemische Grundbegriffe wie den des Elementes zu klären und ein Forschungsprogramm zu entwickeln, das über Lavoisier, der die qualitativen und quantitativen Untersuchungsmethoden weiterentwickelt, und Dalton, der als erster eine Tabelle relativer Atomgewichte in Bezug auf Wasserstoff als Einheit aufstellt, zur chemischen Atomtheorie führen sollte.

Auch Newton ist die Atomtheorie einleuchtend. Er ist vom Erfolg des atomistischen Programms überzeugt: „All these things being considered, it seems probable to me, that God in the beginning formed matter in solid, massy, hard, impenetrable, moveable particles; ... even so very hard, as never to wear or break in pieces ... And therefore that nature may be lasting, the changes of coporeal things are to be placed only in the various separations, and new associations, and motions of these permanent particles"[23]. Durch seinen aus der Gravitationstheorie entwickelten Kraftbegriff sieht er die Grundvorstellung vorbereitet, mit deren Hilfe solche ‚Trennungen, Vereinigungen und Bewegungen' der Atome zu erklären sein müßten. „There are therefore agents in Nature able to make the particles of bodies stick together by very strong attractions. And it is the business of Experimental Philosophy to find them out."[24] Damit ist das Programm des neuzeitlichen Atomismus auf der Grundlage der newtonschen Physik formuliert: Es gilt, mit Hilfe der Begriffe des massiven, alterungsresistenten Atoms, des leeren, absoluten Raumes und der Anziehungskräfte die Gesetze der Verbindungen und Eigenschaften der materiellen Stoffe zu erklären und damit die Welt des Allerkleinsten mit den Bewegungsgesetzen des Kosmos in einen einzigen konsistenten Zusammenhang zu bringen[25].

---

[23] I. NEWTON, Optics, 260.

[24] AaO., 256.

[25] George Buffon hat dieser Übertragung der Gravitation von den Planetenbewegungen auf die atomistischen Gesetze eine Generation nach Newton prägnanten Ausdruck verliehen: „Die Gesetze der Affinität, aufgrund deren die Bestandteile der verschiedenen Substanzen von den übrigen getrennt sind, um sich miteinander zu verbinden und homogene Stoffe zu bilden, sind dieselben wie das allgemeine Gesetz, nach dem alle Himmelskörper aufeinander einwirken: Sie wirken sich in der gleichen Weise aus und mit den gleichen Verhältnissen der Masse und Entfernung; ein Kügelchen von Wasser, Sand oder Metall wirkt auf ein anderes Kügelchen genau wie die Erdkugel auf den Mond wirkt; ... Unsere Neffen werden imstande sein, sich

Sinnfälligen Ausdruck gewinnt die Vorstellung, daß alles materielle Geschehen nur in Trennung, Vereinigung und Bewegung der Atome besteht, die wiederum mit strenger Gesetzlichkeit im Rahmen der newtonschen Mechanik zu beschreiben sind, im sogenannten ‚Laplaceschen Geist'. In der Einleitung zu Laplaces *Essai philosophique sur les probabilités* von 1814 findet sich folgende Passage, die hypothetisch einen Geist beschreibt, der die vollständige Kenntnis des Weltzustandes in einem gegebenen Augenblick besitzt und darin zugleich alle Vergangenheit und alle Zukunft bestimmt findet: „Eine Intelligenz, welche für einen gegebenen Augenblick alle in der Natur wirkenden Kräfte sowie die gegenseitige Lage der sie zusammensetzenden Elemente kennte, und überdies umfassend genug wäre, um diese gegebenen Größen der Analysis zu unterwerfen, würde in derselben Formel die Bewegungen der größten Weltkörper wie die des leichtesten Atoms umschließen; nichts würde ihr ungewiß sein und Zukunft wie Vergangenheit würden ihr offen vor Augen liegen."[26]

Handelt es sich bei Laplace um „kaum mehr als eine geistreiche Metapher"[27], so wird doch die von ihm entwickelte Figur unter der Bezeichnung ‚Laplacescher Geist' durch eine berühmte Rede von DuBois-Reymond 1872 als prägnanter Ausdruck mechanistisch-atomistischer Physik und Determiniertheit ins Bewußtsein gehoben[28]. Naturerkennen, so stellt DuBois-Reymond als Fazit der Erfolgsgeschichte der Naturwissenschaften fest, „ist Zurückführen der Veränderungen in der Körperwelt auf Bewegungen von Atomen, die durch deren von der Zeit unabhängigen Centralkräfte bewirkt werden", sie findet ihr Ziel im „Auflösen der Naturvorgänge in Mechanik der Atome"[29]. Die Gesetze der Mechanik aber sind mathematisch darstellbar und tragen denselben apodiktischen Charakter wie diese. Deshalb stellt der Zustand der Welt während eines

---

dieses neue Feld der Erkenntnis mit Hilfe der Berechnung zu erschließen" (G.L. BUFFON, Histoire Naturelle. De la Nature, Seconde Vue, 1765, zit. nach I. PRIGOGINE/I. STENGERS, Dialog mit der Natur, [6]1990, 72f.).

[26] P.S. DE LAPLACE, Philosophischer Versuch über die Wahrscheinlichkeiten (Ostwald's Klassiker der exakten Wissenschaften 233), 1932, 4. Vgl. aber schon Leibniz: „Hieraus siehet man nun, daß alles Mathematisch, daß ist ohnfehlbar zugehe in der ganzen weiten welt, so gar daß einer eine gnugsame insicht in die inneren theile der dinge haben köndte, und dabey gedächtniß und verstand gnug hätte, umb alle umbstände vorzunehmen und in rechnung zu bringen, würde er ein Prophet seyn und in dem gegenwärtigen das zukünfftige sehen, gleichsam als in einem Spiegel" (G.W. LEIBNIZ, Fragment ohne Titel, in: DERS., Die philosophischen Schriften Bd.VII, hg. von C.I. Gerhardt, 1890, 117-123, 118).

[27] E. CASSIRER, Determinismus und Indeterminismus in der modernen Physik, Göteborg 1937, Nachdr. in: DERS., Zur modernen Physik, 1964, 129–376, 135.

[28] E. DuBOIS-REYMOND, Über die Grenzen des Naturerkennens, [6]1884.

[29] AaO., 12.

Zeitabschnitts sich als unmittelbare Wirkung des vorigen und als unmittelbare Ursache des nachfolgenden Zeitabschnitts dar, ja, es läßt sich denken, daß das Weltganze „durch Eine mathematische Formel vorgestellt würde, durch Ein unermessliches System simultaner Differentialgleichungen, aus dem sich Ort, Bewegungsrichtung und Geschwindigkeit jedes Atoms im Weltall zu jeder Zeit ergäbe"[30].

Im Laplaceschen Geist sieht DuBois-Reymond die Manifestation dieser Form von vollkommener Welterkenntnis, das Bild dessen, was die Naturwissenschaft potentiell zu erkennen in der Lage ist, ist doch der menschliche Geist vom Laplaceschen nur gradweise verschieden: „Wir gleichen diesem Geist, denn wir begreifen ihn."[31] Zwar sind die Grenzen des menschlichen Erkennens offensichtlich, übersteigt doch die Komplexität der Phänomene allein durch ihre große Zahl schon bei weitem das Fassungsvermögen menschlicher Vernunft. Doch ist dies nicht in der Natur der Dinge begründet, sondern nur in der begrenzten Kapazität menschlichen Zugangs zu den Phänomenen, der weder alle Bestimmungsstücke mit der nötigen Präzision feststellen, noch die dazugehörigen Differentialgleichungen in ihrer Komplexität bewältigen kann. Prinzipiell aber kann die Grenze seines ‚ignoramus‘ immer weiter hinausgetrieben werden und nichts in der materiellen Welt sich seinem Zugriff grundsätzlich verweigern. Was die materielle Welt angeht, so wäre dem zum Laplaceschen Geist erhobenen Bewußtsein „das Weltganze nur eine einzige Thatsache und Eine grosse Wahrheit"[32].

Der Blick der newtonschen Physik auf die Welt der materiellen Teilchen enthüllt sich so als Perspektive sub specie aeternitatis, in der alles enthalten ist, was man *erkennen* kann. Einzig angesichts zweier Fragen, die das rein Materielle überschreiten, nämlich der Frage nach dem *Wesen* von Materie und Kraft und ihrem Woher sowie der Frage nach Zusammenhang von *Bewußtsein* und Materie, muß, so DuBois-Reymond, zum ‚ignoramus‘ ein grundsätzlich unüberwindbares ‚ignorabimus‘ treten. Auch der Laplacesche Geist könnte hier nichts erkennen oder wissen, denn der Übergang vom Kausalzusammenhang, vom bloß Relationalen des Materiellen, wie es die Naturwissenschaft erfaßt, zu seinem Wesen ist ebenso unableitbar wie der Übergang von der Anordnung und Bewegung materieller Teilchen in das Reich des Bewußtseins. Bei genauer Betrachtung zeigt sich jeweils die „transcendente Natur des Hindernisses"[33], die nicht

---

[30] AaO., 13.

[31] AaO., 18.

[32] So schon d'Alembert, zitiert aaO., 15.

[33] AaO., 23. Vgl. DERS., Die sieben Welträtsel, aaO., 77: „*Transcendent* nenne ich darunter die [Schwierigkeiten], welche mir unüberwindlich erscheinen, auch wenn ich mir die in der

eine vorläufige Grenze auf dem Gebiet der Wissens, sondern eine wirkliche
Schranke für die Möglichkeit von Naturerkenntnis überhaupt darstellt. Ende des
19. Jahrhunderts scheint die Naturphilosophie, will sie sich der Leitung durch
die Naturwissenschaften anvertrauen, notwendigerweise zur Konsequenz einer
deterministisch-materialistischen Denkweise geführt zu werden, deren Zugriff
einzig die beiden großen Fragen nach dem Wesen des Seienden und der nach
Subjektivität und Bewußtsein vorenthalten zu bleiben scheinen, aber so, daß sie
zugleich mit einem *jede* Zugänglichkeit verweigernden ‚Ignorabimus‘ versehen
werden und als dunkler, ‚transzendenter‘ Rest stehenbleiben.

3. Die Grenzen des mechanistischen Weltbilds

Doch wird man sich im 19. Jahrhundert auch innerhalb der Physik einiger Phänomene und Erkenntnisse bewußt, die sich der Geschlossenheit der mechanistischen Sicht widersetzen. Dies ist zunächst die Wärmelehre oder Thermodynamik, deren zwei Hauptsätze Clausius 1865 aufstellt und der wir uns im nächsten Kapitel ausführlicher zuwenden. In unserem jetzigen Zusammenhang soll
nur kurz die Diskrepanz zwischen mechanistischer Atomistik und statistischer
Thermodynamik markiert werden. Während der erste Hauptsatz der Thermodynamik, der Energieerhaltungssatz, aus den mechanischen Gleichungen begründet werden kann, ist der zweite Hauptsatz, nach dem die Entropie, die man
anschaulich als ein Maß für die ‚Unordnung‘ eines Systems bezeichnen kann, in
der Welt einem Maximum zustrebt, mit den gegenüber Zeitumkehr invarianten
mechanischen Gleichungen deshalb nicht vereinbar, weil durch ihn eine eindeutige Zeitrichtung hin zum thermodynamischen Gleichgewicht ausgezeichnet ist[34]. In der kinetischen Gastheorie versuchen Maxwell, Boltzmann und
andere, die Thermodynamik über Modellrechnungen in Bezug auf eine große
Anzahl von Gasmolekülen zu entwickeln, deren Bewegungszustände der newtonschen Mechanik gehorchen und deren Wechselwirkung als ideale elastische
Stöße idealer Kugeln aufgefaßt werden, so daß ihr Verhalten bei großen Zahlen
statistisch beschrieben werden kann. Es zeigt sich jedoch, daß die Herleitung
der zeitgerichteten Tendenz thermodynamischer Systeme, Wärmedifferenzen

---

aufsteigenden Entwicklung ihnen voraufgehenden gelöst denke.“ Auf diese Welträtsel nimmt
Ernst Haeckel Bezug, wenn er beansprucht, sie mit Hilfe seiner popularisierten ‚monistischen
Philosophie‘ gelöst zu haben, vgl. E. HAECKEL, Die Welträthsel. Gemeinverständliche Studien
über Monistische Philosophie.

[34] Vgl. dazu genauer den Abschnitt unten S.305ff.

auszugleichen und einen Zustand größtmöglicher Entropie anzustreben, nicht eindeutig aus mechanischen Grundannahmen hergeleitet werden kann[35].

Doch noch von einer anderen Seite kommt es vor der Jahrhundertwende zu einem Bruch mit dem traditionellen Begriff des mechanistisch bestimmten physikalischen Objekts: durch die Theorien von Faraday und Maxwell tritt neben den auf einen Massepunkt reduzierbaren starren Körper eine neue Art physikalischer Realität, das elektromagnetische *Feld*. Zunächst in Anlehnung an stoffliche Vorstellungen als mechanischer Zustand eines raumerfüllenden feinen Mediums, des Äthers, verstanden, widersetzt sich jedoch auch der Feldbegriff wie der der Entropie einer mechanistischen Reduzierung auf das Verhalten atomarer Teilchen, so daß er recht bald als irreduzibler neuer Bestandteil der physikalischen Realität aufgefaßt wird. Das Physikalisch-Reale wird nun nicht mehr nur als ein Ensemble materieller Punkte gedacht, deren Veränderung in durch (totale) Differentialgleichungen darstellbarer Bewegung besteht, sondern es treten „nicht mechanisch deutbare, kontinuierliche Felder" hinzu, „die durch partielle Differentialgleichungen beherrscht werden"[36]. Der Feldbegriff ersetzt die Fernwirkung der newtonschen Physik, die nur Körper als Träger von Eigenschaften zuließ, die über verzögerungsfrei wirkende Fernkräfte (actio in distans) miteinander wechselwirkten[37].

Nun ist es möglich, den undulatorischen Charakter der Fernwirkungen dadurch zu überwinden, daß auch der zwischen den Körpern liegende Raum als

---

[35] Weil das mechanistische Atommodell nicht direkt auf die anschauliche Erfahrung bezogen ist, schlägt Ernst Mach vor, die Thermodynamik und nicht die Mechanik als den Prototyp aller naturwissenschaftlichen Theoriebildung anzusehen, da hier beobachtete Erscheinungen unmittelbar verknüpft werden, ohne daß man nicht aus den Beobachtungen ableitbare theoretische Modelle wie etwa den Massepunkt oder den absoluten Raum zugrundelegt. Seine schärfste Kritik gilt der Atomtheorie: „Die moderne Atomistik ist ein Versuch, die Substanzvorstellung in ihrer naivsten und rohesten Form ... zur Grundvorstellung der Physik zu machen" (E. MACH, Die Prinzipien der Wärmelehre, [2]1900, 430). Findet auch Machs Verdikt des Atomismus kaum Gehör, weil die empirischen Erfolge der Atomhypothese um die Jahrhundertwende explosionsartig zunehmen und man Atome zwar nicht sichtbar machen, so doch aber wiegen und zählen kann, so hat seine phänomenologische Kritik dahingehend durchaus gewirkt, daß man sich des von Mach als ‚metaphysisch' geschmähten Modellcharakters der Atomvorstellung bewußt bleibt, die seiner Meinung nach „nichts wie ein wertloses Bild" (DERS., Die Geschichte und die Wurzel des Satzes von der Erhaltung der Arbeit, [2]1909, 33) darstellt. Vgl. zu Machs Verhältnis zum Atomismus auch: S. BRUSH, The kind of motion we call heat. A history of the kinetic theory of gases in the 19th century, Bd.1, Amsterdam/New York/Oxford 1976, 274–299.

[36] A. EINSTEIN, Maxwells Einfluß auf die Entwicklung der Auffassung des Physikalisch-Realen, 161.

[37] Vgl. die schöne Darstellung bei M.B. HESSE, Forces and Fields. The Concept of Action at a Distance in the History of Physics, London/New York 1961.

Träger physikalischer Eigenschaften betrachtet wird. Man kann nun zumindest im Falle der elektromagnetischen Wechselwirkung die endliche Ausbreitungsgeschwindigkeit des Feldes und der dadurch hervorgerufenen Kräfte berücksichtigen. Es zeigen sich dann aber neue Probleme, da nun das Additionstheorem der klassischen Mechanik nicht mehr zu gelten scheint. Daran scheitert die Rückführung der Eigenschaften des Feldes auf die Zustände eines irgendwie in Analogie zur stofflichen Materie gearteten Trägers, und zwar endgültig durch den negativen Ausgang der Michelson-Morley-Experimente, in denen sich die aus den maxwellschen Gleichungen ergebende konstante Lichtgeschwindigkeit als absolute Grenze der Geschwindigkeit erweist. Man erkennt, daß man einem der newtonschen Mechanik gehorchenden Medium widersprüchliche Eigenschaften zuschreiben oder gar das zugrundeliegende Konzept von Raum und Zeit modifizieren müßte. Die Verbindung von Atomismus und Mechanik wird den Phänomenen des Lichtes und der elektromagnetischen Erscheinungen nicht gerecht. Damit gewinnt der Begriff des Feldes in der Physik einen der Materie gegenüber so autonomen Status, daß er, wie wir sahen, die Grundlage für ein neues Projekt der Vereinheitlichung der Physik bildet, die allgemeine Feldtheorie, die den Begriff des Körpers oder Teilchens überhaupt hinter sich lassen will: die Materie selbst sollte als Eigenschaft des den Raum erfüllenden Feldes aufgefaßt werden[38].

Man ist also im Ausgang des 19. Jahrhunderts im Besitz zweier Arten von *Gesetzen*, die sich nicht aufeinander zurückführen lassen: 1. die deterministischen Gesetze der Mechanik und Elektromechanik, 2. die statistischen, wahrscheinlichkeitstheoretisch begründeten Symmetrieprinzipien der Thermodynamik. Und zugleich stehen sich zwei Klassen von *physikalischen Objekten* gegenüber: 1. auf singuläre Raumpunkte reduzierbare Masseteilchen und Körper, 2. kontinuierlich im Raum ausgedehnte, innere Zustände des Raumerfüllenden repräsentierende Felder. Wir halten die Sperrigkeit der thermodynamischen Phänomene gegen eine deterministisch-mechanistische Herleitung an dieser Stelle nur fest, auf sie wird der dritte Teil unserer Arbeit genauer eingehen, da sich an ihnen das Phänomen der vergehenden Zeit festzumachen scheint. Wir fahren fort, indem wir die Energetisierung der Materie und die erweiterte Rolle des Feldbegriffs in der Relativitätstheorie vorstellen.

---

[38] Vgl. dazu den Abschnitt oben S.66ff.

4. Materie, Energie und Feld

In Richtung auf eine vereinheitlichte Feldtheorie wird die Physik, wie wir im ersten Teil sahen, vor allem durch Einsteins Relativitätstheorie vorangetrieben. Wir brauchen uns ihrer Grundlegung und Entwicklung hier nicht mehr zuzuwenden, nur zwei die Materie betreffende Gesichtspunkte sollen kurz vorgestellt werden.

4.1. Masse und Energie

Eine der wichtigsten Folgerungen aus der *speziellen Relativitätstheorie* betrifft das Verhältnis von Masse und Energie. Die Lichtgeschwindigkeit als oberste, endliche Grenze möglicher Geschwindigkeit impliziert auch einen Zusammenhang zwischen Energie und träger Masse. Das kann man veranschaulichen, wenn man das newtonsche Kraftgesetz $F = m \cdot a$ betrachtet. Läßt man auf einen Körper mit der trägen Masse m ständig eine gleichbleibende Kraft F einwirken, so müßte er nach dem newtonschen Gesetz eine gleichbleibende Beschleunigung a, also eine stetige Geschwindigkeitszunahme erfahren, so daß er nach einer endlichen Zeit die Lichtgeschwindigkeit erreichen und dann überschreiten würde. Das stünde aber im Widerspruch zur Grundannahme der Relativitätstheorie, daß die Lichtgeschwindigkeit eine absolute Barriere darstellt. Lösen läßt sich dieser Widerspruch dadurch, daß eine Zunahme der trägen Masse des beschleunigten Körpers angenommen wird, die bei wachsender Geschwindigkeit die beschleunigende Wirkung der Kraft immer geringer werden läßt[39]. Einstein stellt eben diesen Zusammenhang ganz allgemein dar[40] und zeigt, daß man nicht nur durch Energiezufuhr die Masse eines Körpers erhöhen kann, sondern auch der Ruhemasse eines Körpers eine Energie entspricht gemäß der bekannten Formel $E = m \cdot c^2$. Einstein schreibt im Rückblick: „Das wichtigste Ergebnis der speziellen Relativitätstheorie betraf die träge Masse körperlicher Systeme. Es ergab sich, daß die Trägheit eines Systems von seinem Energieinhalt abhängen müsse, und man gelangte geradezu zur Auffassung, daß träge Masse nichts anderes sei als latente Energie.“[41]

---

[39] Die Zunahme der trägen Masse eines bewegten Körpers ergibt sich durch Multiplikation mit dem gleichen Faktor, der auch die Zeitdilatation und die Verkürzung eines räumlichen Maßstabes ausdrückte, und so erhält man als sogenannte ,relativistische Masse' m_v eines mit der Geschwindigkeit v bewegten Körpers $m_v = m \cdot 1/\sqrt{1 - v^2/c^2}$.

[40] Vgl. die kurz nach der ersten Vorstellung der Relativitätstheorie erschienene Abhandlung: A. EINSTEIN, Ist die Trägheit eines Körpers von seinem Energiegehalt abhängig?, Ann. Phys. 18 (1905), 639–641, Nachdr. in: DERS., Das Relativitätsprinzip, 51–53.

[41] DERS., Was ist Relativitätstheorie?, in: DERS., Mein Weltbild, 127–131, 129.

Die These, daß Masse und Energie äquivalent seien, hat sich dann in der Folge eindrucksvoll bestätigt etwa in der Kernspaltung, bei der sich ein Teil der Kernmasse des Uranatoms bei der Spaltung in freie Energie umwandelt, oder in der Hochenergiephysik, bei der Elementarteilchen auf hohe Energien beschleunigt werden und der Beschleunigung nicht nur einen wachsenden Trägheitswiderstand entgegensetzen, sondern beim Zusammenprall mit anderen Teilchen durch ihre kinetische Energie neue Teilchen erzeugen. Materie kann also in Energie, Energie in Materie umgewandelt werden.

4.2. Teilchen- und Feldbegriff

Wie wir im ersten Teil sahen, war es Einsteins Ziel, eine einheitliche Feldtheorie aufzustellen, in der der Begriff des atomaren Teilchens zumindest zur Grundlegung überflüssig würde[42]: „Im Fundament einer konsequenten Feldtheorie darf neben dem Feldbegriff nicht der Partikelbegriff auftreten; die ganze Theorie muß einzig auf partielle Differentialgleichungen und deren singularitätenfreie Lösungen gegründet sein."[43] Nur auf diesem Wege sieht er die Möglichkeit einer Vereinheitlichung der Physik, in der Raum, Zeit und Materie einen einzigen Zusammenhang bilden. Mit der allgemeinen Relativitätstheorie gelingt es ihm, die Materie unter dem Aspekt der gravitativen Wechselwirkung mit dem feldtheoretisch begriffenen Raum-Zeit-Kontinuum zu verbinden. Durch die absolute Grenze der Lichtgeschwindigkeit wird dabei ein streng kausaler Zusammenhang zwischen miteinander in Wechselwirkung stehenden Ereignissen hergestellt, der dem Anspruch einer durchgängigen Determinierung allen Geschehens in Raum und Zeit in vollkommener Weise genügt. Die streng deterministische Form der Differentialgleichungen bleibt auch in der Relativitätstheorie bestehen, stochastische Überlegungen wie die der Quantentheorie gelten Einstein immer nur als Näherungen an die exakte Lösung, die eine vollständige Beschreibung der Struktur und des stetigen Kausalzusammenhangs der Natur liefern müßte[44]. Es gelingt jedoch nicht, alle bekannten Eigenschaften mate-

---

[42] Vgl. oben S.66ff.

[43] DERS., Physik und Realität, in: DERS., Aus meinen späten Jahren, 1979, 63–106, 84.

[44] Dahinter stehen bei Einstein grundsätzliche, religiös gefärbte Überzeugungen, denen sich auch das bekannte Bonmot verdankt, daß Gott nicht würfelt, vgl. z.B. A. EINSTEIN, Briefe, aus dem Nachlaß hg. von H. DUKAS/B. HOFFMANN, 1981, 65: „Es scheint hart, dem Herrgott in seine Karten zu gucken. Aber daß er würfelt und sich ‚telepathischer' Mittel bedient (wie es ihm von der gegenwärtigen Quantentheorie zugemutet wird) kann ich keinen Augenblick glauben." Vgl. auch A. EINSTEIN/H. U. M. BORN, Briefwechsel 1916–1955, 1969, 129f. In einem Brief aus dem Jahre 1936 schreibt Einstein, daß „letzten Endes die Überzeugung von der Existenz letzter durchgreifender Gesetze ebenfalls auf einer Art Glauben beruht. Immerhin ist

rieller Körper ebenfalls als Zustände eines einheitlichen Feldes darzustellen. Während der Begriff der Masse ,energetisiert' und auf makroskopischer Ebene in seinem gravitativen Aspekt mit der Raumstruktur in einen engen Zusammenhang gebracht werden kann, bleiben die Materieteilchen irreduzibel und eine Größe sui generis.

Vor allem aber die Anfang unseres Jahrhunderts entwickelte Quantentheorie bringt das Ende des Projekts einer vereinheitlichten Feldtheorie. Im atomaren Bereich scheint die Materie in ihren kleinsten Teilchen eigenartigen, der Alltagserfahrung mit makroskopischen Objekten widersprechenden Gesetzen zu gehorchen, die sich einer Zurückführung auf eine mit Differentialgleichungen darstellbare Kontinuumsphysik widersetzen. Die weitere Entwicklung führt schließlich dazu, daß im Bereich der Elementarteilchen die klassische Vorstellung des kontinuierlichen Feldes aufgegeben wird, da die Quantentheorie verlangt, daß auch die Kraftübertragung in einem Feld in einzelnen Quanten erfolgen muß. Der Austausch von Teilchen, die die Wechselwirkung vermitteln, etwa Photonen oder Gravitonen, ersetzt die Vorstellung des elektromagnetischen oder gravitativen Feldes. Die Quantentheorie wird damit zur bis heute gültigen Theorie der Materieteilchen und ihrer Wechselwirkungen. Dieser Entwicklung wollen wir uns im folgenden zuwenden.

5. Quantenmechanik und Teilchenphysik

5.1. Das Quantenprinzip

Die Quantentheorie nimmt ihren historischen Ausgangspunkt bei der Erklärung der Wärmestrahlung eines Körpers. Alle materiellen Körper geben Strahlung ab, deren Spektrum ein Maximum bei einer bestimmten Wellenlänge zeigt, die abhängig ist von der Temperatur des Körpers. Erhitzt man ihn, so sendet er mehr Strahlung aus und das Maximum verschiebt sich in den kurzwelligen Bereich. In der zweiten Hälfte des 19. Jahrhunderts bemüht sich die Physik, eine Formel aufzustellen, die die Wellenlänge und Intensitätsverteilung über das Spektrum der von einem Körper bei einer bestimmten Temperatur ausgestrahlten Strahlung darzustellen in der Lage ist. 1859 beweist Kirchhoff anhand grundlegender thermodynamischer Überlegungen ein Theorem, das besagt, daß man zur Auffindung einer solchen Strahlungsformel nicht alle Eigenschaften eines Körpers

---

dieser Glaube weitgehend gerechtfertigt durch die bisherigen Erfolge der Wissenschaft" (aaO., 33).

in Betracht ziehen muß, sondern sich auf einen ‚Schwarzkörper‘ als Bezugs-
strahler beschränken kann[45].

Problematisch bleibt jedoch die Herleitung der Zusammensetzung der
Strahlung nach ihren Frequenzen. Durch die Entwicklung immer besserer
schwarzer Körper und immer genauerer Meßmethoden gelingt es der Experi-
mentalphysik, die resultierende Kurve immer genauer zu bestimmen, ein qualitativ erklärendes Modell zu ihrer theoretischen Herleitung fehlt jedoch. 1896
stellt Wilhelm Wien eine Formel vor, die die Spektralverteilung in Übereinstimmung mit dem Experiment darstellt und für Temperaturen bis 4000°C bestätigt
wird. Bei niedrigen Temperaturen und großen Wellenlängen jedoch versagt die
Wiensche Herleitung des Zusammenhangs von Energie und Frequenz.

Im Jahr 1900 entwickelt Lord Rayleigh eine alternative Strahlungsformel,
die er aus Grundsätzen der Elektrodynamik und vor allem aus dem sogenannten
Gleichverteilungssatz herleitet. Rayleighs Gleichung wird durch James Jeans
korrigiert und geht als *Rayleigh-Jeans-Gleichung* in die Literatur ein. Sie ergibt
im Bereich großer Wellenlängen und niedriger Energien die richtigen Werte.
Diese Gleichung impliziert aber die Konsequenz, daß die Strahlungsintensität
mit der Frequenz monoton zunehmen sollte, eine dem empirischen Befund völlig entgegenlaufende Konsequenz, die den Namen ‚Ultraviolett-Katastrophe‘
erhält. Man ist damit um die Jahrhundertwende im Besitz von zwei Formeln,
die eine ‚klassisch‘ aus der Vorstellung des Verhaltens von Partikeln eines idealen Gases, die andere aus der Wellentheorie der Elektrodynamik abgeleitet, die
insofern Grenzformeln darstellen, als das Wiensche Gesetz für kleine Wellenlängen, die Rayleigh-Jeans-Gleichung für große Wellenlängen die richtigen Resultate liefert.

Im Oktober 1900 gelingt es dann Max Planck, eine die beiden Grenzformeln
integrierende Gesamtformel zu finden. Aber er möchte die von ihm gefundene
Lösung auch aus den Prinzipien der Physik erklären. Seine erste Interpretation
präsentiert er am 14. Dezember 1900 auf einer Versammlung der Deutschen
Physikalischen Gesellschaft in Berlin, wobei er erstmalig die Vorstellung des
Wirkungsquantums zugrundelegt[46]. Planck bettet in seiner Erklärung Resonatoren in das Strahlungsfeld ein, die Strahlung aufnehmen und wieder abgeben.

---

[45] Dem liegt die Vorstellung eines innen schwarzen, d.h. Strahlung vollkommen absorbie-
renden Hohlkörpers zugrunde, der ein kleines Loch hat. Der Körper wird auf konstanter Temperatur gehalten, die aus dem Loch austretende Strahlung gemessen. Kirchhoff kann zeigen,
daß die Energie der Strahlung nur von der Wellenlänge λ und der Temperatur T abhängt.

[46] M. PLANCK, Zur Theorie des Gesetzes der Energieverteilung im Normalspektrum, Verhandlungen der Dt. physikalischen Gesellschaft Berlin 2 (1900), 237ff., Nachdr. in: Quantentheorie. Einführung und Originaltexte, hg. von D. TER HAAR, 1969, 107–117.

Planck nimmt an, daß die Resonatoren Strahlungsenergie nicht kontinuierlich, sondern nur in ‚Paketen', in Quanten, aufnehmen und wieder abgeben können. Der Energieaustausch zwischen den Oszillatoren soll sich nur in ganzen Vielfachen einer bestimmten Grundgröße vollziehen, die Planck später als *Wirkungsquantum* bezeichnet.

Planck war sich über die Bedeutung seines Konzepts lange nicht schlüssig. In seiner Nobelpreisrede aus dem Jahre 1920 schildert er im Rückblick seine Überlegungen so: „entweder war das Wirkungsquantum nur eine fiktive Größe; dann war die ganze Deduktion des Strahlungsgesetzes prinzipiell illusorisch und stellte weiter nichts vor als eine inhaltsleere Formelspielerei, oder aber der Ableitung des Strahlungsgesetzes lag ein wirklicher physikalischer Gedanke zugrunde; dann mußte das Wirkungsquantum in der Physik eine fundamentale Rolle spielen, dann kündigte sich in ihm etwas ganz Neues, bis dahin Unerhörtes an, das berufen schien, unser physikalisches Denken, welches seit der Begründung der Infinitesimalrechnung durch *Leibniz* und *Newton* sich auf der Annahme der Stetigkeit aller ursächlichen Zusammenhänge aufbaut, von Grund aus umzugestalten. Die Erfahrung hat für die zweite Alternative entschieden."[47]

Nachdem Plancks Arbeiten zunächst kaum Beachtung finden, gelingt es Einstein 1905, den Photoeffekt, der bei der Wechselwirkung von Licht und Materie auftritt, mit Hilfe einer *Lichtquantenhypothese* zu erklären[48]. Sein leitender ‚heuristischer Gesichtspunkt' ist die Annahme, daß eine monochromatische Strahlung wie ein ideales Gas betrachtet werden kann, das aus unabhängigen Energiequanten besteht. Die Energie einer elektromagnetischen Strahlung breitet sich dann nicht kontinuierlich im Raum aus, „sondern es besteht dieselbe [i.e. die Energie] aus einer endlichen Zahl von in Raumpunkten lokalisierten Energiequanten, welche sich bewegen, ohne sich zu teilen, und nur als Ganze absorbiert und erzeugt werden können"[49]. Das bis dahin als stetige elektromagnetische Welle angesehene Licht soll also aus quantisierten Lichtteilchen, den sogenannten Photonen bestehen, denen bei gegebener Frequenz der Strahlung ein fester Energiewert gemäß der von Planck gefundenen Formel zugeordnet ist. Ihre Energie sollten die Lichtquanten beim Auftreffen auf Atomhüllen nur als ganze und nur in festen Beträgen an das von ihnen getroffene Elektron abgeben können. Im Gegensatz zu Planck sieht Einstein nicht in den Resonatoren

---

[47] M. PLANCK, Die Entstehung und bisherige Entwicklung der Quantentheorie, 1920, 17.

[48] A. EINSTEIN, Über einen die Erzeugung und Verwandlung des Lichtes betreffenden heuristischen Gesichtspunkt, Ann. Phys. 17 (1905), 132–148, Nachdr. in: D. TER HAAR, Quantentheorie, 118–138.

[49] AaO., 119.

die Ursache der Quantelung der Strahlung, sondern betrachtet die Strahlung selbst als quantisiert. „Wenn sich nun monochromatische Strahlung ... wie ein diskontinuierliches Medium verhält, welches aus Energiequanten ... besteht, so liegt es nahe, zu untersuchen, ob auch die Gesetze der Erzeugung und Verwandlung des Lichtes so beschaffen sind, wie wenn das Licht aus derartigen Energiequanten bestünde."[50] 1915 kann Robert Millikan eben diese diskrete, in festen Schritten erfolgende Energieübertragung auch quantitativ im Experiment erfassen und damit den Wert des Planckschen Wirkungsquantums bestimmen. Seine Messungen bestätigen Einsteins theoretische Bestimmung sehr genau.

Nach Aufstellung der Lichtquantenhypothese verfolgt Einstein die Frage, wie diese in Einklang zu bringen ist mit den Welleneigenschaften des Lichtes, also den Interferenz- und Beugungserscheinungen, wie sie durch die maxwellschen Gleichungen erklärt werden. Schon 1909 begründet Einstein in einem Vortrag[51] seine Sicht des *Doppelcharakters des Lichtes als Welle und Teilchen*. Dazu interpretiert er den Term, der die Energieschwankungen in einem abgeschlossenen Teilvolumen des Hohlraums eines Schwarzen Körpers darstellt, als zusammengesetzt aus den Energieschwankungen, die sich aus der Auffassung der Strahlung als Lichtwelle ergeben, und den Schwankungen, die, vor allem bei geringer Energiedichte, auf die Quantelung der Strahlung zurückzuführen sind. Bei großer Energiedichte der Strahlung sollten die Welleneffekte, bei kleiner Energiedichte dagegen die Teilcheneffekte in den Vordergrund treten. Zugleich ist deutlich, daß die Lichtquanten keine materiellen Teilchen im Sinne der newtonschen Mechanik sind: Photonen haben keine Ruhemasse, sie sind allein bestimmt durch ihre Frequenz und Energie, und sie können Welleneigenschaften zeigen.

In seiner Abhandlung *Zur Quantentheorie der Strahlung* aus dem Jahre 1916 beschäftigt Einstein dann die Frage, ob die elektromagnetische Strahlung in der Wechselwirkung mit Materie, also bei Absorption oder Emission der Lichtquanten, nur Energie austauscht oder auch eine Impulsübertragung stattfindet. Einstein kommt zu dem Schluß, daß ein Lichtquantenteilchen einem von ihm getroffenen Molekül bei Absorption einen Impuls in der Fortpflanzungsrichtung mitteilt, wie umgekehrt ein Molekül, das ein Lichtteilchen aussendet, in der entgegengesetzten Richtung einen Impuls erfährt. Eine solche Impulsübertragung kann nur erklärt werden, wenn man das Licht korpuskelartig auffaßt. Als wenige Jahre später Compton diese Impulsübertragung in dem

---

[50] AaO., 132.
[51] DERS., Über die Entwicklung unserer Anschauungen über das Wesen und die Konstitution der Strahlung, Physikalische Zs. 10 (1909), 817–825.

nach ihm benannten Compton-Effekt nachweist, bedeutet dies den endgültigen Durchbruch der Lichtquantenhypothese.

Noch im gleichen Jahr überträgt de Broglie die Quantenvorstellung und den zunächst nur für Licht formulierten Zusammenhang von Energie und Frequenz auf Teilchen wie Elektronen, Protonen und Neutronen und auf das durch Bohr 1913 entwickelte Atommodell. Die von Bohr aufgrund des Spektrums des Wasserstoffatoms rekonstruierten diskreten Bahnzustände des Elektrons können mit Hilfe des Quantenprinzips erklärt und neue Effekte wie die Interferenz- und Beugungserscheinungen von Elektronen- und Neutronenstrahlen vorausgesagt werden. Damit hat das Quantenprinzip nach der Erklärung der Wärme- und Lichtstrahlung ein zweites Anwendungsgebiet gefunden, den Aufbau der Materie im Kleinen.

5.2. Quantentheorie und Atommodelle

Schon im 19. Jahrhundert gelingt es, in mühevoller Kleinarbeit viele Beobachtungen und Untersuchungen über die Eigenschaften der Materie zusammenzutragen. Man entdeckt neue Elemente, bestimmt ihr jeweiliges Atomgewicht und ordnet die chemischen Elemente in einem Periodensystem an. 1859 entwickeln Robert Bunsen und Gustav Robert Kirchhoff die Methode der Spektralanalyse. Es stellt sich heraus, daß jedem Element, das in einer Flamme erhitzt und zum Leuchten gebracht wird, ein charakteristisches Spektrum zugeordnet werden kann. Die scharf voneinander abgegrenzten Spektrallinien und gewisse Periodizitäten in Abhängigkeit vom Atomgewicht legen eine diskrete, zumindest zum Teil durch ganzzahlige Verhältnisse bestimmte Struktur der Atome nahe.

Die von Helmholtz aufgestellten Gesetze der Elektrolyse nähren die Vermutung, daß es so etwas wie ,Elektrizitätsatome' geben muß, daß also die positive wie negative elektrische Ladung nur in ganzzahligen Vielfachen einer Elementarmenge vorkommt. Als dann Becquerel 1896 die Radioaktivität entdeckt, bestätigt sich, was viele schon vermutet hatten, daß die chemischen Elemente ineinander umgewandelt werden können, im Falle der Radioaktivität durch natürlichen Zerfall. Durch Emission von Alphateilchen etwa, die zwei positive Elementarladungen mit sich führen, rückt ein radioaktives Element im Periodensystem zwei Stellen zurück, durch die Emission von Betateilchen, die eine negative Ladung tragen, eine Stelle vor.

Thomson entwirft 1904 als erster ein Modell des Atoms, das er im wesentlichen mit den negativ geladenen Elektronen identifiziert, die eine positive Ladungswolke zusammenhalten soll. Dem widersprechen jedoch die Streuversuche von Rutherford, der von radioaktiven Stoffen ausgesandte Alphateilchen auf dünne Metallfolien prallen läßt[52]. Rutherford kann zeigen, daß nur etwa jedes zwanzigtausendste Alphateilchen gestreut wird. Wenn es aber gestreut wird, so erfährt es relativ häufig große Ablenkungen bis hin zur Richtungsumkehr. Rutherford schließt daraus, daß das Atom aus einem sehr kleinen, positiv geladenen Kern bestehen muß, der den größten Teil der Masse des Atoms enthält, und daß dieser Kern von den negativ geladenen Elektronen umgeben ist.

Damit stellt sich die Frage nach der Stabilität eines solchen Atoms, da das Elektron ja vom entgegengesetzt geladenen Kern angezogen werden und in ihn hineinstürzen müßte. Rutherford versucht dieses Problem zu lösen in Analogie zum Planetensystem: auch das Atom sollte durch die schnelle Umlaufgeschwindigkeit des Elektrons stabilisiert werden. Es zeigt sich jedoch, daß das rutherfordsche Atommodell, das die Schwerkraft durch die elektrische Anziehungskraft ersetzt, instabil ist. Beschleunigte elektrische Ladungen, und darum handelt es sich bei kreisförmig bewegten Elektronen, senden beständig Strahlung aus und verlieren damit an Energie. Das Elektron müßte also seine Bewegungsenergie verlieren und nach kurzer Zeit spiralförmig in den Atomkern stürzen. Außerdem müßte das Atom ständig Strahlung aussenden. Zudem blieben die scharfen Spektrallinien der Atome unverständlich, aus dem rutherfordschen Modell hätte sich ein kontinuierliches Spektrum ergeben.

Nils Bohr versucht dann 1913 die Schwierigkeiten des rutherfordschen Atommodells dadurch zu lösen, daß er es mit dem von Planck und Einstein entwickelten Quantenprinzip verbindet. Wenn Energie nicht stetig, sondern nur in diskreten Einheiten abgegeben werden kann, so könnte man mit Hilfe des Quantenprinzips eine Regel finden, die bestimmte Bahnen aus dem Kontinuum der klassisch möglichen Bahnen aussondert, deren Energiedifferenzen den scharfen Linien des Spektrums eines angeregten Atoms entsprächen. Bohr gelingt es, für das Wasserstoffatom die entsprechenden Quantenvorschriften zu finden und damit das Linienspektrum des Wasserstoffes herzuleiten. Die erlaubten Elektronenbahnen, zwischen denen die Quantensprünge stattfinden können, bezeichnete er mit der Quantenzahl n mit den Werten 1,2,3,... und ordnet diese den verschiedenen Spektrallinien des Wasserstoffatoms zu.

Genauer auflösende Spektrometer zeigen aber eine Feinstruktur der Linien, die auf eine weitere Unterteilung der Hauptbahnen hinweist. 1915 ergänzt Sommerfeld das bohrsche Atommodell dahingehend, daß er die Bahnen der Haupt-

---

[52] E. RUTHERFORD, Streuung von α- und β-Teilchen an Materie und Atombau (1911), in: Quantentheorie, hg. von D. TER HAAR, 139–166.

quantenzahl in Unterbahnen unterteilt[53]. Bald danach stellt Wolfgang Pauli das bekannte Ausschließungsprinzip auf, nach dem in der Elektronenhülle eines Atoms keine zwei Elektronen auftreten können, die durch dieselben Quantenzahlen charakterisiert sind. Es zeigt sich, daß damit der Aufbau des Periodensystems der chemischen Elemente zwanglos erklärt werden kann, wenn man die Einschränkung hinzufügt, daß im Grundzustand eines Atoms jede Unterschale erst voll besetzt sein muß, bevor die Besetzung der nächsten Schale erfolgen kann. Zusätzlich liefert die Theorie der Elektronenhülle auch eine Erklärung der chemischen Bindung auf physikalischer Grundlage durch die Tatsache, daß die vollständige Besetzung einer Hauptschale eine besonders stabile Elektronenfiguration darstellt. Die Verbindung von Atomen zu Molekülen kann durch das Bestreben der Atome erklärt werden, ihre äußere Hauptschale durch einmaligen oder beständigen Austausch von Elektronen vollständig aufzufüllen.

Trotz des großen Erfolges des bohr-sommerfeldschen Atommodells auf chemischem Gebiet bleibt es für die Physiker unbefriedigend. Schon die Spektren des nächstschweren Elementes, des Helium, sind mit ihm nicht herzuleiten. Es erweist sich als schwierig, die Analogie zum Planentenmodell durchzuhalten. Hatte man dort durch die Störungsrechnung die Möglichkeit, die gegenseitigen Störungen der Planeten untereinander zu berücksichtigen und so das Mehrkörperproblem zwar nicht exakt zu lösen, aber mit nur vom Rechenaufwand abhängiger Genauigkeit zu approximieren, so gelingt es beim Heliumatom nicht, die beiden Elektronen auf Bahnen um den Kern so anzuordnen, daß sich die beobachteten Spektrallinien ergeben. Es fehlt die große, gegenseitige Störungen der ‚Trabanten‘ ausgleichende Zentralmasse, denn die Abstoßungskräfte zwischen den Elektronen liegen in derselben Größenordnung wie die Anziehung zwischen Kern und Elektronen.

Bald wird deutlich, daß die Anschaulichkeit einer ‚Bahn‘ des Elektrons um den Kern überhaupt aufgegeben werden muß. Schon Einstein hatte ja 1909 für die elektromagnetische Strahlung beschrieben, daß sie nicht nur ‚atomistisch‘ aus Lichtquanten bestehen kann, sondern irgendwie eine Doppelnatur mit Teilchen- und Welleneigenschaften haben muß[54]. Dieser Teilchen-Welle-

---

[53] Ihnen ordnet er die Quantenzahl l zu, die für jede Schale n die Werte 0,1,2, ... $(n$-$1)$ durchlaufen. Zusätzlich wird später noch eine magnetische Quantenzahl eingeführt, die die Unterschalen noch weiter unterteilt und den Bahndrehimpuls berücksichtigt. Diese Quantenzahl m nimmt für die Unterschale l die Werte -l bis +l an. 1925 kommt eine vierte Quantenzahl s hinzu, die die beiden möglichen Richtungen der Eigendrehung (Spin) eines Elektrons berücksichtigt und die Werte $-1/2$ und $+1/2$ annehmen kann.

[54] Da das Plancksche Wirkungsquantum h zwischen Frequenz ν und Wellenlänge λ des Lichtes, also *Welleneigenschaften* einerseits und Energie E und Impuls p des Lichtes, also *mecha-*

Dualismus wird zur Leitidee der weiteren Entwicklung, als ihn de Broglie 1924 vom Licht auf die Materie überträgt und auch für Elementarteilchen wie Elektronen, Protonen und Neutronen, aber auch für Teilchenverbände wie Alphateilchen unter bestimmten Bedingungen Wellenverhalten vorhersagt. In der Tat entdeckt man bald Interferenz- und Beugungsverhalten bei Elektronen. Durch die Welleneigenschaften der Materie läßt sich nun auch das bohr-sommerfeldsche Atommodell qualitativ und quantitativ besser erklären, als sich nämlich zeigt, daß den bohrschen Bahnen mit der Hauptquantenzahl n stehende Elektronenwellen mit dem Umfang $n \cdot \lambda$ entsprechen: ganzzahlige Vielfache der Wellenlänge des Elektrons ergeben die stabilen Bahnen des bohrschen Atoms. An die Stelle eines sich auf einer Umlaufbahn bewegenden materiellen Teilchens tritt die Vorstellung einer geschlossenen, stehenden Elektronenwelle. Damit ist auch erklärt, warum das bewegte, elektrisch geladene Elektron keine Strahlung aussendet: es handelt sich nicht um ein bewegtes Teilchen, sondern um eine stationäre, wellenförmige Erscheinung.

5.3. Die Ausbildung der Quantenmechanik

Nach dem großen Erfolg der Quantenvorstellung bei der Berechnung und Erklärung von Wärmestrahlung, Spektrallinien und Atommodellen geht es dann darum, eine neue, der newtonschen Mechanik entsprechende Formalisierung zu entwickeln, die die verschiedenen Anwendungen auf eine einheitliche, widerspruchsfreie Grundlage stellt. Werner Heisenberg nimmt in den zwanziger Jahren als erster diese Aufgabe in Angriff und zieht aus den Schwierigkeiten, die ‚Bahn' des Elektrons mit Hilfe klassischer Vorstellungen zu bestimmen, die Konsequenz, mit der halb-klassischen Interpretation von Quanteneffekten zu brechen und „eine der klassischen Mechanik analoge quantentheoretische Mechanik auszubilden, in welcher nur Beziehungen zwischen beobachtbaren Größen vorkommen"[55]. Heisenberg entwickelt, auf Arbeiten von Max Born und Pascal Jordan aufbauend, eine nicht-klassische Quantenmechanik. Dabei geht er von den empirischen Spektren der Frequenzen und Intensitäten der Spektrallinien und den Energiezuständen des Atoms aus, ordnet die einzelnen Terme in Matrizen an und berechnet die Übergangswahrscheinlichkeiten zwischen

---

nischen Eigenschaften andererseits durch die Beziehungen $E = h\nu$ und $p = h/\lambda$ vermittelt, sind Welleneigenschaften und mechanische Größen über das Wirkungsquantum miteinander verbunden.

[55] W. HEISENBERG, Über quantentheoretische Umdeutung kinematischer und mechanischer Beziehungen, Z. Phys. 33 (1925), zitiert nach: K. BAUMANN/R. U. SEXL, Die Deutungen der Quantenmechanik, 1984, 8.

ihnen. Es zeigt sich, daß die Matrizen nicht vertauschen, also die Übergänge von einem Zustand zum anderen nicht umkehrbar sind, und deshalb Ort und Geschwindigkeit eines Teilchens nicht gleichzeitig exakt bestimmbar sind. Es gelingt Heisenberg nachzuweisen, daß trotz der Unstetigkeit der Übergänge der Energieerhaltungssatz Gültigkeit behält, ein wichtiges Kriterium für die Konsistenz seines Ansatzes[56]. Zusammen mit Born und Jordan wird in Göttingen dann der endgültige Formalismus ausgearbeitet und die daraus resultierende „Drei-Männer-Arbeit"[57] 1926 veröffentlicht.

Heisenberg erkennt bald, in welchem Gegensatz sein Entwurf zur anschaulichen klassischen Mechanik und Kinematik steht. Da man Ort und Impuls eines Teilchens im stationären Zustand keinen Sinn zumessen kann, versagt für den Aufbau des Atoms die raumzeitliche Vorstellung, „das Wort ‚Bahn' hat hier also keinen vernünftigen Sinn"[58]. Da für die Vorgänge in kleinen Räumen und Zeiten Diskontinuitäten, eben Quantenphänomene, typisch sind, versagen unsere auf das Kontinuum der anschaulich zugänglichen Raumzeit bezogenen Begriffe wie der des ‚Ortes', der ‚Bahn', der ‚Geschwindigkeit' etc. Sie alle erhalten für die atomare Welt nur dann einen Sinn, wenn die Mikroobjekte mit entsprechenden Meßapparaturen in Wechselwirkung treten, kurz: „*Die ‚Bahn' entsteht erst, wenn wir sie beobachten*"[59]. Wenn aber der einzig mögliche Referent einer angemessenen Theorie der mikrophysikalischen Erscheinungen nur die konkreten Beobachtungen und Messungen sein können und nicht mehr auf die unabhängig von der Beobachtung existierende Wirklichkeit zurückgeschlossen werden kann, dann können auch nicht die aus der gewohnten anschaulichen Raum-Zeit-Erfahrung gewonnenen kinematischen und mechanischen Begriffe die Grundlage für die Formulierung der neuen Mechanik bilden, an ihre Stelle müssen Definitionen treten, die sich auf Meßvorschriften für die entsprechenden Größen beziehen.

Zur im klassischen Sinne vollständigen Bestimmung der Bahn eines Teilchens wäre die möglichst genaue Kenntnis von Ort und Impuls des Teilchens, den sogenannten kanonischen Variablen, zu einem bestimmten Zeitpunkt not-

---

[56] Heisenberg gelang der Durchbruch bei einem durch Erkrankung erzwungenen Helgolandaufenthalt, vgl. seine Darstellung in: W. HEISENBERG, Der Teil und das Ganze. Gespräche im Umkreis der Atomphysik, 1969, 85ff.

[57] M. BORN, Die statistische Deutung der Quantenmechanik (Nobelpreisvortrag 1954), in: DERS., Physik im Wandel meiner Zeit, 1983, 173–184, 177.

[58] W. HEISENBERG, Über den anschaulichen Inhalt der quantentheoretischen Kinematik und Mechanik, Z. Phys. 43 (1927), 172–198, Nachdr. in: K. BAUMANN/R.U. SEXL, Die Deutungen der Quantenmechanik, 53–79, 57.

[59] AaO., 66.

wendig. Sind beide Größen bekannt, so ist im Rahmen der hamiltonschen Beschreibung das System in allen Bestimmungsstücken vollständig definiert, seine vergangene und zukünftige Entwicklung vollständig bestimmbar[60]. Versucht
man indes, den Ort z.B. eines Elektrons zu bestimmen, so muß man es mit
irgendeinem Medium wechselwirken lassen, es etwa mit einer kurzwelligen
Strahlung beleuchten. Jede solche Wechselwirkung zur Ortsbestimmung aber
verändert den Impuls des Elektrons unstetig, da mindestens ein Energiequant
übertragen werden muß. Wenn man dagegen den Impuls des Elektrons bestimmen will, so muß man es über einen gewissen Zeitraum beobachten, um seine Energie etwa durch das Maß der Ablenkung in einem elektrischen Feld zu
erhalten. Damit verwischt sich aber die Genauigkeit der Ortsbestimmung. Je
„genauer der Ort bestimmt ist, desto ungenauer ist der Impuls bekannt und umgekehrt"[61], hat Heisenberg das Ergebnis zusammengefaßt, das als die heisenbergsche Unschärferelation in die Physik eingeht[62].

Heisenberg sieht die Bedeutung dieser prinzipiellen Unschärfe für die
Quantentheorie analog zur Bedeutung der absoluten Grenze der Lichtgeschwindigkeit für die Relativitätstheorie: so wie die endliche, stets für alle Bezugssysteme konstante Lichtgeschwindigkeit im Vakuum im Rahmen der Relativitätstheorie dazu nötigte, den Begriff der Gleichzeitigkeit unter Hinweis auf
seine konkrete Bestimmungsmöglichkeit von der Vorstellung zu lösen, die der
Alltagsverstand davon hat, so nötigt die Unschärferelation in der Quantenmechanik dazu, die anschauliche Vorstellung von einer ‚Bahn' eines Teilchens bei
Vorgängen in atomaren Größenordnungen fallen zu lassen.

Kurz nach Heisenberg entwickelt Erwin Schrödinger 1926 einen grundlegend anderen, in seinen Ergebnissen aber äquivalenten Formalismus einer
Quantenmechanik, der auf der von ihm entwickelten Schwingungsgleichung Ψ
fußt, deren Lösungen die Energieniveaus des Wasserstoffatoms in Übereinstimmung mit dem Experiment liefern[63]. Schrödinger versucht, ganz im Sinne des
Projektes einer umfassenden Feldtheorie, auf diskrete, bewegte Korpuskel zu
verzichten und sie zu ersetzen durch sich überlagernde Wellengruppen kleiner

---

[60] Vgl. oben S.40f.

[61] AaO., 56.

[62] In der heute üblichen Schreibweise ist sie mathematisch so auszudrücken, daß das Produkt
aus der Genauigkeit von Orts- und Impulsbestimmung eines Teilchens immer größer oder gleich
dem festen Wert $\hbar/2$ ist: $\Delta x \cdot \Delta p_x \geq \hbar/2$. $\hbar$ ist eine durch $\hbar = h/2\pi$ aus dem Planckschen
Wirkungsquantum abgeleitete Konstante.

[63] E. SCHRÖDINGER, Quantisierung als Eigenwertproblem, Ann. Phys. 79–81 (1926),
Nachdr. in: DERS., Ges. Abh., Bd.3: Beitr. zur Quantentheorie, 82–97.98–136.166–219.220–
250.

Abmessungen. Er ist in der Lage zu zeigen, daß das Termschema des Wasserstoffatoms aus der Wellenfunktion abgeleitet werden kann. Die physikalische
Bedeutung der Wellenfunktion über ihre bloße mathematische Funktion hinaus bleibt in Schrödingers ursprünglicher Arbeit aber noch ungeklärt. „Es liegt
natürlich nahe, die Funktion Ψ auf einen Schwingungsvorgang im Atom zu beziehen, dem die den Elektronenbahnen heute vielfach bezweifelte Realität in
höherem Maße zukommt als ihnen"[64], Schrödinger will sich jedoch nicht festlegen.

Er ist allerdings der Meinung, daß die von ihm eingeführte Wellenfunktion
eine ‚reale' Erscheinung beschreibt, die die Dichte der Elektrizität als Funktion der Raumkoordinaten und der Zeit darstellt. Damit wären dann auch die
unstetigen, nur durch Wahrscheinlichkeiten zu beschreibenden Übergänge in
der heisenbergschen Matrizenmechanik durch die streng deterministische Entwicklung der Wellenfunktion ersetzt[65]. Während Heisenberg, Born und Jordan
ihre Theorie als „wahre Diskontinuumstheorie" bezeichnen, sieht Schrödinger
in seinem Ansatz „einen Schritt *auf die Kontinuumstheorie zu*"[66]. Entsprechend
enthusiastisch wird Schrödingers Entwurf von Planck und Einstein begrüßt,
die sich mit der unstetigen Matrizenmechanik Heisenbergs als Grundlage einer neuen Physik nicht anfreunden können.

Schrödinger sieht in seinem Ansatz die Möglichkeit, das Gegenüber von
Massepunkt und Raumzeit der klassischen Physik zu überwinden und letztere
als bloße Näherung an die eigentliche, Wellencharakter besitzende Natur der
Wirklichkeit zur verstehen[67]. Er versucht, den stetigen Übergang von der Mi-
kromechanik seiner Wellenfunktion zur Makromechanik der bewegten Massepunkte dadurch zu gewinnen, „daß eine *Gruppe* von Eigenschwingungen …

---

[64] AaO., 93.

[65] Born, der die Wellenfunktion dann anders interpretiert, bestätigt diese Absicht Schrö-
dingers in seiner Nobelpreisrede: „Auch glaubte *Schrödinger*, daß seine Wellentheorie eine
Rückkehr zur deterministischen klassischen Physik ermögliche" (M. BORN, Die statistische
Deutung der Quantenmechanik, 178).

[66] E. SCHRÖDINGER, Über das Verhältnis der Heisenberg-Born-Jordanschen Quantenmechanik zu der meinen, Ann. Phys. 79 (1926), 734–756, 735, Nachdr. in: DERS., Ges. Abh., Bd.3,
1984, 143–165.

[67] DERS., Quantisierung als Eigenwertproblem, 115: „Was ich nun mit großer Bestimmtheit
vermute, ist folgendes: Das wirkliche mechanische Geschehen wird in zutreffender Weise erfaßt oder abgebildet durch die *Wellenvorgänge* im q-Raum und nicht durch die Bewegung von
Bildpunkten in diesem Raum. Das Studium der Bildpunktbewegung, welches den Gegenstand
der klassischen Mechanik bildet, ist nur ein Näherungsverfahren".

einen ‚Massenpunkt' darzustellen vermag"[68]. Es zeigt sich aber, daß der von ihm behandelte Fall einer einen Massepunkt repräsentierenden Wellengruppe, die dauernd zusammenhält und sich als ganze fortbewegt, einen einzigartigen Fall darstellt und nicht verallgemeinerbar ist. Schrödingers realistische Deutung der Wellenfunktion erweist sich als unhaltbar.

Nils Bohr ist mit Schrödingers Wellenmodell nicht einverstanden. Er lädt Schrödinger nach Kopenhagen ein zu Vorlesungen und Diskussionen, die die im Anschluß entstehende Kopenhagener Deutung der Quantentheorie wesentlich beeinflussen. Schrödinger muß die Unzulänglichkeit seines realistischen Ansatzes zugestehen, als sich herausstellt, daß seine Wellenfunktion keinen realen Schwingungsvorgang beschreibt, sondern komplizierte Schwingungen in einem imaginären mathematischen Raum[69]. Schrödinger ist enttäuscht: „Wenn es doch bei dieser verdammten Quantenspringerei bleiben soll, so bedaure ich, mich überhaupt jemals mit der Quantentheorie abgegeben zu haben."[70]

Es ist dann Max Born, der der schrödingerschen Wellengleichung die bis heute gültige physikalische Deutung gibt, nach der das Absolutquadrat $| \psi(x, y, z, t) |^2$ der Wellenfunktion die *Wahrscheinlichkeit* angibt, mit der ein Teilchen am Ort mit den Koordinaten x, y, z zur Zeit t anzutreffen ist[71]. Kann ein Ereignis auf verschiedene Weisen zustandekommen, ist die Wahrscheinlichkeit des Ereignisses gleich der Summe der Einzelwahrscheinlichkeiten (Superpositionsprinzip). Eine ‚wirkliche' physikalische Schwingung ist, entgegen Schrödingers ursprünglichem Ansatz, der Wellengleichung nicht zugeordnet. Born kann zeigen, daß bei Stoßvorgängen, wenn sich die schrödingerschen Wellen überlagern, die Zustandswelle nach dem Stoß nicht korpuskular gedeutet werden kann. „Die Schrödingersche Quantenmechanik gibt also auf die Frage nach dem Effekt eines Zusammenstoßes eine ganz bestimmte Antwort; aber es handelt sich um keine Kausalbeziehung. Man bekommt keine Antwort auf die Frage, ‚wie ist der Zustand nach dem Zusammenstoße', sondern nur auf die Frage, ‚wie wahrscheinlich ist ein vorgegebener Effekt des Zusammensto-

---

[68] DERS., Der stetige Übergang von der Mikro- zur Makromechanik, Naturwiss. 14 (1926), 664–666, Nachdr. in: DERS., Ges. Abh., Bd.3, 137–142, 138f.

[69] W. HEISENBERG, Schritte über Grenzen, 1971, 62: „Schrödinger fuhr schließlich etwas entmutigt von Kopenhagen ab, während wir im Bohrschen Institut das Gefühl hatten, daß jedenfalls die der klassischen Theorie etwas zu leicht nachgebildete schrödingersche Interpretation der Quantentheorie jetzt widerlegt sei".

[70] Nach DERS., Der Teil und das Ganze, 108.

[71] M. BORN, Zur Quantenmechanik der Stoßvorgänge (vorläufige Mitteilung), Z. Phys. 37 (1926), 863–867, Nachdr. in: K. BAUMANN/R.U. SEXL, Die Deutungen der Quantenmechanik, 48–52.

ßes' "[72]. Damit können die heisenbergsche Interpretation der prinzipiellen Un-schärfe und die strenge, deterministische Kausalität der schrödingerschen Wel-lengleichung miteinander verbunden werden. „Man könnte das, etwas paradox, etwa so zusammenfassen: Die Bewegung der Partikeln folgt Wahrscheinlich-keitsgesetzen, die Wahrscheinlichkeit selbst aber breitet sich im Einklang mit dem Kausalgesetz aus."[73] Schließlich weist Schrödinger selbst nach, daß sei-ne Wellenmechanik mit der heisenbergschen Quantenmechanik äquivalent ist[74] und beide trotz ganz unterschiedlicher formaler Mittel die gleichen Ergebnis-se liefern, er also auch durch seinen Ansatz die quantenmechanischen Unbe-stimmtheiten nicht beseitigen kann.

5.4. Meßprozeß und Beobachtung: Die Kopenhagener Deutung

Offen bleibt die Frage, in welchem Verhältnis die klassische Physik und die neue Quantenmechanik stehen. Die intensiven Diskussionen der Schule um Nils Bohr und Werner Heisenberg darüber führen 1926/27 zu der nicht unum-strittenen, aber bis heute bedeutsamen sogenannten ‚Kopenhagener Deutung' der Ergebnisse und Grundlagen der Quantentheorie[75]. Ausgangspunkt ist die Einsicht, daß sich die neu entdeckten und durch den Formalismus der Quan-tenmechanik beschriebenen Phänomene nicht in klassischer Weise objektivie-ren lassen, sondern neu über das Verhältnis von Wirklichkeit und ihrer phy-

---

[72] AaO., 51.

[73] DERS., Quantenmechanik der Stoßvorgänge [endgültige Mitteilung], Z. Phys. 38 (1926), 803–827, 803.

[74] „Eine kurze Zeit, Anfang 1926, sah es so aus, als ob plötzlich zwei in sich geschlossene, aber ganz verschiedene Erklärungssysteme da wären, die Matrixmechanik und die Wellenme-chanik. Aber Schrödinger selbst zeigte bald ihre völlige Äquivalenz" (M. BORN, Die statisti-sche Deutung der Quantenmechanik, 178).

[75] Vgl. die Abhandlungen: N. BOHR, Das Quantenpostulat und die neuere Entwicklung der Atomistik, Naturwiss. 16 (1928), 245–257; DERS., Die Atomtheorie und die Prinzipien der Naturbeschreibung, Naturwiss. 18 (1930), 73–78, Nachdr. in: DERS., Atomphysik und mensch-liche Erkenntnis, 1985, 1–11; W. HEISENBERG, Über den anschaulichen Inhalt der quanten-mechanischen Kinematik und Mechanik. Vgl. auch Heisenbergs späteren Rückblick: DERS., Die Entwicklung der Deutung der Quantentheorie, Phys. Bl. 12 (1956), 289–304, Nachdr. in: K. BAUMANN/R.U. SEXL, Die Deutungen der Quantenmechanik, 140–155.
Kanitscheider spricht in diesem Zusammenhang von „einer Art epistemischer Schizophre-nie" der Quantenmechanik, die darin besteht, „daß mit zunehmendem Ausbau der Theorie ih-re Leistungsfähigkeit und mathematische Durchsichtigkeit wuchs, die philosophischen Fragen aber immer undurchsichtiger wurden". Es „bildete sich ein Dickicht von alternativen Interpre-tationen, wovon jede die Semantik und die Ontologie der Q[uanten]M[echanik] zu klären ver-suchte", letztlich ohne allgemein anerkannten Erfolg (B. KANITSCHEIDER, Philosophie und moderne Physik, 238).

sikalischen Beschreibung nachgedacht werden muß. Während für Heisenberg
der Begriff der *Unbestimmtheit* derjenigen Größen, die für eine im klassischen
Sinne vollständige Beschreibung einer objektiv-realen Wirklichkeit nötig sind,
leitend ist, ist für Bohr die von ihm entwickelte Kategorie der ‚*Komplementarität*' der Schlüssel für ein Verständnis der mit der Quantentheorie beschriebenen
Phänomene. Er stellt sie erstmals vor in seinem Vortrag *Das Quantenpostulat
und die neuere Entwicklung der Atomistik*, den er auf der Volta-Feier in Co-
mo 1927 hält[76]. Ebenso wie heisenbergs Unschärferelation wurzelt auch Bohrs
Begriff der Komplementarität in Überlegungen zum Meßprozeß. Um physikalische Beobachtung beschreiben und mitteilbar deuten zu können, so Bohr, müssen wir Abstraktionen zugrundelegen, die „ein unentbehrliches Mittel [bilden],
dem Inhalt der Erfahrungen im Anschluß an unsere gewöhnliche Anschauung
Ausdruck zu geben"[77]. Diese Abstraktionen haben ihr Ideal in einer vollständigen, kausalen raum-zeitlichen Darstellung. Messung meint das Zusammenfallen zweier Ereignisse (Zustand des untersuchten Objekts, Anzeige der Meßapparatur) im selben Raum-Zeit-Punkt, und zwar so, daß von den bekannten
Eigenschaften des einen Ereignisses auf die noch unbekannten Eigenschaften
des anderen Ereignisses in eben diesem Raum-Zeit-Punkt geschlossen werden
kann. Nach dem Quantenpostulat ist dazu jedoch eine Wechselwirkung zwischen dem Meßobjekt und dem Meßmittel notwendig, die mindestens die Größenordnung eines Wirkungsquantums besitzen muß. Erst durch diese Wechselwirkung zweier Systeme aber entsteht Beobachtung und damit physikalisch
beschreibbare Realität, so „daß also weder den Phänomenen noch dem Beobachtungsmittel eine selbständige physikalische Realität im gewöhnlichen Sinne
zugeschrieben werden kann"[78]. Nur unter Angabe eines konkreten Beobach-
tungsvorgangs kann von einem ‚Phänomen' gesprochen werden, so daß der
Begriff ‚Phänomen' nach Bohr „einzig und allein dem Hinweis auf eindeutig
mitteilbare Beobachtungsergebnisse vorbehalten"[79] bleiben sollte.

Was nun die Meßapparatur angeht, so ist man darauf angewiesen, sich bei
ihrer Beschreibung und bei der Interpretation der gewonnenen Resultate an die
klassische, anschauliche Vorstellung von Raum und Zeit sowie der Kausalität, also des strengen Zusammenhanges von Ursache und Wirkung zu halten:
„Streng genommen ist der Begriff der Beobachtung der kausalen raumzeitli-

---

[76] Siehe vorige Anm.
[77] N. BOHR, Das Quantenpostulat und die neuere Entwicklung der Atomistik, 246.
[78] AaO., 245.
[79] DERS., Atomphysik und Philosophie (1958), in: DERS., Atomphysik und menschliche
Erkenntnis, 104–110, 109.

chen Beschreibungsweise angehörig.“[80] Nur so kann man überhaupt mitteilbare Aussagen machen über die beobachteten Phänomene, ihre Gesetzmäßigkeit und ihre Reproduzierbarkeit. Beschreiben wir nun Objekte, die den klassischen Vorstellungen nicht gehorchen und die unter verschiedenen Versuchsbedingungen anschaulich unvereinbare Phänomene zeigen, dann lassen sie sich nicht mehr unter Absehung vom Beobachtungsgeschehen zu einem vollständigen raumzeitlichen Bild zusammensetzen. Sie sind aber dadurch widerspruchsfrei aufeinander beziehbar, daß sie sich zueinander komplementär verhalten. Komplementär heißen solche Beschreibungen physikalischer Objekte, deren gleichzeitige *Zuschreibung* in Absicht einer vollständigen, kausal-raumzeitlichen Bestimmung im Sinne der klassischen Physik nicht möglich ist, deren gleichzeitige potentielle *Möglichkeit* jedoch in Bezug auf ein und dasselbe Objekt zu einem bestimmten Zeitpunkt durch die Quantentheorie behauptet wird. Ihre Feststellung kann nur einzeln und nacheinander erfolgen, wobei die Feststellung des einen Aspekts nur durch irreversible, die nachträgliche Feststellung des komplementären Aspekts ganz oder teilweise ausschließende Wechselwirkungen erfolgen kann. „Unter bestimmten einander ausschließenden Versuchsbedingungen gewonnene Aufschlüsse über das Verhalten eines und desselben Objektes können ... gemäß einer häufig in der Atomphysik angewandten Terminologie treffend als *komplementär* bezeichnet werden, da sie, obgleich ihre Beschreibung mit Hilfe alltäglicher Begriffe nicht zu einem einheitlichen Bilde zusammengefaßt werden kann, doch jeder für sich gleich wesentliche Seiten der Gesamtheit aller Erfahrungen über das Objekt ausdrückt, die überhaupt in jenem Gebiet möglich sind.“[81]

Die durch Unschärfe und komplementäre Begriffe gekennzeichnete quantenmechanische Zustandsbeschreibung kann sich deshalb für Bohr nicht allein auf eine zu erschließende Wirklichkeit beziehen, sondern schließt die Bedingungen und Grenzen der Beobachtersituation immer mit ein. Diese wechselseitige Beziehung zwischen Meßvorgang und Quantensystem läßt sich dann wie folgt systematisieren:

---

[80] DERS., Das Quantenpostulat und die neuere Entwicklung der Atomistik, 250.

[81] DERS., Erkenntnistheoretische Fragen in der Physik und die Menschlichen Kulturen (1939), in: DERS., Atomphysik und menschliche Erkenntnis, 22–30, 25. Vgl. DERS., Diskussion mit Einstein über erkenntnistheoretische Probleme in der Atomphysik, aaO., 31–66, 39: „Demzufolge kann das unter verschiedenen Versuchsbedingungen gewonnene Material nicht mit einem einzelnen Bilde erfaßt werden; es ist vielmehr als komplementär in dem Sinne zu betrachten, daß erst die Gesamtheit aller Phänomene die möglichen Aufschlüsse über die Objekte erschöpfend wiedergibt.“

1) Um Eigenschaften eines Objekts zu gewinnen, ist Beobachtung mit einem Meßinstrument notwendig.

2) Die strenge klassische Begrifflichkeit (objektive Raum-Zeit-Punkte, deterministischer Zusammenhang) ist notwendig zur Beschreibung und Interpretation des Meßgeräts[82].

3) Beim Vorgang des Messens gibt es eine unvermeidliche Wechselwirkung zwischen Meßapparat und untersuchtem Objekt, die dem Quantenprinzip unterliegt und entweder das strenge Kausalgesetz oder die genaue raumzeitliche Beschreibung unanwendbar macht.

4) Eine raum-zeitliche Beschreibung und eine gleichzeitige strenge Anwendung des Kausalgesetzes schließen sich deshalb aus, sie sind zueinander komplementär.

Die Unschärferelation meint nicht eine Ungewißheit aufgrund beschränkter, nicht beliebig feiner Meßmöglichkeiten, was immer noch punktförmige Mikroobjekte zugrundelegen würde, sondern impliziert, daß die einzelnen Quantenobjekte nicht anschaulich vorstellbar sind als ausgedehnte Körper mit fester Form und Grenze und gleichzeitigem, deterministischem Kausalnexus. Unschärfe und Komplementarität sind nicht bloß epistemischer, sondern quasi-ontologischer Natur, insofern sie unabhängig vom individuellen Beobachter auftreten und mathematisch durch die Unschärferelation und die stochastische Deutung der schrödingerschen Wellengleichung exakt beschrieben werden können. Diese Beschreibung bezieht sich allerdings nur auf *mögliche* Erkenntnis, liefert nur Wahrscheinlichkeitsaussagen und beinhaltet Einschränkungen für die Schärfe bei der Bestimmung der klassischen Parameter. Art und Tatsächlichkeit der Beobachtung lassen sich nicht im Nachhinein so aus der Messung herausrechnen, daß die Rekonstruktion einer vom Beobachtungsvorgang unabhängigen, kausal streng bestimmten raumzeitlichen Wirklichkeit möglich wäre[83].

---

[82] „Die Begründung hierfür ist einfach die, daß wir mit dem Wort ‚Experiment' auf eine Situation hinweisen, in der wir anderen mitteilen können, was wir getan und was wir gelernt haben, und daß deshalb die Versuchsanordnung und die Beobachtungsergebnisse in klar verständlicher Sprache unter passender Anwendung der Terminologie der klassischen Physik beschrieben werden müssen" (DERS., Diskussion mit Einstein, 38).

[83] Das zeigt sich im übrigen schon darin, daß die schrödingersche Wellenfunktion sich im komplexen Zustandsraum entwickelt und nicht auf den realen dreidimensionalen Raum bezogen ist, so daß ihr semantisch kein realer Referent zugeordnet werden kann, vgl. DERS., Das Quantenpostulat und die neuere Entwicklung der Atomistik, 253.

1932 entwickelt John von Neumann auf dieser Grundlage eine formalisierte Theorie des quantenmechanischen Meßprozesses[84]. Heisenberg hatte
schon erkannt, daß in einer wellenmechanischen Beschreibung mit Hilfe der
Schrödinger-Funktion mit jeder Messung eine diskontinuierliche Veränderung
der Wellenfunktion verbunden ist[85]. Damit ist angedeutet, wie die Kopenhagener Theorie der Messung und die Interpretation der schrödingerschen Wellenfunktion verbunden sind. Durch die Messung wird festgestellt, welchen Wert
eine Observable zu einem bestimmten Zeitpunkt besitzt. Dadurch wird das Wellenpaket auf einen bestimmten Eigenwert reduziert. Die Reduktion des Wellen-
paketes auf seine Eigenwerte überführt die kontinuierliche, stetige Entwicklung
der schrödingerschen Wellenfunktion, die die Entwicklung der *Möglichkeit* des
Ereignisses darstellt, in eine Aussage über die *Wirklichkeit* und schreibt der gemessenen Variablen, etwa dem Ort, einen bestimmten, diskreten Eigenwert zu.

Diese Reduktion des Wellenpakets versucht von Neumann in einer formalisierten Theorie zu analysieren. Er betrachtet dazu ein quantenmechanisches Gesamtsystem und unterscheidet in ihm ein Meßobjekt *S* und einen Meßapparat *A*.
S und *A* sind anfänglich getrennt, treten aber während des Meßvorganges in eine
Wechselwirkung. Die Wechselwirkung von Meßobjekt und Meßapparat allein
führt im Formalismus allerdings noch nicht zu einer Zustandsreduktion, sondern nur zu einer Erweiterung der Wellenfunktion, die nun das Gesamtsystem
aus Objekt und Meßapparat beschreibt. Ruft der Zustand Ψ_1 des Meßobjektes
z.B. die Zeigerstellung 1 des Meßgerätes hervor, der Zustand Ψ_2 dagegen die
Zeigerstellung 2, so ist mit einer Kopplung beider Systeme *innerhalb des quantenmechanischen Formalismus* nichts gewonnen, da die Entscheidung, ob der
Zeiger des Meßapparates auf 1 oder 2 steht, erst dann feststeht, wenn er abgele-
sen wird. Auch dieses Ablesen kann nicht durch einen zweiten, wieder quantenmechanisch beschriebenen Apparat A_2 geschehen, da diese erneute Koppelung
nur in einen unendlichen Regreß führen würde, ohne daß in der Beschreibung
eine Zustandsreduktion einträte. Von Neumann kommt zu dem Schluß, daß der
nicht-physikalische Begriff der Wahrnehmung durch einen bewußten Beobachter notwendig zur formalisierten Beschreibung der Quantenmechanik hinzutreten muß. „D.h. wir müssen die Welt immer in zwei Teile teilen, der eine ist
das beobachtete System, der andere der Beobachter. ... Die Grenze zwischen

---

[84] J. VON NEUMANN, Mathematische Grundlagen der Quantenmechanik, 1932 (Nachdr.
1968).

[85] „Jede Ortsbestimmung reduziert also das Wellenpaket wieder auf seine ursprüngliche
Größe λ" (W. HEISENBERG, Über den anschaulichen Inhalt der quantenmechanischen Kinematik und Mechanik, 67).

beiden ist weitgehend willkürlich"[86]. An irgendeiner Stelle muß der potentiell unendliche Regreß der Koppelung quantenmechanisch beschreibbarer Systeme abbrechen und ihm der nicht mehr im Rahmen der Physik beschreibbare subjektive Beobachter gegenübertreten, das für den kontingenten Übergang von der bloßen Möglichkeit zur Wirklichkeit gut steht. „Denn die Erfahrung macht nur Aussagen von diesem Typus: ein Beobachter hat eine bestimmte (subjektive) Wahrnehmung gemacht, und nie eine solche: eine physikalische Größe hat einen bestimmten Wert."[87] Die Zustandsreduktion läßt sich nicht durch physikalische Gesetze beschreiben, da sie den Abbruch der Möglichkeitsbeschreibung durch das Wahrnehmen kontingenter Faktizität meint.

Heisenberg und Bohr dagegen lehnen die subjektivistische Deutung der Quantentheorie ab. „Das beobachtende System braucht ... keineswegs ein menschlicher Beobachter zu sein, an seine Stelle können auch Apparate, wie photographische Platten usw., gesetzt werden."[88] Heisenberg betont, daß die Reduktion der Wellenfunktion bewußtseinsunabhängig ist, daß also „der Übergang nicht verknüpft ist mit der Registrierung des Beobachterergebnisses im Geist des Beobachters"[89]. Die physikalische Wirklichkeit wäre in einem bewußtseinsleeren, rein materiellen Universum die gleiche. Die Quantenmechanik beschreibt zudem durch ihren Formalismus die zugängliche Wirklichkeit ‚objektiv', d.h. unabhängig vom Beobachter in intersubjektiv invarianter Weise. Das aus Quantenobjekt und Meßapparat bestehende Gesamtsystem hat zwar in der Tat auch eine subjektive Komponente, insofern „die Charakterisierung eines Systems durch eine Gesamtheit nicht nur Eigenschaften dieses Systems bezeichnet, sondern auch Angaben über den Grad der Kenntnis des Beobachters über dieses System enthält"[90]. Die Reduktion der Wellenfunktion durch die Meßresultate ist dabei der unstetige „Übergang vom Möglichen zum Faktischen"[91]. Ihr korrespondiert jedoch nur die Reduktion unserer Unwissenheit, die Überführung unserer Unkenntnis in Kenntnis des vorliegenden Meßwertes. Dieser Übergang findet auf der epistemischen Ebene statt. Objektivität der Beschreibung und Subjektivität der Kenntnis des Faktischen kommen im Meßvorgang zusammen. Es „äußerst sich an dieser Stelle die einfache Tatsache, daß die Naturwissenschaft ein Teil der Auseinandersetzung des Menschen mit der

---

[86] J. VON NEUMANN, Mathematische Grundlagen der Quantenmechanik, 223f.
[87] AaO., 224.
[88] W. HEISENBERG, Physikalische Prinzipien der Quantentheorie, 1962, 44.
[89] DERS., Physik und Philosophie, 1959, 37.
[90] DERS., Die Entwicklung der Deutung der Quantentheorie, 152.
[91] Ebd.

Natur und insofern vom Menschen abhängig ist"[92], eine die Reduktion der Wellenfunktion *verursachende* Rolle kann der bewußten Wahrnehmung damit aber nicht zugeschrieben werden.

Auch Bohr hat immer die Rolle des *Meßgerätes* betont[93]. Er hält es für entscheidend, „daß in keinem Fall die geeignete Ausweitung unseres begrifflichen Rahmens eine Berufung auf das beobachtende Subjekt in sich schließt, was eine eindeutige Mitteilung von Erfahrungen verhindern würde"[94]. Wesentlich für die Interpretation der Quantenphänomene ist nach Bohr „die Einführung einer *grundlegenden Unterscheidung zwischen dem Meßgerät und den zu untersuchenden Objekten*"[95]. Entscheidend ist die Koppelung des Mikrosystems an ein Makrosystem, in dem es irreversible, eindeutige Dokumente hinterlassen kann (z.B. eine Blasenspur in einer Nebelkammer, ein durch ein Elektron hervorgerufener Fleck auf einer photographischen Platte)[96]. Man kann die Kopenhagener Deutung mit ihrer Betonung des Meßvorganges und der Beobachtung auch als *operationalistische* Interpretation der Physik bezeichnen.

Ihr gegenüber stehen *realistische* und *subjektivistische* Alternativen, die entweder ganz an einer objektiv-realen, beobachtungsunabhängigen Wirklichkeit festhalten wollen[97] oder aber das Beobachterprinzip im Anschluß an den von neumannschen Beweis zum Ausgangspunkt nehmen und die Physik konsequent subjektivistisch beschreiben. Den in realistischer oder subjektivistischer Hinsicht geäußerten Einwänden gegen die Kopenhagener Deutung wollen wir uns im folgenden zuwenden.

---

[92] AaO., 154.

[93] Vgl. N. BOHR, Über die Erkenntnisfragen der Quantenphysik, in: Max-Planck-Festschrift, hg. von B. KOCKEL/W. MACKE/A. PAPAPETROU, 1958, 169–175, Nachdr. in: K. BAUMANN/R.U. SEXL, Die Deutungen der Quantenmechanik, 156–162.

[94] AaO., 161.

[95] AaO., 159.

[96] Vgl. C.F. VON WEIZSÄCKER, Die Tragweite der Wissenschaft, ⁶1990, 392: „Ein Dokument eines Ereignisses ist eine in solchem Maße unwahrscheinliche Situation, daß sie von der im Durchschnitt zu erwartenden unterschieden werden kann, und das Ereignis, das es dokumentiert, fand in einer noch unwahrscheinlicheren Situation statt. Aus dem Vorliegen des Dokuments kann auf die weniger wahrscheinliche (besser unterscheidbare) Tatsache geschlossen werden, als deren Dokument es dann bezeichnet wird."

[97] Das Interesse der realistischen Position kann man nach Heisenberg so beschreiben: „Es wäre nach ihrer Ansicht wünschenswert, zu der Realitätsvorstellung der klassischen Physik oder, allgemeiner gesprochen, zur Ontologie des Materialismus zurückzukehren; also zur Vorstellung einer objektiven, realen Welt, deren kleinste Teile in der gleichen Weise objektiv existieren wie Steine und Bäume, gleichgültig, ob wir sie beobachten oder nicht" (W. HEISENBERG, Die Entwicklung der Deutung der Quantentheorie, 144f.).

5.5. Schrödingers Katze

Setzt man die von neumannsche Analyse des quantentheoretischen Meßprozesses voraus, dann führt nach Meinung Schrödingers die Interpretation der
Quantentheorie zu einer nicht akzeptablen Paradoxie, der er durch ein Gedankenexperiment anschaulichen Ausdruck verleiht. Auch Schrödinger ist sich
bewußt, daß die abrupte Änderung der Ψ-Funktion genau der Punkt ist, „der
den Bruch mit dem naiven Realismus verlangt"[98]. Andererseits sieht er absurde
Konsequenzen folgen, wenn man annimmt, daß die quantenphysikalische Unbestimmtheit der Variablen eine wirklich angemessene Beschreibung der Wirklichkeit ist. Diese Bedenken werden vor allen Dingen dann besonders deutlich,
„wenn man bemerkt, daß die Unbestimmtheit grob tastbare und sichtbare Dinge
ergreift"[99].

Schrödinger konstruiert zur Veranschaulichung einen ‚ganz burlesken Fall‘,
der als ‚Schrödingers Katze‘ bekannt werden sollte. Eine Katze befinde sich
in einer Stahlkammer zusammen mit einer Vorrichtung, die eine winzige Menge radioaktiven Materials enthält, von dem in einer Stunde vielleicht ein Atom
zerfällt, mit der gleichen Wahrscheinlichkeit aber auch keines. Der mögliche
Zerfall wird von einem Zählrohr registriert, das dann ein Hämmerchen auslöst,
das ein Kölbchen mit Blausäure zertrümmert. Durch das Blausäuregas würde
die Katze vergiftet. Würde man das Gesamtsystem eine Stunde lang sich selbst
überlassen, so würde man nach klassischer Auffassung sagen, daß die Katze
noch lebt, wenn inzwischen kein Atom zerfallen ist. Beschreibt man aber dieses Gesamtsystem mit Hilfe der Ψ-Funktion, so würde zum Ausdruck kommen,
daß die lebende und tote Katze zu gleichen Teilen vorhanden sei und erst die
Beobachtung die Wellenfunktion auf einen bestimmten Wert, nämlich ‚Katze
tot‘ oder ‚Katze lebt‘ reduziere. Schrödinger zieht den Schluß, daß solche Fälle, in denen „eine ursprünglich auf den Atombereich beschränkte Unbestimmtheit sich in grobsinnliche Unbestimmtheit umsetzt, die sich dann durch direkte
Beobachtung *entscheiden* läßt"[100], uns hindern, das ‚verwaschene Modell‘ der
Quantentheorie als Abbild der Wirklichkeit gelten zu lassen. Die Unbestimmtheit der Quantentheorie muß sich auf unsere *Kenntnis der Wirklichkeit* beziehen
und kann keinen Grundzug der Realität selbst treffen. Schrödinger sieht deshalb
in der Kopenhagener Deutung eine falsche Gleichsetzung von Wirklichkeit und

---

[98] E. SCHRÖDINGER, Die gegenwärtige Situation in der Quantenmechanik, Naturwiss. 23
(1935), 807–812. 823–828. 844–849, Nachdr. in: K. BAUMANN/R.U. SEXL, Die Deutungen
der Quantenmechanik, 98–129, 110.
[99] AaO., 107.
[100] AaO., 108.

Wahrnehmung. Wirklichkeit und Ψ-Funktion korrespondieren einander nicht, so daß letztere „*nicht* als versuchsweises Abbild einer objektiven Wirklichkeit gelten [kann] wie das klassische Modell"[101].

Schrödinger setzt seine Sicht des Meßprozesses dagegen, bei der er die enge Verschränkung von Meßgerät und Meßobjekt betont. Während bei der Betrachtung eines Ensembles voneinander unabhängiger Teilchen die Gesamtfunktion des Ensembles sich aus dem Produkt der Einzelfunktionen ergibt, verbinden sich die beiden ursprünglich unabhängigen Ψ-Funktionen von Meßobjekt und Meßgerät durch die Wechselwirkung bei der Messung miteinander so, daß eine neue Ψ-Funktion des Gesamtsystems entsteht mit höherer Dimensionenzahl als bei den beiden getrennten Funktionen, so daß auf die ursprünglichen Funktionen nicht mehr zurückgeschlossen werden kann. „Sobald die Systeme aufeinander einzuwirken beginnen, hört die Gesamtfunktion auf, ein Produkt zu sein, und zerfällt auch, wenn sie sich wieder getrennt haben, nicht wieder in Faktoren, die sich den Systemen einzeln zuweisen ließen."[102] Die Ψ-Funktion des zu untersuchenden Objektes geht als solche bei der Messung, d.h. bei der Wechselwirkung mit einem anderen System, verloren und löst sich auf in eine Gesamtfunktion Meßgerät-Meßobjekt, die einen Erwartungskatalog darstellt für die Beziehung zwischen dem Zustand des Meßgerätes und bestimmten Variablen des untersuchten Objekts. Erst durch das Ablesen des Meßgeräts, daß vom Vorgang der Wechselwirkung zeitlich durchaus getrennt erfolgen kann, wird die Wechselwirkung zu einer Messung, indem das Subjekt davon Kenntnis nimmt, welches Resultat eingetreten ist. „Aber es wäre nicht ganz richtig, zu sagen, daß die Ψ-Funktion des Objekts ... *jetzt* infolge eines mentalen Aktes sprunghaft wechselt. Denn sie war verlorengegangen, es gab sie nicht mehr. Was nicht ist, kann sich auch nicht verändern."[103] Man kann zwar nach der Beobachtung eine neue Ψ-Funktion des Objekts aufgrund des Resultates aufstellen, der Weg von der ursprünglich bekannten zur neu ermittelten Funktion des Objektes ist jedoch unstetig, er führt durch die Vernichtung der ursprünglichen Funktion in der Wechselwirkung.

Grundlegend für das Dilemma des Meßprozesses in der Quantentheorie ist nach Schrödinger deshalb die Tatsache, daß bei der Wechselwirkung zweier Systeme die Kenntnis der Einzelsysteme herabsinkt, während die des Gesamtsystems maximal bleibt. Der springende Punkt ist, daß quantentheoretisch beschriebene Systeme, deren Teile in Wechselwirkung stehen, nicht die Summe

---

[101] AaO., 114.
[102] AaO., 128.
[103] AaO., 118.

ihrer Teile sind, so daß von dem Gesamtsystem nicht auf die Teilsysteme vollständig geschlossen werden kann. Mit Schrödingers Worten: „Bestmögliche
Kenntnis eines Ganzen schließt *nicht* bestmögliche Kenntnis seiner Teile ein
– und darauf beruht doch der ganze Spuk."[104] Schrödinger hat damit als einer
der ersten auf eine Konsequenz der Quantentheorie hingewiesen, die man als
ihren ‚holistischen' Grundzug bezeichnen kann.

Schrödinger gibt noch einen Hinweis darauf, in welcher Richtung nach einer möglichen Überwindung der ‚merkwürdigen' Theorie des Messens gesucht
werden könnte[105]. Da seiner Meinung nach die von ihm empfundenen Schwierigkeiten ihren Grund in der einfachen Zusammenführung der Ψ-Funktionen
von Einzelsystemen zu einer Gesamtfunktion haben, erscheint ihm auffällig,
daß bei dieser Zusammenführung große Schwierigkeiten entstehen, wenn man
das spezielle Relativitätsprinzip konsequent durchzuhalten versucht[106]. Möglicherweise, so deutet Schrödinger an, könnte eine Einbeziehung des Relativitätsprinzips (vor allem in Hinblick auf die *relativistische* Zeit) dazu beitragen,
die Verschränkung von Teil- und Gesamtsystem genauer herzuleiten.

5.6. Ist die Quantenmechanik eine vollständige Beschreibung?

Nicht nur Schrödinger, auch Einstein ist unzufrieden mit der Kopenhagener
Deutung der Quantentheorie[107]. Einstein stellt zusammen mit seinen Mitarbeitern Podolsky und Rosen (EPR) in einem Aufsatz von 1935 die programmati-
sche Frage: „Kann man die quantenmechanische Beschreibung der physikalischen Wirklichkeit als vollständig betrachten?"[108] Die thetische Einleitung die-

---

[104] AaO., 128.

[105] AaO., 124–129.

[106] Zwar war es Dirac 1928 gelungen, eine relativistische Lösung für ein einzelnes Elektron
zu entwickeln, die bald experimentell bestätigt wurde, es gelang jedoch nicht, zum Problem
mehrerer Elektronen vorzudringen.

[107] Bereits 1924 schreibt er an Born: „Der Gedanke, daß ein einem Strahl ausgesetztes Elektron *aus freiem Entschluß* den Augenblick und die Richtung wählt, in der es fortspringen will,
ist mir unerträglich. Wenn schon, dann möchte ich lieber Schuster oder gar Angestellter in einer
Spielbank sein als Physiker" (A. EINSTEIN/H. u. M. BORN, Briefwechsel 1916–1955, 118).
Vgl. die ausführliche, auch auf bislang unveröffentlichtes Material zurückgreifende Arbeit von
C. HELD, Die Bohr-Einstein-Debatte. Quantenmechanik und physikalische Wirklichkeit, 1998,
die jedoch dazu tendiert, die gegensätzlichen Standpunkte von Bohr und Einstein zu sehr zu
harmonisieren.

[108] A. EINSTEIN/B. PODOLSKY/N. ROSEN, Can quantum-mechanical description of physical reality be considered complete?, Phys. Rev. 47 (1935), 777–780, Nachdr. in dt. Übers. (Kann
man die quantenmechanische Beschreibung der physikalischen Wirklichkeit als vollständig betrachten?) in: K. BAUMANN/R.U. SEXL, Die Deutungen der Quantenmechanik, 80–86.

ses Aufsatzes lautet: „Jede ernsthafte Betrachtung einer physikalischen Theorie muß dem Unterschied zwischen *objektiver Realität*, die unabhängig von der Theorie ist, und den *physikalischen Begriffen*, mit denen die Theorie arbeitet, Rechnung tragen."[109] Es geht den Verfassern darum, an einer unabhängig von der Theorie bestehenden Realität festzuhalten, die in der Theorie nur durch entsprechende Größen *abgebildet* wird. Als zumindest hinreichende Bedingung zur Feststellung derjenigen Elemente, denen man solche unabhängige physikalische Realität zusprechen kann, stellen sie folgendes Kriterium auf: „*Wenn wir, ohne auf irgendeine Weise ein System zu stören, den Wert einer physikalischen Größe mit Sicherheit (d.h. mit der Wahrscheinlichkeit gleich eins) vorhersagen können, dann gibt es ein Element der physikalischen Realität, das dieser physikalischen Größe entspricht.*"[110]

Am Beispiel zweier Systeme *A* und *B*, z.B. zweier Elementarteilchen, die vom Zeitpunkt $t = 0$ bis $t = T$ miteinander in Wechselwirkung stehen, dann aber sich trennen und ohne weitere gegenseitige Beeinflussung sich unabhängig voneinander weiterentwickeln, versuchen die Autoren einen Widerspruch der Quantentheorie zu ihrem Realitätskriterium aufzuzeigen, das sogenannte Einstein-Podolsky-Rosen-Paradoxon (EPR-Paradoxon). Wenn die Anfangszustände zum Zeitpunkt $t = 0$ bekannt sind, kann man mit Hilfe der Schrödingergleichung den Zustand des kombinierten Systems auch über den Zeitpunkt der Wechselwirkung *T* hinaus berechnen. Bei dem Teilchen *A* soll nun nach der Trennung eine möglichst genaue Bestimmung einer Zustandsgröße (z.B. entweder Impuls oder Ort) vorgenommen werden. Ist das entsprechende Meßresultat bekannt, so kann daraus die Ψ-Funktion des zweiten Teilsystems B berechnet werden. Deren Bestimmung hängt nun aber davon ab, welche Zustandsgröße man beim ersten Teilchen gemessen hat. „Da es nur *einen* physikalischen Zustand von *B* nach der Wechselwirkung geben kann, welcher vernünftigerweise nicht davon abhängig gemacht werden kann, was für Messungen ich an dem von *B* getrennten System *A* vornehme, zeigt dies, daß die ψ-Funktion dem physikalischen Zustande *nicht* eindeutig zugeordnet ist."[111]

Einstein bleibt bis an sein Lebensende[112] mit der Quantenmechanik unzufrieden und erwartet, „daß sich die Physiker auf die Dauer mit einer derartigen

---

[109] AaO., 80, Hervorhebungen D.E.

[110] AaO., 81.

[111] A. EINSTEIN, Physik und Realität, 98.

[112] Vgl. noch: A. EINSTEIN, Bemerkungen zu den in diesem Bande vereinigten Arbeiten, in: Albert Einstein als Philosoph und Naturforscher, 493–511, 506.

indirekten Beschreibung des Realen nicht begnügen werden"[113]. Für Einstein
besteht die Wirklichkeit aus separierbaren Objekten, die bestimmte Eigenschaften besitzen *unabhängig von ihrer Relation zu anderen Objekten*, so daß ein
freies Teilchen realiter im Besitz der Eigenschaften Ort und Impuls ist. „Aber
das, was wir als existierend (‚wirklich‘) denken, soll irgendwie zeit-räumlich
lokalisiert sein. D.h. das Reale in einem Raumteil A soll (in der Theorie) irgendwie unabhängig ‚existieren‘ von dem, was in einem andern Raumteil B
als real gedacht wird. ... Verzichtet man aber auf die Annahme, daß das in
verschiedenen Raumteilen Vorhandene eine unabhängige reale Existenz hat, so
sehe ich überhaupt nicht, was die Physik beschreiben soll."[114] Der Realismus
der Naturwissenschaft besteht für Einstein in dem Bezug auf einen unabhängig
vom Beobachter existierenden Zustand der materiellen Träger der Wirklichkeit
und seiner *Abbildung* im mathematischen Formalismus.

Einstein hält es in Bezug auf die Einführung physikalischer Objekte deshalb für unabdingbar daran festzuhalten, „daß zu einer bestimmten Zeit diese
Dinge eine voneinander unabhängige Existenz beanspruchen, soweit diese Dinge ‚in verschiedenen Teilen des Raumes liegen‘ ", so daß die „Unabhängigkeit
der Existenz (des ‚So-Seins‘) der räumlich distanten Dinge voneinander"[115] gewahrt bleibt. Eine Beeinflussung des physikalischen Objekts A in einem Raumteil darf keine gleichzeitige und unmittelbare Wirkung auf das Objekt B in einem dazu distanten, anderen Raumteil haben. Dieses ‚Prinzip der Nahewirkung‘
hält Einstein für unaufgebbar[116]. „Völlige Aufhebung dieses Grundsatzes würde die Idee von der Existenz (quasi-) abgeschlossener Systeme und damit die
Aufstellung empirisch prüfbarer Gesetze in dem uns geläufigen Sinne unmöglich machen."[117]

---

[113] A. EINSTEIN, Maxwells Einfluß auf die Entwicklung der Auffassung des Physikalisch-
Realen, 162.

[114] A. EINSTEIN/H. u. M. BORN, Briefwechsel 1916–1955, 223f.

[115] A. EINSTEIN, Quantenmechanik und Wirklichkeit, Dialectica 2 (1949), 320, zitiert nach
K. BAUMANN/R.U. SEXL, Die Deutungen der Quantenmechanik, 36, vgl. aber B. KANIT-
SCHEIDER, Philosophie und moderne Physik, 281.

[116] Vgl. Einsteins Äußerung in einem Brief an Max Born: „Ich kann aber deshalb nicht ernsthaft daran [sc. an Borns statistische Interpretation der Wellenfunktion] glauben, weil die Theorie mit dem Grundsatz unvereinbar ist, daß die Physik eine Wirklichkeit in Zeit und Raum
darstellen soll, ohne spukhafte Fernwirkungen" (A. EINSTEIN/H. u. M. BORN, Briefwechsel
1916–1955, 215).

[117] A. EINSTEIN, Quantenmechanik und Wirklichkeit, 36.

Bohr hat in seiner Erwiderung auf den Aufsatz von Einstein, Podolsky und Rosen[118] an deren Realitätskriterium Anstoß genommen, vor allem an dem Ausdruck „*ohne auf irgendeine Weise ein System zu stören*", der nach Bohr mehrdeutig ist. Die jeweils getrennte Messung von Ort und Impuls an den beiden einzelnen Teilchen stellt nämlich jedesmal notwendig eine massive Störung dar, die die jeweils konjugierte Größe bei diesem Teilchen verwischt und damit das Gesamtsystem aus den beiden Teilchen und der Meßapparatur stört. Wird etwa der Ort eines Teilchens bestimmt, so muß man eine unkontrollierbare Impulsübertragung dieses Teilchens auf das Meßgerät zulassen und beraubt sich damit „jeglicher zukünftiger Möglichkeit ..., das Impulserhaltungsgesetz auf das aus dem Diaphragma [Schlitz zur Ortsbestimmung] und den beiden Teilchen bestehende System anzuwenden". Damit ist auch die „einzige Basis verloren für eine unzweideutige Anwendung des Impulsbegriffes bei den Vorhersagen hinsichtlich des Verhaltens des zweiten Teilchens"[119].

Nach Bohr kann quantenmechanische Realität nur relational erfaßt werden über den dem Komplementaritätsprinzip gehorchenden Zusammenhang von Experiment und Phänomen. Bohr gibt Einstein, Podolsky und Rosen darin recht, daß das, was ‚Realität‘ genannt wird, nicht auf philosophischen Vorurteilen beruhen darf, sondern durch unmittelbare Berufung auf Experimente und Messungen begründet werden muß. Bei jedem denkbaren Meßverfahren handelt es sich um „*einen Einfluß auf die tatsächlichen Bedingungen, welche die möglichen Arten von Voraussagen über das zukünftige Verhalten das Systems definieren*"[120]. ‚Realität‘ läßt sich nur definieren unter Bezug auf die Systembedingungen und Umgebungsvariablen der makroskopischen Ebene, so daß ontische Modellvorstellungen auf der Ebene der Quantenobjekte methodisch außer acht bleiben müssen. Die Quantentheorie impliziert dann in der Tat die „Aufgabe des klassischen Kausalitätsideals und eine grundlegende Revision unserer Haltung gegenüber dem Problem der physikalischen Realität"[121], die vor allem darin besteht, den Schluß auf eine unbeobachtbare ‚Realität‘ der quantenmechanischen Objekte an sich zu vermeiden und sich allein auf die Beschreibung der Verschränkung von Meßapparat und physikalischem Mikroobjekt zu beziehen.

---

[118] N. BOHR, Can quantum-mechanical description of physical reality be considered complete?, Phys. Rev. 48 (1935), 696–702, Nachdr. in dt. Übers. (Kann man die quantenmechanische Beschreibung der physikalischen Wirklichkeit als vollständig betrachten?) in: K. BAUMANN/R.U. SEXL, Die Deutungen der Quantenmechanik, 87–97.

[119] AaO., 93.

[120] N. BOHR, Kann man die quantenmechanische Beschreibung der physikalischen Wirklichkeit als vollständig betrachten?, 93.

[121] AaO., 88.

5.7. Verborgene Parameter?

Angeregt durch die Vorbehalte Einsteins werden dennoch gegen die Kopenhagener Deutung Theorien entwickelt, die die Quantentheorie durch sogenannte ‚verborgene Variablen' ergänzen wollen. Damit soll ihre Unbestimmtheit als nur scheinbare erklärt und auf einen hinter den meßbaren Phänomenen liegenden kausalen Zusammenhang zurückgeführt werden. Das Grundprinzip dieser Theorien besteht „in der Einführung einer tieferen Realitätsschicht, also einer ontologischen Infrastruktur, welche einerseits die klassischen Erkenntnisideale wieder restauriert, andererseits aber in der Lage ist, das indeterministische Verhalten auf der höheren, der Phänomenschicht zu reproduzieren"[122]. Vor allem David Bohm hat wiederholt eine solche Ergänzung der Quantentheorie durch verborgene Variablen vorgeschlagen. In seiner ersten, grundlegenden Arbeit[123] bezeichnet es Bohm als seine Absicht, „jedem individuellen System einen exakt definierbaren Zustand zuzuschreiben, dessen Änderung im Laufe der Zeit durch deterministische Gesetze bestimmt wird, die analog zu (aber nicht identisch mit) den klassischen Bewegungsgleichungen sind"[124]. Die quantenmechanischen Wahrscheinlichkeiten stellen dann wie die statistischen Gesetze der klassischen Physik nur eine praktische Notwendigkeit im Rahmen der mathematischen Beschreibung der Realität dar, bieten aber keine vollständige Theorie der Eigenschaften der Materie.

Bohm betrachtet die Schrödingergleichung „als mathematische Darstellung eines objektiven realen Feldes"[125], das eine Kraft auf das eigentliche Teilchen ausübt ähnlich wie ein elektromagnetisches Feld auf eine Ladung wirkt[126]. Dem Teilchen selbst kann somit ein exakter Impuls zugewiesen werden. Die quantentheoretische Unschärfe entsteht erst durch die Wechselwirkung mit dem Meßapparat, dessen Wellenfunktion von verborgenen Variablen bestimmt wird. Bohm stellt sich mit seiner Interpretation gegen die indeterministische und un-

---

[122] B. KANITSCHEIDER, Philosophie und moderne Physik, 290.
[123] D. BOHM, A suggested interpretation of the quantum theory in terms of ‚hidden' variables, Phys. Rev. 85 (1952), Nachdr. in dt. Übers. (Vorschlag einer Deutung der Quantentheorie durch ‚verborgene' Variable) in: K. BAUMANN/R.U. SEXL, Die Deutungen der Quantenmechanik, 163–192.
[124] AaO., 164.
[125] AaO., 172.
[126] Bohms Argumentation hat Ähnlichkeiten mit de Broglies Theorie der Führungswellen von 1926, die Bohm aber vor Abfassung seines Aufsatzes unbekannt war.

stetige Deutung von Quantenprozessen: „Unsere Deutung beschreibt alle Vorgänge als grundsätzlich kausal und kontinuierlich."[127]

5.8. Die unteilbare Welt

Ist Bohrs Entgegnung auf das EPR-Paradoxon grundsätzlicher Natur, so zeigt sich in der Diskussion über die mögliche Ergänzung der Quantentheorie durch verborgene Variablen, daß die Überlegungen Einsteins und seiner Mitarbeiter zu praktischen Konsequenzen führen, die die Frage nach der raum-zeitlichen Separierbarkeit der Objekte quantenmechanischer Beschreibung einer empirischen Überprüfung zugänglich machen. In den sechziger Jahren kann J.S. Bell in Aufsätzen über das EPR-Paradoxon und verborgene Variablen zeigen, daß nach der Quantentheorie *alle* Systeme, die miteinander in Wechselwirkung standen, in ihren Eigenschaften korreliert sind, auch wenn sie durch ein raumartiges Intervall voneinander getrennt sind[128]. Bell untersucht das EPR-Paradoxon in einer von David Bohm ausgearbeiteten Fassung und kommt zu dem Ergebnis, daß, wenn die Quantentheorie richtig ist, sie eine *nichtlokale* Theorie[129] sein muß, weil in ihr untrennbare Korrelationen eines Raumteils mit einem anderen, beliebig weit entfernten auftreten können. Eine Theorie, die lokal ist (d.h. jedem Teilchen exakte, von Eingriffen in ferne Systeme, die einmal mit ihm in Wechselwirkung gestanden haben, unabhängige Werte zuweist), kann nicht mit allen statistischen Vorhersagen der Quantentheorie übereinstimmen.

---

[127] AaO., 181. Später hat Bohm dann versucht, die in der Quantenelektrodynamik auftretenden Nullpunkt-Fluktuationen des Vakuums, die üblicherweise durch ein Renormierung genanntes Verfahren von den Materieteilchen abgekoppelt werden, als Ausgangspunkt zu nehmen für eine umfassende Naturphilosophie (z.B. D. BOHM, Wholeness and the Implicate Order, London 1980). Bohm versucht, Raum, Zeit und Materie als Entfaltungen einer ‚impliziten', ganzheitlichen Ordnung darzustellen, die in den Vakuum-Fluktuationen ‚eingefaltet' ist. Als ontologische Idee steht dabei ein Schichtenaufbau der Wirklichkeit im Hintergrund, die als ein ganzheitlicher Prozeß innerhalb einer geordneten Hierarchie von miteinander verschränkten Strukturebenen verstanden wird; vgl. DERS., The implicate order: a new approach to the nature of reality, in: Beyond mechanism. The universe of physics and Catholic thought, hg. von D. SCHINDLER, London 1986, 13–37.

[128] J.S. BELL, On the problem of hidden variables in quantum mechanics, Rev. Mod. Phys. 38 (1966), 447–452, Nachdr. in dt. Übers. (Über das Problem verborgener Variabler in der Quantentheorie) in: K. BAUMANN/R.U. SEXL, Die Deutungen der Quantenmechanik, 193–205.

[129] Ein System hat die Eigenschaft der Separierbarkeit (separability), wenn „the states of subsystems of a system determine the state of the whole system" (H. PRIMAS, Chemistry, Quantum Mechanics and Reductionism, 1981, 294), im anderen Fall wird es nicht-lokal oder holistisch genannt.

Für den Nachweis geht Bell zunächst davon aus, daß die beiden räumlich getrennten Teilchen des EPR-Paradoxons unabhängig voneinander sind und erhält eine Ungleichung, die in lokalen, deterministischen und kontinuierlichen Theorien gelten müßte, von der Quantentheorie aber verletzt wird. Dieses sogenannte Bellsche Theorem macht nun eine experimentelle Prüfung vorstellbar, ob die Quantentheorie in ihrer klassischen Form oder eine noch zu entwickelnde Theorie mit verborgenen Variablen richtig sei. Die „wechselseitige Unabhängigkeit weit voneinander entfernter Systeme"[130] wird damit zum Prüfstein dafür, „daß die *Quantenmechanik entweder unrichtig ist, oder daß die Welt nicht in separierbare Elemente der Realität zerlegt werden kann*"[131]. In der Zwischenzeit sind solche Experimente wiederholt ausgeführt worden[132] (vor allem mit korrelierten Photonenpaaren) mit dem Ergebnis, daß die Nichtlokalität der materiellen Wirklichkeit sich bestätigte.

Man kann dieses Ergebnis auch so ausdrücken: jede alternative Theorie, die mit verborgenen Parametern die quantenmechanischen Ergebnisse deterministisch reproduzieren will, müßte einen inneren Mechanismus besitzen, durch den *ohne* Zeitverlust die Messung an dem einen Teilchen das andere Teilchen kausal beeinflussen könnte. Eine solche instantane Fernwirkung wäre jedoch mit der Relativitätstheorie und der Endlichkeit der Lichtgeschwindigkeit, mit der sich Kausalwirkungen höchstens ausbreiten können, gänzlich inkompatibel. „Man kann daher heute sagen, daß die Separabilität räumlich getrennter Systeme experimentell widerlegt ist."[133]

Das heißt gerade nicht, daß eine andere Art von superschneller Fernwirkung anzunehmen sei, die räumlich voneinander getrennte Phänomene miteinander verbindet. Eher sollte man die quantenmechanische Nichtlokalität als „Fernwirkungslosigkeit"[134] bezeichnen, da man mittels der raumübergreifenden Korrelationen keinen kontrollierten kausalen Einfluß mit Überlichtgeschwindigkeit auf entfernte Raumteile ausüben kann und sich auch keine Informationen über-

---

[130] AaO., 193.
[131] F. SELLERI, Die Debatte um die Quantentheorie (Facetten der Physik Bd.10), 1983, 105.
[132] Vgl. A. ASPECT/J. DALIBARD/G. ROGER, Experimental Test of Bell's Inequalities Using Time-Varying Analyzers, Phys. Rev. Letters 49 (1982), 1804–1807; vgl. auch den allgemein verständlichen Artikel: A. SHIMONY, Die Realität der Quantenwelt, Spektrum der Wissenschaft (1988), Heft 3, 78–85. Die gefundenen Korrelationen stimmen innerhalb der Fehlergrenzen mit den Voraussagen der Quantentheorie überein, weichen dagegen aber „um mehr als fünf Standardabweichungen von den Werten ab, die nach dem Bellschen Theorem für ein lokales Modell mit verborgenen Variablen im äußersten Fall noch zulässig sind" (A. SHIMONY, Die Realität der Quantenwelt, 82).
[133] K. BAUMANN/R.U. SEXL, Die Deutungen der Quantenmechanik, 38.
[134] A. SHIMONY, Die Realität der Quantenwelt, 83.

tragen lassen. Die Quantenkorrelationen lassen sich nur durch einen Vergleich der beiden räumlich getrennten Messungen feststellen, so daß nicht von der einen auf die andere geschlossen werden kann. Der Zusammenhang zwischen den beiden Messungen besteht also nicht in Ursache und Wirkung, sondern darin, daß die beiden untersuchten Objekte eine basale Einheit bilden, die nicht synthetisch durch sie als durch ihre Teile zusammengesetzt ist, sondern immer als ganze durch die Messung affiziert wird, ja durch die Messung sich allererst in ihre Teile zerlegt. Die EPR-Korrelationen, so die naheliegendste Interpretation, stellen einen holistischen Grundzug der Mikronatur dar, der mit der auf die Alltagserfahrung bezogenen Vorstellung räumlich getrennter, unabhängiger Objekte und der damit verbundenen Teil-Ganzes-Relation nicht kohärent ist. Die Quantentheorie, so kann man das Ergebnis zusammenfassen, ist die erste mathematisch formalisierte physikalische Theorie, die einen nicht-trivialen Ganzheitsbegriff entwickelt hat, bei dem das Ganze mehr ist als die Summe seiner Teile[135].

Kann die realistische Kritik an der Quantentheorie mit der Absicht der Restitution einer klassisch-deterministischen Physik auch heute als widerlegt gelten, so muß andererseits eine konsistente und überzeugende Interpretation der Messung als einer die Reduktion der Wellenfunktion herbeiführenden Wechselwirkung von Mikroobjekt und makroskopischer Umgebung, die die Objektivierung eines möglichen Zustands darstellt, als nicht gelungen bezeichnet werden. Verschiedene Möglichkeiten sind erwogen worden. So hat z.B. Günther Ludwig[136] die auf makroskopischer Ebene ablaufenden irreversiblen thermodynamischen Prozesse in Anschlag gebracht, durch die die quantenmechanischen Größen bei Koppelung über die unumkehrbare Zeit objektiviert werden sollen. Andere weisen darauf hin, daß isolierte Objekte eine im Grunde unzulässige Isolierung darstellen und deshalb immer der Gesamtzusammenhang mit betrachtet werden muß, durch den dann die Reduzierung der Zustandsgleichung erfolgen soll (Hans Primas)[137].

Roger Penrose schlägt vor, die Quantentheorie als ‚inconvenient‘ (nicht wie Einstein als ‚incomplete‘) zur Beschreibung einer kosmischen Gesamtwirklich-

---

[135] „Quantum mechanics is the first mathematically formulated scientific theory where in a non-trivial way the *whole is more than the combination of its parts*" (H. PRIMAS, Chemistry, Quantum Mechanics and Reductionism, 143).

[136] G. LUDWIG, Die Grundlagen der Quantenmechanik, 1954.

[137] H. PRIMAS, Chemistry, Quantum Mechanics and Reductionism, 295: „*Objects are created by abstracting from the Einstein-Podolsky-Rosen correlations with their environment.*"

keit, in deren Verlauf Bewußtsein entsteht, aufzufassen[138]. Nur eine Theorie, so vermutet Penrose, die Quantenmechanik und allgemeine Relativitätstheorie vereinen würde, könnte in der Lage sein, den besonderen Status makroskopischer, relativ separierter Systeme im Kosmos zu beschreiben, ohne sich auf ein anthropisches, teleologisches oder geistiges Prinzip beziehen zu müssen. Nach Penroses Vorschlag einer vereinigten Theorie spaltet sich ein physikalisches System in separierte Zustände auf, wenn es groß genug wird, daß relativistische gravitative Effekte auftreten: „The idea is that when two states in linear superposition become differently coupled to the gravitational field, to the extent that the difference between the fields is of the general order of *one (longitudinal) graviton*, then failure of linear superposition becomes significant, and some non-linear procedure (instability?) forces the state out of the superposition and into one alternative or the other. This procedure, if it could be found, would provide our sought-for objective state-vector reduction."[139] Dieser nichtlineare Übergang wäre ein *objektiver physikalischer Prozeß*, und die Reduktion des Zustandes ein realistischer und nicht nur ein mentaler Vorgang[140]. Insgesamt aber gilt immer noch das Fazit von Abner Shimony, „daß neue physikalische Prinzipien entdeckt werden müssen, bevor wir die besondere Art von Unumkehrbarkeit verstehen können, die eintritt, wenn eine unbestimmte Observable durch Messung zu einer bestimmten Observablen wird"[141].

5.9. Die Viele-Welten-Interpretation

Ist man nicht bereit, die Frage nach dem Zusammenhang von Wechselwirkung und Objektivierung offen zu lassen, etwa weil man fragen möchte, was die Quantentheorie zur Erklärung der kosmischen Wirklichkeit schlechthin beizutragen in der Lage ist, so bleibt als letzte Möglichkeit einer Interpretation die Annahme, daß eine Objektivierung gar nicht stattfindet, d.h. durch einen Meßprozeß nicht *eine* von vielen Möglichkeiten realisiert wird, sondern *alle* Möglichkeiten irgendwie realisiert sind. Diese radikale Konsequenz stellt den Kern

---

[138] R. PENROSE, Gravity and State Vector Reduction, in: Quantum Concepts in Space and Time, hg. von DERS./C.J. ISHAM, Oxford 1986, 129–146. Eine allgemein verständliche Darstellung findet sich in: R. PENROSE, Newton, quantum theory and reality, in: S. HAWKING/W. ISRAEL, Three hundred years of gravitation, Cambridge 1987, 17–49.
[139] R. PENROSE, Newton, quantum theory and reality, 43.
[140] Vgl. dazu B. KANITSCHEIDER, Von der mechanistischen Welt zum kreativen Universum, 1993, 119.
[141] A. SHIMONY, Die Realität der Quantenwelt, 85.

der Überlegungen von Hugh Everett[142] und John Wheeler[143] von 1957 über die Wellenfunktion des gesamten Kosmos dar, die dann unter anderem von Bruce DeWitt[144] ausgebaut wurde und als die ‚Viele-Welten-Theorie‘ in die Literatur eingegangen ist. Betrachtet man kein einzelnes Quantenobjekt, sondern die Wellenfunktion der Welt, so gibt es hier keinen Beobachter, keine ‚Umgebung‘, keine Messung. Auch der von neumannsche Schnitt zwischen Subjekt und Objekt kann nicht vollzogen und deshalb die Reduzierung der Wellenfunktion des Kosmos mit keiner dieser Differenzen begründet werden. Also, folgert Everett, gibt es auch keine Reduktion der Wellenfunktion des Kosmos. Alle möglichen Quantenzustände werden realisiert, und zwar so, daß sie alle parallel in verschiedenen ‚Welten‘ vorliegen. Bei einer Wechselwirkung spaltet sich die Welt in so viele Welten auf, wie mögliche Zustände nach dieser Wechselwirkung existieren, und alle diese verschiedenen Welten existieren nebeneinander. Die einem Subjekt jeweils bewußte und von ihm wahrgenommene Wirklichkeit stellt jeweils nur den Zweig der gesamten Wirklichkeit von Welten dar, auf dem es sich gerade befindet. „Das Universum spaltet sich immer wieder in eine überwältigende Anzahl von Zweigen auf, die sich alle aus messungsartigen Wechselwirkungen zwischen seinen Myriaden von Komponenten ergeben. Ferner spaltet jeder Quantenübergang, der auf einem beliebigen Stern, in einer beliebigen Galaxis, in jedem entfernten Heck des Universums stattfindet, unsere lokale Welt auf der Erde in Myriaden von Kopien auf."[145] Schrödingers ‚gleichzeitig tote und lebendige‘ Katze würde also nicht in einem Universum in diesem absurden Zustand vorkommen, sondern wäre in ihrer toten und ihrer lebendigen Form ein Bewohner „zweier gleichzeitiger, nicht-wechselwirkender, aber gleichermaßen realen Welten"[146]. In welcher Welt wir uns befinden, erfahren wir, wenn wir in den Kasten mit der entweder toten oder lebendigen Katze schauen.

Die so gut bestätigte Schrödinger-Funktion kann im Rahmen dieser Interpretation deshalb als angemessene Repräsentation der realen Wirklichkeit an-

---

[142] H. EVERETT III, ‚Relative state‘ formulation of quantum mechanics, Rev. Mod. Phys. 29 (1957), 454–462.

[143] J.A. WHEELER, Assessment of Everett's ‚relative state‘ formulation of quantum theory, Rev. Mod. Phys. 29 (1957), 463–465.

[144] B. DEWITT, Quantum Mechanics and reality, Physics Today 23 (1970), 30–35, Nachdr. in dt. Übers. (Quantenmechanik und Realität) in: K. BAUMANN/R.U. SEXL, Die Deutungen der Quantenmechanik, 206–220; vgl. DERS., The Many-Worlds Interpretation of Quantum Mechanics, Princeton 1973.

[145] DERS., Quantenmechanik und Realität, 215.

[146] AaO., 208.

gesehen werden, weil sie nie zusammenbricht, sondern alle ihre Superpositio-
nen realisiert werden, wenn auch in verschiedenen Welten. Die vollständige
Schrödinger-Gleichung entwickelt sich dann für die Gesamtheit der Welten
streng deterministisch, nur der einzelne Zweig, das jeweils erfahrene Universum zeigt zufällige Erscheinungen. „Although reality as a whole is completely
deterministic, our own little corner of it suffers from indeterminism."[147] Prüfbar
könnte diese Theorie eventuell sein, wenn kurz nach dem Urknall die verschiedenen Zweige der verschiedenen Universen noch miteinander interferiert hätten[148]. Diese bizarr erscheinende Deutung der Quantenmechanik ist nach De-
Witts Meinung die einzige Interpretation, die eine wirkliche Übereinstimmung
zwischen Theorie und Realität auszusagen in der Lage sei, ohne Bewußtsein
und physikalische Wirklichkeit kategorial zu trennen. „Indem sie zeigt, daß der
Formalismus allein ausreicht, um seine eigene Interpretation zu liefern, hat sie
der alten Idee einer direkten Entsprechung zwischen Formalismus und Realität neues Leben verliehen."[149] Die Viele-Welten-Hypothese gründet also in
wissenschaftsphilosophischen Prinzipien, die die hypothetische physikalische
Beschreibung als abbildhafte Spiegelung einer Realität an sich restituieren wollen. Wir folgen dieser Voraussetzung nicht, sondern verstehen die Viele-Welten-
Theorie als einen in seiner ontologischen Hypertrophie wenig plausiblen „Ausdruck dafür, daß der Prozeß der Objektivierung durch Messung auch heute – 60
Jahre nach der Entdeckung der Quantenmechanik – noch nicht vollständig verstanden ist"[150]. Entsprechend kritisch werden unsere Erörterungen sich daran
anschließender quantenkosmologischer Theorien ausfallen.

---

[147] DERS., The many-universes interpretation of quantum mechanics, in: Fondamenti di meccanica quantistica, hg. von B. D'ESPAGNAT, New York/London 1971, 211–262, 226.

[148] Vgl. DERS., Quantenmechanik und Realität, 220.

[149] Ebd.

[150] P. MITTELSTAEDT, Objektivität und Realität in der Quantenphysik, in: Wieviel Leben
hat Schrödingers Katze?, hg. von J. AUDRETSCH/K. MAINZER, 1990, 127–155, 154. Es ist
möglich, daß das Meßproblem im Rahmen der Quantenmechanik unlösbar ist. In der neumannschen Fassung von 1932 gilt die Quantenmechanik nur für abgeschlossene Systeme mit endlich
vielen Freiheitsgraden. Jedes materielle System ist aber an das Gravitations- und an das elektromagnetische Feld gekoppelt, die jeweils unendlich viele Freiheitsgrade aufweisen. Nach Kanitscheider könnte darin der Grund liegen, „daß Phänomene wie spontane Symmetriebrechung,
Irreversibilität sowie das Auftreten von klassischen Beobachtungsgrößen in der herkömmlichen
Quantenmechanik nicht beschrieben werden können" (B. KANITSCHEIDER, Von der mechanistischen Welt zum kreativen Universum, 112).

5.10. Teilchen und Kräfte

Die Quantentheorie als die heutige Standardtheorie der Materie hat das Programm des Atomismus dadurch zu einem gewissen Abschluß gebracht, daß sie über Symmetrieprinzipien und diskontinuierliche Übergangsgesetze basale Strukturprinzipien der Materie und der Energie aufzeigt, die zufällige Fluktuationen und starre diskrete Zustandsformen miteinander verbinden. Diese Einsichten werden in aktuellen kosmischen Modellen für die Entwicklung der frühesten Frühzeit des Kosmos in Anschlag gebracht. Um diese Anwendung nachvollziehen zu können, müssen wir uns noch kurz der weiteren Entwicklung der Physik der Elementarteilchen und -kräfte zuwenden.

5.10.1. Neue Teilchen und das Quarkmodell

Parallel zur Diskussion um Interpretation und Vollständigkeit der Quantentheorie wird nach der quantentheoretischen Erklärung des einfachen Atommodells die Entwicklung der Teilchenphysik vorangetrieben. Bis 1932 sind den Physikern vier verschiedene Teilchenarten bekannt, Protonen, Neutronen, Elektronen und Photonen. Seit den 50er Jahren werden immer mehr kurzlebige Teilchen entdeckt, und auch die schon früh postulierte Antimaterie wird nachgewiesen. Wir können die Entwicklung nicht im einzelnen rekonstruieren, sondern stellen im folgenden im Überblick die gängige Theorie der Elementarteilchen dar[151].

Man kann alle diese Teilchen in zwei Klassen einteilen, die *Hadronen*, die der starken Wechselwirkung unterliegen, und die *Leptonen*, die nicht stark wechselwirken. Zur letzteren Gruppe gehört als wichtigstes Teilchen das Elektron, das eine relativ kleine Masse besitzt und eine negative Elementarladung mit negativem Vorzeichen. Dazu kommen das sogenannte Myon und das Tau-Lepton, die dem Elektron in allen Eigenschaften gleichen, aber eine wesentlich größere Masse besitzen (das 200- bzw. 3500fache der Elektronenmasse). Jedem dieser drei Teilchen ist noch ein entsprechendes Neutrino-Teilchen[152] zugeordnet, das Elektron-, Myon- und Tau-Neutrino, so daß sich insgesamt 6 Leptonen ergeben. Allen Leptonen steht wie allen anderen Materieteilchen ein entsprechendes Antiteilchen gegenüber.

---

[151] Vgl. zum folgenden W. STEGMÜLLER, Hauptströmungen der Gegenwartsphilosophie, Bd.3, [8]1987, 110–157; H. FRITZSCH, Quarks. Urstoff unserer Welt, [12]1992; O. HÖFLING/P. WALOSCHEK, Die Welt der kleinsten Teilchen, 1988.

[152] Bisher ist es ungewiß, ob Neutrinos eine sehr kleine Ruhemasse haben oder masselos sind. Sie sind elektrisch neutral und nehmen weder an der schwachen noch an der starken Wechselwirkung teil. Sie sind deshalb überaus schwer nachzuweisen.

Die *Hadronen* zerfallen in zwei Klassen, die Mesonen und die Baryonen, die sich in ihrem Spin unterscheiden. Zu den Baryonen gehören u.a. die bekannten Kernteilchen, das Neutron und Proton. Es fällt bald auf, daß es sehr viel mehr Hadronen als Leptonen gibt, und man zieht daraus den Schluß, daß, während die Leptonen als elementar angesehen werden, die Hadronen aus kleineren Elementen zusammengesetzt sein könnten. Murray Gell-Mann und George Zweig schlagen unabhängig voneinander 1964 ein entsprechendes Modell vor, das sich in der Folge als sehr erfolgreich erweist. Nach diesem Modell sind alle Hadronen aus zwei (im Falle der Mesonen) und drei (im Falle der Baryonen) kleineren Teilchen zusammengesetzt, den sogenannten Quarks[153]. Man unterscheidet heute sechs verschiedene Quarks, die sich in drei Generationen zu je zwei Quarks anordnen lassen. Die ‚flavour‘ genannten Eigenschaften der ersten Generation (up bzw. down) wiederholen sich auf den folgenden Stufen (charm / strange; top / bottom), wobei jedes Quark der ersten Kategorie eine elektrische Ladung von exakt $+2/3$, jedes der zweiten Kategorie von $-1/3$ besitzt. Den drei Generationen von Quarks lassen sich die drei Leptonen zuordnen, so daß sich folgende Tabelle ergibt[154]:

Quarks		Leptonen	
up	down	Elektron	Elektron-Neutrino
charm	strange	Myon	Myon-Neutrino
top	bottom	Tau	Tau-Neutrino
elektrische Ladung			
$+2/3$	$-1/3$	-1	0

Aus den verschiedenen Quarks lassen sich nun nach bestimmten Regeln alle Hadronen zusammensetzen. Das Neutron z.B. besteht aus zwei down- und einem up-Quark und ist deshalb elektrisch neutral ($2 \cdot -1/3 + 2/3 = 0$), das Proton wird aus zwei up- und einem down-Quark gebildet und besitzt die elektrische Ladung $+1$ ($2 \cdot 2/3 - 1/3 = +1$). Das Besondere an den Quarks ist, daß sie nicht als isolierte Teilchen erzeugt oder nachgewiesen werden können, sondern nur in den angeführten Zweier- und Dreierverbindungen. Um diese Tatsache zu erklären, hat man die Theorie der *Quantenchromodynamik* aufgestellt. Danach

---

[153] Diese Bezeichnung entnimmt Gell-Mann dem Roman ‚Finnegans Wake‘ von James Joyce, in dem die drei Kinder der Hauptfigur Finn als drei ‚quarks‘ bezeichnet werden und manchmal stellvertretend für Mr. Finn auftreten.

[154] Die Antiteilchen sind jeweils nicht aufgeführt.

kommt jedem Quark eine besondere Art von Eigenschaft zu, die als ‚Farbe‘ bezeichnet wird. Es gibt drei Farben, ‚rot‘, ‚grün‘ und ‚blau‘, auf die ‚Farbkräfte‘
wirken. Die zwischen den Quarks herrschenden Farbkräfte verbieten es, daß
Quarks anders vorkommen können als in einem farbneutralen, ‚weißen‘ Gebilde, sogenannten Farbsinguletts, in dem entweder alle drei Farben vertreten sind
oder ein farbiges Quark mit einem Antiquark der entsprechenden Antifarbe zusammen ist. Aus der ersten Kombination ergeben sich die Baryonen, aus der
zweiten die Mesonen.

Die zwischen den Quarks herrschenden Farbkräfte haben gegenüber den anderen Grundkräften die besondere Eigenschaft, daß sie nicht mit der Entfernung
abnehmen. Unterhalb eines sehr kleinen Abstands innerhalb eines Mesons oder
Baryons verhalten sich die Quarks quasi wie freie Teilchen, will man sie aber
voneinander trennen, wachsen die zwischen ihnen herrschenden Farbkräfte auf
einen konstanten Wert. Das sie verbindende Kraft‚feld‘ wird mit zunehmender
Distanz immer energiereicher, und oberhalb eines kritischen Werts ‚materiali-
siert‘ sich seine Energie in neuen Quarks, die mit den vorhandenen ein neues,
farbneutrales Farbsingulett bilden. In diesem Effekt, den man „Asymptotische
Freiheit“ oder auch „Infrarot-Sklaverei“ genannt hat[155], dürfte der Grund dafür
liegen, daß Quarks nicht isoliert vorkommen.

Daraus, so sieht es Kanitscheider, ergibt sich ein Argument, mit dessen Hilfe die Fundamentalitätsproblematik der Atomistik entscheidbar werden könnte,
wenn auch auf einer Ebene drei Stufen unterhalb des Atoms. Nicht die Unteilbarkeit der fundamentalen materiellen Partikel steht am Ende des Eindringens
in immer feinere Strukturen der Materie, sondern „eine dynamische Eigenschaft
der Basiselemente, welche dafür sorgt, daß der Regreß hier abbricht“[156]. Die
Quarks sind gefangen in ihrer eigenen Farbladung. Dennoch hat die Quarktheorie einen konkreten physikalischen Sinn, da die Diskretheit ihrer grundlegenden
Konstituenten zum einen experimentell durch Streuversuche gezeigt werden
kann und zum anderen die unterschiedlichen Eigenschaften der Quarks über
Symmetrie- und Strukturbeziehungen den Aufbau der Teilchenwelt bestimmt
und in die Diskretheit der Prozesse und Zustände mit eingeht.

---

[155] Vgl. H. FRITZSCH, Quarks. Urstoff unserer Welt, 193f. Als allgemein verständliche Einführung vgl. auch: Y. NAMBU, The Confinement of Quarks, Sci. Amer. 235 (1976), Heft 5,
48–60.
[156] B. KANITSCHEIDER, Philosophie und moderne Physik, 366.

5.10.2. Der leere Raum in der Quantentheorie

Eine weitere Folgerung aus der Quantentheorie betrifft das zweite konstitutive Element des klassischen Atomismus, den leeren Raum. Aus der Unbestimmtheitsrelation ergibt sich die Reichhaltigkeit des Quantenvakuums. Es kann keinen absolut leeren Raum geben, da in ihm alle Felder den exakten Wert Null haben müßten. Für den Wert einer Feldgröße an einer bestimmten Stelle und deren zeitlicher Veränderung gilt aber die Unschärferelation. So kann ein Feld nicht zugleich einen exakten Wert seiner Größe und einen exakten Wert des Maßes seiner Veränderung besitzen, beide müssen ständig in einer bestimmten Größenordnung um einen festen Wert fluktuieren. Das Vakuum bezeichnet in der modernen Physik deshalb einen Zustand niedrigster Energie, der aber keinen absoluten numerischen Wert besitzt, sondern im Rahmen der Unschärferelation schwankt. Diese Fluktuationen zeigen sich in einem ständigen Erzeugen und Vergehen von Teilchen-Paaren bestehend aus einem Materieteilchen und seinem entsprechenden Antiteilchen oder auch Photonen, die ihr eigenes Antiteilchen sind. Solche Teilchen-Paare entstehen dauernd und vernichten sich wieder, wenn sie aufeinander treffen. Ihre Existenz ist dabei im allgemeinen von äußerst kurzer Dauer, nicht länger als 10^{-21} sec, und sie legen eine entsprechend kurze Distanz zurück, bevor sie wieder verschwinden. Diese Teilchen werden ‚virtuelle Teilchen‘ genannt, da sie nicht als freie Teilchen existieren und ihre Masse ebenfalls im Rahmen der Unschärfe schwanken kann und von der physikalischen Masse des entsprechenden reellen, freien Teilchens abweicht.

Makroskopisch ist die Existenz solcher virtueller Teilchen ohne Bedeutung, bei Vorgängen mit sehr kleinen Distanzen jedoch sind ihre Auswirkungen von Belang, da die reellen Teilchen mit dem sie umgebenden virtuellen Teilchensee wechselwirken, man spricht von einer Vakuumpolarisation. Ein Elektron etwa zieht virtuelle Positronen an und stößt virtuelle Elektronen ab und umgibt sich so mit einer Wolke von virtuellen, positiv geladenen Teilchen. Dadurch wird ein Teil seiner Ladung abgeschirmt und man erhält das, was die Physiker ein ‚physikalisches‘ Elektron nennen, dessen Ladung geringer ist als die eines ‚nackten‘ Elektrons[157].

---

[157] Zwar ist ein ‚nacktes‘ Elektron ohne die Wolke der es umgebenden virtuellen Teilchen so nicht nachweisbar, aber bei sehr kleinen Distanzen, die unterhalb des Durchmessers der Wolken der virtuellen Teilchen liegen, wird die abstoßende Kraft zweier Elektronen größer als durch das Coulombsche Gesetz vorhergesagt.

5.10.3. Teilchen und Kräfte: die Vereinigungstheorien

Durch das aus der Quantentheorie hervorgegangene Materiemodell wird nach
dem Begriff des Atoms als des elementaren Teilchens und des leeren Raums
auch die dritte Grundgröße des neuzeitlichen Atomismus, der Begriff der Kraft,
modifiziert. Die vier bekannten Kräfte der Physik sind die elektromagnetische
Kraft, die schwache Wechselwirkung, die für den radioaktiven Zerfall verantwortlich ist, die starke Wechselwirkung, die die Kernteilchen zusammenhält[158],
und die Gravitationskraft. Die quantentheoretische Teilchenphysik hat den Begriff des Kraftfeldes aufgegeben und erklärt die Kräfte durch den Austausch
von Überträgerteilchen: Photonen für die elektromagnetische Kraft, sogenannte W^+-, W^-- und Z^0-Bosonen für die schwache, acht sogenannte Gluonen für
die Farbkräfte zwischen Quarks und damit indirekt für die starke Wechselwirkung, das Graviton für die Schwerkraft.

Seit den sechziger Jahren versucht man, diese vier Grundkräfte als Aus-
prägungen möglichst einer fundamentalen Kraft zu verstehen. In der empirisch
inzwischen recht gesicherten Theorie von Glashow, Weinberg und Salam von
1967 gelingt die Verbindung von elektromagnetischer Kraft und schwacher
Wechselwirkung zur elektroschwachen Kraft. Dabei wird eine Energieabhän-
gigkeit der Kopplungskonstanten der beiden Kräfte zugrundegelegt. Oberhalb
einer kritischen Energie der beteiligten Teilchen von etwa 100 GeV[159] sollen die
beiden Kräfte ununterscheidbar werden, die sie vermittelnden Teilchen (Photonen und W/Z-Bosonen) würden sich gleich verhalten. Erst bei niedrigeren Energien kommt es zur sogenannten Symmetriebrechung und damit zur Aufspaltung in die zwei unterschiedlichen Kräfte. Die masselosen Photonen vermitteln
jetzt die elektrodynamische Kraft, die nun massehaltigen, schweren Bosonen
die schwache Kraft, die aufgrund des massiven Charakters der Teilchen nur eine sehr kurze Reichweite hat. Vermittelt wird die Symmetriebrechung durch
ein neu eingeführtes Feld, das Higgs-Feld, dessen Energie unterhalb der Vereinigungsenergie den bis dahin masselosen Bosonen Masse verleiht.

Es existieren inzwischen weitere sogenannte *Große Vereinigungstheorien*
(GUT = Grand Unified Theories), die versuchen, auch die starke Kernkraft mit

---

[158] Die starke Wechselwirkung läßt sich auf die Farbkräfte zwischen den Quarks zurückführen, die sich auch in der Umgebung der Quark-Komposita bemerkbar machen. Damit ist auch
erklärbar, warum die Kernkräfte bei kleinen Abständen sehr stark sind, bei Abständen über
10^{-13} *cm* aber schnell abfallen.

[159] GeV = Giga Elektronenvolt = 1 Milliarde Elektronenvolt, Maßeinheit für Energie. Ein
Elektronenvolt entspricht der Energiezunahme, die ein Elektron beim Durchlaufen einer Poten-
tialdifferenz von einem Volt erfährt.

einzubeziehen jenseits einer großen Vereinheitlichungsenergie von 10^{15} GeV, bei der auch diese Kraft mit den beiden anderen zu einer verschmelzen soll[160]. Dann sollten auch Quarks und Leptonen ineinander umgewandelt werden können. Das würde durch Rückführung auf einen tieferen Zusammenhang erklären, warum die elektrische Ladung der Quarks zu denen des Elektrons in einem exakt drittelzahligen Verhältnis steht. Eine wirklich gesicherte und allgemein anerkannte Theorie liegt hier noch nicht vor[161]. Für die Kosmologie haben beide Vereinigungstheorien deshalb eine große Bedeutung, weil die entsprechenden Energiedichten im ganz frühen Kosmos vorhanden gewesen sein sollen.

Alle diese vereinheitlichenden Theorien beziehen jedoch die Gravitation nicht ein, deren quantenmechanische Behandlung bislang nicht befriedigend gelungen ist[162]. Praktisch hat dies keine Bedeutung, da die Gravitationskraft die mit Abstand kleinste Kraft unter den vier Grundkräften ist, nur bei großen Massen eine Rolle spielt und bei der Wechselwirkung zwischen Elementarteilchen, bei der die drei übrigen Kräfte von großer Bedeutung sind, vernachlässigbar ist. Theoretisch jedoch ist diese Unvollständigkeit unbefriedigend, und so wird weiter an der Einbeziehung auch der Gravitation gearbeitet. Hat man in den frühen 80er Jahren noch versucht, die Gravitation durch die Vorstellung einer ‚Supergravitation‘, durch die alle Naturkräfte als Spezialfälle einer ‚Superkraft‘ verstanden werden, in das Vereinigungskonzept einzubeziehen, so ergibt sich

---

[160] Allerdings haben Experimente zu Beginn der neunziger Jahre am LEP-Beschleuniger am CERN in Genf ergeben, daß eine Theorie zur Vereinheitlichung der elektroschwachen Kraft mit der chromodynamischen Kraft komplizierter sein muß als diejenige, die die elektrodynamische und die schwache Wechselwirkung verbindet, da sich die Kopplungsstärken beider elektroschwachen Kräfte und der chromodynamischen Kraft in Abhängigkeit von der Energie zwar bei der Vereinigungsenergie nahe kommen, sich aber nicht in einem Punkt schneiden, vgl. H. FRITZSCH, Quarks. Urstoff unserer Welt, 292.

[161] Die entsprechenden Theorien implizieren die Möglichkeit eines spontanen Protonenzerfalls unter Nicht-Erhaltung der Baryonenzahl, allerdings bei einer mittleren Lebensdauer des Protons von mindestens 10^{31} Jahren (zum Vergleich: das Alter unseres Universums beträgt etwa 10^{10} Jahre). Eine gesicherte empirische Bestätigung dafür steht noch aus.

[162] Alle relativistischen Quantenfeldtheorien wie die *Quantenelektrodynamik* zur Beschreibung der elektromagnetischen Wechselwirkung, die *Weinberg-Salam-Theorie* der elektroschwachen Wechselwirkung oder die *Quantenchromodynamik* der starken Wechselwirkung quanteln die Feldgrößen und beschreiben die Wechselwirkung als den virtuellen Austausch von Feldquanten. Eine Einbeziehung der Gravitation, also eine die allgemeine Relativitätstheorie aufnehmende Quantenfeldtheorie der Gravitation, steht bis heute aus.

1984 ein Umschwung zu Gunsten der sogenannten ‚Stringtheorien‘[163]. Doch auch auf diesem Weg ist der entscheidende Durchbruch noch nicht gelungen.

Eine wirklich vollständige, einheitliche Materietheorie ist also noch nicht entwickelt. Sie müßte beides zusammenbringen, eine den Symmetriegruppen entsprechende Beschreibung der Arten, Gattungen und Eigenschaften der Elementarteilchen und Wechselwirkungsteilchen und die Formulierung eines dynamischen Gesetzes, das die Aufspaltung des einen ‚Urobjektes‘ Materie/Energie in die verschiedenen Zustände mit ihren Übergangsbedingungen und -wahrscheinlichkeiten herleitet. Als Idealziel stellt man sich vor, daß nur ein einziger kontingenter Parameter in dieser Theorie auftauchen müßte, die Planck-Masse, durch die die Skalierung für die Werte der Massen und Energien der Teilchen ebenso festgelegt würde wie die basalen Zeit- und Raumintervalle, die Planck-Zeit und die Planck-Länge[164].

Es bleibt allerdings festzuhalten, daß mit den Symmetrieprinzipien der Materiemodelle und den diskreten Quantenzuständen ein Gesetzestypus als fundamental angesehen wird, der sich grundsätzlich von den Differentialgleichungen der klassischen Physik und denen der einsteinschen Feldtheorie unterscheidet. Sie beschreiben keine kontinuierliche Entwicklung in der Zeit, die durch Fehlerabschätzungen, Störungstheorien etc. an die tatsächliche Entwicklung angenähert werden kann, sondern stellen Struktur- und Formprinzipien ohne Fehlertoleranz und kontinuierliche Übergänge dar, deren Symmetrien über Erhaltungsgesetze bestimmt und durch statistische, indeterministische Wahrscheinlichkeitsangaben geregelt werden und nicht-lokale Korrelationen aufweisen. Das ‚spontane‘ Eintreten von Symmetriebrechungen wird von Randbedingungen abhängig gemacht, so daß sich über die Entwicklung der Randbedingun-

---

[163] Vgl. als erste Einführung S. HAWKING, Eine kurze Geschichte der Zeit, 199–212; H.-U. KELLER, Superstrings und kosmische Strings: Was die Welt im Innersten zusammenhält, in: Immer Ärger mit dem Urknall, 235–255. Danach werden statt punktförmiger Teilchen eindimensionale Strecken, englisch ‚strings‘ mit einer Länge in der Größenordnung von 10^{-33} *cm* als elementare Objekte eingeführt. Strings können offen oder geschlossen sein, wobei das Teilchen selbst eine Störung oder Erregung darstellt, die auf dem String entlangläuft. Alle materiellen Teilchen wären dann „als Störungen von in submikroskopischen Bereichen ständig fluktuierenden topologischen Strukturen" (aaO., 248) zu verstehen. Mit Hilfe solcher Theorien könnte es möglich werden, auch die Gravitation mit einzubeziehen und durch die gleichzeitig diskrete und wellenartige Konstruktion der String-Teilchen Relativitätstheorie und Quantentheorie zu verbinden. Allerdings funktionieren einschlägige Modelle dieser Art nur mit 10 bzw. 26 Dimensionen der Raumzeit, die in den extrem kleinen Größenordnungen der Strings auftreten müßten. Außerdem sind sehr viele verschiedene String-Theorien möglich, und ihre Prüfung durch aus den Theorien abgeleitete Vorhersagen erweist sich als äußerst schwierig.

[164] Vgl. unten S.239, Anm. 234.

gen Differenzierungen nach Wahrscheinlichkeitsgesetzen einstellen können. Auf diese Weise kann man die quantentheoretischen Materie- und Wechselwirkungsmodelle für die Geschichte des ganz frühen Kosmos in Anschlag bringen, wenn sich mit der Expansion die Randbedingungen wie z.B. die Energiedichte ändern. Diesen Modellen wendet sich der folgende Abschnitt zu.

6. Quantentheorie und Kosmologie

6.1. Offene Fragen des Standardmodells

Die kosmologischen Theorien des Standardmodells des Urknalls stellen, wie wir sahen, spezielle Lösungen der einsteinschen Feldgleichungen der Gravitation dar. Aus ihnen kann man auf einen hochverdichteten Anfangszustand des Universums schließen, aus dem heraus sich durch Expansion das heutige Weltall entwickelt hat. Nähert man sich dieser Anfangssingularität, so sollte irgendwann kurz nach dem Urknall der Punkt erreicht sein, vor dem die Materie eine solche Dichte hatte, daß die oben besprochene Symmetrie zwischen den verschiedenen Wechselwirkungen noch nicht gebrochen war. Es könnte also an diesem Punkt die moderne Elementarteilchentheorie mit ihren Vereinigungssymmetrien für die Theorie der Evolution des ganz frühen Kosmos relevant sein. Umgekehrt ist bis heute für die Elementarteilchenphysiker der frühe Kosmos der einzige Gegenstand, an dem sie die Voraussagen ihrer Vereinigungstheorien überprüfen können, da die dazu notwendigen Energiedichten im Experiment bei weitem nicht realisierbar sind[165]. So versucht man seit den siebziger Jahren, die Elementarteilchentheorien einem kosmologischen Gültigkeitstest zu unterziehen. Im Rahmen dieser Überlegungen hat man begonnen, modifizierte Urknallmodelle zu entwickeln, die einige kontingente und als erklärungsbedürftig empfundene Grundzüge des Standardmodells, die als seine Anfangsbedingungen gesetzt werden müssen und zum Teil eine erstaunliche Sensibilität gegenüber minimalen Abweichungen zeigen, aus einer solchen quantentheoretischen Behandlung der frühesten Frühzeit des Kosmos herzuleiten. Diese im Rahmen des Standardmodells offenen Fragen wollen wir zunächst vorstellen.

---

[165] Die Verhältnisse in diesem Hochenergiebereich sind wahrscheinlich mit realistischen Instrumenten empirisch nie zu überprüfen. Der in den USA geplante Bau eines supraleitenden Supercolliders würde in der vorgeschlagenen Version 20.000 ($= 2 \cdot 10^4$) GeV erreichen, also nicht einmal den milliardsten Teil der erforderlichen Energie.

6.1.1. Homogenität, Isotropie und das Horizontproblem

Bei den Friedmann-Lösungen des Standardmodells wird vorausgesetzt, daß der Kosmos in seiner großräumigen Metrik als homogen und isotrop anzusehen ist. Diese Annahme, daß kein Raumpunkt und keine Raumrichtung im Universum ausgezeichnet sind und daß deshalb von den Beobachtungen, die wir von der Erde aus in den uns durch unsere Meßinstrumente zugänglichen Raumgebieten machen, extrapoliert werden darf auf die Eigenschaften des Gesamtkosmos, hat sich als tragfähig erwiesen. Es gibt jedenfalls bis jetzt keine astrophysikalischen Daten, die kompliziertere, nicht-homogene und anisotrope Modelle zu erfordern scheinen. Als positiver Hinweis auf ein isotropes Universum kann auch die hochgradige Isotropie der kosmischen Hintergrundstrahlung gelten, die einzig über Urknallmodelle erklärt werden kann und auf die hochgradige Isotropie des jungen Universums schließen läßt. Einen indirekten Hinweis auf die Homogenität des Kosmos liefert zudem die Linearität des Hubble-Gesetzes[166], dem zufolge die Fluchtgeschwindigkeiten der Galaxien mit wachsender Entfernung linear zunehmen. Direkt überprüfbar sind Isotropie und Homogenität aber nur *lokal* um unseren Standpunkt herum, *globale* Isotropie und Homogenität gehen als Anfangsbedingung in die kosmologischen Theorien ein und können nur über Konsistenz und Erklärungskraft dieser Theorien indirekt bestätigt oder verworfen werden, nicht durch direkte Beobachtung.

1973 untersuchen Barry Collins und Stephen Hawking nun erstmals die Frage, ob man physikalische Gründe dafür angeben könne, *warum* das Universum isotrop sei[167]. Sie schätzen ab, wie groß mögliche Anisotropien und Inhomogenitäten in der Frühzeit des Universums höchstens hätten sein dürfen, so daß die heute beobachteten minimalen Abweichungen von Isotropie und Homogenität im Laufe der Entwicklung nicht überschritten werden. Sie untersuchen dazu Störungen in Friedmann-Modellen und kommen zu dem Ergebnis, daß nur ein Universum mit sehr flacher Raum-Zeit, d.h. ein Friedmann-Kosmos mit einer Krümmung nahe Null und mit einem schon hochgradig isotropen Anfangszustand zu der heute beobachtbaren Isotropie führen kann[168]. Collins und Hawking zeigen durch ihre Stabilitätsanalyse, daß schon geringe Störungen der

---

[166] Vgl. oben S.92.

[167] B. COLLINS/S. HAWKING, Why Is the Universe Isotropic?, Astrophysical Journal 180 (1973), 317–334.

[168] Wir erinnern uns: der Sonderfall eines flachen Friedmann-Universums tritt dann ein, wenn die Gesamtmasse des Universums und seine Fluchtgeschwindigkeit gerade so gegeneinander austariert sind, daß die Fluchtgeschwindigkeit der Galaxien immer kleiner wird und gegen Null geht, vgl. oben S.81ff.

Isotropie und Homogenität die Tendenz haben, sich gegenseitig im Laufe der Expansion zu verstärken, und daß nur in einem Kosmos, der nahe der kritischen Dichte expandiert, diese Tendenz klein genug gehalten werden kann. Für unseren Kosmos ist deshalb ein hochgradig isotroper und homogener Anfangszustand zu fordern, bei dem Energiedichte und Expansionsrate etwa in dem Verhältnis zueinander stehen, daß der Kosmos die kritische Dichte aufweist[169].

Damit ist nur ein schmaler Ausschnitt möglicher Lösungen der Friedmann-Gleichungen mit dem Bild, das unser heutiger Kosmos bietet, verträglich, und es stellt sich die Frage, warum wir gerade in einem solchen Universum leben, das als hochgradig isotrop eine gegen Null gehende Wahrscheinlichkeit in der Menge aller nach der Friedmannschen Theorie möglichen Universen besitzt. Collins und Hawking geben eine ungewöhnliche Antwort: „The answer to the question ‚why is the universe isotropic?' is ‚because we are here'."[170] Da die Bedingungen unserer Existenz in empfindlicher Weise abhängen von den Anfangsbedingungen der kosmischen Entwicklung, können wir nur in einem Universum entstehen, das isotrop ist. Irgendwie, so suggerieren Collins und Hawking, muß deshalb in unserer Existenz der Grund für diese kontingente Eigenschaft des Kosmos liegen. Diese Überlegung bildet einen Ausgangspunkt für das später sogenannte Anthropische Prinzip[171].

Verschärft wird die Frage nach dem Grund der hochgradigen Isotropie des Kosmos noch durch das damit verbundene Horizontproblem, das Mechanismen zur globalen Isotropierung der Materieverteilung im Kosmos ausschließt. Unter dem sogenannten ‚Teilchenhorizont' versteht man den Weg eines Lichtsignals vom Urknall bis zur Epoche der Zeit t. Weil die Lichtgeschwindigkeit diejenige Geschwindigkeit ist, mit der sich kausale Wirkungen höchstens ausbreiten können, ist damit zugleich der Radius des Gebiets gegeben, in dem raum-zeitlich getrennte Ereignisse in kausalem Zusammenhang stehen können. Es zeigt sich nun, daß im Rahmen des Standardmodells der Teilchenhorizont

---

[169] Collins und Hawking können zeigen, und das ist der ursprüngliche Anlaß ihrer Arbeit, daß das gegenwärtige Universum nicht, wie es kurz vorher Charles M. Misner durch das Modell der *chaotischen Kosmologie* des Mix-Master-Universums versucht hatte, aus beliebigen oder zumindest variantenreichen Sets von Anfangsbedingungen mit Hilfe von Dämpfungsprozessen, die anfängliche Anisotropien geglättet hätten, entstehen konnte, vgl. C. MISNER, Mixmaster Universe, Phys. Rev. Letters 22 (1969), 1071–1074; vgl. die Darstellung bei J.D. BARROW/J. SILK, Raum und Zeit, in: Kosmologie. Struktur und Entwicklung des Universums (Spektrum der Wissenschaft: Verständliche Forschung), ⁴1988, 158–169, besonders 165ff.

[170] B. COLLINS/S. HAWKING, Why Is the Universe Isotropic?, 334.

[171] Da sich an dieses Konzept eine umfangreiche naturphilosophische und theologische Diskussion angeschlossen hat, erfordert es eine eigene kritische Betrachtung, siehe dazu den Exkurs unten S.244ff.

schneller schrumpft als der Skalenfaktor, je näher man dem Urknall kommt.
Das heißt, daß für jede Zeit $t > 0$ der Kosmos stets größer war als die kausal zusammenhängenden Gebiete[172]. Das schließt einen physikalischen Mechanismus zur globalen Herstellung der im kosmischen Strahlungshintergrund zu beobachtenden Isotropie aus. Man muß deshalb die Homogenität und Isotropie des beobachteten Universums auf die Anfangsbedingungen bei $t \equiv 0$ zurückführen, also auf die Singularität, bei der die Theorie allerdings zusammenbricht. Wünschenswerter wäre eine Erklärung, die diese Eigenschaft aus Gesetzmäßigkeiten des frühen Kosmos genetisch herleiten könnte.

6.1.2. Das ‚Flachheitsproblem‘

Eine ähnliche Erklärung möchte man auch für das Phänomen der Flachheit des Universums finden, das zu Homogenität und Isotropie hinzutreten muß. Der heute beobachtbare Kosmos ist bis hin zu einer Größenordnung von 10^{28} *cm* nahezu exakt euklidisch. Ein euklidisches Universum aber, so hatten wir bei der Behandlung der Friedmann-Modelle gesehen, entsteht nur, wenn die Energiedichte des Weltalls ρ_c in Abhängigkeit von der Expansionsgeschwindigkeit nahe der kritischen Dichte liegt. Im anderen Fall könnten keine Sterne und Galaxien entstehen. „Nimmt man kontrafaktisch an, daß bei $t = 1$ *sec* die Expansionsrate um 1 Millionstel geringer gewesen wäre, so daß die potentielle Energie der Gravitation die kinetische Energie in diesem Ausmaß übertroffen hätte, dann hätte die Expansion schon bei 30 Millionen Jahren aufgehört ($T \cong 10^4 K$); wenn andererseits bei $t = 1$ *sec* die Expansionsrate um 1 Millionstel größer gewesen wäre, dann hätte schon zur Entkopplungszeit ($T \cong 2000K$) die Expansion die Oberhand über die Gravitation gewonnen und die Entwicklung gebundener Systeme verhindert"[173].

Auch hier zeigt sich, daß die relative Abweichung von der kritischen Dichte immer geringer werden muß, je früher wir den Kosmos betrachten. Nur wenn mit dem Zeitpunkt $t = 0$ im Urknall die Energiedichte und Expansionsgeschwindigkeit genau ins richtige Verhältnis gesetzt wird, folgt die Flachheit des Kosmos im Alter. Durch tieferliegende Erklärungen möchte man auch diese

---

[172] Vgl. H. GOENNER, Einführung in die Kosmologie, 203–248; B. KANITSCHEIDER, Kosmologie, 280ff.; A. LINDE, Elementarteilchen und inflationärer Kosmos, 1993, 35. Die genauen Berechnungen zeigen, daß zur Planck-Zeit (10^{-43} *sec*), als die Größe jedes kausal zusammenhängenden Gebiets nur 10^{-33} *cm* betrug, das Gesamtgebiet des heute sichtbaren Kosmos etwa 10^{-4} *cm* groß gewesen sein muß und zugleich in $(10^{29})^3 \cong 10^{87}$ kausal entkoppelte Regionen unterteilt werden kann.

[173] B. KANITSCHEIDER, Kosmologie, 271.

kontingente Tatsache verständlich machen und Gründe dafür angeben, „warum
wir gerade in jenem parabolischen Universum leben, das eine verschwindende
Absolutwahrscheinlichkeit in der Menge aller Universen besitzt"[174].

6.1.3. Das Problem der magnetischen Monopole und der Baryonenasymmetrie

Möchte man auf der Grundlage der gängigen Vereinigungstheorien die Entwicklung der Energie/Materie im allerfrühesten Kosmos im Rahmen des Szenarios des Standardmodells beschreiben, so ergeben sich weitere Probleme. Nach
fast allen GUT-Theorien ergibt sich für den frühen Kosmos das Entstehen einer
Reihe von stabilen massiven Teilchenarten, vor allem superschweren magnetischen Monopolen, die in großer Zahl hätten erzeugt werden müssen und die
nur langsam zerfallen, so daß die heutige Monopoldichte so groß wie die Ba-
ryonendichte sein müßte. Da diese Teilchen aber schwer sind, läge dann die
Energiedichte des Kosmos um das 10^{15}-fache über der kritischen Dichte, was
ganz gegen den empirischen Befund steht.

Eine Einbeziehung quantentheoretisch begründeter Vereinigungstheorien
soll zudem in der Lage sein, zu erklären, warum aus der ursprünglichen Energie des Kosmos nicht zu gleichen Teilen Materie und Antimaterie entstanden
sind, und den zu beobachtenden Materieüberschuß im Universum zu begründen. Bei allen Prozessen unterhalb der großen Vereinigungsenergie entsteht aus
Energie immer genauso viel Materie wie Antimaterie, das heißt, die Anzahl der
Baryonen abzüglich der Anzahl der Antiteilchen ergibt immer Null. Nur unter
Einbeziehung von Asymmetrien mit nichterhaltender Baryonenzahl, wie dies
bei GUT-Vereinigungstheorien der Fall ist, könnte die Materie gegenüber der
Antimaterie überwiegen und zugleich möglicherweise hergeleitet werden, weshalb der beobachtete Überschuß von Materie gerade die Größenordnung zeigt,
die wir faktisch beobachten.

6.2. Das Modell des inflationären Urknalls

Die erwähnten Größen, die als Rand- und Anfangsbedingungen in das Standardmodell eingehen, durch eine Zurückführung auf tiefcrliegende Zusammenhänge jedenfalls teilweise erklären zu können, nimmt das inflationäre Modell
des Urknalls für sich in Anspruch[175]. Dieses Modell wird in den achtziger Jahren von Alan Guth und Andrej Linde entwickelt und ist inzwischen vielfach

---

[174] AaO., 272.
[175] Vgl. z.B. J. AUDRETSCH, Physikalische Kosmologie I: Das Standardmodell, in: Vom
Anfang der Welt, 66–92, 92: „Das inflationäre Universum löst die Rätsel des Standardmodells."

modifiziert und diskutiert worden[176]. Die Grundidee ist, daß im inflationären Modell der Kosmos ab der Zeit $t \cong 10^{-35}$ *sec* eine kurze Phase mit exponentieller Ausdehnung durchgemacht hat, die in die lineare Ausdehnung des Standardmodells ab $t \cong 10^{-30}$ *sec* übergeht. Von da an stimmen inflationäres Modell und Standardmodell wieder überein. Die Attraktivität des inflatorischen Modells[177] besteht darin, daß es verspricht, sowohl die Vereinigungstheorien der Elementarteilchenphysik in konsistenter Weise in die kosmische Geschichte eingliedern zu können als auch die Eigenschaften der Homogenität und Isotropie sowie der Flachheit des Universums aus den Symmetrieprinzipien und als Ergebnis der inflationären Phase herzuleiten.

Die Inflationshypothese baut auf der Version einer großen vereinheitlichten Theorie (GUT) auf, die die drei fundamentalen Wechselwirkungen (ohne Gravitation) vereinigt[178]. Die Inflation des Kosmos kurz nach dem Urknall soll auf dem Phasenübergang beruhen, der sich beim Übergang von der hohen Symmetrie der drei vereinten Kräfte zur niedrigeren Symmetrie der Trennung von elektroschwacher und starker Wechselwirkung ergibt. Dieser Übergang soll eine spontane Symmetriebrechung darstellen und sich als Phasenübergang (1. Ordnung) beschreiben lassen. Phasenübergänge finden sich auch in der Alltagsphysik, etwa beim Ausfrieren von Wasser oder beim Abkühlen eines Magneten, bei dem sich die Magnetisierung unterhalb einer kritischen Temperatur ‚spontan‘, d.h. ohne äußeren Einfluß einstellt. Oberhalb der kritischen Temperatur herrscht jeweils ein symmetrischer Zustand (alle Wassermoleküle bzw. magnetischen Dipole sind rotationssymmetrisch angeordnet, keine Richtung ist ausgezeichnet), nach Unterschreiten der kritischen Temperatur stellt sich ein geordneter, in eine Richtung orientierter Zustand ein, die vorher vorhandene Symmetrie ist ‚gebrochen‘.

Analog läßt sich das ‚Ausfrieren‘ der elektroschwachen und starken Wechselwirkung aus der vereinigten Kraft beschreiben. Kosmologisch bedeutsam ist dabei die aus der GUT hergeleitete Annahme, daß das Quantenvakuum oberhalb der Vereinigungsenergie ein anderes Energieniveau besitzt als nach der

---

[176] Vgl. z.B. A. GUTH, Inflation Universes, a Possible Solution of the Horizon and Flatness Problem, Phys. Review (D) 23/2 (1981), 347–356; A. LINDE, Elementarteilchen und inflationärer Kosmos; I.G. MOSS, Quantum theory, black holes, and inflation, Chichester 1996; S. HAWKING, Eine kurze Geschichte der Zeit, 161 ff.; vgl. die ausgewogenen Darstellungen bei H. GOENNER, Einführung in die Kosmologie, 203–248 und B. KANITSCHEIDER, Kosmologie, 282 ff.

[177] „Das inflatorische Modell ist zu schön, um nicht wahr zu sein" (J. AUDRETSCH, Physikalische Kosmologie II: Das inflationäre Universum, in: Vom Anfang der Welt, 93–113, 111).

[178] Vgl. dazu oben S. 211 f.

Symmetriebrechung. Die Quantentheorie des Vakuums setzt voraus, daß auch das Vakuum, d.h. ein Raumgebiet, das keine reellen Teilchen mehr enthält, durch die Erzeugung und Vernichtung virtueller Teilchen über kleine Zeitintervalle einen gewissen energetischen Grundzustand besitzt[179]. Die Vakuumsenergie besitzt in der GUT-Phase der vereinigten Kräfte einen höheren energetischen Grundzustand, man nennt dieses Vakuum auch ‚falsches Vakuum‘, das der gebrochenen Kräftesymmetrie dann das ‚echte Vakuum‘. Die unterschiedlichen Vakua können mit Hilfe eines Skalarfeldes beschrieben werden, das Higgs-Feld, dessen Teilchen mit den Überträgerteilchen der Kräfte wechselwirken können und ihnen eine Masse zuteilen. „Stark vereinfacht kann man sagen, daß die Teilchen, die die Wechselwirkung vermitteln, bei der Symmetriebrechung sich Higgs-Felder ‚einverleiben‘ und dadurch massiv werden."[180] Der Kosmos soll nun in seiner ganz frühen Zeit einen Phasenübergang vom falschen Vakuum mit hoher Energie und Symmetrie zum echten Vakuum mit niedriger Energie und gebrochener Symmetrie vollzogen haben.

Wie beim Ausfrieren von Wasser vollzieht sich ein Phasenübergang 1. Ordnung heterogen und diskontinuierlich und kann ein Phase der Unterkühlung durchlaufen, d.h. man kann die kritische Temperatur einige Zeit unterschreiten, ohne daß die Symmetrie bricht. Irgendwann unterhalb der kritischen Temperatur wächst dann die eine Phase aus einzelnen spontan entstandenen Keimen in die andere. Auch beim Kosmos nimmt man eine solche Phase der Unterkühlung, das sogenannte ‚super-cooling‘ an, in der die Vakuumsenergie die maßgebende Energie für den Kosmos darstellt. Es läßt sich nun zeigen, daß diese Energie des falschen Vakuums antigravitativ wirkt und den Kosmos inflatorisch aufbläht. Dies geschieht nach Guths ursprünglicher Theorie zunächst in einzelnen Blasen mit gebrochener Symmetrie im Innern der symmetrischen Phase, die sich ausdehnen und miteinander verschmelzen, bis sich das ganze Universum in der neuen Phase befindet. Damit ist dann das echte Vakuum erreicht, die große Vakuumsenergie des falschen Vakuums wird durch Quantenfluktuationen, allerdings unter Nichterhaltung der Baryonenzahl (!), abgegeben, der Kosmos füllt sich mit Materie, heizt sich wieder auf und seine Expansion geht in die durch das Standardmodell des heißen Urknalls beschriebene über.

Stephen Hawking und andere weisen dann aber nach, daß sich das Universum in der inflatorischen Phase als ganzes so schnell ausgedehnt haben muß, daß sich die Blasen mit gebrochener Symmetrie selbst bei einer Ausdehnung mit Lichtgeschwindigkeit zu schnell voneinander entfernt hätten, um sich mit-

---

[179] Vgl. dazu oben S.210f.
[180] J. AUDRETSCH, Physikalische Kosmologie II: Das inflationäre Universum, 101.

einander zu verbinden[181]. Daraufhin entwickeln Andrej Linde sowie Paul Steinhardt und Andreas Albrecht unabhängig voneinander die sogenannte *‚neue Inflationstheorie'*, die einen relativ langsamen Symmetriebruch vorschlägt, innerhalb dessen die Blasen zusammenwachsen können[182].

Allen Inflationstheorien ist gemeinsam, daß sich unser Kosmos aus einer großen Variation von Anfangsbedingungen heraus hätte entwickeln können, die sich durch die Inflation so gegeneinander ausgleichen, daß sich beim Übergang zur Entwicklung gemäß dem Standardmodell genau der Zustand einstellt, den man in der Urknall-Theorie als Anfangsbedingung für ein flaches Universum annehmen muß. Die Glättungsprozesse der Inflation, so die Vorstellung, gleichen eventuelle Inhomogenitäten der vorinflatorischen Phase aus. Einen spezifischen Anfangszustand vorauszusetzen ist weder nötig, noch ist seine Rekonstruktion aus dem heute vorfindlichen Kosmos möglich, da die inflationäre Phase alle Spezifität des Anfangszustands weggedämpft hat[183]. Man kann es deshalb als das zentrale Ziel der gegenwärtigen, das Inflationsmodell favorisierenden kosmologischen Bemühungen bezeichnen, „die Unabhängigkeit von Anfangs- und Randbedingungen zu zeigen: Gleichgültig, welche physikalischen Verhältnisse im einzelnen am Anfang geherrscht haben und gleichgültig, wie die Theorien der Hochenergiephysik und der Gravitation bzw. der Raum-Zeit-Geometrie im einzelnen beschaffen sind, die Entwicklung überführt den Kosmos stets in den homogenen und heißen materieerfüllten Frühzustand, wie er im Standardmodell durch Setzungen gefordert wird"[184]. Damit kommt der Selbstkonsistenz der kosmologischen Theorie entscheidende Bedeutung zu[185].

---

[181] S. HAWKING, Eine kurze Geschichte der Zeit, 165f.

[182] AaO., 167f. Allerdings sollten aus der ‚neuen Inflationstheorie' Inhomogenitäten im kosmischen Strahlungshintergrund folgen, die die beobachteten Werte bei weitem überschreiten. Inzwischen hat Linde ein inflatorisches Szenario vorgeschlagen, das ohne Phasenübergang auskommt, das Modell der sogenannten ‚chaotischen Inflation', vgl. A. LINDE, Elementarteilchen und inflationärer Kosmos.

[183] Vgl. A. GUTH/P. STEINHARDT, Das inflationäre Universum, Spektrum der Wissenschaft (1984), Heft 7, 80–94, 82: „Aus fast sämtlichen Anfangsbedingungen heraus entwickelt sich das Universum in genau den Zustand, den man in der Urknall-Theorie als Anfangsbedingung annehmen mußte."

[184] J. AUDRETSCH, Physikalische Kosmologie II: Das inflationäre Universum, 112.

[185] „Gesucht ist eine selbstkonsistente Theorie für die kosmologische Raum-Zeit und die in ihr enthaltene Materie zugleich" (aaO., 113).

6.3. Quantenkosmologie

Die eigentliche Quantenkosmologie geht über die Anwendung von Vereinigungstheorien auf den frühen Kosmos noch hinaus und versteht sich als Versuch, den frühen Kosmos *als ganzen* quantenmechanisch zu behandeln, um so Aussagen über seinen Anfangszustand machen zu können[186]. Erscheint es schon gewagt, die Einsichten quantentheoretischer Überlegungen, besonders in Bezug auf die spontane Symmetriebrechung, für die Geschichte des frühen Kosmos geltend zu machen, so ist die Behandlung des Kosmos als ein der Quantentheorie insgesamt gehorchendes System schon deshalb problematisch, weil es noch keine befriedigende Quantenfeldtheorie der Gravitation gibt, was die Voraussetzung dafür wäre, die Wellenfunktion des Kosmos angeben zu können. Dennoch geht man so vor, daß man eine Gleichung aufstellt (die Wheeler-DeWitt-Gleichung)[187], die so etwas wie die Wellenfunktion des quantenmechanischen Systems ‚Kosmos‘ darstellen soll. Wie jede Schrödinger-Gleichung hat auch diese viele Lösungen, und zu ihrer Reduktion, aus der sich dann die konkreten Eigenschaften des Kosmos ergäben, müssen zusätzliche Randbedingungen vorgegeben werden, um eine eindeutige Lösung als den Anfangszustand für das inflationäre Modell zu erhalten.

Zur Aufstellung der Wellenfunktion des Kosmos trennt man das Raum-Zeit-Kontinuum in Zeit und raumartige Hyperflächen auf und betrachtet einen abstrakten Konfigurationsraum, den sogenannten Superraum, der alle Äquivalenzklassen aller dreidimensionalen Raumgeometrien enthält. Über diesem unendlichdimensionalen Superraum ist dann die Wheeler-DeWitt-Gleichung definiert. Die Raum-Zeit eines konkret existierenden Kosmos kann als Trajektorie in diesem Superraum aufgefaßt werden. Zusätzlich werden nun verschiedene Vorschläge gemacht, die Randbedingungen durch möglichst einfache Bedingungen aus dem System selbst heraus festzulegen. So gibt es die Theorie von Vilenkin und Linde, die einen Wahrscheinlichkeitsstrom aus dem Superraum für die Festlegung der Randbedingungen verantwortlich machen wollen, oder die ‚no-boundary-condition‘ von Hartle und Hawking, die kompakte, euklidische 4-Geometrien (mit imaginärer Zeitkoordinate) mit regulären Materiefel-

---

[186] Vgl. zum folgenden H. GOENNER, Einführung in die Kosmologie, 251ff.; S. HAWKING, Quantum Cosmology, in: Relativity Groups and Topology (Les Houches Lectures), hg. von B. DEWITT/R. STORA, North-Holland 1984, Nachdr. in: DERS., Hawking on the Big Bang and Black Holes, 223–243; C.J. ISHAM, Quantum Theories of the Creation of the Universe, in: Quantum Cosmology and the Laws of Nature, hg. von R.J. RUSSELL/N. MURPHY/C.J. ISHAM, Vatikanstadt 1993, 49–89.
[187] Vgl. die Ausführungen zur Viele-Welten-Hypothese oben S.207.

dern im Superraum auszeichnen soll[188]. Nach Hawkings Vorschlag soll sich zeigen, „daß man die Wahrscheinlichkeiten der meisten möglichen Geschichten des Universums vernachlässigen kann, daß es aber eine bestimmte Familie von Geschichten gibt, die wahrscheinlicher sind als die anderen"[189], und dies sind gerade die euklidischen Raumzeiten, die keine Singularität und keinen Rand aufweisen. Die Entstehung eines solchen randlosen und singularitätenfreien Universums sieht Hawking in Analogie zu Quanteneffekten in starken Gravitationsfeldern: aus Quantenfluktuationen im Superraum könnten dann ganze Universen entstehen. „Wenn wir von der Keine-Grenzen-Bedingung ausgehen, so stellen wir fest, daß das Universum mit der kleinstmöglichen Nichteinheitlichkeit begonnen haben muß, die von der Unschärferelation zugelassen wird."[190] Aus einer solchen Quantenfluktuation im Superraum wäre auch unser Kosmos entstanden[191].

Inzwischen gehen einige Theoretiker noch darüber hinaus und versuchen, nicht nur die Trajektorien möglicher Universen im Superraum festzulegen, sondern eine ganze Quantenfeldtheorie auf dem Superraum zu definieren, so daß der Superraum einem System aus vielen Universen entspricht, die miteinander wechselwirken können. Unter *einem* ‚Universum' versteht man in diesem Zusammenhang „eine zusammenhängende dreidimensionale Geometrie und unter *mehreren* Universen verschiedene topologisch nicht zusammenhängende, aber global miteinander wechselwirkende Geometrien"[192]. In diesen Szenarien können dann ‚Baby-Universen' sich von ‚Eltern-Universen' abschnüren oder miteinander verschmelzen.

Der Superraum in seiner abstrakten, noch keine Universen enthaltenden Form wird auch ‚void' (‚Nichts' oder ‚Leere') genannt[193] und stellt so etwas wie einen noch gänzlich unrealisierten Möglichkeitsraum aller logisch konsistenten Universen dar. Mit den Worten Pagels: „The nothingness ‚before' the creation of the universe is the most complete void that we can imagine – no space, time or matter existed. It is a world without place, without duration or

---

[188] S. HAWKING/J. HARTLE, Wave Function of the Universe, Phys. Rev. D28 (1983), 2960–2975, Nachdr. in: S. HAWKING, Hawking on the Big Bang and Black Holes, 207–222.

[189] S. HAWKING, Eine kurze Geschichte der Zeit, 175.

[190] AaO., 178.

[191] Es zeigt sich jedoch bei genauerer Prüfung, „daß die Hartle-Hawking-Randbedingung die Wellenfunktion des Universums ψ *nicht eindeutig* festlegt, selbst in einfachen Modellen nicht" (H. GOENNER, Einführung in die Kosmologie, 269).

[192] AaO., 270.

[193] Z.B. A. STROMINGER, Baby universes, in: Quantum cosmology and baby universes, hg. von S. COLEMAN/J.B. HARTLE/T. PIRAN/S. WEINBERG, Singapore 1991, 269–346.

eternity, without number. . . . It would seem that even the void is subject to law, a logic that existed prior to time and space."[194] Auch Hawking sieht sein Modell des bei imaginärer Zeitkoordinate singularitätenfreien Universums, das wie eine vier-dimensionale Kugel in sich zusammenhängend und sozusagen ‚abgeschnürt' ist und aus einer kleinstmöglichen Quantenfluktuation entstanden sein könnte, als physikalische Beschreibung einer Entstehung aus dem ‚Nichts'. Unser Kosmos „would quite literally be created out of nothing: not just out of the vacuum, but out of absolutely nothing at all, because there is nothing outside the universe"[195]. Dieses fluktuierende Ur-Quantenvakuum als ‚Nichts' zu bezeichnen, ist allerdings ein Etikettenschwindel. Immerhin ist es durch die verschiedenen Quantenfelder, die es enthält, zu beschreiben, auch wenn diese sich im niedrigsten energetischen Zustand befinden, und natürlich durch die quantenphysikalischen Gesetze, denen diese Felder gehorchen. So stellt Polkinghorne fest: „In its fluctuating nature it [sc. das quantenmechanische Vakuum] is more like a plenum than a vacuum."[196]

Gibt es aber ursprünglich nur dieses primordiale ‚Nichts', so ergibt sich das Folgeproblem, wie die heute vorfindliche wirkliche Raumzeit mit ihren konkreten Zuständen aus dem Anfangszustand des Universums, der eine kohärente Überlagerung *aller möglichen Zustände* des Universums darstellt, sich realisiert hat. Die übliche Deutung der Quantenmechanik, die diese Reduktion der Wellenfunktion auf eine konkrete Lösung auf die Messung einer Observablen zurückführt, kann hier deshalb nicht zur Anwendung kommen, weil für den anfänglichen Kosmos weder ein ‚Meßinstrument' noch ein Beobachter definierbar ist, weil ja überhaupt keine ‚Umgebung' zum Ganzen existiert. Will man im Rahmen der Quantenkosmologie aus einem ursprünglichen quantengravitativen Zustand die heute vorfindliche, weitgehend klassische Raumzeit entstehen lassen, so muß man anscheinend den verschiedenen möglichen Geschichtsabläufen des Kosmos beobachter- und messungsunabhängige Wahrscheinlichkeiten zuordnen, ein Verfahren, das als ‚Dekohärenz' bezeichnet wird[197]. „Die ursprünglich vorhandene starke Korrelation zwischen allen quantenmechanischen Möglichkeiten für die Wellenfunktion bzw. Dichtematrix des Universums muß reduziert werden."[198] Der konkrete Kosmos muß dann in irgendeiner Weise

[194] H. PAGELS, Perfect Symmetry, New York 1985, 347.
[195] S. HAWKING/R. PENROSE, The Nature of Space and Time, Princeton 1995, 85.
[196] J. POLKINGHORNE, One World. The Interaction of Science and Theology, London ⁴1987, 67.
[197] Vgl. dazu H. GOENNER, Einführung in die Kosmologie, 272–275.
[198] B. KANITSCHEIDER, Kosmologie, 191.

die Randbedingungen für sich selbst liefern[199]. Nur dann ließe sich im Rahmen quantenkosmologischer Überlegungen erklären, wie überhaupt eine relative Isolierung von Objekten und damit eine Differenzierung der materiellen Systeme mit relativem Abschluß gegen ihre Umwelt bis hin zu lebenden Systemen möglich ist. Der expandierende Kosmos sollte ‚selbst‘ durch die primordiale Reduzierung seines Anfangszustands und durch die dadurch ermöglichten vielfältigen Symmetriebrechungen dafür sorgen, daß diskrete und asymmetrische Materiezustände möglich sind und raumzeitlich unterschiedene, teilchenartige Gebilde, Atome, Moleküle und zuletzt auch Beobachter wie wir entstehen können.

6.4. Offene Fragen der Quantenkosmologie

Die Erweiterungen des Standardmodells durch die inflationären Modelle und die Quantenkosmologie sind noch weit davon entfernt, alle Fragen zu beantworten, die im Standardmodell offenbleiben, ja sie werfen selbst neue, zum Teil grundsätzliche Fragen auf. Wir beschränken uns an dieser Stelle auf die physikalischen Probleme der empirischen Prüfbarkeit und der theoretischen Konsistenz der vorliegenden Modelle, um dann weiter unten im Zusammenhang unserer naturphilosophischen Erörterungen einige grundlegende Einwände gegen den Anspruch der quantenkosmologischen Überlegungen geltend zu machen, das Gesamt von Möglichkeit und Wirklichkeit schlechthin beschreiben zu können[200].

Zunächst haben die inflatorischen Urknall-Modelle in der Tat den Vorzug, daß sie die Flachheit des Universums aus der inflatorischen Phase herleiten können. Nun ist zwar die Flachheit des dreidimensionalen Erfahrungsraumes bis in riesige Entfernungen empirisch nachweisbar, andererseits müßte dann auch das Weltall die kritische Materiedichte aufweisen, die der Flachheit bei der derzeitig beobachtbaren Fluchtgeschwindigkeit der Galaxien korrespondierte. Dies ist aber bei weitem nicht der Fall. Versucht man, die Dichte der beobachtbaren Materie zu ermitteln, so erhält man im Höchstfall 10% der notwendigen kritischen Dichte. 90% der Materie des Kosmos müßten demnach ‚dunkle Materie‘ und vermutlich in hohen Anteilen nichtbaryonische Materie sein. Man sucht des-

---

[199] Die Theorie der Dekohärenz versucht dies dadurch zu leisten, „daß einige Observable des Kosmos als ‚Umgebung‘ für die anderen ausgesondert werden", deren Wechselwirkung „dann eine Art kontinuierlicher Messung" bildet, „welche die Dekohärenz bewirkt" (H. GOENNER, Einführung in die Kosmologie, 275).

[200] Vgl. den Abschnitt unten S.240ff.

halb intensiv nach solcher, noch nicht beobachteter Materie, bisher allerdings ohne durchschlagenden Erfolg.

Aus den inflationären Modellen läßt sich nicht nur die besondere Homogenität und Isotropie der Materieverteilung ableiten, sondern zugleich auch ein skaleninvariantes Spektrum von Dichtefluktuationen in der Frühphase des Kosmos. Von den Verfechtern dieser Modelle wird dies als Hinweis dafür gesehen, daß daraus die Inhomogenitäten der Materieverteilung im derzeitig beobachtbaren Kosmos gewachsen sein könnten. Die Unbestimmtheitsrelation und die mit ihr verbundenen Quantenschwankungen im ganz frühen Kosmos sollen in Verbindung mit einer inflationären Phase für primordiale leichte Schwankungen der Energiedichte im Weltall verantwortlich sein. Diese Abweichungen von einer gleichförmigen Dichte hätten sich dann durch die Expansion des Kosmos verstärkt. In Gebieten größerer Dichte hätte sich die Expansion verlangsamt und im Laufe der Zeit die Gravitation die Oberhand gewonnen, so daß durch den Einfluß der Schwerkraft sich Materiekeime hätten bilden können, aus denen Galaxien, Sterne und Planeten entstanden. In ihrer Größenordnung und Verteilung lassen sich diese von den inflationären Modellen gelieferten Dichteschwankungen jedoch nicht mit den gemessenen Fluktuationen des Mikrowellenhintergrunds[201] in Einklang bringen, und auch für die Herleitung der derzeitigen großräumigen Materieverteilung liefern sie nicht den geeigneten Ausgangszustand. Das inflationäre Modell stellt also zwar in der Tat einen Mechanismus zur Produktion von Inhomogenitäten bei Beibehaltung der großräumigen Homogenität dadurch vor, daß es Dichteschwankungen auf die Quantenfluktuationen der die Inflation treibenden Felder zurückführt, doch ergeben sich in den bisherigen Modellen in der Regel zu große Inhomogenitäten, als daß sie die Keime zur Galaxienbildung sein könnten[202].

Vor allen Dingen aber, und damit kommen wir zu grundlegenderen Problemen der Quantenkosmologie, gibt es immer noch keine akzeptable Verbindung von Quantentheorie und Relativitätstheorie, die dringend für entsprechen-

---

[201] Vgl. dazu oben S.94. Zwar hat der Satellit COBE eine Anisotropie des Strahlungshintergrundes von $6 \cdot 10^{-6}$ über Winkelbereiche von $10°$ gemessen. Diese Anisotropien sind jedoch zu großflächig, um als Ausgangskeime für die Galaxienbildung in Frage zu kommen, sie übertreffen die Inhomogenitätsskala der jetzt leuchtenden Materie um den Faktor 10 (H. GOENNER, Einführung in die Kosmologie, 41; vgl. R. BREUER, Klumpen in der Strahlensuppe, in: DERS., Immer Ärger mit dem Urknall, 53–57).

[202] H. GOENNER, Einführung in die Kosmologie, 247. Eine weitere Voraussage des inflationären Modells ist ein stochastischer Gravitationswellenhintergrund. Vielleicht könnte dessen Entdeckung ein Hinweis auf die Tragfähigkeit des Inflationsmodells sein, bisher jedoch sind Gravitationswellen direkt durch irdische Sensoren überhaupt noch nicht meßbar.

de Theorien benötigt würde. Man hat nur das semantisch ungeklärte Verfahren der sogenannten kanonischen Quantisierung des Gravitationsfeldes zur Verfügung, das für die mathematische Behandlung gewisser Probleme der Quantisierung des Gravitationsfeldes hilfreiche technische Mittel bereithält, aber keine ausgebaute Quantenfeldtheorie darstellt. Das zeigt sich in einigen theoretischen Willkürlichkeiten der quantenkosmologischen Theorien. Da die Schrödinger-Gleichung aus der nicht-relativistischen Quantenmechanik stammt, muß man, um sie anwenden zu können, die relativistische Raumzeit wieder in Raum und Zeit aufspalten. Diese Ungleichbehandlung von Raum und Zeit in der Quantenkosmologie, die die Dreidimensionalität der Raumschnitte voraussetzt, ist ein stark willkürliches Element. Erst recht muß man sich fragen, wie denn ohne ein feste Hintergrundmannigfaltigkeit die kosmologische Zeit der entstehenden Kosmen und die von uns im Kapitel über die Relativitätstheorie vorgeführte Lichtkegelstruktur der Kausalität in den Friedmann-Modellen sinnvoll eingeführt werden kann[203]. Goenner schätzt deshalb den Wert der quantenkosmologischen Überlegungen als eher gering ein. „Da fragliche Methoden (kanonische Quantisierung der Gravitation) auf ein schlecht definiertes System (Kosmos) angewandt werden, so wäre es ein Wunder, wenn überzeugende Ergebnisse von *explanatorischer* Kraft herauskämen."[204] Sollten sich allerdings neue, tragfähige Konzepte einer Zusammenführung von Quantentheorie und Relativitätstheorie einstellen, dann wäre dies sicher mit Konsequenzen für die kosmologischen Modelle verbunden, und es dürften sich neue Möglichkeiten für eine Theorie über den Anfang und die physikalischen Prinzipien unseres Universums ergeben. Bis dahin aber gilt: „Angesichts der Vielzahl von unverstandenen und ungeklärten Fragen kann die Quantenkosmologie gegenwärtig *nicht* als ein Teil der Physik mit einem Anspruch auf Beschreibung der Außenwelt (in Gestalt des Kosmos) akzeptiert werden."[205]

B. Gott und der Stoff der Schöpfung

1. Implikationen des neuzeitlichen Materiebegriffs

Wir wollen nun das Ergebnis der Analyse des neuzeitlichen Materiebegriffs zusammenfassen und in Vorbereitung der eigentlichen theologischen Erörterungen nach der Fundamentalität der materiellen Partikel, dem Verhältnis von

---

[203] Vgl. dazu aaO., 271.
[204] AaO., 276.
[205] AaO., 275.

Beobachtung und Realität, der Stetigkeit der Naturvorgänge und ihres kausalen Zusammenhangs, dem Verhältnis von Überindividualität der Teilchen und Struktur großer Objekte und der Tragweite der Quantenkosmologie fragen. Es schließt sich ein Exkurs zum sogenannten ‚Anthropischen Prinzip' an, das die menschliche Existenz und die kosmischen Rahmenbedingungen über quantenkosmologische Spekulationen in einen Zusammenhang wechselseitiger Bedingtheit bringen möchte. Da wir uns hier in einem weiten Feld interpretatorischer Spielräume und vieler offener Fragen bewegen, wird all dies breiteren Raum einnehmen, als es beim Raumbegriff der Fall war.

1.1. Das Fundamentalitätsproblem der Materie

Die Ergebnisse der Quantentheorie sprechen „gegen alle traditionellen naturphilosophischen Vorstellungen über die Beschaffenheit der empirischen Realität im Kleinen"[206]. Weder ist die Materie bis ins Unendliche teilbar, noch besteht sie aus lauter wohlunterschiedenen Teilchen. Nur Mischformen von Teilchen- und Feldontologie, von Atomismus und Kontinuumstheorie scheinen angemessene Modelle liefern zu können.

Das Projekt des klassischen Atomismus, die Wirklichkeit auf kleinste materielle Partikel zurückzuführen, war als Forschungsprogramm immerhin darin erfolgreich, daß es ein überaus wirkungsvolles heuristisches Prinzip zur Analyse der Struktur der Materie zunächst richtig vorgegeben hatte. In ontologischer Hinsicht aber ist der klassische Atomismus überwunden, was sich schon früh in der inneren Inkonsistenz dieser Vorstellung (Problematik des Begriffs der Unteilbarkeit, Unvereinbarkeit von Elementarität und differenzierter Qualität) angedeutet hatte. Und so geht es bei der Atomtheorie heute nicht mehr darum, ob es elementare Teilchen *wirklich gibt*, sondern wie mikroskopische Objekte sinnvoll, und das heißt in Bezug auf konkrete Meßinstrumente und Beobachtungen, definiert und voneinander unterschieden werden können. „Zur Debatte stehen letzten Endes nicht die *Existenzannahmen* bezüglich der mikroskopischen Teile eines empirisch gegebenen makroskopischen Ganzen, sondern die *Kriterien für die Separierbarkeit* wohlunterschiedener *Teile*, und die Stichhaltigkeit und Tragweite der empirischen bzw. experimentellen Basis dieser Kriterien"[207].

Während in der klassischen Physik, der Relativitätstheorie und der ursprünglichen Quantenmechanik „die beschriebenen Objekte als externe, kontingente Elemente zur Theorie" auftreten, „denen die strukturalen Gesetzmä-

---

[206] B. FALKENBURG, Teilchenmetaphysik (Grundlagen der exakten Naturwissenschaften Bd.9), 1994, 296.
[207] Ebd.

ßigkeiten der Theorie auferlegt werden"[208], beschreiben die vereinheitlichten
Theorien nicht mehr nur das Verhalten möglicher Teilchen, sondern legen fest,
welche Teilchen überhaupt möglich sind. „Die Elementarteilchen sind in diesem Fall die Repräsentanten der inneren Symmetrien der Theorie."[209] Die materiellen Objekte und ihre Wechselwirkungen lassen sich nicht mehr getrennt
beschreiben, es läßt sich nur noch relativ zwischen ontologischem Substrat und
beschriebenem Verhalten unterscheiden. Damit stellt sich die Frage nach dem
Verhältnis zwischen Empirie und Mathematik, denn sich „verselbständigende
symmetrische Strukturen sind letztlich keine Modelle der empirischen Wissenschaft mehr, sondern gehören in den Bereich der Mathematik"[210].

Für Heisenberg ist dies ein Hinweis darauf, daß die Physik in Bezug auf
die fundamentale materielle Wirklichkeit das Faktische nur feststellen und allein das Mögliche abstrakt und mit exakter mathematischer Verknüpfung darstellen kann. „Wenn man versucht, hinter dieser Wirklichkeit in die Einzelhei-
ten des atomaren Geschehens vorzudringen, so lösen sich die Konturen dieser
‚objektiv-realen' Welt auf – nicht in dem Nebel einer neuen und noch unklaren Wirklichkeitsvorstellung, sondern in der durchsichtigen Klarheit einer Mathematik, die das Mögliche, nicht das Faktische, gesetzmäßig verknüpft."[211]
Ontologische und epistemologische Momente, die in Demokrits oder Platons
Überlegungen zu letzten Bausteinen der Materie auf der einen und Aristoteles'
Bestimmung der Materie als τὸ καϑ' οὗ auf der anderen Seite schon in den
klassischen Diskussionen zu Stelle sind, konvergieren im naturwissenschaftlichen Begriff der Materie, und es muß neu bestimmt werden, was eigentlich im
physikalisch-materiellen Sinne ‚elementar' heißt.

Die Teilchen und die Gesetze ihrer Umwandlung, die in den letzten Jahrzehnten in den Beschleunigern entdeckt wurden, und der Erfolg des Quarkmo-
dells zeigen jedenfalls, daß das atomistische Forschungsprogramm ‚a besteht
aus b' insofern an ein Ende gekommen ist, als die Hierarchie der Teilchen aufgrund der Zusammengesetztseinsrelation nicht mehr eindeutig ist. Heisenberg
hat von daher das Quarkmodell kritisiert, bei dem die Konstituenten nicht einzeln isoliert und lokalisiert werden können, weil „dabei vergessen worden [ist],
daß das Wort ‚bestehen aus' nur dann einen halbwegs klaren Sinn ergibt, wenn
es gelingt, das betreffende Teilchen mit einem kleinen Energieaufwand in Bestandteile zu zerlegen, deren Ruhemasse sehr viel größer ist als dieser Ener-

---

[208] R. HEDRICH, Komplexe und fundamentale Strukturen. Grenzen des Reduktionismus,
1990, 125.
[209] Ebd.
[210] AaO., 128.
[211] W. HEISENBERG, Die Entwicklung der Deutung der Quantentheorie, 154.

gieaufwand; sonst hat das Wort ‚bestehen aus' seinen Sinn verloren"[212]. Einen
analogen Einwand kann man gegen die durch EPR-Korrelationen verbundenen
Mehrteilchensysteme in Anschlag bringen. Um die einzelnen Teilchen zu identifizieren, muß man das Gesamtsystem durch Messung an einem Teilsystem
verändern. Wegen der Verschränkung der Teilsysteme ist es jedoch unmöglich,
einen Teil so zu isolieren, daß der andere Teil dadurch nicht mitverändert wird.

Trotzdem behält die Bestehensrelation ihren Sinn, der sich jedoch von ihrem klassisch-atomistischen Verständnis insofern unterscheidet, als Teilbarkeit
und räumliche Separierbarkeit nicht mehr einfach identisch sind. Es muß zur
Bestimmung der im Quarkmodell wie in der Quantentheorie immer noch möglichen Angabe der Unterscheidbarkeit verschiedener Teile aufgrund verschiedener Meßgrößen und ihrer relativen raumzeitlichen Lokalisierbarkeit noch die
Angabe der *Dynamik* hinzutreten, durch die sie *Teile eines Ganzen* sind. Formal sind dies etwa Symmetrieprinzipien und Erhaltungsgesetze. Kriterien für
die Disjunktheit von Teilobjekten sind auf der quantentheoretischen Ebene also
nicht aufgehoben, aber abgeschwächt und dynamisch korreliert.

Von daher legt sich ein Vergleich mit den Zuständen von Atomen nahe. So
wie ein Atom durch Anregung verschiedene mehr oder weniger stabile Zustände einnehmen kann, so scheint das ‚Urobjekt' Materie ein Spektrum von Zuständen zu ermöglichen, das dem Spektrum möglicher Teilchen entspricht, aus
denen die Randbedingungen des Kosmos die realisierten Formen der vorfindlichen Materie auswählen. Die stationären Zustände sind quantisiert und gehorchen Symmetrieprinzipien, bei denen Erhaltungssätze und die konkrete energetische Skala unseres Kosmos die erlaubten Übergänge und ihre Größenordnung
beschreiben. Fundamental sind also nicht unteilbare und räumlich isolierbare
physikalisch-materielle Entitäten, sondern Strukturgesetze, denen vielleicht eine mit den heutigen Kategorien der Teilchenphysik noch nicht erfaßte, sich in
das ganze Spektrum der materiellen und energetischen Teilchen entfaltende Ur-
wirklichkeit zugrundeliegt.

Überhaupt ist das ‚Teilchen' keine elementare Erscheinung der Quantenphysik. „Das makroskopische Ganze ... erlegt seinen mikroskopischen Bestandtei-
len, wie auch immer sie dann theoretisch näher charakterisiert sein mögen, genau diejenigen *Lokalitätsbedingungen* auf, unter denen nach den Annahmen der
heutigen Physik ‚teilchenartige' Phänomene erst entstehen."[213] Die ‚Teilchen'
der Quantentheorie sind nicht als vom Rest der Welt isolierbare fundamentale
entia per se zu begreifen, auch wenn sie immer nur relativ isoliert, zumindest

---

[212] DERS., Was ist ein Elementarteilchen?, Naturwiss. 63 (1976), 1–7, 5.
[213] B. FALKENBURG, Teilchenmetaphysik, 284.

aber nur in Bezug auf konkrete Wechselwirkungen beschrieben werden können. Unsere Sicht der Materie scheint sich damit dem aristotelischen Hylemorphismus mit seinem Dual von Stoff- und Strukturprinzip wieder anzunähern, einem mechanistischen Reduktionismus im Sinne des klassischen Atomismus aber auf jeden Fall die Basis zu entziehen. Durch die EPR-Korrelationen zeigt sich das materielle Geschehen überhaupt als ein nicht-separierbarer holistischer Zusammenhang, bei dem das Ganze nicht durch seine Teile additiv zusammengesetzt werden kann. Eine vollständige Analyse der Trajektorien winziger separierbarer Teilchen, wie sie der Laplacesche Geist erforderte, ist nicht möglich.

1.2. Das Objekt in der Quantentheorie

Wenn wir die Welt wissenschaftlich beschreiben, müssen wir zwei grundlegende Unterscheidungen treffen. Wir müssen zum einen unterscheiden zwischen unserer Beschreibung und dem, was beschrieben wird, wir müssen, kurz gesagt, unterscheiden zwischen Subjekt und Objekt. Und eine wissenschaftliche Beschreibung der Welt muß zum anderen unterscheiden zwischen verschiedenen Objekten. Sie muß die Vielfalt der Phänomene ordnen, unter Begriffe bringen, um mit ihrer Hilfe dann Zusammenhänge und Gesetze formulieren zu können. Die Gesamtheit der Phänomene nur zu registrieren, wäre deren bloße Dopplung. Jede wissenschaftliche Beschreibung aber ist eine deskriptive Abkürzung, deren analytischer Überschuß darin besteht, daß sie Zusammenhänge benennt, die grundsätzlich, unter Absehung der konkreten Situation gelten und kontrolliert auf analoge Situationen übertragen werden können. Dies kann nur gelingen, wenn begriffsmäßig Klassen von Phänomenen unterschieden werden.

Die Himmelsbeobachtungen und die experimentelle Methode, die den Beginn der neuzeitlichen Wissenschaft markieren, bereiteten in dieser Hinsicht wenig Probleme. Man bewährte die mathematischen Hypothesen an den Bewegungen der Himmelskörper und beschäftigte sich mit dem Verhalten schwerer Metallkugeln auf der schiefen Ebene oder im freien Fall und konzentrierte sich damit auf relativ störungsfreie Bewegungen, bei denen das untersuchte Objekt deutlich von seiner Umgebung und von anderen Objekten unterschieden werden kann und der Einfluß der Beobachtung minimal ist. Von diesen Objekten konnten dann leicht Eigenschaften abgezogen werden wie Masse, Geschwindigkeit, Ort, und es zeigte sich, daß die Beziehungen verschiedener Eigenschaften und ihrer Änderungen in der Zeit mathematisch beschrieben werden konnten. Die schweren, massiven Objekte schienen mathematischen Gesetzen zu gehorchen. In der hamiltonschen Formulierung der newtonschen Bewegungsgesetze zeigte sich, daß für die mathematische Darstellung die Körper reduziert werden konnten auf *Massepunkte*, die zu einer bestimmten Zeit an einem bestimmten Ort einen bestimmten gerichteten Impuls besitzen. Alles, was man brauchte, um ein mechanisches System vollständig zu beschreiben, waren die Werte dieser Variablen zu einem bestimmten Zeitpunkt.

Mit der Quantentheorie entsteht, wie wir im vorigen Abschnitt sahen, ein neuer *Objektbegriff* der Naturwissenschaften, der die Separabilität der Basisobjekte einschränkt. Zugleich erhält auch die *Subjekt-Objekt-Relation* neue Relevanz, da die ursprüngliche Unterscheidung von beschreibendem Subjekt und beschriebenem Objekt auf der Seite des Objekts wiedergefunden wird, und man erkennt, daß der konkrete Vorgang der Beobachtung und die empirisch feststellbaren Eigenschaften des Gegenstandes sich nach festen Regeln wechselseitig bedingen. Nach Bohrs Interpretation referiert der quantenmechanische Formalismus deshalb nicht auf eine den Phänomenen zugrundeliegende ‚Quantenwelt‘. „There is no quantum world. There is only an abstract quantum physical description. It is wrong to think, that the task of physics is to find out how nature *is*. Physics concerns with what we can *say* about nature.“[214] Für Bohr ist das „eine lehrreiche Erinnerung an die allgemeinen Bedingungen der menschlichen Begriffsbildungen, ... wo wir stets an die Schwierigkeit der Unterscheidung zwischen Subjekt und Objekt erinnert werden“[215].

Das erkennende Subjekt ist der externe logische Fixpunkt, der gerade durch seine Exterritorialität das physikalische Objekt sich als Gegenstand gegenüberstellt. Es ist aber zugleich durch die Messung, durch die unvermeidliche Wechselwirkung zwischen makroskopischem Erkenntnisapparat und Objekt immer schon in die Phänomene involviert und muß einen immer nur relativ zu setzenden innerweltlichen Schnitt anbringen zwischen Objekt und Beobachter. Es ist vorauszusetzen, daß Beobachter und Meßapparat den gleichen quantentheoretischen Gesetzen gehorchen wie die untersuchten Objekte, ohne daß es jedoch möglich ist, durch Anwendung auf den Meßprozeß diesen in die Beschreibung wieder hineinzuholen, da er nicht selbst wieder quantentheoretisch beschrieben werden kann. Um Erkenntnis überhaupt zu ermöglichen, müssen Meßapparat und Beobachter, die doch die Bedingung der Möglichkeit und der Struktur der intendierten Beobachtung darstellen, aus der Theorie ausgenommen werden[216]. Die eigentümlichen, der Alltagserfahrung so fremden Paradoxa der Quanten-

---

[214] Nach A. PETERSEN, The Philosophy of Nils Bohr, Bull. of the Atomic Scientists 19 (1963), Heft 7, 8–14, 12.

[215] N. BOHR, Atomtheorie und Naturbeschreibung, 1931, 10.

[216] Vgl. C.F. VON WEIZSÄCKER, Die Tragweite der Wissenschaft, 393: „In der Quantentheorie ... wird das Subjekt aus rein epistemologischen Gründen, ohne eine ontologische Hypothese, aus der Beschreibung ausgelassen.“

theorie lassen sich dann als Folge dessen verstehen, daß die Quantentheorie „mit ihren eigenen Anwendungsbedingungen strenggenommen nicht verträglich ist"[217].

Die nicht nur logische, sondern auch empirische Unhintergehbarkeit der Subjekt-Objekt-Differenz impliziert an sich weder einen ontologischen Dualismus (res extensa – res cogitans) noch einen idealistischen Monismus mit einer Letztfundierung gleichsam im Rücken des Subjekts. Die naheliegendste Interpretation ist unserer Ansicht nach die im Sinne einer naturalistischen, nicht-reduktionistischen Auffassung der physikalisch beschreibbaren Wirklichkeit, die Erkenntnis als eine durch Raum, Zeit und den Aufbau strukturell komplexer Systeme ermöglichte *innere Differenzierung* der Natur zu denken versucht, die *prinzipiell* eine Totalperspektive nicht entwickeln kann. Diese Interpretation der Quantentheorie als der Grundlagentheorie des physikalischen Zugangs zu den raumzeitlichen Gegenständen deutet die besonderen, für die Alltagserfahrung so fremden Züge ihrer Erkenntnisse als Folge der Tatsache, daß physikalische Erkenntnis immer nur innerweltlich konstituierte und beobachterzentrierte Teilperspektiven ausbilden kann, in denen die Totalität der Wirklichkeit als Horizont dieser Erkenntnis erscheint, nicht aber als Bestimmungsgröße der Theorie selbst. Die Physik muß sich von dem klassischen, im Laplaceschen Geist verkörperten Ideal verabschieden, eine physikalische Wirklichkeit sub specie aeternitatis rekonstruieren zu können und sich stattdessen gewissermaßen als *physica viatorum* verstehen, für die die intramundane Differenz zwischen Meßapparat/Beobachter und Meßobjekt basal und unhintergehbar ist.

1.3. Determinismus und Kausalität

Die klassische Auffassung der Materie beruht auf zwei Voraussetzungen. Zum einen wird ein beharrlicher Eigenschaftsträger angenommen (*Substanzprinzip*), an dem in Raum und Zeit die kontingenten Eigenschaften haften. Zum anderen werden diese in Raum und Zeit identischen stofflichen Eigenschaftsträger als durch ein *Kausalprinzip* verknüpft angesehen, das eine durchgängige Ursache-Folge-Beziehung ihrer Eigenschaftsänderungen vor dem Hintergrund von Erhaltungsgesetzen impliziert. Beide Annahmen gehen in die Punktmechanik der Hamilton-Beschreibung mit ein, beide Annahmen aber sind mit der Quantenmechanik nicht mehr vereinbar.

Schon die heisenbergsche Unschärferelation zwischen nicht-vertauschenden Observablen wie Ort und Impuls eines Teilchen, vollends dann die wahr-

---

[217] B. FALKENBURG, Teilchenmetaphysik, 303, im Original kursiv.

scheinlichkeitstheoretische Interpretation des quantentheoretischen Formalismus nötigte aber dazu, die Vorstellung eines vollständig isolierbaren, permanent in Raum und Zeit subsistierenden Eigenschaftsträgers und die Annahme einer durchgängigen vollständigen Bestimmtheit der Mikroereignisse aufzugeben. Schon 1927 verkündet Heisenberg deshalb kategorisch das Ende der strengen Kausalität: „Weil alle Experimente den Gesetzen der Quantenmechanik und damit der Gleichung (1) [gemeint ist die Unschärferelation] unterworfen sind, so wird durch die Quantenmechanik die Ungültigkeit des Kausalgesetzes definitiv festgestellt."[218] Da die Quantentheorie zeigt, daß die Wirklichkeit nicht in allen, zur vollständigen Rekonstruktion eines strengen kausalen Zusammenhangs notwendigen Bestimmungsstücken so festgelegt ist, daß eine vollständige Berechnung des weiteren Verhaltens der Objekte möglich ist, ist nach Heisenberg an „der scharfen Formulierung des Kausalgesetzes: ‚Wenn wir die Gegenwart genau kennen, können wir die Zukunft berechnen', . . . nicht der Nachsatz, sondern die Voraussetzung falsch. Wir *können* die Gegenwart in allen Bestimmungsstücken prinzipiell *nicht* kennenlernen."[219] Bohr hat diese Zusammenhänge mit Hilfe seines Komplementaritätsprinzips erläutert. Substanzvorstellung im Sinne einer lokalen Permanenz in Raum und Zeit und Kausalprinzip als energetisch vermittelter Zusammenhang stellen einander ausschließende, komplementäre Aspekte der Naturbeschreibung dar. „Nach dem Wesen der Quantentheorie müssen wir uns also damit begnügen, die Raum-Zeit-Darstellung und die Forderung der Kausalität, deren Vereinigung für die klassischen Theorien kennzeichnend ist, als komplementäre aber einander ausschließende Züge der Beschreibung des Inhalts der Erfahrung aufzufassen, die die Idealisation der Beobachtungs- bzw. Definitionsmöglichkeiten symbolisieren."[220]

In seiner Arbeit von 1932 will John von Neumann zeigen, daß die *Akausalität von Naturvorgängen* nicht nur eine Folge begrenzter Zugänglichkeit ist, sondern tiefer in den Quantenphänomenen selbst begründet ist[221]. Von Neumann weist zunächst darauf hin, daß es auf der makroskopischen Ebene keine Möglichkeit gibt, Kausalität empirisch zu verifizieren und als physikalische Größe streng zu fassen, da sich aufgrund der mikroskopischen Unterschiede und Fluktuationen nie zwei identische Objekte herstellen lassen, so daß nicht wirklich überprüft werden kann, ob gleiche Ursachen auch gleiche Wirkungen zur Fol-

---

[218] W. HEISENBERG, Über den anschaulichen Inhalt der quantenmechanischen Kinematik und Mechanik, 78.
[219] Ebd.
[220] N. BOHR, Das Quantenpostulat und die neuere Entwicklung der Atomistik, 17.
[221] Vgl. oben S.191ff.

ge haben. Die Kausalität auf der makroskopischen Ebene gilt nur in Näherung, weil das Gesetz der großen Zahlen gilt, das die Ungenauigkeiten ausgleicht, und sich durch die Mittelung relativ feste Werte für das Gesamtobjekt ergeben. Die Gültigkeit der *strengen* Kausalität für große Objekte ist eine Illusion: „Daß sich makroskopisch gleiche Objekte makroskopisch gleich verhalten, hat wenig mit der Kausalität zu tun: sie sind ja gar nicht gleich, da diejenigen Koordinaten, die die Zustände ihrer Atome genau festlegen, beinahe nie übereinstimmen"[222].

Das Kausalitätsprinzip könnte nur dann in seiner strengen Gültigkeit wirklich überprüft werden, wenn es auf der Ebene der keine Individualität mehr zeigenden Elementarteilchen nachgewiesen werden könnte. Das setzt voraus, daß ein makroskopisches System in kleinste Subsysteme zerlegt werden könnte, die je für sich der Kausalität streng gehorchen. Gehorchen aber die kleinen und kleinsten Teilchen der Quantenmechanik, dann ist die Zurückführung auf elementare kausale Vorgänge unmöglich. Da ein Quantenobjekt von einer Wellenfunktion Ψ repräsentiert wird, die nicht mehr teilbar ist, diese andererseits aber festlegt, daß nicht alle Bestimmungsstücke des Objektes zur gleichen Zeit einen festen Wert haben können, ist es nicht weiter in ein Gemisch unabhängiger Parameter zerlegbar, deren Wechselwirkung als kausal eindeutiger Zusammenhang rekonstruiert werden könnte. Von Neumann weist nach, daß auch eine Ergänzung der Quantentheorie durch ‚verborgene Variable' in der Absicht, durch deren Einbeziehung einen vollständig determinierten Zusammenhang zu restituieren, unmöglich ist. „Es handelt sich also gar nicht, wie vielfach angenommen wird, um eine Interpretationsfrage der Quantenmechanik, vielmehr müßte dieselbe objektiv falsch sein, damit ein anderes Verhalten der Elementarprozesse als das statistische möglich wird."[223]

Es kann als Implikation der Quantentheorie festgehalten werden, daß – ihre Gültigkeit vorausgesetzt – strenge Kausalität auf der basalen Ebene der Elementarteilchen nicht gegeben ist: „Quantum events are *indeterminate*."[224] Nicht nur der naive Realitätsbegriff des klassischen Atomismus, der die Atome und Teilchen so auffaßte, als seien sie kleine massive Entitäten ähnlich wie vollkommene Billardkugeln, erweist sich als unangemessen, sondern auch der an mechanischen Druck- und Stoßvorgängen orientierte Determinismus, der vermutet hatte, daß das Verhalten der elementaren materiellen Gebilde ohne die Ungenauigkeiten, die durch die strukturelle Individualität und Komplexität der Objekte auf der makroskopischen Ebene bedingt sein könnten, in der atoma-

---

[222] J. VON NEUMANN, Mathematische Grundlagen der Quantenmechanik, 172.
[223] AaO., 171.
[224] H. PRIMAS, Chemistry, Quantum Mechanics and Reductionism, 152.

ren Welt in wirklich strenger Weise deterministischen Gesetzen gehorcht[225]. Das Bedingungsverhältnis ist geradezu umgekehrt. Das beobachtete, in großer Näherung deterministische Verhalten materieller Gegenstände auf der makroskopischen Ebene ist keine durch die Komplexität der Objekte verwaschene Kausalität, die auf einer Mikroebene vollkommener Determiniertheit aufruht, sondern kommt dadurch zustande, daß die für die mikroskopischen Einzelereignisse geltenden statistischen Wahrscheinlichkeiten durch die großen Zahlen der beteiligten Teilchen relativ feste Werte annehmen[226]. Zu keinem Zeitpunkt aber gestattet die Unschärferelation die vollständige gesetzmäßige Verknüpfung aller Eigenschaften, die man an den atomaren und subatomaren Teilchen messen könnte.

Damit zeigt sich die Quantentheorie als eine Theorie, die vermitteln könnte zwischen unserer Alltagserfahrung *makroskopischer Objekte*, der die substanzontologische Wirklichkeitsauffassung der klassischen Physik entspricht, die eine im allgemeinen in großer Näherung geltende durchgängige raumzeitliche und dynamische Bestimmtheit alles Realen annimmt, und der *modalen Wirklichkeitsauffassung*, die sich auf die Kontingenz unserer Erfahrungsinhalte bezieht, die erfahrene Wirklichkeit in einen zur Zukunft hin offenen Möglichkeitsraum einbettet und der Alltagserfahrung in ihrem Kontingenz- und Zeitbewußtsein entspricht, die die Wirklichkeit als selektive Verwirklichung von Möglichkeiten erfährt. In der klassischen physikalischen Mechanik impliziert die durchgängige Bestimmtheit aller Eigenschaften der materiellen Objekte, daß im Prinzip alle wirklichen Ereignisse auch notwendige Ereignisse sind. Die Kontingenz des Wirklichen hat einzig in den kontingenten Anfangsbedingungen der vorfindlichen Welt ihren Grund. Sind diese jedoch gesetzt (und daß sie gesetzt sind, zeigt die Faktizität des Daseins), fallen auf der ontologischen Ebene die Modalitäten von Notwendigkeit und Möglichkeit zusammen. Allein für den endlichen Beobachter, der den Laplaceschen Geist nur als Ideal konstruieren, ihn aber nicht vollständig einholen kann, in epistemischer Hinsicht also ist die modale Beschreibung der Realität sinnvoll, auf der ontologischen Ebene hingegen ist jede modale Differenzierung redundant. Die Quantentheorie stellt nun einen starken Hinweis darauf dar, daß es ‚echte' Modalitäten gibt und nicht

---

[225] Vgl. M. BORN, Die statistische Deutung der Quantenmechanik, 179.

[226] Vgl. E. SCHRÖDINGER, Was ist ein Naturgesetz? (1929), in: Ges. Abh., Bd.4: Allgemein wissenschaftliche und populäre Aufsätze, 1984, 295–297, 295: „Die physikalische Forschung hat in den letzten 4–5 Jahrzehnten klipp und klar bewiesen, daß zum mindesten für die erdrückende Mehrzahl der Erscheinungsabläufe, deren Regelmäßigkeit und Beständigkeit zur Aufstellung des Postulates der allgemeinen Kausalität geführt hat, die gemeinsame Wurzel der beobachteten strengen Gesetzmäßigkeit – der *Zufall* ist."

nur epistemische und deshalb die Entstehung von unableitbar Neuem in einer für kontingente Möglichkeiten offenen Schöpfung physikalisch plausibel ist.

Physikalische Möglichkeiten allerdings, auch das zeigt die Quantentheorie, lassen sich über streng formalisierbare Zusammenhänge statistischer und gruppentheoretischer[227] Provenienz mit dem Wirklichen und Notwendigen in Beziehung setzen und auch quantitativ beschreiben. So ist z.B. die Schrödinger-Gleichung, d.h. die Entwicklung der Wahrscheinlichkeitsverteilung in der Zeit, selbst streng deterministisch. Damit ist ausgeschlossen, daß Beliebiges möglich sein könnte. Wirklichkeit und Möglichkeit stehen vielmehr in einem gegenseitigen Bedingungsverhältnis. Die Struktur des zukünftig Möglichen entsteht allererst dadurch, daß sich Wirklichkeit mit ihren kontingenten Festlegungen einstellt. Es ist deshalb die faktische, physikalisch beschreibbare Wirklichkeit nicht als bloße Reduktion von beliebigen Möglichkeiten, als „restringierende[r] Kontext"[228] in Anschlag zu bringen, sondern zuerst als Eröffnung und Konstituierung neuer, nun zugänglicher Möglichkeiten.

1.4. Individualität und Struktur

Ein klassischer Einwand gegen den Atomismus, den schon Leibniz gegen die Annahme gleichartiger Grundbausteine der Materie vorgebracht hat, macht geltend, daß keine zwei Gegenstände in allen ihren Eigenschaften gleich sein und trotzdem als zwei verschiedene Gegenstände gelten können: „non dari posse in natura duas res singulares solo numero differentes"[229]. Massive Materieteile von vollkommen gleicher Gestalt anzunehmen, widerspricht für Leibniz dem Satz vom zureichenden Grunde und damit der göttlichen Weisheit[230]. Für

---

[227] Die Gruppentheorie ist diejenige mathematische Struktur, mit deren Hilfe die oben S.207ff. vorgestellten Symmetrieeigenschaften der Elementarteilchen und ihrer Wechselwirkungen dargestellt werden. Vgl. W. HEISENBERG, Was ist ein Elementarteilchen?, 5: „Die Teilchen der heutigen Physik sind Darstellungen von Symmetriegruppen".

[228] E. HERMS, Prozeß und Zeit. Überlegungen eines Theologen zu Friedrich Kramers Essay ‚Der Zeitbaum', in: Erfahrung – Geschichte – Identität. Zum Schnittpunkt von Philosophie und Theologie (FS Richard Schaeffler), hg. von M. LAARMANN/T. TRAPPE, 1997, 281–304, 303.

[229] G.W. LEIBNIZ, Unveröffentlichtes Fragment, in: Opuscules et Fragments Inédits de Leibniz, hg. von L. COUTURAT, Paris 1903, 519. Vgl. Leibniz' fünften Brief in der Auseinandersetzung mit Clarke: „Die gewöhnlichen Philosophen haben sich geirrt, als sie annahmen, daß es Dinge gäbe, die *solo numero* unterschieden sind oder nur deshalb, weil sie zwei sind" (S. CLARKE, Der Briefwechsel mit G.W. Leibniz, 71).

[230] „Die Voraussetzung zweier Ununterscheidbarer, wie etwa zwei Materiestücke, die vollständig miteinander übereinstimmen, wäre zwar in abstrakten Begriffen möglich; sie ist aber in keiner Weise mit der Ordnung der Dinge, noch mit der göttlichen Weisheit vereinbar, die nichts ohne Grund zuläßt" (aaO., 70).

die heutige Physik sind zwar zwei exakt identische makroskopische Zustände aufgrund der hohen Zahlen der daran beteiligten Teilchen nicht herstellbar und ihr natürliches Zustandekommen höchst unwahrscheinlich, im Bereich der kleinsten ‚Teilchen' aber lassen sich nur Klassen von diskreten Grundzuständen unterscheiden, die keine individuellen Modifikationen zulassen[231]. Die permanenten objektiven Eigenschaften von Elementarteilchen, die ihre Klasse spezifizieren, wie Ruhemasse, Ladung und Spin, sind scharf meßbar und nehmen nur diskrete Zustände an. Dazu treten nicht-permanente Dispositionen, die sich nicht gleichzeitig und vollständig bestimmen lassen und Unschärferelationen unterliegen, wie die Lokalisierung in Raum und Zeit und die Messung von Impuls und Energie[232].

Alle Teilchen sind zudem durch die relativistische Energie-Masse-Relation in andere Elementarteilchen umwandelbar, wobei strenge Erhaltungsgesetze gelten. Solche Umwandlung geschieht unstetig, also ohne eine in beliebig feine Stufen unterteilbare kontinuierliche Kette von Zwischenformen des Übergangs. Instabile Teilchen zerfallen ‚spontan', eine innere Ursache für den Zerfall eines bestimmten Teilchens läßt sich nicht angeben. Es geschieht z.B. nichts im Neutron: „Ein Neutron wird nicht älter."[233] Wir halten deshalb fest: Individualität und kontinuierliche geschichtliche Entwicklung sind *Systemeigenschaften*, die nicht bis in den Bereich der Elementarteilchen verfolgt werden können. Die Elementarteilchen der Mikrophysik sind keine Individuen, wie etwa Schneeflocken.

Zu diesem fundamentalen Prinzip der identischen Grundzustände der Materie tritt als zweites die durch das Plancksche Wirkungsquantum vermittelte Unstetigkeit der Übergänge. Durch die Quantenmechanik und die gruppentheoretischen Überlegungen der Quarktheorie, so sahen wir, traten an die Stelle der deterministischen, dynamischen Differentialgleichungen, denen nach der Vorstellung des klassischen neuzeitlichen Atomismus die Kombination und Rekombination der elementaren Teilchen gehorchen sollten, *Strukturprinzipien*, wie etwa das Paulische Ausschließungsprinzip oder die Symmetriegesetze auf

---

[231] Maxwell sah in der Gleichheit der materiellen Bausteine einen Hinweis auf einen übernatürlichen Schöpfungsvorgang: Moleküle haben „the essential character of a manufactured article" (J.C. MAXWELL, Molecules (1873), in: The Scientific Papers of James Clark Maxwell, Vol. II, hg. von W.D. NIVEN, New York 1952, 361–378, 376). Bei natürlicher Entstehung müßten sich alle Atome ein klein wenig voneinander unterscheiden. Ihre erstaunliche Gleichheit und Ununterscheidbarkeit läßt nach Maxwell darauf schließen, daß ein übernatürlicher Schöpfer die Bausteine der Materie geschaffen habe.

[232] Vgl. B. FALKENBURG, Teilchenmetaphysik, 236f.

[233] H. FRITZSCH, Quarks, 17.

der Ebene der Quarks. Diese grundlegenden Naturprinzipien scheinen strukturelle Eigenschaften unserer Welt festzulegen und schränken das Vorhandensein möglicher Zustände nach festen Regeln ein. Sie referieren aber auf keine ‚ontischen' Realitäten wie Kräfte oder Felder, die für die Dynamik der unstetigen Übergänge zwischen den möglichen Zuständen verantwortlich gemacht werden könnten. Ein ‚Quantensprung' eines Elektrons z.B., also seine Anregung um den Energiebetrag, der es in einen anderen möglichen energetischen Zustand ‚springen' läßt, ist kein raumzeitliches Ereignis. Man kann nicht fragen, wann der Übergang anfängt, wie er sich vollzieht und wann er beendet ist, wann sich das Elektron in welchem Zwischenstadium zwischen Anfangs- und Endzustand befindet. Die physikalische Wirklichkeit zeigt sich unterhalb einer bestimmten Größenordnung als ‚gekörnt', als in winzigen Sprüngen und nicht stetig fortschreitend. Es lassen sich durch das Quantenprinzip sogar kleinste Längen ebenso wie kleinste Zeiten angeben, die man physikalisch als nicht mehr sinnvoll teilbar ansehen kann[234].

So läßt das Plancksche Wirkungsquantum nur quantisierte Zustände der Materie zu, garantiert damit zugleich aber auch ihre Stabilität: „Diese Quantengesetze sind bestimmend für die eigentümliche Stabilität und die Reaktionen atomarer Systeme und daher letzten Endes verantwortlich für die Eigenschaften der Materie, von denen unsere Beobachtungsmittel abhängen."[235] Durch die Geltung des Paulischen Ausschließungsprinzips ergibt sich beispielsweise das Spektrum der verschiedenen Elemente und damit die Vielfalt der chemischen Verbindungen zwischen ihnen. So lassen sich „über die quantenmechanische Beschreibung der chemischen Bindungskräfte qualitative Eigenschaften von Festkörpern ableiten wie die Schwere und Härte eines Felsens, die Höhen der Gebirge, die Durchsichtigkeit der Atmosphäre, die Größe der Sterne"[236]. Die Eigenschaften der makroskopischen Materie sind keine bloß additiv akkumulierten Eigenschaften der kleinsten Teilchen selber, sondern System- und Struktureigenschaften, die in der eigentümlichen, strukturelle Vielfalt ermöglichenden Unstetigkeit der Quantenzustände gründen. Dieser „morphologische Zug der Quantenphysik" macht Strukturbildung erst möglich „und liefert die Ursache für die typischen Formen der Natur, sei es ein Kristall oder eine Blume."[237] Eine Fortsetzung der makrophysikalischen dynamischen Gesetze in die

---

[234] Die sogenannte Planck-Länge bzw. Planck-Zeit, vgl. dazu M. JAMMER, Das Problem des Raumes, 208ff.

[235] N. BOHR, Atomphysik und Philosophie (1958), in: DERS., Atomphysik und menschliche Erkenntnis, 104–110, 105.

[236] B. KANITSCHEIDER, Philosophie und moderne Physik, 236.

[237] Ebd.

Dimensionen der Atomphysik hätte vielmehr Instabilität zur Folge. Eine stetige
Verursachungskette bis hinab in beliebig kleine Dimensionen ohne Abbruch bei
den Grundelementen der Materie würde zu beliebig vielen, beliebig feinen und
am Ende gänzlich unstrukturierten Phänomenen führen. Die ‚Sprunghaftigkeit‘
der Quantenmechanik, ihr indeterministischer, nicht in kontinuierlichen, stetigen Übergängen wurzelnder Grundzug verleiht der materiellen Welt überhaupt
erst Gestalt.

Individualität, Geschichtlichkeit, komplexe kontinuierliche Variation von
Zuständen sind dagegen Eigenschaften der aus Quantenobjekten zusammengesetzten makroskopischen Körper und Systeme, die vor allen Dingen dann
komplexe individuelle Strukturen ausbilden, wenn durch thermodynamische
Ungleichgewichte Energie- und Materieflüsse auftreten[238]. Schon die klassischen, durch die Alltagserfahrung der Materie zugeschriebenen Eigenschaften
wie Undurchdringlichkeit, scharfe raumzeitliche Diskretheit, individuelle Variabilität und Stetigkeit der zeitlichen Zustandsänderung sind eigentlich *Systemeigenschaften*, die erst bei genügend großen Systemen auftreten[239].

1.5. Kritik der Quantenkosmologie

Nachdem wir oben schon einige empirische und theorietechnische Vorbehalte formuliert haben[240], sollen nun einige grundlegende erkenntnistheoretische
Einwände gegen eine allzu spekulative Anwendung quantentheoretischer Überlegungen auf den Gesamtkosmos geltend gemacht werden.

1. Wenn die Quantenkosmologie Aussagen über die Wirklichkeit als
schlechthinniges Ganzes aufstellt, arbeitet sie mit einem problematischen Begriff von ‚Ganzheit‘[241], da sie nicht mehr angemessen zwischen Beobachter
und beobachtetem Objekt unterscheiden kann. Goenner bemerkt dazu, daß die
Quantenkosmologie den unreflektierten Versuch darstellt, „die veränderliche
Grenzlinie zwischen dem mit der Methode der empirisch fundierten exakten
Wissenschaften erreichbaren *Teil* und einem nur verschwommen beschreibba-

---

[238] Vgl. unsere Ausführungen zur Nicht-Gleichgewichts-Thermodynamik unten S.319ff. und
334ff.
[239] Auch die für die Lebensprozesse entscheidenden Merkmale treten erst auf dieser Ebene und bei komplexen Strukturen in Erscheinung und sind nicht direkt aus den Eigenschaften
der Basisteilchen ableitbar, so daß – so die hier nicht weiter auszuführende These – reduk-
tionistischer Mechanismus und transphysikalischer Vitalismus als gleichermaßen untaugliche
Alternativen zur Erklärung der Spezifität lebender materieller Systeme erscheinen.
[240] Vgl. den Abschnitt oben S.225ff.
[241] Vgl. auch unsere Ausführungen unten S.387.

ren *Ganzen* völlig wegzuwischen"[242]. Sie ignoriere damit den in der Standard-
deutung der Quantentheorie implizierten Grundsatz, „einen Erkenntnisgewinn,
der anderen mitteilbar ist, nur dadurch zu erlauben, daß ein Teil (des Ganzen) in Beziehung zu sich selbst oder zu anderen Teilen gesetzt wird"[243]. Diese
Verdrängung der Einsicht, daß menschliche Erkenntnis nur mit innerweltlichen
Differenzen und nicht mit totalen Ganzheitsbegriffen operieren kann, hat Folgen
für die Semantik der Quantenkosmologie.

2. Die Quantenkosmologie verwischt die Differenz zwischen Möglichkeit
und Wirklichkeit. Während in der Standardinterpretation der Quantentheorie
die Ψ-Funktion nur die Wahrscheinlichkeiten möglicher Entwicklungen beschreibt und erst durch die konkrete Messung auf einen festen wirklichen Wert
reduziert wird, bleibt in der Quantenkosmologie aufgrund des verschwomme-
nen Ganzheitsbegriffs unklar, wodurch sich Möglichkeit und Wirklichkeit noch
unterscheiden, da in Bezug auf das ‚Ganze' keine reduzierende oder für die Dekohärenz der Alternativen in Anschlag zu bringende Umgebung mehr vorhanden ist. Der problematische Ausweg, den die Quantenkosmologie entwickelt,
ist ein semantisch gänzlich unklarer Superraum, in dem ‚alles' möglich ist und
alle irgendwie konsistenten Welten wirklich sind. Trotzdem redet man weiter
von ‚Wahrscheinlichkeiten' solcher Universen[244], obwohl schlicht unverständlich ist, wie dieser Begriff ohne eine Differenz von Möglichkeit und Wirklichkeit semantisch Sinn machen soll. Selbst wenn überzeugend dargelegt würde,
daß unser Universum aus einem primordialen Quantenvakuum hervorgegangen
sein könnte, so wäre immer noch zu klären, welche Art von ‚Wirklichkeit' man
diesem ‚Urzustand' zuschreiben wollte, wenn er etwa ganz in das Reich des
Möglichen gehörte. Auch jede Theorie über viele ‚Welten' müßte Rechenschaft
darüber ablegen, in welchem Sinne ein Ensemble von Welten ‚real' sein kann
und welchen Sinn der Begriff der Wahrscheinlichkeit für das Verhältnis der
Welten untereinander hat.

3. Die Quantenkosmologie arbeitet aufgrund der unklaren Differenz zwischen Möglichkeit und Wirklichkeit mit einem erkenntnistheoretisch unaufge-
klärten Begriff des physikalischen Gesetzes und seines Verhältnisses zur kontingenten Beschaffenheit der Welt. Natürlich ist die Erklärung der Anfangsbedingungen für eine kosmologische Theorie eine entscheidende Frage, weil

---

[242] H. GOENNER, Einführung in die Kosmologie, 276. Goenner weist darauf hin, daß dieser
verschwommene Ganzheitsbegriff dazu einlädt, an dieser Stelle die physikalischen Überlegungen direkt in eine – wir fügen hinzu: schlechte – Theologie zu verlängern.

[243] Ebd.

[244] Vgl. S. HAWKING/J. HARTLE, Wave Function of the Universe, pass.

es im Unterschied zur übrigen Physik, die sich nur mit Teilsystemen der Welt beschäftigt, keine Umgebung mehr gibt, der man die Anfangs- und Randbedingungen zuschreiben könnte. Doch die Anfangsbedingungen eines Systems aus seiner eigenen Dynamik ableiten zu wollen, ist jedenfalls mit dem, was als empirische, beschreibende Physik betrieben wird, nicht verträglich. Dies ist aber das erklärte Ziel etwa von Hawkings Kosmologie: „Letztlich hoffen wir jedoch, eine vollständige, widerspruchsfreie und einheitliche Theorie zu finden, ... die nicht durch irgendwelche willkürlichen Zahlen ergänzt werden muß, um sie mit den Beobachtungsdaten zur Deckung zu bringen."[245]

Eine abschließende vollständige Theorie könnte eventuell zeigen, daß es bei der ‚Wahl' der Anfangsbedingungen des Kosmos nur ein sehr eingeschränktes Spektrum von Alternativen gab. Wenn es denn überhaupt ein Universum als eine raumzeitliche Mannigfaltigkeit mit vielfältigen Zustandsmöglichkeiten geben sollte, dann konnte nur eines mit den Eigenschaften entstehen, wie das unsere sie aufweist. Hätten wir diese vollständige Theorie, so Hawking, dann wüßten wir die Antwort auf die Frage, „warum es uns und das Universum gibt", dann „wäre das der endgültige Triumph der menschlichen Vernunft – denn dann würden wir Gottes Plan kennen"[246], einen Plan allerdings, zu dem der Schöpfer keine Alternative gehabt hätte. Leibniz' ‚beste aller möglichen Welten' wäre physikalisch zu übersetzen in ‚die einzig mögliche aller denkbaren physikalischen Welten'. Die einzige Aufgabe für einen ‚Schöpfer' wäre die, dem einzig Möglichen zur Existenz zu verhelfen, sofern man die einheitliche Theorie selbst nicht als so ‚zwingend' ansehen will, daß sie selbst ihre eigene Existenz hervorrufen kann[247].

Eine letzte Kontingenz des So-Seins der Beschaffenheit der realen Dinge ist jedoch aus keinem Formalismus zu eliminieren, der einen konkreten Gegenstand als den speziellen Fall eines allgemeinen Gesetzes beschreibt. Naturkonstanten, Skalenfaktoren und Symmetrieprinzipien lassen sich zwar zum Teil, eventuell sogar vollständig in einen Zusammenhang gegenseitiger Abhängigkeit bringen, stellen aber in ihren Größenordnungen und Dimensionen ein

---

[245] S. HAWKING, Eine kurze Geschichte der Zeit, 195.

[246] AaO., 218. Mit diesem Satz schließt der Hauptteil seiner ‚Kurzen Geschichte der Zeit'. Im Rückblick sieht Hawking in dieser Bemerkung einen Grund für den Erfolg des Buches, relativiert sie aber gleichzeitig mit dem Hinweis, daß sie für den Gedankengang entbehrlich gewesen wäre: „In den Fahnen hätte ich den letzten Satz, der sich auf den Plan Gottes bezieht, fast gestrichen. Hätte ich es getan, wären vielleicht nur halb so viele Exemplare verkauft worden" (DERS., Einsteins Traum, 52).

[247] Hawking formuliert dies als Frage: „Ist die endgültige vereinheitlichte Theorie so zwingend, daß sie sich selbst in die Existenz ruft?" (DERS., Einsteins Traum, 96).

unhintergehbares kontingentes Element jeder naturwissenschaftlichen Theoriebildung dar. So bleibt der Anspruch quantenkosmologischer Darstellungen, die
Anfangsbedingungen des Kosmos aus dem Formalismus der kosmologischen
Gleichungen mit abzuleiten, unerfüllbar und in seiner Absicht, über Selbstkonsistenz und Einheitlichkeit oder analoge Kriterien eine zwingende Korrespondenz von Formalismus und Realität herstellen zu können, erkenntnistheoretisch
naiv.

Natürlich stehen als kontingent geltende Anfangsbedingungen immer unter
dem Vorbehalt, nur vorläufige Verzichterklärungen darzustellen, die auf einer
tieferen Ebene aus einer grundlegenderen Theorie abgeleitet werden können.
Ein Beispiel für eine solche Rückverlagerung aus den Anfangsbedingungen einer speziellen in die Dynamik einer umfassenderen Theorie ist auf dem Gebiet
der Kosmologie etwa die Entstehung des Sonnensystems. Die newtonsche Auffassung der irreduziblen Kontingenz der Anfangsbedingungen des Sonnensystems, das seiner Meinung nach nur von einer schöpferischen Intelligenz in seiner faktischen Beschaffenheit hat eingerichtet werden können, wurde abgelöst
durch die genetische Erklärung der Entstehung aus einem rotierenden Gasnebel
heraus. Ein anderes Beispiel ist das kosmologische Glied der ursprünglichen
Gleichungen Einsteins, das als unableitbare Setzung einging, dann aber durch
die Expansion des Weltalls seine Erklärung fand. Zwar ist also die Rückverlagerung kontingenter Züge einer Theorie eine nie auszuschließende Möglichkeit,
doch werden auch in einer tieferliegenden Erklärung immer unableitbare, nur
empirisch verifizierbare Größen erscheinen, oft sogar neu eingeführt, wie bei
der Expansion des Weltalls die nun als Anfangsgröße erscheinende Expansionsrate, die wiederum durch die inflatorischen Modelle ihre Erklärung finden
soll, die aber ihrerseits Kopplungsgrößen und Symmetrieprinzipien voraussetzen, die nicht aus ihrer eigenen Dynamik abgeleitet werden können.

4. Die populärwissenschaftlichen Darstellungen der Quantenkosmologie
suggerieren mitunter darüber hinaus, daß die Quantenkosmologie eine physikalisch sinnvolle Antwort auf die metaphysische Frage bieten könnte, warum
überhaupt etwas sei und nicht vielmehr nichts. Doch selbst wenn man annimmt,
daß man eines Tages in der Lage sein wird, eine selbstkonsistente Theorie des
Kosmos in Bezug auf Raum, Zeit und Materie (diese drei kategorialen Größen
müssen zusätzlich zur modalen Differenz von Möglichkeit und Wirklichkeit
auf jeden Fall vorausgesetzt werden) aufstellen und ihre Einzigkeit beweisen
zu können, bleibt es aus dem Formalismus unableitbar, wie der Übergang vom
Gedachten zum wirklich Seienden zu begründen ist, analog zum entscheidenden Schritt des ontologischen Gottesbeweises. Zumindest diese Problematik hat
Hawking richtig gespürt, wenn er zugesteht, daß, selbst wenn es gelänge, das

einzig mögliche Gesetz für einen Kosmos aufzustellen, das zugleich seine eigenen Anfangsbedingungen liefern würde, weil es in nur einer konsistenten Form denkbar sei, immer noch die Frage bliebe: „Warum macht sich das Universum die Mühe zu existieren?" Und er fügt aufrichtigerweise hinzu: „Ich kenne die Antwort nicht."[248]

2. Exkurs: Sinn und Unsinn des Anthropischen Prinzips

In jüngster Zeit ist versucht worden, die Kontingenz des vorfindlichen Kosmos dadurch auf ein tieferliegendes Prinzip zurückzuführen, daß man auf den engen Zusammenhang zwischen unserer Existenz und ihren Möglichkeitsbedingungen einerseits und der kontingenten nomologischen Struktur des Universums andererseits hinweist. Die Frage, warum das Weltall so ist, wie es ist, wird mit dem Hinweis auf unsere Existenz beantwortet. Dabei gibt es verschiedene Plausibilitätsgrade, die diesem Argument zugestanden werden. Da die Debatte um dieses sogenannte ‚Anthropische Prinzip' durch Variationsanalysen der Voraussetzungen des kosmologischen Standardmodells und die Einbeziehung quantenkosmologischer Theorien ausgelöst wurde, soll sie an dieser Stelle in einem Exkurs kurz dargestellt werden.

Wie wir sahen, setzt das Standardmodell des Urknalls eine hochgradige Homogenität und Isotropie des Kosmos als Anfangsbedingung voraus. Wir hatten auch schon auf die erstaunliche Antwort hingewiesen, die Collins und Hawking auf die Frage nach dem Grund für die faktische Isotropie des Kosmos gaben: „The answer to the question ‚why is the universe isotropic?' is, because we are here'."[249] Dieser Versuch einer ‚Erklärung' kosmischer Gegebenheiten durch Hinweis auf die Existenzbedingungen bewußter Beobachter geht auf frühere Anregungen von Dicke (1961) und Carter (1970) zurück[250] und beruht auf der „idea that there are certain conditions which are necessary for the development of intelligent life: out of all conceivable universes, only in those in which these conditions occur will there be beings to observe the Universe. ... Since we could not observe the Universe to be different if we were not here, one can say, in a sense, that the isotropy of the Universe is a consequence of our existence."[251]

---

[248] Ebd.

[249] B. COLLINS/S. HAWKING, Why Is the Universe Isotropic?, 334, vgl. oben S.216.

[250] Vgl. J.D. BARROW/F.J. TIPLER, The Anthropic Cosmological Principle, Oxford 1986, 16ff.

[251] S. HAWKING, The Anisotropy of the Universe at Large Times, in: Cosmological Theories in Confrontation with Cosmological Data, 283–286, 285f.

Dieser Argumentationsfigur, bei der das Faktum unserer eigenen Existenz mit kosmischen Kenngrößen in Verbindung gebracht wird, hat Brandon Carter 1974 den Namen ‚Anthropisches Prinzip' (AP) gegeben[252]. Carter sieht seine Ausführungen zum AP als „a reaction against exaggerated subservience to the ‚Copernican principle' "[253]. Ein strenges Kopernikanisches Prinzip der Form, daß es im Universum keine ausgezeichneten Orte gibt und es sich in der Zeit nicht verändert, ist für Carter deshalb unhaltbar, weil a) das Universum sich durch die Expansion entwickelt und b) für unsere Existenz besonders günstige Bedingungen (Temperatur, chemische Umwelt etc.) unabdingbare Voraussetzung sind. Beide Tatsachen hängen aber deshalb eng miteinander zusammen, weil die lokalen besonderen Bedingungen unseres Ortes im Universum über die Entwicklung des Gesamtkosmos ganz empfindlich abhängen von den grundlegenden kosmischen Größen, die den Gesamtzusammenhang der kosmischen Entwicklung bestimmen.

Carter unterscheidet ein schwaches und ein starkes AP (WAP = Weak Anthropic Principle; SAP = Strong Anthropic Principle). In seiner schwachen Version behauptet das AP nur, *daß* der Kosmos, in dem wir uns befinden, von solchen Gesetzen und Kenngrößen bestimmt ist, die die Existenz von Beobachtern wie uns zulassen. Das starke AP behauptet dagegen, daß die Welt deshalb so beschaffen ist, wie sie ist, *um* unsere Existenz zu ermöglichen. In dieser Form impliziert es ein teleologisches Moment. Carter definiert den heuristischen Wert des WAP als eine a priori Bestimmung von Erwartungswahrscheinlichkeiten dahingehend, daß „what we can *expect to observe* must be restricted by the conditions necessary for our presence as observers"[254]. Das SAP geht über die bloß heuristische Abschätzung von zu erwartender Beobachtung hinaus und fordert einen *notwendigen* Zusammenhang zwischen der Einrichtung des Universums und der Möglichkeit unserer Existenz als Beobachter dergestalt, „that the Universe (and hence the fundamental parameters on which it depends) *must* be such as to admit the creation of observers within it at some stage"[255]. Das Universum ist so eingerichtet, damit wir entstehen können.

Das WAP erweist sich, wie Carter später präzisiert, als Selektionsprinzip für mögliche kosmologische Theorien, das aus der Klasse aller nach dem derzeitigen Stand der Theorie möglichen Welten diejenigen selektiert, in denen Be-

---

[252] B. CARTER, Large Number Coincidences and the Anthropic Principle in Cosmology, in: Cosmological Theories in Confrontation with Cosmological Data, 291–298.

[253] AaO., 291.

[254] Ebd., Hervorhebung D.E.

[255] AaO., 294, Hervorhebung D.E.

obachter wie wir möglich sind[256]. Das Anthropische Prinzip sei so dem Status nach vergleichbar mit Darwins Prinzip der natürlichen Auslese. Carter bleibt aber sehr vage in der Bestimmung dessen, worauf sich die Selektion des AP bezieht: auf Universen oder Theorien? Seine einführenden Bemerkungen legen nahe, daß seine Funktion eine rein heuristische in Bezug auf die Theorienselektion ist, der Hinweis auf Darwin deutet auf ein von menschlicher Erkenntnis unabhängiges, physikalisch wirksames Prinzip.

Im Anschluß an die Arbeiten von Collins, Hawking, Carter und anderen ist auf viele weitere Zusammenhänge hingewiesen worden, bei denen sich eine hyperfeine Abstimmung kontingenter Merkmale des Universums zeigt, die genau auf die Entstehung des Lebens, wie wir es kennen, bezogen zu sein scheint[257]. Nicht nur die Isotropie unseres Universums, auch viele andere grundlegende, kontingente und in den jetzigen Theorien voneinander unabhängige Kenngrößen unserer Welt zeigen, wenn man sie im Gedankenexperiment variiert, eine geringe anthropische Variationsbreite, innerhalb derer sie mit der Ausbildung von kosmischen Strukturen überhaupt und damit mit der Entstehung von Leben verträglich sind. Die Kernprozesse im Innern von Sternen, die Koinzidenzen, die für die einzigartigen Eigenschaften von Wasser verantwortlich sind, die Gravitationskonstante, die gerade so ‚eingestellt' ist, daß Sterne entstehen können – für viele zur Strukturbildung und Lebensentstehung entscheidende Eigenschaften des vorfindlichen physikalischen Kosmos zeigt sich: „Bis hin zu den organischen Lebewesen hängt das gesamte Spektrum der physikalischen Systeme an der haarscharf getunten Stärke der Wechselwirkung und den Massen der Teilchen."[258]

Schon Carter hält die bloße Hinnahme dieser kontingenten Zusammenhänge für physikalisch unbefriedigend und möchte eine tieferliegende Erklärung finden. Eine solche Herleitung der als Anfangs- und Randbedingungen irreduziblen Kenngrößen ist jedoch im Rahmen des Standardmodells nicht in Sicht, so daß sich die Erweiterung durch quantentheoretische Überlegungen anbietet,

---

[256] DERS., The Anthropic Selection Principle and the Ultra-Darwin Synthesis, in: The Anthropic Principle. Proceedings of the Second Venice Conference on Cosmology and Philosophy, hg. von F. BERTOLA/U. CURI, Cambridge 1993, 33–66.

[257] Wir können an dieser Stelle nicht ins Detail gehen, das ist an anderer Stelle gerade auch in allgemein verständlichen Darstellungen ausführlich geschehen, vgl. etwa J.D. BARROW/F.J. TIPLER, The Anthropic Cosmological Principle; R. BREUER, Das anthropische Prinzip, 1981; J. GRIBBIN/M. REES, Ein Universum nach Maß. Bedingungen unserer Existenz, 1991. Eine ausgewogene Darstellung bietet B. KANITSCHEIDER, Naturphilosophie, Kosmologie und das Anthropische Prinzip, in: Vom Anfang der Welt, 157–175.

[258] B. KANITSCHEIDER, Naturphilosophie, Kosmologie und das Anthropische Prinzip, 168.

die sich auf Möglichkeiten und ganze Ensemble von variierten Universen beziehen lassen. Carter führt in seiner frühen Arbeit, zumindest als „last resort“, die Möglichkeit aus, das AP über seinen Charakter als Vorhersage (prediction) zu erwartender Kenngrößen hinaus „to the status of an *explanation*“[259] dadurch auszubauen, daß man von einer Viele-Welten-Vorstellung ausgeht. Man müßte dann ein Ensemble von Universen voraussetzen, das charakterisiert wäre „by all conceivable combinations of initial conditions and fundamental constants“[260], und für alle Varianten und Kombinationen von Anfangsbedingungen und fundamentalen Konstanten überprüfen, ob sie mit der Existenz von Beobachtern vereinbar sind.

In einem zweiten Schritt könnte man in einer umfassenden statistischen Theorie das AP als „a priori restriction“[261] in Anschlag bringen. Aus dem Ensemble von möglichen Universen würde ein starkes AP nur solche wirklich werden lassen, die die Existenz von intelligenten Beobachtern zulassen, zum Beispiel nur diejenigen, die eine mit der Bildung von Sternen verträgliche Gravitationskonstante aufweisen. Ob man diese Überlegungen dann als Erklärung akzeptiert, hängt nach Carter von der Einstellung zu einer solchen Ensemble-Theorie von Welten ab, zu der man jedoch seiner Ansicht nach durch die innere Logik der Quantentheorie geradezu gezwungen ist.

Zur Erklärung der Homogenität und Isotropie des Kosmos ist dann in den achtziger Jahren unter Aufnahme von Vereinigungstheorien das Modell des inflationären Urknalls entwickelt worden, das beide Eigenschaften, wie wir sahen, aus einer Phase exponentieller Expansion des frühen Universums herleitet, durch die möglicherweise vorhandene frühe lokale Anisotropien und Inhomogenitäten ausgeglichen wurden[262]. Andrej Linde hat dann gezeigt, daß das inflationäre Szenario zu einer Viele-Welten-Theorie erweitert werden kann[263]. Wenn man einen dem Quantenvakuum ähnlichen Urzustand der Latenz alles dessen, was uns physikalisch möglich erscheint, voraussetzt, in dem immer wieder durch lokale, zufällige, den Übergangsprinzipien der Quantenmechanik gehorchende Schwankungen der Grundgrößen Inflationen von energieerfüllten Raumzeiten in allen Größenordnungen vorkommen, so werden sich diejenigen

---

[259] B. CARTER, Large Number Coincidences and the Anthropic Principle in Cosmology, 295.

[260] Ebd.

[261] AaO., 298.

[262] Vgl. den Abschnitt oben S.218ff.

[263] A. LINDE, The Universe: Inflation out of Chaos, New Scientist 105 (1985), No. 1446, 14–18; DERS., Elementarteilchen und inflationärer Kosmos, besonders Kap. 10.5: Inflation und anthropisches Prinzip, 260–269.

dieser Inflationen, die mit geeigneten Anfangsbedingungen ausgestattet sind, zu solchen Universen aufblähen, die großräumige Strukturen und Eigenschaften entwickeln wie die in unserem Universum beobachteten.

Die ansonsten kontingente Setzung der Eigenschaften unseres Universums wird nun als bloß statistische Variante innerhalb einer großen Klasse von Universen aufgefaßt, in denen ganz verschiedene Sätze der Elementarteilchen-Parameter realisiert sind. Für die Beschreibung dieses Ensembles möglicher Welten soll die Quantenkosmologie den Theorierahmen bereitstellen und das AP, sei es in seiner schwachen oder seiner starken Form, das nötige Selektionsprinzip liefern.

Gegen die Verwendung des AP als Erklärungsprinzip im Zusammenhang kosmologischer Theoriebildung sind jedoch einige grundsätzliche Vorbehalte geltend zu machen.

1. Das AP ist, wenn man es zunächst einmal nur als das nimmt, was es aus sich heraus ist, eine *Trivialität*. Es ist trivial, daß unsere kosmologischen Theorien nicht unser Nichtvorhandensein implizieren dürfen, alles andere wäre absurd. Und der bloße Hinweis, daß das Universum, in welchem wir leben, im Rahmen unserer theoretischen Beschreibung nur ein Fall unter vielen möglichen und in seinen vorliegenden Eigenschaften sehr speziell ist, ist aus methodischen Gesichtspunkten nicht anders zu erwarten. Goenner hat vollkommen zu Recht darauf hingewiesen, daß die Behauptung der Unwahrscheinlichkeit des vorfindlichen Universums schon allein deshalb erkenntnistheoretisch trivial ist, da bei jeder Variationsanalyse die Wahrscheinlichkeit einer bestimmten Konstellation beliebig gering wird, wenn die Zahl der Alternativen nur groß genug ist: „der real existierende Kosmos kann nur *einer* Lösung des mathematischen Modells entsprechen und diese ist beliebig unwahrscheinlich, wenn es genügend viele andere Lösungen gibt"[264].

2. Die so kontingent erscheinende Feinabstimmung der kosmologisch relevanten Parameter ist nicht als überzeugender Hinweis auf eine den Kosmos zur Hervorbringung von Leben eingerichtet habende Intelligenz zu werten. Es bleibt stets eine physikalisch gleichwertige Alternative, die ‚Einrichtung' unseres Kosmos als rein statistische Variante einer Vielzahl von Universen zu betrachten[265].

3. Das AP muß vielmehr, „anstatt selbst als *Erklärung* zu fungieren, eher als Indikator für noch vorhandenes *Nichtwissen* angesehen werden. Es ist ein Platz-

---

[264] H. GOENNER, Einführung in die Kosmologie, 204.
[265] Vgl. B. KANITSCHEIDER, Im Innern der Natur, 113–127.

halter für einen zu entdeckenden Mechanismus"[266]. Es ist also allenfalls als ein *heuristisches Hilfsmittel* auf der Suche nach tieferen Erklärungsmodellen tauglich, das aus der Einsicht in den engen Zusammenhang der Möglichkeit unserer Existenz mit der grundlegenden Beschaffenheit des Kosmos Kriterien dafür gewinnt, was umfassende kosmologische Theorien und Szenarien mindestens leisten müßten. Dies geschieht dadurch, daß man kosmologische Kenngrößen (z.B. den isotropen Anfangszustand) und/oder die grundlegende nomologische Struktur variiert und überprüft, ob unter den geänderten Bedingungen großräumige kosmische Strukturen, Sterne oder unsere Art von Lebewesen überhaupt noch vorstellbar sind. Der Aussagewert des AP liegt dann darin, daß es auf den engen Zusammenhang zwischen kosmischen Größen und lokalen Lebensbedingungen aufmerksam macht und zugleich andeutet, daß eine beides umfassende Theorie noch nicht existiert. Es ist die enge Verbindung von kosmischer Entwicklung, elementarer Physik und unserer Existenz[267], die dem AP seinen Reiz verleiht und nach einer umfassenden Theorie verlangt, einen eigenen *explanatorischen* Wert besitzt es jedoch nicht.

4. Zu eng sollte dieser Zusammenhang jedoch nicht gesehen werden, ist doch das Leben, wie wir es kennen, eine kontingente geschichtliche Erscheinung[268]. Auf der lokalen, tellurischen, makroskopischen Ebene zeigt sich nur, *daß die evolutionäre Entwicklung aus den kosmischen Koinzidenzen etwas gemacht hat* und deshalb auch auf sie angewiesen war und bleibt. Eine Variationsanalyse und damit eine Abschätzung dessen, was alles hätte anders geschehen können und was nicht anders hätte geschehen dürfen, damit Planetensysteme überhaupt oder Kohlenstoff gebundene Systeme im besonderen, Lebewesen allgemein oder vernünftige Lebewesen wie der Mensch haben entstehen können, hängt ganz von Begriff und Bestimmung des Möglichen ab. Was wir als möglich beschreiben können, können wir nur in Bezug auf den erreichten Stand einer Theorie bestimmen. Physikalische Theorien aber können wir nur aus dem vorfindlich Faktischen durch formale Hypothesen über empirische Falsifikation abstrahieren. Daraus aber auf das ,überhaupt' Mögliche zu schließen und es mit der Tatsache unseres, aus den kosmischen Bedingtheiten hervorgegangenen Daseins in Verbindung bringen zu wollen, ist unsinnig.

---

[266] DERS., Kosmologie, 280.

[267] Vgl. J.D. BARROW/F.J. TIPLER, The anthropic cosmological principle, 4: „At this level the Anthropic Principle deepens our scientific understanding of the link between the inorganic and organic worlds and reveals an intimate connection between the large and small-scale structure of the Universe."

[268] Vgl. den Abschnitt unten S.334ff.

5. Die Bezeichnung des Prinzips als ‚anthropisch', d.h. auf den Menschen bezogen, hat keine wissenschaftliche Rechtfertigung, sondern verdankt sich schlichtem Anthropozentrismus, der den Menschen und sein Erscheinen im Rahmen der terrestrischen Evolution mit kosmischer Relevanz versieht[269]. Das wird besonders fatal, wenn es in seiner starken Form zur Geltung gebracht wird, um den Menschen als den inneren Sinn des Universums und seiner Eigenart zu bestimmen[270]. Die Fülle der alternativen, durch die tatsächliche Beschaffenheit und Entwicklung des Kosmos und seiner vielfältigen Interdependenzen ausgeschlossenen Möglichkeiten quantitativ abzuwägen und gegen unsere faktische Existenz zu halten, ist ein hoffnungsloses Unterfangen, das jedenfalls nichts über die Stellung des Menschen im Kosmos aussagt und zur Sinnstiftung seiner Existenz völlig untauglich ist.

3. Gott und Materialität

Ausgehend von unserer Interpretation des physikalischen Materiekonzepts und der ihm zugrundeliegenden quantentheoretischen Erwägungen wollen wir nun versuchen, einige theologische Bestimmungen der Beziehung Gottes zur Wirklichkeit seiner Schöpfung anzuschließen. Wir gehen dabei aus von der offensichtlichen Vielfalt unterschiedlich komplexer Gestalten geschöpflichen Seins, von der wir heute wissen, daß sie sich über große Zeiträume aus einfachen Anfängen entwickelt hat, und fragen danach, wie Gottes Schöpfersein mit dieser Entfaltung der stofflichen Schöpfung zusammengedacht werden kann.

3.1. Gott und die Hierarchie des materiellen Seins

Zunächst gilt es, daran zu erinnern, daß der neuzeitliche Materiebegriff die Fundamentalitätsproblematik der materiellen Konstituenten neu gefaßt und die klassische atomistische Konzeption von elementaren Teilchen, aufnehmendem Raum und dynamischen Gesetzen ihrer Bewegung überwunden hat. Wir sahen,

---

[269] Dagegen polemisiert schon Humes Figur des Philo, der den Schluß von der Ordnung auf den intelligenten, planrischen Schöpfer als plump und anthropozentrisch bezeichnet: „ . . . we are guilty of the grossest and most narrow partiality, and make ourselves the model of the whole universe" (D. HUME, Dialogues Concerning Natural Religion, in: DERS., The Philosophical Works, Vol. 2, hg. von TH.H. GREEN/TH.H. GROSE, London 1886, Nachdr. 1964, 380–468, 404).

[270] Noch stärker als ein AP wäre beispielsweise ein Kopflaus-Prinzip: Für die Existenz von Kopfläusen sind mindestens die Feinabstimmungen nötig, die die Entstehung des Menschen möglich machten. Käme deshalb jemand auf die Idee, die Einrichtung des Universums als die Bedingung der Möglichkeit der Existenz der Kopflaus zu bestimmen?

daß wesentliche Eigenschaften der Materie erst auf der makroskopischen Ebene als Struktur- und Systemphänomene erscheinen, die in den über-individuellen und diskreten Zustandsmöglichkeiten der basalen Ebene wurzeln, aber nicht direkt aus ihren Eigenschaften ableitbar sind. Der klassische naturwissenschaftliche Reduktionismus kann als überholt bezeichnet werden, ohne daß Phänomenklassen ausgezeichnet wären, die dem energetisch-materiellen Zusammenhang prinzipiell entnommen wären.

Die möglicherweise fundamentalste, aller Entwicklung vorgegebene Ebene der geschöpflichen Wirklichkeit ist nach unserer jetzigen Kenntnis in den materiell-energetischen Basisobjekten wie Quarks, Leptonen und Wechselwirkungsteilchen zu sehen und ihre Symmetrieprinzipien[271]. Dazu kommen Raum und Zeit als fundamentaler Geschehenszusammenhang des Beieinanderseins von Verschiedenem. Das heutige kosmologische Modell zeigt, daß die Entstehung komplexer Strukturen mit der zeitlichen Entwicklung des Kosmos korreliert ist. Unter den Bedingungen des expandierenden und sich abkühlenden Kosmos kristallisieren sich niederenergetische stabile Zustände aus und differenzierte Gebilde wie Elementarteilchen, Wechselwirkungsteilchen, Strahlung etc. entstehen. Aus ihnen bilden sich wiederum Atome, die sich unter gravitivem Einfluß zusammenballen und durch Kernreaktionen weitere chemische Elemente ‚erbrüten‘. Bereits jetzt haben sich Zusammenhänge auf den verschiedenen Ebenen der materiellen Wirklichkeit etabliert, die wir nur Schritt für Schritt und immer nur näherungsweise z.B. auf die Eigenarten chemischer Reaktionen von Atomen und diese wieder auf die Basisteilchen und ihre Wechselwirkungen zurückführen können.

Unter den besonderen Bedingungen unseres Planeten konnten sich aus ganz allmählichen Anfängen komplexere Systeme bilden. Betrachten wir die tellurischen Gestalten der Evolution und ihre Hierarchie zunehmender Komplexität, so können wir die Kette der Lebewesen hinaufsteigen bis zu uns selbst, die wir durch unser Denken diese Fülle und Ordnung der Gestalten erkennend wahrnehmen und ihre Entstehung in Grundzügen erschließen können. Auch in unserem Fall deutet empirisch alles darauf hin, daß wir nichts anderes darstellen als hochkomplexe, sowohl phylo- als auch ontogenetisch aus einfachen Zuständen sukzessive ausdifferenzierte stofflich-energetische Systeme. Alle unsere Fähig-

---

[271] Evtl. sind neuere Stringtheorien in der Lage, die angeführten Teilchen als Zustände eines einziges Basisobjektes darzustellen, vgl. dazu oben S.213 Anm. 163.

keiten als Lebewesen bilden sich über zeitliche Entwicklungen heraus und wären ohne die materiellen, stofflichen Konstituenten und Strukturen nicht vorhanden. Sie entstehen mit ihnen, werden mit ihnen gefördert oder geschädigt und zerfallen, wenn sie sich auflösen.

Angesichts des Zusammenwirkens von elementaren stofflich-energetischen Partikeln und Symmetrie-, Struktur- und Formprinzipien könnte man die Frage stellen, welches Ende der Komplexitätshierarchie vorrangig mit Gottes schöpferischem Wirken verbunden ist, Geist und Bewußtsein als ihre höchsten Gestalten oder die fundamentalen Konstituenten und Zusammenhänge der stofflich-energetischen Potenz des Anfangs. Im neuzeitlichen Weltbild könnte die Schöpfung als die ursprüngliche Bereitstellung der materiellen Grundkonstituenten und ihrer Gesetze sowie des Raumes und der Zeit bestimmt werden. Alle systemischen Strukturen und Vollzüge wären dann als Entfaltungen dieser vom Schöpfer ursprünglich geschaffenen materiellen Welt in ihrem Verlauf zu betrachten. Der ‚harte‘ Kern der geschöpflichen Wirklichkeit wären die nicht mehr weiter reduziblen Basisobjekte und ihre Symmetrieprinzipien in Raum und Zeit, die aus dem basalen Schöpfungsakt hervorgegangen sind, alle weiteren Phänomene der Schöpfung wären ihrer geschichtlichen Entwicklung und damit einem nachgeordneten Begriff von Schöpfung zuzuschreiben. Dies wäre das Modell einer ‚bottom-up‘-Schöpfung.

Die Alternative wäre, Gott als die Steigerung des anderen Endes der Komplexitätshierarchie anzusehen und die Schöpfung in ihren höchsten, sie bewußt wahrnehmenden Gestalten zu ihrem Eigentlichen gelangen zu lassen. Gott könnte als der alles umfassende Geist des Universums verstanden werden, der alles auf sich hin angelegt und geschaffen hat. Die Materie wäre dann nur die dumpfe Stofflichkeit des sich in ihren Konstellationen realisierenden Geistes. Die Schöpfung würde als ein von ihrem Ziel und ihrer Zukunft her bestimmter ‚top-down‘-Vorgang rekonstruierbar werden, in dem diejenige Phänomenklasse, die sich in ihren Vollzügen von den Grundzuständen der Materie immer unabhängiger macht, also die lebenden Organismen bis hin zum seiner selbst bewußten Menschen, die größte Nähe zum Schöpfer zeigt.

Unsere Analyse der neuzeitlichen Theorie der Materie mit ihrem nicht-reduktionistischen, in Raum und Zeit sich vollziehenden Zusammenspiel von Stoff- und Formprinzipien legt eine beide Alternativen qualifiziert aufeinander beziehende Sicht nahe. Als Schöpfer ist Gott der Grund der kontingenten Faktizität der energetisch-materiellen Wirklichkeit in Raum und Zeit. Und zugleich ist er das die strukturellen Möglichkeiten der sich vollziehenden Schöpfung begleitende und immer neu freisetzende Gegenüber, und er bleibt als dieses Gegenüber der Schöpfung das Woraufhin ihrer Entwicklung. Als *Schöpfer* ist er auf alle Ebenen der Komplexitätshierarchie der Welt bezogen[272].

3.2. Gott und die Einheit der Schöpfung

Wenn wir diese Einsicht ernst nehmen, dann müssen wir auf eine über die geschöpfliche Komplexitätshierarchie begründete ontologische Fundierung der Wirklichkeit verzichten. Statt dessen gilt es, „die Grunddifferenz zwischen Schöpfer und Geschöpf als dynamisches Differenzierungsgeschehen ... zur Geltung zu bringen"[273]. Das neuzeitliche quantentheoretische Materieverständnis impliziert, daß die materiell-energetische Wirklichkeit weder auf relationsfreie Fundamentalobjekte reduzierbar noch zu totalitären Ganzheitsbegriffen steigerbar ist. Nur über Wechselwirkungen und Teil-Ganze-Relationen stellen sich Zustandsreduktionen ein, und nur über solchermaßen relationierte Prozesse ist die stoffliche Wirklichkeit empirisch kontrollierter Erfahrung zugänglich. Die von uns favorisierte, nicht-subjektivistische Interpretation des Meßprozesses, die ihn auf eine Wechselwirkung zwischen makroskopischem Meßapparat und Mikroobjekt zurückführt, hält daran fest, daß diese unhintergehbare Differenz eine intramundane ist und nicht das erkennende Subjekt als solches ontologische Sonderqualitäten besitzt und einer außerweltlichen oder nicht-gegenständlichen Position zugeschlagen werden müßte.

Wird aber die Rekonstruktion einer letzten Einheit der Wirklichkeit, die dann durch die Theologie zu einem abstrakten Gottesbegriff in eine direkte Beziehung gesetzt werden könnte, verweigert, dann legt es sich nahe, auch theologisch von der Frage nach letzten Gründen und höchsten Wesenheiten umzustellen auf die Analyse grundlegender Relationsverhältnisse und das Differenzierungsgeschehen der Schöpfung zum Schöpfer noch einmal in eine beziehungsreiche Differenz setzen. Dazu wollen wir im nächsten Abschnitt das Verhältnis von Schöpfung und Erhaltung der Selbständigkeit und Dynamik des geschöpflichen Geschehens gegenüberstellen und damit entfalten, inwiefern Gott als der *Grund der Schöpfung* zu verstehen ist. Danach soll Gott als der die materielle Wirklichkeit auf die Offenheit neuer Möglichkeiten hin *übersteigende Geist*

---

[272] Die angelsächsische Diskussion hat dies in die Formel zusammengefaßt: „God is no God of the edges", z.B. J. POLKINGHORNE, Science and Christian Belief. Theological Reflections of a Bottom-Up Thinker (The Gifford Lectures for 1993–4), London ²1994, 73. Zu Polkinghorne vgl. jetzt: A. DINTER, Vom Glauben eines Physikers. John Polkinghornes Beitrag zum Dialog zwischen Theologie und Naturwissenschaften, 1999.
[273] I.U. DALFERTH, Subjektivität und Glaube. Zur Problematik der theologischen Verwendung einer philosophischen Kategorie, NZSTh 36 (1991), 18–58, 50.

zur Geltung gebracht werden. Dies wird in kritischer Bezugnahme auf neuere pneumatologische Entwürfe zu geschehen haben, die in eher diffuser Weise das kosmische Geschehen als Selbstentfaltung des Geistes Gottes identifizieren. Es wird sich zeigen, daß nicht einfach eine geistgewirkte einsinnige Bewegung der Schöpfung auf ein ihr vorgängiges Ziel theologisch behauptet werden darf, sondern auch die auf die Wirklichkeit der Schöpfung immer neu zukommenden Möglichkeiten, in denen der Glaube die schöpferische Kraft des Geistes Gottes bekennt, ein differenzierendes Geschehen freisetzen. Dabei wird der Mensch durch die Beziehung, in die sich der Schöpfer in Jesus Christus zum ihm gesetzt hat, durch den Heiligen Geist so einbezogen, daß er sich gerade innerhalb der relativen Differenzen seiner Welt als Geschöpf auf seinen Gott hin verlassen und orientieren kann.

3.3. Schöpfung und Erhaltung

3.3.1. Creatio ex nihilo

Wir wollen zunächst Differenzierungen der dogmatischen Tradition fruchtbar machen, die diese für den Begriff der *creatio ex nihilo* aufgrund der Nötigungen des biblischen Schöpfungsberichts geltend gemacht hat[274]. Die altprotestantische Theologie hatte den ordo creationis im Anschluß an Gen 1 mit der Erschaffung der noch formlosen Schöpfungsmaterie am ersten Tag beginnen lassen. Zwar ist im Grundsatz *alles* ex nihilo geschaffen, da Gott aus sich selbst schafft und ihm kein zweites, materielles Prinzip gegenüber steht, aus dem er die Schöpfung im Uranfang geformt hat. Für die Interpretation des Ausdrucks *creatio ex nihilo* gilt deshalb: „*. . . particula ex non designat materiam ex qua, sed excludit*"[275]. Doch nur das Werk des ersten Tags ist eine Schöpfung *ex nihilo immediate*, die die primordiale Materie entstehen läßt, die weiteren Schöpfungswerke geschehen dann „*mediante illa materia*, quam Deus ante ex nihilo pure negativo creaverat"[276]. Der Schöpfungsakt wird deshalb dreigeteilt, in die Schaffung der ‚rudis materia' des Universums am ersten Tag, die ‚creaturarum simplicium distinctio et dispositio' an den drei ersten Tagen, durch die die anfängliche chaotische Materie ihre grundlegenden Differenzen und Dis-

---

[274] Vgl. dazu auch J. COLDITZ, Kosmos als Schöpfung. Die Bedeutung der creatio ex nihilo vor dem Anspruch moderner Kosmologie, 1994.

[275] J.A. QUENSTEDT, Theologia didactico-polemica sive systema theologicum, 1685, nach der Ausg. von 1691, 417, vgl. H. SCHMID, Die Dogmatik der evangelisch-lutherischen Kirche dargestellt und aus den Quellen belegt, neu hg. und durchg. von H.G. PÖHLMANN, [11]1990, 117.

[276] H. SCHMID, Die Dogmatik der evangelisch-lutherischen Kirche, 117, Hervorhebung D.E.

positionen (Licht/Finsternis, Tag/Nacht, Himmel/Erde/Meer) erhält, und dann die Ausgestaltung und Belebung innerhalb dieser Unterscheidungen, die ‚ex-ornatio et consummatio mundi' (Gestirne am Himmel, Fische im Meer, Vögel im Himmel, Pflanzen, Tiere und der Mensch auf dem Land)[277]. Damit war für die Tradition die eigentliche Schöpfung im Sinne eines herstellenden Handelns ihrer Gestalten vollendet, und es schloß sich das Lehrstück *De providentia* an, durch das Gottes fortdauernder Bezug zu seiner in ihren Grundgestalten fertigen Schöpfung zum Ausdruck gebracht werden sollte. Man unterschied dabei im allgemeinen Erhaltung (*conservatio*), Mitwirkung (*concursus*) und Lenkung (*gubernatio*) der Schöpfung durch den Schöpfer. Dabei wurde vielfach das göttliche Werk der Erhaltung als Fortsetzung der Schöpfung verstanden und deshalb die *conservatio* auch als *creatio continuata* bzw. *continua* bezeichnet. So wird die Erhaltung etwa von Quenstedt in Kontinuität zum ursprünglichen schöpferischen Akt gedacht als die fortgesetzte Hervorbringung der Kreatur, die ihren Fortbestand nicht aus sich selbst heraus garantieren kann[278]. Damit sollte sichergestellt werden, daß Gott nicht nur Schöpfer für das Ursprungsgeschehen ist und sich dann zurückzieht, sondern Schöpfer bleibt in seiner tätigen Beziehung zur Schöpfung.

Im Rahmen der neuzeitlichen Kosmologie können wir den primordialen Schöpfungsakt der *creatio ex nihilo immediata* darin bestimmen, daß Gott den im Urknallmodell implizierten Anfangsmoment der Schöpfung zusammen mit der sich daraus entwickelnden Raumzeit aus dem Nichts hat hervorgehen lassen, und zwar mit den vorfindlichen Symmetrieprinzipien und grundlegenden Übergangseigenschaften. Die quantenkosmologische These, daß diesem Moment die Leere (‚void') eines ursprünglichen, quantentheoretisch faßbaren Superraums von möglichen Welten vorausliegt oder unser tatsächlicher Kosmos von sich ständig weiter aufspaltenden vielen Welten umgeben ist, ist unter Hinweis auf das Ockhamsche Sparsamkeitsprinzip solange als unnötige ontologische Hypertrophie abzulehnen, bis eine Theorie entwickelt ist, der angemessene empirische Prüfbarkeit eignet. Dann aber wären der primordiale Möglichkeitsraum und die physikalischen Teilwelten ihrerseits in den Begriff des Gesamtkosmos hineinzuholen, dessen kontingente Struktur wiederum, wenn auch durch eine umfassendere, den raumzeitlichen Zusammenhang

---

[277] Ebd.

[278] Vgl. J.A. QUENSTEDT, Theologia didactico-polemica, I, 531 (vgl. H. SCHMID, Die Dogmatik der evangelisch-lutherischen Kirche, 126): „Deus res omnes conservat continuatione actionis, qua res primum produxit. Conservatio enim rei proprie nihil est aliud, quam continuata ejus productio".

unseres Kosmos nur als Teilmoment enthaltende Theorie beschrieben, unhintergehbar wäre. Auch in Bezug auf einen solchen erweiterten Kosmos würde der Glaube den Schöpfer als die Bedingung der Möglichkeit seines Daseins bestimmen.

Zu den ex nihilo geschaffenen Kenngrößen und Sachverhalten würden nach unserem jetzigen Wissen die Spektren der Elementarteilchen und Wechselwirkungsteilchen mit ihren jeweiligen Symmetrieprinzipien sowie die dreidimensionale Räumlichkeit mit ihrem relativistischen Zusammenhang und die zeitliche Dynamik der Expansion des Kosmos gehören. Es ist dabei nicht ausgeschlossen, daß die energetisch-materiellen Gegebenheiten der Schöpfung über noch zu entdeckende Zusammenhänge als Zustände eines ‚Urobjekts‘ begriffen werden können. Im eigentlichen Sinne der creatio ex nihilo als der theologischen Begründung dafür, daß überhaupt etwas ist und nicht nichts, ist Gott als der Urheber der basalen Ebene der materiellen Wirklichkeit zu bezeichnen.

Die Aussage, daß Gott den Kosmos als einen sich aus einfachen Anfangszuständen heraus entfaltenden Prozeß aus dem Nichts geschaffen hat, ist die Beantwortung der Woher-Frage auf der Ebene der kontingenten basalen Elemente der vorfindlichen materiellen Wirklichkeit. Es ist die Frage, warum überhaupt etwas möglich ist und warum unsere mögliche Welt wirklich wurde und nicht einfach nichts ist oder Beliebiges nur möglich bleibt. Warum die Wirklichkeit unseres Kosmos mit seinen nicht als wiederum zusammengesetzt verstehbaren Grundkonstituenten und Zusammenhängen gerade diese Spektren, Symmetrien und Übergänge zeigt, beantwortet der Glaube mit dem Hinweis auf den Ursprung des ‚Urstoffs‘ und seiner raumzeitlichen Dynamik in einem primordialen freien und schöpferischen Akt Gottes.

Die creatio ex nihilo im eigentlichen Sinne ist deshalb, und hier folgen wir der Tradition, allein auf diesen ursprünglichen Anfang des Übergangs vom Nichtsein zum Sein in seiner fundamentalsten Form zu beschränken. Sie bezieht sich gerade nicht auf die als *creatio mediata* zu bestimmende Entstehung der im Verlauf der Schöpfung sich aus ihrem Stoff herausbildenden Gestalten, sondern nur auf den ursprünglichen Akt der Selbstbegrenzung Gottes, durch die er anderem als sich selbst Möglichkeiten, Raum und Zeit gewährt[279]. Alle anderen Strukturen und Gestalten des Kosmos sind nicht ex nihilo ins Dasein getreten, aber auch nicht aus der basalen Stofflichkeit in Analogie zum menschlichen herstellenden Handeln durch Gott gemacht, sondern durch das sich vollziehende Geschehen des Kosmos *entstanden*. Die Bedingung der Möglichkeit dieses Entstehens stellt die Expansion des Kosmos dar, die dafür verantwort-

---

[279] Vgl. oben S.145ff.

lich ist, daß die basalen Symmetriebrechungen wirksam werden, die Materie die Potenz ihrer vielfältigen Zustandsmöglichkeiten entfalten und sich zu groß-räumigen Strukturen anordnen kann. So entstehen energetische und materielle Flüsse, die über Zeit zur Bildung von komplexeren Systemen abseits des ther-modynamischen Gleichgewichts führen[280].

Eine theologische Schöpfungslehre, die sich auf diesen Befund beziehen will, wird die *creatio continua* der Tradition nicht als bloße Fortsetzung im Sinne einer Erhaltung einer in ihren Grundgestalten fertigen Schöpfung gegen den Rückfall ins Nichts bestimmen können. Die *creatio ex nihilo* ist auf die ursprüngliche Konstituierung des so und so beschaffenen natürlichen Seins in seinen Grundkonstituenten und basalen raum-zeitlichen Wirkungszusammen-hängen zu beschränken, zu dem es immer auch die Alternativen der Annahme eines ‚spontanen‘ Entstehens oder einer statistischen Schwankung innerhalb ei-nes umfassenderen, schlicht da-seienden Möglichkeitsraumes gibt. Das Nichts ist ein metaphysischer, kategorialer Letztbegriff, der theologisch auf den pri-mordialen Schöpfungsakt zu begrenzen ist. Hat der Schöpfer in selbstbestimm-ter ursprünglicher Selbstbegrenzung anderem als sich selbst Raum, Zeit und Möglichkeiten gewährt, so meint das ‚Nichts‘ der creatio ex nihilo, daß Gott mit nichts anderem als mit sich selbst angefangen hat. Gründet die Schöpfung in dieser freien Tat Gottes, so ist das Nichts keine der Schöpfung gegenüber bestehen bleibende Möglichkeit, sondern durch Gottes ursprüngliche Tat aus-geschlossen. Die physikalischen Erhaltungsgesetze und Symmetrieprinzipien sind ein Ausdruck davon. Weltlich erfahren wir Entstehen und Vergehen, Auf-bau und Zerstörung, Wachsen und Sterben, immer aber nur als Transformatio-nen des Vorhandenen.

Die Alternativen zur schöpfungstheologischen Sicht sind aber ebenfalls deutlich. Es ist und bleibt beispielsweise eine akzeptable und mit aller wissen-schaftlichen Einsicht vollkommen kompatible Vorstellung, unter Sistierung der Frage nach einem letzten Grund zu behaupten, daß die Entstehung der grund-legenden Elemente und Zusammenhänge des Kosmos einfach geschieht, sei es aus dem Nichts oder aus einem ursprünglichen Raum alles Möglichen. Es ist nicht einzusehen, „weshalb es unannehmbar sein sollte, daß Dinge, durch nichts verursacht, einfach entstehen, während die Existenz eines Gottes mit der Macht, etwas aus nichts zu schaffen, akzeptabel sein soll"[281]. Und es gibt auch keine kosmologischen oder anthropischen Plausibilitäten über die Faktizität des Soseins der Welt hinaus, die das christliche Bekenntnis als Hinweis für eine in-

---

[280] Vgl. im nächsten Teil S.335f.
[281] J. MACKIE, Das Wunder des Theismus, 1985, 143.

tentionale Einrichtung der Welt durch einen Schöpfer für sich in Anspruch nehmen könnte. Es ist ja auch nach allem, was wir schon über die Selbständigkeit
der Schöpfung herausgearbeitet haben, mit einer christlichen Sicht der Welt als
Gottes Schöpfung vollkommen vereinbar, daß diese Alternative unentscheidbar
besteht, ist doch die Welt als Gottes selbständiges Gegenüber in ihren Grenzen
aus sich selbst heraus verständlich und, ihre Faktizität vorausgesetzt, in ihrer
Verfaßtheit beschreibbar.

Damit ist eine wichtige schöpfungstheologische Einsicht gewonnen. Diejenigen Aspekte der materiellen Wirklichkeit, die unsere Lebenswelt ausmachen, wie die großräumigen Strukturen des Kosmos, die Beschaffenheit der irdischen Lebensräume und Lebewesen, können gerade nicht wie die elementare
materiell-energetische Wirklichkeit als ex nihilo *immediate* geschaffen begriffen werden, sondern müssen als makroskopische Systemphänomene und als in
einem langen, komplexen Entstehungsprozeß *entstanden* bestimmt werden. Die
neuzeitliche Kosmologie hat herausgestellt, daß die unserer Alltagserfahrung
vertrauten Zusammenhänge und Gestalten der Schöpfung kontingente Eigenschaften makroskopischer Systeme sind und nicht direkt aus den Eigenschaften der Basiselemente abgeleitet werden können, und daß sie als solche über
lange geschichtliche Zeiträume geworden sind. Wenn denn überhaupt etwa die
Entstehung unseres Sonnensystems, die Entstehung des Lebens auf unserem
Planeten und die Entstehung des Menschen auf Gottes schöpferisches Handeln
zurückgeführt werden sollen, dann muß ein solcher Begriff von Schöpfung entwickelt werden, der sich von der ursprünglichen creatio ex nihilo immediata,
aber auch von einer bloßen Erhaltung einer fertigen Schöpfung im Sein gerade unterscheidet und mit dem, was wir über die Entwicklung des Kosmos
bis hin zur Evolution des Lebens wissen, vereinbar ist. Der Bereich dessen,
was traditionellerweise die *creatio mediata* beschrieb, ist über das besondere
Ursprungsgeschehen hinaus bis zur Gegenwart auszudehnen und mit dem zu
verbinden, was in der Lehre von der Vorsehung über Erhaltung, Mitwirkung
und Lenkung Gottes zum Ausdruck gebracht werden sollte. Die traditionelle
Rede von der fortgesetzten Schöpfung ist dahingehend zu modifizieren, daß sie
Gottes schöpferisches Bezogensein auf die sich vollziehende und Neues hervorbringende Schöpfung verdeutlicht.

3.3.2. Creatio continua

Die altprotestantische Orthodoxie hatte durch ihr Konzept der Erhaltung der
Geschöpfe, der Mitwirkung Gottes an ihren Handlungen und der Lenkung der
Welt durch Gott sicherstellen wollen, daß die Geschöpfe nicht als vom Schöpfer

sich selbst überlassen verstanden werden. Unhinterfragte Voraussetzung dafür war die Überzeugung, daß die geschaffenen Dinge nicht in sich selbst die Kraft zum Dasein besitzen, sondern nur insofern sie Gott ihnen zukommen läßt. Ohne Gottes begleitendes schöpferisches Handeln würde die Welt ins Chaos und ins Nichts zurückfallen. Auf diesem Hintergrund konnte dann die relative Selbständigkeit und Eigenständigkeit der Schöpfung zur Geltung gebracht werden.

Mit dem Aufkommen der mechanistischen Physik kehrten sich jedoch die Plausibilitäten um, und es stellte sich die Frage, ob die vorfindliche materielle Welt nicht grundsätzlich als selbständig verstanden und jedes Handeln Gottes nur als die für das fortgesetzte Sein der Geschöpfe nicht notwendige, wunderbare Ausnahme bestimmt werden muß, eine Wendung, auf die die Theologie nicht vorbereitet war[282]. Hans Blumenberg hat gezeigt, wie allmählich mit dem Beginn der Naturwissenschaften der Gedanke der ,Selbsterhaltung' das Gegenprinzip zur göttlichen Erhaltung bildet und geradezu zum Leitgedanken der Moderne wird. „Es ist nicht nur ein neues rationales Prinzip unter anderen, es ist das Prinzip der neuen Rationalität selbst."[283] Das Mittelalter hatte mit dem Begriff der Kontingenz auf dem Hintergrund der aristotelischen Physik und Bewegungslehre den biblischen Schöpfungsgedanken in einer radikalen Weise dahingehend ausgelegt, daß die Welt als von ihrem Urheber schlechthinnig abhängig zu denken war. Eine aus dem Nichts geschaffene und nach dem Prinzip des *omne quod movetur ab alio movetur* ohne äußeren Antrieb zum Vergehen bestimmte Welt wurde gegen die Idee Gottes als des unbedingten und aus sich selbst heraus notwendigen Seins, als *ens per se necessarium* und *causa sui* gehalten. Dann konnte die fortdauernde Welt nur als beständig durch den Willen Gottes im Dasein gehalten verstanden werden. Hieran knüpften die altprotestantischen Theologen an.

Mit dem Umbau des Kosmos und dem Aufkommen der neuen Physik, die auf Erhaltungssätzen aufbaut, zerbricht dieses Gegenüber. Das newtonsche *perseverare in statu suo* erfordert zur Bewegungserklärung statt der Angabe einer *ratio durationis* die einer *ratio mutationis*. Die Selbsterhaltung der Bewegung kommt der geschöpflichen Wirklichkeit aus sich selbst heraus schon immer zu,

---

[282] Zu Beginn des letzten Jahrhunderts noch führt Bretschneider deshalb darüber Klage, daß die Frage, „ob die Erhaltung ein stets fortgehender unmittelbarer Act des göttlichen Willens sey, oder ob Gott den erschaffenen Dingen selbst die Kraft fortzudauern erteilt habe, so daß er nun unmittelbar nichts mehr wirke, sondern die Welt durch ihre eigene Kraft bestehe", von der zeitgenössischen Dogmatik ungebührlich vernachlässigt werde (K.G. BRETSCHNEIDER, Handbuch der Dogmatik I, ³1828, 607f.).

[283] H. BLUMENBERG, Selbsterhaltung und Beharrung. Zur Konstitution der neuzeitlichen Rationalität, AAWLM.G (1969), Nr.11, 335–383, 336.

sie wird ihr nicht von außen durch Gott garantiert[284]. War im Mittelalter das Nichts der metaphysische Normalzustand, gegen den nur das beständig durchzusetzende Wunder der göttlichen creatio ex nihilo zu setzen war, so werden mit dem newtonschen Trägheitsaxiom, den Erhaltungssätzen und dynamischen Bewegungsgesetzen Selbsterhaltung und Beharrung geradezu zum Existenzmerkmal des körperlich Seienden, das physikalischen Prinzipien gehorcht: „Das Gesetz der Erhaltung steht damit zu den anderen Naturgesetzen in demselben Verhältnis wie die Existenz eines Gegenstandes zu seinen übrigen Qualitäten"[285].

Mit der neuzeitlichen Verselbständigung der natürlichen Welt ändert sich so die Frontstellung, der sich die altprotestantische Lehre vom Mitwirken Gottes im Zusammenhang des natürlichen Kausalnexus gegenüber sieht (*concursus divinus*). Ging es zunächst darum, die geschöpfliche Wirklichkeit und Eigenständigkeit zu garantieren und ihr Raum zu verschaffen, so steht nun in Frage, inwiefern Gottes Mitwirkung bei den geschöpflichen Vollzügen überhaupt noch gedacht werden kann. Das mechanistische Weltbild, für das als Leitidee der Laplacesche Geist steht, nimmt für sich in Anspruch, die Selbständigkeit der Welt zumindest in ihren materiellen Anteilen theoretisch und praktisch zu vollenden, so daß dem Mitwirken Gottes kein Ansatzpunkt mehr gegeben wird. Der Determinismus erscheint in einer Welt, deren Gegenstände sich in ihrem Bewegungszustand selbst erhalten, als die unausweichliche Konsequenz der naturwissenschaftlichen Erkenntnisbemühungen.

Durch die neue Physik unseres Jahrhunderts, vor allem auch durch die Quantentheorie hat sich die Situation erneut geändert. Die Physik „hat sich von dem Begriff des ‚objektiven Gegenstandes' bzw. der ‚objektiven Realität' gelöst. Sie hat den *Substanzbegriff* als Mittel der Beschreibung und Deutung atomarer Zustände und damit – folgerichtig – auch den überkommenen Begriff der Kausalität preisgeben müssen."[286] Es hatte sich gezeigt, daß das relativ strenge deterministische Verhalten der makroskopischen Körper auf einer Mikroebene statistischer, indeterministischer, nur durch Wechselwirkung scharfer Einzelereignisse aufruht und als in guter Näherung gültige, abstrakte Eigenschaft großer

---

[284] So betont Kant, daß gemäß der newtonschen Gravitationstheorie „ein großer Weltbau, nachdem er einmal da ist, seine Bewegungen forthin erhält". Dieses Gesetz der Bewegungserhaltung ist „würdig, daß ihm die Aufrechterhaltung eines ganzen Weltbaues anvertraut werde" (I. KANT, Der einzig mögliche Beweisgrund zu einer Demonstration des Daseins Gottes, 138).

[285] AaO., 343. Das gilt in dieser Deutlichkeit allerdings nicht für Newton selbst, der von einer beständigen Abnahme der Bewegung in der Welt durch Reibung und Verschleiß ausging und deshalb aktive, sie immer wieder erneuernde Prinzipien annahm, vgl. oben S.132 Anm. 367.

[286] C. LINK, Schöpfung, Bd.2: Schöpfungstheologie angesichts der Herausforderungen des 20. Jahrhunderts (HST 7/2), 1991, 408.

Körper gesehen werden muß. Der Gesamtzusammenhang des Kosmos, so kann man aus den Einsichten der Quantentheorie schließen, ist kein aus isolierbaren Teilen zusammengesetztes Ganzes, dessen Zustände in umkehrbarer Eindeutigkeit auseinander hervorgehen. Der Laplacesche Geist ist unmöglich und mit ihm jeder mechanistische Reduktionismus.

Das relativ offene, unstetige und nur diskreter Zustände fähige Geschehen, als das sich die Natur uns auf der basalen Ebene der Elementarprozesse zeigt, ist also zugleich der Möglichkeitsgrund für die Bildung von Struktur und für den Reichtum der Phänomene auf der makroskopischen Ebene. Es potenziert durch seine mannigfaltigen Kombinationsmöglichkeiten und Wechselwirkungen über Raum und Zeit die strukturelle Vielfalt und läßt im expandierenden Kosmos durch seine Diskretheit nicht verwaschene, sondern distinkte Objekte, Objektklassen und Systeme entstehen. Der großräumige Aufbau der kosmischen Gebilde durch gravitative Zusammenballung, die Materie- und Energieflüsse in die Strahlungssenke des expandierenden leeren Raumes, die die besonderen terrestrischen Lebensmöglichkeiten begründen, und der vom Menschen so bestaunte Reichtum an unbelebten und belebten Gestalten auf der Erde sind, so wissen wir heute, aus dem kosmischen Geschehen in einem langen und durch zahlreiche Koinzidenzen geprägten Prozeß hervorgegangen.

Die über die Schöpfung aus dem Nichts als der ursprünglichen konstitutiven Gewährung von Raum, Zeit und energetisch-materiellen Möglichkeiten hinausgehende Beziehung Gottes zur sich vollziehenden Schöpfung ist gerade deshalb als fortgesetzte *Schöpfung* angemessen bestimmt. Die Erhaltung der Welt, die Mitwirkung Gottes an den geschöpflichen Prozessen und ihre Lenkung durch Gott sind insofern ein höchst kreatives Geschehen, als sie die Bildung der differenzierten Gestalten der Schöpfung ermöglichen und begleiten. Allerdings ist gerade deshalb die creatio continua in ihrer bis in die Gegenwart andauernden kreativen Potenz eine *creatio mediata*, in der Gott sich auf die unverbrüchliche Wirklichkeit seiner Schöpfung bezieht und ihr immer neue schöpferische Möglichkeiten zukommen läßt[287].

Gottes fortgesetzte aktive und schöpferische Beziehung zur Schöpfung ist deshalb zunächst dahingehend zu bestimmen, daß Gott nicht fertige Gestalten im Dasein erhält, sondern das kosmische Geschehen, das vielfältige Strukturen bis hin zu Lebewesen hervorzubringen in der Lage ist, offenhält und mit ihm in eine diese Offenheit erhaltende *Inter*aktion tritt. Insofern die von uns wahrgenommene Erfahrungswelt der makroskopischen Gegenstände auf einer basalen Ebene stochastischer Prozesse, unscharfer Bestimmungen und nicht-

---

[287] Vgl. J. AUDRETSCH/H. WEDER, Kosmologie und Kreativität, ThLZ.F 1 (1999).

lokaler Zusammenhänge aufruht, ist diese Interaktion verborgen und zugleich in einer Form denkbar, die die Konstanz- und Symmetriegesetze und damit die weltliche Eigenständigkeit der Schöpfung bewahrt und doch zugleich so die basalen Prozesse mitbestimmt, daß sie je auf die ihnen angemessene Weise[288] mit ihnen korreliert ist, ohne sie autoritär zu prädeterminieren[289]. Gott kooperiert mit den Geschöpfen.

Damit sind Akte kreativer göttlicher Spontaneität denkbar, die – ohne über die ihrerseits wieder objektive und statistisch beschreibbare Offenheit der Prozesse hinaus empirisch greifbar werden zu können, denn sonst wären sie eben keine spontanen Akte *innerhalb* des weltlichen Geschehenszusammenhangs – in der Mitte zwischen reinem Zufall und intentionaler deterministischer Lenkung anzusiedeln sind. Sie lassen kontingente Festlegungen der kreatürlichen Wirklichkeit aus sich selbst heraus zu und gehen zugleich so auf sie ein, daß sie sie darin über sich hinausführen, daß ihnen durch solche Festlegungen neue Möglichkeiten zukommen.

Als eine treffende Analogie zu dieser kreativen cooperatio zwischen dem Schöpfer und seiner Schöpfung ist das Erfinden einer Melodie angeführt worden[290]. Die nächste Note einer Melodie wird nicht erzwungen durch die Noten, die ihr vorangingen. Mitunter machen gerade überraschende Wendungen den Reiz einer Melodie aus. Aber es kann sich auch nicht jede beliebige Note anfügen. Soll eine Melodie entstehen, so muß die folgende Note sich an ihre Vorgänger anschließen. Wie viele Noten einer Melodie auch schon existieren mögen, keine von ihnen war notwendig. Sie sind zwar die Voraussetzung für das Erscheinen der folgenden Noten, sie determinieren sie aber nicht. Jede Note, die erklingt, schließt damit andere Fortführungen der Melodie aus und eröffnet zugleich eine ganze Palette von weiteren Wendungen. Analog ist das kontingente Verwirklichen von Möglichkeiten im Prozeß der Schöpfung nicht nur eine Se-

---

[288] Quenstedt weist darauf hin, daß Gott mit den Zweitursachen gemäß ihrer jeweiligen Natur mitwirkt, mit dem, was einen freien Willen hat, auf freie Weise, mit dem Notwendigen auf notwendige Weise etc.: „Concurrit Deus cum causis secundis juxta ipsarum naturam, cum liberis libere, cum necessariis necessario, cum debilibus debiliter, cum fortibus fortiter, pro sua suavissima dispositione universali operando" (J.A. QUENSTEDT, Theologia didactico-polemica, I, 545, vgl. H. SCHMID, Die Dogmatik der evangelisch-lutherischen Kirche, 129).

[289] Vgl. D. HOLLATZ, Examen theologicum acroamaticum (1707), p.I, c.VI, q.18, 654: „Concurrit DEUS ad actiones & effecta creaturarum non concursu praevio, sed simultaneo, non praedeterminante, sed suaviter disponente."

[290] Vgl. A. PEACOCKE, Creation and the World of Science, Oxford 1979, 105; DERS., Gottes Wirken in der Welt, 1998, 175ff.

lektion unter Ausschluß alternativer Fortführungen, sondern gleichursprünglich darin die Eröffnung der Zugänglichkeit neuer Entwicklungsmöglichkeiten[291].

Diesem die Selbständigkeit der geschöpflichen Prozesse wahrenden Handeln Gottes in, an und mit seiner Schöpfung entspricht die Eigenart seiner Geschöpfe. Sie sind vor allem in den höchsten uns bekannten Formen als Lebewesen um ihrer selbst willen da und nicht Ausdruck eines ihnen übergeordneten Projekts oder auf einen ihnen äußeren Zweck hin konstruiert. Gottes Geschöpfe und die kontingente Ordnung seiner Schöpfung sprechen auch in ihren komplexesten Gestalten für nichts als für sich selbst. Im Blick auf ihr Dasein und Sosein ist Gott nicht als ihr Erzeuger oder Hersteller zu preisen, sondern als die Quelle, der Grund und der Antrieb dieser Fülle von Möglichkeiten des offenen und vielfältigen Zusammenhangs des Seins, der seine Schöpfung nicht wie ein Konstrukteur bestimmt, sondern sie sich in seiner Gegenwart entwickeln läßt.

Mit der Rekonstruktion der schöpferischen Entwicklung aus einfacheren Zuständen hin zu differenzierten Systemen, die unter den besonderen terrestrischen Bedingungen bis zur ganz allmählichen Entstehung von lebenden Organismen führte, haben wir den bottom-up-Aspekt des schöpferischen Handelns zur Geltung gebracht. Gott hat weder eine Schöpfung in fertigen Gestalten aus dem Nichts ins Dasein gesetzt noch sie aus ursprünglich geschaffener, gestaltloser Materie konstruiert, sondern in einer begleitenden, auf sie eingehenden Interaktion aus einfachen Zuständen in immer komplexere Zusammenhänge mit immer neuen Möglichkeiten geführt. Die weltliche Nicht-Notwendigkeit Gottes bleibt auch in seinem die Schöpfung begleitenden Handeln insofern gewahrt, als sein Dabeisein und Wirken in den weltlichen Zusammenhängen verborgen geschieht und nicht aus den natürlichen Prozessen herausgerechnet werden kann, weil sie ihrerseits vielfältige Kontingenz und Offenheit zeigen.

Geht der Schöpfer auf die Geschöpfe in der je ihnen angemessenen Weise ein, dann gilt dies auch für den Menschen, in dem eine neue Ebene der Beziehung Gottes zu seiner Schöpfung erreicht ist. Ihm erschließt sich der Schöpfer als persönliches, freies Gegenüber, nicht ohne ihm gerade darin zugleich seine Würde als selbständiges Geschöpf zuzusprechen. Der christliche Glaube bekennt aufgrund der Geschichte Jesu Christi, daß der Schöpfer für den Menschen da ist, obwohl er nicht für ihn da sein müßte. In Kreuz und Auferstehung Jesu Christi hat Gott sein Wesen als die Liebe offenbart, die den Menschen in eine unverbrüchliche Gemeinschaft mit sich hineinholen will.

---

[291] Dieser ‚spielerische' Charakter der kreativen Beziehung Gottes zu seinen Geschöpfen ließe sich vor allem anhand der terrestrischen Evolution plausibel machen, deren Grundprinzipien Manfred Eigen spieltheoretisch analysiert hat, vgl. M. EIGEN/R. WINKLER, Das Spiel, ⁵1983.

Darin, in der Möglichkeit und Tatsächlichkeit der Begegnung zwischen Gott und Mensch liegt der theologische Grund, daß zu der Entwicklung der Schöpfung aus einfachen Anfangszuständen hin zu komplexen Gestalten nun auch die umgekehrte Bewegung zu ergänzen ist, mit der Gott jenseits aller stofflichen Gestalt seiner Schöpfung ihr als derjenige gegenüber tritt, auf den hin der Mensch sich als bewußtes Wesen öffnen und sich orientieren kann. Im Erscheinen des Menschen als einem in Bewußtsein, Geist und Sozialität sich über die reine Stofflichkeit erhebenden Wesen entsteht inmitten der Schöpfung ein Geschöpf, das als Ebenbild Gottes in besonderer Weise zur Gemeinschaft mit ihm bestimmt ist. Dies geschieht dadurch, daß im Menschen eine neue Dimension geschöpflicher Wirklichkeit erschlossen ist, die erkennt, daß Gott zwar durch die materielle Welt wirkt, ihm aber zugleich in einer Weise entzogen ist, daß er sich für ein sinnhaft orientierendes Wesen wie den Menschen im Glauben erschließt und darin in die weltlichen Zusammenhänge des menschlichen Lebens eintritt, so daß von Gott zu bekennen ist: „Gott ist Geist" (Joh 4,24). Den Zusammenhang von Geist und Gottes Schöpfung gilt es deshalb im folgenden zu entfalten. Die kritische Auseinandersetzung mit neueren pneumatologisch-kosmologischen Entwürfen soll dabei helfen, Leitlinien einer positiven Bestimmung des Gegenübers von materieller Welt und Gottes Geist zu entwickeln.

3.4. Geist Gottes und materielle Welt

In der christlichen metaphysischen Tradition ist unter Rückgriff auf antike philosophische Konzepte und entsprechende biblische Texte die Unterschiedenheit Gottes von seinen kontingenten Geschöpfen darin bestimmt worden, daß Gott reiner Geist und also ein immaterielles Wesen ist. Gott ist frei von jeder Stofflichkeit zu denken, die immer auch Einschränkung bedeutet und allein auf die Seite der geschöpflichen Welt gehört: „impossibile est in Deo esse materiam"[292]. Die Materie hingegen, als Inbegriff der vom Schöpfer aus dem Nichts hervorgebrachten und allein durch ihn im Dasein gehaltenen Schöpfung wird dahingehend als passiv bestimmt, daß sie nicht aus sich selbst heraus schöpferisch Gestalten hervorbringen kann. Im Anschluß an Aristoteles gilt der scholastischen Theologie die Materie im allgemeinen als reine Möglichkeit, zu der immer Formprinzipien hinzutreten müssen, damit die nach Gattungen geordnete Vielfalt der wirklichen Gegenstände und Lebewesen entstehen kann[293]. Wäh-

---

[292] THOMAS VON AQUIN, S. th. I, q.3, a.2, corp.

[293] Wir übergehen die nominalistische Kritik am aristotelischen Hylemorphismus, die der ersten Materie eine gewisse eigene Aktualität einräumt und einen wichtigen Schritt hin zum atomistisch-mechanistischen Materiebegriff der frühneuzeitlichen Physik darstellt.

rend für Aristoteles die Form eher auf die Seite der Gattung gehört und durchaus die Materie als Individuationsprinzip in Frage kommen kann[294], hat nach scholastischer Überzeugung vor allem die Form die individuierende Potenz, so daß sie auf die Seite der ersten Substanzen gerechnet wird. Die Eigenschaften der jeweils zugrundeliegenden Materie grenzen dabei die Möglichkeiten der mit ihr zu realisierenden Formen ein, die Materie wird zur Ursache der Unvollkommenheit zumindest in der sublunaren Sphäre. So hält Thomas von Aquin fest: „materia non est prima causa distinctionis rerum"[295]. Im Schöpfungsakt muß nämlich die Absicht Gottes hinzutreten, die Geschöpfe nach ihren Arten und in ihrer besonderen Vollkommenheit entstehen zu lassen, sie entstehen nicht aus Eigenbewegungen der Materie, sondern „ex propria Dei intentione"[296]. Akzeptiert man jedoch die durch das neuzeitliche Materieverständnis plausibilisierte Grundannahmen der Evolutionstheorie, die die Entstehung der Vielfalt irdischer Lebensformen aus einfachen Materiezuständen als immanente Selbstorganisation der Materie beschreibt und ihre Zuständigkeit auch für den Vorgang der Hominisation behauptet, dann ergibt sich die Notwendigkeit, die Beziehung zwischen Gott als schöpferischem Geist und der Vielfalt der geschöpflichen Gestalten so zu bestimmen, daß Gottes schöpferisches Wirken auf die Eigenbewegung der Materie bezogen werden kann. Unter Verweis auf den Prozeßcharakter des kosmischen Szenarios und der terrestrischen Evolution der Biosphäre hin zu immer komplexeren Gestalten ist nun in neueren schöpfungstheologischen Entwürfen die kosmische Entwicklung selbst als Dynamik des göttlichen Geistes beschrieben worden. Sind diese Entwürfe plausibel? Sind sie gar in besonderer Weise geeignet, die Erkenntnisse naturwissenschaftlicher Kosmologie aufzunehmen? Ist es naturphilosophisch einsichtig zu machen, daß der basalen stofflichen Ebene der geschöpflichen Wirklichkeit so etwas wie Geist als schöpferisches Prinzip beizuordnen oder gegenüberzustellen ist?

3.4.1. Gottes Geist als ‚Kraft der Evolution‘?

1. Nach *Jürgen Moltmann* wirkt der Geist Gottes in der Schöpfung dadurch, daß er der Materie Struktur und damit Leben verleiht. „Durch seinen Geist ist Gott selbst in seiner Schöpfung präsent. . . . Durch seinen Geist ist Gott auch in den Materiestrukturen präsent." Alle Materie ist strukturierte Materie, und der Geist ist das selbst immaterielle Prinzip, das alle ihre Strukturen bestimmt. „Es gibt in der Schöpfung weder geistlose Materie noch immateriellen Geist, denn

---

[294] Dazu siehe oben S.165.
[295] THOMAS VON AQUIN, S.c.g., II, c. XL.
[296] S.c.g., II, c. XLV.

es gibt nur *informierte Materie*. Die Informationen aber, die alle Materie- und
Lebenssysteme bestimmen, sind *Geist* zu nennen." Die besondere Verbindung
zum menschlichen Geist ist dadurch gegeben, daß in ihm diese Informiertheit
„auf geschöpfliche Weise zum Bewußtsein" kommt. Moltmann bezeichnet so
den gesamten Kosmos als „gottentsprechend", weil er sich „in den Energien
und Kräften des göttlichen Geistes" bewegt und entwickelt[297].

Moltmann nimmt auch auf die Quantentheorie Bezug, wenn er den Kosmos nicht wie das mechanistische Weltbild als aus Teilen zusammengesetztes Ganzes beschreibt, sondern als einen holistischen Zusammenhang, in dem
Element und Relation gleichursprünglich sind und komplementäre Aspekte der
Wirklichkeit darstellen. „Nach der mechanistischen Theorie sind die Dinge primär, und ihre Beziehungen zueinander sind sekundär durch die Naturgesetze
bestimmt. In Wirklichkeit aber sind die Beziehungen gleichursprünglich wie
die Dinge. Ding und Beziehung sind einander komplementäre Erscheinungs-
weisen wie im atomaren Bereich Partikel und Welle."[298] Existiert nun alles in
der Schöpfung nicht aus sich selbst heraus, sondern immer nur in Beziehungen
oder, wie Moltmann sagt, in Gemeinschaft, dann ist der Ermöglichungsgrund
von Gemeinschaft als das Fundament der Wirklichkeit schlechthin anzusehen.
Als dieser Element und Relation umfassende und Gemeinschaft ermöglichende
Grund ist der Geist Gottes zu bestimmen, weil er allein aus sich heraus existiert.
„‚Fundamental' kann also nur die Schöpfungsgemeinschaft im Geist selbst genannt werden. Denn nur der Geist Gottes existiert *ex se* und ist deshalb als
tragendes Fundament für alles anzusehen, das nicht *ex se*, sondern *ab alio et in
aliis* existiert."[299]

Der Geist als das Fundament der geschöpflichen Beziehungen wirkt dadurch, daß er die Strukturen, Ordnungen und Prozesse der Wirklichkeit hervorbringt. „Aus der Gemeinschaft des göttlichen Geistes und in ihr entstehen
die Muster und Symmetrien, die Bewegungen und die Rhythmen, die Felder
und die materiellen Zusammenballungen der kosmischen Energie."[300] Moltmann sieht im Zentrum seiner Schöpfungslehre nicht mehr wie in der klassischen Dogmatik die Unterscheidung zwischen Gott und Welt, „sondern die

---

[297] Alle Zitate J. MOLTMANN, Gott in der Schöpfung, 219.
[298] AaO., 25. Da jedoch die Genauigkeit der Bestimmung der Dinge einerseits und ihrer
Beziehungen andererseits zugleich und miteinander präzisierbar sein dürften, ist hier die Bezeichnung ‚komplementär' problematisch und der Verweis auf den Welle-Teilchen-Dualismus
unzutreffend.
[299] Ebd.
[300] Ebd.

Erkenntnis der Präsenz Gottes *in* der Welt und der Präsenz der Welt *in* Gott"[301].
Nur so scheint ihm die christliche Schöpfungslehre mit der Evolutionstheorie
in eine positive Verbindung gebracht werden zu können, wofür er wieder die
Figur der Komplementarität verwendet[302].

2. Analog begründet *Sigurd Martin Daecke*, daß ein der Materie beizuord-
nendes Geist-Prinzip zu etablieren ist, weil sonst die offensichtliche Selbsttranszendenz der Materie in der Entwicklung des Lebens auf der Erde nicht gedacht
werden kann. Und auch er bestimmt dieses Prinzip dann als den göttlichen Geist
der Schöpfung: „Der Geist in der Materie ist Geist vom Heiligen Geist, der Leben schaffend, erhaltend und vollendend in den evolutionären Prozessen wirkt.
Der Heilige Geist ist die Kraft der Evolution"[303]. Und auch *Günter Altner* sieht
in der Selbstbewegung des Geistes Gottes den Grund des Evolutionsprozesses,
denn die „Wirklichkeit des Geistes" zeigt sich „in der Dynamik und Selbsttranszendenz der Evolution" und „manifestiert sich im Selbstaufbau materieller,
energetischer und informationeller Prozesse"[304].

3. Auch *Wolfhart Pannenberg* argumentiert in diesem Sinne, wenn er den
„Geist Gottes und die Dynamik des Naturgeschehens"[305] miteinander in Zusammenhang bringt. Für ihn ist unter Hinweis auf die biblische Tradition „der
Geist Gottes . . . das belebende Prinzip, dem alle Geschöpfe Leben, Bewegung
und Tätigkeit verdanken"[306]. Die „naturphilosophische Einlösbarkeit einer solchen Sicht"[307] sieht Pannenberg gegeben durch den Hinweis auf die der gesamt-
kosmischen Tendenz der Energiezerstreuung[308] entgegenwirkende Entstehung
und Entwicklung des Lebens auf der Erde. Sind zum einen die elementaren
Ereignisse Quantenereignisse, in denen zukünftig Mögliches auf kontingente
Weise gegenwärtig wirklich wird, und können zum anderen abseits vom thermodynamischen Gleichgewicht solche Elementarereignisse in ihrer gestalteri-

---

[301] AaO., 27.

[302] „Das Konzept *Gott in der Schöpfung* in Gestalt der Vorstellung von der *Schöpfung im Geist* ist geeignet, ‚Schöpfung' und ‚Evolution' nicht länger als gegensätzliche Begriffe der Wirklichkeit aufzufassen, sondern komplementär miteinander zu verbinden" (aaO., 32). Auch hier gilt, daß die Komplementarität beider Begriffe allein darin bestehen soll, daß sie sich ge-genseitig bedingen, was allein den quantentheoretischen Begriff der Komplementarität noch nicht erreicht.

[303] S.M. DAECKE, Säkulare Welt – sakrale Schöpfung – geistige Materie, EvTh 45 (1985), 261–276, 275, Hervorhebung D.E.

[304] G. ALTNER, Die Überlebenskrise in der Gegenwart, 1987, 112.

[305] W. PANNENBERG, Systematische Theologie, Bd.2, 96.

[306] Ebd.

[307] AaO., 120.

[308] Vgl. den Abschnitt unten S.336ff.

schen Wirkung bis in das Makrogeschehen durchschlagen, dann wäre das theologisch mit der Dynamik des göttlichen Geistes identifizierte „Kraftfeld des
künftig Möglichen dafür verantwortlich, daß die im ganzen durch das Entropiewachstum zur Auflösung der Gestalten und Strukturen tendierenden Naturprozesse doch auch Raum bieten für das Entstehen neuer Strukturen, ja sogar für
eine Entwicklung auf zunehmende Differenzierung und Komplexität hin, wie
sie in der Evolution des Lebens stattgefunden hat"[309]. Gottes Geist ist damit der
„Ursprung der dauerhaften Gestalten wie schon der beständigen Ordnung und
Verläßlichkeit im Gang des Naturgeschehens"[310].

Kritisch ist an diese Versuche der Bestimmung der Wirksamkeit Gottes in
der Entwicklung der Schöpfung die Frage zu stellen, ob sie nicht mit dem Geist
der Schöpfung ein ‚hyperphysisches‘ Prinzip etablieren wollen und die materielle Natur zu dumpfer Passivität degradieren. „Ordnung und Zweckmäßigkeit
in der Natur muß wiederum aus Naturgründen und nach Naturgesetzen erklärt
werden, und hier sind selbst die wildesten Hypothesen, wenn sie nur physisch
sind, erträglicher als eine hyperphysische, d.i. die Berufung auf einen göttlichen
Urheber, den man zu diesem Behuf voraussetzt."[311] Zwar nimmt Pannenberg
den Feldbegriff auf, der es ihm erlauben soll, das schöpferische Wirken Gottes
so zu denken, daß der Gesamtzusammenhang der geschöpflichen Wirklichkeit
nicht unterbrochen werden muß. Allerdings wird durch die allwirksame Beziehung des Geistes auf das Ganze des kosmischen Geschehens sowie durch die
Beschreibung des Geistes als ‚Kraft‘, ‚Energie‘, ‚Feld‘ oder ‚Wirkung‘ suggeriert, daß es sich bei Gottes Geistwirken um *das* dynamische Prinzip der kosmischen Entwicklung schlechthin handelt, so daß eigentlich nicht mehr von einem
Wirken Gottes *in* der Schöpfung, sondern von seinem Wirken *der* Schöpfung
gesprochen werden müßte. Eine solche differenzlose Identifizierung der Dynamik der kosmischen Entwicklung mit dem Wirken des Geistes Gottes, durch
die „Gott als wirksam in jeder endlichen Erscheinung gedacht werden"[312] muß,
droht die Eigenständigkeit und Eigenwirklichkeit der Schöpfung unangemessen zu beeinträchtigen. Hält man am Gegenüber von allein wirkendem Geist
und bewirktem materiellen Geschehen für den kosmischen Prozeß als ganzen
fest, dann droht der Weltprozeß zur fremdgesteuerten Maschinerie degradiert

---

[309] AaO., 123.

[310] AaO., 124.

[311] I. KANT, Kritik der reinen Vernunft. Zweite Auflage, 504 (B800f.).

[312] W. PANNENBERG, Schöpfungstheologie und moderne Naturwissenschaft, in: Gottes Zukunft – Zukunft der Welt. FS für J. Moltmann zum 60. Geburtstag, hg. von H. DEUSER u.a.,
1986, 276–291, 283.

zu werden. Das wechselseitige Gegenüber von einer um ihrer selbst willen da seienden und aus sich heraus beschreibbaren Schöpfung und dem sich in freier Zuwendung auf sie beziehenden Schöpfer kann dann gerade nicht zur Geltung gebracht werden.

Nur dann, wenn nicht der gesamte Prozeß der kosmischen Entwicklung als durchgängig geistgewirktes Geschehen sakralisiert wird, können im übrigen auch *Schöpfung* und *Erlösung* ins rechte Verhältnis gesetzt werden, so daß Gottes rettendes Handeln von seinem schöpferischen Handeln unterschieden werden kann. Die Konsequenz der Nichtbeachtung dieser Einsicht zeigt sich bei Wolfhart Pannenberg, der Schöpfung und Erlösung differenzlos durch den Logos vermittelt sieht. Die von Pannenberg als eine „Kette von Höherstrukturierungen im Prozeß der Bildung von Gestalten, von den Atomen und Sternen bis hin zum Menschen"[313] verstandene evolutive Entwicklung des Gesamtkosmos stellt in „jeder besonderen geschöpflichen Gestalt ... theologisch den unmittelbaren Ausdruck der Wirksamkeit des Logos, also des göttlichen Schöpfungswortes, in der geschöpflichen Wirklichkeit"[314] dar. Das Fortschrittsprinzip dieser einsinnigen Höherentwicklung bestimmt Pannenberg „im Sinne zunehmender Verinnerlichung der Logoshaftigkeit in den Geschöpfen". Dann aber sind Schöpfung und Erlösung nicht mehr unterscheidbar. Es ist vielmehr die „Inkarnation ... nur der theologisch höchste Fall der Schöpfung"[315], indem sie „von vornherein den Schlußstein der göttlichen Weltordnung, die äußerste Konkretion der wirkenden Gegenwart des Logos in der Schöpfung"[316] bildet. Ist die gesamte Schöpfung nur um dieses inneren Zieles willen da, dann läßt sich „die Behauptung, daß die Schöpfung im Menschen vollendet und das ganze Universum auf ihn hin geschaffen ist, theologisch begründen"[317], eine Sicht, die Pannenberg durch das anthropische Prinzip naturwissenschaftlich plausibilisieren möchte[318].

Der materiellen Wirklichkeit in Raum und Zeit, so halten wir dagegen fest, ist auch aus theologischen Gründen kein sie formendes oder gar sich gegen ihre Dumpfheit und Widerständigkeit erst durchsetzendes ‚hyperphysisches‘ Prinzip zuzuordnen, um die Dynamik der Werdens und den Aufbau der Komplexität der geschöpflichen Gestalten erklären oder interpretieren zu können. Vielmehr ist die Materie als dynamisches Geschehen in Raum und Zeit selbst als

---

[313] DERS., Systematische Theologie, Bd.2, 136.
[314] AaO., 137.
[315] Ebd.
[316] AaO., 82.
[317] AaO., 161.
[318] Vgl. aaO., 93;138 u.ö.

schöpferisch zu denken dadurch, daß der mit der Zeit expandierende Raum immer neue Möglichkeiten zur Etablierung vielfältiger Zusammenhänge eröffnet und über Ungleichgewichte und materielle und energetische Flüsse makroskopische Strukturen und Systeme entstehen läßt. Da sich die materielle Wirklichkeit nicht auf eindeutig beschreibbare Teilchenbewegungen reduzieren läßt, sondern auf einer durch komplementär unscharfe Parameter, indeterministische Übergangsprinzipien und nicht-lokale Zusammenhänge gekennzeichneten basalen ontologischen Ebene aufruht, ist sie nicht als das an sich dumpfe, bloß passive und noch zu formende Material, sondern in ihrer Eigendynamik und in ihrem Vermögen, komplexe Zustandskonstellationen in Raum und Zeit zu bilden und komplexe Systeme zu bilden, denen aus der basalen Ebene unableitbare neue Eigenschaften zukommen, als der schon in sich vielfach potente Stoff der Schöpfung selbst zu bestimmen. Mit ihm tritt Gottes Geist in einen empirisch nicht kalkulierbaren wechselwirkenden Zusammenhang, der nicht differenzlos alles in allem wirkt[319], sondern auf das Eigenwirken der geschöpflichen Gestalten in einer ihre Eigenständigkeit wahrenden, je unterschiedenen Weise eingeht.

3.4.2. Gottes Geist als Feld? Zur Verwendung des Feldbegriffs in der Theologie

Der von uns vorgetragenen Kritik, daß das Gegenüber von passiver materieller Wirklichkeit und dynamisch wirkendem Geist den geschöpflichen Phänomenen nicht gerecht wird, will Pannenberg dadurch zuvorkommen, daß er unter Verweis auf entsprechende physikalische Konzepte die Dichotomie von trägem Körper und wirkender Kraft durch den Feldbegriff ablöst, der dann auch das Wirken des Geistes in der Schöpfung im Rahmen des naturwissenschaftlich geprägten Weltbilds verständlich machen soll. Auch andere pneumatologische Entwürfe haben den Feldbegriff aufgenommen, um die Dynamik des Geistes Gottes zu beschreiben. Mit ihnen setzen wir uns im folgenden auseinander und fragen nach ihrer Konzeption des Geistfeldes und deren Beziehung zum physikalischen Feldbegriff sowie insgesamt nach ihrer theologischen Leistungsfähigkeit.

1. *Wolfhart Pannenberg* bestimmt den Geist Gottes als „schöpferisches Prinzip nicht erst des Lebens, sondern schon der Bewegung"[320]. Wenn das plausibel

---

[319] Vgl. M. WELKER, Gottes Geist. Theologie des Heiligen Geistes, ²1993, 310: „Gegenüber allen sogenannten ‚natürlichen Pneumatologien' ... wurde klar, daß der Geist nicht ‚irgendwie alles' in Dienst nimmt."

[320] W. PANNENBERG, Systematische Theologie, Bd.2, 99. Vgl. auch die kritischen Anmerkungen von H.-D. MUTSCHLER, Schöpfungstheologie und physikalischer Feldbegriff bei Wolfhart Pannenberg, ThPh 70 (1995), 543–558. Mutschler hebt hervor, daß in Bezug auf den

zu machen ist, dann sind für Pannenberg auch die „Aussagen über den Geist Gottes als Ursprung des Lebens dem modernen Verständnis nähergebracht"[321], weil sie sich in ganz grundlegender Weise auf das physikalische Geschehen beziehen lassen, stellt doch die Beschreibung von Bewegung das zentrale Thema der neuzeitlichen Physik überhaupt dar. Diese aber hat sich von einem reduktionistischen Kraftbegriff weg „zu immer weiter ausgreifenden Feldtheorien"[322] hingewendet, die sich als besonders anschlußfähig für theologische Aussagen über das Wirken von Gottes Geist erweisen.

Pannenberg unterstellt, daß der Kraftbegriff der zweiten Hälfte des letzten Jahrhunderts, wie ihn vor allem Heinrich Hertz und Ernst Mach entwickelten[323], durch seine Reduktion der instantan wirkenden, ursprünglich immateriellen *actio per distans* im Sinne Newtons auf den Begriff des Körpers und seiner Masse mit seinen „antireligiösen Implikationen" dafür verantwortlich zu machen ist, daß die theologische Rede „von Einwirkungen Gottes auf das Weltgeschehen schlicht unverständlich" wurde[324]. Durch die Hinwendung der modernen Physik zu vereinheitlichten Feldtheorien habe sich diese Situation geändert. Schon Faraday hatte versucht, die Körper selbst als Erscheinungsformen von Kräften darzustellen, die er wiederum raumerfüllenden Feldern zuschrieb, wobei er hoffte, am Ende alles auf ein einziges Kraftfeld zurückführen zu können. Mit dieser Fassung des Feldbegriffs aber ist nach Pannenberg der ontologische Primat des Körpers aufgegeben. Die körperhaften materiellen Erscheinungen sind nur sekundäre Manifestationen von Kraftfeldern, die wiederum in dem einen kosmischen Kraftfeld ihren Grund haben.

Da nun der Feldbegriff in der stoischen Pneumalehre einen direkten Vorläufer habe, sei er besonders geeignet, die theologische Rede vom Wirken des göttlichen Geistes in der Schöpfung verständlich zu machen[325]. Zwar ginge es wegen der „prinzipiellen Differenzen" von physikalischer und theologischer Betrachtungsweise nicht an, „physikalische Feldtheorien direkt theologisch zu interpretieren", die Strukturanalogie zu pneumatologischen Aussagen zeige aber,

---

Begriff des Geistes „der physikalische Feldbegriff niemals mehr sein kann als eine Metapher", weil „sein Gegenbegriff, der der ‚Masse' oder ‚Partikel', nicht identisch ist mit dem Begriff der ‚Materie' als einem Gegenbegriff zum ‚Geist'" (aaO., 545).

[321] Ebd.

[322] AaO., 101.

[323] In dieser Sicht folgt Pannenberg M. JAMMER, Concepts of Force, Cambridge (Mass.) 1957.

[324] W. PANNENBERG, Systematische Theologie, Bd.2, 100.

[325] Nach Pannenberg hat T.F. Torrance als erster dafür plädiert, Feld- und Geistbegriff eng miteinander zu verbinden, vgl. aaO., 102, Anm. 212.

daß sich physikalische Beschreibung und theologische Aussage auf „dieselbe Wirklichkeit"[326] beziehen.

Wenn sich eine ‚direkte' theologische Anknüpfung an eine physikalische Feldtheorie verbietet, worin liegt dann ‚die suggestive Kraft'[327] des Feldbegriffs für den Theologen? Für Pannenberg ist zum einen die Überwindung des materialistischen Reduktionismus wichtig, da durch den Feldbegriff das Verhältnis von Körper und Kraft dahingehend umgekehrt wird, daß die Körper selbst zu Erscheinungsformen von Kräften werden, so daß eine Rückführung des materiellen Geschehens auf primordiale Körper und ihre deterministischen Bewegungsgesetze nicht mehr möglich ist. Zum anderen bringt der Feldbegriff einen Primat des Ganzen vor den Teilen zum Ausdruck, der insofern von theologischer Relevanz ist, als „Gott ... als der einende Grund des Ganzen der Weltwirklichkeit gedacht werden muß"[328]. Repräsentiert das ontologisch primäre Feld aber den kohärenten Zusammenhang des Ganzen vor seiner Ausdifferenzierung in seine Teile, dann ist das grundlegende ‚Feld' der Wirklichkeit zugleich ein Repräsentant der Allwirksamkeit Gottes, weil dadurch „Gott als wirksam in jeder endlichen Erscheinung gedacht werden"[329] kann, ohne daß dafür der Gesamtzusammenhang der Wirklichkeit unterbrochen werden muß. Die Vorstellung des ‚Feldes' scheint sich also aufgrund seines ‚holistischen' Charakters und aufgrund seiner einheitstiftenden Kohärenz in besonderer Weise anzubieten, die Verbindung zwischen dem vielfältigen Geschehen der materiellen Wirklichkeit und dem einen Wirken Gottes in der Welt herzustellen. Die Tatsache, daß es sich darüber hinaus um einen fundamentalen physikalischen Begriff handelt, der für das allerdings gescheiterte Projekt einer vereinheitlichten Feldtheorie sogar den Grundbegriff physikalischer Wirklichkeit schlechthin darstellte, deutet Pannenberg als einen Hinweis auf die Angemessenheit der Begrifflichkeit auf beiden Seiten.

2. Die Verbindung von basaler Einheit und differenzierter Vielheit im Feldbegriff scheint auch einer der Gründe zu sein, warum *Michael Welker* „die sachliche und theologische Notwendigkeit" erweisen will, daß zur überzeugenden Bestimmung des Verhältnisses von Geist und Glaube, also zur Bestimmung des Verhältnisses zwischen dem Wirken des Geistes Gottes und den Handlungen der von diesem Geist ergriffenen Individuen „die Figur eines Feldes, dessen

---

[326] AaO., 103.

[327] Vgl. schon DERS., Theological Questions to Scientists, Zygon 16 (1981), 65–76, 73: „To the theologian the description of the evolution of life in terms of a generalized field theory must be extremely suggestive".

[328] DERS., Schöpfungstheologie und moderne Naturwissenschaft, 283.

[329] Ebd., vgl. oben S.268, Anm. 312.

Elemente ihrerseits Felder sind,"[330] zu verwenden ist. Auch Welker redet von einem „Kraftfeld des Geistes"[331]. Welkers Erläuterungen zu seinem Feldbegriff sind allerdings nur Andeutungen. So wird nicht geklärt, was unter einem ‚Element' eines Feldes zu verstehen ist, eine Quelle des Feldes, ein Feldpunkt oder ein sonstiger Bestandteil. Auch der Hinweis, daß die „Elemente des Kraftfelds des Geistes ... zugleich selber Kraftfelder bilden"[332], und die Erläuterung, daß es sich dabei um „Elemente eines Kraftfeldes" handelt, „die selbst Kraftfelder sind bzw. konstituieren" und sich vergleichen lassen mit „einem in Subsysteme differenzierten System, einer aus Substrukturen gebildeten Struktur oder – anschaulicher – einem komplex strukturierten Netzwerk, dessen Bestandteile selber Netze bilden"[333], trägt zur Erläuterung wenig aus. Man kann allerdings aus den weiteren Ausführungen schließen, daß auch bei Welker der Feldbegriff dazu dienen soll, das Gegenüber von Element und Relation dadurch zu überwinden, daß beide sich gegenseitig bedingen. So spricht Welker davon, daß Menschen in die untergeordneten Kraftfelder des Geistes „eintreten können bzw. hineingenommen werden", und zwar „als Träger und Getragene, Konstituierende und Konstituierte"[334]. Doch auch die Zusammengehörigkeit von Einheit und Vielheit soll wieder durch die Figur des Feldes bewahrt werden: „Konkrete Individualität und weltübergreifende Universalität werden im Kraftfeld des Geistes zusammengehalten."[335] Ob mit dieser doch recht diffus bleibenden Konzeption allerdings Welkers Anspruch eingelöst werden kann, daß sie „zahlreiche sogenannte Rätsel, vor denen das theologische Verstehen [des Heiligen Geistes] gestanden hat, aufzuheben vermag"[336], erscheint zweifelhaft.

3. Unabhängig von Pannenberg und noch vor Welker hat auch *Ingolf Dalferth* versucht, Feld- und Geistbegriff dadurch zu verbinden, daß er den Geist als die „Vollzugsform des Lebens Gottes"[337], das trinitarische Leben Gottes selbst aber als *„ursprünglich kreatives Feld"*[338] beschreibt. Dalferth definiert nacheinander alle Bestimmungsstücke dieser Aussage. Unter *Feld* versteht er „eine Gesamtheit gleichzeitig bestehender und miteinander interagierender realer Verhältnisse, die wechselseitig voneinander abhängen und einen gemein-

---

[330] M. WELKER, Gottes Geist, 224, Anm. 1.
[331] AaO., 224.
[332] Ebd.
[333] AaO., 225, Anm. 4.
[334] AaO., 226.
[335] AaO., 231.
[336] AaO., 226.
[337] I.U. DALFERTH, Kombinatorische Theologie. Probleme theologischer Rationalität, 1991, 131.
[338] Ebd.

samen Geschehenszusammenhang oder Prozeß bilden"[339]. Reale Verhältnisse,
d.h. Verhältnisse, die „intendiert, identifiziert, abstrahiert und beschrieben werden können, deren Existenz sich aber nicht diesem Intendiertsein, Identifiziert-
sein, Abstrahiert- oder Beschriebenwerden verdankt"[340], bilden ein Feld insofern, als sie sich wechselseitig so bedingen und strukturieren, daß als Aspekte
des Feldganzen Gegenstände und komplexe Zusammenhänge geformt, gestaltet
und organisiert werden. *Kreativ* ist dieses Feld dadurch, daß es den Ermöglichungsgrund dieser gegenständlichen und strukturellen Konfigurationen bildet,
dann aber auch dadurch, daß es durch kumulative Prozesse (Evolution und Geschichte) Gestalt-Muster oder Typen, also Gattungen von ähnlichen Gegenständen und Strukturen erzeugt, von denen immer neue Exemplare hervorgebracht
werden können. Vor allem aber ist es kreativ dadurch, daß es immer wieder
neue Verhältnisse und Strukturen konstituiert, die das Feld beständig „erwei-
tern oder vertiefen" dergestalt, daß sich das Gesamtfeld „in einem dynamischen
Prozeß dynamisch verändert, ohne dabei aufzuhören, ein Ganzes zu bilden"[341].
Ursprünglich kreativ ist dieses Feld insofern, als „es sich selbst nichts anderem,
alles andere aber sich ihm verdankt"[342].

Deshalb ist dieses umfassende Feld nach Dalferth zu bestimmen als das Leben Gottes, in dem und durch das alles existiert, was möglich oder wirklich
ist, und dessen organisierende Strukturen „sich evolutionär durch die kumulative Speicherung der Information aller vergangenen Geschichte entwickeln und
immer präziser bestimmen"[343]. Da Gott nicht als ruhend, sondern als immer
wirksam zu denken ist, ist auch dieses ursprünglich kreative Feld nur wirklich,
indem es sich ereignet, sich vollzieht. Dann aber ist der Geist als die „*Vollzugsform des Gott-Feldes*"[344] zu verstehen, der zudem nur dann zureichend begriffen ist, wenn er als die *sich selbst durchsichtige* Vollzugsform des Gottfeldes
beschrieben wird, mit der Gott sich seiner beständigen Allwirksamkeit vollkommen bewußt wird.

Für Dalferth scheint über die Beschreibung der Progressivität der Evolution
hinaus die Attraktivität des Feldbegriffs ebenfalls darin begründet zu sein, daß
hier eine Ganzheits- und Zusammenhangsvorstellung der Ausdifferenzierung
in unterschiedene Teile vorgeordnet ist und die nur über Zeit zu entwickelnde
Komplexitätszunahme dann als Dynamik der Selbstbewegung Gottes in seinem

---

[339] AaO., 133.
[340] Ebd.
[341] Ebd.
[342] Ebd.
[343] AaO., 134.
[344] Ebd.

Geist dargestellt werden kann. Die grundlegende ontologische Einheit scheint dabei nicht im Widerspruch zur Vielfalt der Erscheinungen zu stehen, da der Feldbegriff durch seine physikalischen Konnotationen immer schon Kräfte, Relationalität und raum-zeitlich differenzierte, vielfältige Zustandsmöglichkeiten mit zu beinhalten scheint.

Positiv an den Versuchen, den Feldbegriff für die theologische Diskussion fruchtbar zu machen, ist sicherlich die Intention, den naiven und für mechanistische Reduktionen anfälligen Dualismus von Element-Relation (physikalisch: Körper - Kraft) durch eine Beschreibung wechselseitiger Bedingtheit zu überwinden. Es ist jedoch deutlich herauszustreichen, daß der physikalische Feldbegriff hierzu nur insofern tauglich ist, als er zwar durchaus eine auch auf die Relate zurückwirkende Relation zum Ausdruck zu bringen vermag, andererseits aber alle Versuche, die physikalische Wirklichkeit gänzlich allein auf die Zustände eines basalen Feldes zurückzuführen, gescheitert sind. Außerdem ist zu beachten, daß der physikalische Feldbegriff einen strengen und durchgängigen Determinismus impliziert und damit in besonderer Spannung zu dem steht, was wir gemeinhin mit ‚Geist‘ assoziieren. Führen wir uns deshalb einige grundlegende Aspekte des physikalischen Feldbegriffs vor Augen.

Zunächst ist festzuhalten, daß ‚Feld‘ in der Physik ein räumlicher Begriff ist und „die Gesamtheit der Werte einer physikalischen Größe (‚F[eld]größe‘)“ bezeichnet, „die Raumpunkten zugeordnet werden“[345], wobei die Übergänge zwischen den Werten benachbarter Raumpunkte im allgemeinen stetig sind (außer in pathologischen Punkten wie z.B. den Quellen von Feldern, wo Feldgrößen unendlich werden können)[346]. Die das Feld beschreibende Theorie besteht dann aus den Feldgleichungen, die bei gegebenen Quellen des Feldes z.B. die Beschleunigung eines Körpers an einem Punkt des Feldes zu berechnen erlauben. Feldtheorien bilden damit das Gegenstück sowohl zu Fernwirkungstheorien, bei denen Kräfte instantan über beliebige Entfernungen zur Wirkung kommen, als auch zu Äthervorstellungen, bei denen ein materielles Substrat die Kräfte weiterleitet. Feldtheorien bestimmen den ausgedehnten Raum selbst als Träger physikalischer Eigenschaften, deren Änderungen sich in ihm mit endlicher Geschwindigkeit ausbreiten. Das elektrische Feld z.B. hat physikalischen Charak-

---

[345] P. JANICH, Art. Feld, Enzyklopädie Wissenschaftstheorie und Phil., Bd.1, 636f., 636.

[346] Man kann *skalare Felder* (z.B. Temperatur), die jedem Raumpunkt eine Zahl zuordnen, *Vektorfelder* (z.B. Geschwindigkeitsfelder, elektrisches Feld, Gravitationsfeld), die jedem Raumpunkt gerichtete Größen zuordnen, und *Tensorfelder* (z.B. die Raumzeit-Krümmung der Relativitätstheorie), die dem Raum eine unter Umständen von der euklidischen abweichende innere geometrische Struktur, eine Metrik aufprägen, voneinander unterscheiden.

ter: ihm kann eine lokale Energie und ein eigener Impuls zugeschrieben werden, ohne daß ihm ein energetisch-materielles Substrat entspricht.

Trotzdem bleibt der Begriff des Körpers in doppelter Hinsicht unhintergehbar. Zum einen lassen sich praktisch die wirklichen Feldgrößen nur durch entsprechende Probekörper bestimmen, die in das Feld eingebracht werden (z.B. geladene Körper im elektrischen Feld, ungeladene Körper erfahren keine Kraft). Die entsprechenden Bewegungsgleichungen ergeben sich nur in Bezug auf die Eigenschaften des Probekörpers als lokale Funktion der Feldstärke. Zum anderen sind die felderzeugenden Quellen nicht einfach wiederum als Funktionen des Feldes darstellbar. Erst das radikalisierte Programm der Feldtheorien will den Begriff des Körpers ersetzen und ihn als lokale Besonderheit des Feldes beschreiben und nicht umgekehrt das Feld als Wirkung von Körpern, so daß die Bewegungsgesetze direkt aus den Feldgleichungen ableitbar wären. Diese Theorien sind aber gerade gescheitert. „Der physikalisch höchst fruchtbare Feldbegriff leistet also zwar eine Ablösung mechanistisch verstandener und auf Widersprüche führender Äthertheorien, nicht jedoch eine Ablösung des methodisch primären Begriffs des Körpers.“[347] Die Behauptung Pannenbergs, es gäbe das physikalische Feld als „eine Wirklichkeit, die selbständig für sich gedacht werden kann“[348], ist deshalb in dieser kategorischen Form unrichtig. Das Feld ist als ein die Dichotomie von Element und Relation umgreifender Ganzheitsbegriff untauglich. Einen solchen findet man physikalisch nur in der Quantentheorie, insofern man von Quantenkorrelationen zwischen Objekten eigentlich nicht absehen kann. Die Quantentheorie ist aber gerade mit der im klassischen Feldbegriff implizierten raumzeitlichen Kontinuumsvorstellung nicht voll kompatibel.

Sodann ist zu bemerken, daß Feldtheorien deterministische Theorien par excellence darstellen. Ein alle physikalische Wirklichkeit zur Darstellung bringendes Feld, wie es Einstein vorschwebte, wäre die vollkommene ontologische Repräsentation des Laplaceschen Dämons, da alle Gegenstände und Bewegungen als Zustände und Modifikationen des einen Feldes beschrieben werden könnten. Die Wirklichkeit wäre nichts anderes als die streng deterministische Entwicklung der einen, umfassenden Feldgleichung. So müßte gegen Dalferths Verwendung des Feldbegriffs geltend gemacht werden, daß, wenn „es nichts Mögliches oder Wirkliches“ gibt, „was nicht durch dieses Feld konsti-

---

[347] AaO., 637.
[348] W. PANNENBERG, Der Geist des Lebens, in: DERS., Glaube und Wirklichkeit, 1975, 31–56, 44.

tuiert ist"[349] und alle realen Verhältnisse nichts anderes sind als Aspekte des Feldganzen, streng genommen alles nicht *durch* dieses Feld existiert, sondern alles *als* Zustandsform des Feldes existiert. Es müßte dann nicht heißen, daß „auch wir Konfigurationen *im* Gott-Feld"[350] sind, sondern daß wir Konfigurationen *des* Gott-Feldes sind und nichts anderes als lokale, aus den Anfangsbedingungen herleitbare Zustände des Feldes darstellen ebenso wie alle anderen gegenständlichen und strukturellen Konfigurationen. Wenn hingegen das Feld nur Verhältnisse darstellt, nur organisierende Struktur, dann muß es neben dem Feld noch etwas geben, was eben *in* diese Verhältnisse treten, was strukturiert *werden* kann. Man kann auch durch den Feldbegriff die internen Differenzierungen von Schöpfung, Erhaltung und Mitwirkung, die im Schöpfungsbegriff angebracht werden müssen, nicht hintergehen.

Auch die Eigenständigkeit der Schöpfung und ihrer Gestalten und die Differenz und Relation von Gott und Schöpfung kann mit einer differenzlosen Feld-Vorstellung nicht angemessen zur Geltung gebracht werden, da alles nur als Modifikation des einen Gott- oder Geistfeldes zur Darstellung kommen kann. So angemessen es ist, die Schöpfung als Geschehen in Beziehung zum Geist Gottes zu denken, so taugt doch der Feldbegriff hierfür wenig, wenn im Feldbegriff das relationale Gegenüber von Objekten und ihren Beziehungen aufgelöst oder gar das Gegenüber von Gott und Welt aufgehoben werden soll. Das zumindest kann die Theologie von der Physik lernen: gerade wenn man ein Ganzes so beschreiben will oder gar muß, daß es nicht aus streng separierbaren Teilen zusammengesetzt ist, kommt man um die Einführung basaler Differenzen wie die von Beobachter und Beobachtetem und die Unterscheidung von Objekten und Relationen nicht herum[351]. Der Feldbegriff als ontologisch basale Kategorie suggeriert über alltagsweltliche und physikalistisch aufgeladene Assoziationen eine diffuse holistisch-dynamische Wirklichkeitsauffassung, ohne jedoch ein klares Konzept bereitzustellen.

3.4.3. Die Orientierung des Glaubens in der Offenheit der Welt

Hatten wir den Raum der Schöpfung als durch die ursprüngliche Selbstbegrenzung konstituiert bestimmt, mit der Gott anderem als sich selbst Raum gibt, so ist der Stoff der Schöpfung zu bestimmen als eben dieses andere, als die

---

[349] I.U. DALFERTH, Kombinatorische Theologie, 134.

[350] AaO., 135, Hervorhebung D.E.

[351] Vgl. dazu grundlegend: H. PRIMAS, Ein Ganzes, das nicht aus Teilen besteht. Komplementarität in den exakten Naturwissenschaften, in: Neue Horizonte 92/93 (hg. von E.P. FISCHER), 1993, 81–111.

selbständige und vielfacher Variabilität ihrer Zustände und Wechselwirkungen fähige materiell-energetische Wirklichkeit der Schöpfung und ihrer Gestalten. Durch die Dynamik des expandierenden und dabei abkühlenden Kosmos sind Raum und Zeit zu ihrer Entfaltung gegeben. Der Stoff der Schöpfung ist deshalb als mit eigenen, erst durch die konkrete Geschichte sich festlegenden und dadurch sich potenzierenden Möglichkeiten begabt zu verstehen. Ihm steht Gott als Schöpfer so gegenüber, daß er durch seine Treue in Fortsetzung seiner ursprünglichen schöpferischen Selbstbegrenzung die Selbständigkeit der geschöpflichen Zusammenhänge erhält und durch seinen Geist auf den verschiedenen Ebenen der sich ausbildenden Gestalten an ihrer Ausbildung innerhalb der natürlichen Kontingenzen mitwirkt, ihnen ihre vielfältigen Möglichkeiten zukommen läßt und ihre Geschichte so mitbestimmt, daß sinnhaft orientierte, auf ihn hin ausgerichtete Wesen entstehen.

Das Geschehen der Schöpfung ist deshalb als eine Verschränkung zu verstehen von der in der *Treue Gottes* begründeten Selbsterhaltung der Wirklichkeit einerseits und den die manifeste Verfaßtheit der Schöpfung immer neu überschreitenden, ihr zukommenden Form- und Gestaltmöglichkeiten andererseits, die vom verborgenen *Wirken Gottes* begleitet werden. Der Treue Gottes zu seinem Schöpfungsakt korrespondiert die Eigenständigkeit und Selbständigkeit der sich entfaltenden Gestalten der Schöpfung, seinem fortgesetzt schöpferischen, auf die Wirklichkeit zukommenden Handeln durch seinen Geist entspricht die Offenheit und Flexibilität der materiell-energetischen Wirklichkeit, in ihren höheren systemischen Formen aber auch die Selbstbejahung und die Verantwortlichkeit der lebendigen Organismen.

Das heißt gerade nicht, daß Gott in der Schöpfung differenzlos alles in allem wirkt oder sein Geist als ein einheitliches kosmisches Fortschrittsprinzip gegen die widerständige Materie abzuheben wäre. In Bezug auf die verschiedenen Ebenen der Entwicklung und Strukturbildung des kontingenten Geschehens der Schöpfung ist auch die Beziehung Gottes zu Stoff und Gestalten der Schöpfung jeweils differenziert zu bestimmen. Auf allen Ebenen der Komplexitätshierarchie der Schöpfung sind gesetzmäßige Beziehungen und kontingente Möglichkeiten auf je unterschiedliche Weise verschränkt.

1. Auf der basalen *Ebene des Mikrogeschehens* zeigt sich eine Symmetrie- und Erhaltungsprinzipien gehorchende Wirklichkeit diskreter Zustände in Raum und Zeit, die objektiven ‚Zufall' und ‚echte' Modalitäten beinhaltet und weder in streng separierte Entitäten zerlegt werden kann noch einen rein diffusen Zusammenhang darstellt, so daß sie nur durch relationierende Abstraktion angemessen erfaßt werden kann. Durch die Antagonisten Expansion und Gravitation bricht die hohe Symmetrie der primordialen Materiezustände, und

es bilden sich über statistisch beschreibbare Zusammenhänge asymmetrische Strukturen heraus und dadurch die von der klassischen Physik beschriebene Ordnung und Naturgesetzlichkeit der massiven Körper und Kräfte. Der Schöpfer ist sowohl als der Ermöglichungsgrund der gesetzlichen Zusammenhänge als auch der ihre Offenheit und Möglichkeiten Wirkende zu denken.

2. Auf der *Ebene der Evolution* mag der Geist Gottes dann darin als wirkend gesehen werden, daß er die Selbstorganisation der Materie so ermöglicht, daß aus ganz einfachen Anfängen sich komplexe Systeme durch Umweltabschluß und Autokatalyse als individuelle Systeme fortgesetzter Selbstreproduktion ausbilden können. Darin kann man den Anhaltspunkt für das ‚suavissime‘ der Tradition sehen[352]. Aus der Materie, der man als solcher auf der Ebene ihrer elementaren Konstituenten keine über bloße Beständigkeit hinausgehende Zielgerichtetheit zusprechen kann, entstehen und vergehen komplexe materielle Strukturen, denen Intentionalität eignet. Leben jedenfalls ist auch bei vorsichtiger naturwissenschaftlicher Betrachtung gegenüber unbelebten materiellen Gebilden ausgezeichnet durch eine emphatische Ungleichgültigkeit gegen sich selbst. „Leben ist Selbstzweck, d.h. aktiv sich wollender und verfolgender Zweck“[353]. Im Phänomen des Lebens zeigt sich der Geist Gottes als der fortgesetzte Bezug Gottes zu seiner Kreatur darin, daß das Leben sich selbst bejaht, so wie Gott seine Schöpfung bejaht. Das Leben ist dabei kein sich machtvoll gegen die unbelebte Materie durchsetzendes fremdes Prinzip, sondern eine Selbstbewegung der Materie in einer Nische des Kosmos, durch die Gott den materiellen Gestalten auf der Erde kontingente Möglichkeiten zukommen ließ. Gottes Geist, so können wir festhalten, steht mit der evolvierenden Komplexitätshierarchie des Lebens als der Ermöglichungsgrund und das Woher der Autonomie und Selbstbejahung des Lebens in Beziehung, nicht aber dadurch, daß er als Fortschrittsprinzip die Schöpfung im Sinne einer zunehmenden Vergeistigung über sich hinaustriebe.

3. Innerhalb der Lebewesen nimmt der denkende, sprechende, sich seiner selbst und seiner Endlichkeit bewußte und als handelndes Wesen sich sinnhaft orientierende *Mensch* eine Sonderstellung ein. Seine Beziehung zum Geist Gottes ist noch einmal ganz spezifisch zu bestimmen. Im Menschen ist die auf Gottes Geist bezogene eschatologische Offenheit der Schöpfung als bestimmendes und orientierendes Element in die Schöpfung selbst eingegangen und hat damit ein die manifeste Wirklichkeit der materiellen Gestalten überschreitendes Moment etabliert, insofern der Mensch sich selbst auf seinen Schöpfer hin ver-

---

[352] Vgl. oben S.262.
[353] H. JONAS, Materie, Geist und Schöpfung, 1988, 22f.

lassen, auf ihn bezogen verantwortlich handeln und sich als vergehendes geschöpfliches Wesen in eine unverlierbare Beziehung zu ihm versetzen lassen
kann. Dabei ist die im biblischen Sprachgebrauch festgehaltene Differenz zwischen menschlichem Geist (νοῦς) und göttlichem Geist (πνεῦμα) zu beachten,
damit es durch die Äquivokation von Geist als anthropologischer und theologischer Kategorie nicht zu sachlichen Fehlschlüssen kommt. Im Rahmen der
klassischen Anthropologie steht der Geist „als Funktion der Seele im Kontrast
zum Leib und markiert die den Menschen von allen übrigen Geschöpfen unterscheidende Fähigkeit, sich erkennend . . ., handelnd . . . und verantwortlich . . .
auf seine Umwelt zu beziehen"[354]. Geistig ist dann dasjenige Denken zu nennen, das sich in seinem Vollzug selbst erfaßt, so daß sich der Mensch in seinem
Verhältnis zu anderem zugleich zu sich selbst verhält.

Der Geist Gottes ist nun im Anschluß an das Neue Testament nicht nur
in unterschiedener Differenz zur Welt, sondern auch in unversöhnlichem Gegensatz zum *Geist der Welt* zu sehen[355]. Der Geist der Welt als Inbegriff der
Orientierung an den Mächten und Strukturen der Welt verdient als solcher
nicht eigentlich Geist genannt zu werden, sondern wird, unter Aufnahme der
anthropologischen Analogie, als Orientierung am ‚Fleisch' bezeichnet, so daß
sich als Gegensatzpaar geistlich – fleischlich (κατὰ σάρκα – κατὰ πνεῦμα) ergibt, das sich nicht auf die anthropologische Differenz von Leib und Geist oder
die kosmologische von Materie und Geist abbilden läßt[356]. Dem Menschen als
dem sich seiner Existenz bewußten und sich sinnhaft orientierenden Lebewesen
wird die geist-leibliche Existenz ebenso wie die geschöpfliche Vielfalt zur am-
bivalenten Vieldeutigkeit. Eine sinnhafte Orientierung am feststellbar Vorfindlichen, so will die Rede von Gottes Geist als der den Menschen inspirierenden
Kraft Gottes deutlich machen, ist gerade ausgeschlossen.

Die neutestamentlich bezeugte Gegenwart des Geistes Gottes für den Menschen ist deshalb in besonderer Weise auf das menschliche Tun und Handeln
bezogen oder genauer auf die menschliches Tun und Handeln grundlegende

---

[354] I.U. DALFERTH, Kombinatorische Theologie, 125.

[355] Vgl. 1.Kor 2,12.

[356] Vgl. M. LUTHER, Daß diese Worte Christi ‚Das ist mein leib' noch fest stehen (1527),
WA 23, 203,7–11: „Das alles geist, geistlich und des geists ding ist und heist, was aus dem
heiligen geist kompt, es sey wie leiblich, eusserlich, sichtbarlich es ymer sein mag, Widderumb
fleisch und fleischlich alles, was on geist aus natuerlicher krafft des fleisschs kompt, Es sey wie
ynnerlich und unsichtbar es ymer sey." Vgl. dazu E. METZKE, Sakrament und Metaphysik,
178.

und bestimmende Ebene[357]. Seine Gegenwart wirkt Gemeinschaft über familiäre, ethnische, soziale oder andere homogen strukturierte Kollektive hinaus und konstituiert die Gemeinschaft der Glaubenden. Er bewirkt dies durch die sich über Kommunikation und Begegnung vollziehende Befreiung aus der Grundorientierung menschlichen Lebens an den monokausalen Bedingungen und Zusammenhängen der vorfindlichen Wirklichkeit, die in ihrem angstbehafteten Sicherungsbedürfnis in Starrheit und Selbstsucht verfällt und die eschatologische Offenheit der Welt und ihre Gottesrelation verkennt. Der heilige Geist zielt auf den Glauben und ist deshalb richtig bestimmt als „spiritus sanctus, qui fidem efficit" (CA V). Die im Glauben bewußte eschatologische Differenz zwischen Schöpfer und Geschöpf nötigt zu der Unterscheidung zwischen dem, was der Fall ist, und dem, was der Fall sein kann, und entwickelt vom Geschehen der den Glaubenden außerhalb seiner selbst begründenden Selbstoffenbarung Gottes her eine Dynamik, in der der Mensch nach dem fragt, was sein sollte. Insofern die Zuwendung Gottes zum sich in seiner Welt verloren habenden Menschen in Jesus Christus sichtbar und in Glaube und Gemeinschaft geschichtlich wird – allerdings ohne daß der Mensch damit in ein aufweisbares kosmisches Fortschrittsprojekt einbezogen würde –, ist der Geist Gottes genauer als der Geist Jesu Christi zu bestimmen. Er ist ein Geist der Freiheit insofern, als er die Konstituierung des menschlichen Selbstverhältnisses dem machenden Zugriff des Menschen entzieht und Gottes Zuwendung zuschreibt. Als eine den Menschen orientierende Kraft öffnet er ihn neu für den Beziehungsreichtum des Lebens, in dem der Mensch sich nicht verlieren muß, und wirkt als die ‚Früchte des Geistes' (vgl. Gal 5,22–24) diejenigen Bestimmungsgründe unseres Handelns, „welche sich nicht auf der Ebene des Handelns einfordern oder ‚machen' lassen und welche fundamental sind für unseren kommunikativen Umgang miteinander: Sympathie, Vertrauen, wechselseitige Achtung und Anerkennung, Freundlichkeit, Gütigkeit, oder, im Kontext christlicher Glaubenskommunikation, Liebe oder Barmherzigkeit"[358]. Das schließt die Bejahung der Endlichkeit unseres geschöpflichen, an die Stofflichkeit der Welt gebundenen Lebens, aber auch Freiheit und Verantwortlichkeit gegenüber den Mitgeschöpfen ein. Kommt der Geist Gottes in einem kontingenten Glaubens- und orientierenden Verstehensprozeß zu seinem Ziel, dann läßt sich der Glaube an den gegenwärtig wirkenden Gott auch unter Hinweis auf Strukturen und Gestalten der erfahrbaren

---

[357] Vgl. dazu vor allem J. FISCHER, Leben aus dem Geist. Zur Grundlegung christlicher Ethik, 1994, pass.

[358] J. FISCHER, Pluralismus, Wahrheit und die Krise der Dogmatik, ZThK 91 (1994), 487–539, 496.

kosmischen Wirklichkeit nicht über den Status existentieller Gewißheit hinausführen.

Durch den wiederholten Hinweis auf das dynamische Geschehen der Schöpfung als einer zeitlichen Entwicklung von Strukturen und Gestalten war im abschließenden Kapitel dieses Teils unserer Überlegungen immer auch schon die dritte kosmologische Grundkategorie der *Zeit* im Blick. Ihr soll sich nun der dritte und letzte materiale Hauptteil unserer Überlegungen ausführlicher zuwenden.

3. Kapitel

Zeit

A. Zeit und Kosmos

Nachdem wir im Zusammenhang der Entwicklung des Raumbegriffs uns mit der allgemeinen Relativitätstheorie beschäftigt und im Rahmen des Materiebegriffs die Grundlagen der Quantentheorie vorgestellt haben, wenden wir uns nun bei der Besprechung der Zeitproblematik dem dritten grundlegenden physikalischen Theoriekomplex ausführlicher zu, der Thermodynamik und der Theorie der dissipativen, d.h. energiezerstreuenden Systeme. Während der Formalismus der Relativitätstheorie und die Schrödinger-Funktion der Quantentheorie Invarianz bei Zeitumkehr zeigen (nicht jedoch die Interpretation des quantenmechanischen Meßprozesses, weshalb wir auf diese im Rahmen der Zeitproblematik in einem eigenen Abschnitt zurückkommen müssen), kommt mit der Theorie der thermodynamischen Entwicklung makroskopischer Mehrteilchensysteme ein Aspekt in die physikalische Theoriebildung, den man als Grundlage der *Geschichtlichkeit* physikalischer Prozesse auffassen kann. Wir werden deshalb unter Berücksichtigung des kosmologischen Bezugs zunächst einmal einige wichtige Stationen der Entwicklung des physikalischen Zeitbegriffs bis hin zur klassischen Physik rekonstruieren, dann seine Relativierung und Einbindung in das vierdimensionale Raum-Zeit-Kontinuum durch die Relativitätstheorie noch einmal kurz darstellen sowie auf zeitliche Aspekte der Interpretation der Quantentheorie eingehen, um uns dann ausführlicher der Theorie thermodynamischer Prozesse zuzuwenden. Den Abschluß der Darstellung der naturwissenschaftlichen Zeitvorstellung bilden wieder Überlegungen zur kosmologischen Relevanz der besprochenen Theorien.

1. Himmelsphänomene und gemessene Zeit

1.1. Platon

Der ursprüngliche Repräsentant der kosmischen Zeit und ihres Maßes ist die Bewegung der Himmelskörper und Gestirne, die über Tag und Nacht, Monat und Jahr die Zeit in natürliche Abschnitte teilen. Schon bei Platon entsteht die Zeit zugleich mit dem Himmel: χρόνος δ' οὖν μετ' οὐρανοῦ γέγονεν[1]. Sonne, Mond und Planeten sind dazu da, „ἵνα γεννηθῇ χρόνος: damit die Zeit erzeugt wird"[2], und sie wachen über ihre Einteilung und ihr Maß[3]. Zeit wird also dadurch geschaffen, daß etwas entsteht, das durch vollkommene periodische Bewegung ihr regelmäßiges Maß zu erzeugen in der Lage ist. Dies sind eben die Himmelskörper, die Tag und Nacht, den Monat und in ihrer Gesamtheit das Jahr als Zeiteinheiten bestimmen. Ihre umfassendste Periode, das vollkommene kosmische ‚platonische Jahr' ist dann vollendet, wenn sämtliche acht Umläufe von Sonne, Mond und Planeten gleichzeitig ihren Ausgangspunkt wieder erreicht haben[4].

Die Zeit ist nach Platon aber darin auf die *Ewigkeit* bezogen, daß sie ihr bewegliches Abbild darstellt. Nur vom ewigen Sein, dem stets sich selbst Gleichen und Unbeweglichen, kann eigentlich ausgesagt werden, daß es ist[5]. Vom in der Zeit fortschreitenden Werden (τὴν ἐν χρόνῳ γένεσιν ἰοῦσαν) ist dagegen auszusagen, daß es war bzw. sein wird (τὸ ἦν bzw. τὸ ἔσται), da es sich hier um *Bewegungen* handelt, an denen ein Früher und Später zu unterscheiden ist[6]. Dabei gilt, daß die sinnlich wahrnehmbaren, sich bewegenden Dinge, also der ganze Bereich der erfahrbaren Wirklichkeit des Werdens, mit dem unbeweglichen Sein der Ewigkeit dadurch verbunden sind, daß sie Gestalten der Zeit sind, die ihrerseits durch ihre Konstituierung in der zählbaren, umlaufenden, kreisförmigen Bewegung ein Bild des ewigen Seins darstellt. Denn der Demiurg wollte bei der Schöpfung diese sich so ähnlich wie möglich machen. Da er seine unvergängliche Natur dem Werdenden nicht mitteilen konnte, gestaltete er den Ablauf der Zeit als „ein veränderliches Bild der Ewigkeit, ... von der in eins bleibenden Ewigkeit ein nach Zahl fortrückendes unvergängliches

[1] PLATON, Timaios, 38b,6.
[2] AaO., 38c,4f.
[3] AaO., 38c,6f.: εἰς διορισμὸν καὶ φυλακὴν ἀριθμῶν χρόνου γέγονεν.
[4] AaO., 39d.
[5] AaO., 37e.
[6] Ebd.

Bild"[7]. Als in ihrer Regelmäßigkeit und Präzision die Zeit als Abbild der Ewigkeit konstituierende Bewegungen stellen die Umschwünge der Gestirne diejenigen Phänomene dar, denen zu folgen und nachzudenken die Regelmäßigkeit des philosophischen Denkens und seine Ausrichtung auf das ewige Sein der Ideen als dem Urbild des Kosmos garantiert. Den Gesichtssinn, so Platon, hat der Gott uns deshalb verliehen, „damit wir die Umläufe der Vernunft am Himmel erblickten und sie für die Umschwünge des eigenen Denkens benutzten, ... damit wir ... in Nachahmung der durchaus von allem Abschweifen freien Bahnen des Gottes unsere eigenen, dem Abschweifen unterworfenen einrichten möchten."[8]

Die vollkommenste und regelmäßigste Bewegungsform stellt für Platon die ortsinvariante Achsenrotation einer Kugel dar. Deshalb erhält der Weltkörper, d.h. die Fixsternschale auch vom Demiurgen eben diese und nur diese Bewegung, „die unter den sieben Bewegungen [oben–unten, links–rechts, vorwärts–rückwärts, Rotation] am meisten zu Vernunft und Verstand gehört. Indem er sie also gleichmäßig an ein und derselben Stelle und in sich selbst herumführte, bewirkte er, daß sie sich bei ihrer Drehung im Kreise bewegt, die anderen sechs Bewegungen aber entzog er ihr insgesamt"[9]. Die Rotation um eine Achse „ähnlich wie bei der Drechslerscheibe" ist jedenfalls die höchste und dem vernünftigen Denken angemessenste Form der Bewegung, so „daß der vernünftige Geist und die an einem Platze stattfindende Bewegung beiderseits sich nach dem Muster eine Drechslerscheibe bewegen, und zwar stets auf gleiche Art und Weise, an der gleichen Stelle, um die gleiche Mitte, in der gleichen Richtung, in einem Verhältnis und nach einer feststehenden Regel"[10]. Die Erde wird dadurch zur „Hüterin und Erzeugerin von Tag und Nacht"[11], daß sie an der Rotationsbewegung des Weltalls und der Himmelskörper gerade nicht teilhat[12].

---

[7] AaO., 37d: εἰκώ ... κινητόν τινα αἰῶνος ... μένοντος αἰῶνος ἐν ἑνὶ κατ' ἀριθμὸν ἰοῦσαν αἰώνιον εἰκόνα.

[8] AaO., 47bf. Vgl. auch Nomoi 10, 897c: „... der ganze gewaltige Lauf des Himmels und aller Himmelskörper hat mit der Bewegung, dem Umschwung, den Berechnungen eines vernünftigen Geistes eine ähnliche Natur ...".

[9] Timaios, 34a. Es ist bekanntlich zweifelhaft, ob Platon auch eine Eigenrotation der Erde annahm, wie es die umstrittene Stelle in Timaios 40b–c andeutet. Wahrscheinlich aber ist das Verb ἰλλομένην (oder εἰλλ- bzw. εἵλλ-) so zu verstehen, daß die Fixsternschale um die durch die Erde gehende Weltachse rotiert, die Erde aber sich gegen diese Drehung so zurückbewegt, daß die Drehung aufgehoben wird und sie in Ruhe bleibt.

[10] Nomoi 10, 898a.

[11] Timaios, 40c: φύλακα καὶ δημιουργόν νυκτός τε καὶ ἡμέρας.

[12] Deshalb dürfte Plutarchs Interpretation der Platonischen Zeitlehre richtig sein, die eben diese besondere Mittelpunkts- und Ruheposition der Erde als notwendigen Hintergrund der Zei-

1.2. Aristoteles

Mit seinem Lehrer Platon verbindet Aristoteles die Überzeugung, daß Zeit mit
Zahl und Bewegung in einem engen Zusammenhang steht. „Denn Zeit," so lautet Aristoteles' bekannte Definition, „ist Zahl der Bewegung in Bezug auf früher
und später. – τοῦτο γάρ ἐστιν ὁ χρόνος, ἀριθμὸς κινήσεως κατὰ τὸ πρότερον
καὶ ὕστερον."[13] Zahl meint bei Aristoteles immer natürliche Zahl, heißt Zählen
doch „eins zwei drei sagen"[14]. Nur in Bezug auf Bewegung kann man überhaupt
von Zeit sprechen, insofern Zeit etwas an der Bewegung ist, nämlich das Maß
ihrer Veränderung. Deshalb können nur Bewegungen schneller oder langsamer
ablaufen, nicht aber die Zeit selbst. Die Zeit als Zahl hat keine Geschwindigkeit,
da sie selbst nicht bewegt wird. „ἔτι δὲ μεταβολὴ ἐστιν θάττων καὶ βραδυτέρα,
χρόνος δ' οὐκ ἐστιν: Bewegung nämlich ist schneller oder langsamer, Zeit dagegen nicht."[15]

Die unterstellte Geschwindigkeitslosigkeit der Zeit wird angemessen repräsentiert durch möglichst gleichförmige Bewegung. Bei einer gleichförmigen
Bewegung werden in gleichen Zeiten gleiche Strecken zurückgelegt, und eben
diese gleichen Strecken lassen sich zählen. Eine solche Bewegung läßt sich als
Zeitmaß verwenden, und die Zeit reduziert sich auf Zahl. Die stetigste und regelmäßigste Bewegung ist auch für Aristoteles die des Himmels um die Erde,
die das terrestrische Zeitmaß liefert und zugleich in ihrer Harmonie und Beständigkeit hinweist auf den, der sie hervorruft, den selbst unbewegten ersten Beweger, Gott. Von Platon übernimmt er ebenfalls die Priorität der Kreisbewegung
als der ursprünglichsten, einfachsten und vollkommensten Form von Bewegung
überhaupt[16]. Deshalb ist auch der Umlauf der Fixsternschale die erste und ur-
sprünglichste Bewegung, die aller Zeit ihr Maß gibt. Sie ist diejenige absolut
stetige, anfangs- und endlose, öffentlich manifeste und einer genaueren Über-

---

terzeugung und -wahrnehmung bestimmt und sie direkt zur irdischen Messung der kosmischen
Zeit in Beziehung setzt: „Es ist daher richtiger, zu sagen, die Erde sei ein Instrument der Zeit,
und zwar nicht im wörtlichen Sinne, daß sie sich gleich den Sternen bewegt, sondern aus dem
Grunde, daß sie infolge ihres Ruhezustandes die Sternaufgänge und -untergänge in Abschnitte
teilt, welche die primären Zeitmaße von Tag und Nacht bestimmen ... Genau so ändern auch
die Zeiger der Sonnenuhren nicht ihre Stellung, wie es ihre Schatten tun, sondern werden zu
Instrumenten der Zeitmessung, indem sie ihre Stellung beibehalten. Hierbei ahmen sie die Erde
nach, welche die Sonne verdeckt, wenn diese sich unter sie begibt" (PLUTARCH, quaest. Plat.
1006c, nach S. SAMBURSKY, Das physikalische Weltbild der Antike, 97f.).

[13] ARISTOTELES, Physik, Δ 11, 219b,1f., vgl. aaO., Zeile 5: ἀριθμὸς ἄρα τις ὁ χρόνος.

[14] Metaphysik, M 7, 1082b,35: ὅταν ἀριθμῶμεν καὶ εἴπωμεν ἓν δύο τρία.

[15] Physik, Δ 10, 218b,13–15; vgl. Δ 12, 220b,1f.: Man nennt Zeit nicht schnell oder langsam, sondern viel, wenig, lang oder kurz.

[16] Physik, Θ 9, 265a,1.

prüfung weder bedürftige noch fähige Bewegung, durch die alles Geschehen
im Kosmos sich vollzieht und deren Garant nur Gott, der unbewegte Beweger
selbst sein kann.

Der Grund für die Auszeichnung der Himmelsdrehung ist dabei nicht allein
die unterstellte Regelmäßigkeit, sondern auch die Form der Bewegung als Rotation der Weltkugel um ihre eigene Achse. So wie der Kosmos selbst keinen
Ort hat, sondern der gemeinsame Ort (κοινὸς τόπος) von allem ist, so ist auch
die Umdrehung des Alls, bei der das All sich rotationssymmetrisch ohne Anfang und Ende auf sich selber abbildet, die erste Bewegung, die diejenige Zeit
erzeugt, der alle Ereignisse im Kosmos unterliegen. Deshalb gilt für die Zeit in
analoger Weise wie für den Raum, daß sie eine streng auf den Kosmos bezogene und durch ihn erzeugte Größe darstellt, die nicht unabhängig davon gedacht
werden kann, daß der Kosmos bewegt und endlich ist. „ἅμα δὲ δῆλον ὅτι οὐδὲ
τόπος οὐδὲ κενὸν οὐδὲ χρόνος ἐστιν ἔξω τοῦ οὐρανοῦ: Es ist klar, daß es
außerhalb des Himmels weder Ort noch Leere noch Zeit gibt"[17]. Deshalb ist es
für Aristoteles auch unmöglich, von einem Anfang oder Ende der Zeit zu sprechen, da nicht nach einem Vorher oder Nachher der Zeit selbst gefragt werden
kann[18].

1.3. Augustinus

Diese kosmisch manifeste und theologisch fundierte zyklische Zeitvorstellung
der aristotelischen Philosophie, die auch in der stoischen Vorstellung zyklischer
Weltperioden ihren Niederschlag findet, steht in Spannung zur Zeitvorstellung
des christlichen Glaubens. Eine Hauptschwierigkeit ist in kosmologischer Hinsicht die Verbindung von absoluter Gleichförmigkeit der ersten Bewegung, die
für einen konsistenten Zeitbegriff notwendig scheint, mit der darin implizierten

---

[17] De caelo, 279a,11f.; vgl. Physik, Δ 5, 212b,22: „ὁ δ' οὐρανὸς οὐκέτι ἐν ἄλλῳ: der Himmel selbst ist in nichts anderem." Deshalb kann ihm auch keine Translation, sondern nur eine
Rotationsbewegung zukommen, wie sie die Fixsternschale zeigt. Diese, die Ewigkeit der Welt
stützende These wird dann auch 1277 in der bekannten Verurteilung der radikalen Aristoteliker
an der Pariser Universität durch Bischof Etienne Tempier zugunsten der Allmacht des christlichen Schöpfergottes ausdrücklich abgelehnt und die Meinung verworfen: „Quod Deus non
possit movere celum motu recto. Et ratio est, quia tunc relinqueret vacuum" (K. FLASCH, Aufklärung im Mittelalter? Die Verurteilung von 1277, 1989, 147, vgl. auch den Kommentar von
Flasch, aaO., 147–149, und die ausführliche Darstellung der mittelalterlichen Überlegungen
zum leeren Raum bei E. GRANT, Much Ado About Nothing. Theories of space and Vacuum
from the Middle Ages to the Scientific Revolution, Cambridge 1981, zur Verurteilung von 1277
dort die S.108–110).
[18] Vgl. Metaphysik, Λ 6, 1071b.

Anfangs- und Endlosigkeit der Welt. Der christliche Glaube behauptet dagegen
die uranfängliche Schöpfung der Welt durch Gott und ihr Ende im Jüngsten
Gericht und betont damit die lineare Komponente der Zeit.

Spätestens mit Augustin beginnt nun, was man in Vorbereitung der kopernikanischen Wende als „Entkosmierung der Zeit"[19] durch die christliche Theologie bezeichnen kann, die dann über Kopernikus wieder auf die Kosmologie
zurückgewirkt hat. Der bewegte Himmel des Aristoteles wird von Augustin
zur Fortführung der Zeit als entbehrlich behauptet, werden doch auch Sonne,
Mond und Sterne nach dem ersten Schöpfungsbericht erst am vierten Tag geschaffen, ohne daß man behaupten könnte, daß ihrer Erschaffung keine Zeit und
kein Geschehen vorhergegangen wären[20]. Augustin modifiziert die platonisch-
neuplatonische Auffassung in einer entscheidenden Hinsicht dadurch, daß er
die Zeit ganz auf die Seite der Schöpfung schlägt und Gott selbst in seiner zeitlosen Ewigkeit dagegen setzt. Zwar wird die platonische Auffassung übernommen, daß die Zeit erst mit der Schöpfung beginnt, andererseits aber wird die
Jenseitigkeit Gottes gegenüber aller Zeit betont und der Abbildbezug zwischen
Zeit und Ewigkeit aufgegeben. Zwischen Zeit und Ewigkeit gibt es keinen, über
die kosmischen vollkommenen Bewegungen vermittelten Übergang mehr.

Durch die Emanzipation der Zeit der Schöpfung von der Ewigkeit Gottes kann die zyklische Auffassung der griechischen Antike durch die heilsge-
schichtliche Zeitkonzeption des Christentums ersetzt werden. Zeit ist nun das
Merkmal endlicher Schöpfung überhaupt, sie ist in der Welt durch *jegliche* Bewegung eines geschaffenen Dings. Selbst wenn der Fixsternhimmel stillstünde,
sich aber noch eine Töpferscheibe drehte, würde die Zeit fortdauern, ja, auch
das Sprechen über den Stillstand wäre immer noch etwas, was Zeit in Anspruch
nähme und als Dauer Zeit repräsentierte[21]. Zeit ist für Augustin als notwendige Folge von Bewegung überhaupt das Charakteristikum des Geschöpflichen,
denn wo es Geschöpfe gibt, unterliegen sie dem *motus*, sind veränderlich und
existieren in der Zeit, so daß beide, Geschöpfwelt und Zeit von Gott *miteinander* geschaffen sind: „temporis spatium creaturae temporali concreatum est"[22].
Auch die Zeit ist Kreatur, sie gehört zur inneren Struktur der Dinge und ist als
solche die Form der Kontingenz, Endlichkeit und Vergänglichkeit der geschöpflichen Welt. Periodische Abläufe sind zwar nach wie vor notwendig, um Dauer

---

[19] H. BLUMENBERG, Die Genesis der kopernikanischen Welt, 566.
[20] AUGUSTINUS, De Gen. ad litt., II, 14, 29, CSEL 28, 54–56. Die Sternenbewegungen sind
dazu da, „certae horae et dies et anni" *bestimmbar* zu machen, sie bewirken nicht die Zeit selbst
(aaO., 55,2).
[21] DERS., Conf., XI, 23,29.
[22] DERS., De Gen. ad litt., IV, 20, 37, aaO., 119,6.

messen zu können, aber Dauer und Zeitlichkeit selbst sind diesem Messen und der Gleichförmigkeit der zyklischen Bewegungen gegenüber autonom.

Deshalb ist Gott bei Augustin nicht primär der *Beweger* der Welt, sondern der Garant ihres *Bestandes* in der Zeit. Daß überhaupt ein Geschöpf ist und existiert, daß es Dauer hat gegen den Rückfall ins Nichts, ist begründet im alles umfassenden und Zeit auch ohne zählbares Maß konstituierenden Wirken Gottes. Die Beschäftigung mit der Frage, ob die Himmelssphäre sich nun bewege oder feststehe, die einige deshalb umtreibt, weil der Himmel in den biblischen Texten als ‚Feste‘ bezeichnet wird, weist Augustin als nutzlos zurück. Da es sehr viel Mühe koste und vieler scharfsinniger Überlegungen bedürfe, um sich in der einen oder anderen Hinsicht entscheiden zu können, und dann das Ergebnis eigentlich irrelevant sei, solle man die Zeit lieber auf Fragen verwenden, die mit dem Heil und der rechten Lehre der Kirche zu tun hätten[23]. Diese Bemerkung zeigt, wie sehr der Umlauf der Himmelssphären schon ‚metaphysisch‘ bedeutungslos und in seinem Gottesbezug irrelevant geworden ist.

1.4. Die kopernikanische Wende

Trotz Augustins Dissoziierung von Zeitlichkeit und Meßbarkeit bleibt die Bewegung der Himmelssphäre die fundamentalste, weil öffentliche Manifestation der kosmischen, geschöpflichen Zeit. Noch Melanchthon sieht den Zweck der Planetenbewegung in Übereinstimmung mit dem priesterschriftlichen Schöpfungsbericht darin, den Menschen auf der Erde bestimmte Zeitmaße zu vermitteln[24]. Daran ändert auch die kopernikanische Wende nichts Grundlegendes. Durch den Stillstand des Himmels, den sie herbeiführt, stehen Sonne und Fixsterne zwar fest, doch zunächst scheint es zu gelingen, der Erde die Bewegung zuzuschreiben, die die fundamentalen Zeiteinheiten konstituiert. Schon in *De revolutionibus* versucht Kopernikus, die Zeitfunktion des Himmels auf die Erde zu übertragen, so daß Galilei ganz folgerichtig als Konsequenz aus dem kopernikanischen Modell formuliert, daß nun die Erde nicht nur Stern unter Sternen, sondern das *primum mobile* selbst geworden sei[25]. Um die Einwände der aristotelischen Physik gegen die Erdrotation zu entkräften, ist Kopernikus auf den Nachweis der vollkommenen Kugelgestalt der Erde aus, um die äquivalente Vertauschbarkeit von Himmel und Globus in Bezug auf die Zeit herstellen

[23] Vgl. aaO., II, 10, 23, aaO., 47f.

[24] Vgl. P. MELANCHTHON, Praefatio in libros de iudiciis nativitatum IOHANNIS SCHONERI, CR 5, 817–824, 818.

[25] G. GALILEI, Dialog über die beiden hauptsächlichen Weltsysteme, das ptolemäische und das kopernikanische, in: Schriften, Briefe, Dokumente, Bd.1, hg. von A. MUDRY, 1987, 218ff.

zu können[26]. So stellt er Überlegungen zur Verteilung von Land- und Wasser-
massen auf der Erdkugel an, nach denen das Wasser die offensichtlichen Abweichungen der Landoberfläche von einer idealen Kugel gerade so ausgleichen
soll, daß der Schwerpunkt der Gesamtmasse der Erde und der Mittelpunkt ihres
Volumens zusammenfallen. Die anfangs- und endlose, absolut gleichförmige
Achsenrotation einer Kugel kann nun der Erde zukommen, um den klassischen,
aristotelischen Zeitbegriff als Zahl der Bewegung beibehalten zu können[27]. Die
grundlegenden Zeiteinheiten werden jetzt durch die drei elementaren Bewegungen der Erde konstituiert: durch ihre Eigenrotation wird die Folge von Tag
und Nacht festgelegt, durch ihren Umlauf um die Sonne das Jahr und durch die
Neigung der Ekliptik die Jahreszeiten[28].

Doch die intendierte naturphilosophische Folgenlosigkeit der astronomischen Umstellung läßt sich nicht durchhalten. Schon die elliptischen Planetenbahnen Keplers bilden einen ersten Schritt weg von der idealen Kreisbewegung.
Maupertuis kann dann 1736 die Abplattung der Erde an den Polen nachweisen
und damit eine Deformation der absoluten Kugelgestalt der Erde. Hatte schon
Giordano Bruno von so vielen Zeiten wie Welten gesprochen und davon, daß
sich die Erdrotation verändern könne, so weist Kant 1754, allerdings zunächst
ohne große öffentliche Wirkung, in einer Antwort auf eine Preisfrage der preußischen Akademie der Wissenschaften darauf hin, daß eine Verlangsamung der
Erdrotation durch die Reibung zwischen den Erdmassen und der gegen den Umlaufsinn der Erde gerichteten Flutwelle der Gezeiten anzunehmen sei[29]. Damit
ist die Erdrotation als unerschütterliches Standardmaß der kosmischen Zeit erledigt.

---

[26] N. COPERNICUS, De revolutionibus, 86ff. (I, 2).

[27] Aristoteles hatte allerdings die Rotation einer *massiven* Kugel aus der Klasse homogener Bewegungen ausdrücklich ausgeschlossen, weil ihre von der Achse unterschiedlich weit
entfernten Teile sich mit unterschiedlichen Geschwindigkeiten bewegen und deshalb keinen
homogenen Bewegungszusammenhang konstituieren können, vgl. ARISTOTELES, Physik, Z
10, 240b,15–17.

[28] Vgl. N. COPERNICUS, De revolutionibus, 138ff. (I, 11).

[29] I. KANT, Untersuchung der Frage, ob die Erde in ihrer Umdrehung um die Achse, wodurch sie die Abwechselung des Tages und der Nacht hervorbringt, einige Veränderung seit
den ersten Zeiten ihres Ursprungs erlitten habe ..., in: Kant's gesammelte Schriften, Erste Abtheilung: Werke, Bd.1, 183–191; vgl. auch DERS., Die Frage, ob die Erde veralte, physikalisch
erwogen, aaO., 193–213.

1.5. Die absolute Zeit der newtonschen Mechanik

Diese Entwicklung trifft zusammen mit dem Siegeszug der newtonschen Physik und der ihr zugehörigen Voraussetzung einer absoluten, von aller wirklichen Bewegung unabhängigen metrischen Zeit, die praktisch immer nur relativ genau gemessen werden kann durch möglichst ideale Uhren. Ideale Uhren sind dabei diejenigen, deren zur Zeitmessung zugrundegelegte periodische Bewegungsform durch die newtonschen Gesetze mit größtmöglicher Exaktheit beschrieben werden kann und die damit die basale, den newtonschen Prinzipien entsprechende Gleichförmigkeit der Zeit möglichst genau repräsentieren.

In den Principia unterscheidet Newton zwischen der *absoluten* Zeit als dem vollkommenen Zeithintergrund, vor dem sich alles Naturgeschehen vollzieht, und der *relativen* Zeit, wie sie mit konkreten Uhren gemessen wird. „Die absolute, wirkliche und mathematische Zeit fließt in sich und in ihrer Natur gleichförmig, ohne Beziehung zu irgend etwas außerhalb ihrer Liegendem, und man nennt sie mit einer anderen Bezeichnung ‚Dauer‘. Die relative Zeit, die unmittelbar sinnlich wahrnehmbare und landläufig so genannte, ist ein beliebiges sinnlich wahrnehmbares und äußerliches Maß der Dauer, aus der Bewegung gewonnen (sei es ein genaues oder ungleichmäßiges), welches man gemeinhin anstelle der wahren Zeit benützt, wie Stunde, Tag, Monat, Jahr."[30]

Newton braucht den Begriff der absoluten Zeit zur Grundlegung seiner Mechanik, da allein über ihn die Trägheit als die gleichförmige, kräftefreie Bewegung definiert werden kann. Gleichförmigkeit der Bewegung kann nichts anderes bedeuten, als daß gleiche Strecken in gleichen Zeiteinheiten zurückgelegt werden. Wie aber sollen Zeiten als gleiche bestimmt werden können? Newton hätte sagen können, ein Körper, auf den keine Kräfte einwirken, sei eben ein solcher Zeitmesser. Dies hätte ihn aber in Schwierigkeiten gebracht mit der von ihm neu eingeführten actio per distans, der Gravitation, da die Kräftefreiheit einer Bewegung nicht mehr nur durch die Abwesenheit von mechanischer Berührung garantiert werden konnte. Aufgrund der überall vorhandenen Massen und der sich auch über große Entfernungen nicht verlierenden Gravitationseinwirkung muß Newton annehmen, daß ein vollkommen kräftefreier Zustand real nicht gegeben ist, sondern sich nur idealiter voraussetzen und aus den tatsächlichen Bewegungen auf Grund der Theorie rekonstruieren läßt. Deshalb führt Newton die absolute Zeit als ein letztes definitorisches und in seiner Geltung selbst nicht empirisch verifizierbares Moment seiner Physik ein. Die absolute Zeit der newtonschen Physik ist mathematisch ein richtungsneutraler und sym-

---

[30] I. NEWTON, Mathematische Grundlagen der Naturphilosophie, 44.

metrischer Parameter, der auf die Gestalt der Naturgesetze und auf die innere
Struktur der Abläufe natürlicher Systeme keinen Einfluß hat. Mit anderen Worten: Alle mit Hilfe der newtonschen Gleichungen beschriebenen Prozesse sind
in ihrer physikalischen Möglichkeit gegenüber Zeitumkehr invariant. Zukunft
und Vergangenheit sind physikalisch ununterscheidbar.

Der empirisch nicht nachweisbare, ideale Grenzfall der kräftefreien gleichförmigen Bewegung bildet den Grundbegriff im ersten newtonschen Axiom[31].
Diese ideale kräftefreie Bewegung repräsentiert die absolute Zeit und den absoluten Raum. Die realen Bewegungen sind *Deformationen*, entstanden aus der
Überlagerung komplexer Wirkungen, Kräfte. Es sind die Deformationen gegen
den gleichförmigen, idealen Hintergrund von absolutem Raum und absoluter
Zeit, die die Bestimmung der Einwirkung von Kräften überhaupt erst möglich
machen. Die von Newton erschlossene Hypothese, daß alle Planeten einschließlich der Erde aufgrund ihrer Rotation eine Abflachung an den Polkappen zeigen
und daß ihr Drehimpuls durch Reibungskräfte abnehmen muß, kann geradezu
die Bestätigung der absoluten Zeit darstellen, weil die nichtgleichförmige Rotationsbewegung sich vor dem Hintergrund des absoluten Raumes und der absoluten Zeit als deformierend erweist. Dann sind allerdings weder der durch
Kopernikus festgestellte Himmel noch die deformierte Erde als Zeitgeber noch
tauglich, der natürliche Tag kann kein Instrument zur Bestimmung der wahren
Zeit sein[32]. Es liegt in der praktischen Konsequenz der newtonschen Physik,
daß der Mensch die zeitliche Normbewegung für die Erfordernisse der empirischen Messung durch möglichst exakte Uhren *selbst erzeugt* und nicht im
Kosmos findet. Aus der absoluten Zeit Newtons folgt „nichts anderes als die
Idee der ständigen Korrekturbedürftigkeit natürlicher Parameter"[33]. Möglichst
ideale Bedingungen müssen geschaffen werden, um einen Zeitgeber herstellen
zu können, dessen Aberrationen minimiert werden können.

Daß die Zeit ein *definitorisches* Grundelement seiner Theorie darstellt und
ohne vorzeigbares empirisches Äquivalent über die intuitive Einsicht hinaus nur
durch die Konsistenz, Leistungsfähigkeit und Plausibilität seiner Physik bestätigt werden kann, ist Newton bewußt. „Possibile est, ut nullus sit motus aequa-
bilis, quo tempus accurate mensuretur. Accelerari et retardari possunt motus
omnes, sed fluxus temporis absoluti mutari nequit: Es ist möglich, daß es kei-

---

[31] Vgl. oben S.23 Anm. 37.

[32] AaO., 46: „Inaequales enim sunt dies naturales, qui vulgo tanquam aequales pro mensura
temporis habentur. Hanc inaequalitatem corrigunt Astronomi, ut ex veriore tempore mensurent
motus coelestes."

[33] H. BLUMENBERG, Die Genesis der kopernikanischen Welt, 601.

ne gleichförmige Bewegung gibt, durch die die Zeit genau gemessen werden
kann. Alle Bewegungen können beschleunigt oder verzögert sein [das heißt,
daß immer und überall Kräfte auf Körper einwirken können]; aber der Fluß der
absoluten Zeit kann sich nicht ändern."[34]

Als unhintergehbares Fundament seiner Physik legt Newton die absolute
Zeit deshalb axiomatisch fest, um die ansonsten zirkuläre Begründung der realen physikalischen Zeitmessung zu fundieren. Uhren lassen sich nur durch den
Vergleich mit Vorgängen eichen und in ihrer Ganggenauigkeit bestimmen, die
als möglichst ideale iterative Vorgänge angesehen werden können. Kann dieses Erfordernis aber nicht mehr am kosmischen Ideal erfüllt werden, sondern
wieder nur durch Vergleich mit anderen Uhren überprüft werden, dann setzt
die empirische Bestimmung dessen, was als regelmäßiger und gleichförmiger
iterativer Prozeß gelten darf, selbst immer schon Zeitmessung voraus.

An der Zirkularität der wechselseitigen Begründung von theoretisch als
gleichförmig angesehenen physikalischen Prozessen und der Gleichförmigkeit
der mit wirklichen Uhren gemessenen Zeit hat sich bis heute nichts geändert.
Eine jede physikalische Definition der Zeitmessung muß sich am Ende auf Gesetze beziehen, die als zeitlich invariant aufgefaßt werden und damit die absolute Zeit implizieren. Mit anderen Worten: „wo die Regelmäßigkeit des Gangs
einer bestimmten Uhr in Frage steht, entscheidet sich der Physiker immer für
die Uhr, die jene Theorien bestätigt, an die der Physiker ohnehin glaubt"[35]. Die
Zeit der Physik kann immer nur durch einen relativ letzten, nach den Prinzipien
der vorausgesetzten Theorie konstruierten und in seiner Gültigkeit nicht mehr
empirisch ausweisbaren Zeitmesser bestimmt werden.

Für die apriori-Fundierung der physikalischen Zeitmessung ist in der heutigen Physik allerdings der Gedanke der absoluten Zeit als Hintergrund des physikalischen Geschehens aufgegeben worden. An seine Stelle tritt die Absolutheit der Lichtgeschwindigkeit, über die sich die einsteinsche Relativitätstheorie
begründet, die die newtonsche Mechanik nur noch als Grenzfall für kleine Geschwindigkeiten enthält. Als der jeder Zeitmessung zugrundezulegende regelmäßige Vorgang hat jetzt die elektromagnetische Schwingung des Lichts zu gelten, die für die heutige Physik den basalen Zeitgeber wie das basale Längenmaß
stellt, von dem aus auch die Dauern der terrestrischen Zeiten hochgerechnet
werden[36]. Die Relativitätstheorie nimmt auch historisch ihren Ausgangspunkt

---

[34] I. NEWTON, Mathematische Grundlagen der Naturphilosophie, 46.

[35] P. JANICH, Die Protophysik der Zeit. Konstruktive Begründung und Geschichte der Zeitmessung, 1980, 250.

[36] Die alltagsweltlich fundamentale Größe des Tages wird heute über allerlei Zwischen-
schritte mit dem physikalischen Einheitsmaß abgeglichen und aus ihm hochgerechnet. Besteht

gerade an der Zirkularität der newtonschen Zeitbegründung und der empirisch
nicht auszeichenbaren und deshalb als ‚Metaphysikum' angesehenen absoluten
Zeit, die durch reine Relativbestimmungen auf dem Hintergrund der absoluten
Grenze der Lichtgeschwindigkeit ersetzt werden sollte.

2. Die Relativierung der Zeit durch die Relativitätstheorie

Es ist Ernst Mach, der zu seiner Zeit mit besonderem Nachdruck darauf hinweist, daß der newtonsche Begriff der absoluten Zeit nicht physikalisch sinnvoll
bestimmt werden kann, da Bewegungen eines Körpers immer nur relativ zu anderen als ruhend angesehenen Körpern festgestellt werden können. Eine absolute Zeit unabhängig von konkreter Veränderung ist deshalb kein physikalisch
bedeutungsvoller Begriff. „Diese absolute Zeit kann an gar keiner Bewegung
abgemessen werden, sie hat also auch gar keinen praktischen und auch keinen
wissenschaftlichen Wert, niemand ist berechtigt zu sagen, daß er von derselben
etwas wisse, sie ist ein müßiger ‚metaphysischer' Begriff."[37]

---

ein Tag aus 24 Stunden zu je 60 Minuten mit je 60 Sekunden, ist er das 86.400-fache einer
Sekunde. Doch wie lang ist ein Tag ‚wirklich'? Der sogenannte ‚wahre Sonnentag', d.i. die Zeit
von Sonnenhöchststand bis Sonnenhöchststand, variiert wegen der elliptischen Umlaufbahn der
Erde um die Sonne und wegen der Neigung gegen die Ekliptik. Ein ‚Sterntag' dagegen – d.i. die
Zeit einer vollen Umdrehung der Erde gegen den Fixsternhimmel –, der mit Hilfe von Stern-
warten auf der ganzen Welt aus der Position von 1500 hellen Fixsternen für astronomische
Berechnungen bestimmt wird, stimmt mit dem erlebten Erdentag nicht überein. Deshalb wurde
als Normaltag für die bürgerliche Zeit der ‚mittlere Sonnentag' mit Hilfe einer fingierten ‚mittleren Sonne' errechnet. Doch auch diese Berechnung ist ungenau und für manche Zwecke zu
unpräzise. Immerhin verlangsamt sich durch die Mondanziehung, Wetterbewegungen u.a. die
Erdrotation um 0,001 bis 0,002 sec pro Tag. Dieser Effekt wird sich durch weiteres Abschmel-
zen der Polkappen noch beschleunigen. 1967 wurde deshalb die Atomsekunde als offizielle
Zeiteinheit eingeführt und damit die *Bindung der Zeiteinheiten an kosmische Vorgänge endgültig aufgegeben*. Eine Sekunde wird nun mit Hilfe von Atomuhren bestimmt, die Schwingungen
des radioaktiven Cäsium-133-Isotops messen. Eine Sekunde ist heute international definiert als
die Dauer von 9.192.631.770 Perioden der Strahlung, die beim Hyperfeinstrukturübergang des
$^2S\frac{1}{2}$ Grundzustandes des ungestörten 133Cs-Atoms entsteht. Solche Cäsiumuhren haben eine
aufgrund ihrer Bautoleranzen errechnete Genauigkeit von $6 \cdot 10^{-14}$, sie sollen damit nur um
2 sec in einer Milliarde Jahren von einer idealen Uhr abweichen. Im ‚Internationalen Büro für
die Zeit' (BIH, Bureau International de l'Heure) in Paris sind verschiedene solcher Uhren zu-
sammengeschaltet, die die ‚Internationale Atomzeit' liefern. Durch das gelegentliche Einfügen
einer Schaltsekunde wird Übereinstimmung mit der tatsächlichen irdischen Weltzeit erreicht,
und diese bereinigte Atomzeit, die UTC (Universal Time Coordinated) ist seit dem ‚Gesetz
über die Zeitbestimmung' vom 25.7.1978 auch die offizielle Grundlage der bürgerlichen Zeit
in Deutschland.

[37] E. MACH, Die Mechanik, 217.

Die Relativitätstheorie versucht die machsche Forderung, nur Relativbewegungen zuzulassen, konsequent durchzuführen. Einstein beginnt seine die spezielle Relativitätstheorie grundlegende Abhandlung von 1905 damit, eine Definition von Zeit und Gleichzeitigkeit aufzustellen, die einen exakt bestimmbaren physikalischen Sinn hat[38]. Alle physikalisch sinnvollen Aussagen über Zeit sind Urteile über gleichzeitige Ereignisse, denn sie ordnen beobachtete Ereignisse anderen, für die Zeit*messung* konstitutiven Ereignissen, etwa bestimmten Zeigerstellungen von Uhren, als gleichzeitig zu. „Wenn ich z.B. sage: ‚Jener Zug kommt hier um 7 Uhr an‘, so heißt das etwa: ‚Das Zeigen des kleinen Zeigers meiner Uhr auf 7 und das Ankommen des Zuges sind gleichzeitige Ereignisse.‘ “[39] Die Feststellung solcher Gleichzeitigkeit ist jedoch an die räumliche Nähe beider Ereignisse gebunden. Die Gleichzeitigkeit eines räumlich weit entfernten Ereignisses B mit bestimmten Zeigerstellungen meiner Uhr (U_1) am Ort A zu behaupten, erfordert einen Vergleich beider Ereignisse, welcher, wenn das Prinzip der Konstanz und Absolutheit der Lichtgeschwindigkeit gelten soll, mit höchstens Lichtgeschwindigkeit vorgenommen werden kann. Man kann sich vorstellen, daß dazu eine baugleiche Uhr (U_2) in unmittelbarer Nähe des Ereignisses B ruhend angebracht ist, die mit U_1 dadurch synchronisiert werden kann, daß Lichtstrahlen zwischen beiden Uhren hin und her geschickt werden. Ändern sich die Zeigerstellungen beider Uhren in dem Intervall, den das Licht für den Weg $U_1 - U_2$ braucht, um den gleichen Betrag wie in dem Intervall, den es für den umgekehrten Weg $U_2 - U_1$ braucht, so sollen beide Uhren als synchron gehend betrachtet werden. Die Gesamtheit aller möglichen, synchron laufenden und gegeneinander ruhenden Uhren bestimmt die ‚Zeit des ruhenden Systems‘. Einstein definiert: „Die ‚Zeit‘ eines Ereignisses ist die mit dem Ereignis gleichzeitige Angabe einer am Ort des Ereignisses befindlichen, ruhenden Uhr, welche mit einer bestimmten, ruhenden Uhr, und zwar für alle Zeitbestimmungen mit der nämlichen Uhr, synchron läuft.“[40]

Einstein analysiert dann die Situation, daß ein gegenüber dem ruhenden System bewegter Beobachter zwei Uhren mit sich führt, die sich zu einem bestimmten Zeitpunkt t_0 des ruhenden Systems für einen dazu ruhenden Beobachter gleichzeitig an den beiden räumlich getrennten Ereignissen A und B befinden. Gesetzt den Fall, beide Uhren gehen für den ruhenden Beobachter synchron nach der oben gegebenen Definition, so ergibt sich für den bewegten

---

[38] Vgl. auch durchgängig unsere Darstellung der Entwicklung der Relativitätstheorie oben S.50ff.

[39] A. EINSTEIN, Zur Elektrodynamik bewegter Körper, 27.

[40] AaO., 29.

Beobachter, daß bei einer analogen Synchronisation beider Uhren zum Zeitpunkt t_0 des ruhenden Systems seine eigene Geschwindigkeit zu berücksichtigen ist. „Wir sehen also, daß wir dem Begriffe der Gleichzeitigkeit keine *absolute* Bedeutung beimessen dürfen, sondern daß zwei Ereignisse, welche, von
einem Koordinatensystem aus betrachtet, gleichzeitig sind, von einem relativ
zu diesem System bewegten System aus betrachtet, nicht mehr als gleichzeitige Ereignisse aufzufassen sind."[41] Als Konsequenz der beiden von Einstein
bei der Grundlegung der speziellen Relativitätstheorie zugleich festgehaltenen
Prinzipien der Relativität aller Bewegung und der absoluten Konstanz der Lichtgeschwindigkeit ergibt sich die Verlängerung der Zeitintervalle eines bewegten
Systems gegenüber den Zeitintervallen eines als ruhend betrachteten Systems,
die sogenannte Zeitdilatation[42].

Die Relativität von Gleichzeitigkeit und Dauer bei gegeneinander gleichförmig bewegten Systemen muß wegen des Relativitätsprinzips in beide Richtungen gelten: wenn man das eine System als ruhend setzt, so geht die Uhr des
dagegen bewegten Systems für den ruhenden Beobachter langsamer und umgekehrt. Diese Zeiten sind durch die Lorentz-Transformationen[43] präzise ineinander umrechenbar. Ist die Relativgeschwindigkeit v bekannt, so läßt sich das
Verhältnis der Dauer eines Prozesses relativ zum ruhenden und relativ zum dagegen mit v bewegten System immer exakt angeben. Die Relativität der Gleichzeitigkeit und die damit verbundene Verlangsamung der Zeit eines bewegten
Systems für das als ruhend angesehene ist also nicht auf die subjektive Emp-
findung der Beobachter zurückzuführen, sondern ein objektiv bestimmbares,
durch Uhren meßbares und mathematisch präzise erfaßbares Phänomen. Durch
das Experiment von J. Hafele und R. Keating im Jahre 1971 wurde dieser Effekt ganz direkt durch den Vergleich des Gangunterschiedes von Cäsiumuhren,
die einmal in östlicher und einmal in westlicher Richtung um die Erde geflogen
wurden, nachgewiesen. „Die mit einfachsten Mitteln durchgeführten Messungen bestätigten ... die Voraussagen der Theorie auf etwa 10% genau."[44]

---

[41] AaO., 30f.

[42] Vgl. oben S.55. Die Zeitdilatation führt auch zum bekannten *Zwillingsparadoxon*, mit
dem man dachte, die Relativitätstheorie ad absurdum führen zu können: Wenn von zwei Zwil-
lingen einer sich zu einer Weltraumreise mit großer Geschwindigkeit aufmacht und wieder zur
Erde zurückkehrt, so ist er nach seiner Rückkehr weniger gealtert als sein auf der Erde verblie-
bener Bruder. Es zeigt sich aber, daß keinerlei logische oder physikalische Schwierigkeit aus
dieser Sicht entsteht, vgl. die gründliche Darstellung bei P. DAVIES, Die Unsterblichkeit der
Zeit, [4]1996, 65ff.

[43] Siehe oben S.55.

[44] R. SEXL/H. SEXL, Weiße Zwerge – Schwarze Löcher, 25; vgl. R. SEXL/H.K. SCHMIDT,
Raum – Zeit – Relativität, [3]1990, 39ff. Die Originalabhandlung findet sich in: J.C. HAFE-

Aus der Aufgabe des Konzepts einer absoluten Zeit ergibt sich im Ergebnis also eine Relativierung der Gleichzeitigkeit zwischen verschiedenen Bezugssystemen: in verschieden bewegten Bezugssystemen gehen die mitbewegten Uhren relativ zueinander verschieden schnell. Trotz dieser ,Relativierung' der Zeit hat die relativistische Physik den Grundzug der *Reversibilität* der Zeit beibehalten, wie er auch in der newtonschen Physik galt. Allerdings ist die Zeit der Relativitätstheorie nicht mehr die von den Gegenständen unabhängige und gleichmäßig über den Raum verteilte Variable *t*, die als externer Parameter keinen Bezug zu den physikalischen Gegenständen zeigt und durch für alle Beobachter gültige Gleichzeitigkeitsschnitte der Raumzeit repräsentiert werden kann[45]. Sie ist in ihrer Dauer nur noch als lokal gültige Eigenzeit bestimmbar und wird in der speziellen Relativitätstheorie als von der Relativgeschwindigkeit des Inertialsystems des Beobachters abhängige Variable ins Raum-Zeit-Kontinuum integriert.

Es ist auch für die Relativitätstheorie festzuhalten, daß die Zeit in der Physik nichts anderes bedeutet als Zeitmessung[46], die wiederum an die Zählung von iterativen Vorgängen gebunden ist, die als in ihrer Periode konstant angesehen werden. Deshalb gilt: „Die Relativitätstheorie erhellt nicht das metaphysische Wesen der Zeit, sondern die Rolle, die die Zeitmessung in der Physik spielen kann."[47] Da die absolute Grenze, mit der Ereignisse in einem kausalen Zusammenhang stehen können, die Lichtgeschwindigkeit darstellt, die die Rol-

---

LE/R.E. KEATING, Around-the-world atomic clocks; predicted relativistic time gains, Science 177 (1972), 166–170. Beim Ostflug bewegt sich die im Flugzeug befindliche Uhr schneller gegen ein inertiales Bezugssystem, in dem die Erdachse näherungsweise ruht, als die auf der Erde befindliche Uhr und geht dadurch langsamer, beim Westflug geht sie schneller. Beide Male ist jeweils noch der durch die allgemeine Relativitätstheorie vorhergesagte Effekt zu berücksichtigen, daß die Uhren im Flugzeug schneller gehen als die auf der Erde, weil der Einfluß des Schwerefeldes der Erde auf sie geringer ist.

Ein analoger, sehr genau bestimmbarer Effekt zeigt sich dadurch, daß sich die Halbwertszeit schnell zerfallender Teilchen (die man als physikalische Uhren ansehen kann) erhöht, wenn sie sich mit großer Geschwindigkeit gegenüber dem Beobachter bewegen. Dieser Effekt läßt sich in der kosmischen Höhenstrahlung ebenso feststellen wie in Teilchenbeschleunigern. Die Halbwertszeit erhöht sich um einen Faktor, der mit nur 0,2%iger Ungenauigkeit den Vorhersagen der speziellen Relativitätstheorie entspricht, vgl. R.U. SEXL/H.K. SCHMIDT, Raum – Zeit – Relativität, 43f.

[45] Es gibt „keine Schnitte mehr . . ., welche das ,Jetzt' objektiv repräsentieren" (A. EINSTEIN, Über die spezielle und die allgemeine Relativitätstheorie, 121).

[46] Vgl. R. FEYNMAN, The Feynman Lectures on Physics, Bd.1, Reading (Mass.) 1963, 5-1: „What really matters anyway is not how we *define* time, but how we measure it."

[47] H. DINGLER, Wissenschaftliche und philosophische Folgerungen aus der speziellen Relativitätstheorie, in: Albert Einstein als Philosoph und Naturforscher, 389–405, 402.

le des absoluten Raums und der absoluten Zeit der newtonschen Physik übernimmt, legt es sich nahe, Zeitmessung über die periodischen Schwingungen
elektromagnetischer Strahlung zu definieren, wie dies bei den heutigen Atomuhren der Fall ist. Damit aber ist die gemessene Zeit in Abhängigkeit gebracht
von Größen, die einer allgemeinen geometrischen Behandlung zugänglich sind.
Frequenz, Periodendauer und Wellenlänge, zeitliche und räumliche Größen also, stehen in reziprokem Zusammenhang, und die als absolute Konstante festgestellte Lichtgeschwindigkeit im Vakuum verbindet Raum und Zeit dadurch,
daß sie räumlich getrennte Ereignisse in endlicher Zeit miteinander in kausale
Verbindung bringt.

Auf dieser Grundlage hat Minkowski, wie wir im ersten Teil sahen, sein
Konzept einer vierdimensionalen, quasi-euklidischen Raumzeit entwickelt, die
er als ‚die Welt' bezeichnet und die die Gesamtheit der Ereignisse als ‚Weltpunkte' umfaßt[48]. Die möglichen kausalen Verbindungen von Weltpunkten,
die ‚Weltlinien', ergeben sich daraus, daß Weltpunkte höchstens mit Lichtgeschwindigkeit über raumzeitliche Distanzen verbunden werden können. Es gibt
dabei nach wie vor für jeden Weltpunkt ein objektiv definierbares ‚Früher' und
‚Später'. Liegt zwischen zwei Weltpunkten eine raumartige Distanz, so können
sie nicht in kausale Wechselwirkung treten und es ist ein Bezugssystem rekonstruierbar, für das beide Ereignisse gleichzeitig sind. Ist ihr Abstand jedoch ein
zeitartiger, so daß sie mit höchstens Lichtgeschwindigkeit und mit endlichem
zeitlichen Abstand in kausalem Zusammenhang stehen können, so ist das eine
Ereignis *für alle Beobachter* objektiv früher als das andere. Eine Umkehrung
des Ursache-Wirkungs-Verhältnisses zweier zeitartig zueinander liegender Ereignisse und damit eine Zeitumkehrung ist für reale Beobachter, die sich nur
mit Geschwindigkeiten kleiner als Lichtgeschwindigkeit bewegen können, ausgeschlossen. Das objektive Moment des relativistischen Zeitbegriffs ist deshalb
die Ordnung des kausalen Nacheinander: „Die Zeit ist die Ordnung von Kau-
salketten. Das ist das außerordentliche Ergebnis der einsteinschen Entdeckungen."[49]

Einstein erweitert seine spezielle Relativitätstheorie einige Jahre später
zur allgemeinen Relativitätstheorie, ohne die in der speziellen Relativitätstheorie eingeführte Darstellung der ‚Welt' als vierdimensionales Raum-Zeit-
Kontinuum aufzugeben. Er bezieht nun zusätzlich zu den gleichförmigen Bewegungen auch beschleunigte Bewegungen und die Gravitation mit ein und er-

---

[48] Zum folgenden sei verwiesen auf unsere Darstellung der Minkowski-Welt oben S.56ff.
[49] H. REICHENBACH, Die philosophische Bedeutung der Relativitätstheorie, in: Albert Einstein als Philosoph und Naturforscher, 188–207, 204.

kennt, daß er die quasi-euklidische Metrik der Minkowski-Welt aufgeben und durch eine gekrümmte riemannsche Metrik ersetzen muß, die auch die Zeitdauern betrifft. Nicht nur wird der Raum in der Umgebung schwerer Massen gekrümmt, auch der Gang von Uhren ist dort verlangsamt. Diese Verlangsamung der Ganggeschwindigkeit von Uhren, die einem starken Schwerefeld ausgesetzt sind, ist in guter Übereinstimmung mit den Vorhersagen bestätigt[50].

Einstein und andere in seiner Nachfolge interpretieren diese Verbindung von Raum und Zeit als Hinweis darauf, daß die ‚Welt‘ kein *Geschehen* in Raum und Zeit darstellt, sondern einen im Grunde statischen Zusammenhang des *Seins*, der sich nur dem subjektiven Bewußtsein als ein Werden darbietet. „Die Physik wird aus einem *Geschehen* im dreidimensionalen Raum gewissermaßen ein *Sein* in der vierdimensionalen ‚Welt‘.“[51] Dem Sein ist wegen des grundlegenden Zusammenhangs des vierdimensionalen Raum-Zeit-Kontinuums dem Werden gegenüber der Vorzug zu geben. „Es erscheint deshalb viel natürlicher, das physikalisch Reale als ein vierdimensionales Sein zu denken statt wie bisher als das *Werden* eines dreidimensionalen Seins“[52].

Der *Zeitfluß* erscheint in dieser Sicht nur als Folge der Struktur des menschlichen Bewußtseins und nicht als objektive Eigenschaft der Natur. Da massive Teilchen und Körper stets einer zeitartigen Geodäte folgen, weil ihre Geschwindigkeit die Lichtgeschwindigkeit nicht erreichen oder gar überschreiten kann, folgt aus der Relativitätstheorie, daß ein Bewußtsein, das an einen materiellen Körper gebunden ist, nur zeitliche Beziehungen erleben kann, da es sich nur auf zeitartigen, nicht aber auf raumartigen oder auch nur lichtartigen Weltlinien bewegen kann. Entsprechend hat auch Hermann Weyl die physikalische Welt der Relativitätstheorie statisch interpretiert und den Geschehenscharakter der subjektiv erfahrenen Wirklichkeit dem sich auf einer zeitartigen Weltlinie bewegenden Bewußtsein zugeschrieben, das das vierdimensionale Kontinuum nur als zeitliche Folge von räumlichen Ausschnitten der Welt wahrnehmen kann.

---

[50] So läuft etwa eine Uhr in einem Satelliten auf der Erdumlaufbahn schneller als eine Referenzuhr auf der Erde, ein Effekt, der bei Satelliten zur Positionsbestimmung auf der Erde inzwischen zum Zweck des Abgleichs mit der Erdzeit technisch zu berücksichtigen ist.

[51] A. EINSTEIN, Über die spezielle und die allgemeine Relativitätstheorie, 96.

[52] AaO., 121. Für Einstein hat sein physikalisches Weltbild auch Konsequenzen für seine existentielle Haltung dem Leben und dem Tod gegenüber. So schreibt er vier Wochen vor seinem eigenen Tod an die Witwe seines soeben verstorbenen Jugendfreundes: „Nun ist er mir auch mit dem Abschied von dieser sonderbaren Welt ein wenig vorausgegangen. Das bedeutet nichts. Für uns gläubige Physiker hat die Scheidung zwischen Vergangenheit, Gegenwart und Zukunft nur die Bedeutung einer wenn auch hartnäckigen Illusion …“ (zitiert nach B. HOFFMANN, Albert Einstein. Schöpfer und Rebell, 1976, 302–304).

„Die objektive Welt *ist* schlechthin, sie *geschieht* nicht. Nur vor dem Blick des in der Weltlinie seines Leibes emporkriechenden Bewußtseins ‚lebt' ein Ausschnitt dieser Welt ‚auf' und zieht an ihm vorüber als räumliches, in zeitlicher Wandlung begriffenes Bild."[53]

Gegen diese zeitphilosophische Interpretation der Relativitätstheorie ist jedoch geltend zu machen, daß auch in der Minkowski-Welt ein objektives ‚Früher' und ‚Später' für alle Weltpunkte definiert ist. Das vierdimensionale Kontinuum der Minkowski-Welt ist anzusehen als der physikalische Darstellungsraum aller *möglichen* raum-zeitlichen Ereignisse, der aber nicht beanspruchen kann, das statische Sein des kontingent *Wirklichen* zu repräsentieren, da in ihm als solchem noch alle konkreten Objekte und, von der Gravitation abgesehen, die Prinzipien ihrer Wechselwirkung fehlen. Auch wenn innerhalb des formalen Rahmens der Relativitätstheorie in der Tat gilt, daß die Zeit verräumlicht wird und genau wie die räumlichen Koordinaten als symmetrischer und richtungsneutraler Parameter erscheint, so müssen zur Beschreibung konkreter physikalischer Gegenstände weitere Theorien hinzutreten, und zwar vor allem die nicht ohne weiteres in die Relativitätstheorie integrierbare und die Mikroobjekte und ihre Symmetrien und Wechselwirkungen bestimmende Quantentheorie und die Thermodynamik, die die Gerichtetheit makroskopischer Prozesse unter der Voraussetzung energetischer Ungleichgewichte beschreibt[54]. Beide Theori-

---

[53] H. WEYL, Was ist Materie? (1924), repr. Nachdr., 1977, 87.

[54] Historisch stellt die statistische Deutung der Thermodynamik einen Anstoß zur Entwicklung des quantentheoretischen Formalismus dar. Man mag darin vielleicht doch einen Hinweis auf tiefere Zusammenhänge sehen. Planck schreibt im Rückblick: „Daher war ich von dem Tage ihrer Aufstellung [sc. der Aufstellung der Strahlungsformel] an mit der Aufgabe beschäftigt, ihr einen wirklichen physikalischen Sinn zu verschaffen, und diese Frage führte mich von selbst zu der Betrachtung des Zusammenhangs zwischen Entropie und Wahrscheinlichkeit, also auf *Boltzmannsche* Ideengänge; bis sich nach einigen Wochen der angespanntesten Arbeit meines Lebens das Dunkel lichtete und eine neue ungeahnte Fernsicht aufzudämmern begann." (M. PLANCK, Die Entstehung und bisherige Entwicklung der Quantentheorie, 12) Es zeigt sich, daß die Plancksche Strahlungsformel eine Wahrscheinlichkeitsbetrachtung impliziert, nach der die Verteilung der verschiedenen Frequenzkomponenten einer mit der Materie in Wechselwirkung stehenden Strahlung statistischen und, wie sich herausstellen sollte, indeterministischen, nicht auf tiefere kausale Zusammenhänge zurückführbaren Charakter trägt. Die entsprechende Statistik lieferte 1924 der indische Physiker Satyendra Nath Bose, 1925 von Einstein auf materielle Teilchen angewendet und zur Bose-Einstein-Statistik erweitert. Die Quantentheorie ist von daher eng mit der statistischen Physik des 19. Jahrhunderts verbunden und ebensowenig wie die Relativitätstheorie der revolutionäre und kontingente Paradigmenwechsel, als der sie manchmal dargestellt wird. Daß mit ihr allerdings in der Tat ein unüberbrückbarer Graben zwischen klassischer Mechanik und neuer Physik aufgerissen ist, machen dann die Führer der jüngeren Generation deutlich, etwa Paul Ehrenfest oder später Bohr und Heisenberg.

en lassen sich so interpretieren, daß sie dem kontingenten Werden in der Physik neuen Raum geben. Ihnen müssen wir uns deshalb im folgenden zuwenden.

3. Quantentheorie und Zeit

Allen beobachtbaren Größen der klassischen Mechanik entspricht in der Quantenmechanik ein Operator. Ein Operator ist eine mathematische Operation, die auf Funktionen dergestalt einwirkt, daß sie in andere Funktionen überführt werden. Ein bestimmter Operator ist charakterisiert durch diejenige Klasse von Funktionen, die bezüglich des Operators bis auf einen Zahlenfaktor invariant bleiben. Diese Funktionen bezeichnet man als *Eigenfunktionen* des Operators, die Zahlen, mit denen die Funktionen nach Anwendung des Operators multipliziert sind, nennt man die *Eigenwerte* des Operators. Jedem Operator entspricht so eine Menge von Eigenwerten, sein sogenanntes *Spektrum*. Dieses Spektrum kann diskret sein und z.B. die Folge aller ganzen Zahlen von 0, 1, 2, ... umfassen oder kontinuierlich und z.B. aus allen reellen Zahlen zwischen 0 und 1 bestehen. Die Eigenwerte des Operators in der Quantenmechanik entsprechen den numerischen Werten, welche die beobachtete Größe annehmen kann.

Es lassen sich nur dann gemeinsame Eigenfunktionen zweier verschiedener Operatoren bestimmen, wenn die Operatoren vertauschen, d.h. auch in umgekehrter Reihenfolge angewandt das gleicher Ergebnis liefern. Die Operatoren für den *Impuls* und den *Ort* z.B. sind in der Quantentheorie durch einen nicht-kommutativen Algorithmus so miteinander verbunden, daß sie gerade nicht vertauschen. Aufgrund der Definition von Impuls- und Ortsoperator in der Quantenmechanik lassen sich deshalb keine Eigenfunktionen finden, die zugleich Eigenfunktionen beider Operatoren sind. Diese Nichtvertauschbarkeit derjenigen Operatoren, die den kanonischen Variablen der klassischen Mechanik zugeordnet sind, bewirkt die Einhaltung der heisenbergschen Unschärferelation[55].

Es ist nun bedeutsam, daß in der Quantenmechanik die *Zeit* im Gegensatz zum Ort nicht als beobachtbare Größe und damit als Operator, sondern als reeller Parameter erscheint, der Ort also quantentheoretisch, die Zeit aber klassisch behandelt wird. Die Entwicklung der schrödingerschen Wellenfunktion wird als von dieser Zeit direkt abhängig beschrieben und der Moment ihrer Reduktion auf eine Eigenfunktion durch eine vollzogene Messung als wirklicher *Zeitpunkt* angesehen, der ohne jede Unschärfe ist. Diese Sonderstellung der Zeit in der Quantenmechanik ist früh aufgefallen und moniert worden, so hat z.B. Schrödinger 1935 „die ‚scharfe Zeit' als Inkonsequenz innerhalb der

---

[55] Vgl. oben S.184.

Q[uanten]M[echanik]"[56] bezeichnet. Auch die Maßzahl der Zeit ist ja wie jeder andere Wert einer physikalischen Größe das Resultat einer Beobachtung und müßte als Observable eingeführt werden. Jede Ablesung einer Uhr müßte mit quantenmechanischen Begriffen wie eine Messung beschrieben werden, so daß man an sich sagen müßte, „daß jedes Auf-die-Uhr-Sehen den Fortschritt der Uhr in unkontrollierbarer Weise stört"[57]. Doch eine Quantentheorie, die konsequent die Zeit als Observable betrachtet und sie als Operator einführt, haben wir nicht[58]. Hans Primas stellt deshalb für die Quantentheorie fest: „We cannot help but use an unreflected concept of *time*." Für die Quantentheorie gilt, daß sie die Zeit nicht wie andere physikalische Größen operationalisiert und nur als Observable in Betracht zieht, sondern daß sie nach wie vor die Zeit als beobachtungsunabhängig verlaufend ansieht und als objektive Größe beläßt, so daß „we naively *assume* the existence of macroscopic clocks outside our universe of discourse, and our notion ‚time' always refers to such external clocks. That is, we consider historical time not as an observable within our theoretical framework but as a fundamental trait of the external world."[59]

Die Wellenfunktion ist im konkreten Fall jedoch zu ergänzen durch ihre diskontinuierliche Reduktion durch Beobachtung und Messung, durch deren Werte man die Wahrscheinlichkeiten für die weiteren, möglichen Beobachtungswerte erhält (Eigenwerte des Operators der gemessenen Observablen). Jede solche reale Messung enthält nun ein Element von Irreversibilität dadurch, daß chemische, elektrische oder andere Prozesse bei der Verstärkung und Aufzeichnung von Daten irreversible und dadurch allererst objektiv dokumentierbare makroskopische Ereignisse erzeugen, z.B. die Schwärzung einer Photoplatte durch die Auslösung photochemischer Prozesse. Nach Bohr „erinnern uns die irreversi-

---

[56] E. SCHRÖDINGER, Die gegenwärtige Situation in der Quantenmechanik, 127.

[57] Ebd. Schrödinger vermutete übrigens in dieser Inkonsequenz der Behandlung der Zeit das Hindernis für eine Vereinigung von Quantentheorie und Relativitätstheorie.

[58] Verschiedene Ansätze sind in dieser Richtung erwogen worden, vielleicht aber ist aus grundsätzlichen Erwägungen eine solche Theorie nicht möglich. So hat etwa Wolfgang Pauli einen Zeitoperator, der mit der ihm kanonisch zugeordneten Energie eine über das Wirkungsquantum korrelierte quantenmechanische Vertauschungsrelation besäße und deshalb auch unscharfe Zeiten zuließe, für unmöglich erklärt, da sich das Spektrum der Eigenwerte für beide Operatoren von $-\infty$ bis $+\infty$ erstrecken würde, vgl. dazu C.F. VON WEIZSÄCKER, Zeit und Wissen, 1992, 320. Für die weiter unten darzustellende Nichtgleichgewichtsthermodynamik, wie sie Ilya Prigogine zu entwickeln versucht, läßt sich eine Art interne Zeit von dissipativen Systemen als Operator einführen. Prigogines ehrgeiziges Ziel ist es, dieses Operatorkonzept von Zeit auch zu einer Neuformulierung der Quantentheorie zu benutzen, vgl. I. PRIGOGINE/I. STENGERS, Das Paradox der Zeit, 1993, 240ff.

[59] H. PRIMAS, Chemistry, Quantum Mechanics and Reductionism, 256.

blen Verstärkungseffekte, auf denen die Registrierung des Vorhandenseins atomarer Objekte beruht, ... an die wesentliche, *dem Beobachtungsbegriff selber inhärente Irreversibilität*"[60]. Mit der dem Beobachtungsbegriff selber inhärenten Irreversibilität ist die Tatsache gemeint, daß sich Beobachtung immer auf faktisch gewordene Ereignisse der Vergangenheit bezieht, da sie feststellt, was zu einem bestimmten Zeitpunkt der Fall war, so daß im Augenblick der Beobachtung das festgestellte Ereignis nur noch als Dokument eine Rolle spielt, als Ereignis aber sogleich vergangen und deshalb nicht mehr reversibel ist.

Es wird deshalb oft angenommen, daß im Rahmen der Quantentheorie zwei unterschiedliche Zeitkonzepte mitgeführt werden müssen, das der *reversiblen kontinuierlichen Zeit* in Form eines klassischen Parameters, innerhalb derer sich die Schrödingergleichung entwickelt, und die Zeit in Form einer *irreduziblen diskontinuierlichen Reduktion im Moment der Messung*. Zur kontinuierlichen Fortschreibung des Zusammenhangs der Zeit, wie ihn die Schrödinger-Gleichung repräsentiert, muß das diskontinuierliche Wirklichwerden des Möglichen treten. Durch die im Augenblick der Messung geschehende Reduktion der Möglichkeitsbeschreibung auf eine Wirklichkeitsfeststellung wird aus dem über Wahrscheinlichkeiten strukturierten Möglichkeitsraum *eine* Möglichkeit realisiert und faktisch, ohne daß ein streng deterministischer, und das heißt eineindeutiger Kausalzusammenhang zwischen dem bekannten Vergangenen und dem jetzt als wirklich Eingetretenen bestimmt werden könnte. Vergangenheit und Zukunft sind in der Quantentheorie dadurch voneinander kategorisch geschieden, daß die Vergangenheit nur durch Dokumente und Faktisches[61], das aus dieser Vergangenheit hervorgehende Zukünftige aber nur durch Möglichkeiten und die sie repräsentierenden Wahrscheinlichkeiten beschrieben werden kann[62]. Vergangenheit und Zukunft bilden einen Zusammenhang, sind aber nicht auseinander herleitbar.

Im Rahmen der reversiblen Zeit der klassischen einschließlich der relativistischen Physik werden Ordnungsrelationen zwischen Zeitpunkten und ihr Verhältnis als relativ früher oder später bestimmt. Hier ist die Zeit bloßer kontinuierlicher und reversibler *Parameter*. Im Rahmen der Quantentheorie ist dieses Zeitkontinuum in der zeitlichen Entwicklung der Schrödinger-Gleichung präsent, nun aber nur noch auf die Entfaltung von Möglichkeiten bezogen. Zu-

---

[60] N. BOHR, Atomphysik und Philosophie, 106, Hervorhebung D.E.

[61] „Vergangenheit ist Wirklichkeit, vergangene Ereignisse sind Tatsachen. ... Vergangene Ereignisse hinterlassen Dokumente" (C.F. VON WEIZSÄCKER, Die Tragweite der Wissenschaft, 325f.).

[62] „Die Zukunft nenne ich ein Reich möglicher Ereignisse" (aaO., 326).

sätzlich ist dadurch, daß die Quantentheorie auf konkrete und beschreibbare
Beobachtungen und Meßergebnisse referiert, die eine diskontinuierliche Reduktion der Wellenfunktion hervorrufen, eine Richtung der Zeit ausgezeichnet,
durch die zwischen faktischen und möglichen Ereignissen im ‚Jetzt' der Messung unterschieden wird. Hier ist Zeit eine Art – allerdings nicht in den Formalismus integrierbarer – irreversibler *Operator*, der in Bezug auf die Beobachtung den kontingenten und gleichwohl nicht beliebigen, sondern im Rahmen
von Wahrscheinlichkeitsentwicklungen und Symmetrien streng beschreibbaren
Übergang vom Möglichen zum Faktischen markiert, oder, wie es Reichenbach
formuliert, dem Werden Ausdruck verleiht: „The concept of *becoming* acquires
a meaning in physics: The present, which separates the future from the past,
is the moment when that which was undetermined becomes determined, and
‚becoming' means the same as ‚becoming determined'."[63] Die unabgeschlossene Debatte um die Deutung des Meßprozesses in der Quantentheorie zeigt,
daß noch nicht wirklich verstanden ist, in welchem Verhältnis dieses ‚Jetzt' der
Messung zum reellwertigen Parameter der Zeitordnung steht.

4. Der Fluß der Zeit und die Thermodynamik

Diejenigen physikalischen Phänomene, die nun nicht nur auf der Ebene der Interpretation der Beobachtungsvorgänge, sondern in ihrer Beschreibung selbst
und in der entsprechenden Theorie einen gerichteten, unumkehrbaren Verlauf
der Zeit implizieren, sind die thermischen Phänomene der physikalischen Wärmelehre. Alle Prozesse, bei denen Wärme dissipiert, zerstreut wird, zeigen zunächst auch rein anschaulich einen unumkehrbaren Verlauf: Holz verbrennt,
aber aus Feuer, Gasen und Asche kann kein Holz entstehen. Aus Untersuchungen über den Wirkungsgrad vom Wärmemaschinen erwächst im Verlauf des
19. Jahrhunderts eine Theorie energieumwandelnder Prozesse, deren Interpretation im Rahmen des mechanistischen Weltbilds auf Schwierigkeiten stößt und
zu einer intensiven Debatte über die Gerichtetheit physikalischer Prozesse im
einzelnen und des Kosmos als ganzen führt. Dieser Entwicklung wollen wir uns
im folgenden zuwenden.

---

[63] H. REICHENBACH, The Direction of Time, Berkeley/Los Angeles 1956, 269.

4.1. Die klassische Wärmelehre

4.1.1. Der Begriff der Energie und ihre Erhaltung

Noch zu Beginn des 19. Jahrhunderts ist die Auffassung von Wärme als einer gewichtslosen Substanz gängig, die *Caloricum* genannt wird und eine Art unwägbare Flüssigkeit darstellen soll, die bei allen Prozessen, in denen Wärme im Spiel ist, in ihrer Gesamtmenge gleichbleibt und nur von einem Ort zum anderen fließt. Temperaturerhöhung erklärt sich danach aus der Aufnahme von Wärmestoff[64]. Sadi Carnots Analyse der Wärmekraftmaschinen von 1824 zeigt mit Hilfe der Vorstellung eines Wärmeflusses, wie der Wirkungsgrad einer solchen Maschine ganz allgemein errechnet werden kann[65]. Wärme fließt vom heißen Bereich der Maschine in einen Bereich niederer Temperatur und vermag auf diesem Weg mechanische Arbeit zu verrichten. Insofern ist die bewegende Kraft der Wärme mit der fließenden Wassers vergleichbar. Benötigt wird für eine Wärmekraftmaschine ein Wärme abgebendes und ein Wärme aufnehmendes Element. Carnot entwickelt zur Analyse dieser Vorgänge die Vorstellung eines Kreisprozesses, bei dem das die mechanische Arbeit verrichtende Aggregat der Maschine abwechselnd mit dem warmen und mit dem kalten Teil der Maschine in Berührung kommt und sich das eine Mal ausdehnt, das andere Mal zusammenzieht. Carnot konstruiert diesen Prozeß als idealen, bei dem immer genauso viel Wärme abgegeben wie aufgenommen wird. Die von einer Wärmekraftmaschine erzeugte Energie soll deshalb nur von der transponierten Wärmemenge abhängen und von der Temperaturdifferenz in der Maschine (im Falle einer Dampfmaschine etwa von der Differenz zwischen Kessel und Kondensator). Alle Wärmemaschinen, die mit der gleichen Temperaturdifferenz arbeiten, würden im Idealfall denselben Wirkungsgrad haben, d.h. dieselbe Menge Arbeit pro Wärmemengeneinheit erzeugen, unabhängig davon, ob es sich um Turbinen oder Zylindermaschinen handelt und ob sie mit Dampf, Luft oder anderen Stoffen als Medium funktionieren. Diese Überzeugung kann Carnot mit dem Hinweis stützen, daß ansonsten die Maschine mit dem höheren Wirkungsgrad diejenige mit dem niedrigeren in umgekehrter Richtung antreiben könnte und so zusätzlich zur überschüssigen mechanischen Arbeit noch die Wärme zurückpumpen könnte, die sie selbst verbraucht, was einem unmöglichen perpetuum mobile gleichkäme.

---

[64] Die Wärmestofftheorie stammt von Lavoisier, läßt sich aber im übrigen bis Lukrez und Heraklit zurückverfolgen, vgl. S. BRUSH, The kind of motion we call heat, 28.

[65] Vgl. S. MASON, Geschichte der Naturwissenschaft, 578ff.; I. PRIGOGINE/I. STENGERS, Dialog mit der Natur, 120ff.

Als Carnot jedoch erkennt, daß nicht alle Wärme in mechanische Arbeit umgewandelt wird, sondern immer ein gewisser Betrag verlorengeht, sieht er sich
1830 gezwungen, seine Wärmestofftheorie fallen zu lassen. Er entwickelt daraufhin die schon durch andere vorbereitete kinetische Theorie weiter, nach der
Wärme nichts anderes ist als die Bewegung von Teilchen und deshalb Wärme
und mechanische Arbeit im Grunde die gleiche physikalische Erscheinung darstellen und aus diesem Grund ineinander umwandelbar sind[66]. Die Wärmestoff-
vorstellung wird unter dem Eindruck chemischer und biologischer Erkenntnisse
allgemein aufgegeben, als Mayer, Helmholtz, Joule und andere[67] die Äquivalenz und wechselseitige Umwandlung von Wärme und mechanischer Arbeit anhand von physikalischen Experimenten und physiologischen Untersuchungen
über den Energieverbrauch von Lebewesen aufzeigen[68]. Es legt sich nahe, alle
Kräfte der Natur (mechanische Arbeit, Wärme, Elektrizität, Gravitation, Magnetismus etc.) als verschiedene Formen des einen Phänomens ‚Kraft‘ aufzufassen, die sich ineinander umwandeln lassen und deren Gesamtsumme in allen
Prozessen erhalten bleibt. So faßt Mayer, der die Äquivalenz von Wärme und
mechanischer Arbeit und damit eine Form des Energieerhaltungssatzes als erster formulierte, in einer wirkungsgeschichtlich bedeutsamen Abhandlung von
1845 seine Beobachtungen zu Kraft und Bewegung bei Lebewesen wie folgt
zusammen: „*Es giebt in Wahrheit nur eine einzige Kraft.* In ewigem Wechsel
kreist dieselbe in der todten wie in der lebenden Natur. Dort und hier kein Vorgang ohne Formveränderung der Kraft!"[69]

In seinem Aufsatz *Über die Erhaltung der Kraft* von 1847[70] leitet Helmholtz
den Satz der Erhaltung der Kraft aus den Prinzipien der newtonschen Mecha-

---

[66] Allerdings sind seine Arbeiten zur kinetischen Theorie erst posthum 1878 aus seinen
Notizbüchern veröffentlicht worden. Sie fanden aber durch die Arbeiten seiner Schüler schon
früher Verbreitung.

[67] Eine gute Einführung in die Geschichte der Wärmelehre und eine Sammlung aller wichtigen Originalabhandlungen findet sich in: Kinetische Theorie. Einführung und Originaltexte
(Bd.1: Die Natur der Gase und der Wärme; Bd.2: Irreversible Prozesse), hg. von S. BRUSH,
1970.

[68] Vgl. zum folgenden auch E. MACH, Die Geschichte und die Wurzel des Satzes von der
Erhaltung der Arbeit; M. PLANCK, Erhaltung der Energie, [5]1924; M. JAMMER, Concepts of
Force; TH.S. KUHN, Die Erhaltung der Energie als Beispiel gleichzeitiger Entdeckung, in:
DERS., Die Entstehung des Neuen, 1978, 125–168.

[69] J. MAYER, Die organische Bewegung in ihrem Zusammenhange mit dem Stoffwechsel.
Ein Beitrag zur Naturkunde (1845), in: DERS., Die Mechanik der Wärme. Sämtliche Schriften,
in Zusammenarbeit mit dem Stadtarchiv Heilbronn hg. von H.P. MÜNZENMAYER, 1978, 41–
155, 48.

[70] H. VON HELMHOLTZ, Über die Erhaltung der Kraft, Nachdr. in: Kinetische Theorie,
Bd.1, 134–163. Von diesem wichtigen Aufsatz gibt es eine am handschriftlichen Text Helm-

nik ab. Aus der Voraussetzung, daß es kein perpetuum mobile geben kann, folgt, daß in der Natur ausschließlich mechanische Bewegungen und Kräfte vorkommen können. Während Mayer und andere noch *qualitativ* verschiedene Kraftformen (Schwere, Elektrizität, Wärme u.a.) annehmen, lassen sich nach Helmholtz alle Formen von Energie auf die zwei mechanisch qualifizierten Grundformen der kinetischen und potentiellen Energie (von ihm lebendige Kräfte und Spannkräfte genannt) zurückführen, deren Gesamtsumme immer erhalten bleibt, eine Auffassung, die noch einige Zeit auf harte Widerstände trifft[71].

Helmholtz selbst bestimmt das gesamte mechanistische Programm der Physik von seiner Grundeinsicht her: „Die Naturerscheinungen sollen zurückgeführt werden auf Bewegungen von Materien mit unveränderlichen Bewegungskräften, welche nur von den räumlichen Verhältnissen abhängig sind."[72] Helmholtz sieht als das letzte Ziel der Physik die Suche nach einer fundamentalen, allen Naturgesetzen zugrundeliegenden Invarianz, der gegenüber sich allererst ein konsequentes Kausalitätsprinzip als der physikalisch begriffene Satz vom zureichenden Grunde formulieren ließe. „Der theoretische Teil derselben [sc. der Naturwissenschaften] sucht . . ., die unbekannten Ursachen der Vorgänge aus ihren sichtbaren Wirkungen zu finden; er sucht dieselben zu begreifen nach dem Gesetze der Kausalität. Wir werden genötigt und berechtigt zu diesem Geschäfte durch den Grundsatz, daß jede Veränderung in der Natur eine zureichende Ursache haben *müsse*. Die nächsten Ursachen, welche wir den Naturerscheinungen unterlegen, können selbst unveränderlich sein oder veränderlich; im letzteren Falle nötigt uns derselbe Grundsatz, nach anderen Ursachen wiederum dieser Veränderungen zu suchen, und so fort, bis wir zuletzt zu letzten Ursachen gekommen sind, welche nach einem unveränderlichen Gesetz wirken, welche folglich zu jeder Zeit unter denselben äußeren Verhältnissen dieselbe Wirkung hervorbringen. Das endliche Ziel der theoretischen Naturwissenschaften ist also, die letzten unveränderlichen Ursachen der Vorgänge in der Natur aufzufinden."[73]

---

holtz' orientierte Neuedition: DERS., Über die Erhaltung der Kraft. Bd.1: Transkription des handschriftlichen Textes/Bd.2: Faksimile des handschriftlichen Textes von 1847–1881, 1983.

[71] Daran, daß Helmholtz' bedeutende Arbeit, die er im Alter von sechsundzwanzig Jahren vor der Physikalischen Gesellschaft in Berlin vorträgt, für die Publikation in Poggendorfs Annalen abgelehnt wird, zeigt sich, wie sehr diese Vorstellung einer Umwandlung der verschiedenen Kraft- bzw. Energiearten und der Erhaltung ihrer Gesamtsumme in weiten Kreisen noch als phantastische Spekulation gilt.

[72] H. VON HELMHOLTZ, Über die Erhaltung der Kraft, Nachdr. in: Kinetische Theorie, Bd.1, 138.

[73] AaO., 136. Wie Helmholtz selbst in einer Fußnote zum Wiederabdruck seiner Arbeit anmerkt (H. VON HELMHOLTZ, Wissenschaftliche Abhandlungen von Hermann von Helm-

Der Begriff der Kraft erweist sich allerdings für die Aufstellung des entsprechenden basalen Erhaltungsgesetzes als zu unbestimmt und wird unter Anknüpfung an die auf Leibniz zurückgehende Vorstellung der ‚lebendigen Kraft‘ (vis viva) durch den der *Energie* ersetzt. Maxwell zufolge war es zuerst Young, der in seinen *Lectures on Natural Philosophy* den Begriff der Energie in einem präzisen Sinne eingeführt hat als Bezeichnung für die Menge der Arbeit, die ein System zu leisten vermag[74]. Auf Rankine dagegen geht der Begriff der potentiellen Energie zurück, er ist es auch, der als erster das Gesetz der Erhaltung der Energie formulierte[75]. Helmholtz selbst schlägt vor, Rankines Formulierung der Energieerhaltung dem eigenen Konzept der ‚Erhaltung der Kraft‘ vorzuziehen, weil eben nicht die natürlichen Kräfte in ihrer Intensität erhalten werden, sondern allein die Fähigkeit des Gesamtsystems, Arbeit zu leisten[76]. Dadurch ist nun eine strenge Unterscheidung der Begriffe Kraft und Energie und damit die endgültige Fixierung des Energiebegriffs und des Energieerhaltungssatzes möglich. Joule u.a. können gleichzeitig in Experimenten nachweisen, daß nicht nur mechanische Bewegung aus Wärme erzeugt, sondern auch umgekehrt dieselbe in Wärme umgesetzt werden kann, und ihnen gelingt die genaue quantitative Bestimmung dieser Prozesse. Als W. Thomson (Lord Kelvin) dann zeigt, daß dieses Ergebnis im Widerspruch zu der französischen Theorie der Wärmekraftmaschinen steht, nimmt man allgemein von der Wärmestofftheorie Abstand und es beginnt sich der Energieerhaltungssatz durchzusetzen[77]. Damit ist das erste Grundprinzip der Thermodynamik entwickelt.

---

holtz, Bd.1, 1881, 17), ist er darin von Kant beeinflußt. Vgl. dazu P. HEIMANN, Helmholtz and Kant. The Metaphysical Foundations of *Über die Erhaltung der Kraft*, Stud. Hist. Philos. Sci. 5 (1974), 205–238.

[74] J. MAXWELL, Matter and Motion, London 1882, 80.

[75] W.J.M. RANKINE, On the General Law of the Transformation of Energy, Philos. Mag. ser.4, 5 (1853), 106–117.

[76] Vgl. H. VON HELMHOLTZ’ englische Vorlesung: On the Application of the Law of the Conservation of Force to Organic Nature (1861), in: DERS., Wissenschaftliche Abhandlungen von Hermann von Helmholtz, Bd.3, 1895, 565–580.

[77] Für diese Durchsetzung wird als ein begünstigender Faktor auch die deutsche Romantik und Naturphilosophie, insbesondere Schelling, gesehen, die die Vorstellung eines einheitlichen energetischen Grundprinzips entwickelt hat, das in allen Naturerscheinungen wirksam ist. Bekannt ist, daß Oersted unter dem Einfluß Schellings nach einer Verbindung von Magnetismus und Elektrizität suchte, und auch Mayer hat wesentliche Anregungen von der Naturphilosophie erhalten. Vgl. S. BRUSH, Die Temperatur der Geschichte. Wissenschaftliche und kulturelle Phasen im 19. Jahrhundert, 1987, 21ff. u.ö.; TH.S. KUHN, Die Erhaltung der Energie als Beispiel gleichzeitiger Entdeckung, 146ff.

4.1.2. Der Begriff der Entropie und die fortgesetzte Wärmedissipation

Weitere Untersuchungen von R. Clausius und W. Thomson über die Umwandlung von Wärme in mechanische Arbeit bei Kreisprozessen zeigen in Fortführung der Carnotschen Arbeiten, daß Gase und Dämpfe an Wärme verlieren, wenn sie sich gegen eine äußere Kraft ausdehnen und damit mechanische Arbeit leisten, so daß die Wärmemenge im Arbeitszyklus der Carnotschen Wärmemaschine beständig abnimmt und sich in mechanische Arbeit umwandelt. Umgekehrt kann durch mechanische Arbeit, z.B. Reibung oder Kompression, neue Wärme erzeugt werden. Durch die auf dieser Grundlage modifizierte Analyse des Kreisprozesses erkennt Clausius, daß zwar mechanische Energie im Prinzip vollständig in Wärme umwandelbar ist, umgekehrt aber wegen des nie ganz optimalen Wirkungsgrads der Wärmekraftmaschinen Wärme nur bis zu einer bestimmten Obergrenze in Bewegung umgesetzt werden kann. Die Zerstreuung von Wärme, ihre *Dissipation*, so zeigt sich, ist in realen Prozessen unvermeidlich.

Diese Einsicht wird von Clausius in bis heute gültiger Weise unter Verwendung des Begriffs der *Entropie* beschrieben, den er in Analogiebildung zum Energiebegriff aus τροπή (= Verwandlung) ableitet[78]. Während die Energie eine konstante Zustandsgröße innerhalb eines geschlossenen Systems darstellt, soll der Entropiebegriff dazu dienen, zwischen dem mechanische Arbeit leistenden Austausch von Energie innerhalb des Carnotschen Kreisprozesses und dem Wärmeverlust der dissipativ zerstreuten Energie zu unterscheiden. Er wird von Clausius definiert als der Quotient aus der Änderung der Wärmeenergie und der absoluten Temperatur des Systems $dS = dQ/T$. Nur bei einer vollkommenen Wärmemaschine, die nicht im Wärmeaustausch mit ihrer Umwelt steht, könnte dieser Quotient gegen Null gehen, bei allen natürlichen Vorgängen aber ist die an die Umwelt abgegebene Wärmemenge immer größer als die aus ihr aufgenommene, so daß die Entropie immer zunimmt ($dS \geq 0$ mit $dS = 0$ als dem real nicht auftretenden idealen Fall eines Systems ohne Wärmedissipation). Das zeigt Clausius durch die ganz allgemeine Überlegung, daß bei allen spontanen Prozessen heiße Körper von selbst abkühlen und kühle sich von selbst erwärmen, sich also ein Austausch mit der Umgebung in Richtung auf das thermodynamische Gleichgewicht immer einstellt. Diese Vorgänge sind irreversibel. Wäre dem nicht so, so könnte durch Koppelung von beständig heißen und beständig kalten Körpern Energie aus dem Nichts erzeugt werden. Die-

---

[78] R. CLAUSIUS, Über verschiedene für die Anwendung bequeme Formen der Hauptgleichungen der mechanischen Wärmetheorie, Poggendorffs Annalen der Physik und Chemie 125 (1865), 353–400, besonders 390.

se als Entropiezunahme beschreibbare Ausgleichstendenz von Wärmedifferenzen muß für alle abgeschlossenen Systeme ohne äußere Energiezufuhr in aller Strenge gelten, wird dann aber von Clausius auch für die Welt als ganze als dem größten abgeschlossenen physikalischen System postuliert. Damit kann er die zwei sogenannten *Hauptsätze der Thermodynamik* aufstellen, deren erster der schon etablierte Energieerhaltungssatz ist:

„*1) Die Energie der Welt ist constant.*

2) Die Entropie der Welt strebt einem Maximum zu."[79]

Damit ist erstmals ein physikalisches Grundprinzip behauptet, das ein unumkehrbares zeitliches Gerichtetsein aller physikalischen Prozesse und damit ein objektives Unterscheidungsmerkmal von Vergangenheit und Gegenwart zu etablieren scheint.

4.1.3. Die kinetische Gastheorie

Während die ‚Energetiker' unter den Naturwissenschaftlern in der zweiten Hälfte des 19. Jahrhunderts[80] weiterhin dafür plädieren, alle Erscheinungen als *qualitativ* unterschiedene Manifestationen von Energie aufzufassen und auf alle Materiemodelle zu verzichten, werden die Hauptsätze der Thermodynamik von Clausius und anderen konsequent im Sinne der Atomistik und des mechanistischen Weltbilds gedeutet. Erste Erfolge zeigen ihre Ansätze in der kinetischen Gastheorie. Clausius belebt die kinetische Theorie der Gase und der Wärme neu[81], nach der Gase aus frei und schnell bewegten Molekülen bestehen und der Druck eines eingeschlossenen Gases auf die Gefäßwand durch den Aufprall der Moleküle darauf zu erklären ist. Die Wärmeenergie eines Gases besteht dann in der kinetischen Energie seiner Moleküle, deren durchschnittliche Geschwindigkeit in Abhängigkeit von der Temperatur zunimmt.

---

[79] AaO., 400.

[80] Zu nennen wäre etwa der Leipziger Chemiker Ostwald.

[81] Die erste echte kinetische Gastheorie ist die von D. Bernoulli aus dem Jahr 1738 (D. BERNOULLI, Hydrodynamica, sive de vivibus et motibus fluidorum commentarii; das entsprechende Kapitel ‚De affectionibus atque motibus fluidorum elasticorum, praecipue autem aëris' ist in deutscher Übersetzung abgedruckt in: Kinetische Theorie, Bd.1, 93–103). Das Verdienst, nach 1850 die kinetische Vorstellung als erster, und zwar ebenso wie Clausius ohne Kenntnis der Arbeiten aus dem 18. Jahrhundert, wiederbelebt zu haben, kommt dem Chemiker August Karl Krönig (1822–1879) zu, der die Gesetze eines idealen Gases aus der Annahme herleitet, daß die Gasmoleküle vollkommen elastische, frei bewegliche Kugeln darstellen, die allein durch Stoß wechselwirken. Er führt jedoch keinerlei Berechnungen oder experimentelle Überprüfung durch.

Als Einwand gegen die kinetische Gastheorie wird geltend gemacht, daß die dabei anzunehmenden, für den entsprechenden Druck verantwortlichen Molekülgeschwindigkeiten von mehreren 100 Metern pro Sekunde sich nicht verifizieren lassen, da reale Gase sehr viel langsamer diffundieren. Wird etwa ein Gefäß mit übelriechendem Schwefelwasserstoff in der Ecke eines Raumes geöffnet, so dauert es mehrere Minuten, bis der Geruch in der anderen Ecke bemerkbar wird, obwohl die Moleküle nach der kinetischen Theorie die Strecke in dieser Zeit viele hundert Male hätten durchlaufen müssen. Als Gegenargument entwickelt Clausius die Vorstellung der ‚mittleren freien Weglänge‘, die durch die Zusammenstöße und auch über einige Entfernung hin wirksamen Abstoßungskräfte zwischen den Molekülen festgelegt sei und die Strecke darstellt, *„wie weit sich das Molekül durchschnittlich bewegen kann, bis sein Schwerpunkt einmal in die Wirkungssphäre eines anderen Moleküls kommt"*[82].

Im Rahmen der kinetischen Interpretation der Wärme entwickelt J. C. Maxwell in den 60er Jahren eine statistische Beschreibung der Wärmebewegung von Gasatomen, bei der er von einer stabilen Verteilung der Geschwindigkeiten ausgeht und mit Hilfe von Wahrscheinlichkeitsüberlegungen zeigt, daß sich durch zufällige Molekülzusammenstöße eine bestimmte Verteilung der Geschwindigkeiten einstellt, die sogenannte Maxwellverteilung[83]. Damit können thermodynamische Zustandsgrößen wie z.B. Druck oder Temperatur eines Gases ganz realistisch als Ausdruck der Mittelwerte kinetischer Größen der Moleküle (Impuls, Bewegungsenergie) aufgefaßt werden, und der erste Hauptsatz der Thermodynamik, der Energieerhaltungssatz stellt sich dar als direkte Folge der Erhaltung der mechanischen Energie, wie sie beim Zusammenprall von elastischen Körpern gilt[84].

Als schwieriger aber erweist es sich, den zweiten Hauptsatz der Thermodynamik mechanisch zu begründen. Auch hier wird zunächst versucht, über

---

[82] R. CLAUSIUS, Über die mittlere Länge der Wege, welche bei Molekularbewegung gasförmiger Körper von den einzelnen Molekülen zurückgelegt werden, nebst einigen anderen Bemerkungen über die mechanische Wärmetheorie (1858), Nachdr. in: Kinetische Theorie, Bd.1, 194–213, 199.

[83] J. MAXWELL, Über die dynamische Theorie von Gasen (1866ff.), in: Kinetische Theorie, Bd.2, 37–114. Die Originaltexte in Englisch und alle weiteren Dokumente aus Maxwells Unterlagen und Briefen finden sich in: Maxwell on Molecules and Gases, hg. von E. GARDNER/S. BRUSH/C.W.F. EVERITT, Cambridge (Mass.)/London 1986, die entsprechenden Dokumente zur Thermodynamik in: Maxwell on Heat und Statistical Mechanics, hg. von DENS., Bethlehem/London 1995.

[84] Diese Sicht eines Gases als einer Ansammlung vieler, mit hoher Geschwindigkeit fliegender und nur durch elastische Stöße wechselwirkender Gasmoleküle wird unter anderem bestätigt durch die Unabhängigkeit der Reibung eines Gases von seiner Dichte.

statistische Methoden den Satz von der Dissipation der Wärme auf kinetische Gesetze auf der Ebene der Atome zurückzuführen. Maxwell meldet dazu von vornherein Bedenken an, da für ihn offensichtlich ist, daß der zweite Hauptsatz eine rein statistische Behauptung der Alltagswahrnehmung ist, aber auf der Ebene der Moleküle nicht gilt. Er stellt die Behauptung auf, daß der zweite Hauptsatz, demzufolge keine Entropieverminderung ohne den Aufwand von Arbeit möglich ist, nur eine Folge der Tatsache darstellt, daß wir mit großen Zahlen von Molekülen umgehen müssen, weil wir nicht in der Lage sind, die einzelnen Moleküle zu beobachten und ihre Trajektorien zu verfolgen. Wir sind deshalb gezwungen, „to adopt what I have described as the statistical method of calculation, and to abandon the strict dynamical method, in which we follow every motion by the calculus"[85].

Zur Illustration seiner These, daß bei strenger Verfolgung und Analyse der Bewegungen der Einzelmoleküle der zweite Hauptsatz außer Kraft gesetzt werden kann, entwickelt Maxwell das Konzept des sogenannten ‚Maxwellschen Dämons‘[86]. Die Vorstellung ist die eines hypothetischen, in seinen Fähigkeiten durchaus endlichen Wesens, daß im Gegensatz zu uns in der Lage ist, jedes Molekül eines Gases in seinem Weg zu verfolgen. Man stelle sich nun vor, ein mit einem Gas von gleichförmiger Temperatur gefülltes Gefäß sei durch eine Trennwand mit einer kleinen Öffnung in zwei Teile A und B geteilt und ein solches Wesen, das die einzelnen Moleküle beobachten kann, säße an der Öffnung und könnte dieselbe blitzschnell und mit vernachlässigbarem Kraftaufwand öffnen und schließen. Die Moleküle des Gases würden mit verschieden hoher Geschwindigkeit in unterschiedlichen Richtungen durcheinander schwirren. Das Wesen wäre dann in der Lage, das Loch jedesmal zu öffnen, wenn besonders schnelle Moleküle es in der Richtung von A nach B passieren wollen, und es könnte umgekehrt nur langsamere Moleküle in die entgegengesetzte Richtung

---

[85] J.C. MAXWELL, Theory of Heat (1871), in: Maxwell on Heat und Statistical Mechanics, 221.

[86] Diese Vorstellung hat Maxwell in Gesprächen mit entwickelt und 1871 in seiner ‚Theory of Heat‘ publiziert. Die erste Erwähnung des Dämons findet sich in einem Brief Maxwells an Peter Guthrie vom 11.12.1867 (Maxwell on Heat und Statistical Mechanics, 176–178). In einem weiteren, undatierten Brief an Tait, der kurze Zeit danach entstanden sein muß, findet sich folgender kurzer Abriß des Konzepts:

„Concerning Demons

1. Who gave them this name? Thomson.

2. What were they by nature? Very small BUT lively beings incapable of doing work but able to open and shut valves which move without friction or inertia.

3. What was their chief end? To show that the 2nd Law of Thermodynamics has only statistical certainty" (aaO., 180).

passieren lassen. Dadurch könnte der Dämon ohne entsprechende Arbeit auf-
zuwenden ein Energiegefälle zwischen Teil A und Teil B herstellen, da nun die
Durchschnittsgeschwindigkeit der Moleküle in B erhöht und in A vermindert
wäre. Dieses käme einem Wärmefluß von der kalten zur heißen Seite gleich,
was dem zweiten Hauptsatz widerspräche[87].

Der zweite Hauptsatz der Thermodynamik markiert deshalb für Maxwell
eine Grenze unseres Wissens und unserer Erkenntnis, nicht aber eine grundlegende Eigenschaft der materiellen Welt als solcher. Die den zweiten Hauptsatz
außer Kraft setzenden Mechanismen der Energiegewinnung sind uns einfach
nicht zugänglich. Während für Wesen, die keine Art von Energie beeinflussen
könnten, ebenso wie für solche Wesen, denen alle Energieformen zur Disposi-
tion stünden, der ganze Ablauf der Welt gänzlich unbeeinflußbar bzw. gänzlich
disponibel erschiene, ist es für uns, denen nur *einige* Formen von Energie beob-
achtend zugänglich und beeinflußbar sind, der Fall, daß alle Energie beständig
von der für uns nutzbaren Form in die zerstreute, chaotische und unserem Einfluß entzogene Form übergeht. Bei entsprechend erweiterter Naturerkenntnis
und Zugriffsmöglichkeit auf Mikroprozesse würden wir alle Energie, auch in
ihrer zerstreuten Form, als gleichwertig erkennen, und wir wären in der Lage,
die im zweiten Hauptsatz implizierte Zerstreuungstendenz der Wärme umzukehren[88].

Daran anknüpfend versuchen Zeitgenossen Maxwells, das offensichtlich
den Dissipationsprozessen nicht unterworfene Leben oder das menschliche

---

[87] Die Möglichkeit eines Maxwellschen Dämons gilt heute als widerlegt. Eine realistische
Analyse der zur Geschwindigkeitsbestimmung notwendigen Messung durch den Dämon muß
soviel Arbeit aufwenden, daß die Gesamtentropie von Gasbehälter und Dämon stärker ansteigt,
als sie durch die Trennung der verschieden schnellen Moleküle im Gasbehälter gemindert werden kann, vgl. schon L. SZILARD, Über die Entropieverminderung in einem thermodynamischen System bei Eingriffen intelligenter Wesen, Z. Phys. 53 (1929), 840–856.

[88] So faßt Maxwell am Schluß seines Artikels ‚Diffusion‘ in der 9. Auflage der Encyclopae-
dia Britannica zusammen: „It follows from this that the idea of dissipation of energy depends
on the extent of our knowledge. Available energy is energy which we can direct into any desired
channel. Dissipated energy is energy which we cannot lay hold of and direct at pleasure, such
as the energy of the confused agitation of molecules which we call heat. Now, confusion, like
the correlative term order, is not a property of material things in themselves, but only in relation
to the mind which perceives them. ... Similarly the notion of dissipated energy could not occur
to a being who could not turn any of the energies of nature to his own account, or to one who
could trace the motion of every molecule and seize it at the right moment. It is only to a being
in the intermediate stage, who can lay hold of some forms of energy while others elude his
grasp, that energy appears to be passing inevitably from the available to the dissipated state"
(J.C. MAXWELL, Art. Diffusion, EBrit, Bd.7, ⁹1878, 214–221, 221, repr. Nachdr. in: Maxwell
on Molecules and Gases, 525–546, 546).

Denken mit dem Vorhandensein anti-entropischer Prinzipien und Potenzen zu
erklären. So nimmt Tait an, daß ein Maxwellscher Dämon in einem unsichtbaren Universum tätig und mit unserer Welt durch das menschliche Denken verbunden sei[89]. Und W. Thomson denkt kurzzeitig daran, daß Tiere und Pflanzen
solche Dämonen sein könnten und durch eine dem zweiten Hauptsatz entgegengesetzte, energetische Unterschiede vergrößernde Fähigkeit ihre Lebensenergie
bezögen. Die kinetische Gastheorie, so machen Maxwells Untersuchungen jedenfalls deutlich, wirft die Frage auf, wie sich die dynamischen Gesetze der
Bewegungsbeschreibung der einzelnen Teilchen und die statistische Beschreibung der großen Zahlen in der Theorie der Gase zueinander verhalten.

In den 70er Jahren des 19. Jahrhunderts versucht Boltzmann dann aber, das
Entropiewachstum atomistisch zu verstehen und quantitativ zu erfassen, indem
er Wahrscheinlichkeitsüberlegungen nicht als als bloße Näherungslösungen behandelt, sondern sie aus den Bewegungsgleichungen der Moleküle abzuleiten
unternimmt[90]. Boltzmann geht von zwei statistischen Überlegungen aus, nämlich der Annahme, daß die Orte und Geschwindigkeiten der Moleküle vor jeder
Wechselwirkung unkorreliert sind (Stoßzahlansatz) und daß die anschließende Kollision der Moleküle zufällig erfolgt. Nimmt man die Annahme hinzu,
daß die Stöße zwischen den Molekülen vollkommen elastisch geschehen und
von der speziellen Natur der verschiedenen Gase unabhängig sind, so stellt für
Systeme mit großer Teilchenzahl die maxwellsche Verteilung, wie Boltzmann
zeigt, einen Zustand hoher Unordnung und gerade deshalb hoher Wahrscheinlichkeit dar. Geordnete, asymmetrische Zustände, in denen etwa zwischen zwei
Teilvolumina eines Gases ein Geschwindigkeits- und damit Temperaturgefälle
herrscht, stellen eine kleine Klasse gegenüber der Gesamtklasse der möglichen
Geschwindigkeitsverteilungen dar, von denen die meisten eine im Mittel aus-
geglichene Verteilung zeigen. Die Zunahme der Entropie eines Systems kann
deshalb als der Übergang von einem Zustand geringerer Wahrscheinlichkeit zu
einem Zustand höherer Wahrscheinlichkeit aufgefaßt werden.

Außerdem stellt Boltzmann fest, daß es ein Funktional der Geschwindigkeitsverteilung gibt, das bekannte boltzmannsche *H*-Theorem[91], dessen nega-

[89] B. STEWART/P.G. TAIT, The *Unseen* Universe. Or Physical Speculations on a Future
State, London ²1875. Vgl. dazu: P.M. HEIMANN, The Unseen Universe. Physics and the Philosophy of Natur in Victorian Britain, Brit. J. Hist. Sci. 6 (1972), 73–79.
[90] L. BOLTZMANN, Weitere Studien über das Wärmegleichgewicht unter Gasmolekülen,
SAWW, math.-naturwiss. Classe, Abt. 2, 66 (1872), 275–370, Nachdr. in: Kinetische Theorie,
Bd.2, 115–225.
[91] „BOLTZMANN selbst verwendete ursprünglich den Buchstaben *E* und änderte ihn erst
1895 in *H* ab; *H* wurde anscheinend erstmalig von S.H. BURBURY (Philos. Mag. [ser. 5] 30

tiver Wert die gleiche Tendenz wie die Entropie zeigt, nämlich mit der Zeit zuzunehmen. Für jedes Gas nimmt H mit der Zeit ab und erreicht im thermodynamischen Gleichgewicht seinen Minimalwert. Clausius' Entropie S läßt sich mit dem H-Theorem durch die Boltzmann-Konstante k über die Beziehung $S = -k \cdot H$ verknüpfen. Da in die statistische Geschwindigkeitsverteilung nur mechanische Größen eingehen, scheint damit die zeitgerichtete Tendenz thermodynamischer Systeme, Wärmedifferenzen über den dissipativen Wärmeverlust auszugleichen und einen Zustand größtmöglicher Entropie anzustreben, aus mechanischen Grundannahmen hergeleitet und der relativierende Bezug auf das menschliche Erkenntnisvermögen überwunden. Der Satz der Entropiezunahme spiegelt dann Zusammenhänge wieder, die in den streng gültigen mechanischen Gesetzen gründen, und ist eine Aussage über Eigenschaften der Natur selbst.

Gleich nach dem Erscheinen von Boltzmanns Arbeit werden aber Einwände dagegen erhoben, den zweiten Hauptsatz der Thermodynamik mit seiner charakteristischen Irreversibilität aus der mechanischen Dynamik über statistische Betrachtungen abzuleiten. So weist Loschmidt[92] darauf hin, daß die zugrundegelegten mechanischen Stoßvorgänge zeitumkehrbare Prozesse darstellen und deshalb die Herleitung zeitlich einsinnig gerichteter Abläufe aus solchen Vorgängen ausgeschlossen ist (*Umkehreinwand*)[93]. „Offenbar muss ganz allgemein, in jedem beliebigen System, der gesammte Verlauf der Begebenheiten rückläufig werden, wenn momentan die Geschwindigkeiten aller seiner Elemente umgekehrt werden."[94] Jede Entwicklung des Universums könnte rückgängig und ungeschehen gemacht werden mit Hilfe „der simplen Anweisung ..., die momentanen Geschwindigkeiten aller Atome des Universums plötzlich umzukehren"[95]. Eine solche Geschwindigkeitsumkehr, die die mechanischen Gesetze völlig unberührt läßt, ließe ein System wieder in den Zustand zurückkehren, von dem es ausgegangen ist. Es läßt sich deshalb mit Hilfe der Gesetze und Prinzipien der Mechanik nicht ausmachen, wodurch die nach dem zwei-

---

(1890), 301) zur Bezeichnung dieser Größe benutzt" (S.G. BRUSH, Einleitung, in: Kinetische Theorie, Bd.2, 17). H ergibt sich aus der Geschwindigkeitsverteilungsfunktion $f(v)$ für ein verdünntes Gas durch die Verbindung des *Flußterms*, der die freie Bewegung der Teilchen beschreibt, und des *Stoßterms*, der die Teilchenstöße beschreibt, mit $H = \int dv \cdot f(v) \cdot \log f(v)$.

[92] J. LOSCHMIDT, Über den Zustand des Wärmegleichgewichts eines Systems von Körpern mit Rücksicht auf die Schwerkraft I, SAWW, math.-naturwiss. Classe. Zweite Abteilung, 73 (1876), 128–142.

[93] Die Bezeichnung ‚Umkehreinwand' geht zurück auf den Artikel P. U. T. EHRENFEST, Über zwei bekannte Einwände gegen das Boltzmannsche H-Theorem, Physikalische Zs. 8 (1907), 311–314.

[94] J. LOSCHMIDT, Über den Zustand des Wärmegleichgewichts ... I, 139.

[95] Ebd.

ten Hauptsatz allein möglichen thermodynamischen Entwicklungen mit Entropie*zunahme* sich von den nicht erlaubten mit Entropie*abnahme* unterscheiden
sollen. Eine einsinnige Entropiezunahme, wie wir sie in der Welt empirisch
vorfinden, könnte allein in den Anfangsbedingungen der Welt, nicht aber in den
Prinzipien und Wirkungsgesetzen der Kräfte begründet sein.

Auf diesen Einwand reagiert Boltzmann 1877 mit einer statistischen Begründung des zweiten Hauptsatzes und verweist ihn nun ganz „in das Gebiet der Wahrscheinlichkeitsrechnung"[96]. Boltzmann argumentiert damit, daß
es sehr viel mehr gleichförmige Zustandsverteilungen gibt als ungleichförmige,
weshalb mit sehr großer Wahrscheinlichkeit davon ausgegangen werden kann,
daß bei fast allen ungleichförmigen Anfangsbedingungen die Zustandsvertei-
lung im Laufe der Zeit gleichförmig wird. Nach dieser Interpretation tritt nur
für die *überwiegende* Zahl von Ausgangszuständen eine Entropiezunahme auf,
im Ausnahmefall könnte die Entropie auch abnehmen. Daraus würde folgen,
daß der zweite Hauptsatz kein strenges Gesetz im mechanistischen Sinne mehr
darstellt, sondern er als statistische Beschreibung nur im allgemeinen gilt, im
Einzelfall aber durchbrochen werden kann. Die Entropie wäre dann ein Maß
der molekularen Unordnung, und ihre Zunahme wäre begründet im Übergang
von unwahrscheinlicheren, weil geordneten, zu wahrscheinlicheren, weil ungeordneten Zuständen.

Wichtiger noch wird in der Folge ein zweiter Einwand gegen Boltzmanns
Rückführung des zweiten Hauptsatzes auf mechanische Zusammenhänge, der
1896 von Zermelo[97] unter Aufnahme des von Poincaré 1890 aufgestellten Wie-
derkehrtheorems[98] geltend gemacht wird. Poincaré hatte gezeigt, daß jedes abgeschlossene mechanische System (z.B. ein Gas mit festem Volumen), das dem
hamiltonschen Formalismus gehorcht, nach endlicher Zeit zumindest näherungsweise wieder in seinen Ausgangszustand zurückkehrt, in unendlicher Zeit
sogar sich ihm unendlich oft mit beliebiger Genauigkeit wieder nähert. Dann
aber ist seine Entropie in etwa wieder die des Ausgangszustandes, und von einer ständigen, kontinuierlichen Entropiezunahme, wie sie der zweite Hauptsatz

---

[96] L. BOLTZMANN, Über die Beziehung eines allgemeinen mechanischen Satzes zum zwei-
ten Hauptsatze der Wärmetheorie (1877), Nachdr. in: Kinetische Theorie, Bd.2, 240–247, 247;
L. BOLTZMANN, Bemerkungen über einige Probleme der mechanistischen Wärmetheorie,
SAWW, math.-naturwiss. Classe, 2. Abteilung 75 (1877), 62–100.

[97] E. ZERMELO, Über einen Satz der Dynamik und die mechanische Wärmetheorie, Wiedemanns Annalen 57 (1896), 485–494, Nachdr. in: Kinetische Theorie, Bd.2, 264–275.

[98] H. POINCARÉ, Über das Dreikörperproblem und die Gleichungen der Dynamik (1890),
Nachdr. in: Kinetische Theorie, Bd.2, 248–257.

fordert, kann nicht die Rede sein (*Wiederkehreinwand*)[99]. Entropieabnahmen sind also nicht nur wie beim Umkehreinwand prinzipiell *möglich*, sie treten nach endlicher Zeit *notwendig* ein. Überhaupt hält Zermelo grundsätzlich fest, daß die mechanistische Auffassung von Prozessen ganz generell mit eine Irreversibilität der Abläufe unverträglich ist: „*In einem System beliebig vieler materieller Punkte ... gibt es keine ‚irreversiblen‘ Vorgänge für alle Anfangszustände*"[100].

Boltzmann hält dagegen, daß die Wiederkehrzeiten für makroskopische Objekte überaus groß und in Bezug auf den Kosmos in seiner ungeheuren Ausdehnung gar so unermeßlich seien, daß sie keine empirischen Konsequenzen für unsere Beobachtungen haben, wenn wir bei globaler Streuung von Entropiezunahme und -abnahme eine zufällige lokale Entropiezunahme in unserem Teil des Universums annehmen[101]. Unter der Voraussetzung, „der gegenwärtige Zustand des Weltalls oder zumindest desjenigen Teils, der uns umgibt, habe seine Entwicklung mit einem unwahrscheinlichen Zustand begonnen und befinde sich noch in einem relativ unwahrscheinlichen Zustand", soll nach Boltzmann weiterhin gelten, daß der „zweite Hauptsatz der Thermodynamik ... aus der mechanischen Theorie bewiesen werden kann"[102].

Beide Einwände, Umkehreinwand und Wiederkehreinwand, kommen darin überein, daß die Symmetrieeigenschaften der kinetischen dynamischen Gleichungen, die die Bewegungen der Moleküle im Mikrobereich beschreiben, im Widerspruch stehen zu der Folgerung der unsymmetrischen Entropiezunahme auf der makroskopischen Ebene. Die reversiblen Gesetze der Mechanik können *prinzipiell* keine irreversible Entwicklung erzeugen. Der von Boltzmann verwendete Wahrscheinlichkeitskalkül ist eine zur Dynamik hinzutretende, ihr nicht inhärente Begründung. Entgegen Boltzmanns Anliegen wird durch sein *H*-Theorem der Primat der newtonschen Mechanik vor der Thermodynamik gerade nicht bestätigt, sondern grundsätzlich in Frage gestellt. Boltzmann hat dann auch, wie Popper gezeigt hat, in seiner Erwiderung an Zermelo seine ursprüngliche Position im Grunde preisgegeben und auf die objektive Herleitung

---

[99] Auch die Bezeichnung ‚Wiederkehreinwand‘ geht auf P. und T. Ehrenfest zurück, vgl. oben S.315, Anm. 93.

[100] E. ZERMELO, Über einen Satz der Dynamik und die mechanische Wärmetheorie, 271.

[101] L. BOLTZMANN, Zu Hrn. Zermelos Abhandlung ‚Über die mechanische Erklärung irreversibler Vorgänge‘, Wiedemanns Annalen 60 (1897), 392–398, Nachdr. in: Kinetische Theorie, Bd.2, 301–309.

[102] AaO., 301.

einer gerichteten Zeit aus den mechanischen Gesetzen verzichtet[103]. Boltzmann kann den Wiederkehreinwand am Ende nicht wirklich widerlegen, so daß mit Popper festzustellen ist, daß mit der systematischen Aufarbeitung dieser beiden Einwände durch Paula und Tatjana Ehrenfest im Jahre 1907[104] „die statistische Mechanik und Thermodynamik … streng symmetrisch [wurde] in bezug auf die Richtung der Zeit, und bis jetzt ist sie so geblieben"[105].

Als Fazit der Debatte des 19. Jahrhunderts um die mechanistische Begründung der Thermodynamik zeigt sich mit diesem Scheitern, daß der Determinismus der mechanischen Theorie mit der tatsächlichen Irreversibilität natürlicher Prozesse, wie sie sich im zweiten Hauptsatz der Thermodynamik spiegelt, inkompatibel ist. Die statistische Interpretation des zweiten Hauptsatzes müßte durch ein wesentliches, zeitlich irreversibles Zufallselement der molekularen Prozesse und nicht nur durch epistemische Beschränkungen auf Seiten des Beobachters gedeckt sein, damit die Irreversibilität der grundlegenden mechanischen Gesetze nicht bis auf die makroskopische Ebene durchschlägt. ‚Echter‘ Zufall wird jedoch erst im Rahmen der Quantenmechanik eingeführt, ohne daß bis heute über einzelne Kontaktstellen hinaus die quantenmechanischen Theorien mit den Einsichten der klassischen Thermodynamik und ihrer Verbindung mit den dynamischen Gleichungen der Mechanik konsequent verbunden wären[106]. Für die praktische Arbeit der Physik ist eine solche Verbindung aller-

---

[103] K. POPPER, Ludwig Boltzmann und die Richtung des Zeitablaufs, in: DERS., Ausgangspunkte. Meine intellektuelle Entwicklung, 1979, 227–236, Nachdr. in: Klassiker der modernen Zeitphilosophie, hg. von W. ZIMMERLI/M. SANDBOTHE, 1993, 172–181.

[104] Siehe oben S.315, Anm. 93.

[105] AaO., 174.

[106] Grundsätzliche Überlegungen in dieser Richtung hat Carl Friedrich von Weizsäcker angestellt, der über die im Wahrscheinlichkeitsbegriff implizierte, von ihm sogenannte ‚historische Zeit‘ eine unhintergehbare Differenz von vergangenen Dokumenten und zukünftigen Möglichkeiten erschließt: „Die Irreversibilität in der Natur in ihrem wohlbekannten Sinne (Zunahme der Entropie mit der Zeit) ist mit den reversiblen Gesetzen unserer bestehenden Theorien nur dann vereinbar, wenn wir annehmen, daß sie in der historischen Zeit existiert" (C.F. VON WEIZSÄCKER, Die Tragweite der Wissenschaft, 335). Von Weizsäcker versuchte schon in den sechziger Jahren „eine konsistente Rekonstruktion der klassischen Wahrscheinlichkeitstheorie", von der „die Quantentheorie der Wahrscheinlichkeit durch Abänderung möglichst nur *eines* Axioms abgehoben werden" sollte (DERS., Zeit und Wissen, 599; vgl. schon DERS., Der zweite Hauptsatz und der Unterschied von Vergangenheit und Zukunft, Ann. Phys. 36 (1939), 275ff., Nachdr. in: DERS., Die Einheit der Natur, ⁵1979, 172–182). Dieser Rekonstruktionsversuch führt ihn zur Annahme von ‚Ur-Alternativen‘ als den irreduziblen Urobjekten, aus deren Symmetrie durch Iterationen die vierdimensionale Minkowski-Welt aufgebaut und der quantenmechanische Übergang von zukünftiger Möglichkeit über gegenwärtige Wechselwirkung zu vergangenen Dokumenten hergeleitet werden sollte. Sein Schüler Michael Drieschner hat

dings auch nur von marginalem Interesse, da die Anwendungsbereiche der verschiedenen Theoriekomplexe so distinkt und eindeutig unterschieden sind, daß kein wirklicher Vereinigungsdruck entsteht.

4.2. Nicht-Gleichgewichtsthermodynamik

Die klassische Thermodynamik hat sich mit Systemen beschäftigt, die als von ihrer Umwelt abgeschlossen angesehen werden können. Sie bewegen sich durch Energiedissipation immer auf das thermodynamische Gleichgewicht zu, so daß für das abgeschlossene System gilt, daß die Entropie S monoton ansteigt und im Gleichgewicht ihr Maximum erreicht. In den 30er Jahren unseres Jahrhunderts beginnt man sich nun Prozessen und Systemen zuzuwenden, die in ständigem Austausch mit ihrer Umgebung stehen und bei denen abseits vom thermodynamischen Gleichgewicht das Erreichen des Gleichgewichtszustandes durch die äußeren Bedingungen (z.B. das Aufrechterhalten von Temperatur-, elektrischen Potential- oder chemischen Konzentrationsdifferenzen) beständig verhindert wird[107]. Es zeigt sich, daß dabei entscheidend ist, wie weit das System vom thermodynamischen Gleichgewicht entfernt gehalten wird.

Der norwegisch-amerikanische Chemiker Lars Onsager untersucht als einer der ersten Systeme, bei denen sich noch relativ nahe am Gleichgewicht durch Austausch von Materie und Energie mit ihrer Umgebung stationäre Nicht-Gleichgewichtszustände einstellen, und findet eine lineare Beziehung zwischen den das Nicht-Gleichgewicht aufrechterhaltenden Kräften (z.B. Temperaturunterschiede) und den damit verbundenen Materie- und Energieströmen (Wärmeströme, Diffusionsraten etc.)[108]. Die Entropiebilanz eines solchen nicht abgeschlossenen und deshalb ‚offen' genannten Systems, das in ständigem energetischen oder stofflichen Austausch mit seiner Umgebung steht, läßt sich dadurch beschreiben, daß man die im System intern erzeugte Entropiereduzierung d_iS mit der nach außen über die Grenzen des Systems hinaus abgegebenen Entropie d_eS verrechnet, wobei dann die Gesamtentropie $dS = d_iS + d_eS$ nach dem

---

dieses Konzept in seiner Habilitationsschrift ansatzweise ausgeführt und die klassische Wahrscheinlichkeitstheorie durch eine Quantentheorie der Wahrscheinlichkeit zu ersetzen versucht (M. DRIESCHNER, Voraussage – Wahrscheinlichkeit – Objekt. Über die begrifflichen Grundlagen der Quantenmechanik, 1979).

[107] Vgl. zur Einführung die Darstellung bei S. BRUSH, Statistical physics and the atomic theory of matter from Boyle and Newton to Landau and Onsager, Princeton 1983.

[108] So ist nach dem Fourierschen Gesetz der Wärmefluß dem Temperaturgradienten proportional oder nach dem Fickschen Gesetz der Diffusionsfluß dem Konzentrationsgradienten.

zweiten Hauptsatz immer größer als Null sein muß oder höchstens gleich Null sein kann.

Abbildung 5: Entropieaustausch eines offenen Systems

Innerhalb eines offenen Systems kann dann die Entropie mit der Zeit auch abnehmen, wenn es nur außerhalb des Systems zu entsprechender Entropievermehrung kommt, so daß für die Gesamtentropiebilanz wieder der zweite Hauptsatz Gültigkeit behält.

1945 kann Ilya Prigogine zeigen, daß für eine lineare irreversible Nicht-Gleichgewichtsthermodynamik nahe am Gleichgewicht das Theorem der minimalen Entropieproduktion gilt[109]. Das bedeutet, daß ein offenes System, auch wenn es daran gehindert wird, das Gleichgewicht zu erreichen, bestrebt ist, denjenigen, von den Randbedingungen festgelegten Zustand einzunehmen und in ihm zu verharren, bei dem möglichst wenig Entropie erzeugt wird. „Das Gesetz der minimalen Entropieerzeugung drückt eine Art ‚Trägheits‘-Eigenschaft von Nichtgleichgewichtssystemen aus. Wenn die gegebenen Randbedingungen das System daran hindern, das thermodynamische Gleichgewicht (also eine verschwindende Entropieerzeugung) zu erreichen, geht das System in den Zustand der ‚geringsten Dissipation‘ über.“[110] Kleine Störungen des Fließgleichgewichts haben dann nur kleine Effekte. Ein offenes System nahe dem Gleichgewicht verharrt so mit einer gewissen Trägheit in einem fest definierbaren Zustand. Wird das System gestört, so daß seine Entropieerzeugung ansteigt, kehrt es nach Wegfall der Störung zum Minimalwert der Entropieerzeugung zurück.

Bemerkenswert ist nun, daß dieses Gesetz nicht für das Verhalten von Systemen in großer Entfernung vom Gleichgewicht verallgemeinert werden kann. Hier können *nicht*-lineare Beziehungen zwischen Flüssen und Kräften auftreten, über die das System in neue geordnete Zustände mit gebrochener Symmetrie, in periodisch verlaufende Zustände oder auch in sogenannte ‚chaotische‘ Zustände gelangt. Werden Energie- und Materieflüsse weitab vom thermodynamischen Gleichgewicht aufrechterhalten, so können sich z.B. ab einem be-

[109] Vgl. die kurze Darstellung bei I. PRIGOGINE, Vom Sein zum Werden. Zeit und Komplexität in den Naturwissenschaften, 1979, 100ff.
[110] AaO., 100.

stimmten kritischen Wert kohärente, das ganze System erfassende Strukturen ausbilden, die sich ,spontan', d.h. induziert durch infinitesimal kleine auslösende Fluktuationen, einstellen und einem Zustand erhöhter Ordnung und deshalb verminderter Entropie entsprechen. Da es sich nicht um ein geschlossenes, sondern offenes System handelt, ist auch diese Entropieminderung mit dem zweiten Hauptsatz verträglich.

Ein klassisches Schulbeispiel für eine solche, sich abseits des thermodynamischen Gleichgewichtes spontan einstellende Ordnung ist die Bildung von Konvektionszellen, sogenannten Bénard-Zellen, in dünnen horizontalen Flüssigkeitsschichten, die von unten erwärmt werden, so daß zwischen ihrem Boden und ihrer Oberfläche ein starker, der Schwerkraft entgegengerichteter Temperaturgradient gehalten wird. Ab einem bestimmten kritischen Wert dieses Temperaturgefälles wird der ungeordnete Ruhezustand der Flüssigkeit instabil, und es setzen Konvektionsströme ein, die ein in Zellen unterteiltes Muster bilden.

Das Eintreten des stabilen, kohärenten Ordnungsmusters läßt sich verstehen als eine durch Rückkoppelung verstärkte Schwankung. Unterhalb des kritischen Werts werden in der Flüssigkeit ständig kleine, in ihrer Größenordnung und Strömungsrichtung eine zufällige Verteilung zeigende Konvektionsströme auftreten, die Schwankungen um einen Durchschnittswert darstellen. Aufgrund des Gesetzes der minimalen Entropieerzeugung werden diese Fluktuationen bei Temperaturdifferenzen unterhalb eines kritischen Wertes weggedämpft. Wird jedoch die kritische Temperaturdifferenz erreicht, wird die Beziehung zwischen wirkenden Kräften und Energieumsatz dagegen nicht-linear, d.h. Schwankungen können so miteinander gekoppelt werden, daß sie sich gegenseitig verstärken. An solchen kritischen Punkten geschieht es, daß das System sich auf einem Niveau höherer Ordnung neu stabilisiert und ein Ordnungsmuster unter Brechung räumlicher und zeitlicher Symmetrie aufbaut und erhält. Im Falle der Konvektionsströme bilden sich die angesprochenen Bénard-Zellen aus, die sich zunächst in streifenförmigen Rollen anordnen. Wird die Temperaturdifferenz dann weiter erhöht, so beschleunigen sich zunächst die Ströme, um dann oberhalb eines nächsten kritischen Wertes durch eine erneut geänderte Rückkoppelung der Ströme umzukippen und ein neues Muster aufzubauen. Im Falle der Bénard-Zellen entstehen weitere komplizierte raum-zeitliche-Muster, etwa in Form quadratischer Anordnung. Im allgemeinen rücken die weiteren höheren kritischen Werte immer näher zusammen, und wenn das System über einen höchsten Wert hinausgetrieben wird, lösen sich alle Strukturen auf, sie ,schmelzen' sozusagen, und die Flüssigkeit geht in einen chaotischen, ungeordneten Zustand über.

Prigogine bezeichnet die stabilen Ordnungszustände, die durch einen ständigen Materie- und Energiefluß im gleichgewichtsfernen Zustand gehalten werden, als ‚dissipative Strukturen', da sie durch Dissipationsvorgänge erzeugt und
stabilisiert werden. Solche Strukturen sind im allgemeinen empfindlich für die
globalen Bedingungen, unter denen sie entstehen, wie z.B. die Größe und Form
ihrer Umgebung, die mit bestimmen, welche Arten von Instabilitäten und Strukturen entstehen können. So brechen über Fließgleichgewichte generierte Strukturen im allgemeinen zusammen, wenn die Systemausdehnung einen kritischen
Wert überschreitet. Solche Bedingungen können auch mit in die kinetischen
Gleichungen eingehen, die das System beschreiben. Es sind also nicht nur die
intermolekularen, kurzreichweitigen Kräfte, die die entstehende Struktur in Art
und Form bestimmen, sondern darüber hinaus die globalen, langreichweitigen
Strukturen und Randbedingungen, in die das System als Ganzes eingebettet ist.
    Da die Strukturen dissipativer Systeme eine Brechung räumlicher und zeit-
licher Symmetrien darstellen, sind jenseits des kritischen Werts im allgemeinen
mehrere wohlunterschiedene und gleichwertige Zustände des Systems möglich,
im Fall der Bénard-Zellen unterscheiden sich ansonsten äquivalente Zustände z.B. durch den Rotations- und Richtungssinn der Konvektionszellen. Wenn
man den charakteristischen Parameter λ (z.B. den Temperaturgradienten) eines
solchen Nichtgleichgewichtssystems vergrößert, dann stellt das Erreichen des
für die Stabilität des Systemzustands kritischen Punktes, bei dem λ den kritischen Wert λ_c annimmt, einen Verzweigungspunkt dar, jenseits dessen zwei
(evtl. auch mehrere) neue stabile Lösungen A und B für den von λ abhängigen
Parameter x möglich sind (s. die folgende *Abbildung 6*).

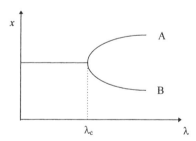

Abbildung 6: Diagramm einer symmetrischen Verzweigung

An solchen Verzweigungspunkten ist das System instabil, und es ist praktisch
nur über statistische Beschreibungen vorhersagbar, ob Zustand A oder B sich
einstellen wird. Man nimmt an, daß an diesen ‚Bifurkationspunkten' kleinste
Fluktuationen ausschlaggebend sind, die nicht in die thermodynamischen Gleichungen eingehen, sondern als im Rahmen der makroskopischen Beschreibung

irreduzible Zufallselemente eine der gleichwertigen Lösungen zustandekommen lassen und nur mit Wahrscheinlichkeitsaussagen erfaßt werden können. „Jede Beschreibung eines Systems, das Bifurkationen aufweist, enthält deterministische wie auch wahrscheinlichkeitstheoretische Elemente. Das System gehorcht zwischen zwei Verzweigungspunkten deterministischen Gesetzen wie den Gesetzen der chemischen Kinetik. Dagegen spielen in der Nähe der Gabelungspunkte Fluktuationen eine wesentliche Rolle und bestimmen den Zweig, in den das System übergehen wird."[111] Durch die Verzweigungen kommt „eine *historische Dimension*"[112] in die Beschreibungen thermodynamischer Systeme abseits vom Gleichgewicht. Zum einen stellen die beteiligten Dissipationsvorgänge irreversible, dem zweiten Hauptsatz der Thermodynamik gehorchende Vorgänge dar. Zum anderen ist der Zustand eines Systems nicht unbedingt allein von den zu einem bestimmten Zeitpunkt angebbaren, die grundlegenden Gleichungen bestimmenden Parametern abhängig, sondern mitunter auch von der Geschichte, die das System zurückgelegt hat. Die die Zweige zwischen den Bifurkationspunkten bestimmenden kinetischen Gleichungen lassen zwischen Verzweigungspunkten mehrere Lösungen zu. Und es ist etwa bei asymmetrischen Verzweigungen durchaus möglich, daß bei allmählicher Steigerung eines Parameters λ bis zu einem bestimmten Wert λ' andere Zustände des von ihm abhängigen Parameters x möglich sind, als wenn λ auf dem Wert λ' gehalten wird, aber der Parameter x veranlaßt wird, von einem hohen Wert x_0 aus sich auf einen stabilen Wert bei λ' einzustellen.

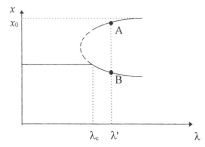

Abbildung 7: Diagramm einer asymmetrischen Verzweigung

In unserem Beispiel eines solchen Verzweigungsdiagramms kann das System im ersten Fall bei Erreichen von λ' nur den Zustand B einnehmen, im zweiten Fall nur den Zustand A, obwohl alle das System in seinem dynamischen und

[111] DERS., Zeit, Entropie und Evolutionsbegriff, Mannheimer Forum 80/81 (1979), 9–44, Nachdr. in: Klassiker der modernen Zeitphilosophie, 182–211, 195.
[112] DERS., Vom Sein zum Werden, 221.

in seinem globalen Zustand bestimmenden Parameter identisch sind. Welcher Zustand sich einstellt, hängt entscheidend von der Vorgeschichte des Systems ab.

Prigogine zieht aus diesen Neuentwicklungen der Thermodynamik weitreichende Schlüsse. Er sieht in ihnen eine fundamentale Anisotropie der Zeit begründet und möchte den zweiten Hauptsatz der Thermodynamik nicht aus den dynamischen Gleichungen der Molekülbewegung ableiten, wie Boltzmann es vergeblich versucht hat, sondern die Thermodynamik mit ihren statistischen Gesetzen und den irreversiblen Prozessen als mindestens ebenso fundamental ansehen wie die zeitlich reversiblen Gesetze der klassischen Mechanik. Prigogine sieht sowohl die klassischen Trajektorien wie auch die Wellenfunktion der Quantentheorie als Idealisierungen mit nur begrenzter Gültigkeit an, die – so zeigt die Entwicklung der Thermodynamik – „wesentliche Gesichtspunkte nicht beschreiben und sich nicht isoliert betrachten lassen"[113]. Die statistischen Aussagen der Thermodynamik, die einen ursprünglichen Unterschied von Vergangenheit und Zukunft voraussetzen, und die mechanischen Gesetze sind nach Prigogine gegenseitig irreduzibel, da sie beide zur Beschreibung des Verhaltens von realen Systemen benötigt werden und „es kein Beschreibungsniveau [gibt], das wir als das fundamentale bezeichnen können"[114]. Dann aber ist die Asymmetrie der Zeit, wie wir sie in unserer Erfahrung der Unterschiedenheit von Vergangenheit und Zukunft erleben, durch die wissenschaftliche Naturbeschreibung nicht als Illusion entlarvt, sondern durch ihre Kompatibilität mit und Bewährung an der Beschreibung der Phänomene in ihr Recht gesetzt worden.

Prigogine hat in jüngster Zeit darüber hinaus versucht, die Thermodynamik der Nicht-Gleichgewichtssysteme über formale Analogien mit der Quantentheorie verbinden und darin einen Hinweis auf einen tieferen Zusammenhang in der Frage nach den zugrundeliegenden Zeitkonzepten zu sehen[115]. Danach ist die über das Phänomen der Dauer und des periodischen Zeitmaßes bestimmte reversible Zeit der dynamischen Systeme der klassischen Physik für die komplexeren Nichtgleichgewichtssysteme durch eine „zweite Zeit"[116] zu ergänzen, die im Gegensatz zur Zeit der klassischen Mechanik keine Maßzahl ist, sondern ein Operator[117]. Zwar sind Operatoren, wie wir sahen, vor allem durch die Quantentheorie in die Physik eingeführt worden, doch hat nach Prigogine die „Verknüpfung von Operatoren mit physikalischen Größen ... eine umfassende-

[113] AaO., 219.
[114] AaO., 221.
[115] Vgl. DERS./I. STENGERS, Das Paradox der Zeit.
[116] DERS., Zeit, Entropie und Evolutionsbegriff, 205.
[117] Zum Begriff des ‚Operators‘ vgl. oben S.301.

re Bedeutung und ist insbesondere von der Quantisierung ganz unabhängig. Sie bedeutet eigentlich, daß aus irgendeinem Grund die klassische Beschreibung im Sinne von Trajektorien ... aufgegeben werden muß."[118] Prigogine vermutet darüber hinaus, daß ein solcher Operator in Analogie zur Quantenmechanik einer Unschärferelation gehorcht, indem er mit bestimmten Zustandsoperatoren der betreffenden Systeme nicht vertauscht. Dieses Zeitkonzept könnte sich als anschlußfähig an die irreduzibel probabilistische Beschreibung quantenmechanischer Phänomene und der mit ihnen implizierten Differenz zwischen der irreversiblen Messung und der dynamischen Entwicklung der Schrödinger-Gleichung erweisen.

Ein entscheidender Unterschied zwischen Systemen nahe dem thermodynamischen Gleichgewicht und Systemen in großer Gleichgewichtsferne liegt also darin, daß erstere lineares Verhalten zeigen, bei dem durch kleine Störungen verursachte Änderungen der Kräfte und Flüsse das Bestreben haben, das System wieder in seinen ursprünglich stabilen stationären Zustand zurückzuführen. Bei dissipativen Systemen, die fern vom Gleichgewicht gehalten werden, können dagegen bei Erreichen des kritischen Werts nichtlineare Rückkoppelungen (etwa durch autokatalytische oder zyklisch katalytische Prozesse) dazu führen, daß sich kleine und kleinste Störungen so verstärken, daß das System nicht zu seinem vorigen Zustand zurückkehren kann, sondern sich durch Materie- und Energieflüsse stabilisierte Strukturen aufbaut mit entsprechender Verminderung der internen Entropie des Systems. Solche nicht-linearen Rückkoppelungen führen zu Grenzen der Berechenbarkeit des Verhaltens der durch sie charakterisierten Systeme.

4.3. Kausalität, Berechenbarkeit, Chaotizität

Wir hatten schon im Kapitel über den Raum erwähnt, daß die newtonsche Mechanik ihre klassische mathematische Form durch die Hamilton-Funktion erhalten hat, die nur die Orte der auf Punkte reduzierten Massen und ihre Impulse als die sogenannten kanonischen Variablen enthält[119]. In einigen einfachen Fällen besteht eine direkte Beziehung zwischen Ort und Impuls, man kann durch Ableitung nach dem Ort oder dem Impuls jeweils entsprechende Gleichungen für die Variablen erhalten und daraus ihre dynamische Änderung in der Zeit errechnen. Die Hoffnung war, daß sich entsprechende Ableitungen für alle Fälle finden lassen würden. Man stellte sich vor, daß man die linearen hamiltonschen

---

[118] I. Prigogine, Vom Sein zum Werden, 214.
[119] Vgl. oben S.40f.

Systeme immer weiter aufspalten könnte bis in Untersysteme mit nur einem
Freiheitsgrad und dann die Variablen so wählen könnte, daß alle Wechselwirkung wegtransformiert und alle Teilchen als freie Teilchen beschrieben werden
könnten, deren Trajektorien eindeutig wären. Systeme, bei denen dies möglich
ist, nennt man integrable Systeme, weil die zugehörigen Differentialgleichungen integrabel (= exakt lösbar) sind.

Man war noch in der zweiten Hälfte des 19. Jahrhunderts getragen von der
Hoffnung, daß die integrablen Systeme der Prototyp aller mechanischen Systeme seien. 1890 kann jedoch Henri Poincaré in Beantwortung einer Preisfrage
der schwedischen Akademie der Wissenschaften beweisen, daß schon ein einfa-
ches Dreikörperproblem, bei dem man die gravitative Wechselwirkung der drei
Körper aufeinander berücksichtigt, nicht integrabel ist[120]. Im Ergebnis stellt
Poincaré fest, daß in solchen Fällen bereits infinitesimal kleine Störungen hamiltonscher Systeme dazu führen können, daß das Verhalten des Systems nicht
mehr langfristig berechenbar und damit die Behauptung seiner Stabilität unentscheidbar ist. Damit stellt Poincaré die Grundüberzeugung des 19. Jahrhunderts
in Frage, daß das Modell der klassischen Mechanik im Prinzip die vollständige
Berechenbarkeit von Vergangenheit und Zukunft erlaubt.

Zum angemessenen Verständnis der Eigenart solcher komplexen, durch
nicht eliminierbare, rückgekoppelte Wechselwirkungen charakterisierten Systeme kann eine Unterscheidung helfen, die Maxwell schon 1877 einführt und
mit der er die begrenzte Berechenbarkeit komplexer Systeme vorausgeahnt und
veranschaulicht hat. Maxwell unterscheidet in seinem kleinen, aber wirkungsgeschichtlich bedeutsamen Lehrbuch ‚Matter and Motion‘ zwischen zwei Kon-
zepten von Kausalität, einem engeren und einem weiteren. Der engere Grundsatz lautet: „The same causes will always produce the same effects.“[121] Im Rahmen der klassischen Physik bedeutet dieser Satz, daß, wenn sich zwei Ursachen
nur hinsichtlich ihrer Ortstelle im Raum und ihres Zeitpunktes in der Zeit voneinander unterscheiden, sich auch ihre Wirkungen nur in dieser Hinsicht unterscheiden. Von diesem Grundsatz, der später ‚schwache Kausalität‘ genannt

---

[120] Auf Initiative des schwedischen Königs hatte die Akademie die Frage gestellt, ob das
Sonnensystem auf unabsehbare Zeiten stabil sei oder die gegenseitigen Störungen der Planeten zu einer katastrophischen Entwicklung, etwa der Kollision zweier Planeten oder des Ver-
schwindens eines Planeten aus dem Sonnensystem, führen könnte. Poincaré zeigt, daß bereits
das Problem der Bewegung zweier Planeten im Schwerefeld der Sonne nicht allgemein lösbar
ist, weil die zur Berechnung der Störungen nötigen Reihenentwicklungen nicht konvergieren.
Dies ist zurückzuführen auf die Resonanzen, die zwischen den Trajektorien der Himmelskörper
auftreten und Rückkoppelungen darstellen.
[121] J. MAXWELL, Matter and Motion, 20.

wird, unterscheidet Maxwell ein Prinzip, das sich nicht auf gleiche, sondern auf ähnliche Ereignisse bezieht und das man als ‚starke Kausalität' bezeichnet[122]: „... like causes produce like effects"[123]. Ähnliche Ursachen sind solche, bei denen charakteristische Parameter nur innerhalb enger Grenzen variieren. Dieser Satz ist nur dann richtig, wenn diese kleinen Veränderungen der Ursachen auch nur kleine Veränderungen im Endzustand hervorrufen. Maxwell ist der Meinung, daß bei einer großen Zahl von physikalischen Phänomenen diese Bedingung erfüllt ist, betont aber zugleich, daß es Fälle gibt, „in which a small initial variation may produce a very great change in the final state of the system, as when the displacement of the ‚points' causes a railway train to run into another instead of keeping its proper course"[124]. In einem solchen Fall kann die Vorhersage des zukünftigen Verhaltens eines Systems bei realistischer, d.h. nur näherungsweiser Kenntnis seines Anfangszustands nicht nur relativ unpräzise, sondern in dem Sinne ganz unmöglich werden, daß auch aus einer präziseren Bestimmung der Anfangsbedingungen keine einschränkenden Aussagen über die Zustände des Systems nach einer bestimmten Zeit mehr möglich sind, da immer noch kleinere Ursachenänderungen zu gänzlich anderen Endzuständen führen können[125]. Trotz des prinzipiellen Determinismus der grundlegenden mechanischen Gesetze kann unberechenbares, praktisch ‚zufälliges' Verhalten in solchen Systemen auftreten, für die zwar das Prinzip der schwachen Kausalität gilt, das der starken aber nicht. Da die Anfangsbedingungen von uns immer nur mit einer gewissen und sei es noch so kleinen Fehlertoleranz bestimmt und minimalste Störungen nicht ganz ausgeschlossen werden können, ist die Entwicklung solcher Systeme über längere Zeiträume nicht vorhersagbar.

---

[122] Für eine gründliche Analyse vgl. T. LEIBER, Kosmos, Kausalität und Chaos. Naturwissenschaftliche, erkentnistheoretische und wissenschaftstheoretische Perspektiven, 1996, pass.

[123] J. MAXWELL, Matter and Motion, 21.

[124] Ebd.

[125] So sieht Maxwell schon 1873 im Rahmen von Überlegungen zur Vereinbarkeit von Determinismus und Willensfreiheit den Unterschied zwischen *stabilen* und *instabilen* Systemen in dieser Empfindlichkeit von minimalsten Änderungen in den Anfangsbedingungen begründet: „When the state of things is such that an infinitely small variation of the present state will alter only by an infinitely small quantity the state at some future time, the condition of the system, whether at rest or in motion, is said to be stable; but when an infinitely small variation in the present state may bring about a finite difference in the state of the system in a finite time, the condition of the system is said to be unstable. It is manifest that the existence of unstable conditions renders impossible the prediction of future events, if our knowledge of the present state is only approximate, and not accurate" (DERS., Essay for the Eranus club on science and free will. 11 February 1873, in: The scientific letters and papers of James Clark Maxwell, Vol.II, hg. von P.M. HARMAN, Cambridge 1995, 814–823, 819).

Poincarés Überlegungen zur Integrabilität hamiltonscher Systeme sind zwar
sehr fundamental angelegt, doch kann aus ihnen keine Systematisierung verschiedener Klassen hamiltonscher Systeme und die Abschätzung des unberechenbaren Anteils bei nicht-integrablen Systemen abgeleitet werden. Erst zwischen 1941 und 1970 zeigen Arbeiten von C.L. Siegel, A.N. Kolmogorov, V.I.
Arnold und J.K. Moser, daß zum einen die meisten hamiltonschen Systeme
nicht-integrabel sind, daß zum anderen aber auch solche nicht-integrablen Systeme in Teilen ihres Zustandsraumes[126] reguläres Verhalten mit quasiperiodi-
schen Bahnen[127] aufweisen können, wenn die störenden nicht-linearen Antei-

---

[126] Als ‚Zustandsraum‘ oder auch ‚Phasenraum‘ wird ein abstrakter mathematischer Raum
zur Beschreibung der Zustände eines Systems bezeichnet. Der Zustandsraum hat so viele Dimensionen, wie das System Variable (Freiheitsgrade) besitzt. Verschiedenen Zuständen des Systems entsprechen Punkte im Zustandsraum, deren Koordinaten die entsprechenden Werte der
Variablen dieses Zustands repräsentieren. Kontinuierliche Zustandsänderungen beschreiben eine Kurve im Zustandsraum, die Trajektorie des Systems. Den Endzustand eines Systems im
Zustandsraum nennt man Attraktor. Ein in einer Ebene schwingendes Pendel z.B. kann durch
die Angabe von Ort und Geschwindigkeit der Pendelspitze charakterisiert werden, sein Zustandsraum hat deshalb zwei Dimensionen. Ein gedämpftes Pendel wird, wenn es angestoßen
ist, wieder zum Endzustand der Ruhe zurückkehren, seine Trajektorie stellt eine Spirale im Zustandsraum dar, sein Attraktor ist ein Fixpunkt, an dem die Geschwindigkeit auf Null gesunken
ist und keine Ortsveränderung mehr stattfindet. Ein angetriebenes, in Schwingung befindliches
Pendel (z.B. Uhrenpendel), bei dem die Reibung durch Energiezufuhr ausgeglichen wird, zeigt
als Trajektorie eine geschlossene Kurve, da die Geschwindigkeit zwischen festen Extremal-
punkten periodisch zu- und abnimmt und sich das Pendel von einem Endpunkt zum anderen
bewegt. Diese Kurve ist zugleich sein Grenzzyklus, sein Attraktor, zu dem es bei kleinen Störungen wieder zurückkehren wird.

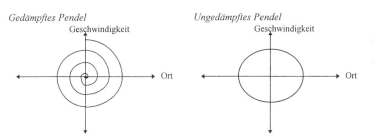

Für kompliziertere Systeme mit mehr Freiheitsgraden ergeben sich kompliziertere, höherdi-
mensionale Attraktoren. Bei nicht-linearen Systemen stellt sich keine feste Endkonfiguration
im Zustandsraum ein, die Trajektorien sind auf komplexe Weise ineinander verschlungen, ihre
geometrische Form läßt sich aber mit Hilfe der fraktalen Geometrie beschreiben.

[127] Quasiperiodische Attraktoren entstehen durch Überlagerung von Schwingungen, die keine gemeinsame Periode haben. Im dreidimensionalen Zustandsraum hat ein quasiperiodischer
Attraktor die Form eines Torus, auf dessen Oberfläche die Trajektorien des Systems verlaufen,
ohne daß sich eine geschlossene Kurve ergibt. Im realen Fall ist allerdings die Entscheidung,

le hinreichend klein sind. In Bezug auf die gesamte Menge aller möglichen hamiltonschen Systeme stellen zwar die integrablen Systeme eine verschwindend kleine Klasse dar und bilden die seltene Ausnahme. Das bedeutet jedoch nicht, daß das Verhalten der übrigen mechanischen Systeme langfristig vollkommen irregulär und chaotisch wäre. Nach dem derzeit gültigen Stand der Stabilitätsanalyse mechanischer Systeme besagt ein nach den Anfangsbuchstaben der letzten drei aufgeführten Mathematiker als KAM-Theorem benannter Satz[128], daß auch in nicht-integrablen Systemen bei genügend kleiner Störung quasiperiodische, stabile Lösungen existieren, so daß etwa im Fall der Planetenbahnen unseres Sonnensystems Kollisionen ebenso wie das Entweichen ins Unendliche ausgeschlossen werden können, solange keine katastrophischen Eingriffe von außen erfolgen[129]. Die große Zentralmasse unserer Sonne bewirkt, daß die Bahn jedes Planeten in diesem Gravitationsfeld in Näherung als integrables Problem gesehen werden kann und die Einflüsse der Bewegung der übrigen Planeten demgegenüber nur kleine nicht-integrable Störungen darstellen, so daß das Gesamtsystem in Grenzen stabil und berechenbar bleibt. Es gibt also, wie das KAM-Theorem gezeigt hat, einen gewissen Übergang von lokaler Integrabilität zu Nicht-Integrabilität, so daß die wirklichen mechanischen Prozesse sich darstellen als eine Mischung aus integrablen/linearen und nicht-integrablen/nicht-linearen Anteilen.

Überhaupt gilt, daß auch das durch langfristige Unberechenbarkeit charakterisierte Verhalten sich nicht gänzlich einem beschreibenden Zugriff entzieht. Auch hier hat wieder Poincaré erste konzeptionelle Überlegungen angestellt, indem er schon in seinen *Neuen Methoden der Himmelsmechanik* sich im Zusammenhang mit dem Drei-Körper-Problem Gedanken macht über die Struktur der Trajektorien im Zustandsraum[130]. Inzwischen ist es mit neuen mathema-

---

ob ein chaotisches System vorliegt oder eines, dessen Quasi-Periodizität nur sehr kompliziert ist, oft schwer zu treffen.

[128] Für eine ausführliche Analyse des KAM-Theorems und die vollständigen Nachweise der Quellen vgl. T. LEIBER, Kosmos, Kausalität und Chaos, 380ff.; 390ff.

[129] Das KAM-Theorem hat nicht nur theoretische Bedeutung, sondern ist auch von praktischem Nutzen z.B. bei der Konstruktion von Teilchenbeschleunigern, in denen über viele Umläufe die Teilchen auf stabilen Bahnen mit immer größerem Umfang innerhalb eines möglichst kleinen Querschnitts der Bahn gehalten werden müssen.

[130] H. POINCARÉ, Les Méthodes Nouvelles de la Mécanique Céleste, Bd.3, Paris 1899, 389f.: „chacune des deux courbes ne doit jamais se recouper elle-même, mais elle doit se replier sur elle-même d'une manière très complexe pour venir recouper une infinité de fois toutes les mailles du réseau. On sera frappé de la complexité de cette figure, que je ne cherche même pas à tracer. Rien n'est plus propre à nous donner une idée de la complication du problème des trois corps et en général de tous les problèmes de Dynamique où il n'y a pas d'intégrale unifor-

tischen Hilfsmitteln gelungen, auch diese Bewegungen im Zustandsraum allgemein zu beschreiben und etwa Grade der Chaotizität zu klassifizieren. Wir können auf diese Beschreibungen hier nur am Rande eingehen, wollen aber wenigstens einige Konzepte kurz vorstellen[131]. 1963 entdeckt der Meteorologe Edward N. Lorenz im Zusammenhang seiner Versuche, ein Modell zur Wettervorhersage aufzustellen, das erste Beispiel eines sogenannten *chaotischen* oder *seltsamen Attraktors* (engl. strange attractor), den nach ihm benannten Lorenzattraktor. Lorenz versucht, die Atmosphäre als Flüssigkeit zu betrachten und ihre Bewegungen mit den bekannten Bewegungsgleichungen für Flüssigkeiten zu modellieren[132]. Er vereinfacht sein Modell zu einem System mit nur drei Freiheitsgraden und rechnet mit Hilfe eines Computers verschiedene Zustände durch. Doch seine Gleichungen sind nicht-linear miteinander rückgekoppelt, so daß längerfristig keine exakten Vorhersagen oder auch nur Näherungslösungen möglich sind. Verschwindend kleine Änderungen der Anfangsbedingungen für die Rechnung mit dem Computer führen zu langfristig gänzlich verschiedenen, zur Größenordnung ihrer anfänglichen Divergenz nicht mehr in Beziehung zu setzenden Lösungen. Lorenz erkennt, daß das System trotzdem durch einen Attraktor im Zustandsraum beschrieben werden kann, nur daß es sich um einen ‚chaotischen' Attraktor handelt, bei dem zwei benachbarte Punkte im weiteren Verlauf ihrer Bahnen exponentiell auseinander laufen.

Inzwischen sind weitere solche chaotischen Attraktoren entdeckt und beschrieben worden. Bei Einsetzung fester Werte lassen sich ihre Bahnen exakt ausrechnen, da ihre Gleichungen der schwachen Kausalität gehorchen. In ihren allgemeinen topologischen Eigenschaften weisen sie jedoch charakteristische Besonderheiten auf, die anschaulich über Dehn- und Faltprozesse dargestellt werden können. Da nicht beliebige Zustände möglich sind, sondern auch

---

me: keine Kurve schneidet sich selbst, doch muß sie sich auf so komplexe Weise in sich selbst falten, daß sie jeden Apex des Gitters unendlich oft schneidet. Man wird von der Komplexität dieser Figur verblüfft sein, die zu illustrieren ich nicht einmal versucht habe. Nichts kann uns eine bessere Vorstellung von den Schwierigkeiten des Drei-Körper-Problems und allgemein aller Probleme der Dynamik geben, die nicht als geschlossenes Integral lösbar sind".

[131] Eine kurze, allgemein verständliche Einführung bieten: W. ACHTNER, Die Chaostheorie, ezw-Texte 135 (1997); W.J. WILDMAN/R.J. RUSSELL, Chaos: A Mathematical Introduction with Philosophical Reflections, in: Chaos and Complexity. Scientific perspectives on Divine Action, hg. von R.J. RUSSELL/N. MURPHY/A.R. PEACOCKE, Vatikanstadt/Notre Dame 1995, 49–90; J. BRIGGS/F.D. PEAT, Die Entdeckung des Chaos, 1990. Eine gut nachvollziehbare Einführung in die mathematischen Grundlagen der fraktalen Geometrie geben H. ZEITLER/W. NEIDHARDT, Fraktale und Chaos, 1993; vgl. auch T. LEIBER, Kosmos, Kausalität und Chaos, 353ff.

[132] Vgl. T. LEIBER, aaO., 359.

der seltsame Attraktor nur ein Teilgebiet des Zustandsraums einnimmt, können zwei Punkte sich nicht beliebig weit voneinander entfernen. Die Bahnen werden immer wieder ineinander gefaltet, so daß der Attraktor unendlich in sich selbst zurückläuft. Immer wieder laufen die Bahnen nahe aneinander vorbei, ohne sich jedoch je zu schneiden. Diese Struktur ist Folge der sogenannten Mischung der Bahnen im Zustandsraum, die man geometrisch über Streckung und Zurück-Faltung der Bahnen ad infinitum darstellen kann[133]. Die so entstehenden geometrischen Gebilde untersucht die fraktale Geometrie. Chaotische Attraktoren können bestimmte Eigenschaften, wie fraktale Selbstähnlichkeit, aufweisen und lassen sich im Maß ihrer ‚Chaotizität‘ durch die Angabe ihrer fraktalen, gebrochenen Dimensionszahl bestimmen.

Eine charakteristische Eigenschaft dieser seltsamen Attraktoren ist die Divergenzrate, mit der zwei benachbarte Punkte auf dem Attraktor auseinanderlaufen. Möchte man für ein solches System den Vorhersagezeitraum vergrößern, so wachsen die Anforderungen an die Genauigkeit der Bestimmung der Anfangsbedingungen exponentiell. „Mit anderen Worten: Um die Zeit, während derer die Entwicklung eines Systems vorhersagbar bleibt, zu verzehnfachen, müßten wir die Genauigkeit der Definition der Anfangsbedingungen um einen Faktor e^{10} steigern."[134]

Eine allgemein anerkannte Definition für chaotische Systeme gibt es nicht, im allgemeinen werden drei Eigenschaften angegeben[135]:

1) Ihre Zustände zeigen hohe *Sensitivität gegenüber Unschärfen* in den Anfangs- und Randbedingungen[136]. Der beliebig steigerbar genauen Berechnung ihrer Trajektorien sind deshalb allein schon durch technische Einschrän-

---

[133] Da auch die Trajektorien chaotischer Attraktoren wegen der Bijektivität der Zuordnung von Anfangs- und Endzustand sich nicht überschneiden dürfen, ist eine solche Streckung und Faltung nur bei Systemen mit mindestens drei Freiheitsgraden und deshalb mindestens drei Dimensionen des Zustandsraumes möglich. Dies ist allerdings nur die Bedingung der Möglichkeit für Chaotizität. Ansonsten ist die Chaotizität von Systemen nicht mit der Zahl der Freiheitsgrade korreliert.

[134] I. PRIGOGINE/I. STENGERS, Das Paradox der Zeit, 109.

[135] Vgl. dazu H.-O. PEITGEN/H. JÜRGENS/D. SAUPE, Chaos – Bausteine der Ordnung, 1994, 91ff.

[136] Formal läßt sich diese Eigenschaft so bestimmen: Ist eine (stetige) Funktion f chaotisch über eine (nichtendliche, abgeschlossene) Menge S, dann gilt, daß es zu jedem Punkt von S einen beliebig nahen Punkt in S gibt, so daß f beide Punkt nach endlicher Anwendung beliebig weit voneinander entfernt. Für diese Eigenschaft ist die Eigenschaft exponentieller Entfernung der Trajektorien noch nicht notwendig, auch jede andere, iterativ angewandte Funktion etwa mit der linearen Beziehung $f(x) = a \cdot x$ mit $a > 1$ erfüllt diese Bedingung (nach W.J. WILDMAN/R.J. RUSSELL, Chaos, 72).

kungen Grenzen gesetzt. Unvermeidbare Quellen solcher Unschärfen sind z.B.
Meßtoleranzen, durch Rundungen und endliche Stellenzahlen hinter dem Kom-
ma bedingte Rechenungenauigkeit und sonstige kleine Störungen des Experi-
ments. Im Falle einer Billardkugel auf einem Billardtisch führt bereits der Einfluß eines durchschnittlich schweren, sich bewegenden Beobachters, der nur
eine Unschärfe des 10^{-9}-fachen des Eigengewichts der Kugel ausmacht, dazu, daß nach neun Zusammenstößen das Verhalten der Kugel unberechenbar
wird[137].

2) Die Trajektorien sind durch Streckung und Faltung im Zustandsraum fein
gemischt[138]. Diese *Mischung* ist ein Maß für die Chaotizität des Systems.

3) Zu jedem Punkt im Zustandsraum kann in beliebiger Nähe ein anderer
Punkt gefunden werden, der zu ihm periodisch ist[139]. Diese *Dichte der periodischen Punkte* stellt die eingeschränkte Ordnung des Systems dar.

Chaotische Systeme lassen sich deshalb als Systeme bestimmen, die zwar
der ‚schwachen‘ Kausalität gehorchen, nicht aber der ‚starken‘. Damit stellt der
Begriff des Chaos eine Kategorie zur Verfügung, die zwischen Zufall und Notwendigkeit liegt: „*Chaotic randomness is neither absence of randomness nor
strict randomness but a tertium quid.*"[140]

Damit ist auch die Frage der Leistungsfähigkeit formaler mathematischer
Beschreibungen gestellt, denn der physikalische Begriff des Chaos gründet in
der Überabzählbarkeit des reellen Kontinuums, das die vollkommene Mischung
der Trajektorien ermöglicht. Die Chaotizität realer physikalischer Systeme steht
so in Zusammenhang mit dem Kontinuumsproblem der Mathematik. Die Zustände dynamischer Systeme sollten auf dem reellen Zahlkörper wiedergegeben
werden, um die Stetigkeit der dynamischen Beschreibung zu gewährleisten. Reelle Zahlen können aber auch regellose, d.h. nicht abgekürzt darstellbare unendliche Ziffernfolgen aufweisen, so daß eine absolute Genauigkeit der Darstellung
praktisch unmöglich ist. In der linearen, klassischen Mechanik wirkt sich die
immer nur endliche Genauigkeit der für die Berechnungen verwendeten Zahlen
deshalb nicht aus, weil benachbarte Bahnen nur langsam auseinanderdriften,
die Kenntnis des exakten reellen Wertes nicht notwendig ist und nötige Run-

---

[137] Nach T. LEIBER, Kosmos, Kausalität und Chaos, 377.

[138] Formal läßt sich diese Eigenschaft so bestimmen: Ist eine Funktion f chaotisch über eine
Menge S und sind U und V offene Teilmengen von S, dann gilt, daß f einige Punkte von U in V
abbildet.

[139] Formal läßt sich diese Eigenschaft so bestimmen: Ist eine Funktion f chaotisch über eine
Menge S, dann gilt, daß für jeden Punkt x_0 von S ein beliebig naher Punkt z_0 gefunden werden
kann, der periodisch ist.

[140] W.J. WILDMAN/R.J. RUSSELL, Chaos, 76, im Original Druckfehler: ‚srict‘ statt ‚strict‘.

dungen über Fehlerbehandlungen beherrschbar sind. Der exponentielle Verlust von Genauigkeit bei chaotischen Systemen aber bringt die nur endlich genaue Verwendung der reellwertigen Zahlen als *prinzipielle* Unberechenbarkeit zur Geltung. „Der letzte Ursprung aller Chaotizität ist ... das reelle Kontinuum oder die Tatsache, daß wir Physik betreiben auf einem Zahlkörper, den wir eigentlich nicht handhaben können."[141] Wenn der Begriff des Unberechenbaren und ‚Zufälligen' in der Physik aber in den mathematischen Grundlagen begründet ist, dann wäre Entscheidendes im Blick auf die Tragfähigkeit einer physikalischen Beschreibung komplexer Systeme und die anhängige Frage, ob es sich um Kontingenzen *de dictu* oder *de re* handelt, zu klären über die Frage nach der semantischen Referenz dynamischer mathematischer Beschreibungen. Wir können allerdings im Rahmen unserer Überlegungen auf die ungelöste Frage nach dem ontologischen Status des physikalischen Kontinuums und des angemessenen formalen Apparates zu seiner Beschreibung nicht weiter eingehen[142]

---

[141] B. KANITSCHEIDER, Von der mechanistischen Welt zum kreativen Universum, 178.

[142] In diesem Zusammenhang wäre auf die sogenannte ‚Grundlagenkrise' der Mathematik zu Beginn unseres Jahrhunderts zu verweisen, die um Sinn, Bedeutung und Berechtigung der mathematischen Unendlichkeiten und die grundlegende Fundierung der Mathematik stritt. Cantor hatte bekanntlich seine Kontinuumshypothese als *ontologische* Frage nach der Existenz bestimmter Arten von Mengen verstanden. Während die eine Seite die Cantorschen transfiniten Zahlen und aktual unendlichen Mengen als das neue ‚Paradies' (Hilbert) ansah, das eine von allen Beschränkungen freie, allein durch die Kraft des menschlichen Geistes schöpferische Mathematik erlaubte, stellte die andere Seite die Frage nach der intuitiven Bedeutung der mathematischen Objekte und wollte die Mathematik allein auf klare, semantisch sinnvolle und intuitiv einleuchtende Konstruktionsprinzipien gründen, an erster Stelle auf die nur potentiell unendliche Zahlenreihe und den Vorgang des Zählens. Schon Kronecker hatte die Arithmetik als die ‚Königin der Mathematik' bezeichnet, der alle anderen mathematischen Disziplinen unterzuordnen seien: „Und ich glaube auch, dass es dereinst gelingen wird, den gesammten Inhalt aller dieser mathematischen Disciplinen zu ‚arithmetisieren', d.h. einzig und allein auf den im engsten Sinne genommenen Zahlbegriff zu gründen, also die Modificationen und Erweiterungen dieses Begriffs* (Anm.: *Ich meine hier namentlich die Hinzunahme der irrationalen sowie der continuierlichen Grössen.) wieder abzustreifen, welche zumeist durch die Anwendung auf die Geometrie und Mechanik veranlaßt worden sind" (L. KRONECKER, Über den Zahlbegriff (1887), zit. nach H. MEHRTENS, Moderne – Sprache – Mathematik, 193). Über die Forderung der Freiheit der mathematischen Theoriebildung hinaus konnte sich dagegen die andere Seite auf die Anschaulichkeit des unendlichen Kontinuums im geometrischen Raum berufen: „Wir glauben im Raume die unendliche Zahl der Punkte und der aus ihnen zusammengesetzten Gebilde unmittelbar vor uns zu sehen. Von hier aus sind die grundlegenden Untersuchungen über Mengen und transfinite Zahlen erwachsen" (F. KLEIN, Über Arithmetisierung in der Mathematik (1895), zit. nach H. MEHRTENS, Moderne – Sprache – Mathematik, 207f.). Vgl. überhaupt zu dieser wichtigen mathematikphilosophischen Debatte die vorzügliche und gründlich belegte Darstellung bei H. MEHRTENS, Moderne – Sprache – Mathematik. Zur Bedeutung für die Chaostheorie sei auf die Ausführungen verwiesen, die sich bei T. LEIBER, Kosmos, Kausalität

und halten nur die prinzipielle Unableitbarkeit der konkreten Entwicklung komplexer Systeme fest.

4.4. Thermodynamik und die Geschichtlichkeit lebender Systeme

Mit den dissipativen Ungleichgewichtssystemen, die die nicht-lineare Thermodynamik beschreibt, wird im Rahmen der theoretischen Chemie und Physik erstmals ein Strukturtyp erfaßt, der den komplexen lebenden Systemen unserer natürlichen Umwelt nahekommt, zumindest als ihre conditio sine qua non verstanden werden kann. Die Strukturen lebender Systeme entstehen und stabilisieren sich durch die Aufrechterhaltung eines Gefälles zwischen System und Umgebung mit der Folge, daß inner-systemische Konstanzen umweltunabhängig und gegen die entropische Zerstreuungstendenz aufrechterhalten werden. Im Falle einer Zelle z.b. garantiert die Zellmembran durch das Konzentrationsgefälle zwischen Zellinnenraum und -umgebung ein gleichbleibendes, komplexe Reaktionszyklen ermöglichendes Binnenmilieu. Eine solche Differenz zwischen System und Umgebung als ein lokales Ungleichgewicht kann sich gegen den allgemeinen Dissipationstrend nur dadurch stabilisieren, daß ständig energetische oder materielle Flüsse wirksam sind. Diese für komplexe materielle Systeme basalen Prozesse sind zeitlich nicht umkehrbar, ohne das System zu zerstören.

Um diesen Zusammenhang zwischen Thermodynamik und komplexen Systemen und ihrer Entwicklung zu beschreiben, hat Manfred Eigen eine Differenzierung innerhalb der irreversiblen physikalischen Zeit eingeführt, indem er zwischen ‚schwacher‘ und ‚starker‘ Zeitlichkeit unterscheidet[143]. Als ‚schwache‘ Zeitlichkeit bezeichnet er die durch Energiedissipation im Sinne des zweiten Hauptsatzes der Thermodynamik gekennzeichnete Irreversibilität, durch die energetische Unterschiede sich zum thermodynamischen Gleichgewicht hin ausgleichen und dadurch Entropieflüsse erzeugen. Diese Irreversibilität ist in unserer Welt zu beobachten, insofern sie vom globalen thermodynamischen

---

und Chaos, 411ff.; 420ff.; 431ff. finden.

Es sei wenigstens noch darauf hingewiesen, daß die antike griechische Mathematik ihren Zahlbegriff jedenfalls auf die Grundlage des Zählvorgangs gestellt und deshalb weder rationale noch reelle Zahlen entwickelt hatte, vgl. als Einführung in diese Problematik: H. HASSE/H. SCHOLZ, Die Grundlagenkrisis der griechischen Mathematik, KantSt 33 (1928), 4–34; H. SCHOLZ, Warum haben die Griechen die Irrationalzahlen nicht aufgebaut?, KantSt 33 (1928), 35–72.

[143] Vgl. M. EIGEN, Evolution und Zeitlichkeit, in: Die Zeit: Dauer und Augenblick (Veröffentlichungen der Carl-Friedrich-von-Siemens-Stiftung 2), hg. von J. ASCHOFF, 1989, 35–57, besonders 45ff.

Gleichgewicht noch weit entfernt ist. Durch die lokalen materiellen Inhomogenitäten im Kosmos, das heißt durch die Zusammenballung der kosmischen
Materie in Sternen, in denen Kernprozesse in Gang kommen, die Strahlung in
den umgebenden Raum senden, entstehen die basalen energetischen Flüsse, die
für die stetige Entropiezunahme der Welt verantwortlich sind. Die Entropiezunahme kann *nur lokal* unter Ausnutzung eben dieser Energie- und Materieflüsse
außer Kraft gesetzt werden.

Weit ab vom Gleichgewicht können sich nämlich durch die Ausgleichsflüs-
se ordnungs- und strukturerhaltende Systeme etablieren, die auf dieser ‚schwachen‘ Zeitlichkeit aufbauend durch ihre Entwicklung und den Aufbau immer
komplexerer Zusammenhänge eine ‚starke‘, als kontingent und geschichtlich
beschreibbare Zeitlichkeit etablieren. Die ‚starke‘ Zeitlichkeit hat die ‚schwache‘ Zeitlichkeit der thermodynamischen Flüsse also zur Voraussetzung, ist genauer ein „Sonderfall dieser allgemeinen Eigenschaft eines nicht im Gleichgewicht befindlichen Universums"[144]. Sie tritt dann auf, wenn bei Systemen,
die fern vom Gleichgewicht über die ‚schwache‘ Zeitlichkeit aufgebaut werden, Rückkoppelungen und autokatalytische Prozesse entstehen, die über Re-
produktionsprozesse zu Selektionsvorgängen führen. In der Folge können die
Einzelsysteme durch Systemvergrößerung, Systemvermehrung und Systemdif-
ferenzierung einen komplexen, seinerseits durch nicht-lineare Rückkoppelungen charakterisierten Zusammenhang aufbauen. Über vielfältige enge und lose
Koppelungen auf verschiedenen Ebenen (Einzeller – Vielzeller, Individuum –
Gruppe, Ökosysteme etc.) bildete sich die Biosphäre und entwickelte sich die
geschichtliche Evolution des Lebens auf unserem Planeten.

Rückgekoppelte, nicht-lineare Vorgänge führen aber regelmäßig zu Instabilitäten. Es werden kritische Verzweigungspunkte erreicht, bei denen die Zu-
standsentwicklung des Systems alternative Fortsetzungen nehmen kann. Welche Richtung die weitere Entwicklung des Systems nimmt, wird durch minimale Fluktuationen bestimmt, die bis ins mikroskopische Detail weder vorhersehbar noch umkehrbar sind und die zu ganz neuen Systemzuständen führen
können. „Quantenmechanische Unschärfe wie auch Komplexität des Phasen-
raumes sind für diese Unbestimmtheit verantwortlich."[145] Eigen sieht in den
Selektionsprozessen der Evolution solche Vorgänge als bestimmend an, so daß
Ursprung und Evolution des Lebens, aber auch die Ontogenese und Lebens-
vollzüge der Organismen ‚stark‘ zeitliche Prozesse darstellen, die einen kontingenten historischen, unumkehrbaren Verlauf genommen haben und nehmen.

---

[144] AaO., 47.
[145] AaO., 51.

5. Die kosmische Fundierung der Zeit

Wie schon angedeutet, hat das Vorhandensein der materiellen und energetischen
Flüsse seinen Grund in der kosmischen Anisotropie der gravitativ bestimmten
Materieansammlungen im ansonsten weitgehend materiefreien Weltraum und
in den dadurch ermöglichten Kernprozessen. Raum, Stoff und Zeit des Kosmos
hängen dadurch auf vielfältige Weise zusammen, so daß wir uns zum Abschluß
der naturwissenschaftlichen Erörterungen noch der Fundierung der Irreversibilität der Zeit im Rahmen des kosmologischen Modells zuwenden.

5.1. Thermodynamik und zeitliche Entwicklung des Kosmos

Wir beginnen damit, daß wir noch einmal an Clausius' Formulierung der Hauptsätze der Thermodynamik erinnern, nach der die Energie der Welt konstant
ist und ihre Entropie einem Maximum zustrebt[146]. Insofern hier Aussagen
über Energie und Entropie *der Welt* gemacht werden, begründen diese Bestimmungen erstmals naturwissenschaftlich fundierte Aussagen über Zukunft und
Schicksal der Gestalten des Universums. Bereits 1852 hatte Thomson die Einsicht Carnots, daß bei der Gewinnung mechanischer Arbeit aus Wärme bei realen Wärmemaschinen ein Energieverlust durch Wärmedissipation unvermeidbar sei, verallgemeinert und von „einer allgemeinen Tendenz zur Dissipation
mechanischer Energie in der Natur"[147] gesprochen. In diesem Zusammenhang
entwickelte er die Konsequenz dieser Einsicht für die Entwicklung der materiellen Welt: „Within a finite period of time past the earth must have been, and
within a finite period of time to come the earth must again be, unfit for the habi-
tation of man as at present constituted, unless operations have been, or are to be
performed, which are impossible under the laws to which the known operations
going on at present in the material world are subject."[148]

Zwei Jahre später beschreibt Helmholtz in einer Vorlesung diesen Endzustand des Universums so, daß durch die beständige Abnahme der kosmischen
Wärmeunterschiede das Weltall schließlich in einen Zustand übergeht, bei dem
überall gleiche Temperatur herrscht und deshalb jede Veränderung aufhört. Alle Energie wird endlich in Wärme verwandelt, gleichförmige Temperatur stellt

---

[146] Vgl. oben S.310.

[147] W. THOMSON, On a Universal Tendency in Nature to the Dissipation of Mechanical
Energy, Philos. Mag. ser. 4, 4 (1852), 304–306.

[148] AaO., 306. Der abschließende Vorbehalt ist dadurch begründet, daß Kelvin diese Konsequenz nur für ungehindert ablaufende materielle Prozesse sieht und eine Durchbrechung durch
nicht-physikalische Kräfte, wie sie möglicherweise in Lebewesen wirksam sein könnten, nicht
ausschließen will.

sich ein und alle natürlichen Prozesse hören auf. Wenn „das Weltall ungestört
dem Ablauf seiner physikalischen Prozesse überlassen wird, so muss endlich
aller Kraftvorrath in Wärme übergehen und alle Wärme in das Gleichgewicht
der Temperatur kommen. Dann ist jede Möglichkeit einer weiteren Veränderung
erschöpft; dann muss vollständiger Stillstand aller Naturprozesse von jeder nur
möglichen Art eintreten. . . . Kurz das Weltall wird von da an zu ewiger Ruhe
verurtheilt sein"[149].

Für diesen Endzustand prägt Clausius in einem Vortrag von 1867 den Begriff *Wärmetod*. Mit seiner Sicht der Geschichte des Universums als einer Ver-
fallsgeschichte hin zu einem toten Endzustand setzt er sich deutlich ab von der
spätestens seit Kants *Allgemeiner Naturgeschichte und Theorie des Himmels*
weit verbreiteten Sicht der kosmischen Geschichte als eines ewigen Kreislaufs
von Entstehen und Vergehen ab. „Man hört häufig sagen, in der Welt sei Alles
Kreislauf. Während an Einem Orte und zu Einer Zeit Veränderungen in Einem
Sinne stattfinden, gehen an anderen Orten und zu anderen Zeiten auch Veränderungen im entgegengesetzten Sinne vor sich, so daß dieselben Zustände
immer wiederkehren, und im Grossen und Ganzen der Zustand der Welt un-
verändert bleibe. Die Welt könne daher ewig in gleicher Weise fortbestehen[150]
. . . Der zweite Hauptsatz der mechanischen Wärmetheorie widerspricht dieser
Ansicht auf das Bestimmteste . . . Man muß also schließen, dass bei allen Naturerscheinungen der Gesammtwerth der Entropie immer nur zunehmen und nie
abnehmen kann . . . *Die Entropie der Welt strebt einem Maximum zu.* Je mehr
die Welt sich diesem Grenzzustande, wo die Entropie ein Maximum ist, nähert,
desto mehr nehmen die Veranlassungen zu weiteren Veränderungen ab, und
wenn dieser Zustand endlich ganz erreicht wäre, so würden auch keine weiteren Veränderungen mehr vorkommen, und die Welt würde sich in einem todten
Beharrungszustande befinden."[151]

---

[149] H. VON HELMHOLTZ, Ueber die Wechselwirkung der Naturkräfte und die darauf bezüglichen neuesten Ermittelungen der Physik (1854), in: DERS., Vorträge und Reden, Bd.1, [4]1896,
49–83, 66f.

[150] Vgl. I. KANT, Allgemeine Naturgeschichte und Theorie des Himmels, 317f.: Es „vergehen Welten und Weltordnungen und werden von dem Abgrunde der Ewigkeiten verschlungen;
dagegen ist die Schöpfung immerfort geschäftig, in andern Himmelsgegenden neue Bildungen
zu verrichten und den Abgang mit Vortheile zu ergänzen." So zeigt sich, daß die Schöpfung,
„indem einige Theile der Vergänglichkeit den Tribut bezahlen, sich durch unzählige neue Zeu-
gungen in dem ganzen Umfange ihrer Vollkommenheit unbeschadet erhält".

[151] R. CLAUSIUS, Ueber den zweiten Hauptsatz der mechanischen Wärmetheorie. Ein Vortrag, gehalten in einer allgemeinen Sitzung deutscher Naturforscher und Aerzte zu Frankfurt
a.M. am 23. September 1867, zitiert nach S. BRUSH, Die Temperatur der Geschichte, 70.

Gegen diese Folgerungen aus der allgemeinen Wärmedissipation entwickelt sich in der Folge zum Teil heftiger Widerstand[152]. Man versucht durch die Einbeziehung entgegenwirkender Mechanismen die Unvermeidlichkeit des Wärmetods zu umgehen oder durch Hinweis auf den bloß statistischen Charakter des zweiten Hauptsatzes die Möglichkeit spontaner Entropieverminderung und damit verbundener Entstehung von Energiedifferenzen, die wieder Motor neuer Entwicklung sein könnten, plausibel zu machen. Schon Maxwells ‚Dämon' bildet einen Versuch in dieser Richtung, den andere zum Anlaß genommen haben, über ein ‚unsichtbares Universum' außerhalb unseres Universums zu spekulieren, in dem eine antientropische Tendenz herrscht und das mit unserem Universum durch eine Art Maxwellschen Dämon verbunden ist[153].

1876 entwickelt Loschmidt dann seinen ‚Umkehreinwand' gegen das boltzmannsche *H*-Theorem. Um die Konsequenz des Wärmetods auszuschließen, versucht er die Möglichkeit aufzuzeigen, daß innerhalb eines Gravitationsfeldes Temperaturunterschiede entstehen können. Die von Thomson und Clausius aufgestellte Behauptung, aus dem zweiten Hauptsatz folge, „dass das ganze Universum in einer endlichen, wenn auch noch so langen Zeit, unfehlbar seinem Ende entgegengehe" und dann „dieser Zustand der Erstarrung und des allgemeinen Todes" fortdauere bis „in alle Ewigkeit", war der eigentliche Grund für Loschmidts Ablehnung des zweiten Hauptsatzes: „Die Ungeheuerlichkeit dieser Folgerungen war es, welche mich Jahre hindurch antrieb, die Grundlagen derselben immer auf's Neue der Prüfung zu unterziehen."[154] Mit dem Aufweis, daß alle thermodynamischen Prozesse umkehrbar sind, wäre für Loschmidt „auch der terroristische Nimbus des zweiten Hauptsatzes zerstört, welcher ihn als vernichtendes Princip des gesammten Lebens des Universums erscheinen läßt"[155]. Die Gesetze der Wärmedissipation lassen z.B. in Bezug auf die Sonne nach Loschmidt eher auf die zyklische Abfolge von Wärmeabstrahlung und Wärmeansammlung schließen denn auf ein Erkalten des Zentralgestirns: „Das

[152] Diese Fragen wurden so intensiv und kontrovers diskutiert, daß die British Association for the Advancement of Science von 1891 bis 1894 ein eigenes Forschungskomitee einsetzte, das auf den Sitzungen der Gesellschaft berichten sollte. Die zweite Sitzung, an der auch Boltzmann teilnahm, wurde im Sheldonian Theatre in Oxford abgehalten, in dem 1860 auch die berühmte Debatte zwischen Bischof Wilberforce und G.H. Huxley über Darwins Evolutionstheorie stattgefunden hatte.

[153] Vgl. oben S.314.

[154] J. LOSCHMIDT, Über den Zustand des Wärmegleichgewichts eines Systems von Körpern mit Rücksicht auf die Schwerkraft III, SAWW, math.-naturwiss. Classe. Zweite Abteilung, 75 (1877), 287–298, 293.

[155] J. LOSCHMIDT, Über den Zustand des Wärmegleichgewichts ... I, 135.

Gesammtresultat bleibt unter den verschiedensten Verhältnissen im Ganzen immer das Gleiche: Periodicität der solaren dynamischen Phänomene"[156].

In seiner Antwort möchte Boltzmann zeigen, daß es entgegen Loschmidts Intention in „einer eigentümlichen Konsequenz"[157] seines eigenen Arguments liegt, daß das Universum bei genügend langer Zeit immer dem thermodynamischen Gleichgewicht entgegengeht. Da es sehr viel mehr gleichförmige als ungleichförmige Zustände gibt, werden auch bei Geschwindigkeitsumkehr nach langer Zeit immer nahezu gleichförmige Zustände erreicht. Betrachtet man Loschmidts Argument also wahrscheinlichkeitstheoretisch – und der zweite Hauptsatz gehört nach Boltzmann in das Gebiet der Wahrscheinlichkeitsrechnung – so zeigt sich, „daß, wenn wir die Zustände des Weltalls in unendlich ferne Vergangenheit verfolgen, wir im Grunde genommen ebenso berechtigt sind, als sehr wahrscheinlich anzunehmen, daß wir zu einem Zustande gelangen werden, in welchem endlich alle Temperaturdifferenzen aufgehört haben, als wenn wir die Zustände des Weltalls in fernste Zukunft verfolgen"[158]. Auch bei Zeitumkehr scheint der Wärmetod unausweichlich.

Damit ist Boltzmanns kosmologisches Modell schon angedeutet, das er dann in seinen Erwiderungen auf Zermelos Wiederkehreinwand ausbaut[159]. Greift man vom gegenwärtigen, hochgeordneten Zustand auf der Zeitskala weit nach vorne oder nach hinten, so wird man mit großer Wahrscheinlichkeit auf ungeordnetere Zustände treffen. Der Zustand des Universums ist insofern symmetrisch, als es sich fast immer in maximaler Unordnung, also im thermodynamischen Gleichgewicht befindet. Es können aber Schwankungen auftreten und dadurch raumzeitliche Gebiete im Universum entstehen, in denen die Entropie abnimmt und sich durch natürliche Fluktuation ein thermodynamisches Ungleichgewicht einstellt, über das sich Ordnung aufbaut, die dann allerdings im weiteren Verlauf der Zeit wieder abnimmt und sich dem Gleichgewicht wieder annähert. Solche Schwankungen, besonders wenn sie sehr groß sind, werden selten sein, doch nur innerhalb solcher Ungleichgewichtsschwankungen ist

---

[156] J. LOSCHMIDT, Über den Zustand des Wärmegleichwichts . . . III, 297. Damit „würde die tröstliche Perspective eröffnet, dass das Menschengeschlecht betreffs der Umsetzung von Wärme in Arbeit nicht einzig auf die Intervention der Steinkohle oder der Sonne angewiesen ist, sondern für alle Zeiten einen unerschöpflichen Vorrath verwandelbarer Wärme zur Verfügung haben werde" (DERS., Über den Zustand des Wärmegleichwichts . . . I, 135).

[157] L. BOLTZMANN, Über die Beziehung eines allgemeinen mechanischen Satzes zum zweiten Hauptsatze der Wärmetheorie (1877), 246.

[158] AaO., 247.

[159] Deshalb irrt Popper, wenn er behauptet, Boltzmann habe erst in der Auseinandersetzung mit Zermelo „ad hoc eine bewundernswürdige, aber phantastische kosmologische Hypothese eingeführt" (K. POPPER, Ludwig Boltzmann und die Richtung des Zeitablaufs, 175).

die Entstehung von Welten und Leben möglich. „Es müssen dann im Universum, das sonst überall im Wärmegleichgewichte, also tot ist, hier und da solche verhältnismäßig kleinen Bezirke von der Ausdehnung unseres Sternenraums (nennen wir sie Einzelwelten) vorkommen, die während der verhältnismäßig kurzen Zeit von Äonen erheblich vom Wärmegleichgewichte abweichen, und zwar ebenso häufig solche, in denen die Zustandswahrscheinlichkeit gerade zu- als abnimmt.“[160] Einer solchen Schwankung verdankt auch unsere Welt ihre Existenz.

Was nun den Verlauf der Zeit angeht, wie wir ihn erleben, so sieht Boltzmann ihn an die Bewegung von unwahrscheinlicheren zu wahrscheinlicheren Zuständen gekoppelt, wobei erstere die Vergangenheit, letztere die Zukunft darstellen. Für jeden Beobachter entwickelt sich jedes Universum von geordneten Ausgangszuständen auf ungeordnete Endzustände hin. Da bei einer Schwankung des Gleichgewichts des Universums auf der ansteigenden Flanke die Ordnung zunimmt, auf der abfallenden aber abnimmt, kehrt sich dabei jeweils das Zeiterleben um, weil die Zeitrichtung immer gegen die unwahrscheinlicheren hin zu den wahrscheinlicheren Zuständen gerichtet ist.

Abbildung 8: Der Zeitpfeil im boltzmannschen Universum

Damit gibt Boltzmann seine Herleitung der Irreversibilität der Zeit aus den mechanischen Gesetzen im Grunde auf und führt sie auf das subjektive Empfinden der Lebewesen zurück, die an der Flanke einer Ordnungsschwankung eines im Mittel gleichförmigen Universums existieren. Nur mit dieser Sicht der Dinge läßt es sich nach Boltzmann vermeiden, trotz des Zugeständnisses einer gerichteten Zeit und damit einer einsinnigen Entwicklung der konkreten Einzelwelt von einem Anfang auf ein Ende hin, einen kontingent gesetzten Anfang für das Gesamtuniversum annehmen zu müssen[161]. Für das Universum selbst gibt

---

[160] L. BOLTZMANN, Zu Hrn. Zermelos Abhandlung ‚Über die mechanische Erklärung irreversibler Vorgänge‘, 306.

[161] „Diese Methode scheint mir die einzige, wonach man den zweiten Hauptsatz, den Wärmetod jeder Einzelwelt ohne eine einseitige Änderung des ganzen Universums von einem be-

es keinen Zeitverlauf, nur innerhalb der Schwankungen seines Gleichgewichts und darin auch nur für Lebewesen erfahrbar entsteht das Gefälle einer als zeitlich erfahrbaren Entwicklung von Ordnung hin zu Unordnung. Das Universum selbst aber bleibt von aller Gerichtetheit der Zeit, von Entstehung und Verfall unberührt. „Für das Universum sind also beide Richtungen der Zeit ununterscheidbar, wie es im Raum kein Oben oder Unten gibt."[162]

An dieser Stelle stimmt Boltzmann mit seinem großen Wiener Kritiker Ernst Mach überein, der ebenfalls feststellt: „Für das Weltall gibt es keine Zeit."[163] Mach sieht in Thomsons und Clausius' Vorstellung vom Wärmetod als einer Hypothese über die Geschichte des ganzen Weltalls „keine wissenschaftliche Frage", da sich immer nur Bewegungen von Teilen des Ganzen durch Vergleich mit anderen Teilen bestimmen lassen und wir nicht mehr bestimmen können „als *die Abhängigkeit der Erscheinungen von einander*", nicht aber die Entwicklung des Ganzen selbst[164]. Daraus folgt die physikalische Sinnlosigkeit von Theorien, die von einer zeitlichen Entwicklung des Weltalls im ganzen sprechen und Aussagen über die Geschichte der Welt machen wollen, da man von Veränderung in der Zeit immer nur dann sprechen kann, wenn man einen *Teil* der Welt auf einen anderen *Teil* bezieht, der als Uhr betrachtet wird und durch seine vorausgesetzte gleichförmige Bewegung die Zeit anzeigt, in der die Veränderung sich vollzieht. „Wenn wir von einem Ding in der Welt sagen, es wird nach Verlauf einer gewissen Zeit die Veränderung *A* erleiden, so setzen wir es als abhängig von einem andern Theil der Welt, den wir als Uhr betrachten. Wenn wir aber für das Weltall einen solchen Satz aussprechen, so haben wir uns insofern getäuscht, als wir nichts mehr übrig haben, worauf wir das Weltall wie auf eine Uhr beziehen könnten."[165]

Wie Loschmidt, Zermelo und Mach versucht auch Poincaré, auf dessen Wiederkehrtheorem ja Zermelos Kritik aufbaut, den Wärmetod zu widerlegen. Poincaré gesteht zu, daß die empirisch gewonnenen Daten zunächst nahelegen, daß das Weltall einem Endzustand zustrebt, „der eine Art von Tod darstellt" und in dem „alle Körper bei derselben Temperatur in Ruhe sein"[166] werden. Aus seinem Wiederkehrtheorem, demzufolge jedes System nach endlicher, wenn auch

---

stimmten Anfangs- gegen einen schließlichen Endzustand denken kann" (L. BOLTZMANN, Zu Hrn. Zermelos Abhandlung ‚Über die mechanische Erklärung irreversibler Vorgänge', 307).

[162] AaO., 306.

[163] E. MACH, Die Geschichte und die Wurzel des Satzes von der Erhaltung der Arbeit, 37.

[164] AaO., 36f.

[165] AaO., 37.

[166] H. POINCARÉ, Mechanistische Weltauffassung und Erfahrung (1893), Nachdr. in: Kinetische Theorie, Bd.2, 258–263, 262.

langer Zeit sich seinem Anfangszustand wieder nähert, zieht Poinaré aber den
weitergehenden Schluß, daß dieser Zustand „nicht der Endtod des Weltalls sein
[wird], sondern vielmehr eine Art von Schlummer, aus dem es nach Millionen von Millionen Jahrhunderten erwachen wird"[167]. Vielleicht gibt es deshalb
auch nicht nur eine Welt, die wie die unsere sich auf den Gleichgewichtszustand
hinbewegt, sondern auch eine solche (vielleicht sogar in einem entfernten Teil
unseres Universums), „die sich im Prozeß des Aufwachens befindet, bei der die
Gesetze der Thermodynamik umgekehrt sind"[168].

Mit der Entwicklung des kosmologischen Standardmodells in den zwanziger Jahren unseres Jahrhunderts wird dann aber als Konsequenz aus der relativistischen Gravitationstheorie ein ganz anderes Modell für die kosmische
Entwicklung etabliert, das gerade den von den meisten Forschern des 19. Jahrhunderts als aus wissenschaftlicher Sicht unannehmbar desavouierten kontingenten Anfang der kosmischen Zeit sowie ihre Richtung hin auf den Wärmetod des Universums von den physikalischen Grundannahmen und empirischen
Beobachtungen her geradezu unausweichlich macht. Nach dem Urknallmodell
hat die Welt einen ausgezeichneten Anfang, durch Expansion und Abkühlung
nimmt sie eine eindeutig bestimmbare zeitliche Entwicklung, in deren Verlauf
sich lokale Ungleichgewichte aufbauen. Und sie wird, sei es durch Kollaps, sei
es durch unaufhörliche Ausdünnung, auf einen Endzustand zugehen, der dem
Konzept des Wärmetodes zumindest ähnlich ist. Es ist dabei gerade der irreversible und unwiederholbare Verlauf des Kosmos hin zum thermodynamischen
Ausgleich, der durch die auf ihn gerichteten Materie- und Energieflüsse lokal
differenzierte Strukturen und damit auch Lebewesen wie den Menschen entstehen läßt.

5.2. Die kosmische Zeit der Friedmann-Welten

Friedmanns Herleitung der Möglichkeit einer gekrümmten, expandierenden
Welt aus den einsteinschen Feldgleichungen muß, wie wir sahen, den Krümmungsradius des Raumes von der Zeit abhängig machen, führt ihn also als
Funktion von *t* ein und setzt einen kosmischen Zeitparameter als „orthogonal
zum Raum"[169]. Mit dieser Einführung der kosmischen Zeit in den kosmologischen Modellen ist zumindest für die reale, materieerfüllte Welt eine besondere
Zeit als kosmischer Hintergrund restituiert. Ein *Verlauf* der Zeit im Kosmos
ist dadurch definiert, daß eine Klasse von Beobachtern im einsteinschen, ex-

[167] Ebd.
[168] Ebd.
[169] A. FRIEDMANN, Über die Krümmung des Raumes, 379.

pandierenden, von Masse annähernd homogen erfüllten und damit einer riemannschen Metrik gehorchenden Universum ausgezeichnet ist, „nämlich diejenigen, welche in ihrer Bewegung der mittleren Bewegung der Materie folgen"[170] und die sich in Raumteilen mit einer der mittleren Raumkrümmung an-
genäherten Krümmung aufhalten. Damit gibt es einen herausgehobenen Verlauf
der Zeit, der für alle Materiesysteme gilt[171] und dessen seit der Anfangssingularität vergangenes Maß – Friedmann nennt dies „*die Zeit seit der Erschaffung
der Welt*"[172] – sich berechnen läßt. Diese kosmische Zeit wird in der Literatur
auch ‚Epoche' genannt, und man nimmt an, daß sie in guter Näherung mit der
astronomischen Zeit unseres Planetensystems übereinstimmt.

Ein dem ausgezeichneten Ruhesystem gegenüber ruhender Fundamentalbe-
obachter kann alle Uhren im Universum synchronisieren und weltweite Gleichzeitigkeit definieren. „Gleichzeitigkeit im Kosmos ist *per Definition* eingeführt
als eine Art neuer *absoluter* Zeit."[173] Es gibt dadurch eine eindeutige universelle Zeit, auf die alle Aussagen über die zeitliche Entwicklung des Kosmos
bezogen sind, wie z.B. Aussagen über das Alter des Kosmos, auch wenn die
lokalen Uhren bei Bewegung gegen das ausgezeichnete Ruhesystem nicht die
kosmische Zeit anzeigen.

Die größte Zeitasymmetrie ist die Expansion des Universums und der in
ihr stattfindende Aufbau struktureller Vielfalt. „*Oberste Quelle aller Strukturen*
und aller Entstehung von Ordnung ist die *Expansion des Universums*."[174] Alle
Irreversibilitäten, die wir beobachten, und damit auch unsere bewußte Wahrnehmung von Zeit selbst, haben ihren Ermöglichungsgrund in dieser kosmischen
Dynamik. Zum Verständnis dieses Zusammenhangs ist es wichtig, sich vor Augen zu führen, wie die Antagonisten Gravitation und Expansion im Zusammenspiel mit der Asymmetrie der Materiezustände aus dem hochgradig homogenen
und isotropen Anfangszustand des Universums die heute beobachtbaren Materiezusammenballungen und energetischen Ungleichgewichte haben entstehen
lassen. Die Expansion des Kosmos und die damit verbundene Abkühlung führt
zunächst zu Symmetriebrechungen des Materie-Energie-Gemisches nach dem
Urknall, in deren Verlauf sich Kräfte und materielle Teilchen, Hadronen und

---

[170] K. GÖDEL, Relativitätstheorie und idealistische Philosophie, in: Albert Einstein als Philosoph und Naturforscher, 406–412, 408.
[171] Ausgenommen wären nur rein spekulative, auf Lichtwellen reitende oder sich auf sehr
dichten Sternen innerhalb des Ereignishorizontes eines Schwarzen Loches aufhaltende Beobachter.
[172] A. FRIEDMANN, Über die Krümmung des Raumes, 384.
[173] H. GOENNER, Einführung in die Kosmologie, 58.
[174] B. KANITSCHEIDER, Von der mechanistischen Welt zum kreativen Universum, 140.

Leptonen usw. gemäß der entsprechenden Symmetrieprinzipien ausdifferenzieren, voneinander abkoppeln oder Verbindungen eingehen und miteinander in
asymmetrische, differenzierte Wechselwirkung treten. Im Standardmodell des
Urknalls sind dabei die primordiale Nukleosynthese und die Entkoppelung von
Strahlung und Materie wichtige Schritte[175].

Für die weitere thermische Asymmetrie des Kosmos tritt nun noch ganz entscheidend die Gravitation hinzu. Wir hatten schon früher auf die einzigartige
kosmische Bedeutung der Gravitation hingewiesen, die allein über kosmische
Entfernungen wirkt und nicht abgeschirmt oder neutralisiert werden kann. Die
diffus verteilte, von der elektromagnetischen Strahlung abgekoppelte kosmische Materie rekombiniert sich zunächst nach Abkühlung zu den Atomen der
leichten Elemente, die allmählich unter dem Einfluß der Schwerkraft durch das
Wachstum von Dichtefluktuationen lokale Dichte- und Temperaturunterschiede ausbilden, die die Keime für die späteren Galaxien, Sonnen und Planeten
darstellen. Diese durch die Gravitation gebundenen Systeme machen die Expansion der Lineardimension des Kosmos nicht mit und sind in ihrer Struktur
vom Hubble-Fluß abgekoppelt. Durch die Zusammenklumpung unter dem Einfluß der Gravitation heizen sich die stellaren Massen auf, bis oberhalb einer
bestimmten Dichte thermonukleare Prozesse einsetzen, die die schwereren Elemente erzeugen. Die der Gravitation inhärente Tendenz, Inhomogenitäten zu
verstärken, bis dahin, daß thermonukleare Prozesse einsetzen können, und die
Expansion des materiefreien Raumes zwischen den gravitativen Zusammenballungen sind in ihrem Zusammenspiel maßgebend für lokale Dichte- und Temperaturgradienten und die damit verbundenen Energieflüsse im Kosmos.

Der gegenwärtige Zustand niedriger Entropie unserer Welt und die daraus
resultierenden energetischen und materiellen Flüsse sind also zu verstehen als
direkte Folge der kosmischen Dynamik unseres gravitativ bestimmten Universums, dessen Energie und Materie ein Spektrum an Zuständen einnehmen kann.
„*Any* gravitating universe that can exist and contains more than one type of in-
teracting material, *must* be asymmetric in time, both, globally in its motion, and
locally in its thermodynamics."[176] Die stellaren Prozesse haben dabei eine so
lange Relaxationszeit[177] und verlaufen gegenüber der Expansion so langsam,

---

[175] Vgl. oben S.96ff.

[176] P.D. DAVIES, The Physics of Time-Asymmetry, London 1974, 109.

[177] Die Relaxationszeit ist die Zeit bis zum Erreichen des Gleichgewichts. Selbst wenn die
Expansion sofort gestoppt und die gegenwärtige raumzeitliche Ausdehnung des Kosmos kon-
serviert werden könnte, wäre auch in diesem statischen Fall die Relaxationszeit mit 10^{23} Jahren
gegenüber dem bisherigen Weltalter von etwa $2 \cdot 10^{10}$ Jahren sehr groß, vgl. B. KANITSCHEI-
DER, Wissenschaftstheorie der Naturwissenschaft, 1981, 260, Anm. 67.

daß zwischen den Sternen und ihrer Umgebung über kosmische Zeiträume hinweg kein Strahlungsgleichgewicht eintritt. „In einer Welt, die schneller als mit $R(t) \sim t^{1/3}$ expandiert, wird niemals ein Strahlungsgleichgewicht erreicht werden und deshalb gibt es zu allen Zeiten einen Temperaturgradienten um die Sterne herum."[178] Auch der die terrestrischen Prozesse ermöglichende Energiefluß der Sonne wird dadurch hervorgerufen, daß unser Zentralgestirn sich im thermodynamischen Ungleichgewicht mit seiner Umgebung befindet. Die Sonne sendet sehr viel mehr Strahlung aus, als sie aus dem Weltall erhält. Daß dieses Ungleichgewicht aufrechterhalten wird, liegt daran, daß der Weltraum wegen der Expansion eine solche Größe und Leere hat, daß er die in ihm enthaltene Strahlung nicht reflektiert und sie nur in geringen Teilen mit der im Weltraum enthaltenen Materie wechselwirkt. Der umgebende leere „Raum funktioniert somit als Strahlungssenke, eine Rolle, die er wegen der Expansionsbewegung dauernd beibehält"[179].

Wie wir bei der Darstellung der Friedmann-Modelle gesehen hatten, gibt es grundsätzlich zwei Alternativen für die langfristige Entwicklung unseres Universums über seinen jetzigen Zustand hinaus. Falls die Materie- und Energiedichte des Kosmos einen kritischen Wert überschreitet, wird die derzeitige Expansion so stark abgebremst, daß sie zum Stillstand kommt, sich umkehrt und dann auf die derzeitige Phase der Expansion eine Phase der Kontraktion folgt, an deren Ende der Kollaps in ein riesiges Schwarzes Loch stünde. Der derzeitige empirische Stand spricht gegen diese Möglichkeit, da die beobachtete Materiedichte allenfalls 10% der kritischen Dichte entspricht. Deshalb vermuten andere, daß der zweite Fall eintritt, bei dem sich eine zwar immer mehr verlangsamende, aber unendlich andauernde Expansion erhält, durch die sich die dissipativen Prozesse langsam verringern und die vorhandenen Inhomogenitäten ebenso wie die ausgesandte Strahlung immer mehr ausgedünnt werden[180].

---

[178] AaO., 95.

[179] AaO., 93.

[180] Das entsprechende Endzeit-Szenario wäre dann etwa so zu beschreiben, daß nach vielen Milliarden Jahren die Kernreaktionen der Sterne an eine Ende kämen, so daß keine weitere Strahlung mehr erzeugt und viele zu Schwarzen Löchern zusammenfallen würden. Schwarze Löcher sollten sich aber durch die Hawking-Strahlung wieder in diffuse Strahlung auflösen. Durch den bisher allerdings nicht endgültig nachgewiesenen Protonenzerfall (Halbwertszeit mindestens 10^{31} Jahre) könnte am Ende alle baryonische Materie zerfallen, so daß nur noch Leptonen und Photonen übrigblieben, deren homogene, maximal ungeordnete Mischung die gültige Beschreibung des Finalzustands des kosmischen Wärmetods wäre, vgl. H. FRITZSCH, Vom Urknall zum Zerfall, 282ff.

Halten wir fest: nur über irreversible Prozesse und Energieflüsse in einem
lokal inhomogenen Weltraum können Strukturen und komplexe Systeme ausge-
bildet werden. Die Entstehung solcher Prozesse durch thermodynamische Ungleichgewichte wiederum wird ermöglicht und hervorgerufen durch das Zusammenspiel von Expansion des Kosmos, gravitiver Wechselwirkung und asymmetrischen Materiezuständen. Die Dynamik des Kosmos ist letztendlich die
Voraussetzung dafür, daß dynamisch stabilisierte, komplexe Systeme entstehen können bis hin zu solchen, die Beobachter der Welt, ja sogar bewußte Beobachter werden können. Während das Universum „expandiert, abkühlt und
sich entwickelt, läßt es Beobachter-Partizipation entstehen. Die Beobachter-
Partizipation läßt wiederum das entstehen, was wir ‚fühlbare Realität‘ des Universums nennen."[181]

Die grundlegende kosmische Dynamik ist zum einen charakterisiert durch
ihre *Endlichkeit*. Sie hat vermutlich einen Anfang und zumindest als Ermöglichungsgrund strukturierter Systeme im ‚Wärmetod‘ auch ihr Ende. Zum anderen eignet den im Laufe der kosmischen Entwicklung entstehenden Strukturen *Geschichtlichkeit*. Vor allem die kontingente Entwicklung der terrestrischen
Evolution ist zu beschreiben als ein geschichtlicher Prozeß des Entstehens von
unableitbar Neuem bis hin zu Lebewesen mit bewußter *Zeitwahrnehmung*, die
ihrerseits als zeitlich strukturierte Agenten Biographien und Geschichte gestalten. Der Zeitpfeil der *kosmischen Dynamik*, der Zeitpfeil derjenigen *irreversiblen Prozesse*, die über Zeit Ordnung, Strukturen und Systeme aufbauen, und
der Zeitpfeil unseres *Bewußtseins*, das in dieser Geschichte entstanden ist und
sich in dieser dynamischen Welt orientiert, sind zwar nicht einfach aufeinander
reduzierbar, aber ontisch in aufsteigender und noetisch in absteigender Reihenfolge voneinander abhängig und zeigen in dieselbe Richtung. Es gilt, daß auch
„das uns eigene Zeitbewußtsein, das sich am Veränderlichen orientiert und im
Lebensrhythmus unserer Gehirnzellen verankert ist, ... seine Wurzeln in der
vom zweiten Hauptsatz geforderten Irreversibilität"[182] hat. Die vergehende Zeit
ist ein kosmisch begründetes, basales Phänomen und keine in der wissenschaftlichen Perspektive sub specie aeternitatis als solche entlarvte Illusion.

---

[181] J.A. WHEELER, Frontiers of Time, Amsterdam 1979, zitiert nach I. PRIGOGINE, Dialog
mit der Natur, 267.
[182] M. EIGEN/R. WINKLER, Das Spiel, 180.

B. Gott und die Zeit der Schöpfung

1. Die Zeit der Schöpfung

1.1. Die Zeit in den Naturwissenschaften

Wir fassen zunächst wieder die Ergebnisse der naturwissenschaftlichen Darstellung in naturphilosophischer Hinsicht zusammen:

1. Die Zeit bezieht sich auf das über Wechselwirkungszusammenhänge beschriebene Nacheinander der sich vollziehenden Welt[183]. In der klassischen Physik ist sie *das zählbare Maß von Veränderung*. Diese Bestimmung impliziert eine doppelte Grundlegung. Zum einen läßt sich Veränderung nur gegen Konstanz abheben, und zum anderen muß diese Konstanz durch solche Prozesse auf angemessene Weise repräsentiert werden können, die iterative und damit zählbare Vorgänge darstellen. Newton hatte dazu den absoluten Raum und seine Repräsentation durch Trägheitsbewegungen, die in gleichen Zeiten gleiche Strecken zurücklegen, vorausgesetzt. Als Konsequenz der darauf aufbauenden newtonschen Physik ergab sich ein strenger Determinismus, der im Prinzip beliebig genaue Extrapolationen von einem gegebenen Zustand in Zukunft und Vergangenheit erlaubte.

Die relativistische Physik hat den absoluten Raum und die absolute Zeit der newtonschen Physik als eine den Phänomenen unangemessene Darstellung erwiesen und an ihre Stelle den vierdimensionalen *Raum-Zeit-Zusammenhang* der Minkowski-Welt gesetzt, der sich über die absolute Grenze der Lichtgeschwindigkeit und die dadurch möglichen Kausalzusammenhänge zwischen Ereignissen konstituiert. Die Lichtgeschwindigkeit und damit die elektromagnetischen Erscheinungen erfüllen im Rahmen der speziellen Relativitätstheorie die Funktion des konstanten Hintergrunds der zeitlichen Erscheinungen. Die allgemeine Relativitätstheorie hat dann gezeigt, daß Materie und Energie über ihren gravitativen Aspekt mit dem Raum-Zeit-Kontinuum in Wechselwirkung stehen und seine Geometrie bestimmen. Weder ist dadurch der strenge Determinismus der newtonschen Physik aufgehoben noch das objektive Früher und Später des physikalischen Geschehens relativiert worden.

Kann die relativistische Raumzeit auch im Prinzip statisch interpretiert und dann der zeitliche Verlauf des Geschehens als bloße Illusion für den mensch-

---

[183] Vgl. schon die klassische Definition in Wolffs Ontologie: „*Tempus* adeo est ordo successivorum in serie continua" (C. WOLFF, Philosophia Prima sive Ontologia, 454). In der differenzierten und empirisch kontrollierten Bestimmung der ‚series continua' besteht der Erkenntnisgewinn neuzeitlicher Kosmologie.

lichen Betrachter behauptet werden, so legt es sich doch aufgrund zweier Einsichten nahe, den Verlauf der Zeit der Welt auch als physikalisch objektiv aufzufassen. Zum einen ist man im Rahmen des auf der allgemeinen Relativitätstheorie aufbauenden kosmologischen Standardmodells dazu genötigt, einen kosmischen Zeitparameter einzuführen. Zum anderen zeigt die Quantentheorie, daß
die unstetigen, nur statistisch beschreibbaren Wechselwirkungsprozesse auf der
Ebene der Elementarteilchen ein nicht-reversibles Vorher-Nachher etablieren,
das mit dem Raum-Zeit-*Kontinuum* der Relativitätstheorie nicht ohne weiteres
kompatibel ist.

2. Während die Gesetze der klassischen und relativistischen Mechanik keine
ausgezeichnete Richtung der Zeit liefern, zeigt sich im Rahmen der Thermodynamik eine eigentümliche Anisotropie der Zeit, die unumkehrbares Werden und
Vergehen von makroskopischen Strukturen impliziert. Auch hier ist ein elemen-
tares Konstanzgesetz auf ein Prinzip einsinniger Veränderung bezogen.

2.1 Der *Energieerhaltungssatz* als der erste Hauptsatz der Thermodynamik
besagt, daß die Energie-Masse-Summe der Welt konstant ist und sich auch in
abgeschlossenen Systemen erhält. Der Kosmos ist dann zu bestimmen als das
größte energetisch abgeschlossene System. Es kommt im Kosmos nichts aus
dem Nichts hinzu und vergeht nichts ins Nichts. Alle Veränderung im Kosmos
ist *Umwandlung* des energetischen Zustandes der physikalischen Objekte durch
Wechselwirkung unter Erhaltung der Energie-Masse-Bilanz und anderer Symmetrien.

Wird aber in physikalischen Prozessen immer nur ein Zustand unter strengen Erhaltungsgesetzen in einen anderen überführt, dann stellt sich damit das
Problem, wie echtes Werden im Rahmen der abgeschlossenen, nur Zustandsänderungen aufweisenden Welt gedacht werden kann. Eine scharfe, kategoriale
Unterscheidung von echtem Werden und bloßer Veränderung der Konstellation der materiell-energetischen Konstituenten in Raum und Zeit läßt sich physikalisch jedenfalls nicht nachvollziehen[184]. Was hinzutritt im Laufe der kos-

---

[184] ARISTOTELES unterschied bekanntlich zwischen akzidenteller Veränderung (τόδε τι
γίγνεσθαί) und substanziellem Werden (ἁπλῶς γίγνεσθαι), vgl. Physik, A 7, 190a,32. Doch
auch er bestimmte das Werden von der Veränderung her, indem er einen zugrundeliegenden identischen Bezugsgegenstand voraussetzte, da immer etwas zu etwas wird: „δεῖ τι ἀεὶ
ὑποκεῖσθαι τὸ γιγνόμενον" (aaO., 190a,14f.). Dalferths dagegen gerichtete Behauptung, daß
„Werden und Veränderung ... nicht als zwei Formen desselben zeitlichen Vorgangs bestimmt
werden" (I.U. DALFERTH, Existenz Gottes und christlicher Glaube, 136) können, ist in Bezug
auf das physikalische Geschehen nicht nachzuvollziehen. Prozesse bloßer Veränderung sind
von solchen echten Werdens nur in Bezug auf unsere begrifflichen Bestimmungen zu unterscheiden. Ihr Übergang ist fließend, und mitunter können sie auf ein und denselben Vorgang

mischen Entwicklung sind zunächst großräumige Energie-Materie-Gefälle und dann in ihren Ausgleichsprozessen abseits vom thermodynamischen Gleichgewicht über Rückkoppelungseffekte ausgebildete Fließgleichgewichte, Strukturen, Systeme und Systeme von Systemen, also ‚nur' ein Zuwachs an Struktur und Komplexität[185].

2.2 Die thermodynamischen Ungleichgewichte und damit die energetischen und materiellen Flüsse haben ihren Grund in der Expansion des Kosmos und der gegenwirkenden Gravitation, die anfängliche minimale Energiedichteschwankungen verstärken und die Materie-Energie-Wechselwirkungen entkoppeln, so daß lokale Materiezusammenballungen mit intensiven nuklearen Reaktionen entstehen, die von leerem Raum umgeben sind, in den hinein sie Energie und Materie abgeben. Nur über diese Ausgleichsprozesse können sich lokal von ihrer Umgebung relativ abgeschlossene komplexe Systeme bis hin zu lebenden Strukturen bilden und halten. Damit ist zugleich gesagt, daß solche Systeme, da sie auf das Vorhandensein der energetischen Ströme angewiesen sind, nur sozusagen ‚unterwegs' entstehen können im Verlauf der kosmischen Geschichte und damit um den Preis der Endlichkeit und des Vergehens. Endkollaps oder Wärmetod bilden das endgültige Ende dieser Vorgänge.

2.3 Die stetige Entropiezunahme im Sinne des zweiten Hauptsatzes der Thermodynamik, die diese Ausgleichsprozesse beschreibt, ist das basale Konzept, über das eine *Gerichtetheit der Zeit* auf der Ebene makroskopischer Systeme in die physikalische Beschreibung Einzug hält. „Nicht darin, daß sie Be-

---

bezogen sein. Wann eine Veränderung als bloßes *Anderswerden* eines mit sich Identischen und wann sie als *Entstehen* eines anderen beschrieben wird, ist eine zur Aussageabsicht relative Differenzierung. Wann etwa ein gepflückter Apfel in einen faulenden Apfel übergeht und sich somit zu verändern beginnt oder wann dieser zu etwas Neuem, z.B. Humus, wird, ist gerade nicht eindeutig zu definieren, geschweige denn empirisch zu bestimmen. *Werden* ist innerweltlich keine den sich ändernden Zuständen noch zusätzlich zukommende, unableitbare Möglichkeit.

[185] Für diese Phänomene hat sich vor allem in der populärwissenschaftlichen Darstellung der Terminus ‚Selbstorganisation' eingebürgert. Die entsprechende Kritik dieses problematischen Begriffs, durch den die entsprechenden Theorien „unter der Hand ontologisch angereichert, mit Wert- und Sinnprädikaten beladen werden" und über „eine frei vagabundierende Metaphorik" dazu herhalten müssen, eine diffuse schöpferische Potenz des Universums zu bestimmen, hat H.-D. Mutschler vorgetragen (Mythos ‚Selbstorganisation', ThPh 67 (1992), 86–108, 91). Eher kritische Ausführungen finden sich auch bei W. Schoberth, Schöpfung und Selbstorganisation, Glaube und Denken 12 (1999), 11–32. In positiver Weise sucht etwa Gregersen an Selbstorganisationstheorien anzuknüpfen (N.H. Gregersen, The Idea of Creation and the Theory of Autopoietic Processes, Zygon 33 (1998), 333–367). Inzwischen ist ein Sammelband erschienen, der das Verhältnis von Selbstorganisation und christlicher Schöpfungstheologie in verschiedenen, mitunter überaus heterogenen Perspektiven untersucht: Schöpfung und Selbstorganisation, hg. von K. Hilpert/G. Hasenhüttl, 1999.

rechnungen verkürzt, die auch mit Hilfe anderer Methoden unter Umgehung des Entropiebegriffes ausgeführt werden könnten, liegt die fundamentale Bedeutung der Entropie, sondern darin, daß durch sie der wissenschaftlichen Welt eine Richtung eingeprägt wird, welche sonst nirgends in der Physik aufgezeigt werden könnte."[186] Ein den Unterschied von Vergangenheit und Zukunft im Rahmen einer zeitlosen Statik egalisierendes Konzept wie das Einsteins dagegen führt sich am Ende selbst ad absurdum, denn es „macht aus der in nur einer Richtung verlaufenden Veränderung eine Illusion. ... Es macht aus unserer Welt eine Illusion, und damit auch aus *allen unseren Bemühungen, mehr über unsere Welt herauszufinden.*"[187]

2.4 *Fazit*: Die zeitliche *Kontinuität* des Naturgeschehens wird durch die Erhaltung der Energie gewährleistet, die im Rahmen des Wirkungszusammenhangs des Raum-Zeit-Kontinuums im Mittel erhalten bleibt. Die *Asymmetrie* der zeitlichen Prozesse und ihres Ordnungsaufbaus wiederum beruht auf der kosmischen Expansion und der kosmischen Zeitlichkeit.

3. Damit ist allerdings erst die zeitlich-kausale Relation ‚früher – später' (oft auch *Lagezeit* oder im Anschluß an McTaggart[188] B-Reihe genannt) physikalisch rekonstruiert. Von ihr läßt sich die *Modalzeit* unterscheiden, die die Differenz ‚vergangen – gegenwärtig – zukünftig' zur Geltung bringt (von McTaggart A-Reihe genannt). Zu ihrer physikalischen Explikation können wir auf die Quantentheorie verweisen. Unter Bezug auf die Interpretation des quantentheoretischen Meßvorganges hatten wir uns vor Augen geführt, daß Vergangenheit und Zukunft physikalisch dadurch voneinander geschieden sind, daß die Vergangenheit irreversibel festgelegt ist und durch Fakten (makroskopische Zustandsänderungen) dokumentiert wird, das Zukünftige aber nur durch Möglichkeiten und die sie repräsentierenden Wahrscheinlichkeiten beschrieben werden kann. Beide Beschreibungen sind nicht aufeinander reduzierbar. Die durch Faktizität und noch unausgetragene Möglichkeit bestimmte Gegenwart stellt den Übergang der Ereignisse von der zunächst zukünftigen Möglichkeit zur faktischen Vergangenheit dar, der als solcher nicht umkehrbar ist.

Die Quantentheorie zeigt, so können wir diese Einsichten interpretieren, daß in der Physik nicht nur dem Faktischen als dem gegenwärtigen Dokument vergangener Prozesse, sondern auch dem in der Zeit zugänglichen Möglichen ei-

---

[186] A. EDDINGTON, Das Weltbild der Physik und ein Versuch seiner philosophischen Deutung, Nachdr. der Seiten 67–113 in: Klassiker der modernen Zeitphilosophie, 134–171, 171.

[187] K. POPPER, Ludwig Boltzmann und die Richtung des Zeitablaufs, 177.

[188] Vgl. J.M.J.E. MCTAGGART, The Unreality of Time, Mind 17 (1908), 457–474, Nachdr. in dt. Übers. (Die Irrealität der Zeit) in: Klassiker der modernen Zeitphilosophie, 67–86, in der dt. Übers. besonders Seite 68.

ne auf die Gegenwart bezogene ontologische ‚Mächtigkeit' zukommt[189]. Durch
den in der Schrödinger-Gleichung repräsentierten Zusammenhang von faktisch
Vergangenem und in der Zeit zugänglichem Möglichem *geschieht* das, was wir
gegenwärtige Wirklichkeit nennen. Dabei ist die kontingente Verwirklichung
einer Möglichkeit unter Ausschließung anderer, nun nicht mehr möglicher Alternativen nicht einsinnig als reduzierende Selektion zu begreifen, sondern auch
und gleichursprünglich in der umgekehrten Richtung als Ermöglichungsgrund
zukünftiger Möglichkeiten zu bestimmen[190]. Das faktische Ereignis legt aufgrund der Kontinuität und Asymmetrie des Geschehens für die Zukunft einen
Möglichkeitsraum allererst fest und strukturiert ihn. Ohne diese Festlegung wäre alles immer nur möglich, ohne daß es konkrete, einer Wirklichkeit *zukommende* Möglichkeiten gäbe. Deshalb ist der einfache ontologische Dual von
Wirklichkeit und Möglichkeit in Bezug auf die reale Welt unterbestimmt, wenn
nicht zugleich der wechselseitige und auch empirisch vielfältige Bezug beider
Kategorien mitbeschrieben wird[191].

---

[189] Vgl. J. HEINZE, „Gott im Herzen der Materie". Die Struktur der Zeit als Grundlage christlicher Rede von Gott im Kontext der modernen Physik, 1996, zur Quantentheorie besonders
163–188, mit dessen Analyse wir in manchen Punkten übereinstimmen. Heinze spricht in diesem Zusammenhang von einer „Ontologie der Möglichkeit" (aaO., 188).

[190] Vgl. oben S.237f.

[191] Die Standardmodelltheorie der Modallogik unterscheidet verschiedene Möglichkeitsbegriffe über ihre unterschiedliche *Bezogenheit* auf das Wirkliche, über die Zugänglichkeitsrelation. In der Standardsemantik der ‚möglichen Welten' lassen sich mindestens drei verschiedene
Möglichkeitsbegriffe unterscheiden, die über die verschiedenen Relationen der Zugänglichkeit
möglicher Welten von der realen Welt aus differenziert werden.

1. Im einfachsten, seit C.I. Lewis *T* genannten System (vgl. G.E. HUGHES/M.J. CRESS-
WELL, Einführung in die Modallogik, 1978, 26) ist die Zugänglichkeit eine *reflexive Relation*:
in die modalen Bestimmungen können nur die Welten einbezogen werden, die von der wirklichen Welt aus zugänglich sind und umgekehrt. Dieser Begriff des Möglichen kann als der des
im klassischen Sinne *physikalisch Möglichen* verstanden werden, das über empirisch bestätigte
Theorien bestimmt wird. Was „‚möglich' und ‚notwendig' ist, bemißt sich hier . . . streng nach
‚dieser unserer Welt', wobei mit der Möglichkeit anderer ‚Welten' gerechnet wird, die uns aber
nicht zugänglich sind" (W. HÄRLE, Systematische Philosophie, 1982, 126f.). Charakteristisch
für dieses System ist, daß beliebige Iterationen der Anwendungen der Modaloperatoren aufeinander möglich sind. Mögliches kann möglicherweise möglich oder notwendigerweise möglich,
Notwendiges notwendigerweise notwendig oder möglicherweise notwendig sein usw., ohne
daß sich die Folgen der Modaloperatoren reduzieren ließen.

Hieran läßt sich der irreduzible Charakter der modalen Bestimmungen des physikalisch Möglichen veranschaulichen, wie er etwa in der Hypertrophie der quantenkosmologischen Spekulationen möglicher Welten zum Ausdruck kommt. Der Begriff des physikalisch Möglichen ist
unabschließbar iterierbar, bis kontingente Festlegungen einen Abschluß erzwingen. Nur wenn
man an der nicht weiter hinterfragbaren Kontingenz der wirklichen Welt festhält, erhält man

Der Fortgang der Zeit, den wir als den Übergang vom Möglichen zum Wirklichen bestimmt haben, erschließt neue, an das Wirkliche anknüpfende physikalische und in deren Folge auch kontingente historische Möglichkeiten. Wäre jederzeit alles möglich, wäre die Welt ein unstrukturiertes Chaos. Allein da-

---

einen einfachen Möglichkeits- bzw. Notwendigkeitsbegriff, weil man sich dann streng auf Aussagen über die faktische Welt und diejenigen Welten beschränkt, die von dieser Welt aus zugänglich, d.h. im Fall der physikalischen Beschreibung über physikalische Gesetze aus ihr errechnet werden können. Beachtet man den Ausgangspunkt von der Kontingenz unserer wirklichen Welt und ihrer Geschichtlichkeit nicht, sondern fragt nach der physikalischen Möglichkeit des physikalisch Möglichen, gerät man in unabschließbare und irreduzible Iterationen des Modalen, die semantisch sinnlos werden.

2. In dem stärkeren, *S*4 genannten System (vgl. G.E. HUGHES/M.J. CRESSWELL, Einführung in die Modallogik, 39, Anm. 27) kommt zur Reflexivität die *Transitivität* hinzu: für die modalen Bestimmungen werden alle diejenigen Welten einbezogen, die von der wirklichen Welt aus in der Weise zugänglich sind, daß man eine halbgeordnete Menge von auseinander hervorgehenden Welten erhält, die über transitive Relationen miteinander verbunden sind. Schon auf der Grundlage der Quantentheorie sind die von der wirklichen Welt aus zugänglichen möglichen Welten nicht wie in der klassischen Physik eine notwendige kontinuierliche Folge, sondern eine sich baumartig verzweigende Menge, aus der dann auf kontingente Weise eine Welt selektiert wird, die mit der ersten Welt in wirklicher Kontinuität steht. Diesen Begriff des Möglichen kann man als den des *historisch Möglichen* bestimmen, der über die quantenmechanische Verbindung von Wirklichkeit und Möglichkeit hinaus vor allem für die Ebene der strukturierten, systemischen und individuierten Gestalten der biologischen und historischen Ebene der Wirklichkeit in Anschlag zu bringen ist. Er konstituiert die Vorstellung einer Folge von auseinander in unumkehrbarer Folge hervorgehenden, möglicherweise wirklichen Welten und bringt die Kontingenz der geschichtlichen Entwicklung zum Ausdruck. „Wir können uns beispielsweise ohne weiteres eine Welt ohne Telefon vorstellen. . . . Würde es aber bei uns gar kein Telefon geben, so wüßte sicherlich niemand, was ein Telefon ist, es könnte sich mithin auch niemand eine Welt . . ., in der es Telefone gibt, vorstellen; d.h., die telefonlose Welt wäre zwar für unsere Welt zugänglich, unsere Welt wäre es aber nicht für die telefonlose Welt" (aaO., 68). Charakteristisch für diesen Möglichkeitsbegriff ist, daß die Modaloperatoren nicht beliebig iterierbar sind, sondern sich auf vierzehn distinkte, irreduzible Kombinationen von Modalitäten zurückführen lassen, die jedoch über Implikationsverhältnisse so zusammenhängen, daß sich strenge Notwendigkeit aus keiner anderen Modalität herleiten läßt, alle Modalitäten aber eine einfache Möglichkeit implizieren, die man im Sinne von 1. als das physikalisch kontingente Wirkliche identifizieren kann (vgl. aaO., 42).

3. Im stärksten Standardsystem der Modallogik, dem System *S*5 tritt zu Reflexivität und Transitivität noch die Bedingung der *Symmetrie der Zugänglichkeitsrelation* hinzu. Hier ist jede mögliche Welt für jede andere mögliche Welt zugänglich. Die Menge aller möglichen Welten ist also gleich der Menge aller von einer beliebigen Welt aus zugänglichen Welten, so daß Modaloperatoren nicht iteriert und Ketten von Modaloperatoren immer auf eine einstellige Modalität reduziert werden können. Ist die Aussage *p* in der wirklichen Welt notwendig wahr, so folgt daraus, daß sie in allen möglichen Welten wahr ist. Diesen Möglichkeitsbegriff kann man als den der *analytischen oder logischen Denknotwendigkeit* verstehen, der die Widerspruchsfreiheit des denkbar Möglichen garantiert.

durch, daß immer nur Bestimmtes möglich ist, ist garantiert, daß Ordnung, Struktur, Gesetzmäßigkeiten sich ausbilden und dann auf der makroskopischen, die Strukturen der Möglichkeiten der Quantenphänomene feststellenden Ebene Zusammenhänge gelten, die in verläßlicher Näherung der starken Kausalität gehorchen. „Ordnung, Naturgesetzlichkeit entsteht also gewissermaßen durch das Gerinnen von Möglichkeiten mit eingeprägter Symmetrie zur Tatsächlichkeit, durch die Kontraktion von symmetrischer Potentialität zur Faktizität."[192] Dabei stellt die ganze Wirklichkeit einen einzigen Zusammenhang dar, denn aufgrund der holistischen Korrelationen aller quantenmechanischen Elementarereignisse gilt im Grundsatz, daß „das Möglichkeitsfeld zukünftiger Ereignisse nicht nur von einem oder wenigen Ereignissen in der Gegenwart dominiert" wird, „sondern es sind daran in gewisser Weise ‚alle Ereignisse in der Welt' beteiligt"[193].

Diese ‚eingeprägte Symmetrie zur Tatsächlichkeit' ist der Grund der Modalzeit (A-Reihe) als dem von uns als gegenwärtig erfahrenen Übergang von zukünftiger Möglichkeit zu faktischer Vergangenheit. Aus den zugänglichen Möglichkeiten realisiert sich in nicht streng deterministischer, aber zugleich regelmäßig auf die schon geschehenen Ereignisse bezogener Weise eine Möglichkeit als Wirklichkeit, so daß „Möglichkeit zu Faktizität gerinnt"[194]. Vergehende Zeit meint das kontingente Wechselspiel von manifester Wirklichkeit und auf sie zukommender Möglichkeit, das in einem sich fortspinnenden Geschehen dadurch sich als erfahrbarer *Zusammenhang* ereignet, daß die Zukunft immer nur an die Vergangenheit anknüpft, dies zugleich aber so tut, daß ihr kontingente Möglichkeiten zukommen. Die Gegenwart selbst ist dann zu bestimmen als der Übergang aus dem Möglichkeitsfeld der zukünftigen Ereignisse zu den faktischen Tatsachen der Vergangenheit. Dieser Übergang geschieht dadurch, daß Elementarereignisse durch reduzierende Wechselwirkung festgelegt werden. Solange dieses nicht geschehen ist, muß die Gegenwart in Teilen auch als „eine Art ‚Erwartung', ein ‚virtueller' Zustand"[195] verstanden werden.

4. Zu den beschriebenen Zusammenhängen tritt in einer noch nicht vollständig verstandenen Weise die historische Zeitlichkeit komplexer Systeme hinzu.

4.1 Im mikroskopischen *Bereich der Quantenprozesse* scheint es keine chaotischen Prozesse zu geben, da die chaotische Diffusion und Mischung der Vorgänge dadurch unterdrückt wird, daß keine feineren Übergänge als in der

---

[192] H.-P. DÜRR, Über die Notwendigkeit, in offenen Systemen zu denken – Der Teil und das Ganze, in: Die Welt als offenes System. Eine Kontroverse um das Werk von Ilya Prigogine, hg. von G. ALTNER, 1986, 9–31, 23.

[193] AaO., 28.

[194] AaO., 17.

[195] AaO., 21.

Größenordnung des Wirkungsquantums möglich sind: „klassisches Chaos kann betrachtet werden als das Auftreten immer komplizierterer Strukturen auf immer feineren Bereichen des Phasenraums ... Die Quantenmechanik aber setzt der immer stärkeren Verfeinerung schließlich ein Ende, denn in Phasenraumzellen kleiner als das Plancksche Wirkungsquantum wird jede Struktur ausgelöscht.“[196] Zugleich sorgt die heisenbergsche Unschärfe bei mikroskopischen quantenmechanischen Objekten dafür, daß eine beliebig genaue Messung in diesem Bereich prinzipiell nicht möglich ist – eine Unschärfe, die bei chaotischen Systemen schnell die weitere Vorhersagbarkeit zunichte machen kann[197]. Während quantenmechanische Gesetze auf der Ebene der elementaren mikroskopischen Ereignisse für indeterministische Übergänge von einem Zustand zum nächsten verantwortlich sind, sorgt das nicht-lineare Chaos dafür, daß solche Effekte auf die makroskopische Ebene durchschlagen können.

4.2 Nicht-lineare und chaotische Vorgänge abseits vom thermodynamischen Gleichgewicht sind vor allem von Bedeutung im „mesokosmischen Bereich der komplexen Systeme mittlerer Größenordnung“[198]. Auch die Erkenntnisse der Nicht-Gleichgewichtsthermodynamik lassen auf *der makroskopischen Ebene* einen mechanistischen Reduktionismus, der alles Geschehen durch Rückführung auf Einheiten darstellen will, die angemessen als separierte Objekte betrachtet werden können und deren Gesamtverhalten durch die Integration ihrer dynamischen Gleichungen in stark deterministischer Näherung dargestellt werden kann, als den Phänomenen unangemessene Idealisierung erscheinen. Die Irreduzibilität der makroskopischen thermodynamischen Phänomene auf klassische integrable Systeme und die Einsicht in die nur in ihren globalen Eigenschaften beschreibbare ‚Chaotizität‘ der nicht-linearen Systeme stellen heute einen starken Vorbehalt gegenüber einem reduktionistischen Physikalismus dar. Schon die Einführung des Begriffs der Entropie in die Naturwissenschaft hatte eine antireduktionistische Tendenz und „bedeutet eine Reaktion gegen die Ansicht, daß nur diejenigen Tatsachen von Interesse für die Wissenschaft sind, die durch mikroskopische Zergliederung der Objekte entdeckt werden“, legt er doch das Schwergewicht „auf Eigenschaften, die für das System als ganzes

---

[196] G. WUNNER, Gibt es Chaos in der Quantenmechanik?, Phys. Bl. 45 (1989), 139–145, 140.

[197] Vgl. J.P. CRUTCHFIELD et al., Chaos, in: Chaos and Complexity. Scientific perspectives on Divine Action, Vatikanstadt/Notre Dame 1995, 35–48, 37: „Quantum mechanics implies that initial measurements are always uncertain, and chaos ensures that the uncertainties will quickly overwhelm the ability to make predictions.“

[198] B. KANITSCHEIDER, Die Relevanz der Chaostheorien für die Philosophie, 176.

charakteristisch sind und nicht in kleinste Teilchen zerspalten und aufgeteilt werden können"[199].

Die Realität ist zwar auf der makroskopischen Ebene näherungsweise separierbar in Klassen von Objekten, deren Wechselwirkungen man vernachlässigen kann. Doch schon über die nicht abschirmbare Gravitation hängen irdische dynamische Systeme mit dem gesamten Kosmos zusammen, und schon geringste kosmische gravitative Fluktuationen können sensible irdische Prozesse beeinflussen[200]. „Das Bemühen, die Welt auf nicht-wechselwirkende freie Einheiten zu reduzieren", ist gescheitert und bedeutet „das Ende aller einfachen Extrapolationen auf der Basis integrabler Systeme."[201]

4.3 Vor allem aber ist das Verhalten derjenigen makroskopisch strukturierten Systeme, die sich als dissipative Strukturen abseits vom thermodynamischen Gleichgewicht beschreiben lassen, nicht allein synthetisch aus den dynamischen Gesetzen der Einzelelemente zu rekonstruieren, sondern nur durch Einbeziehung globaler Parameter, die auf das System als Ganzes referieren. In die Beschreibung komplexer dynamischer Systeme gehen Ganzheitsbegriffe mit ein, die sich nicht aus seinen Komponenten herleiten lassen, sondern irreduzibel z.B. über Struktur- und Größenparameter mitgeführt werden müssen[202].

Dissipative Strukturen werden über irreversible thermodynamische Ausgleichsprozesse aufgebaut und gehalten, die schon an sich eine einsinnige Zeit implizieren. Dabei können sich über nicht-lineare Rückkoppelungen *komplexe Systemstrukturen* herausbilden, die wegen ihrer extremen Abhängigkeit von Anfangs- und Randbedingungen in ihrer konkreten Realisierung nur mit Hilfe statistischer Gesetze realistisch beschreibbar sind. Deterministische und statisti-

---

[199] A.S. EDDINGTON, Das Weltbild der Physik und ein Versuch seiner philosophischen Deutung, in: Klassiker der modernen Zeitphilosophie, 165.

[200] Zum Beispiel: Schon die Verschiebung eines Massepartikels von einem Gramm um einen Zentimeter auf einem Stern in der Entfernung des Sirius, dessen Gravitationsfeld bis zur Erde sich um einen Faktor von 10^{-100} verringert, wäre ausreichend, um die klassische Berechnung der Trajektorien von Gasmolekülen in einem Behälter auf der Erde über eine Periode von nur 10^{-6} sec hinaus unmöglich zu machen (nach K.G. DENBIGH/J.S. DENBIGH, Entropy in relation to incomplete knowledge, Cambridge/London/New York 1985, 32f.).

[201] I. PRIGOGINE/I. STENGERS, Dialog mit der Natur, 79.

[202] Hermann Haken hat in seiner ‚Synergetik' genannten Forschungsrichtung eine Theorie entsprechender Ordnungsparameter für physikalische Prozesse, besonders für den Laser, entwickelt, vgl. z.B. H. HAKEN, Erfolgsgeheimnisse der Natur. Synergetik: Die Lehre vom Zusammenwirken, ^{2}1991, besonders 61ff. Ob die Begriffe ‚Ordner' und ‚Versklavung', die Haken zur Darstellung der auf das System zurückwirkenden Systemzustände verwendet, wegen ihrer anthropomorphen und ethischen Konnotationen besonders glücklich gewählt sind, sei allerdings ausdrücklich angefragt.

sche Beschreibung sind für die Erfassung thermodynamischer Phänomene auf der Ebene makroskopischer Objekte und Systeme gleichermaßen fundamental.

Der konkrete Zustand eines Systems zu einem bestimmten Zeitpunkt hängt nicht allein von den zu diesem Zeitpunkt relevanten Systemparametern ab, sondern eventuell auch von der Systemgeschichte. Zugleich ist aber die weitere Entwicklung des Systems nur innerhalb enger zeitlicher Grenzen festgelegt. Schon bei einfachsten Systemen können kleinste Störungen für die weitere Entwicklung ausschlaggebend sein, es werden Bifurkationspunkte und Instabilitäten erreicht werden, die über die weiteren Entwicklungsmöglichkeiten entscheiden. Die wirklichen Zustände thermodynamischer Systeme sind dann das Ergebnis geschichtlicher Prozesse, deren Zukunft offen ist in dem Sinne, daß nicht alles, aber Verschiedenes möglich ist. Es beginnt sich abzuzeichnen, daß *wirkliches Werden von unableitbar Neuem* zu den physikalischen Grundgesetzen so in Beziehung gesetzt werden kann, daß seine Kontingenz nicht mehr als illusionär und nur für den menschlichen Beobachter geltend behauptet werden muß. Chaotische Phänomene und komplexe, unberechenbare Zusammenhänge sind nicht nur als Einschränkungen der Vorhersagen des menschlichen Beobachters zu betrachten, sondern können auf der Ebene des Referenten als Reservoir neuer, strukturierter Möglichkeiten verstanden werden[203].

4.4 Der zeitliche Rahmen, innerhalb dessen die tatsächliche Entwicklung eines dynamischen Systems in guter Näherung prognostiziert werden kann, kann als *Eigenzeit* des Systems bezeichnet werden. Über die Divergenzrate dynamischer Systeme, die die mittlere zeitliche Entwicklung (infinitesimal) kleiner Störungen beschreibt, kann eine Art innerer Zeithorizont definiert werden, innerhalb dessen eine Vorhersage des künftigen Verhaltens des Systems Sinn macht. Jenseits dieser Eigenzeit ist das Verhalten eines Systems nicht mehr als individuelles beschreibbar, sondern nur noch unabhängig vom spezifischen Anfangszustand einer Beschreibung unter Bezug auf eine Gesamtheit ähnlicher Systeme, die durch denselben Attraktor charakterisiert sind, zugänglich. Dadurch ist für solche Systeme eine qualitative Differenz zwischen der im starken Sinne deterministisch bestimmbaren ‚Gegenwart' und der nur abstrakt beschreibbaren ‚Zukunft' etabliert. „Dieser Unterschied ist ein objektiver: Er ist nicht von praktischen Beschränkungen abhängig und bleibt bestehen, gleichgültig, wie sehr wir unsere Messungen verfeinern."[204] Je nachdem, welche Syste-

---

[203] Vgl. J.P. CRUTCHFIELD et al., Chaos, 47: „Nature may, however, employ chaos constructively. Through amplification of small fluctuations it can provide natural systems with access to novelty."

[204] I. PRIGOGINE/I. STENGERS, Das Paradox der Zeit, 109. Vgl. I. PRIGOGINE, Die Gesetze des Chaos, 1995, 248: „In der herkömmlichen Darstellung gibt es zwischen Vergangenheit, Ge-

me wir betrachten und mit welchen Größenordnungen wir umgehen, ergeben sich unterschiedliche, aber jeweils realistische Skalierungen der entsprechenden Eigenzeiten.

1.2. Zeitkonzepte

Ist unsere Rekonstruktion bis hierher richtig, so zeigt sich auf einer elementaren Ebene das Phänomen ‚Zeit‘ als eine mindestens dual konstituierte Größe, die aus der meßbaren und zählbaren *Lagerelation* (früher – später) und der den Übergang von Möglichkeit zur Wirklichkeit regulierenden *Modalrelation* (Vergangenheit – Gegenwart – Zukunft) hervorgeht. Die Zeit ist nicht nur das Nacheinander der Ereignisse, wie der Raum das Nebeneinander der Dinge ist, denn sie ist anisotrop und durch den Unterschied von aktual Wirklichem und in der Zeit zugänglichem Möglichem strukturiert.

Die Zeit setzt sich dabei ebensowenig wie der Raum aus überabzählbarunendlich vielen Punkten zusammen, wie es die statische Raumzeit der Minkowski-Welt als Menge der Weltpunkte suggerierte. Zur wirklichen physikalischen Zeit gehört der *Zusammenhang* des Übergangs von einem Zeitpunkt zum nächsten[205]. Im Falle des Raums wird der Zusammenhang des Räumlichen hergestellt über Zeit, weil in der Zeit Überführungen von einer Raumstelle zur anderen und Wechselwirkungen zwischen Raumstellen möglich sind, die nach der Relativitätstheorie nur mit endlicher Geschwindigkeit in endlichen Zeitintervallen sich vollziehen. Umgekehrt gründet der zeitliche Wirkungszusammenhang in den Zustandsänderungen der ausgedehnten Teilchen und Felder, an denen sich das in der Zeit Beharrende manifestiert. So erweist sich der Geschehenszusammenhang der Zeit als gleichursprünglich konstitutiv für die Einheit der

---

genwart und Zukunft keinerlei Abstand. In unserer Darstellung dagegen ist die Vergangenheit von der Zukunft durch ein Intervall getrennt, das durch die charakteristische Zeit t_c gemessen wird: Wir können also von der ‚Dauer‘ der Gegenwart sprechen.“

[205] Schon Cantor mußte feststellen, daß die Überabzählbarkeit noch kein hinreichendes Kriterium für das Kontinuum darstellt, da sich Punkt-Mengen konstruieren lassen (z.B. der nach ihm benannte Cantor-Staub), die die gleiche Mächtigkeit haben wie das Kontinuum, aber zugleich nirgendsdichte Mengen darstellen, bei denen zwischen je zwei beliebig nahe beieinander liegenden Punkten immer ein Intervall ohne Punkte liegt. Cantor sah sich deshalb gezwungen, für das Kontinuum noch die zusätzliche Eigenschaft des *Zusammenhangs* anzunehmen. Vgl. schon Aristoteles’ Begriff der Stetigkeit (συνεχές), den er sowohl bei räumlichen als auch bei zeitlichen Übergängen in Anschlag bringt. Zum Raum vgl. Metaphysik, K 12, 1068b,26ff.; zur Zeit Physik, Δ 11, 219a,10ff. Der Zusammenhang der Jetztpunkte der eigentlich zusammenhanglosen Zeit (aaO., Δ 10, 218a,18f.) wird bei Aristoteles durch die Bewegung konstituiert: ἡ κίνησίς ἐστιν συνεχής, διὰ δὲ τὴν κίνησιν ὁ χρόνος (aaO., Δ 11, 219a,12f.).

raumzeitlichen Wirklichkeit wie der Raum, da nur durch ihn das räumliche Nebeneinander zu einem Beisammensein innerhalb eines Zusammenhangs wird.
Zugleich wird verständlich, weshalb man in der Zeit nicht wie an einem Ort
bleiben, sondern nur mit ihr mitgehen kann.

Der Übergang vom Möglichen zum Wirklichen, der den Zusammenhang
der Zeit konstituiert, kann durch die Physik noch genauer bestimmt werden.
Der Übergang zwischen *möglich* und *wirklich* kann, wie wir sahen, in verschiedenen Prozessen verschiedenen Regeln gehorchen. Unterschiedliche Phänomene und Phänomenklassen etablieren unterschiedliche zeitliche Zusammenhänge, so daß die ‚wirkliche' Zeit über die rein formale Bestimmung ihrer dualen
Grundlegung hinaus nur in Bezug auf einen mehrdimensionalen Komplex von
Phänomenen zu beschreiben ist, von dem die gemessene reellwertige Zeit der
klassischen Physik, die Operator-Zeit der quantentheoretischen Messung und
die Entropiezunahme der Thermodynamik nur jeweils einen Aspekt zur Darstellung bringen. „‚Time' . . . is not a simple or primitive concept, but is rather
a construct which derives from several different sources."[206]

Derjenige Phänomenbereich, auf den sich die *Zeitkonzeption der newtonschen Physik* bezieht, ist die regelmäßige Bewegung makroskopischer massiver
Körper. Zunächst durch die auf kosmische Bewegungen zurückzuführenden natürlichen Rhythmen (Tag und Nacht, Jahreszeiten, Planetenbewegungen) wahrgenommen, wird durch die mechanische Zeitmessung und ihre Verfeinerung
sowie durch die Formulierung mathematischer Gesetze, die ihr zugrundeliegen
und immer idealere Zeitmesser zu konstruieren erlauben, diese Zeit zum objektiven, quantifizierbaren Parameter der klassischen Mechanik.

Relativiert wird diese Zeit durch ihre Verbindung mit dem Raum im Rah-
men der *Relativitätstheorie*. Sie wird in ihrer absoluten Form als ubiquitäre
Gleichzeitigkeit ersetzt durch die Konstanz der Lichtausbreitung im Vakuum.
Deshalb bilden nun elektromagnetische Phänomene die Grundlage einer vom

---

[206] K.G. DENBIGH, Three Concepts of Time, 1981, 166. Vgl. auch die Differenzierungen
bei I. PRIGOGINE, Time, Structure, and Fluctuations, Science 201 (1978), 777–785, 785: Die
Theorie der dissipativen Strukturen „permits us to distinguish various levels of time: time as
associated with classical or quantum mechanics, time associated with irreversibility . . ., and
time associated with ‚history' . . . I believe that this diversification of the concept of time permits
a better integration of theoretical physics and chemistry with disciplines dealing with other
aspects of nature." Von ganz anderen Einsichten her und in spezifisch theologischer Absicht,
aber in deutlicher Kongruenz mit unseren Überlegungen kommt Dalferth zu einem analogen
Schluß: „*Die* Zeit gibt es nicht, nur eine Vielfalt von Zeiten" (I.U. DALFERTH, Gott und Zeit,
in: DERS., Gedeutete Gegenwart. Zur Wahrnehmung Gottes in den Erfahrungen der Zeit, 1997,
232–267, 239).

relativen Bewegungszustand abhängigen Zeitmessung, ihren Charakter als reellwertiger Parameter hat die Zeit jedoch nicht verloren.

Die *Quantenphänomene* auf der Ebene der Elementarteilchen und Mikrosysteme und die auf sie bezogene Interpretation der Messung bringen eine zusätzliche Zeitkonzeption zur Geltung, die den klassischen Parameter Zeit durch diskontinuierliche Übergänge ergänzt und eine unhintergehbare Differenz zwischen der festgestellten Messung und der nur statistisch beschreibbaren Möglichkeit zukünftiger Messungen desselben Objekts mitführen muß. Auf noch nicht vollständig verstandene Weise scheinen hier die reellwertige Zeit der regelmäßigen Bewegungen und die Zeit unseres Bewußtseins und unserer Wahrnehmung zusammenzukommen, ohne daß eine konsistente Interpretation dieser Verbindung in einer quantenmechanischen Theorie der Messung bis heute gelungen wäre.

Die dritte Klasse von Phänomenen, die uns von Zeit reden lassen, ist die des emergenten[207] *Werdens* komplexer Systeme. Hierher gehören unsere Überlegungen zur Irreversibilität der Zeit in der Thermodynamik. Dieses Zeitkonzept scheint in besonderer Weise ausgezeichnet zu sein durch eine Anisotropie, die das unumkehrbare Gefälle zwischen Vergangenheit und Zukunft durch die Einsinnigkeit der Energiedissipation im expandierenden Kosmos etabliert und über Strukturaufbau und -zerfall die *historische* Zeit der kontingenten Formen und Gestalten der Schöpfung grundlegt.

In dem langen Prozeß der Ausdifferenzierung von System-Umwelt-Relationen, die im Rahmen der terrestrischen Evolution stattgefunden hat, sind auch wir als bewußte, Zeit erfahrende Wesen entstanden. Insofern alles Geschehen

---

[207] Als ‚emergent‘ (von lat. emergere, auftauchen) wird das unvorhersehbare Auftreten qualitativ neuartiger Eigenschaften in komplexen Systemen bezeichnet. Nach Luhmann sind Eigenschaften dann als ‚emergent‘ zu bestimmen, wenn sie „nicht am einzelnen Element erkannt und auch nicht in der Form einer Generalisierung von Eigenschaften solcher Elemente beschrieben werden können" (N. LUHMANN, Haltlose Komplexität, in: DERS., Soziologische Aufklärung 5: Konstruktivistische Perspektiven, 1990, 59–76, 71), sondern erst auf der Ebene des Systems selbst oder auf der Ebene seiner Teilsysteme in Erscheinung treten. Der Begriff der Emergenz diente ursprünglich dazu, den Disput zwischen Vitalisten und Mechanisten über die Frage der Lebensentstehung und -erklärung unter Aufnahme der Wahrheitsmomente beider Positionen beizulegen und begründete die ‚Emergenzphilosophie‘, deren Hauptvertreter der englische Psychologe und Biologe Lloyd Morgan (1852–1936) und der australische Philosoph Samuel Alexander sind. Als einführende Literatur vgl.: Emergence or Reduction?, hg. von A. BECKERMANN/H. FLOHR/J. KIM, Berlin/New York 1992; Emergenz. Die Entstehung von Ordnung, Organisation und Bedeutung, hg. von W. KROHN/G. KÜPPERS, ²1992; A. BECKERMANN/A. STEPHAN, Stichwort: Emergenz, Information Philosophie 3 (1994), 46–51; sowie vom Verfasser, Art. Emergenz II. systematisch-theologisch, RGG⁴ II, 1254f.

des wirklichen Kosmos ein sich mit der Zeit vollziehender Prozeß im Übergang von zukünftigen Möglichkeiten in wirkliche Zustände darstellt, ist auch die *Struktur unseres Bewußtseins* und unserer Wahrnehmung eine temporale, die immer nur im zeitlichen Nacheinander prozessieren und Wahrnehmung strukturieren kann. Alle Naturwissenschaft setzt diese basale menschliche Zeiterfahrung insofern immer schon voraus, als sie Erfahrungswissenschaft ist, die aus Vergangenem auf Zukünftiges schließt[208]. Das Wechselspiel von Hypothese und Experiment mit der Absicht, invariante und gerade dadurch zeitliche Dynamik beschreibende Gesetze aufzustellen, ist in seiner Methodik nichts anderes als der selbst nur zeitlich vollziehbare Versuch, Ordnungen und Erklärungsmodelle zu entwerfen, die immer nur auf Zeit und Widerruf gelten und jederzeit durch tauglichere ersetzt werden können. Die Frage nach der Rolle der Zeit in den Naturwissenschaften weist deshalb auch auf die Einsicht hin, daß „die Tatsache, daß wir die Natur befragen, zu der ureigenen Aktivität der Natur gehört"[209]. War man in der Geschichte der Naturwissenschaft zeitweilig der Meinung, daß die Zeit unserer bewußten Erfahrung sekundär und illusionär sei gegenüber der gemessenen Zeit der Physik, so beginnen sich inzwischen Interdependenzen zwischen den verschiedenen Aspekten zeitlicher Phänomene der physikalischen Basistheorien und der Zeit unserer bewußten Erfahrung abzuzeichnen, die auf ein tieferes Verständnis eines realen Zusammenhangs hoffen lassen.

2. Gott und Zeit

2.1. Zeit als Folge der ursprünglichen Selbstbegrenzung Gottes

Wir hatten in unserer Erörterung der Frage nach dem Ort Gottes das Verhältnis von Gott und Welt als eschatologische Relation bestimmt. Die eschatologische Gott-Welt-Relation impliziert, so sahen wir, daß die Welt *geschieht*. Sie impliziert ein dynamisches Verhältnis insofern, als die eschatologische Differenz zwischen dem sich selbst zugunsten seiner Schöpfung begrenzenden Gott und seiner ihm gegenwärtigen Schöpfung Zeit aus sich heraussetzt. Die eschatologische Gegenwart Gottes setzt, indem Gott als der Entzogene der auf seine Schöpfung Bezogene bleibt, ein dynamisches zeitliches Geschehen frei, das als das Sein seiner Schöpfung bestimmt werden kann. Gottes Schöpfung ist nur, indem

---

[208] „Indeed our understanding of the basic terms of the vocabulary of time is obtained from the temporal order of thoughts and perceptions" (K.G. DENBIGH, Three Concepts of Time, 166f.).

[209] I. PRIGOGINE/I. STENGERS, Dialog mit der Natur, 290.

sie geschieht. Die Schöpfung ist darin auf die eschatologisch bestimmte Gegenwart Gottes bezogen, daß sie einen offenen, nicht determinierten Zukunftsraum
hat. Ihre Zukunft ist bestimmbar als der offene Raum der Möglichkeiten, in
den hinein das gegenwärtig in Raum und Zeit Manifeste sich entwickeln und
Strukturen und Zusammenhänge im Laufe der Zeit aufbauen kann.

In Bezug auf die konkrete, nicht nur über zeitliche Abständigkeit gemessene
Zeit der Schöpfung haben wir in unserer Interpretation der naturwissenschaftlichen Zeitkonzepte die Unterscheidung von Möglichkeit und Wirklichkeit als
die das Geschehen der Schöpfung begründende und es hervorbringende ontologische Grunddifferenz bestimmt. Das Mögliche kommt dem Wirklichen aus
der Zukunft zu, und insofern es auf bestimmbare Weise aus dem Wirklichen unableitbar und zugleich streng darauf bezogen ist, ist es ihm nicht einfach inhärent, sondern futurisch-extern. Dabei sind Wirklichkeit und zugängliche Möglichkeit so aufeinander bezogen, daß das Wirkliche stets von einem strukturierten Halo von Möglichkeiten umgeben und deshalb nichts möglich ist, was nicht
an das schon Wirkliche anknüpft. Dieser Prozeß des sich fortsetzenden und zugleich kontingenten Anknüpfens ist das Geschehen des Kosmos, in dem Gott
seine Geschöpfe allererst werden läßt und ihnen dazu Raum, Möglichkeiten
und Zeit gewährt. Der fundamentale Dual von Wirklichkeit und darauf bezogener Möglichkeit spannt so den gemeinsamen Identifikationszusammenhang von
Gott und Welt in zeitlicher Hinsicht auf: Gott ist als derjenige identifizierbar,
der der Grund der Wirklichkeit des Seins ist und dies zugleich so bleibt, daß die
Welt geschieht und ihr immer neue Möglichkeiten zukommen.

Diese theologische Aussage ist auf die Einsichten der neuzeitlichen Kosmologie insofern beziehbar, als die Relativitätstheorie die Relativierung und
zugleich Verbindung von Raum und Zeit aufzeigte und die Dynamisierung der
Minkowski-Welt durch die Einführung einer kosmischen Zeit im kosmischen
Standardmodell unvermeidbar machte. Zeit ist zwar ein Nacheinander, zugleich
aber über die Wechselwirkung von räumlich Verschiedenem mit dem Raum als
Nebeneinander und dem materiellen Geschehen unlöslich verbunden. Durch
Urknall und Expansion des mit Materie erfüllten Universums wird eine kosmische Zeit etabliert, die das geschichtliche Geschehen der Schöpfung trägt.

Kurt Gödel hat dagegen eingewandt: „wenn jemand behauptet, diese Zeit
[sc. die kosmische Zeit des Standardmodells] habe einen Verlauf, nimmt er die
Folgerung in Kauf, daß die Frage, ob es einen objektiven Zeitverlauf gibt oder
nicht ..., von der besonderen Weise abhängt, in die Materie und ihre Bewegung
in der Welt angeordnet sind." Gödel sieht darin keinen wirklichen Widerspruch,
fährt aber fort, daß „eine philosophische Anschauung, die zu solchen Kon-

sequenzen führt, ... kaum als befriedigend betrachtet werden"[210] kann. Setzt
man dagegen den christlichen Begriff einer kontingenten Schöpfung voraus, ist
dieser Vorbehalt unnötig. In der Tat führt die kosmische Anwendung der allgemeinen Relativitätstheorie im Rahmen der Standardmodelle dazu, die reale
Zeit der Welt mit dem Geschehen der Welt und ihrem Verlauf in enge Verbindung zu bringen. Das heißt aber nur, daß die Zeit keine abstrakte Größe ist, der
auch unabhängig von der faktisch existierenden, sich vollziehenden Schöpfung
Bedeutung zukäme, sondern sie *ist* nur als historische Zeit der wirklichen Welt,
sie ist die Textur der geschöpflichen Wirklichkeit selbst.

2.2. Die Kontingenz der vergehenden Welt

Durch ihre Zeitlichkeit aber haftet der Schöpfung nach metaphysischer Tradition zugleich auch das Stigma der Vergänglichkeit und damit Nichtigkeit an.
Sie provoziert immer auch die Frage, was denn bleibt im vergehenden Strom
der Zeit und ob denn nicht vom endgültigen, bleibenden Ziel her, auf das er zu-
läuft, der Sinn der kontingenten, vergänglichen Schöpfung allererst erschlossen
werden kann, weil nur in ihm der Charakter der Vorläufigkeit allen zeitlichen
Geschehens aufgehoben wird. Das Universum, so wie wir es jetzt wahrnehmen
und in dem wir in einer ungewöhnlichen Nische existieren, ist das vorläufige
Ergebnis einer gegenüber der menschlichen Lebenszeit ungeheuer langen Ent-
wicklungsgeschichte aus einfachen Anfängen. Läuft es auf etwas hinaus?

Eine gesicherte Antwort auf die Frage der Zukunft des Universums kann die
naturwissenschaftliche Kosmologie (zur Zeit noch?) nicht geben. Zwei Szenarien bilden, wie wir sahen, derzeit die möglichen Optionen[211]. Nach der einen
wird die Raumzeit des Kosmos in einem gewaltigen Kollaps enden und wahrscheinlich in einer Singularität aufhören zu existieren. Die andere Option ist
das Ende der makroskopischen Prozesse in einem unendlichen Zerfall mit zunehmender Ausdünnung der kosmischen Materie[212], der zu einem Zustand be-
wegungsloser Gleichförmigkeit führt[213]. Würde im ersten Fall die Raumzeit als
solche vernichtet, so enden im zweiten Fall zumindest alle thermodynamischen
Prozesse, die von uns als Grundlage der historischen Zeit und aller materiellen

---

[210] K. GÖDEL, Relativitätstheorie und idealistische Philosophie, 412.
[211] Vgl. oben S.81ff. u.ö.
[212] Vgl. oben S.345 Anm. 180.
[213] Vgl. dagegen den Protest bei I. KANT, Das Ende aller Dinge, in: Kant's gesammelte
Schriften, hg. von der Königlich Preußischen Akademie der Wissenschaften, Erste Abtheilung:
Werke, Bd.8, 1923, 325–339, 334: „Daß aber einmal ein Zeitpunkt eintreten wird, da alle Veränderung (und mit ihr die Zeit selbst) aufhört, ist eine die Einbildungskraft empörende Vorstellung."

Gestalten bestimmt wurden. Wir halten deshalb zunächst schlicht fest: die sich vollziehende Welt vergeht, und alle ihre Systeme und Strukturen vergehen mit ihr.

Wie kann sich eine theologische Eschatologie zu dieser Einsicht verhalten?[214] Zur Beantwortung dieser Frage stellen wir zunächst zwei Ansätze vor, die direkt an die physikalische Kosmologie anknüpfen und der Behauptung der Endlichkeit und Vergänglichkeit der kosmischen Prozesse mit kosmologischen Argumenten widersprechen, um im Kontrast dazu eine eigene Antwort zu finden.

2.2.1. *Frank Tiplers physikalische Eschatologie*

In jüngster Zeit sind auch von Naturwissenschaftlern Spekulationen entwickelt worden, die versuchen, zum kosmischen Zerfall gegenläufige Tendenzen aufzuzeigen und über das Anthropische Prinzip[215] und entsprechende kosmische Szenarien die Kontingenz des zeitlichen geschöpflichen Werdens und Vergehens zu hintergehen und in eine Geschichte kosmischer Vollendung aufzuheben. Mitunter wird damit auch der Anspruch verbunden, nun religiöse eschatologische Konzepte einer physikalischen Behandlung zugänglich machen zu können[216]. John Barrow und Frank Tipler haben in ihrer Erörterung des Anthropischen Prinzips den Gedanken entwickelt, daß das Universum darauf angelegt sei, geistige Wesen hervorzubringen, die schließlich den ganzen Kosmos in ihren Besitz nehmen werden. Zur Begründung dient ihnen ein Finales Anthropisches Prinzip: „*Final Anthropic Principle (FAP): Intelligent information-processing must come into existence in the Universe, and, once it comes into existence, it will never die out.*"[217]

Vor allem Tipler hat auf dieser Linie weiter argumentiert und unter Aufnahme von Gedanken und der Terminologie Teilhard de Chardins seine Theorie des ‚Omega-Punktes' entwickelt[218]. Leben ist für Tipler wesentlich ein informati-

---

[214] Viele Anregungen dazu enthalten jetzt die Beiträge des Sammelbands: The End of the World and the Ends of God. Science and Theology on Eschatology, hg. von J. POLKINGHORNE/M. WELKER, Harrisburg PA 2000.

[215] Vgl. dazu unseren Exkurs oben S.244ff.

[216] Vgl. die bekannte Äußerung von Freeman Dyson: „I hope with these lectures to hasten the arrival of the day when eschatology, the study of the end of the universe, will be a respectable scientific discipline and not merely a branch of theology" (F. DYSON, Time without End. Physics and Biology in an Open Universe, Rev. Mod. Phys. 51 (1979), 447–460, 447).

[217] J.D. BARROW/F.J. TIPLER, The anthropic cosmological principle, 23.

[218] F.J. TIPLER, The Omega Point Theory: A Modell of an Evolving God, in: Physics, Philosophy, and Theology: a Common Quest for Understanding, hg. von R.J. RUSSELL/W.R.

onsverarbeitender Prozeß, der im Universum, zumindest auf unserem Planeten, auf der Grundlage von auf Kohlenstoffverbindungen beruhendem organischem Leben entstanden ist. Tipler bezeichnet sich ausdrücklich als Reduktionisten, für den „ein menschliches Wesen nichts weiter als eine besondere Art von Maschine, das menschliche Gehirn lediglich ein Gerät zur Informationsverarbeitung, die menschliche Seele ein von einem Gehirn genannten Computer durchgeführtes Programm"[219] ist. Die Feinabstimmung der kosmischen Grundkonstanten zeige nun, daß diese gerade so eingerichtet sind, daß organisches und dann bewußtes Leben irgendwann entstehen *mußte*. Einmal entstanden, kann es aufgrund seiner Potenz nicht mehr untergehen, denn seine Essenz, sein Wesen als informationsverarbeitender Prozeß ist von der konkreten materiellen Grundlage unabhängig. Der mit dem Menschen im Kosmos entstandene Geist wird sich mit zwingender Notwendigkeit im Laufe seiner Evolution über den Menschen hinaus von der Grundlage des organischen Lebens ablösen und alle kosmischen Prozesse überhaupt für seine Zwecke nutzen.

Thermodynamische Überlegungen führen Tipler dann zu der Hypothese, daß unter der Voraussetzung eines am Ende wieder kollabierenden Universums durch Scherungsprozesse im Kollaps kurzfristig sich extrem steigernde radiale Temperaturdifferenzen auftreten können, „and this temperature difference can be shown to provide sufficient free energy for an infinite amount of information processing between now and the final singularity"[220]. Ist aber inzwischen über die Zwischenstufe menschlichen Lebens eine Art universeller Geist evolviert, der als ‚Software' von allen kosmischen Prozessen als seiner ‚Hardware' Besitz ergriffen hat, dann kann dieser im immer schneller rasenden Zusammensturz der kosmischen Materie in den letzten sich drängenden Momenten des sterbenden Kosmos eine Unendlichkeit an Information verarbeiten, sich eine Unendlichkeit an Bewußtsein verschaffen und alle bis dahin geschehenen Ereignisse des Kosmos rekapitulieren: „er weiß alles, was über das physikalische Universum gewußt werden kann (und folglich auch alles über sich selber)"[221]. In diesen letzten sich zusammendrängenden Bruchteilen von Sekunden käme das Universum zum vollkommenen Bewußtsein seiner selbst, und aufgrund der

---

STOEGER/G. V. COYNE, Vatikanstadt 1988, 313–331; DERS., The Omega Point as *Eschaton*: Answers to Pannenberg's Questions for Scientists, Zygon 24 (1989), 217–253; DERS., Physics of Immortality: modern cosmology, God and the resurrection of the dead, New York 1994 (dt.: Die Physik der Unsterblichkeit: moderne Kosmologie, Gott und die Auferstehung der Toten, 1994).

[219] DERS., Die Physik der Unsterblichkeit, 15.
[220] DERS., The Omega Point Theory, 320.
[221] DERS., Die Physik der Unsterblichkeit, 199.

dann sich gegen unendlich steigernden Geschwindigkeit der Informationsverar-
beitungsprozesse ginge das subjektive Erleben des kosmischen Geistes in diesem Augenblick ebenfalls gegen unendlich. „Thus, although a closed universe
exists for only a finite proper time, it nevertheless could exist for an infinite
subjective time"[222].

In diesem, in Anlehnung an Teilhard de Chardin ‚Omega-Punkt‘[223] genannten, von unendlicher geistiger Potenz durchdrungenen Zustand des sterbenden
Universums sieht Tipler einen „evolving God"[224] entstehen, in den hinein sich
die geistige Potenz des Kosmos entwickelt und in dem Schöpfung und ‚Schöpfer‘ deshalb zusammenfallen, weil über das Finale Anthropische Prinzip Ziel
und Grund des Kosmos immer schon miteinander verschränkt sind. Insofern
trotz der unvermeidlichen körperlichen Vernichtung unserer Spezies wir doch
in Gänze im Bewußtsein des Omega-Punktes rekapituliert werden, liegt in ihm
als dem geistigen Ziel des Kosmos auch der religiöse Sinn des Universums.
„All religions agree that what is ultimately important is the eternal continuati-
on of intelligent personality (ultimately God's), not the particular racial form it
happens to take."[225]

2.2.2. *Wolfhart Pannenbergs kosmische Eschatologie*

Neben einiger Kritik[226] hat Tipler vor allem von Wolfhart Pannenberg nicht un-
eingeschränkte, aber im ganzen wohlwollende Zustimmung erfahren[227]. Pannenberg stimmt mit Tipler darin überein, daß die Annahme der Fortdauer
menschlichen Lebens im Universum unter der Bedingung zwingend ist, „daß
das Auftreten menschlichen (bzw. intelligenten) Lebens im Prozeß der Evolution des Universums nicht nur ephemere, sondern konstitutive Bedeutung für
dessen Gesamtprozeß haben soll"[228]. Diese Bedingung sieht Pannenberg zwar
nicht direkt durch das anthropische Argument belegt, aber „auf dem Boden

---

[222] DERS., The Omega Point Theory, 320.

[223] Vgl. P. TEILHARD DE CHARDIN, Der Mensch im Kosmos, ⁵1959, 250–267.

[224] F.J. TIPLER, The Omega Point Theory, 323 u.ö.

[225] AaO., 327.

[226] Vgl. etwa H.-D. MUTSCHLER, Frank Tipler's Physical Eschatology, Zygon 30 (1995),
479–490, aber auch J. POLKINGHORNE, Beyond Science. The wider human context, Cambridge 1996, 97ff.; DERS., Science and Christian Belief, 164f.

[227] Vgl. W. PANNENBERG, Theological appropriation of scientific understandings: response
to Hefner, Wicken, Eaves, and Tipler, Zygon 24 (1989), 255–271, besonders 266–269; DERS.,
Systematische Theologie, Bd.2, 186ff.; DERS., Breaking a Taboo: Frank Tipler's „Physics of
Immortality", Zygon 30 (1995), 309–314.

[228] W. PANNENBERG, Systematische Theologie, Bd.2, 186.

des christlichen Glaubens an die Auferstehung und Erhöhung Jesu Christi als des neuen Menschen" sei sie „erfüllt"[229]. Diese christologische Fundierung bedarf dann „auch nicht mehr der Annahme künftiger Entwicklungsformen der mit dem Menschen im Weltprozeß aufgetretenen Intelligenz auf einer anderen Basis als der auf Kohlenstoff beruhenden Form organischen Lebens"[230], denn in Jesus von Nazareth ist „der das ganze Universum durchwirkende Logos Mensch geworden"[231] und damit der Schöpfungsmittler selbst inkarniert. Es ist dann kein Übergang des intelligenten Lebens zu nicht-menschlicher, computerartiger Form mehr nötig, denn die „‚computer capacity' of the divine Logos that was connected with the human life of Jesus in the incarnation and became fully available to him in his exaltation would be sufficient"[232].

Mit der Verbindung von göttlichem Logos und dem Menschen Jesus ist dann auch „der Menschheit und ihrer Geschichte eine Schlüsselfunktion für Einheit und Bestimmung der ganzen Schöpfung zugefallen"[233]. „Die christliche Inkarnationslehre impliziert" für Pannenberg die Auffassung, daß der Mensch „das Ziel der Schöpfung" ist und „die gesamte Geschichte des Universums sich als Vorgeschichte für das Erscheinen des Menschen darstellt"[234]. Allerdings ist nur in Jesus Christus die wirklich vollkommene Gemeinschaft zwischen Gott und Geschöpf einmalig realisiert. Zu ihrem eigentlichen Ziel kommt die Schöpfung deshalb „erst in der eschatologischen Vollendung", wenn die Bestimmung des Geschöpfes zur vollkommenen Gemeinschaft mit Gott, wie sie in Christus wirklich war, „endgültig realisiert sein wird"[235].

Deshalb läßt sich nach Pannenberg „eine Konvergenz tragender Grundgedanken"[236] zwischen der am Leitfaden des Anthropischen Prinzips entwickelten Omega-Punkt-Theorie und der in der Auferstehung Jesu Christi begründeten Deutung des Weltprozesses erkennen, da beiden eine „Begründungsstruktur" eigen ist, „die der Eschatologie konstitutive Funktion für das Universum im ganzen zuschreibt"[237]: das sich in der ‚eschatologischen Zukunft'[238] realisieren-

---

[229] AaO., 186f.
[230] AaO., 187.
[231] AaO., 96.
[232] DERS., Theological appropriation of scientific understandings: response to Hefner, Wicken, Eaves, and Tipler, 267.
[233] DERS., Systematische Theologie, Bd.2, 96.
[234] AaO., 93.
[235] AaO., 164.
[236] AaO., 187f.
[237] AaO., 187.
[238] Vgl. DERS., Theological appropriation of scientific understandings: response to Hefner, Wicken, Eaves, and Tipler, 267: „eschatological future".

de geistige Prinzip der Schöpfung bestimmt von der Zukunft her zugleich den „Verlauf des kosmischen Prozesses"[239]. Dem Omega-Punkt Tiplers entspricht bei Pannenberg die eschatologische, aber gerade nicht transzendente Vollendung der Schöpfung, deren Heraufführung man physikalisch so beschreiben könnte, „that the risen Christ is forever alive and gains ‚control of all matter and energy sources available near the Final State' "[240]. Die Funktion des Anthropischen Prinzips übernimmt bei Pannenberg der schon immer auf die Inkarnation in menschlicher Gestalt zielende Logos als Schöpfungsmittler[241], der die Schöpfung so einrichtet und vom Eschaton her so wirksam steuert, daß sie intelligente, menschliche Lebewesen hervorbringt. Für die Art und Weise, wie Gott aus der Zukunft durch den Logos im Prozeß der Schöpfung wirksam ist, bringt Pannenberg seine Überlegungen zum Feldbegriff als Beschreibung der Wirksamkeit des göttlichen Geistes in Anschlag, für die er ebenfalls eine Parallele in Tiplers Vorstellung eines kosmischen Feldes findet[242].

Pannenbergs Sicht des kosmischen Prozesses als eines aus der Zukunft als der Eigentlichkeit seiner Bestimmung her gesteuerten Geschehens korrespondiert sein Verständnis der gegenwärtigen raumzeitlichen Existenzform der Geschöpfe. Danach ist „das gegenwärtige Leben" zu begreifen „als Erscheinungsform und Werdeprozeß seiner eschatologisch zu offenbarenden Wesensgestalt"[243]. Das rechte Verständnis der gegenwärtigen Existenz der geschöpflichen Gestalten und ihrer Identität bestimmt sich erst von der Zukunft ihrer Vollendung als der eigentlichen Realisierung ihrer Bestimmung her. Das sieht Pannenberg dadurch bestätigt, daß die gegenwärtigen Erscheinungsformen der Geschöpfe auf ihre Vollendung hin angelegt sind. Zwar ist das reale Eintreten eines Endes der Welt im Sinne ihrer Vollendung nicht zwingend zu beweisen, „eine Offenheit und sogar ein Angelegtsein auf ein solches Ende ... aufgrund der Geschichtlichkeit unserer Erfahrung von Sinn und Bedeutung" läßt sich aber „sehr wohl behaupten"[244]. Einen „Nachweis solchen Angelegtseins der Geschöpfe ... auf eine derartige Zukunft ihrer Vollendung"[245] führt Pannenberg vor allen Dingen in anthropologischer Hinsicht mit dem Ergebnis,

[239] DERS., Systematische Theologie, Bd.2, 188.
[240] DERS., Theological appropriation of scientific understandings: response to Hefner, Wicken, Eaves, and Tipler, 268.
[241] Vgl. dazu unsere Hinweise oben S.269f.
[242] Vgl. in F. TIPLER, Die Physik der Unsterblichkeit, 232ff., das Kapitel: „Theologische Implikationen: die universelle Wellenfunktion des Heiligen Geistes".
[243] W. PANNENBERG, Systematische Theologie, Bd.3, 1993, 652.
[244] AaO., 638.
[245] AaO., 583.

daß sich zwei einander entsprechende, sich wechselseitig stützende Argumentationsstränge entwickeln lassen, die „Extrapolation von dem im geschichtlichen Selbstverständnis des Menschen enthaltenen Wissen um mögliche Ganzheit (sein Heil) her auf deren zukünftige Vollendung hin" einerseits, und „in Jesus Christus die umgekehrte Bewegung aus der Zukunft Gottes auf den Menschen hin"[246] andererseits. Damit stellt sich die raumzeitliche Existenz der Geschöpfe, allen voran des Menschen, dar als bloß fragmentarische und uneigentliche Realisation eines in der Zukunft als Vollendung liegenden eigentlichen Wesens der Dinge, das dann zwar nicht an ihrer raumzeitlichen Geschichte vorbei bestimmt werden kann und „das Ganze ihrer Erscheinung in der Form der Simultaneität" meint, dieses dann „aber gereinigt von heterogenen Beimischungen, Entstellungen und Versehrungen ihres irdischen Daseins"[247]. Als ‚heterogene Beimischungen, Entstellungen und Versehrungen ihres irdischen Daseins' haben nicht schlechthin alle negativ qualifizierten Erfahrungen als solche zu gelten, wohl aber die „Spuren und Folgen des Bösen in der Verselbständigung der Geschöpfe gegen Gott"[248]. Zu diesen Folgen des Bösen gehört für Pannenberg auch der biologische Tod des Menschen wie überhaupt die Hinfälligkeit der geschöpflichen Kreatur. Das ‚Stöhnen der Schöpfung' unter ihrer Vergänglichkeit (Röm 8,22) kann dann „als Indiz einer strukturellen Analogie zwischen den Verselbständigungstendenzen in der außermenschlichen Natur, besonders bei den Lebewesen, und der Sünde des Menschen . . ., die den Tod nach sich zieht"[249], verstanden werden.

2.2.3. Zur Kritik: Sinn und Vergänglichkeit

Ohne auf Tiplers Versuch und insbesondere seine physikalisch problematischen Spekulationen genauer eingehen zu können[250], seien nur kurz einige wichtige allgemeine Einwände aufgelistet, um dann genauer auf den theologischen Gebrauch einzugehen, den Pannenberg von der anthropisch-kosmologischen Denkfigur macht. Zunächst ist festzuhalten, daß Tiplers Argument wesentlich auf dem schon kritisierten Anthropischen Argument beruht, das den Menschen oder das, was am Menschen zumindest für Tipler besonders eindrücklich erscheint, nämlich seine Fähigkeit zur Informationsverarbeitung, als Sinn für den

---

[246] AaO., 587.
[247] AaO., 652.
[248] Ebd.
[249] AaO., 604.
[250] Vgl. dazu etwa J. POLKINGHORNE, Science and Christian Belief, 164f.

ganzen Kosmos behauptet[251]. Daß das Universum notwendig so existiere, wie es existiert, weil es intelligentes Leben, also uns Menschen, geben müsse, ist eine schlichte petitio principii, die die Kontingenz der menschlichen Existenz überspielen möchte und dazu strenge Notwendigkeiten rekonstruiert. Nicht von ungefähr betont Tipler, daß aufgrund der von ihm konstruierten Unbedingtheiten nun Trost und Sinn gerade angesichts der Endlichkeit und Sterblichkeit des menschlichen Individuums behauptet werden können[252].

Doch spiegelt sich in solchen Unternehmungen einer angeblich naturwissenschaftlich unausweichlichen Letztbegründung nur immer wieder ein übersteigerter anthropozentrischer Behauptungswille angesichts der Inkongruenz von kosmischer Existenz und menschlicher Sinnfrage, der eine Art Übermenschenbild nun nicht an den bestirnten irdischen Himmel, sondern in den Kosmos selbst projiziert, den das moderne kosmologische Modell als kohärentes Objekt zu beschreiben vermag. Und auch der tiplersche Gott ist nicht mehr als ein Superrechner, der als eine ungeheure Steigerung einer menschlichen Eigenschaft, der Kognition, sich darstellt, bei dem andere menschliche Eigenschaften wie Körperlichkeit und Empfindsamkeit dagegen gänzlich ausgeblendet sind. Die Auferstehung des Menschen jedenfalls ist als Computersimulation doch wohl unzureichend beschrieben. Entweder sie ist nur eine Simulation und nicht die Sache selbst, dann bleibt ihr defizienter Modus, oder sie ist, so Tipler selbst, eine so perfekte Kopie[253], daß sie Empfindungen vortäuscht, wo keine sind. Dann wäre aber unsere jetzige Existenz von einer Simulation im Omega-Punkt ununterscheidbar und niemand könnte sagen, ob er in der wirklichen Welt oder in der eschatologischen Simulation lebt[254].

Zusammenfassend kann man als den zentralen Fehler in Tiplers Kosmologie die naturwissenschaftlich illegitime anthropozentrische (und damit ideologieverdächtige[255]) Überspielung und Leugnung der Kontingenz des Kosmos und der menschlichen Existenz bestimmen. Das hat schwerwiegende anthropologische und schöpfungstheologische Folgen. Existiert das Universum notwendig

---

[251] Wir erinnern uns: das Anthropische Prinzip war gedacht als Einschränkung eines übersteigerten Kopernikanischen Prinzips, vgl. oben S.245.

[252] Vgl. z.B. F. TIPLER, Die Physik der Unsterblichkeit, 406f.

[253] Nach Tipler ist „the physical universe ... in precise one-to-one correspondence with a simulation" (F. TIPLER, The Omega Point as *Eschaton*, 242).

[254] Tipler selbst gesteht diese Aporie zu: „How do we know we ourselves are not merely a simulation inside a gigantic computer? Obviously, we cannot know" (ebd.).

[255] Die ideologische Tendenz der tiplerschen Kosmologie zeigt sich etwa in ihrer unkritischen Haltung gegenüber dem technischen Fortschritt und seinen Folgen, vgl. dazu H.-D. MUTSCHLER, Frank Tipler's Physical Eschatology, 487.

so, wie es existiert, und ist der Mensch als intelligentes Lebewesen sein eigentlicher und damit unvergänglicher Sinn, dann wird der Begriff geschichtlicher Existenz unwirklich. Die Konkretheit geschichtlicher, endlicher, vergänglicher Existenz wird leer und bedeutungslos. Dann wird auch die Naturwissenschaft unwirklich mit ihrer Methode, die gerade den kontingenten Charakter der kosmischen und irdischen Gesetze der Physik, Chemie, Biologie etc. durch das Wechselspiel von Hypothesenbildung und experimenteller Überprüfung näherungsweise zu rekonstruieren sucht. „In der Wellenfunktion steckt die *gesamte* Physik. In Wirklichkeit sind die Gesetze der Physik als solche völlig überflüssig. Sie sind in der Wellenfunktion codiert."[256] Das konkrete Verfahren der Naturwissenschaft hat bei Tipler bloß den Sinn einer Rekonstruktion dessen, was eine kosmische Intelligenz eigentlich auch ohne Experiment als ewige notwendige Wahrheit wissen könnte.

Das bedeutet darüber hinaus für den Begriff der Schöpfung, daß er in Richtung einer spinozistischen natura naturans aufgelöst wird. Es gibt kein Gegenüber von Gott und Welt, Schöpfer und Geschöpf und damit auch keine Beziehung existentiellen Vertrauens zwischen Mensch und Gott. Tiplers in die Kosmologie aufgelöste ‚Religion' verlangt Überzeugung und Für-Wahr-Halten und setzt diese gegen die Geschichte der kosmologischen Enttäuschungen des neuzeitlichen Weltbildes, um eine beruhigende Trost- und Sinnfunktion zu erfüllen. Eine Folge dieser ideologienahen Grundkonzeption ist ihr Unvermögen, mit den ethischen Dilemmata und problematischen Entscheidungssituationen umzugehen, in denen sich die konkrete historische menschliche Existenz vorfindet, ja sie nimmt sie nicht einmal wahr. Stattdessen redet Tipler einem blinden Fortschrittsoptimismus das Wort, der völlig indifferent bleibt gegenüber der Ambivalenz der technischen Entwicklung und keine orientierende Kraft aus sich herauszusetzen in der Lage ist[257].

Wird nun an Grundzüge dieses Modells einer kosmischen Vollendung von theologischer Seite angeknüpft, dann stellen sich, wie das Beispiel Pannenbergs zeigt, schwerwiegende Probleme ein. Eine durch gewagte Extrapolationen gestützte Bestimmung der eschatologischen Vollendung als eines konkreten physikalischen Zustandes in Kontinuität zur gegenwärtigen Raumzeit führt in der Konsequenz zu einem abstrakten Essentialismus, der die Konkretheit der geschichtlichen Existenz im Hier und Jetzt überspielen, zumindest aber zur uneigentlichen Daseinsweise erklären muß, kommt doch die Schöpfung mitsamt

---

[256] F. TIPLER, Die Physik der Unsterblichkeit, 225.
[257] Vgl. z.B. das Kapitel „Soziale Unsterblichkeit, persönliche Unsterblichkeit und ewiger Fortschritt sind identisch" in: aaO., 325–328.

ihrer Geschichte erst im ‚Omega-Punkt' zu ihrem Ziel, ihrer Eigentlichkeit. Die Auffassung der eschatologischen Vollendung als des eigentlichen Schöpfungszieles verleitet zu einer Sichtweise, die die Existenz der Menschen und der gesamten Schöpfung nur als fragmentarische, vorbereitende Hinführung zum eigentlichen Schöpfungssinn zu verstehen vermag.

Demgegenüber ist mit den biblischen Schöpfungstraditionen festzuhalten, daß die leiblich-materielle Existenz der Geschöpfe in Raum und Zeit das in sich vollendete Schöpfungsziel darstellt, das sich in der unüberspielbaren Kontingenz des konkreten geschichtlichen Geschehens des Kosmos und der menschlichen Existenz vollzieht. Insofern die Welt für nichts anderes als für sich selbst steht und ihr Sinn zunächst kein anderer ist als ihr Wirklichsein, ist auch die vom Glauben bekannte Vollendung der Welt keine Konsequenz schon innerweltlich auszeichenbarer Tendenzen oder die Überwindung einer defizitären Existenzweise hin zu ihrer Eigentlichkeit. Auch durch seine Ersetzung der Argumentationsfigur des Anthropischen Prinzips durch christologische Überlegungen entgeht Pannenberg dieser Aporie nicht. Die Inkarnation als der ‚höchste' und eigentliche Fall der Schöpfung wird vielmehr ebenfalls ihrer geschichtlichen Unableitbarkeit und ihrer in Gottes freier Gnade begründeten Kontingenz beraubt, wenn sie als Antizipation der ursprünglich intendierten und zukünftig zu erwartenden Vollendung aufgefaßt und nicht als Konstitutivum einer neuen, inmitten der vergehenden Welt wirksamen Hoffnung verstanden wird.

Das Eigentümliche der christlichen Hoffnung besteht in dem Bekenntnis, daß in dem Leben, Sterben und der Auferstehung Jesu Christi die eschatologische Wende geschehen und erschienen ist, „daß mit Jesu Wort, Werk und Person endzeitliche Erfüllung und Vollendung ereignet ist"[258]. Das Zentrum der Verkündigung Jesu bildet das Ausrufen der nahen Gottesherrschaft, die jetzt im Zusammenhang der vergehenden Welt und der endlichen Existenz der Menschen, denen diese Botschaft gilt, wirksam ist und vor allem die Gegenwart der Hörer der Botschaft qualifizieren soll. Ohne Überspielen der eschatologischen Distanz von Gott und Welt und ohne Relativierung der Kontingenz und Uneindeutigkeit der menschlichen kosmischen Existenz wird die vergehende und endliche Schöpfung in Jesu Reich-Gottes-Botschaft gleichnisfähig für die unverlierbare und unverbrüchliche Gottesbeziehung.

Gegen jede gnostische Relativierung der weltlichen Existenz wurde in der christlichen Theologie durchgehalten, daß die eschatologische Distanz von Schöpfer und Geschöpf für die Schöpfung als solche und die menschliche Existenz in Raum und Zeit mit ihren Möglichkeiten auch in Christus nicht schon

---

[258] C. RATSCHOW, Art. Eschatologie VIII, TRE 10, 334–363, 349.

als aufgehoben anzusehen ist. Zugleich wurde diese Distanz durch das Christus-
ereignis nicht als Beziehungslosigkeit, sondern als unverlierbare Begründung
einer gnädigen Beziehung der Liebe Gottes zu seinen Geschöpfen bezeugt, die
den Menschen inmitten seiner konkreten endlichen Existenz in Raum und Zeit
auf seinen Schöpfer ausrichtet. Die christliche Hoffnung bekennt aufgrund der
Gewißheit, daß die eschatologische Zukunft schon begonnen hat, ein noch aus-
stehendes Hoffnungsgut, das nicht einfach in der Verlängerung von Raum, Zeit
und ihren Möglichkeiten liegt, zugleich aber so in die menschliche Existenz
eingeht, daß es diese nicht als uneigentlich entwertet, sondern in ihrem eigenen
Recht und ihrer Endlichkeit gerade zur Geltung bringt und so „ewiges Leben
unter den Bedingungen der Zeitlichkeit begründet"[259] und den Menschen zu
weltlicher Existenz befreit.

Die vom Glauben bezeugte eschatologische Hoffnung gründet sich nicht
auf das Fortschreiten der sich vollziehenden Welt auf ein Ziel hin, sondern auf
eine die eschatologische Distanz als solche überwindende Aufhebung der konkreten vergänglichen Existenz der Geschöpfe in die unverlierbare Gottesbeziehung. Der Glaube bekennt die Auferstehung und das ewige Leben, in denen die
Schöpfung ihre durch kein zeitliches Geschehen mehr überbietbare Vollendung
finden soll. Das erlöste Sein der Geschöpfe wird dann darin bestehen, daß sie
„Gott schauen von Angesicht zu Angesicht" (1.Kor 13,12).

Der Weltprozeß als solcher kann die Vollendung der Gottesgemeinschaft
und die Aufhebung der Vergänglichkeit nicht gewähren, er muß es auch nicht.
Vielmehr kann umgekehrt die Hoffnung auf die definitiv konstituierte und unverlierbare Gottesbeziehung für uns bewußte Lebewesen eingehen in unsere geschichtliche Existenz und gerade als die nicht von dieser Welt oder gar von uns
zu verwirklichende Hoffnung uns in unserer Situierung im Rahmen endlicher
Freiheit so begründen, daß wir im Raum unserer Möglichkeiten als begrenzte und vergängliche, aber von Gott geliebte Geschöpfe verantwortlich leben
können. Wie sich dann die unser konkretes weltliches Leben mit seinen vielen
Unvollkommenheiten aufnehmende Vollendung jenseits von Raum, Zeit und
Möglichkeiten dieser vergehenden Welt vollziehen wird, davon kann der Glau-
be legitimerweise nur in Bildern reden. Physikalische Spekulationen über die
Art und Weise endgültigen Zusammenseins mit Gott jedenfalls verbieten sich.
Der eigentliche Beitrag, den die neuzeitliche Kosmologie für die Eschatologie
leisten kann, ist der penetrante Hinweis auf die Endlichkeit, Kontingenz und
Vergänglichkeit des geschöpflichen Seins, dem die Kontingenz der göttlichen
Gnade korrespondiert. Einen inneren Schöpfungssinn vermag die Naturwissen-

---

[259] G. KLEIN, Art. Eschatologie IV, TRE 10, 270–299, 296.

schaft als solche gerade nicht auszuweisen, will sie sich in ihrer methodischen Disziplin nicht selber aufgeben.

2.3. Die Zeit der Welt und Gottes Ewigkeit

Vollzieht sich auch die Schöpfung als zeitliches Geschehen, so ist doch Gott, auch wenn seine Existenz ihrerseits in präziser Weise als ein Sein im Werden bestimmt werden kann, dem das Werden der Schöpfung korrespondiert[260], nicht in der Weise der Zeit unterworfen, wie es seine Schöpfung ist. Die christliche Tradition hat das mit der Rede von der Ewigkeit Gottes zum Ausdruck gebracht.

Die der Zeitlichkeit der Welt gegenüber zur Geltung zu bringende Ewigkeit Gottes ist nun aber nicht durch bloße Negierung der weltlichen Zeitlichkeit zu bestimmen. Andernfalls könnte sich Gott nicht positiv auf die Zeit der Schöpfung beziehen, ohne die Schöpfung in ihrer Eigenart als kontingentes, werdendes Sein zu zerstören. Gottes Ewigkeit ist weder einfach zeitlos noch unendlich ausgedehnte Zeitlichkeit.

Gott ist zunächst in seinem ursprünglichen Anfangen zu bestimmen als der *zeitlose Grund* der Zeit[261]. Er bestimmt sich dann aber in dem schöpferischen Akt ursprünglicher Selbstbegrenzung, mit dem er anderes als sich selbst da sein läßt und sich darauf bezieht, zugleich zum *zeitlichen Begleiter* der im Werden begriffenen Schöpfung. Der ‚Anfang‘ der Zeit, bestehe er nun in einer nicht weiter ableitbaren Singularität oder in dem quantentheoretisch bestimmten Superraum des Möglichen, grenzt nicht an eine ihm vorausgehende Zeit, sondern hat seine Grenze in dem Uranfang, mit dem Gott überhaupt etwas so wirklich sein läßt, daß ihm mit der Zeit neue Möglichkeiten zukommen. So umfaßt der Schöpfer den Grund der Zeit, die gegenwärtige geschichtliche Wirklichkeit und die dieser zukünftigen Möglichkeiten gleichermaßen und kann sich auf die vergehende Zeit beziehen, insofern er in seiner Ewigkeit ihr Grund, ihr Gegenüber und ihr offener Horizont ist. Gott, so könnte man abgekürzt sagen, ist als Ursprung auch zugleich die Zukunft der Welt[262].

Die oft rezipierte und gewürdigte Definition der Ewigkeit durch Boethius als der „vollständige und vollendete Besitz unbegrenzbaren Lebens"[263] ist des-

---

[260] Vgl. E. JÜNGEL, Gottes Sein ist im Werden. Verantwortliche Rede vom Sein Gottes bei Karl Barth, eine Paraphrase, ⁴1986.

[261] Vgl. I.U. DALFERTH, Gott und Zeit, 264f.

[262] Das hat W. PANNENBERG in seiner Konzeption eindrücklich herausgestellt, vgl. z.B. Systematische Theologie, Bd.1, 443.

[263] BOETHIUS, Trost der Philosophie (Consolatio Philosophiae. Libri quinque). Lateinisch und deutsch, hg. und übers. von E. GEGENSCHATZ/O. GIGON, 1990, 262,9–11 (liber quin-

halb nur dann theologisch sinnvoll aufgenommen, wenn der ‚Besitz' (possessio) des zeitlich ungeteilten Lebens nicht selbst wieder als zeitlose und damit
statische Größe, sondern als aktiver Erwerb verstanden wird[264]. Die sich vollziehende Welt existiert also nicht nur einfach faktisch coram Deo in dessen
unerschütterlicher ewiger Gegenwart, sondern die Konstitution der Schöpfung
als eines sich vollziehenden Geschehens schließt mit ein, daß der Schöpfer sich
zugleich dazu bestimmt, mit seiner Schöpfung eine gemeinsame Geschichte zu
haben. Gottes Ewigkeit ist die Unverbrüchlichkeit dieser seiner Beziehung zur
zeitlichen Schöpfung.

2.4. Die fortgesetzte Schöpfung

Die Unverbrüchlichkeit der Beziehung Gottes zu seiner werdenden Schöpfung
wird von der altprotestantischen Dogmatik im Lehrstück *De providentia Dei*
entfaltet[265]. Wie wir sahen, hatte die Tradition die Erhaltung in Identität mit
dem ursprünglichen Schöpfungsakt der creatio ex nihilo bestimmt. So bestimmt
Hollatz die Differenz von Schöpfung und Erhaltung als eine rein sprachliche,
insofern die Schöpfung die Konnotation mit sich führt, daß ihr Gegenstand vorher nicht existierte, während die Erhaltung voraussetzt, daß der Gegenstand
schon vorher war[266]. Eine solche Konzeption der Erhaltung als von Moment
zu Moment fortgesetzte ursprüngliche Schöpfung impliziert aber zeitphilosophische Konsequenzen, wie sie etwa bei Descartes deutlich werden, der an die
Vorstellung einer in jedem Zeitpunkt neu vollzogenen Schöpfung anknüpft: „. . .
daraus, daß ich kurz vorher existiert habe, folgt nicht, daß ich jetzt existieren

---

tus, 6. prosa): „Aeternitas igitur est interminabilis vitae tota simul et perfecta possessio" (vgl.
aaO., 264,30f.: Gott hat die „infinitatem mobilis temporis . . . praesentem: die Unbegrenztheit
der bewegten Zeit . . . präsent", und 264,36f.: es ist die Eigenart des göttlichen Geistes, „interminabilis vitae totam pariter complexum esse praesentiam: die gleichzeitig-ganze Umfassung
unbegrenzbaren Lebens in der Gegenwart zu sein"). Boethius verwendet diese Bestimmungen,
um zu erklären, wie Gott Ereignisse vorhersehen kann, ohne daß diese damit zugleich notwendig werden: Gott hat die Unbegrenztheit der bewegten Zeit in seiner Ewigkeit als Gegenwart
vor sich und hat daher sicheres Wissen von allen Dingen, ohne daß diese ewige Gegenwärtigkeit
den zeitlichen Ereignissen Notwendigkeit aufzwingen würde. Vgl. die zustimmende Aufnahme
bei K. BARTH, KD II/1, 685–722 und W. PANNENBERG, Systematische Theologie, Bd.1, 437f.

[264] Boethius selbst steht in dieser Gefahr, beschreibt er doch die ewige Gegenwart Gottes
und seine Beziehung zur vergehenden Zeit als einen „semper aeternus ac praesentarius *status*"
(aaO., 266,63, Hervorhebung D.E.).

[265] Vgl. zum folgenden auch unsere Ausführungen im Abschnitt oben S.254ff.

[266] „Distinguuntur autem diversis connotatis. Nam creatio connotat rem ante non fuisse, conservatio rem ante fuisse supponit" (D. HOLLATZ, Examen theologicum acroamaticum (1707),
p.I, c.VI, q.15, repr. Nachdr. 1971, 646).

muß, es sei denn, irgendeine Ursache schaffe mich für diesen Augenblick gewissermaßen von neuem, d.h. erhalte mich im Dasein. Betrachtet man nämlich
aufmerksam die Eigenart der Zeit, so leuchtet ein, daß es durchaus derselben
Kraft und Tätigkeit bedarf, um irgendein Ding von Augenblick zu Augenblick
zu erhalten, wie um es von neuem zu erschaffen, wenn es noch nicht existierte, so daß sich Erhaltung und Schöpfung nur durch die Hinsicht unterscheiden
...'[267]. Wird zwischen Schöpfung und Erhaltung gerade nicht kategorial unterschieden, kann der Zusammenhang der Zeit nicht anders konstituiert werden
als durch eine von Moment zu Moment alles Sein neu schaffende, ursprüngliche göttliche *causa*: „Die gegenwärtige Zeit hängt von der unmittelbar vorhergehenden nicht ab, und es bedarf darum keiner geringeren Ursache, um eine
Sache zu erhalten, als um sie selbst ursprünglich hervorzubringen.'[268]

In der theologischen Diskussion werden deshalb auch Einwände gegen die
inhaltliche Gleichsetzung von *conservatio* und *creatio* erhoben, die darauf aufmerksam machen, daß es ein der Eigenständigkeit der Schöpfung unangemes-
sener Gedanke sei, ihre ständige, von Moment zu Moment wiederholte Erschaffung anzunehmen. So weist Buddeus darauf hin, daß Gott doch nach Gen 2,1
von seinen Werken der Schöpfung ruhte und daß darüber hinaus bei einer fortgesetzten Schöpfung im Sinne der Ursprungsschöpfung Gott in jedem einzelnen Moment der Schöpfung mit der *essentia* der Dinge auch alle Bewegungen
sowie alle Gedanken, Handlungen und Äußerungen auch der mit freiem Willen
begabten Agenten neu setzen müßte, ein mit der Freiheit der Kreatur unverein-
barer Gedanke[269].

Nach unserer Analyse der Zeit als dem strukturierten, aber nicht deterministischen Übergang von Möglichkeit zu Wirklichkeit können wir unter Auf-

---

[267] R. DESCARTES, Meditationes de prima philosophia, in: DERS., Schriften in einem Band,
1996, 88ff.: „... ex eo, quod paulo ante fuerim, non sequitur me nunc debere esse, nisi aliqua
causa me quasi rursus creet ad hoc momentum, hoc est, me conservet. Perspicuum enim est
attendenti ad temporis naturam eadem plane vi et actione opus esse ad rem quam libet singulis momentis, quibus durat, conservandam, qua opus esset ad eandem de novo creandam, si
nondum existeret, adeo ut conservationem sola ratione a creatione differre ...".
[268] Anhang zu den Erwiderungen gegen die zweiten Einwände gegen die Meditationen, in:
DERS., Meditationen über die Grundlagen der Philosophie mit den sämtlichen Einwänden und
Erwiderungen (PhB 27), übers. und hg. von A. BUCHENAU, 1965, 149.
[269] J.F. BUDDEUS, Institutiones theologiae dogmaticae (1723), l.II, c.II (§XLVII,1): „Pri-
mo enim deum ab opere creationis cessasse, Gen 2,1 dicitur. ... Praeterea, si conservatio est
creatio quaedam, sequetur, deum singulis momentis non tantum ipsam rerum essentiam, sed
omnem motum, omniaque adeo libere agentium dicta, facta, atque cogitata, producere; ..." (zitiert nach: C. RATSCHOW, Lutherische Dogmatik zwischen Reformation und Aufklärung. Teil
II, 1966, 244).

nahme der Wahrheitsmomente beider Positionen zwischen ihnen vermitteln. Zunächst ist die Erhaltung der Schöpfung im Unterschied zu ihrer Erschaffung darin zu sehen, daß Gott den Zeit konstituierenden *Zusammenhang* des strukturierten, eben nicht zusammenhanglosen Übergangs von Möglichkeiten in tatsächliche Wirklichkeit erhält. Eine bloße Aneinanderreihung von Augenblicken dagegen konstituierte eine Kette von Momenten, aber nicht den Zusammenhang, als den wir die Zeit erfahren[270]. Im Energieerhaltungssatz, im über die Konstanz der Lichtgeschwindigkeit zusammengehaltenen Raum-Zeit-Kontinuum und in den basalen Symmetrieprinzipien der Quantentheorie, die Wirklichkeit und Möglichkeit verbinden, kann man in naturphilosophischer Hinsicht solche Elemente der Konstanz und Erhaltung sehen, in denen die Kontinuität des Schöpferwillens zum Ausdruck kommt. In dieser Kontinuität und Erhaltung im Zusammenhang der Zeit, so daß nichts aus nichts wird, drückt sich die gottgewollte Selbständigkeit der Schöpfung aus.

Doch zum anderen ist der Schöpfer in dieser Erhaltung zugleich eminent schöpferisch, gewährt er doch durch diesen Wirklichkeits-Möglichkeits-Zusammenhang der vergehenden Zeit von Moment zu Moment neue, im Laufe der Zeit die Vielfalt der geschöpflichen Gestalten hervorbringende Möglichkeiten. Der Energieerhaltung ist deshalb die Entropiezunahme und die nichtlineare Dynamik komplexer Systeme zuzuordnen, dem Raum-Zeit-Kontinuum der Relativitätstheorie die Expansion des Kosmos im Urknallmodell, den Symmetrieprinzipien der Quantentheorie der kontingente Meßvorgang als Wechselwirkung von Makro- und Mikrosystemen. Unter Bezug auf die neuzeitliche Kosmologie müssen wir den Prozeß des Kosmos als ein irreduzibles und kontingentes Werden verstehen, das in der Perspektive des Glaubens in der Treue Gottes als der Bedingung seiner Möglichkeit begründet ist und in seinem Neues hervorbringenden Vollzug als Antwort auf die schöpferische Gegenwart Gottes verstanden werden kann.

2.5. Der Rhythmus des Glaubens im Lauf der Welt

Die schöpferische Geschichte des Universums hat in unserer terrestrischen Nische immer komplexere, von einsinnigen deterministischen Zusammenhängen strukturell immer unabhängigere Systeme entstehen lassen bis hin zu uns als bewußt handelnde Personen. Die offene Zukunft, in die hinein sie sich entwickelt, ist zugleich unser Handlungsraum, in dem wir unsere eigene biographische und soziale Geschichte entwerfen. Als entstandene Systeme haben wir *verdankte*,

---

[270] Vgl. auch oben S.357, Anm. 205.

d.h. uns von außen zukommende, und immer nur *relative*, d.h. durch anderes mitbedingte, Freiheit, aber eben doch verdankte, relative *Freiheit* in der Wahl unserer Möglichkeiten[271]. Das dem Wirklichen zukommende Mögliche ist für den Menschen so zugleich Zuspruch von Freiheit und damit der Anspruch, nicht beliebig Mögliches, sondern das gute Mögliche wirklich werden zu lassen und so seine Zeit zu gestalten[272].

Uns als in der Geschichte des Kosmos entstandenen, mit relativer Freiheit begabten und sich zeitlich entwerfenden Wesen wendet sich Gott nun auf besondere Weise als unser Gegenüber zu[273]. Diese besondere Zuwendung ist aus den geschöpflichen Zusammenhängen nicht zwingend ersichtlich, sie ist weltlich nicht notwendig. Weil die Schöpfung ihren eigenen Raum und ihre eigene Freiheit hat und als in Gottes ursprünglicher Selbstbegrenzung begründeter Zusammenhang zunächst auf nichts verweist als auf sich selbst, kann der sich von seiner Welt unterscheidende Gott für den Menschen nicht anders zur Welt kommen als im Zeichen, im Wort[274]. Im Gegenüber zum Menschen ist es primär das Wort, „durch dessen Ereignis sich Gott von der Welt unterscheidend auf diese bezieht"[275].

Sich unterscheidend aufeinander zu beziehen ist das Grundmerkmal jeder personalen Relation, die immer mit der Unterscheidung gleichursprünglich Beziehung und mit der Beziehung gleichursprünglich Unterscheidung setzt. Im Falle der Beziehung Gottes zum Menschen gehört der eschatologische Charakter der Unterscheidung von Gott und Welt wesentlich hinzu. Die Gott-Welt-

---

[271] Vgl. E. Herms Bestimmung der geschöpflichen Verfassung des Menschen als das vorgegebene „strukturelle Gefüge der Praxissituation endlicher Freiheit" (E. HERMS, Die Lehre von der Schöpfungsordnung, in: DERS., Offenbarung und Glaube. Zur Bildung des christlichen Lebens, 1992, 431–456, 432 u.ö.), deren „absolute Vorgabe" er auch als „*die Schöpfungsordnung*" (aaO., 446) bestimmt.

[272] Vgl. W. SCHWEIKER, Time as a Moral Space: Moral Cosmologies, Creation, and Last Judgement, in: The End of the World and the Ends of God. Science and Theology on Eschatology, 124–138.

[273] John Polkinghorne unterscheidet zwischen dem die Schöpfung grundlegenden und zugleich ihre Freiheit bewahrenden *impersonalen* Handeln Gottes, das sich in den relativ festen und zuverlässigen Schöpfungsordnungen und Naturgesetzen ausdrückt, und dem *personalen* Handeln Gottes, das auf die je und je verschiedene kontingente Beschaffenheit der Welt antwortend eingeht. Als personales Gegenüber zu seiner Schöpfung handelt Gott „in particular ways in particular circumstances", und es gilt: „the more intrinsically personal the circumstance, the more overtly personal God's response to it will be" (J. POLKINGHORNE, Science and Christian Belief, 78f.).

[274] Vgl. O. BAYER, Schöpfung als Anrede, ²1990.

[275] E. JÜNGEL, Die Welt als Möglichkeit und Wirklichkeit. Zum ontologischen Ansatz der Rechtfertigungslehre, in: DERS., Unterwegs zur Sache, 1972, 206–233, 223.

Relation hat ihre besondere Eigenart darin, daß Gott sich von allem unterscheidet, was ist, und deshalb nicht weltlich manifest ist. Tritt der Schöpfer nun mit seinem Geschöpf als der von der Welt eschatologisch Unterschiedene in eine personale Beziehung, dann muß er sich *innerhalb* der weltlichen Zusammenhänge und an diesen von ihnen unterscheiden. Dieses Geschehen aber ist das, was die christliche Tradition als *Offenbarung* bezeichnet: die Unterscheidung Gottes von der Welt in konkreten weltlichen Ereignissen, für den christlichen Glauben konstitutiv und unüberbietbar geschehen in der mit den Erfahrungen Israels verbundenen Geschichte des Menschen Jesus von Nazareth. Zu solchen Ereignissen werden wir primär durch Anrede und Wort sowie durch zeichenhafte Feiern (Sakramente) in Beziehung gesetzt, die ihrerseits zunächst rein weltliche Vorgänge darstellen und die als Enthüllung der präsenten Verborgenheit Gottes ihrerseits nur geglaubt und im orientierenden Lebensvollzug je und je in Anspruch genommen werden können.

Die christliche Offenbarung ist damit als solche „die Herstellung einer Relation, nämlich genau: der Bezogenheit ihrer Empfänger auf ihren Inhalt"[276]. Sie meint keine Erschließung spezieller Sonderkenntnisse, weder als zusätzliche Informationsmitteilung noch als bestätigende Vollendung menschlicher Erkenntnisbemühung. Indem sie die eschatologische Relation Gottes zu seiner Schöpfung innerhalb der geschöpflichen Zusammenhänge zur Geltung bringt, ist sie selbst nur als Geschehen und sich ereignende Beziehung möglich und wirklich[277]. Sie kann sich nicht darin erschöpfen, einmal zur Kenntnis genommen zu werden. Die vom Glauben als Offenbarung bezeugte Unterscheidung von Gott und Welt innerhalb der weltlichen Zusammenhänge muß immer wieder neu vollzogen werden, oder sie verliert sich.

Die sich ereignende, sich gegen Anfechtung, Unglaube und Aberglaube durchsetzende Vergegenwärtigung der unverlierbaren Beziehung Gottes zum Menschen stellt dann nicht nur mehr oder weniger gelungene Wiederholungen einer einmal authentisch geschehenen und realisierten Situation dar. So sehr sie auch im Falle der christlichen Offenbarung auf ein historisches Geschehen zentriert und auf die Zeugnisse dieses Geschehens und den Traditionszusammenhang ihrer Überlieferung bezogen ist, ist sie zugleich nur wirklich, wenn sie gegenwartsbestimmend ist. Und sie „ist *gegenwarts*bestimmend in dem genau-

---

[276] E. HERMS, Offenbarung und Erfahrung, in: DERS., Offenbarung und Glaube, 246–272, 249. Vgl. auch DERS., Offenbarung, in: DERS., Offenbarung und Glaube, 168–220; sowie DERS., Art. Offenbarung, TRE 25, 146–210.
[277] Vgl. K. BARTH, KD I/1, 122: „Es muß dann alles Offenbar*sein* als Offenbar*werden*, d.h. als bedingt eben durch den Akt der Offenbarung gedacht werden".

en Sinne, daß sie *existenz*bestimmend ist"[278]. Als ein den ganzen Menschen als
zeitlich existierendes Wesen mit Gott in Beziehung setzendes Geschehen steht
das Glauben weckende Offenbarungsgeschehen in einem solchen Wechselver-
hältnis zu menschlicher Erfahrung überhaupt, daß Offenbarung und Gegenwart
sich wechselseitig interpretieren. Bei einem Verständnis von Offenbarung dagegen, daß die Autorität der einmal festgelegten Zeugnisse als ‚die Offenbarung'
bestimmt, liegt die Wahrheit der Offenbarung immer in der Vergangenheit, in
der Zeit geschieht nur ihre Übersetzung und Weitergabe, die im besten Falle die
einmal geschehene Offenbarung in ihren wesentlichen kognitiven und emotiven
Aspekten rekapitulieren kann. Ein Verständnis von Offenbarung dagegen, das
den Zeit freisetzenden Charakter der Unterschiedenheit Gottes von der Welt zur
Geltung bringt, wird Gottes Offenbarung selbst als ein zeitliches, geschichtliches Geschehen begreifen, das seinerseits die zeitliche und geschichtliche Form
menschlichen Lebens durch die Antwort des Glaubens bestimmen will.

Die drei Zeitmodi sind in diesem Geschehen miteinander verschränkt. Zum
einen lebt der Glaube vom Erinnern der *Vergangenheit*. „Er hat ein Gedächtnis
gestiftet seiner Wunder, der gnädige und barmherzige Herr", singt der Psalmist
(Ps 111,4). Das Gedenken ist deshalb die erste Form der Vergegenwärtigung
Gottes. Ihm korrespondiert die *gegenwärtige* Antwort des Glaubens. Dietrich
Ritschl hat solche Vorgänge als „Wiedererkennen" bezeichnet und den „Moment der Wahrnehmung eines ‚Anlasses' in der Gegenwart zum ‚Wiedererkennen' von Traditionselementen, die in den biblischen Schriften oder im Gedächtnis der Kirche ruhen", als einen „Augenblick der ‚Offenbarung' " bestimmt[279].
Alle auf die gegenwärtige Aneignung zielende Besinnung auf den Grund und
die Geschichte des Glaubens intendiert immer schon „eine Erfahrung mit der
Erfahrung"[280], in der sich ein Anlaß, eine konkrete Situation, tendentiell aber
auch darin alle bisher gemachte Erfahrung neu erschließt. Gelingt diese Ak-
tualisierung, dann stellt sich Hoffnung ein als die Erwartung dessen, was von
Gott an *zukünftigen* Möglichkeiten dem jetzt Wirklichen noch zukommen kann,
Möglichkeiten, die sogar das Vergangene, insofern es im Gegenwärtigen präsent ist, noch einmal neu machen können.

In seiner die eschatologische Distanz nicht aufhebenden Zuwendung zum
Menschen gewährt Gott dem Menschen Zeit und läßt sich selbst auf die Zeit
ein. Durch konkrete Ereignisse und Menschen redend braucht er Zeit und ge-

---

[278] E. HERMS, Offenbarung und Erfahrung, 249.
[279] D. RITSCHL, Zur Logik der Theologie, ²1988, 136.
[280] E. JÜNGEL, Gott als Geheimnis der Welt, 40 u.ö., im Original kursiv.

währt er Zeit[281]. Vertrauen kann sich einstellen. Der der Vergegenwärtigung der
Offenbarung eigentümliche zeitliche Charakter des *Wieder*erkennens zeigt dabei, daß sich in ihr der Grund der Welt, ihr Erhalter und ihr Gegenüber *von
Anfang an* ausdrückt. Durch Offenbarung geht der für seine Schöpfung und
den Menschen daseiende Schöpfer in den zeitlichen Prozeß der menschlichen
Existenz mit ein, in die Zeit einer individuellen Biographie, die Geschichte einer glaubenden Gemeinschaft, die Konstitution menschlichen Zusammenseins
überhaupt.

Der ,Rhythmus' des Glaubens im Lauf der Welt umfaßt dann Zeiten des
Vertrauens und der Anfechtung, Zeiten des zielsicheren Handelns und der Rat-
losigkeit, Zeiten der Hoffnung und der Perspektivlosigkeit. Gelingendes Leben
stellt sich ein im erinnernden *Vertrauen* auf Gott, in der *Hoffnung* als der zu-
versichtlichen Erwartung der Möglichkeiten Gottes, in der *Liebe* als der ganz
gegenwärtigen Aufmerksamkeit, in der die Zeitmodi in der konkret gelebten
Existenz zusammenkommen und zugleich auf eine sich und den anderen neu
wahrnehmende *Gegenwart* konzentriert werden. Darin ist die Liebe die größte
unter diesen dreien, daß sie die rechte ,Geistesgegenwart' des Glaubens realisiert, indem sie das jetzt Dringliche und das bleibend Wichtige[282] markiert,
unterscheidet und je als getroste Zuversicht oder als orientierenden Anspruch
zur Geltung bringt. Der Glaube ist so eine nie abgeschlossene Form des zeitlichen Lebens, „Das alszo ditz leben nit ist / ein fru(m)keit / szondern ein frumb
werde(n) / nit ein gesuntheit szonder(n) eyn gesunt werdenn / wyr seyns noch
nit / wyr werdens aber. Es ist noch nit gethan vnnd geschehenn / es ist aber ym
gang vnnd schwanck. Es ist nit das end / es ist aber der weg"[283].

---

[281] Vgl. E. JÜNGEL, Gottes Geduld – Geduld der Liebe, in: DERS., Wertlose Wahrheit, 183–
193, besonders 193.
[282] Zu dieser Unterscheidung vgl. D. RITSCHL, Zur Logik der Theologie, 20 u.ö.
[283] M. LUTHER, Grund und Ursach aller Artikel D.M. Luthers. 1521, in: DERS., Studienausgabe, Bd.2, hg. von H.-U. DELIUS, 1982, 314–404, 333 (= WA 7, 308–457, 337).

4. Kapitel

Theologie und Kosmologie: ein hermeneutisches Fazit

Wir stehen am Schluß unseres Durchgangs durch die drei großen grundlegenden Theoriekomplexe der Naturwissenschaften, in dem wir vor allem nach ihrer
Bedeutung für die Begründung und Entfaltung des kosmologischen Modells
gefragt haben. Wir haben uns die komplexen historischen Entstehungsbedin-
gungen der verschiedenen Entwürfe bewußt gemacht und versucht, sie in naturphilosophischer Hinsicht zu interpretieren. Wir verzichteten bewußt darauf,
das naturwissenschaftliche Weltbild zu rekonstruieren, sondern versuchten zu
einem begründeten Urteil über die Grundlage und empirische Reichweite der
Modelle zu kommen. Wir machten auf die zugrundeliegenden Voraussetzungen und die sich anschließenden Extrapolationen bis in den weltanschaulichen
Bereich aufmerksam und bezogen die erarbeiteten Einsichten auf das Selbstverständnis des Menschen im Kosmos[1]. Wir haben darüber hinaus jedes Mal gefragt, wie der christliche Schöpfungsglaube auf diese Einsichten Bezug nehmen

---

[1] In mancher Hinsicht trifft sich damit unsere Zugangsweise mit dem, was F.J. Wetz „hermeneutischen Naturalismus" genannt hat, vgl. F.J. WETZ, Lebenswelt und Weltall. Hermeneutik der unabweisbaren Fragen, 1994, und DERS., Hermeneutischer Naturalismus, in: Hermeneutik und Naturalismus, hg. von B. KANITSCHEIDER/DERS., 1998, 101–138. Wetz möchte
Geistes- und Naturwissenschaft durch „eine Hermeneutik des Universums im Sinne einer Aus-
legung der naturwissenschaftlich erforschten Welt" (Hermeneutischer Naturalismus, 117) miteinander ins Gespräch bringen. Es geht ihm dabei gerade „nicht um eine spekulative Interpretation naturwissenschaftlicher Erkenntnisse, . . . sondern um deren existenzielle Interpretation",
bei der „der von letzten Fragen bedrängte, um sein Selbstverständnis ringende Mensch" den
hermeneutischen Schlüssel darstellt. Wetz warnt zugleich mit Recht „vor jeder vorschnellen
Sinnaufladung der Naturgesetze" (aaO., 123).
   Problematisch erscheint uns ein Zugang, der zwischen Theologie und Naturwissenschaft eine
möglichst starke, konsensfähige Philosophie als vermittelnde Ebene einziehen will. So spricht
etwa U. KROPAČ davon, daß die Theologie, um mit anderen weltanschaulichen Positionen ins
Gespräch kommen zu können, die die Ergebnisse der Naturwissenschaften interpretieren, „in
der Verpflichtung steht, *philosophische* Modelle zu entwickeln, in denen im Horizont des christlichen Glaubensbekenntnisses grundlegenden naturwissenschaftlichen Sachverhalten eine Deutung gegeben wird" (Naturwissenschaft und Theologie im Dialog (Studien zur systematischen

kann. Wir treten nun noch einmal zurück und fragen abschließend in einer Art
Metareflexion und in aller Kürze zunächst danach, wie die komplexen Ergebnisse der naturwissenschaftlichen Forschung in der rationalen Kultur der Neuzeit
ihre weltbildgenerierende Kraft entfalten, in welchem Zusammenhang sie mit
dem Alltagsbewußtsein des neuzeitlichen Menschen stehen, und erörtern dann
in einem zweiten Abschnitt, welche Folgerungen sich daraus für einen Dialog
zwischen Theologie und Naturwissenschaft ergeben.

A. Kosmologie – Weltbild – Weltanschauung

1. Theorie und Forschung

Umbrüche in der Weltsicht der Naturwissenschaften hatten immer auch tiefgrei-
fende Änderungen in der naturphilosophischen Sicht des Kosmos sowie im Alltagsbewußtsein der Zeitgenossen zur Folge – von der Kopernikanischen Wende angefangen bis hin zum Urknallmodell. Andererseits sind hier vielfältige
Vermittlungs- und Rückkoppelungsprozesse zu beachten, die eine simplifizie-
rende Bestimmung *des* wirksamen naturwissenschaftlichen Weltbildes und erst
recht seine Gleichsetzung mit Weltsichten der Zeitgenossen verbieten. Schon
durch die innerwissenschaftliche Debatte wird deutlich, daß „in der Regel unterschiedliche philosophische Deutungen derselben Theorie möglich" sind, so
daß „Wissenschaft Weltbilder nur unvollständig bestimmt"[2]. Und die sich heute aller medialen Mittel bedienende, durch gesellschaftliche oder politische
Zusammenhänge und Interessen mitgesteuerte Diffusion naturwissenschaftlicher Erkenntnisse in das allgemeine Bewußtsein durch populärwissenschaftli-
che Darstellungen, ethische Debatten etc. gehorcht noch einmal ganz eigenen
Bedingungen und entwickelt eigene Moden und Trends, die nur lose an den
Fortgang naturwissenschaftlicher Forschung gekoppelt sind.

Theologie und Ethik 13), 1999, 342). Der „Dialog zwischen Naturwissenschaften und Theologie" sei deshalb „als Gespräch zwischen philosophischen Positionen zu führen" (aaO., 340).
Richtig ist, daß der Dialog auf einer meta-theoretischen Ebene und hermeneutisch aufgeklärt
stattfinden muß. Es steht aber sehr zu bezweifeln, ob man der naturwissenschaftlichen Seite
oder auch nur der theologischen Seite jeweils eine philosophische Position eindeutig zuschreiben oder aus ihr entwickeln kann. Dem trägt Kropač besser Rechnung bei der Bestimmung
von *Rahmenbedingungen für einen naturwissenschaftlich-theologischen Dialog* in: DERS., Naturwissenschaft und Theologie – historische Aspekte und Perspektiven eines problematischen
Verhältnisses, Glaube und Denken 12 (1999), 155-187, bes. 183ff.
    [2] J. MITTELSTRASS, Der Flug der Eule. Von der Vernunft der Wissenschaft und der Auf-
gabe der Philosophie, 1989, 245.

Wir können diese wissenssoziologischen Hinweise nicht weiter verfolgen, sondern versuchen zunächst, die weltbildprägende Dynamik der Naturwissenschaften deutlicher freizulegen. Jürgen Mittelstraß hat darauf hingewiesen, daß schon innerhalb des tatsächlichen Vollzugs der Naturwissenschaften mit dem Doppelaspekt von Forschung und Theorie ein Zirkel existiert, der die Tendenz zur Ausbildung von weltbildhaften Anteilen zeigt. Im Anschluß an Kuno Lorenz unterscheidet Mittelstraß zwischen der *Forschungsform* und der *Theorieform* von Wissenschaft. „In ihrer Forschungsform ist Wissenschaft Ausdruck von Objektkompetenz oder *Objektrationalität*, in ihrer Theorie- oder Darstellungsform Ausdruck von Metakompetenz bzw. *Begründungsrationalität*."[3] Das bestimmende Rationalitätskriterium der empirischen *Objektrationalität* ist die Tatsachenkonformität, d.h. die Kontrolle, immer feinere Überprüfung und gesicherte Erweiterung empirischer Daten und ihrer Interdependenzen, die sich dann in einer Theorie darstellenden Ausdruck verschafft. Diese unterliegt zusätzlich den Rationalitätskriterien der *Begründungsrationalität* von Wissenschaft, zu denen über die bloße Tatsachenkonformität hinaus, ja mitunter an ihr vorbei weitere Kriterien gehören, die sich theorieübergreifend ausweisen lassen, wie Einfachheit, Universalität oder Fruchtbarkeit (etwa im Sinne der Eröffnung neuer Möglichkeiten der weiteren experimentellen Forschung).

Allerdings beruht die empirische Forschung immer schon auf einem Entwurf, der die Anleitung dazu gibt, was denn überhaupt als Gegenstand untersucht werden soll, was als empirisches Faktum in Frage kommt, welche Messungen relevant und welche Daten bedeutsam sind. Die Forschungsform der Wissenschaft ruht immer schon auf einer vorgängigen, unterstellten Hypothese auf, die sich im Experiment bewährt, scheitert oder durch überraschende Wendungen die Augen für eine Alternative öffnet. Jedes Meßinstrument, jede Versuchsanordnung des rein experimentellen Forschers ist immer schon Ausdruck einer, wenn auch nicht unbedingt schon vollständig explizierten Theorieform von Wissenschaft. Es ergibt sich damit für die konkret sich vollziehende Wissenschaft ein Wechselspiel von empirischer Forschung und theoretischer Darstellung, an dessen beiden Polen lebensweltliche Elemente eingehen und weltbildartige Konzepte austreten.

Die Naturwissenschaft ist zum einen darauf angewiesen, Begriffe und Vorstellungen zu entwickeln, deren Präzisierung dann zu darstellbaren Theori-

---

[3] AaO., 249. Vgl. schon die Unterscheidung von *Entdeckungszusammenhang* und *Rechtfertigungszusammenhang*, die auf H. Reichenbach zurückgeht: Erfahrung und Prognose. Gesammelte Werke, Bd.4, 1983, 3. Dazu vgl. auch H. ALBERT, Traktat über kritische Vernunft, [3]1975, 38f.

en führen kann. Diese Begriffe sind zumeist alltagsweltlichen Vorstellungen entnommen. Wären nicht vorwissenschaftliche Begriffe dessen, was ‚Kraft‘, ‚Druck‘, ‚Wärme‘ oder ‚Welle‘ bedeutet, vorhanden, hätten die entsprechenden physikalischen Begriffe nicht gebildet werden können: „Alle Wissenschaft ruht auf einem Sockel lebensweltlicher Intuitionen."[4] Im Laufe der Zeit hat dann die im Rahmen von ausgearbeiteten Theorien präzisierte physikalische Begriffsbildung oft zurückgewirkt auf die alltagssprachliche Verwendung der Begriffe und die mit ihnen verbundenen Konzepte. So stellen wir uns Wärme nicht mehr als einen Stoff vor, reden von Radiowellen, die wir nicht sehen können, und haben eine gewisse Vorstellung der Position unserer Erde im Weltall, lassen uns also in unserem lebensweltlichen Umgang mit den Phänomenen durchaus von naturwissenschaftlichen Präzisierungen mitbestimmen. Wissenschaftsintern aber hat sich die naturwissenschaftliche Begriffsbildung vielfach abgelöst von ihrem ursprünglichen lebensweltlichen Kontext, ist zur Bezeichnung einer mathematischen Struktur geworden und kann allein aus ihrem anschaulichen Ursprung her nicht mehr intuitiv verstanden werden, ja kann mitunter überhaupt nicht mehr anschaulich werden, man denke etwa an den Welle-Teilchen-Dualismus in der Quantentheorie. Um jedoch seine semantische Relevanz zu behalten, muß auch noch der abstrakteste physikalische Begriff am Ende zurückzuführen sein auf eine physikalische Entität, die mit unseren lebensweltlichen Vorstellungen von Realität so in Kontakt steht, daß man reale empirische Messungen darauf beziehen kann. Selbst unter einem Quark muß man sich immer noch ein identifizierbares Objekt vorstellen, und guten populärwissenschaftlichen Darstellungen gelingt es in vorsichtiger Vereinfachung, diese Konzepte unter Bezug auf alltagsweltliche Erfahrungen plausibel zu machen.

Erwin Schrödinger als einer der Begründer der Quantentheorie hat selbst nachdrücklich darauf insistiert, daß die Naturwissenschaft diese Rückkoppelung an den kulturellen und lebensweltlichen Kontext nicht aufgeben darf, wenn sie nicht auf lange Sicht bedeutungslos, esoterisch und unfruchtbar werden will. Schrödinger bedauert, daß „there is a tendency to forget that all science is bound up with human culture in general, and that scientific findings, even those which at the moment appear the most advanced and esoteric and difficult to grasp, are meaningless outside their cultural context. A theoretical science, unaware that those of its constructs considered relevant and momentous are destined eventually to be framed in concepts and words that have a grip on the educated community and become part and parcel of the general world picture – a theoretical

---

[4] H.-D. MUTSCHLER, Die Welterklärung der Physik und die Lebenswelt des Menschen, in: Urknall oder Schöpfung?, 43–62, 53.

science, I say, where this is forgotten, and where the initiated continue musing to each other in terms that are, at best, understood by a small group of close fellow travellers, will necessarily be cut off from the rest of cultural mankind; in the long run it is bound to atrophy and ossify, however virulently esoteric chat may continue within its joyfully isolated groups of experts."[5] Auch die abstrakteste Naturwissenschaft ist eingebettet in einen kulturellen Zusammenhang. Sie ist ohne diesen nicht lebensfähig, wie umgekehrt dieser in der nach-mythischen Epoche auf die Übersetzung ihrer Einsichten in die lebensweltlichen Zusammenhänge nicht verzichten kann.

Zusätzlich zur Prägung einzelner lebensweltlicher Vorstellungen entwickelt die Naturwissenschaft ihre eigentlich weltbildprägende Kraft allerdings weniger aus dem Forschungsaspekt als vielmehr aus ihrer Begründungsrationalität, ist sie doch auf die möglichst umfassende kohärente Darstellung dessen gerichtet, was in den Einzelbeobachtungen als der sie konstituierende Zusammenhang und seine Prinzipien erscheint. Hier, durch die theoretische Darstellung, geschieht die eigentliche, wenn auch immer nur vorläufige Aneignung des naturwissenschaftlichen Gegenstands. So sind es oft die in die Darstellungsform der Wissenschaft eingehenden Rationalitätskriterien, die zunächst für den Umbau des wissenschaftlichen Weltbilds den Ausschlag geben. Das zeigt sich schon allein daran, daß in der Wissenschaftsgeschichte Tatsachenkonformität nicht immer entscheidend für einen Theoriewechsel und den damit verbundenen Wechsel des weltbildhaften Rahmens war. Das kopernikanische Modell etwa vermochte keine einzige astronomische Tatsache genauer zu erklären als das ptolemäische, denn Kopernikus' Berechnungen auf der Grundlage des heliozentrischen Systems „wiesen ähnliche Abweichungen von den beobachteten Planetenorten auf wie das Ptolemäische Modell"[6]. Der entschei-

---

[5] E. SCHRÖDINGER, Are there quantum jumps?, 478f.

[6] J. MITTELSTRASS/K. MAINZER, Art. Kopernikus, Enzyklopädie Wissenschaftstheorie und Phil., Bd.2, 470–474, 472. Allerdings hatte Kopernikus in jahrzehntelangen intensiven Beobachtungen die Präzession der Äquinoktialpunkte gegenüber den ptolemäischen Tafeln ebenso zweifelsfrei nachgewiesen wie die Änderung der Schiefe der Ekliptik. Beide Befunde hätten im ptolemäischen Weltbild zu einer erheblichen Komplizierung geführt, wohingegen sie sich in das heliozentrische System auf einfache Weise integrieren ließen. Deshalb zählt Rheticus in seiner Narratio prima eben diese beiden als diejenigen Himmelsphänomene auf, die Kopernikus zu der Überzeugung führten, „daß die meisten Erscheinungen am Himmel durch die Beweglichkeit der Erde hervorgerufen oder sicher aufs bequemste gerettet werden können" (Auswahl aus der Narratio prima des G.J. Rheticus, in: N. COPERNICUS, Das neue Weltbild (PhB 300), 157–198, 169).
Es war Kopernikus darüber hinaus nicht gelungen, die von ihm intendierte *Einfachheit* des Aufbaus des Kosmos zu erreichen, mußte er doch die Sonne um 3 Diameter gegen das Zentrum

dende, sich dann als so überaus fruchtbar herausstellende Vorzug der kopernikanischen Theorie war das durchsichtigere konstruktive Prinzip, das ihr zu-
grundelag. Vor dem Hintergrund des Doppelaspekts von forschender Empirie
einerseits und darstellender Theorie andererseits wird so verständlich, wie in
das naturwissenschaftliche Modell Rationalitätskriterien mit eingehen, die aus
dem Dargestellten selbst nicht gewonnen werden können, sondern durch tieferliegende Einsichten und Verständigungen darüber mitbestimmt werden, was als
plausible Voraussetzung und was als Fortschritt in der physikalischen Theorie
gelten kann.

Sind schon die umfassenden Theoriedarstellungen bei identischer Tatsachenkonformität in Grenzen variabel, so sind erst recht verschiedene Deutungen
der Theorien möglich, die allgemein naturphilosophische Kriterien und Konzepte auf die Theoriedarstellung beziehen. Wie wir sahen, ist etwa die Debatte
über den Charakter der Kausalität und die Rolle des Meßprozesses im Rahmen der Quantentheorie bis heute unabgeschlossen, obwohl gerade die Quantentheorie als die am besten bestätigte physikalische Theorie überhaupt gilt.
Es eignet den naturwissenschaftlichen Weltbildern also nicht nur eine *diachro-
ne* Relativität, insofern im Laufe des wissenschaftlichen Erkenntnisfortschritts
die Weltbilder einander ablösen, sondern auch eine *synchrone*, insofern gleichzeitig verschiedene Deutungen derselben Theorie möglich sind[7]. Die nicht nur
empirisch kontrollierte Feststellung der als plausibel erscheinenden Grundzüge der Theorieform und ihrer prinzipiellen Voraussetzungen in einem Bild der
Wirklichkeit als solcher einerseits, und die lebensweltlich wirksame Veralltägli-
chung der Objektrationalität andererseits, die bedeutsam dafür ist, welche Entitäten und Zusammenhänge allgemein als physisch real angesehen werden, sind
die zwei Aspekte dessen, was man als ‚naturwissenschaftliches Weltbild' bezeichnen kann. Beide Aspekte stützen einander, beide variieren synchron und
diachron und bilden zusammen den nicht unbedingt vollständig kohärenten

---

seines Universums verschoben exzentrisch positionieren und die Mittelstellung damit unbesetzt
lassen, um Beobachtungskonformität zu erreichen. Die Mittelpunkte der Planetenbahnen waren noch stärker versetzt (derjenige der Saturnbahn etwa lag noch außerhalb der Venusbahn),
und „der Mittelpunkt der Erdbahn mußte seinerseits eine Kreisbewegung ausführen, so daß der
Erde allein schließlich 8 Bewegungen zukamen" (H. BLUMENBERG, Kopernikus im Selbstverständnis der Neuzeit, 342). Auch die von Osiander in seinem Vorwort als Vorzug angeführte
Vereinfachung der astronomischen Berechnungen trifft nicht zu, weil das ptolemäische System
für die praktische Bestimmung der Planetenpositionen eher leichter zu handhaben war (vgl.
ebd.).
    [7] Vgl. J. MITTELSTRASS, Der Flug der Eule, 245.

Gesamtkomplex einer neuzeitlichen, naturwissenschaftlich geprägten Sicht der Welt.

2. Der problematische Begriff des physikalischen Ganzen

Der im *Welt*bild implizierte Begriff des Ganzen ist dabei zunächst ganz auf die prinzipielle Seite zu schlagen als in der nicht-empirischen Begründungsrationalität vorausgesetzt. In diesem Sinne hat Kant in seiner *Kritik der Urteilskraft* wohl als erster[8] den Begriff der ‚Weltanschauung‘ geprägt, der seine Begründung in einem übersinnlichen Vermögen des menschlichen Gemüts findet, mit dessen Hilfe allererst die an sich unendliche und deshalb in ihrem Umfang irreduzible Sinnenwelt als eine Ganzheit zusammengefaßt werden kann. Indem dieses Vermögen die „Idee eines Noumenons" aus sich heraus setzt, „welches selbst keine Anschauung verstattet, aber doch der Weltanschauung, als bloßer Erscheinung, zum Substrat unterlegt wird, wird das Unendliche der Sinnenwelt ... *unter* einem Begriffe *ganz* zusammengefaßt"[9].

Gewinnt man aber einen empirisch kontrollierbaren und theoretisch darstellbaren *physikalischen* Begriff des Ganzen, dann treten empirische Aspekte hinzu. Das Ganze ist nicht mehr nur rein apriorische Voraussetzung, sondern auch eine theorieintern repräsentierte Größe, über deren Eigenschaften und Darstellung mit Hilfe objektrationaler und theoricrationaler Kriterien entschieden wird. Genau dies ist mit der modernen Kosmologie geschehen. Nachdem die kopernikanische Wende zunächst nur die Entschränkung der Größe zur Unermeßlichkeit und Unendlichkeit des Kosmos einleitete, gewann die naturwissenschaftliche Kosmologie über den absoluten Raum und die absolute Zeit der newtonschen Mechanik die Grundprinzipien eines physikalischen Ganzheitsbegriffs und in der ubiquitär effektiven Gravitation ein Kohärenzprinzip, daß erstmals physikalische Erörterungen über die Welt als ganze zuließ[10]. Vollends gelang es durch die genetischen Modelle, eine über lange Zeiträume mit universal wirkenden Prinzipien sich vollziehende Entwicklung wahrscheinlich und über im Modell implizierte Schlußfolgerungen empirisch prüfbar zu machen und damit das in den biblischen Schöpfungsberichten dargestellte anfängliche herstellende Schaffen einer dann fertigen Schöpfung durch das evolutionäre kosmolo-

---

[8] Vgl. J. KLEIN, Art. Weltanschauung, RGG³ IV, 1603–1606, 1604; E. HERMS, ‚Weltanschauung‘ bei F. Schleiermacher und A. Ritschl, in: DERS., Theorie für die Praxis – Beiträge zur Theologie, 1982, 121–143, 125f.
[9] I. KANT, Kritik der Urtheilskraft, in: Kant's gesammelte Schriften, hg. von der Königlich Preußischen Akademie der Wissenschaften, Erste Abtheilung: Werke, Bd.5, 1913, 165–485.
[10] Vgl. oben die Abschnitte S.28ff.

gische Modell abzulösen. Diese Entwicklung beginnt noch vor Newton mit dem
cartesischen Wirbelmodell und findet dann ihre erste tragfähige Ausbildung in
der kant-laplaceschen Hypothese, die schon ganz auf der newtonschen Gravitationstheorie aufbaut. Im Standardmodell der Urknalltheorie wird in unserem
Jahrhundert über die Verbindung von Raum, Zeit, Masse und Gravitation in
der allgemeinen Relativitätstheorie Einsteins die Grundlage eines theoretisch
nachvollziehbaren und in seinen Konsequenzen empirisch plausibilisierbaren
physikalischen Modells des Universums als ganzes gelegt[11].

Mit der Einführung eines kosmologischen Ganzheitsbegriffs aber entstehen
für die physikalische Theorie und für die daran sich anschließenden weltbildprägenden Deutungen besondere prinzipielle Probleme. Es ist nicht selbstverständlich, daß Theorien über den Kosmos als das raumzeitlich-materielle Gesamt der physikalischen Wirklichkeit möglich sind. Um den ihr möglichen Erkenntnisgewinn zu erreichen, muß die Physik auch diesen ihren Gegenstand
präparieren und droht damit von vornherein den vollständigen Begriff des Ganzen zu verfehlen. „Der Preis, den wir für den Gewinn an Verständnis bezahlen
müssen, ist die Beschränkung des Begriffs Kosmos auf ein mit den Methoden der exakten Naturwissenschaft behandelbares System."[12] Dies geschieht
dadurch, daß die Kosmologie ganz unterschiedliche Einzeltheorien (allgemeine Relativitätstheorie, Materiemodelle, Elementarteilchenphysik etc.) in ihren
Modellen zusammenführt, wobei nach wie vor der raumzeitliche Zusammenhang und die langreichweitige und nicht abschirmbare Gravitation die unifizie-
renden kosmischen Prinzipien bilden. Das für einführende Vorlesungen in die
physikalische Kosmologie gedachte Lehrbuch von Hubert Goenner bestimmt
den Gegenstand der Kosmologie deshalb so: „Unter dem Kosmos verstehen
wir *das größte, der Beobachtung zugängliche, gravitativ wechselwirkende System*."[13] Goenner gesteht zu, daß die von ihm gegebene Definition des Kosmos
unbefriedigend sei und das physikalische Erkenntnisinteresse sogleich darüber
hinausdränge, möchte es doch auf das *Ganze* der Welt gehen. Die konkrete Kosmologie sollte ein Teil sein eines Gesamtentwurfes, in dem das „Universum als
rein physikalisches Objekt" über die kosmologische Spezialtheorie hinaus bestimmt wird „als Menge aller physikalischen Prozesse oder einfach als das, was
physikalisch ist"[14].

---

[11] Vgl. oben den Abschnitt S.71ff.
[12] H. GOENNER, Einführung in die Kosmologie, 277.
[13] AaO., 1.
[14] W. SALTZER/P. EISENHARDT/D. KURTH/R. ZIMMERMANN, Kosmos und Bedeutung,
in: Die Erfindung des Universums?, 8–26, 8.

Will die Kosmologie aber ernsthaft die Gesamtwelt zum Gegenstand machen, will sie also – durchaus in ihrem Rahmen und ihrer methodisch kontrollierten Perspektive – auf das Ganze dessen gehen, was Wirklichkeit genannt zu werden verdient, dann sind grundlegende Schwierigkeiten zur Stelle, die skeptische Vorbehalte diesem Projekt gegenüber provozieren:

1. So machen allein schon die enormen zeitlichen und räumlichen Skalen eine empirische Beschreibung des durch Meßinstrumente überhaupt zugänglichen *Teil*gegenstandes unerhört schwierig. Aus den empirischen Daten dann auf die Eigenschaften des Gesamtgegenstandes hochzurechnen (z.B. großräumige Materieverteilung, Verteilung der Elemente im Universum etc.), erfordert Extrapolationen, die auf *kosmologischen Prinzipien* (wie Homogenität und Isotropie, aber auch Invarianz kosmologisch relevanter Konstanten) beruhen, die selbst nicht direkt empirisch überprüft werden können. Goenner hebt deshalb hervor, daß durch ihre besondere Stellung innerhalb der exakten Naturwissenschaften die „Kosmologie ... eines der empirisch am schwächsten kontrollierten Gebiete der Physik"[15] sei. Der *inneren Konsistenz* kosmologischer Theorien kommt insofern besonders große Bedeutung zu.

2. Sodann ist der Kosmos als Gesamtwelt, als ‚Universum', als das nicht mehr erweiterbare Größte, ein *singulärer Gegenstand*, es gibt ihn nur einmal. Er ist im Gegensatz zu anderen physikalischen Gegenständen nicht mit Variationen aus der gleichen Gegenstandsklasse, d.h. mit anderen Universen, empirisch, sondern allenfalls durch schwer kontrollierbare Variationsanalyse im Modell vergleichbar.

3. Der Begriff des physikalischen Kosmos als eines *alle* Wirklichkeit umfassenden Ganzen steht darüber hinaus in Spannung zu grundlegenden Prinzipien der physikalischen Erkenntnistheorie, die in der Interpretation der Quantentheorie erhebliche Relevanz gewonnen haben. Danach können physikalische Objekte und ihre Eigenschaften nur bestimmt werden in Bezug auf mögliche Beobachtung[16]. Spricht die Kosmologie von der Welt nicht nur als von der logisch vorausgesetzten Allheit der Objekte, sondern selbst als einem einzelnen Objekt, so ergeben sich ungeklärte metatheoretische Fragen, die C.F. von Weizsäcker wie folgt formuliert hat: „Wenn es das Objekt ‚Welt' gibt, für wen ist es Objekt? Wie ist eine Beobachtung dieses Objekts vorzustellen? Wenn wir das Objekt ‚Welt' aber nicht einführen dürfen, wie haben wir dann das Zusammensein der Objekte ‚in der Welt' quantentheoretisch zu beschreiben?"[17] Nicht von

---

[15] H. GOENNER, Einführung in die Kosmologie, V.
[16] Vgl. oben den Abschnitt S.182ff.
[17] C.F. VON WEIZSÄCKER, Die Einheit der Natur, 469.

ungefähr hat die Interpretation der Wellenfunktion des Kosmos ja innerhalb der naturwissenschaftlichen Kosmologie zu einigen sehr umstrittenen Modellbildungen und Diskussionen über den Begriff des physikalisch Realen im Rahmen der Viele-Welten-Interpretation geführt und einige ungeklärte Fragen über den Begriff des physikalisch Wirklichen und Möglichen aufgeworfen.

3. Das naturwissenschaftliche Weltbild als offener Diskurs

Sind unsere Beobachtungen richtig, dann läßt sich eine auf das Ganze der Wirklichkeit gehende Kosmologie nur als methodisch (und dann wohl auch arbeitsteilig) differenzierter und prinzipiell unabschließbarer Diskurs etablieren. Das läßt sich anhand dreier, aneinander anschließender Überlegungen verdeutlichen:

1. *Selbstreferentielle Schließung durch methodische Differenzierung*: Insofern die naturwissenschaftliche Kosmologie intendiert, auf das *Ganze*, zwar in der ihr eigenen naturwissenschaftlichen Perspektive, aber eben in dieser Perspektive dann doch auf die Totalität des Kosmos zu gehen, sollte an sie als Forderung gestellt werden, was Niklas Luhmann als Merkmal universalistischer Theorien bestimmt hat: „Theorien mit Universalitätsanspruch sind leicht daran zu erkennen, daß sie selbst als ihr eigener Gegenstand vorkommen"[18]. Solche Theorien sind *selbstreferentiell*: „Sie lernen an ihren Gegenständen immer auch etwas über sich selbst."[19] Will naturwissenschaftliche Kosmologie mehr sein als eine Theorie über das größte beobachtbare gravitative System, die sich jeder Aussage über die Welt als ganze enthält, will sie vielmehr in verantwortlicher Weise ihren nicht unbedeutenden Beitrag zu einem aufgeklärten, die Einsichten der Naturwissenschaften in angemessener Weise integrierenden Weltbild leisten, dann ist sie gehalten, sich selbstreferentiell zu schließen. Dies kann nur geschehen, indem sie über die fachinterne Theoriebildung hinaus sich in Begleitung ihrer Forschung mit sich selbst und den Bedingungen ihrer eigenen Möglichkeit beschäftigt und sich in allgemeine gesellschaftliche Diskurse und Bildungsvorgänge so einbringt, daß sie ihre Kontaktfähigkeit zum Alltagsbewußtsein unter Beweis stellt und sich selbst öffentlich Rechenschaft über ihre Erkenntnisvollzüge und deren Tragweite ablegt.

Diese selbstreferentielle Schließung kann, so sollte aus unseren Ausführungen deutlich geworden sein, nicht ihrerseits fachintern erfolgen. Sie ist kein Teil der physikalischen Forschung selbst, sondern geschieht als Diskurs *über* diese

---

[18] N. LUHMANN, Soziale Systeme. Grundriss einer allgemeinen Theorie, [4]1994, 9.
[19] AaO., 10.

und kann selbst weder physikalisiert noch formalisiert werden[20]. Man sollte
deshalb die eigentliche naturwissenschaftliche *Kosmologie* als empirisch begründete Theorie über einen physikalisch definierten Gegenstand unterscheiden
von den nicht weniger reflektierten, aber methodisch streng zu unterscheiden-
den Bemühungen um eine auf das Ganze der physikalischen Wirklichkeit zielende Interpretation des kosmologischen Befunds im Rahmen eines *Weltbilds*,
das die Erkenntnisse der großräumigen Entwicklung und des Aufbaus des physikalischen Universums zu einem Gesamtbild des Kosmos und seiner Wirklichkeit integriert und die Anbindung an die lebensweltliche Erfahrung ebenso reflektiert wie die zugrundeliegenden Erkenntnisbedingungen und -methoden[21].
Bei einer solchen „Hermeneutik des Universums als Interpretation des naturwissenschaftlichen Weltbildes"[22] geht es nicht darum, einen verborgenen Sinn
in der verwissenschaftlichten Natur aufzudecken, der den ‚gehaltenen Augen'
des Naturwissenschaftlers entgangen wäre, sondern darum, sie vom Selbstverständnis des forschenden und denkenden Menschen her auszulegen und zu interpretieren, wie er sich in der Zugänglichkeit ebenso wie in der Sinnverweige-
rung des Kosmos selbst erfährt.

Mit der Unvermeidlichkeit, sich die Welt, wie sie die wissenschaftliche Vernunft zugänglich macht, als ‚Bild' in einer anschaulichen Synthese gegenüber
zu stellen, ist aber zugleich die Forderung nach permanenter, methodisch gelei-
teter Revision dieser Entwürfe und Reflexion der Grenzen ihrer Aussagekraft
zu verbinden. Eine letzte Abgeschlossenheit ist hier aus prinzipiellen Gründen nicht zu erreichen. Das impliziert eine erweiterte Öffentlichkeit, methodische Differenzierung und lockere Koppelung von Fach- und Metadiskurs. Die
Notwendigkeit einer solchen metatheoretischen Beschäftigung mit Naturwissenschaft kann im übrigen auch nicht durch die gegenwärtig so verbreiteten
Appelle an die ‚Verantwortung der Wissenschaft' erledigt werden, insofern die
Begründung einer solchen Verantwortung eine eben als fachinterner Diskurs

---

[20] Ein solcher Diskurs ist im übrigen fachintern in dem oft unterschlagenen Doppelcha-
rakter der Naturwissenschaften als Forschungsdisziplin und Lehrfach immer schon angelegt
und darüber hinaus institutionell im Hochschulbetrieb in den unverzichtbaren Lehrstühlen zur
Wissenschaftsgeschichte vorbereitet. Für die moderne Mathematik liegt inzwischen eine ausgezeichnete, wissenschaftsgeschichtlich profund entwickelte Analyse der verschiedenen Dis-
kursebenen und ihrer produktiven Verknüpfung vor: H. MEHRTENS, Moderne – Sprache –
Mathematik, bes. 402–522 (Kap.6: Diskurs und Sprache der Mathematik: Ein Versuch).
[21] Es sei zumindest darauf hingewiesen, daß nicht nur relativ zur physikalischen Kosmologie, sondern auch z.B. zur evolutionistischen Biologie zu einer Gesamtsicht der Welt erweiterte
Weltbildentwürfe möglich sind.
[22] F.J. WETZ, Hermeneutischer Naturalismus, 118.

nicht zu leistende Verständigung über das Projekt der Naturwissenschaft, ihre
Bedeutung für unser Welt- und Selbstverständnis voraussetzt und erst von daher
ethische Leitlinien entwickelt werden können.

2. *Metatheoretische Mehrdeutigkeit*: Naturwissenschaftlicher Kosmologie
sollte dabei in besonderer Weise bewußt sein, wie hoch der Anteil prinzipieller,
empirisch nur bedingt überprüfbarer Voraussetzungen ist, der in ihre Theori-
en einfließt, und wie widersprüchlich und mehrdeutig die Extrapolationen sind,
die sich deutend an sie anschließen können, denn „für *sämtliche* physikalischen
Sachzusammenhänge gibt es alternative Deutungen, die sich jeweils widersprechen, ohne daß von der Physik her zwischen den widersprechenden Alternativen entschieden werden könnte"[23]. Es kann keine letzte unabhängige Bestätigung kosmologischer Theorien geben, ihre Tragfähigkeit beruht stark auf ihrer inneren Konsistenz und der ihr *zuerkannten* Plausibilität. Diese, durch die
Wissenschaft selbst nicht aufzuhebende „metatheoretische Mehrdeutigkeit der
Welt"[24] impliziert, daß ein endgültiger Abschluß kosmologischer Theorien, die
auf das Ganze gehen wollen, nicht möglich ist.

3. *Die prinzipielle Unabschließbarkeit begründungstheoretischer Reflexion*: Eine selbstreferentielle Schließung der naturwissenschaftlichen Forschung
über wissenschaftsgeschichtliche, wissenschaftstheoretische und allgemein gesellschaftliche Diskurse führt darüber hinaus diejenigen Aporien mit, in die
Selbstreferentialität notwendig gerät. Sie muß wie alles mitteilbare menschliche
Erkennen immer auf eine Erkenntnishinsicht scharfstellen, deren Begründung
aber abblenden. Versucht ein Beobachter seine Beobachtung mitzubeobachten,
so erzeugt er stets neue Unbestimmtheiten und gerät in einen unendlichen Regreß, da er eben diese Selbstbeobachtung über keine rekursiven Anwendungen
des Beobachtungsprozesses einholen kann. Es zeigen sich im Kontext der Anwendung von Wissenschaft auf Wissenschaft die zuerst von Gödel aufgezeigten
prinzipiellen Grenzen der Entscheidbarkeit von selbstbezüglichen Sätzen innerhalb eines formalen Systems mit den Mitteln dieses Systems[25]. Schon physikalische Erkenntnis selbst ist nur durch Objektivierung möglich, also dadurch, daß
ein Teil eines Ganzen zu einem anderen Teil in Beziehung gesetzt wird. Das
heißt, daß immer zumindest zwischen Beobachter und System unterschieden
werden muß. Die *Beschränkung* der Kosmologie auf die gravitative Wechsel-

---

[23] H.-D. MUTSCHLER, Die Welterklärung der Physik und die Lebenswelt des Menschen,
in: Urknall oder Schöpfung?, 55.

[24] A. GIERER, Die Physik, das Leben und die Seele, 1985, 268.

[25] Vgl. dazu: W. STEGMÜLLER, Unvollständigkeit und Unentscheidbarkeit. Die metamathematischen Resultate von Gödel, Church, Kleene, Rosser und ihre erkenntnistheoretische
Bedeutung, Wien/New York [3]1973.

wirkung großer Massen und auf das Raum-Zeit-Konzept der allgemeinen Relativitätstheorie hat die großen Erfolge der naturwissenschaftlichen Kosmologie zustandegebracht. Daraus eine ‚Theorie über alles‘ unter Einschluß des Menschen und noch dazu mit einem Anspruch der Sinnstiftung zu entwickeln, ist nur über viele weitere Zwischenstufen und nur in Form streitbarer, nicht selbst mit empirischem Erklärungsanspruch auftretender Metareflexionen möglich.

Die Verführung der neuzeitlichen Kosmologie, der besonders die populäre massenmediale Transmission ins Alltagsbewußtsein oft erliegt, besteht allerdings darin, daß man den Zusammenhang von lebensweltlicher Alltagserfahrung, naturwissenschaftlichem Erkenntnisprozeß, weltbildhafter Darstellung und sinnhafter Orientierung meint dadurch schließen zu können, daß man über die Figur des ‚Anthropischen Prinzips‘ den Menschen zum Prinzip aller Dinge macht. Dagegen ist geltend zu machen, daß zwar das physikalische Objekt ‚Kosmos‘ dem es im Rahmen seiner Möglichkeiten erkennenden Menschen einen engen Zusammenhang der eigenen Existenzbedingungen mit den kosmischen Zeiten, Räumen und materiellen Kenngrößen vorführt, doch ihm zugleich jede Vervollständigung seiner Erkenntnis in Richtung auf eine Bestimmung seiner eigenen Bedeutung in dem Ganzen der Welt in bisher nicht gekanntem Maße aus der Hand schlägt. Der Mensch und seine Lebens- und Schicksalsmaße sind in der Perspektive der physikalischen Kosmologie reduziert auf die bloße Faktizität eines kontingenten kosmischen Epiphänomens. Erkenntnisgewinnender Zugang und sich jeder Sinnstiftung verweigernde Leere bilden die eigentümliche Dialektik der neuzeitlichen Kosmologie. Doch es ist gerade diese Defizienz, die auf ihre Weise davon Zeugnis ablegt, daß dem Menschen seine Selbstdeutung und Sinnbestimmung mit der Faktizität seiner Existenz und ihrer Bedingungen nicht schon gegeben, sondern allererst aufgegeben ist.

B. Der Dialog zwischen Naturwissenschaft und Theologie

Damit haben wir eine Perspektive auch für den Dialog zwischen Theologie und Naturwissenschaft geöffnet. Zunächst ist auch hier die Trennung der Fachdiskurse festzuhalten. Die *Naturwissenschaft* versucht, das Verhalten der von ihr empirisch identifizierbaren Objekte und ihrer quantifizierbaren Eigenschaften in Raum und Zeit durch möglichst wenige und grundlegende rein formale Beziehungen zu beschreiben und daraus die Fülle der Phänomene herzuleiten oder zumindest in ihren Grundlagen darzustellen. Sie reduziert dazu die Welt und ihre Objekte auf meß- und beobachtbare Größen und formalisierbare, das heißt mathematisch darstellbare Zusammenhänge. Sie kann dies nur dann ihrer Sa-

che und ihrer Methodik nach angemessen und verantwortlich vollziehen, wenn
sie empirisch unkontrollierbare und nicht-formalisierbare Gegenstände bewußt
ausschließt. Dazu gehören die ihr selbst vorgängigen lebensweltlichen Erfahrungen und Rationalitätskriterien und die sinnhafte Deutung der von ihr ent-
worfenen Theorien ebenso wie der Gottesbegriff. Die Naturwissenschaft ist so
in einem auch von der Theologie anzuerkennenden positiven Sinne gottlos.

Die *Theologie* wiederum hat weder einen besonderen, empirisch auszeichenbaren Gegenstand noch eine spezifische Theorieform, die sie von anderen
Wissenschaften unterschiede. Als kritische, „im Kontext des Wahrheitsbewußtseins ihrer Zeit"[26] verantwortete Explikation des christlichen Glaubens und
seiner Grunderfahrung bestimmt sie die Wahrheit ihrer Aussagen relativ zum
Zentrum des Glaubens, der in der Geschichte Jesu Christi erfahrenen eschatologischen Anrede Gottes an den Menschen als sein geliebtes Geschöpf. Die
christliche Grunderfahrung ist die der prinzipiellen Vorgängigkeit des Redens
und Handelns Gottes, das in, mit und durch kontingente geschichtliche, und das
heißt weltliche Ereignisse erfahren wird. Die Formulierungen und Explikatio-
nen des darin implizierten Selbst-, Welt- und Gottesverständnisses partizipie-
ren deshalb an der Kontingenz des sich dem Menschen zuwendenden, nicht-
weltlichen Gottes. Sie drängen zwar zu einer verstehenden Aneignung auch gegenüber dem allgemeinen Wahrheitsbewußtsein und Wirklichkeitsverständnis
und konkurrieren so mit naturalistischen und nicht-christlichen Gesamtinter-
pretationen, lassen sich aber ebensowenig wie diese über Empirie verifizieren,
sondern allenfalls angesichts der Breite der menschlichen Erfahrungen, zu denen auch die wissenschaftliche Verstehbarkeit der Welt gehört, plausibilisieren.
Die Theologie gehorcht, insofern Glaubenserfahrungen keine objektiv auszeichenbaren innerweltlichen Erfahrungen sind und sich auf Gott als den nicht-
weltlichen Grund der Welt beziehen, strikter Begründungsrationalität, die zwar
Tatsachenkonformität beachtet, aber den als Glauben bezeichneten spezifischen
Vorgang der Begründung der eigenen Existenz und der daraus erwachsenden
Orientierung so zu explizieren hat, daß seine Vorgängigkeit und Unverfügbar-
keit gewahrt bleibt. Im christlichen Glauben erfährt der Mensch sich als außerhalb seiner selbst, in einem anderen begründet, sich in der Grundlegung seines
Daseins zu seinem Besten selbst entzogen. Die Explikation der den Glauben
begründenden Erfahrung kann deshalb weder beanspruchen, alle weltliche Erfahrung so zu übersteigen, daß sie sie zur Einheit bringt, noch, sie auf das ihnen
zugrundeliegende Prinzip zurückzuführen. Sie kann nur als der immer vorläufige Versuch verstanden werden, angesichts der weltlichen Erfahrungen so von

---

[26] I.U. DALFERTH, Kombinatorische Theologie, 51.

der alles Seiende begründenden Gegenwart Gottes zu reden, daß orientierende Sinnperspektiven in den Grenzen und Bedingungen der Welt sich für den Menschen einstellen. Die Theologie ist insofern „keine theoretische Erklärungs-, sondern eine *praktische Orientierungsdisziplin*"[27], die dem Menschen hilft, sich seiner Welt gegenüber zu verhalten, dem Verstandenen gegenüber ebenso wie dem Unverstandenen, dem Großartigen und Guten der Schöpfung gegenüber ebenso wie dem Schrecklichen und Bösen.

Ein Austausch zwischen Theologie und Naturwissenschaften, der sich dieser Differenzen und der damit zugleich gegebenen Zuordnungen bewußt ist, würde kritische und konstruktive Perspektiven für beide Dialogpartner eröffnen[28]. Die kritische Funktion der Naturwissenschaft für die Theologie könnte darin bestehen, daß diese sich zur ständigen Überprüfung der Tatsachenkonformität ihrer Explikation des christlichen Welt-, Menschen- und Gottesverständnisses bis hin zur gänzlichen Revision traditioneller Konzepte und der dem methodischen und erkenntnistheoretischen Stand der Wissenschaft entsprechenden Bestimmung der beziehungsreichen Differenz zwischen Empirie und Glauben genötigt sieht. Konstruktiv könnte diese Nötigung sich darin äußern, daß der Theologie neue Möglichkeiten der Explikation des christlichen Glaubens zuwachsen, die neue Einsichten in die Relevanz des Glaubens gerade angesichts der Möglichkeiten und Grenzen des naturwissenschaftlichen Weltbilds eröffnen.

Umgekehrt könnte die Auseinandersetzung mit der Theologie in der öffentlichen Weltbilddebatte die Naturwissenschaften kritisch daran erinnern, daß ihre Erklärungen sich nicht mit dem ideologieverdächtigen Status „totaler Deutungskompetenz"[29] versehen dürfen, sondern sie sich der auf sie bezogenen, aber von ihr weder empirisch noch theoretisch entscheidbaren Aufgabe der Selbstdeutung des Menschen und seiner Stellung und Orientierung in seiner Welt bewußt bleibt. Konstruktiv hätte die Theologie ihr Wirklichkeitsverständnis so zu explizieren, daß es, noch ohne daß der Gottesbezug schon dafür in Anschlag gebracht werden müßte, die Möglichkeit eines rationalen und nüchternen Umgangs mit den Möglichkeiten und Grenzen menschlicher Welterfahrung aufzeigt, der zugleich offen ist und bleibt für die Vielfalt der Phänomene und auch widersprüchlichen Deutungen der Welt. Darin könnte sogar die

---

[27] I.U. DALFERTH, Schöpfung – Stil der Welt, 427.

[28] Vgl. C. SCHWÖBEL, Theologie der Schöpfung im Dialog zwischen Naturwissenschaft und Dogmatik, in: Unsere Welt – Gottes Schöpfung. Eberhard Wölfel zum 65. Geburtstag am 16. April 1992, hg. von W. HÄRLE, 1992, 199–221, bes. 218f.

[29] AaO., 218.

Partnerschaft zwischen einer aufgeklärten, ideologisch nicht instrumentalisierbaren Wissenschaft und einer totalitären Sinndeutungen gegenüber mißtrauischen Theologie in den öffentlichen gesellschaftlichen und kulturellen Diskursen um Forschung, Technik und Menschenbild bestehen. Vor einem solchen Hintergrund, der die grundsätzliche Offenheit menschlicher Existenz und der ihr aufgegebenen Selbstdeutung festhielte, sollte es dann auch der Theologie möglich sein, die ihr aufgetragene Entfaltung der Begründung menschlichen Selbst-, Welt- und Gottesverständnisses in Gottes zuvorkommender Gegenwart in einer für Verkündigung und christliche Existenz hilfreichen und relevanten Weise zu explizieren.

Deshalb ist auch das oft eingeforderte Ideal einer konsistenten, umfassenden Weltanschauung, die ein auch erkenntnistheoretisch aufgeklärtes, sich auf dem neuesten Stand befindliches naturwissenschaftliches Weltbild und religiöse Sinndeutung auf kohärente Weise miteinander verbindet, als Überforderung und als sachlich unangemessen zu betrachten. Karl Rahner hat gar „die Frage einer existentiellen Erkenntnistheorie" aufgeworfen, die ausgehen sollte von „einer grundsätzlichen Berechtigung . . . einer zugelassenen und durchgetragenen Koexistenz von gleichzeitigen Überzeugungen im selben Subjekt, bei denen eine *positive* und einsichtige Synthese nicht oder noch nicht erreicht ist"[30]. Diese Möglichkeit einer Koexistenz noch nicht positiv miteinander verbundener Überzeugungen, die durch die Pluralitäten der Wissenschaften und Lebenswelten im einzelnen Individuum induziert werden, sollte man unbefangen zugeben. Zwischen gelungener oder gar abgeschlossener Synthese einerseits und der Feststellung eines unversöhnlichen Widerspruchs andererseits liegt ein weites Feld, auf dem sich der Einzelne ansiedeln kann und muß. Überhaupt ist zu beobachten, daß generell das Bewußtsein der Kluft wächst zwischen dem, was man wirklich weiß und einsieht, und dem, was der Zeit an Wissen zur Verfügung steht und was von anderen gewußt wird. Die zunehmende Ausdifferenzierung und Isolierung verschiedener Wissens- und Lebensbereiche, selbst innerhalb eines Subjekts und einer Biographie, lassen integrierende Momente, die zudem retardierend gegenüber der heute geforderten Schnelligkeit und Entschlossenheit wirken, nur schwer wirksam werden. Daß dabei auf einer metatheoretischen Ebene Kohärenz allerdings die *Leitvorstellung* ist, an der sich ein Austausch zwischen Naturwissenschaft und Theologie zu orientieren hat, ist damit gerade nicht ausgeschlossen, sondern sei ausdrücklich behauptet.

Kommen beide Erkenntnisbemühungen, die der Naturwissenschaft wie die der Theologie, darin überein, daß Letztbegründungen und abschließende,

---

[30] K. RAWER/K. RAHNER, Weltall – Erde – Mensch, 36f.

unhinterfragbare Fundierungen menschlichem Erkenntnisvermögen entzogen bleiben, dann impliziert dies, daß auch die Theologie eine letztbegründende ‚Theorie über alles' weder entwickeln kann noch muß[31]. Die Lehre aus dem Scheitern einer theologischen Inanspruchnahme der neuzeitlichen Kosmologie ist für die Theologie vielmehr die, „auf Letztbegründungsversuche und damit auf die Suche nach unhintergehbaren Gegebenheiten, letzten Identitäten und unhinterfragbaren außertheologischen Sachverhalten ganz zu verzichten"[32]. Es gibt in den Fragen der Orientierung und Sinnbestimmung des Menschen keine

---

[31] Hier trifft sich unser Ansatz mit den Überlegungen von J.W. VAN HUYSSTEEN, der seine Bestimmung des Verhältnisses von Theologie und Naturwissenschaft als „postfoundational" kennzeichnet und damit einen Mittelweg meint zwischen einem postmodernen, beziehungslosen Relativismus der Perspektiven und einem auf letzte unhintergehbare Wahrheiten sich berufenden Fundamentalismus, sei er naturwissenschaftlich oder theologisch bestimmt. Theologie und Naturwissenschaften sind sich, je auf eigene Weise und aus verschiedenen Gründen, der Unabschließbarkeit und Pluralität ihrer Erkenntnisbemühungen sowie der beständig offenzuhaltenden Korrigierbarkeit ihrer Einsichten bewußt. Van Huyssteen hält auf der einen Seite fest, daß durch sein Modell die Beziehung der Theologie zu anderen Wissenschaften deshalb offen und gestaltungsfähig bleibt, „because the project of theological methodology and ‚prolegomena' now becomes part of theological reflection as such, that is, as part of an ongoing interdisciplinary inquiry within the practice of theology itself" (Theology and Science: The Quest for a New Apologetics, PSB 14 (1993), 113-133, 125). Andererseits impliziert die Kontrollierbarkeit der Methodik beider Disziplinen und die allseits anerkannte Forderung, kritikfähige Rechenschaft über Status und Begründung der jeweiligen Aussagen ablegen und sie im Zweifel mit Gründen korrigieren zu können, daß „theology and science do share a common ground of rationality" (aaO., 133). Diesen umfassenden Kontext von Rationalität sucht van Huyssteen mit Hilfe der Rationalitätstheorien von Nicolas Rescher und Harold Brown weiter aufzuklären (vgl. neuerdings auch DERS., Postfoundationalism in Theology and Science: Beyond Conflict and Consonance, in: Rethinking Theology and Science. Six Models for the Current Dialogue, hg. von DERS./N.H. GREGERSEN, Grand Rapids, 1998, 13-49, und DERS., Duet or Duel? Theology and Science in a Postmodern World, London 1998). In eine ähnliche Richtung geht auch der Ansatz von N.H. GREGERSEN, der sich ebenfalls an Rescher orientiert und dessen Begriff der Kohärenz als des entscheidenden Rationalitätskriteriums in das Zentrum seiner Überlegungen stellt (z.B. A Contextual Coherence Theory for the Science-Theology Dialogue, in: Rethinking Theology and Science, 181-231). Auch P. CLAYTON sucht eine Begründung des Verhältnisses von Theologie und Naturwissenschaft ‚beyond foundationalism', stellt aber das pragmatische Moment von Rationalität und Erklärung (explanation) heraus und bestimmt von daher „the problem of meaning in the social sciences" als notwendiges interdisziplinäres Bindeglied, durch das „the semantic perspectives of both researchers and researched" in die Bemühungen wissenschaftlicher Rationalität eingeholt werden (Explanation from Physics to Theology. An Essay in Rationality and Religion, New Haven 1989, VII).

[32] I.U. DALFERTH, Subjektivität und Glaube, 49. Dalferth hat diese und die folgenden Äußerungen gegen subjektivitätstheoretische Fundierungsversuche der Theologie eingewandt, sie sind aber in analoger Weise auch gegen jede „Neuauflage kosmologischer oder absolutheitstheoretischer Letztbegründungen" (ebd.) zur Geltung zu bringen, die etwa über das anthro-

zwingenden letzten Gründe, „sondern nur relative, interne und lokale Kriterien"[33]. Auch der Christ lebt, gerade wenn er von der Zuwendung Gottes her lebt, nicht von einer unabweisbaren Wahrheitseinsicht her, sondern orientiert sich über stets relative und revisionsbedürftige Erkenntnis. Die ihm eigentümliche Erfahrung der exzentrischen Begründung menschlicher Existenz in der vorgängigen Zuwendung Gottes nötigt ihn vielmehr, das Gegenüber von Gott und Welt, von Schöpfer und Geschöpf als eschatologische Relation und damit als dynamisches Differenzierungsgeschehen zu bestimmen[34], das nicht auf letzte Gründe oder eine letzte, alle Differenzen umgreifende Identität zurückführbar ist. Es gilt stattdessen, „eine Reihe fundamentaler, d.h. nicht auflösbarer *Differenzen* zu denken, deren Kombination das Orientierungsmuster ergibt, in dem sich (nach christlichem Verständnis) *wahres* (d.h. realitätsgemäßes) *Selbstverständnis* und *wahres* (d.h. gottgemäßes) *Gottesverständnis* überhaupt ausbilden können"[35]. Wir sind räumlich begrenzte und damit neben anderem existierende, in den Grenzen ihrer Wirklichkeit und deren Möglichkeiten sich entwickelnde, in vergehender Zeit zwischen Geburt und Tod sich entwerfende, sich gewinnende oder sich verfehlende Wesen. Unser *Lebensraum* im Raum der Welt, unsere *Lebenskraft* in den Grenzen der Welt, unsere *Lebenszeit* im Lauf der Welt: Naturwissenschaft und Theologie können auf je ihre Weise einen Beitrag dazu leisten, den Menschen in den Möglichkeiten und Grenzen seiner Welt zu verorten und damit das zu explizieren, was Martin Luther als die Summe des Evangeliums herausgestellt hat: „Wir sollen menschen und nicht Gott sein. Das ist die summa; Es wird doch nicht anders"[36].

---

pische Prinzip eine kosmisch fundierte ‚Theorie über alles' einschließlich der menschlichen Existenz und ihrer Lebensfragen entwerfen.
[33] Ebd.
[34] Vgl. oben S.253.
[35] AaO., 51f.
[36] M. LUTHER, Brief an Spalatin vom 30.6.1530, WAB 5, 415.

Literaturverzeichnis

Die Abkürzungen der Literaturangaben folgen dem *Internationalen Abkürzungsverzeichnis für Theologie und Grenzgebiete*, zusammengestellt von S. SCHWERTNER, ²1992. Zusätzliche Abkürzungen für naturwissenschaftliche Zeitschriften richten sich nach der *Enzyklopädie Philosophie und Wissenschaftstheorie*, hg. von J. MITTELSTRASS, 1980ff.

ACHTNER, W., Die Chaostheorie, ezw-Texte 135 (1997)

Albert Einstein als Philosoph und Naturforscher, hg. von P.A. SCHILPP, 1955

ALBERT, H., Traktat über kritische Vernunft, ³1975

ALTMANN, M./OBERAUER, L., Neutrino Physics at the Dawn of the Twenty-First Century, Naturwiss. 86 (1999), 571–583

ALTNER, G., Die Überlebenskrise in der Gegenwart, 1987

ARISTOTELES, Aristotelis Opera, Vol. I, ex recensione I. Bekkeri ed. Academia Regia Borussica, ²1970

ARISTOTELES, Kategorien/Lehre vom Satz (Organon I/II). griech. – dt. (PhB 8/9), hg. von E. ROLFES, 1962

ARISTOTELES, Metaphysik. 1. Halbbd.: Bücher I(A)–VI(E). griech. – dt. (PhB 307), hg. von H. SEIDL, ²1982

ARISTOTELES, Metaphysik. 2. Halbbd.: Bücher VII(Z)–XIV(N). griech. – dt. (PhB 308), hg. von H. SEIDL, ²1984

ARISTOTELES, Physik. 1. Halbbd.: Bücher I(A)–IV(Δ). griech. – dt. (PhB 380), hg. von H. ZEKL, 1987

ARISTOTELES, Physik. 2. Halbbd.: Bücher V(E)–VIII(Θ). griech. – dt. (PhB 381), hg. von H. ZEKL, 1988

ARISTOTELES, Über die Seele. griech. – dt. (PhB 476), hg. von H. SEIDL, 1995

ASPECT, A./DALIBARD, J./ROGER, G., Experimental Test of Bell's Inequalities Using Time-Varying Analyzers, Phys. Rev. Letters 49 (1982), 1804–1807

AUDRETSCH, J., Ist die Raum-Zeit gekrümmt? Der Aufbau der modernen Gravitationstheorie, Philosophie und Physik der Raum-Zeit (Grundlagen der exakten Naturwissenschaften 7), hg. von K. MAINZER/DERS., ²1994

AUDRETSCH, J./WEDER, H., Kosmologie und Kreativität, ThLZ.F 1 (1999)

AUDRETSCH, J., Physikalische Kosmologie I: Das Standardmodell, in: Vom Anfang der Welt. Wissenschaft, Philosophie, Religion, Mythos, hg. von DERS./K. MAINZER, 1989, 66–92

AUDRETSCH, J., Physikalische Kosmologie II: Das inflationäre Universum, in: Vom Anfang der Welt. Wissenschaft, Philosophie, Religion, Mythos, hg. von DERS./K. MAINZER, 1989, 93–113

AUGUSTINUS, Confessiones. lat. und dt., übers. von J. BERNHART, ⁴1980

AUGUSTINUS, De Genesi ad litteram libri duodecim, CSEL 28, 1894

BARROW, J.D./TIPLER, F.J., The Anthropic Cosmological Principle, Oxford 1986

BARROW, J.D./SILK, J., Raum und Zeit, in: Kosmologie. Struktur und Entwicklung des Universums (Spektrum der Wissenschaft: Verständliche Forschung), ⁴1988, 158–169

BARTH, K., Die Kirchliche Dogmatik, Bd. I/1, Zollikon-Zürich ⁸1964

BARTH, K., Die Kirchliche Dogmatik, Bd. II/1, Zollikon-Zürich ⁴1958

BARTH, K., Die Kirchliche Dogmatik, Bd. III/1, Zollikon-Zürich ³1957

BARTH, K., Die Kirchliche Dogmatik, Bd. III/2, Zollikon-Zürich ²1959

BARTH, K., Die Kirchliche Dogmatik, Bd. III/3, Zollikon-Zürich ²1961

BARTH, K., Die Kirchliche Dogmatik, Bd. IV/1, Zollikon-Zürich 1960

BARTH, U., Abschied von der Kosmologie – Befreiung der Religion zu sich selbst, in: Urknall oder Schöpfung? Zum Dialog von Naturwissenschaft und Theologie, hg. von W. GRÄB, 1995, 14–42

BARTH, U., Was ist Religion?, ZThK 93 (1996), 538–560

BAUMANN, K./SEXL, R.U., Die Deutungen der Quantenmechanik, 1984

BAYER, O., Schöpfung als Anrede, ²1990

BECKERMANN, A./STEPHAN, A., Stichwort: Emergenz, Information Philosophie 3 (1994), 46–51

BELL, J.S., On the problem of hidden variables in quantum mechanics, Rev. Mod. Phys. 38 (1966), 447–452, Nachdr. in dt. Übers. (Über das Problem verborgener Variabler in der Quantentheorie) in: K. BAUMANN/R.U. SEXL, Die Deutungen der Quantenmechanik, 1984, 193–205

BENNET, C., Eine Karte vom kalten Glühen des Urknalls, in: Immer Ärger mit dem Urknall. Das kosmologische Standardmodell in der Krise, hg. von R. BREUER, 1993, 58–68

BERNOULLI, D., Hydrodynamica, sive de vivibus et motibus fluidorum commentarii: ‚De affectionibus atque motibus fluidorum elasticorum, praecipue autem aëris‘, in dt. Übers. in: Kinetische Theorie. Einführung und Originaltexte (Bd.1: Die Natur der Gase und der Wärme), hg. von S. BRUSH, 1970, 93–103

Beyond mechanism. The universe of physics and Catholic thought, hg. von D. SCHINDLER, London, 1986

BLOCH, E., Das Prinzip Hoffnung, ⁸1982

BLUMENBERG, H., Die Genesis der kopernikanischen Welt, Bd.1–3, ²1989

BLUMENBERG, H., Kopernikus im Selbstverständnis der Neuzeit, AAWLM.G (1964), Nr.5, 337–368

BLUMENBERG, H., Selbsterhaltung und Beharrung. Zur Konstitution der neuzeitlichen Rationalität, AAWLM.G (1969), Nr.11, 335–383

BOETHIUS, Trost der Philosophie (Consulatio Philosophiae. Libri quinque). Lateinisch und deutsch, hg. und übers. von E. GEGENSCHATZ/O. GIGON, 1990

BOHM, D., A suggested interpretation of the quantum theory in terms of ‚hidden‘ variables, Phys. Rev. 85 (1952), Nachdr. in dt. Übers. (Vorschlag einer Deutung der Quantentheorie durch ‚verborgene‘ Variable) in: K. BAUMANN/R.U. SEXL, Die Deutungen der Quantenmechanik, 1984, 163–192

BOHM, D., The implicate order: a new approach to the nature of reality, in: Beyond mechanism. The universe of physics and Catholic thought, hg. von D. SCHINDLER, London 1986, 13–37

BOHM, D., Wholeness und the Implicate Order, London, 1980

BOHR, N., Atomphysik und menschliche Erkenntnis, 1985

BOHR, N., Atomphysik und Philosophie (1958), in: DERS., Atomphysik und menschliche Erkenntnis, 1985, 104–110

BOHR, N., Atomtheorie und Naturbeschreibung, 1931

BOHR, N., Can quantum-mechanical description of physical reality be considered complete?, Phys. Rev. 48 (1935), 696–702, Nachdr. in dt. Übers. (Kann man die quantenmechanische Beschreibung der physikalischen Wirklichkeit als vollständig betrachten?) in: K. BAUMANN/R.U. SEXL, Die Deutungen der Quantenmechanik, 1984, 87–97

BOHR, N., Das Quantenpostulat und die neuere Entwicklung der Atomistik, Naturwiss. 16 (1928), 245–257

BOHR, N., Die Atomtheorie und die Prinzipien der Naturbeschreibung, Naturwiss. 18 (1930), 73–78, Nachdr. in: DERS., Atomphysik und menschliche Erkenntnis, 1985, 1–11

BOHR, N., Diskussion mit Einstein über erkenntnistheoretische Probleme in der Atomphysik, in: DERS., Atomphysik und menschliche Erkenntnis, 1985, 31–66

BOHR, N., Erkenntnistheoretische Fragen in der Physik und die Menschlichen Kulturen (1939), in: DERS., Atomphysik und menschliche Erkenntnis, 1985, 22–30

BOHR, N., Über die Erkenntnisfragen der Quantenphysik, in: Max-Planck-Festschrift, hg. von B. KOCKEL/W. MACKE/A. PAPAPETROU, 1958, 169–175, Nachdr. in: K. BAUMANN/R.U. SEXL, Die Deutungen der Quantenmechanik, 1984, 156–162

BOLTZMANN, L., Bemerkungen über einige Probleme der mechanistischen Wärmetheorie, SAWW, math.-naturwiss. Classe, 2. Abteilung 75 (1877), 62–100

BOLTZMANN, L., Über die Beziehung eines allgemeinen mechanischen Satzes zum zweiten Hauptsatze der Wärmetheorie (1877), Nachdr. in: Kinetische Theorie. Einführung und Originaltexte (Bd.2: Irreversible Prozesse), hg. von S. BRUSH, 1970, 240–247

BOLTZMANN, L., Weitere Studien über das Wärmegleichgewicht unter Gasmolekülen, SAWW, math.-naturwiss. Classe, Abt. 2, 66 (1872), 275–370, Nachdr. in: Kinetische Theorie. Einführung und Originaltexte (Bd.2: Irreversible Prozesse), hg. von S. BRUSH, 1970, 115–225

BOLTZMANN, L., Zu Hrn. Zermelos Abhandlung ‚Über die mechanische Erklärung irreversibler Vorgänge‘, Wiedemanns Annalen 60 (1897), 392–398, Nachdr. in: Kinetische Theorie. Einführung und Originaltexte (Bd.2: Irreversible Prozesse), hg. von S. BRUSH, 1970, 301–309

BONDI, H., Cosmology, Cambridge 1968

BONDI, H., Das Weltall und Wir, 1960

BORN, M., Die statistische Deutung der Quantenmechanik (Nobelpreisvortrag 1954), in: DERS., Physik im Wandel meiner Zeit, 1983, 173–184

BORN, M., Physik im Wandel meiner Zeit, 1983

BORN, M., Quantenmechanik der Stoßvorgänge [endgültige Mitteilung], Z. Phys. 38 (1926), 803–827

BORN, M., Zur Quantenmechanik der Stoßvorgänge (vorläufige Mitteilung), Z. Phys. 37 (1926), 863–867, Nachdr. in: K. BAUMANN/R.U. SEXL, Die Deutungen der Quantenmechanik, 1984, 48–52

BREIDERT, W., Art. Raum II, HWP VIII, 82–88

BRETSCHNEIDER, K.G., Handbuch der Dogmatik I, [3]1828

BREUER, R., Das anthropische Prinzip, 1981

BREUER, R., Klumpen in der Strahlensuppe, in: Immer Ärger mit dem Urknall. Das kosmologische Standardmodell in der Krise, hg. von R. BREUER, 1993, 53–57

BRIGGS, J./PEAT, F.D., Die Entdeckung des Chaos, 1990

BRUSH, S., Die Temperatur der Geschichte. Wissenschaftliche und kulturelle Phasen im 19. Jahrhundert, 1987

BRUSH, S., Statistical physics and the atomic theory of matter from Boyle and Newton to Landau and Onsager, Princeton 1983

BRUSH, S., The kind of motion we call heat. A history of the kinetic theory of gases in the 19th century, Bd.1, Amsterdam/New York/Oxford 1976

CARTER, B., Large Number Coincidences and the Anthropic Principle in Cosmology, in: Confrontation of Cosmological Theories with Oberservational Data (Proceedings of the Copernicus Symposium II 1973 (International Astronomical Union), Symposium No.63), hg. von M.S. LONGAIR, Dordrecht/Boston 1974, 291–298

CARTER, B., The Anthropic Selection Principle and the Ultra-Darwin Synthesis, in: The Anthropic Principle. Proceedings of the Second Venice Conference on Cosmology and Philosophy, hg. von F. BERTOLA/U. CURI, Cambridge 1993, 33–66

CASSIRER, E., Determinismus und Indeterminismus in der modernen Physik, Göteborg 1937, Nachdr. in: DERS., Zur modernen Physik, 1964, 129–376

CASSIRER, E., Zur modernen Physik, 1964

Chaos and Complexity. Scientific perspectives on Divine Action, hg. von R.J. RUSSELL/N. MURPHY/A.R. PEACOCKE, Vatikanstadt/Notre Dame 1995

CLARKE, S., Der Briefwechsel mit G.W. Leibniz von 1715/1716 (PhB 423), übers. und hg. von E. DELLIAN, 1990

CLAUSIUS, R., Über die mittlere Länge der Wege, welche bei Molekularbewegung gasförmiger Körper von den einzelnen Molekülen zurückgelegt werden, nebst einigen anderen Bemerkungen über die mechanische Wärmetheorie (1858), Nachdr. in: Kinetische Theorie. Einführung und Originaltexte (Bd.1: Die Natur der Gase und der Wärme), hg. von S. BRUSH, 1970, 194–213

CLAUSIUS, R., Über verschiedene für die Anwendung bequeme Formen der Hauptgleichungen der mechanischen Wärmetheorie, Poggendorffs Annalen der Physik und Chemie 125 (1865), 353–400

COLDITZ, J., Kosmos als Schöpfung. Die Bedeutung der creatio ex nihilo vor dem Anspruch moderner Kosmologie, 1994

COLLINS, B./HAWKING, S., Why Is the Universe Isotropic?, Astrophysical Journal 180 (1973), 317–334

Confrontation of Cosmological Theories with Oberservational Data (Proceedings of the Copernicus Symposium II 1973 (International Astronomical Union), Symposium No.63), hg. von M.S. LONGAIR, Dordrecht/Boston 1974

COPERNICUS, N., Das neue Weltbild. 3 Texte: Commentariolus, Brief gegen Werner, De revolutionibus I (lateinisch – deutsch) (PhB 300), übers. und hg. von H. ZEKL, 1990

COPERNICUS, N., De revolutionibus, in: DERS., Das neue Weltbild. 3 Texte: Commentariolus, Brief gegen Werner, De revolutionibus I (lateinisch – deutsch) (PhB 300), übers. und hg. von H. ZEKL, 1990, 59–153

CRUTCHFIELD, J.P. ET AL., Chaos, in: Chaos and Complexity. Scientific perspectives on Divine Action, Vatikanstadt/Notre Dame 1995, 35–48

DAECKE, S.M., Säkulare Welt – sakrale Schöpfung – geistige Materie, EvTh 45 (1985), 261–276

DALFERTH, I.U., Existenz Gottes und christlicher Glaube, 1984

DALFERTH, I.U., Gedeutete Gegenwart. Zur Wahrnehmung Gottes in den Erfahrungen der Zeit, 1997

DALFERTH, I.U., Gott und Zeit, in: DERS., Gedeutete Gegenwart. Zur Wahrnehmung Gottes in den Erfahrungen der Zeit, 1997, 232–267

DALFERTH, I.U., Gott. Philosophisch-theologische Denkversuche, 1992

DALFERTH, I.U., Kombinatorische Theologie, 1991

DALFERTH, I.U., Schöpfung – Stil der Welt, FZPhTh 46 (1999), 419–444

DALFERTH, I.U., Subjektivität und Glaube. Zur Problematik der theologischen Verwendung einer philosophischen Kategorie, NZSTh 36 (1991), 18–58

Das Relativitätsprinzip, hg. von H.A. LORENTZ/A. EINSTEIN/H. MINKOWSKI/H. WEYL, [8]1982

DAVIES, P., Die Unsterblichkeit der Zeit, [4]1996

DAVIES, P., The Physics of Time-Asymmetry, London 1974

DEHNEN, H., Empirische Grundlagen und experimentelle Prüfung der Relativitätstheorie, in: Philosophie und Physik der Raum-Zeit (Grundlagen der exakten Naturwissenschaften 7), hg. von K. MAINZER/J. AUDRETSCH, [2]1994, 182–220

DENBIGH, K.G./DENBIGH, J.S., Entropy in relation to incomplete knowledge, Cambridge/London/New York 1985

DENBIGH, K.G., Three Concepts of Time, 1981

Der Dialog zwischen Theologie und Naturwissenschaft, hg. von J. HÜBNER, 1987

DESCARTES, R., Die Prinzipien der Philosophie (PhB 28), übers. und erl. von A. BUCHENAU, [7]1965

DESCARTES, R., Discours de la méthode pour bien conduire sa raison, et chercher la verité dans les sciences (1637), in: DERS., Philosophische Schriften in einem Band, 1996

DESCARTES, R., Meditationen über die Grundlagen der Philosophie mit den sämtlichen Einwänden und Erwiderungen (PhB 27), übers. und hg. von A. BUCHENAU, 1965

DESCARTES, R., Meditationes de prima philosophia, in: DERS., Philosophische Schriften in einem Band, 1996

DESCARTES, R., Philosophische Schriften in einem Band, 1996

DETEL, W., Art. Materie I, HWP V, 870–880

DEWITT, B., Quantentheorie der Gravitation, in: Quantenphilosophie (Spektrum der Wissenschaft: Verständliche Forschung), hg. von W. NEUSER/K. NEUSER-VON OETTINGEN, 1996, 176–189

DEWITT, B., Quantum Mechanics and reality, Physics Today 23 (1970), 30–35, Nachdr. in dt. Übers. (Quantenmechanik und Realität) in: K. BAUMANN/R.U. SEXL, Die Deutungen der Quantenmechanik, 1984, 206–220

DEWITT, B., The many-universes interpretation of quantum mechanics, in: Fondamenti di meccanica quantistica, hg. von B. D'ESPAGNAT, New York/London 1971, 211–262

DEWITT, B., The Many-Worlds Interpretation of Quantum Mechanics, Princeton 1973

Die Erfindung des Universums? Neue Überlegungen zur philosophischen Kosmologie, hg. von W.G. SALTZER/P. EISENHARDT, 1997

Die Welt als offenes System. Eine Kontroverse um das Werk von Ilya Prigogine, hg. von G. ALTNER, 1986

Die Zeit: Dauer und Augenblick (Veröffentlichungen der Carl-Friedrich-von-Siemens-Stiftung 2), hg. von J. ASCHOFF, 1989

DIELS, H., Die Fragmente der Vorsokratiker. Griechisch und Deutsch, Bd.1+2, hg. von W. KRANZ, [12]1966/[11]1964

DINGLER, H., Wissenschaftliche und philosophische Folgerungen aus der speziellen Relativitätstheorie, in: Albert Einstein als Philosoph und Naturforscher, hg. von P.A. SCHILPP, 1955, 389–405

DINTER, A., Vom Glauben eines Physikers. John Polkinghornes Beitrag zum Dialog zwischen Theologie und Naturwissenschaften, 1999

DIOGENES LAERTIUS, Lives and Opinions of Eminent Philosophers in Ten Books, Bd.2, griech. und engl., hg. und übers. von R.D. HICKS, London/Cambridge (Mass.) 1970

DITFURTH, H. VON, Wir sind nicht nur von dieser Welt, 1981

DRIESCHNER, M., Voraussage – Wahrscheinlichkeit – Objekt. Über die begrifflichen Grundlagen der Quantenmechanik, 1979

DUBOIS-REYMOND, E., Über die Grenzen des Naturerkennens, [6]1884

DÜRR, H.-P., Über die Notwendigkeit, in offenen Systemen zu denken – Der Teil und das Ganze, in: Die Welt als offenes System. Eine Kontroverse um das Werk von Ilya Prigogine, hg. von G. ALTNER, 1986, 9–31

DYSON, F., Time without End. Physics and Biology in an Open Universe, Rev. Mod. Phys. 51 (1979), 447–460

EBELING, G., Dogmatik des christlichen Glaubens, Bd.1, [2]1982

EDDINGTON, A., Das Weltbild der Physik und ein Versuch seiner philosophischen Deutung (1931), teilw. Nachdr. in: Klassiker der modernen Zeitphilosophie, hg. von W. ZIMMERLI/M. SANDBOTHE, 1993, 134–171

EDDINGTON, A., On the Instability of Einstein's Spherical World, Monthly Notices of the Royal Astronomical Soc. 19 (1930), 668–678

EDDINGTON, A., The Expanding Universe, Cambridge 1952

EHRENFEST, P. U. T., Über zwei bekannte Einwände gegen das Boltzmannsche H-Theorem, Physikalische Zs. 8 (1907), 311–314

EIGEN, M./WINKLER, R., Das Spiel, [5]1983

EIGEN, M., Evolution und Zeitlichkeit, in: Die Zeit: Dauer und Augenblick (Veröffentlichungen der Carl-Friedrich-von-Siemens-Stiftung 2), hg. von J. ASCHOFF, 1989, 35–57

EINSTEIN, A./BORN, H. U. M., Briefwechsel 1916–1955, 1969

EINSTEIN, A./PODOLSKY, B./ROSEN, N., Can quantum-mechanical description of physical reality be considered complete?, Phys. Rev. 47 (1935), 777–780, Nachdr. in dt. Übers. (Kann man die quantenmechanische Beschreibung der physikalischen Wirklichkeit als vollständig betrachten?) in: K. BAUMANN/R.U. SEXL, Die Deutungen der Quantenmechanik, 1984, 80–86

EINSTEIN, A., Aus meinen späten Jahren, 1979

EINSTEIN, A., Autobiographisches, in: Albert Einstein als Philosoph und Naturforscher, hg. von P.A. SCHILPP, 1955, 1–35

EINSTEIN, A., Bemerkungen zu den in diesem Bande vereinigten Arbeiten, in: Albert Einstein als Philosoph und Naturforscher, hg. von P.A. SCHILPP, 1955, 493–511

EINSTEIN, A., Briefe, aus dem Nachlaß hg. von H. DUKAS/B. HOFFMANN, 1981

EINSTEIN, A., Das Raum-, Äther- und Feld-Problem der Physik, in: DERS., Mein Weltbild, hg. von C. SELIG, [24]1991, 138–147

EINSTEIN, A., Einiges über die Entstehung der allgemeinen Relativitätstheorie, in: DERS., Mein Weltbild, hg. von C. SELIG, [24]1991, 134–138

EINSTEIN, A., Erklärung der Perihelbewegung des Merkurs aus der allgemeinen Relativitätstheorie, SPAW 47 (1915), 831–839

EINSTEIN, A., Geometrie und Erfahrung, in: DERS., Mein Weltbild, hg.von C. SELIG, [24]1991, 119–127

EINSTEIN, A., Grundzüge der Relativitätstheorie, [5]1969

EINSTEIN, A., Ist die Trägheit eines Körpers von seinem Energiegehalt abhängig?, Ann. Phys. 18 (1905), 639–641, Nachdr. in: Das Relativitätsprinzip, hg. von H.A. LORENTZ/A. EINSTEIN/H. MINKOWSKI/H. WEYL, [8]1982, 51–53

EINSTEIN, A., Johannes Kepler, in: DERS., Mein Weltbild, hg.von C. SELIG, [24]1991, 147–151

EINSTEIN, A., Kosmologische Betrachtungen zur allgemeinen Relativitätstheorie, Protokolle der Sitzungen der Preußischen Akademie der Wiss. 1917, 142–152

EINSTEIN, A., Maxwells Einfluß auf die Entwicklung der Auffassung des Physikalisch-Realen, in: DERS., Mein Weltbild, hg.von C. SELIG, [24]1991, 159–162

EINSTEIN, A., Mein Weltbild, hg.von C. SELIG, [24]1991

EINSTEIN, A., Newtons Mechanik und ihr Einfluß auf die Gestaltung der theoretischen Physik, in: DERS., Mein Weltbild, hg.von C. SELIG, [24]1991, 151–158

EINSTEIN, A., Physik und Realität, in: DERS., Aus meinen späten Jahren, 1979, 63–106

EINSTEIN, A., Prinzipielles zur Allgemeinen Relativitätstheorie, Ann. Phys. 55 (1918), 241–244

EINSTEIN, A., Raum und Zeit in der vorrelativistischen Physik, in: DERS., Grundzüge der Relativitätstheorie, [5]1969, 5–27

EINSTEIN, A., Über die Entwicklung unserer Anschauungen über das Wesen und die Konstitution der Strahlung, Physikalische Zs. 10 (1909), 817–825

EINSTEIN, A., Über die spezielle und die allgemeine Relativitätstheorie, [21]1973

EINSTEIN, A., Über die vom Relativitätsprinzip geforderte Trägheit der Energie, Ann. Phys. 23 (1907), 371–384

EINSTEIN, A., Über einen die Erzeugung und Verwandlung des Lichtes betreffenden heuristischen Gesichtspunkt, Ann. Phys. 17 (1905), 132–148

EINSTEIN, A., Was ist Relativitätstheorie?, in: DERS., Mein Weltbild, hg.von C. SELIG, [21]1991, 127–131

EINSTEIN, A., Zum ‚kosmologischen Problem‘, in: DERS., Grundzüge der Relativitätstheorie, [5]1969, 107–131

EINSTEIN, A., Zur Elektrodynamik bewegter Körper, Ann. Phys. 17 (1905), 891–921, Nachdr. in: Das Relativitätsprinzip, hg. von H.A. LORENTZ/A. EINSTEIN/H. MINKOWSKI/H. WEYL, [8]1982, 26–50

EINSTEIN, A., Zur Methodik der theoretischen Physik, in: DERS., Mein Weltbild, hg.von C. SELIG, [24]1991, 113–119

ELERT, W., Morphologie des Luthertums, Bd.1: Theologie und Weltanschauung des Luthertums, hauptsächlich im 16. und 17. Jahrhundert, verb. Nachdr. der 1. Aufl., 1952

Emergence or Reduction?, hg. von A. BECKERMANN/H. FLOHR/J. KIM, Berlin/New York, 1992

Emergenz. Die Entstehung von Ordnung, Organisation und Bedeutung, hg. von W. KROHN/G. KÜPPERS, [2]1992

Erfahrung – Geschichte – Identität. Zum Schnittpunkt von Philosophie und Theologie (FS Richard Schaeffler), hg. von M. LAARMANN/T. TRAPPE, 1997

EUCLIDES, Die Elemente. Buch I–XIII, nach Heibergs Text aus dem Griechischen übers. u. hg. von C. THAER, [7]1980

EVERETT III, H., ‚Relative state' formulation of quantum mechanics, Rev. Mod. Phys. 29 (1957), 454–462

EVERS, D., Art. Emergenz II. systematisch-theologisch, RGG⁴ II, 1254f.

FALKENBURG, B., Teilchenmetaphysik (Grundlagen der exakten Naturwissenschaften Bd.9), 1994

FEUERBACH, L., Das Wesen des Christentums, in: DERS., Sämtliche Werke, Bd.6, hg. von W. BOLIN/F. JODL, ²1960

FEYNMAN, R., The Feynman Lectures on Physics, Bd.1, Reading (Mass.) 1963

FISCHER, F.J., Kann die Theologie der naturwissenschaftlichen Vernunft die Welt als Schöpfung verständlich machen?, FZPhTh 41 (1994), 491–514

FISCHER, F.J., Leben aus dem Geist. Zur Grundlegung christlicher Ethik, 1994

FISCHER, F.J., Pluralismus, Wahrheit und die Krise der Dogmatik, ZThK 91 (1994), 487–539

Fondamenti di meccanica quantistica, hg. von B. D'ESPAGNAT, New York/London 1971

FLASCH, K., Aufklärung im Mittelalter? Die Verurteilung von 1277, 1989

FRIEDMANN, A., Über die Krümmung des Raumes, Z. Phys. 10 (1922), 377–386

FRIEDMANN, A., Über die Möglichkeit einer Welt mit konstanter negativer Krümmung, Z. Phys. 12 (1924), 326–332

FRITZSCH, H., Quarks. Urstoff unserer Welt, ¹²1992

FRITZSCH, H., Vom Urknall zum Zerfall, ⁶1990

GALILEI, G., Dialog über die beiden hauptsächlichen Weltsysteme, das ptolemäische und das kopernikanische, in: DERS., Schriften, Briefe, Dokumente, Bd.1, hg. von A. MUDRY, 1987, 179–328

GALILEI, G., Unterredungen und mathematische Demonstrationen über zwei neue Wissenszweige, die Mechanik und die Fallgesetze betreffend, hg. von A. VON OETTINGEN, 1973

GAUSS, C.F., Allgemeine Flächentheorie (Disquisitiones generales circa superficies curvas) (1827), dt. hg. von A. WAGERIN, 1889, repr. Nachdr. in: C.F. GAUSS/B. RIEMANN/H. MINKOWSKI, Gaußsche Flächentheorie, Riemannsche Räume und Minkowski-Welt (Teubner-Archiv zur Mathematik 1), hg. von J. BOEHM u.a., 1984, 15–51

GIBBS, W., A massive discovery, Sci. Amer. 278 (1998), Heft 8, 9f.

GIERER, A., Die Physik, das Leben und die Seele, 1985

GÖDEL, K., An Example of a New Type of Cosmological Solutions of Einstein's Field Equations, Rev. Mod. Phys. 21 (1949), 447–450

GÖDEL, K., Relativitätstheorie und idealistische Philosophie, in: Albert Einstein als Philosoph und Naturforscher, hg. von P.A. SCHILPP, 1955, 406–412

GOENNER, H., Einführung in die Kosmologie, 1994

Gottes Zukunft – Zukunft der Welt. FS für J. Moltmann zum 60. Geburtstag, hg. von H. DEUSER u.a., 1986

GRÄB-SCHMIDT, E., Erkenntnistheorie und Glaube. Karl Heims Theorie der Glaubensgewißheit vor dem Hintergrund seiner Auseinandersetzung mit dem philosophischen Ansatz Edmund Husserls, 1994

GRANT, E., Much Ado About Nothing. Theories of space and Vacuum from the Middle Ages to the Scientific Revolution, Cambridge, 1981

GRANT, E., Planets, Stars, and Orbs. The Medieval Cosmos, 1200–1687, Cambridge 1994

GREGERSEN, N.H., A Contextual Coherence Theory for the Science-Theology Dialogue, in: Rethinking Theology and Science. Six Models for the Current Dialogue, hg. von J.W. VAN HUYSSTEEN/DERS., Grand Rapids, 1998, 181-231

GREGERSEN, N.H., The Idea of Creation and the Theory of Autopoietic Processes, Zygon 33 (1998), 333–367

GRIBBIN, J./REES, M., Ein Universum nach Maß. Bedingungen unserer Existenz, 1991

GUTH, A./STEINHARDT, P., Das inflationäre Universum, Spektrum der Wissenschaft (1984), Heft 7, 80–94

GUTH, A., Inflation Universes, a Possible Solution of the Horizon and Flatness Problem, Phys. Review (D) 23/2 (1981), 347–356

HAECKEL, E., Die Welträthsel. Gemeinverständliche Studien über Monistische Philosophie, 1903

HAFELE, J.C./KEATING, R.E., Around-the-world atomic clocks; predicted relativistic time gains, Science 177 (1972), 166–170

HAKEN, H., Erfolgsgeheimnisse der Natur. Synergetik: Die Lehre vom Zusammenwirken, ²1991

HÄRLE, W., Systematische Philosophie, 1982

HASSE, H./SCHOLZ, H., Die Grundlagenkrisis der griechischen Mathematik, KantSt 33 (1928), 4–34

HAWKING, S./ELLIS, G., The Large-Scale-Structure of Space Time, Cambridge 1973

HAWKING, S./HARTLE, J., Wave Function of the Universe, Phys. Rev. D28 (1983), 2960–2975, Nachdr. in: S. HAWKING, Hawking on the Big Bang and Black Holes (Advanced Series in Astrophysics an Cosmology 8), Singapore/New Jersey/London/Hongkong 1993, 207–222

HAWKING, S./ISRAEL, W., Three hundred years of gravitation, Cambridge 1987

HAWKING, S./PENROSE, R., The Nature of Space and Time, Princeton 1995

HAWKING, S./PENROSE, R., The Singularities of Gravitational Collapse and Cosmology, Proc. Royal Soc. A 314 (1970), 529–548, Nachdr. in: S. HAWKING, Hawking on the Big Bang and Black Holes (Advanced Series in Astrophysics an Cosmology 8), Singapore/New Jersey/London/Hongkong 1993, 7–26

HAWKING, S., Eine kurze Geschichte der KURZEN GESCHICHTE, in: DERS., Einsteins Traum, 1994, 47–54

HAWKING, S., Eine kurze Geschichte der Zeit, 1988

HAWKING, S., Einsteins Traum, 1994

HAWKING, S., Hawking on the Big Bang and Black Holes (Advanced Series in Astrophysics and Cosmology 8), Singapore/New Jersey/London/Hongkong 1993

HAWKING, S., Quantum Cosmology, in: Relativity Groups and Topology (Les Houches Lectures), hg. von B. DeWITT/R. STORA, North-Holland 1984, Nachdr. in: DERS., Hawking on the Big Bang and Black Holes (Advanced Series in Astrophysics an Cosmology 8), Singapore/New Jersey/London/Hongkong 1993, 223–243

HAWKING, S., The Anisotropy of the Universe at Large Times, in: Confrontation of Cosmological Theories with Oberservational Data (Proceedings of the Copernicus Symposium II 1973 (International Astronomical Union), Symposium No.63), hg. von M.S. LONGAIR, Dordrecht/Boston 1974, 283–286

HEDRICH, R., Komplexe und fundamentale Strukturen. Grenzen des Reduktionismus, 1990

HEIM, K., Der christliche Gottesglaube und die Naturwissenschaft (Der Evangelische Glaube und das Denken der Gegenwart Bd.4), ²1953

HEIM, K., Die Wandlung im naturwissenschaftlichen Weltbild. Die moderne Naturwissenschaft vor der Gottesfrage (Der Evangelische Glaube und das Denken der Gegenwart Bd.5), ⁵1978

HEIM, K., Glaube und Denken. Philosophische Grundlegung einer christlichen Lebensanschauung (Der Evangelische Glaube und das Denken der Gegenwart Bd.1), ⁶1975

HEIMANN, P., Helmholtz and Kant. The Metaphysical Foundations of *Über die Erhaltung der Kraft*, Stud. Hist. Philos. Sci. 5 (1974), 205–238

HEIMANN, P., The *Unseen* Universe. Physics and the Philosophy of Natur in Victorian Britain, Brit. J. Hist. Sci. 6 (1972), 73–79

HEINZE, J., „Gott im Herzen der Materie". Die Struktur der Zeit als Grundlage christlicher Rede von Gott im Kontext der modernen Physik, 1996

HEISENBERG, W., Der Teil und das Ganze. Gespräche im Umkreis der Atomphysik, 1969

HEISENBERG, W., Die Entwicklung der Deutung der Quantentheorie, Phys. Bl. 12 (1956), 289–304, Nachdr. in: K. BAUMANN/R.U. SEXL, Die Deutungen der Quantenmechanik, 1984, 140–155

HEISENBERG, W., Physik und Philosophie, 1959

HEISENBERG, W., Physikalische Prinzipien der Quantentheorie, 1962

HEISENBERG, W., Schritte über Grenzen, 1971

HEISENBERG, W., Über den anschaulichen Inhalt der quantentheoretischen Kinematik und Mechanik, Z. Phys. 43 (1927), 172–198, Nachdr. in: K. BAUMANN/R.U. SEXL, Die Deutungen der Quantenmechanik, 1984, 53–79

HEISENBERG, W., Über quantentheoretische Umdeutung kinematischer und mechanischer Beziehungen, Z. Phys. 33 (1925)

HEISENBERG, W., Was ist ein Elementarteilchen?, Naturwiss. 63 (1976), 1–7

HELD, C., Die Bohr-Einstein-Debatte. Quantenmechanik und physikalische Wirklichkeit, 1998

HELMHOLTZ, H. VON, Die Tatsachen in der Wahrnehmung (1878), in: DERS., Abh. zur Philosophie und Geometrie (Studientexte Philosophie 1), hg. und eingel. von S. GEHLHAAR, 1987, 133–171

HELMHOLTZ, H. VON, On the Application of the Law of the Conservation of Force to Organic Nature (1861), in: DERS., Wissenschaftliche Abhandlungen von Hermann von Helmholtz, Bd.3, 1895, 565–580

HELMHOLTZ, H. VON, Populäre wissenschaftliche Vorträge (3.Heft), 1876

HELMHOLTZ, H. VON, Über den Ursprung und die Bedeutung der geometrischen Axiome (1868/69), in: DERS., Abh. zur Philosophie und Geometrie (Studientexte Philosophie 1), hg. und eingel. von S. GEHLHAAR, 1987, 113–132

HELMHOLTZ, H. VON, Über die Entstehung des Planetensystems, in: DERS., Populäre wissenschaftliche Vorträge (3.Heft), 1876, 99–137

HELMHOLTZ, H. VON, Über die Erhaltung der Kraft, Nachdr. in: Kinetische Theorie. Einführung und Originaltexte (Bd.1: Die Natur der Gase und der Wärme), hg. von S. BRUSH, 1970, 134–163

HELMHOLTZ, H. VON, Über die Erhaltung der Kraft. Bd.1: Transkription des handschriftlichen Textes/Bd.2: Faksimile des handschriftlichen Textes von 1847–1881, 1983

HELMHOLTZ, H. VON, Über die tatsächlichen Grundlagen der Geometrie (1866–1869), in: DERS., Abh. zur Philosophie und Geometrie (Studientexte Philosophie 1), hg. und eingel. von S. GEHLHAAR, 1987, 108–112

HELMHOLTZ, H. VON, Ueber die Wechselwirkung der Naturkräfte und die darauf bezüglichen neuesten Ermittelungen der Physik (1854), in: DERS., Vorträge und Reden, Bd.1, ⁴1896, 49–83

HELMHOLTZ, H. VON, Vorträge und Reden, Bd.1, ⁴1896

HELMHOLTZ, H. VON, Wissenschaftliche Abhandlungen von Hermann von Helmholtz, Bd.1, 1881

HELMHOLTZ, H. VON, Wissenschaftliche Abhandlungen von Hermann von Helmholtz, Bd.3, 1895

Hermeneutik und Naturalismus, hg. von B. KANITSCHEIDER/F.J. WETZ, 1998

HERMS, E./HÄRLE, W., Rechtfertigung. Das Wirklichkeitsverständnis des christlichen Glaubens, 1980

HERMS, E., ‚Weltanschauung‘ bei F. Schleiermacher und A. Ritschl, in: DERS., Theorie für die Praxis – Beiträge zur Theologie, 1982, 121–143

HERMS, E., Art. Offenbarung, TRE 25, 146–210

HERMS, E., Die Lehre von der Schöpfungsordnung, in: DERS., Offenbarung und Glaube. Zur Bildung des christlichen Lebens, 1992, 431–456

HERMS, E., Offenbarung und Erfahrung, in: DERS., Offenbarung und Glaube. Zur Bildung des christlichen Lebens, 1992, 246–272

HERMS, E., Offenbarung und Glaube. Zur Bildung des christlichen Lebens, 1992

HERMS, E., Offenbarung, in: DERS., Offenbarung und Glaube. Zur Bildung des christlichen Lebens, 1992, 168–220

HERMS, E., Prozeß und Zeit. Überlegungen eines Theologen zu Friedrich Kramers Essay ‚Der Zeitbaum‘, in: Erfahrung – Geschichte – Identität. Zum Schnittpunkt von Philosophie und Theologie (FS Richard Schaeffler), hg. von M. LAARMANN/T. TRAPPE, 1997, 281–304

HERMS, E., Theorie für die Praxis – Beiträge zur Theologie, 1982

HESSE, M.B., Forces and Fields. The Concept of Action at a Distance in the History of Physics, London/New York 1961

HOFFMANN, B., Albert Einstein. Schöpfer und Rebell, 1976

HÖFLING, O./WALOSCHEK, P., Die Welt der kleinsten Teilchen, 1988

HOLLATZ, D., Examen theologicum acroamaticum (1707), repr. Nachdr. 1971

HOYLE, F., Astronomy and Cosmology, San Francisco, 1975

HOYLE, F., Die Natur des Universums, 1951

HOYLE, F., Steady-State-Cosmology Revisited, Cardiff, 1980

HOYLE, F., The Origin of the Universe and the Origin of Religion, Wakefield RI/London 1993

HÜBNER, J., Die Theologie Johannes Keplers zwischen Orthodoxie und Naturwissenschaft (BHTh 50), 1975

HUBY, P.M., Kant or Cantor? That the Universe, if Real, must be Finite in both Space and Time, Phil. 46 (1971), 121–132

HUGHES, G.E./CRESSWELL, M.J., Einführung in die Modallogik, 1978

HUME, D., Dialogues Concerning Natural Religion, in: DERS., The Philosophical Works, Vol. 2, hg. von TH.H. GREEN/TH.H. GROSE, London 1886, Nachdr. 1964, 380–468

Immer Ärger mit dem Urknall. Das kosmologische Standardmodell in der Krise, hg. von R. BREUER, 1993

ISHAM, C.J., Quantum Theories of the Creation of the Universe, in: Quantum Cosmology and the Laws of Nature, hg. von R.J. RUSSELL/N. MURPHY/C.J. ISHAM, Vatikanstadt, 1993, 49–89

JAMMER, M., Art. Feld, Feldtheorie I, HWP II, 923–926
JAMMER, M., Concepts of Force, Cambridge (Mass.) 1957
JAMMER, M., Das Problem des Raumes, 1960
JAMMER, M., Der Begriff der Masse in der Physik, 1964
JANICH, P., Art. Feld, Enzyklopädie Wissenschaftstheorie und Phil., Bd.1, 636f.
JANICH, P., Das Maß der Dinge. Protophysik von Raum, Zeit und Materie, 1997
JANICH, P., Die Protophysik der Zeit. Konstruktive Begründung und Geschichte der Zeitmessung, 1980
JONAS, H., Materie, Geist und Schöpfung, 1988
JÜNGEL, E., Die Welt als Möglichkeit und Wirklichkeit. Zum ontologischen Ansatz der Rechtfertigungslehre, in: DERS., Unterwegs zur Sache, 1972, 206–233
JÜNGEL, E., Gott als Geheimnis der Welt, ⁶1992
JÜNGEL, E., Gottes Geduld – Geduld der Liebe, in: DERS., Wertlose Wahrheit. Zur Identität und Relevanz des christlichen Glaubens (Theologische Erörterungen III), 1990, 183–193
JÜNGEL, E., Gottes Sein ist im Werden. Verantwortliche Rede vom Sein Gottes bei Karl Barth, eine Paraphrase, ⁴1986
JÜNGEL, E., Gottes ursprüngliches Anfangen als schöpferische Selbstbegrenzung, in: DERS., Wertlose Wahrheit. Zur Identität und Relevanz des christlichen Glaubens (Theologische Erörterungen III), 1990, 151–162
JÜNGEL, E., Unterwegs zur Sache, 1972
JÜNGEL, E., Wertlose Wahrheit. Zur Identität und Relevanz des christlichen Glaubens (Theologische Erörterungen III), 1990

KANITSCHEIDER, B., Die Relevanz der Chaostheorien für die Philosophie, in: Neue Realitäten – Herausforderung der Philosophie (Vorträge und Kolloquien: XVI. Deutscher Kongreß für Philosophie, 20.–24. September 1993), hg. von H. LENK/H. POSER, 1995, 169–184
KANITSCHEIDER, B., Im Innern der Natur. Philosophie und moderne Physik, 1996
KANITSCHEIDER, B., Kosmologie, ²1991
KANITSCHEIDER, B., Naturphilosophie, Kosmologie und das Anthropische Prinzip, in: Vom Anfang der Welt. Wissenschaft, Philosophie, Religion, Mythos, hg. von J. AUDRETSCH/K. MAINZER, 1989, 157–175
KANITSCHEIDER, B., Philosophie und moderne Physik, 1979
KANITSCHEIDER, B., Von der mechanistischen Welt zum kreativen Universum, 1993
KANITSCHEIDER, B., Wissenschaftstheorie der Naturwissenschaft, 1981
KANT, I., Allgemeine Naturgeschichte und Theorie des Himmels oder Versuch von der Verfassung und dem mechanischen Ursprunge des ganzen Weltgebäudes, nach Newtonschen Grundsätzen abgehandelt, in: Kant's gesammelte Schriften, hg. von der Königlich Preußischen Akademie der Wissenschaften, Erste Abtheilung: Werke, Bd.1, 1910, 215–368
KANT, I., Das Ende aller Dinge, in: Kant's gesammelte Schriften, hg. von der Königlich Preußischen Akademie der Wissenschaften, Erste Abtheilung: Werke, Bd.8, 1923, 325–339

KANT, I., Der einzig mögliche Beweisgrund zu einer Demonstration des Daseins Gottes (1763), in: Kant's gesammelte Schriften, hg. von der Königlich Preußischen Akademie der Wissenschaften, Erste Abtheilung: Werke, Bd.2, 1912, 63–163

KANT, I., Die Frage, ob die Erde veralte, physikalisch erwogen, in: Kant's gesammelte Schriften, hg. von der Königlich Preußischen Akademie der Wissenschaften, Erste Abtheilung: Werke, Bd.1, 1910, 193–213

KANT, I., Kritik der reinen Vernunft (1. Aufl.) 1781, in: Kant's gesammelte Schriften, hg. von der Königlich Preußischen Akademie der Wissenschaften, Erste Abtheilung: Werke, Bd.4, 1911, 1–252

KANT, I., Kritik der reinen Vernunft. Zweite Auflage 1787, in: Kant's gesammelte Schriften, hg. von der Königlich Preußischen Akademie der Wissenschaften, Erste Abtheilung: Werke, Bd.3, 1911

KANT, I., Kritik der Urtheilskraft, in: Kant's gesammelte Schriften, hg. von der Königlich Preußischen Akademie der Wissenschaften, Erste Abtheilung: Werke, Bd.5, 1913, 165–485

KANT, I., Metaphysische Anfangsgründe der Naturwissenschaft (1786), in: Kant's gesammelte Schriften, Erste Abtheilung: Werke, Bd.4, 1911, 465–565

KANT, I., Neuer Lehrbegriff der Bewegung und Ruhe und der damit verknüpften Folgerungen in den ersten Gründen der Naturwissenschaft (1758), in: Kant's gesammelte Schriften, hg. von der Königlich Preußischen Akademie der Wissenschaften, Erste Abtheilung: Werke, Bd.2, 1912, 13–25

KANT, I., Prolegomena zu einer jeden künftigen Metaphysik, die als Wissenschaft wird auftreten können. 1781, in: Kant's gesammelte Schriften, hg. von der Königlich Preußischen Akademie der Wissenschaften, Erste Abtheilung: Werke, Bd.4, 1911, 253–383

KANT, I., Untersuchung der Frage, ob die Erde in ihrer Umdrehung um die Achse, wodurch sie die Abwechselung des Tages und der Nacht hervorbringt, einige Veränderung seit den ersten Zeiten ihres Ursprungs erlitten habe . . ., in: Kant's gesammelte Schriften, hg. von der Königlich Preußischen Akademie der Wissenschaften, Erste Abtheilung: Werke, Bd.1, 1910, 183–191

KANT, I., Von dem ersten Grunde des Unterschiedes der Gegenden im Raume (1768), in: Kant's gesammelte Schriften, hg. von der Königlich Preußischen Akademie der Wissenschaften, Erste Abtheilung: Werke, Bd.2, 1912, 375–383

KELLER, H.-U., Superstrings und kosmische Strings: Was die Welt im Innersten zusammenhält, in: Immer Ärger mit dem Urknall. Das kosmologische Standardmodell in der Krise, hg. von R. BREUER, 1993, 235–255

KEPLER, J., Harmonice Mundi, in: DERS., GW, Bd.6, hg. im Auftrag der Dt. Forschungsgemeinschaft und der Bayerischen Akademie der Wiss. von M. CASPAR, 1940, 367

KEPLER, J., Mysterium cosmographicum, in: DERS., GW, Bd.1, hg. im Auftrag der Dt. Forschungsgemeinschaft und der Bayerischen Akademie der Wiss. von M. CASPAR, 1938, 1–80

KERSZBERG, P., The Invented Universe. The Einstein-De Sitter Controversy (1916–17) and the Rise of Relativistic Cosmology, Oxford 1989

Kinetische Theorie. Einführung und Originaltexte (Bd.1: Die Natur der Gase und der Wärme; Bd.2: Irreversible Prozesse), hg. von S. BRUSH, 1970

Klassiker der modernen Zeitphilosophie, hg. von W. ZIMMERLI/M. SANDBOTHE, 1993

KLEIN, G., Art. Eschatologie IV, TRE 10, 270–299

KLEIN, J., Art. Weltanschauung, RGG³ IV, 1603–1606

Knowledge and the Sciences in Medieval Philosophy. Proceedings of the Eighth International Congress of Medieval Philosophy Bd.II, hg. von S. KNUUTTILA/R. TYÖRINOJA/ST.
EBBESEN, Helsinki 1990

Kosmologie. Struktur und Entwicklung des Universums (Spektrum der Wissenschaft: Verständliche Forschung), ⁴1988

KOYRÉ, A./COHEN, I.B., The Case of the Missing *Tanquam*: Leibniz, Newton and Clarke,
Isis 52 (1961), 555–566

KOYRÉ, A., Von der geschlossenen Welt zum unendlichen Universum, 1969

KRAUSE, H., Theologie, Physik und Philosophie im Weltbild Karl Heims, 1995

KROPAČ, U., Naturwissenschaft und Theologie – historische Aspekte und Perspektiven eines
problematischen Verhältnisses, Glaube und Denken 12 (1999), 155-187

KROPAČ, U., Naturwissenschaft und Theologie im Dialog (Studien zur systematischen Theologie und Ethik 13), 1999

KUES, N. VON, De docta ignorantia II, lat. – dt., übers. und hg. von P. WILPERT, 1967

KUHN, TH.S., Die Erhaltung der Energie als Beispiel gleichzeitiger Entdeckung, in: DERS.,
Die Entstehung des Neuen, 1978, 125–168

LANGE, L., Über das Beharrungsgesetz, Ber. über die Verhandlungen der Königlich Sächsischen Gesellschaft der Wiss. zu Leipzig. Math.-Phys. Classe, Bd.37 (1885), 333–351

LAPLACE, P.S. DE, Philosophischer Versuch über die Wahrscheinlichkeiten (Ostwald's Klassiker der exakten Wissenschaften 233), 1932

LEIBER, T., Kosmos, Kausalität und Chaos. Naturwissenschaftliche, erkentnistheoretische und
wissenschaftstheoretische Perspektiven, 1996

LEIBNIZ, G.W., Die philosophischen Schriften Bd.VII, hg. v. C.I. Gerhardt, 1890

LEIBNIZ, G.W., Opuscules et Fragments Inédits de Leibniz, hg. von L. COUTURAT, Paris 1903

LEIBNIZ, G.W., Specimen Dynamicum (PhB 339), übers. u. hg. von G. DOSCH u.a., 1982

LEIBNIZ, G.W., Vernunftprinzipien der Natur und der Gnade. Monadologie (PhB 253), ²1982

LINDE, A., Elementarteilchen und inflationärer Kosmos, 1993

LINDE, A., The Universe: Inflation out of Chaos, New Scientist 105 (1985), No. 1446, 14–18

LINK, C./MAUL, H.J., Einleitung zum Kapitel B: Physik, in: Der Dialog zwischen Theologie
und Naturwissenschaft, hg. von J. HÜBNER, 1987, 176–187

LINK, C., Schöpfung, Bd.2: Schöpfungstheologie angesichts der Herausforderungen des 20.
Jahrhunderts (HST 7/2), 1991

LOBATSCHEWSKY, N., Zwei geometrische Abhandlungen, übers. von F. ENGEL, 1898

LORENTZ, H.A., Electromagnetical phenomena in a system moving with any velocity less
than that of light, Proceedings of the Koninklijke Nederlandse Akadmie von Wetenschapen
6 (1904), 809–831, Nachdr. in dt. Übers. in: Das Relativitätsprinzip, hg. von H.A. LO-
RENTZ/A. EINSTEIN/H. MINKOWSKI/H. WEYL, ⁸1982, 6–25

LOSCHMIDT, J., Über den Zustand des Wärmegleichgewichts eines Systems von Körpern mit
Rücksicht auf die Schwerkraft I, SAWW, math.-naturwiss. Classe. Zweite Abteilung, 73
(1876), 128–142

LOSCHMIDT, J., Über den Zustand des Wärmegleichgewichts eines Systems von Körpern mit
Rücksicht auf die Schwerkraft III, SAWW, math.-naturwiss. Classe. Zweite Abteilung, 75
(1877), 287–298

LUDWIG, G., Die Grundlagen der Quantenmechanik, 1954

LUHMANN, N., Die Unterscheidung Gottes, in: DERS., Soziologische Aufklärung 4: Beiträge
zur funktionalen Differenzierung der Gesellschaft, 1987, 236–253

LUHMANN, N., Haltlose Komplexität, in: DERS., Soziologische Aufklärung 5: Konstruktivistische Perspektiven, 1990, 59–76

LUHMANN, N., Soziale Systeme. Grundriss einer allgemeinen Theorie, ⁵1994

LUHMANN, N., Soziologische Aufklärung 4: Beiträge zur funktionalen Differenzierung der
Gesellschaft, 1987

LUHMANN, N., Soziologische Aufklärung 5: Konstruktivistische Perspektiven, 1990

LUTHER, M., Das Magnificat verdeutscht und ausgelegt. 1521, in: DERS., Studienausgabe,
Bd.1, hg. von H.-U. DELIUS, 1979, 314–364 (=WA 7, 544–604)

LUTHER, M., Daß diese Wort Christi „Das ist mein leib" noch fest stehen. 1527, WA 23, 64–
283

LUTHER, M., Grund und Ursach aller Artikel D.M. Luthers. 1521, in: DERS., Studienausgabe,
Bd.2, hg. von H.-U. DELIUS, 1982, 314–404 (=WA 7, 308–457)

LUTHER, M., Sermon von dem Sakrament des Leibes und Blutes Christi, wider die Schwarmgeister. 1526, WA 19, 482–523

LUTHER, M., Vom Abendmahl Christi. Bekenntnis. 1528, in: DERS., Studienausgabe, Bd.4,
hg. von H.-U. DELIUS, 1986, 25–258 (=WA 26, 261–509)

MACH, E., Die Geschichte und die Wurzel des Satzes von der Erhaltung der Arbeit, ²1909

MACH, E., Die Mechanik, historisch-kritisch dargestellt, ⁹1933, repr. Nachdr. 1982

MACH, E., Die Prinzipien der Wärmelehre, ²1900

MACKIE, J., Das Wunder des Theismus, 1985

MAINZER, K., Philosophie und Geschichte von Raum und Zeit, in: Philosophie und Physik
der Raum-Zeit (Grundlagen der exakten Naturwissenschaften 7), hg. von DERS./J. AU-
DRETSCH, ²1994, 11–51

MASON, S., Geschichte der Naturwissenschaft, ²1974

Maxwell on Heat und Statistical Mechanics, hg. von E. GARDNER/S. BRUSH/C.W.F. EVE-
RITT, Bethlehem/London 1995

Maxwell on Molecules and Gases, hg. von E. GARDNER/S. BRUSH/C.W.F. EVERITT, Cambridge (Mass.)/London 1986

MAXWELL, J.C., Art. Diffusion, EBrit, Bd.7, ⁹1878, 214–221, repr. Nachdr. in: Maxwell
on Molecules and Gases, hg. von E. GARDNER/S. BRUSH/C.W.F. EVERITT, Cambridge
(Mass.)/London 1986, 525–546

MAXWELL, J.C., Essay for the Eranus club on science and free will. 11 February 1873, in:
DERS., The scientific letters and papers of James Clark Maxwell, Vol.II, hg. von P.M. HAR-
MAN, Cambridge 1995, 814–823

MAXWELL, J.C., Matter and Motion, London 1882

MAXWELL, J.C., Molecules (1873), in: DERS., The Scientific Papers of James Clark Maxwell,
Vol. II, hg. von W.D. NIVEN, New York 1952, 361–378

MAXWELL, J.C., The scientific letters and papers of James Clark Maxwell, Vol.II, hg. von
P.M. HARMAN, Cambridge 1995

MAXWELL, J.C., The Scientific Papers of James Clark Maxwell, Vol. II, hg. von W.D. NIVEN,
New York 1952

MAXWELL, J.C., Über die dynamische Theorie von Gasen (1866ff.), in: Kinetische Theorie. Einführung und Originaltexte (Bd.2: Irreversible Prozesse), hg. von S. BRUSH, 1970, 37–114

MAYER, J., Die Mechanik der Wärme. Sämtliche Schriften, in Zusammenarbeit mit dem Stadtarchiv Heilbronn hg. von H.P. MÜNZENMAYER, 1978

MAYER, J., Die organische Bewegung in ihrem Zusammenhange mit dem Stoffwechsel. Ein Beitrag zur Naturkunde (1845), in: DERS., Die Mechanik der Wärme. Sämtliche Schriften, in Zusammenarbeit mit dem Stadtarchiv Heilbronn hg. von H.P. MÜNZENMAYER, 1978, 41–155

McTAGGART, J.M.J.E., The Unreality of Time, Mind 17 (1908), 457–474, Nachdr. in dt. Übers. (Die Irrealität der Zeit) in: Klassiker der modernen Zeitphilosophie, hg. von W. ZIMMERLI/M. SANDBOTHE, 1993, 67–86

MEHRTENS, H., Moderne – Sprache – Mathematik, 1990

MELANCHTHON, P., Praefatio in libros de iudiciis nativitatum *Iohannis Schoneri*, CR 5, 817–824

METZKE, E., Sakrament und Metaphysik, in: DERS., Coincidentia oppositorum (FBESG 19), hg. von K. GRÜNDER, 1961

MICHELSON, A.A./MORLEY, E.W., On the relative motion of the earth and the luminiferous aether, Philos. Mag. ser. 5, 24 (1887), 449–463

MINKOWSKI, H., Raum und Zeit, in: Das Relativitätsprinzip, hg. von H.A. LORENTZ/A. EINSTEIN/H. MINKOWSKI/H. WEYL, [8]1982, 54–66

MISNER, C., Mixmaster Universe, Phys. Rev. Letters 22 (1969), 1071–1074

MITTELSTAEDT, P., Objektivität und Realität in der Quantenphysik, in: Wieviel Leben hat Schrödingers Katze?, hg. von J. AUDRETSCH/K. MAINZER, 1990, 127–155

MITTELSTRASS, J./MAINZER, K., Art. Kopernikus, Enzyklopädie Wissenschaftstheorie und Phil., Bd.2, 470–474

MITTELSTRASS, J., Der Flug der Eule. Von der Vernunft der Wissenschaft und der Aufgabe der Philosophie, 1989

Moderne Naturphilosophie, hg. von B. KANITSCHEIDER, 1984

MOLTMANN, J., Die Zukunft als neues Paradigma der Transzendenz, in: DERS., Zukunft der Schöpfung. Ges. Aufs., 1977, 9–25

MOLTMANN, J., Gott in der Schöpfung. Ökologische Schöpfungslehre, [3]1987

MOLTMANN, J., Trinität und Reich Gottes. Zur Gotteslehre, [2]1986

MOLTMANN, J., Zukunft der Schöpfung. Ges. Aufs., 1977

MOSS, I.G., Quantum theory, black holes, and inflation, Chichester 1996

MUTSCHLER, H.-D., Die Welterklärung der Physik und die Lebenswelt des Menschen, in: Urknall oder Schöpfung? Zum Dialog von Naturwissenschaft und Theologie, hg. von W. GRÄB, 1995, 43–62

MUTSCHLER, H.-D., Schöpfungstheologie und physikalischer Feldbegriff bei Wolfhart Pannenberg, ThPh 70 (1995), 543-558

MUTSCHLER, H.-D., Frank Tipler's Physical Eschatology, Zygon 30 (1995), 479–490

NAMBU, Y., The Confinement of Quarks, Sci. Amer. 235 (1976), Heft 5, 48–60

Neue Realitäten – Herausforderung der Philosophie (Vorträge und Kolloquien: XVI. Deutscher Kongreß für Philosophie, 20.–24. September 1993), hg. von H. LENK/H. POSER, 1995

NEUMANN, J. VON, Mathematische Grundlagen der Quantenmechanik, 1932 (Nachdr. 1968)

NEWTON, I., Account of the Commercium Epistolicum, auszugsweise abgedr. im Anh. von: S. CLARKE, Der Briefwechsel mit G.W. Leibniz von 1715/1716 (PhB 423), übers. und hg. von E. DELLIAN, 1990, 151–154

NEWTON, I., Four Letters to Dr. Bentley, in: DERS., Opera quae exstant omnia, Bd.4, 427–442

NEWTON, I., Mathematische Grundlagen der Naturphilosophie (PhB 394), ausgew., übers., eingel. u. hg. von E. DELLIAN, 1988

NEWTON, I., Optics: or, a Treatise of The Reflections, Refractions, Inflections And Colours of Light, in: DERS., Opera quae exstant omnia Bd.4, Faksimile-Nachdr. der Ausg. London 1782, 1964, 1–264

NEWTON, I., Philosophiae Naturalis Principia mathematica I+II, in: DERS., Opera quae exstant omnia, Bd.2, Faksimile-Nachdr. der Ausg. London 1779, 1964

NEWTON, I., Philosophiae Naturalis Principia mathematica III, in: DERS., Opera quae exstant omnia, Bd.3, Faksimile-Nachdr. der Ausg. London 1782, 1964

NEWTON, I., Unpublished Scientific Papers, hg. von R. HALL/M. BAAS HALL, Cambridge 1962

OEING-HANHOFF, L., Art. Immmanent, Immanenz, HWP IV, 220–237

PAGELS, H., Perfect Symmetry, New York, 1985

PANNENBERG, W., Breaking a Taboo: Frank Tipler's „Physics of Immortality", Zygon 30 (1995), 309–314

PANNENBERG, W., Der Geist des Lebens, in: DERS., Glaube und Wirklichkeit, 1975, 31–56

PANNENBERG, W., Glaube und Wirklichkeit, 1975

PANNENBERG, W., Schöpfungstheologie und moderne Naturwissenschaft, in: Gottes Zukunft – Zukunft der Welt. FS für J. Moltmann zum 60. Geburtstag, hg. von H. DEUSER u.a., 1986, 276–291

PANNENBERG, W., Systematische Theologie, Bd.1, 1988

PANNENBERG, W., Systematische Theologie, Bd.2, 1991

PANNENBERG, W., Systematische Theologie, Bd.3, 1993

PANNENBERG, W., Theological appropriation of scientific understandings: response to Hefner, Wicken, Eaves, and Tipler, Zygon 24 (1989), 255–271

PASCAL, B., Pensées et Opuscules, Paris 1953

PEACOCKE, A., Creation and the World of Science, Oxford 1979

PEACOCKE, A., Gottes Wirken in der Welt, 1998

PEACOCKE, A., Theology for a scientific age, Oxford 1990

PEITGEN, H.-O./JÜRGENS, H./SAUPE, D., Chaos – Bausteine der Ordnung, 1994

PENROSE, R., Gravity and State Vector Reduction, in: Quantum Concepts in Space and Time, hg. von DERS./C.J. ISHAM, Oxford 1986, 129–146

PENROSE, R., Newton, quantum theory and reality, in: S. HAWKING/W. ISRAEL, Three hundred years of gravitation, Cambridge 1987, 17–49

PENROSE, R., Singularities in Cosmology, in: Confrontation of Cosmological Theories with Oberservational Data (Proceedings of the Copernicus Symposium II 1973 (International Astronomical Union), Symposium No.63), hg. von M.S. LONGAIR, Dordrecht/Boston 1974, 263–271

PETERSEN, A., The Philosophy of Nils Bohr, Bull. of the Atomic Scientists 19 (1963), Heft 7, 8–14

Philosophie und Physik der Raum-Zeit (Grundlagen der exakten Naturwissenschaften 7), hg. von K. MAINZER/J. AUDRETSCH, [2]1994

Physics, Philosophy, and Theology: a Common Quest for Understanding, hg. von R.J. RUSSELL/W.R. STOEGER/G.V. COYNE, Vatikanstadt, 1988

PLANCK, M., Die Entstehung und bisherige Entwicklung der Quantentheorie, 1920

PLANCK, M., Erhaltung der Energie, [5]1924

PLANCK, M., Zur Theorie des Gesetzes der Energieverteilung im Normalspektrum, Verhandlungen der Dt. physikalischen Gesesellschaft Berlin 2 (1900), 237ff., Nachdr. in: Quantentheorie. Einführung und Originaltexte, hg. von D. TER HAAR, 1969, 107–117

PLATON, Werke in acht Bänden, hg. von G. Eigler, [2]1990

POINCARÉ, H., Les Méthodes Nouvelles de la Mécanique Céleste, Bd.3, Paris 1899

POINCARÉ, H., Mechanistische Weltauffassung und Erfahrung (1893), Nachdr. in: Kinetische Theorie. Einführung und Originaltexte (Bd.2: Irreversible Prozesse), hg. von S. BRUSH, 1970, 258–263

POINCARÉ, H., Über das Dreikörperproblem und die Gleichungen der Dynamik (1890), Nachdr. in: Kinetische Theorie. Einführung und Originaltexte (Bd.2: Irreversible Prozesse), hg. von S. BRUSH, 1970, 248–257

POLKINGHORNE, J., Beyond Science. The wider human context, Cambridge 1996

POLKINGHORNE, J., One World. The Interaction of Science and Theology, London [4]1987

POLKINGHORNE, J., Science and Christian Belief. Theological Reflections of a Bottom-Up Thinker (The Gifford Lectures for 1993–4), London [2]1994

POPPER, K., Ludwig Boltzmann und die Richtung des Zeitablaufs, in: DERS., Ausgangspunkte. Meine intellektuelle Entwicklung, 1979, 227–236, Nachdr. in: Klassiker der modernen Zeitphilosophie, hg. von W. ZIMMERLI/M. SANDBOTHE, 1993, 172–181

PRIGOGINE, I./STENGERS, I., Das Paradox der Zeit, 1993

PRIGOGINE, I./STENGERS, I., Dialog mit der Natur, [6]1990

PRIGOGINE, I., Die Gesetze des Chaos, 1995

PRIGOGINE, I., Time, Structure, and Fluctuations, Science 201 (1978), 777–785

PRIGOGINE, I., Vom Sein zum Werden. Zeit und Komplexität in den Naturwissenschaften, 1979

PRIGOGINE, I., Zeit, Entropie und Evolutionsbegriff, Mannheimer Forum 80/81 (1979), 9–44, Nachdr. in: Klassiker der modernen Zeitphilosophie, hg. von W. ZIMMERLI/M. SANDBOTHE, 1993, 182–211

PRIMAS, H., Chemistry, Quantum Mechanics and Reductionism, 1981

PRIMAS, H., Ein Ganzes, das nicht aus Teilen besteht. Komplementarität in den exakten Naturwissenschaften, in: Neue Horizonte 92/93 (hg. von E.P. FISCHER), 1993, 81–111

Quantentheorie. Einführung und Originaltexte, hg. von D. TER HAAR, 1969

Quantum Concepts in Space and Time, hg. von R. PENROSE/C.J. ISHAM, Oxford 1986

Quantum cosmology and baby universes, hg. von S. COLEMAN/J.B. HARTLE/T. PIRAN/S. WEINBERG, Singapore 1991

Quantum Cosmology and the Laws of Nature, hg. von R.J. RUSSELL/N. MURPHY/C.J. ISHAM, Vatikanstadt 1993

QUENSTEDT, J.A., Theologia didactico-polemica sive systema theologicum, 1685, nach der Ausg. von 1691

RAD, G. VON, Art. οὐρανός B, ThWNT 5, 501–509

RANKINE, W.J.M., On the General Law of the Transformation of Energy, Philos. Mag. ser. 4, 5 (1853), 106–117

RATSCHOW, C., Art. Eschatologie VIII, TRE 10, 334–363

RATSCHOW, C., Lutherische Dogmatik zwischen Reformation und Aufklärung. Teil II, 1966

RAWER, K./RAHNER, K., Weltall – Erde – Mensch, in: Christlicher Glaube in moderner Gesellschaft, Bd.3, hg. von F. BÖCKLE u.a., 1981

REICHENBACH, H., Die philosophische Bedeutung der Relativitätstheorie, in: Albert Einstein als Philosoph und Naturforscher, hg. von P.A. SCHILPP, 1955, 188–207

REICHENBACH, H., Erfahrung und Prognose. Gesammelte Werke, Bd.4, 1983

REICHENBACH, H., The Direction of Time, Berkeley/Los Angeles 1956

Rethinking Theology and Science. Six Models for the Current Dialogue, hg. von J.W. VAN HUYSSTEEN/N.H. GREGERSEN, Grand Rapids, 1998

RHETICUS, G.J., Auswahl aus der Narratio prima des G.J. Rheticus, in: N. COPERNICUS, Das neue Weltbild (PhB 300), 157–198

RIEMANN, B., Über die Hypothesen, welche der Geometrie zugrunde liegen (1854), in: DERS., Ges. mathematische Werke, wissenschaftlicher Nachlaß und Nachträge. Collected papers, nach der Ausg. von H. WEBER u.a. neu hg. von R. NARASIMHAN, 1990, 304–319

RITSCHL, D., Zur Logik der Theologie, ²1988

ROCHOLL, R., Die Realpräsenz, 1875

RUTHERFORD, E., Streuung von α- und β-Teilchen an Materie und Atombau (1911), in: Quantentheorie. Einführung und Originaltexte, hg. von D. TER HAAR, 1969, 139–166

SALTZER, W./EISENHARDT, P./KURTH, D./ZIMMERMANN, W., Kosmos und Bedeutung, in: Die Erfindung des Universums? Neue Überlegungen zur philosophischen Kosmologie, hg. von W.G. SALTZER/P. EISENHARDT, 1997, 8–26

SALTZER, W., Grundzustand und Erschaffung der Neuelemente in Platos Timaios-Kosmologie, in: Die Erfindung des Universums? Neue Überlegungen zur philosophischen Kosmologie, hg. von W.G. SALTZER/P. EISENHARDT, 1997, 224–246

SAMBURSKY, S., Das physikalische Weltbild der Antike, 1965

SCHLEIERMACHER, F., Der christliche Glaube, Bd.1, hg. von M. REDEKER, ⁷1960

SCHMID, H., Die Dogmatik der evangelisch-lutherischen Kirche dargestellt und aus den Quellen belegt, neu hg. und durchg. von H.G. PÖHLMANN, ¹¹1990

SCHMUTZER, E., Die fünfte Dimension, in: Quantenphilosophie (Spektrum der Wissenschaft: Verständliche Forschung), hg. von W. NEUSER/K. NEUSER-VON OETTINGEN, 1996, 168–175

SCHOBERTH, W., Schöpfung und Selbstorganisation, Glaube und Denken 12 (1999), 11–32

Schöpfung und Selbstorganisation, hg. von K. HILPERT/G. HASENHÜTTL, 1999

SCHOLEM, G., Die jüdische Mystik in ihren Hauptströmungen, 1967

SCHOLZ, H., Warum haben die Griechen die Irrationalzahlen nicht aufgebaut?, KantSt 33 (1928), 35–72

SCHRÖDINGER, E., Are there quantum jumps? Part I (1952), in: DERS., Ges. Abh., Bd.4: Allgemein wissenschaftliche und populäre Aufsätze, 1984, 478–492

SCHRÖDINGER, E., Der stetige Übergang von der Mikro- zur Makromechanik, Naturwiss. 14 (1926), 664–666, Nachdr. in: DERS., Ges. Abh., Bd.3: Beitr. zur Quantentheorie, 137–142

SCHRÖDINGER, E., Die gegenwärtige Situation in der Quantenmechanik, Naturwiss. 23 (1935), 807–812. 823–828. 844–849, Nachdr. in: K. BAUMANN/R.U. SEXL, Die Deutungen der Quantenmechanik, 1984, 98–129

SCHRÖDINGER, E., Die Struktur der Raum-Zeit, 1987

SCHRÖDINGER, E., Quantisierung als Eigenwertproblem, Ann. Phys. 79–81 (1926), Nachdr. in: DERS., Ges. Abh., Bd.3: Beitr. zur Quantentheorie, 82–97.98–136.166–219.220–250

SCHRÖDINGER, E., Über das Verhältnis der Heisenberg-Born-Jordanschen Quantenmechanik zu der meinen, Ann. Phys. 79 (1926), 734–756, Nachdr. in: DERS., Ges. Abh., Bd.3: Beitr. zur Quantentheorie, 1984, 143–165

SCHRÖDINGER, E., Was ist ein Naturgesetz? (1929), in: DERS., Ges. Abh., Bd.4: Allgemein wissenschaftliche und populäre Aufsätze, 1984, 295–297

SCHWEIKER, W., Time as a Moral Space: Moral Cosmologies, Creation, and Last Judgement, in: The End of the World and the Ends of God. Science and Theology on Eschatology, hg. von J. POLKINGHORNE/M. WELKER, Harrisburg PA 2000, 124–138

SCHWÖBEL C., Theologie der Schöpfung im Dialog zwischen Naturwissenschaft und Dogmatik, in: Unsere Welt – Gottes Schöpfung. Eberhard Wölfel zum 65. Geburtstag am 16. April 1992, hg. von W. HÄRLE, 1992, 199–221

SELLERI, F., Die Debatte um die Quantentheorie (Facetten der Physik Bd.10), 1983

SEXL, R./SCHMIDT, H.K., Raum – Zeit – Relativität, ³1990

SEXL, R./SEXL, H., Weiße Zwerge – Schwarze Löcher. Einführung in die relativistische Astrophysik, ²1984

SEXL, R./URBANTKE, H., Gravitation und Kosmologie. Eine Einführung in die Allgemeine Relativitätstheorie, ³1987

SHIMONY, A., Die Realität der Quantenwelt, Spektrum der Wissenschaft (1988), Heft 3, 78–85

SILK, J./SZALAY, A./ZEL'DOVICH, J., Die Entstehung der Galaxienhaufen, in: Kosmologie. Struktur und Entwicklung des Universums (Spektrum der Wissenschaft: Verständliche Forschung), ⁴1988, 134–145

STEGMÜLLER, W., Hauptströmungen der Gegenwartsphilosophie, Bd.3, ⁸1987

STEGMÜLLER, W., Unvollständigkeit und Unentscheidbarkeit. Die metamathematischen Resultate von Gödel, Church, Kleene, Rosser und ihre erkenntnistheoretische Bedeutung, Wien/New York ³1973

STEWART, B./TAIT, P.G., The Unseen Universe. Or Physical Speculations on a Future State, London ²1875

STRAUSS, D.F., Der alte und der neue Glaube. Ein Bekenntnis, 1872

STROMINGER, A., Baby universes, in: Quantum cosmology and baby universes, hg. von S. COLEMAN/J.B. HARTLE/T. PIRAN/S. WEINBERG, Singapore 1991, 269–346

SZILARD, L., Über die Entropieverminderung in einem thermodynamischen System bei Eingriffen intelligenter Wesen, Z. Phys. 53 (1929), 840–856

TEILHARD DE CHARDIN, P., Der Mensch im Kosmos, ⁵1959

The Anthropic Principle. Proceedings of the Second Venice Conference on Cosmology and Philosophy, hg. von F. BERTOLA/U. CURI, Cambridge, 1993

Stellenregister

Namenregister

Sachregister

Körper 19–22, 24, 26, 34, 36, 66, 68–70, 271f., 276
Kosmologie 6f., 9
–, allgemeine 9
–, genetische 20, 71f., 131, 138, 163, 217, 243, 387
–, prinzipielle 9
–, spekulative 10
Kosmologische Konstante 79, 81, 85f., 88, 90, 95
Kosmologisches Prinzip 29, 65, 108f., 389
Kraft 25f., 173, 271f., 306, 308

Laborsystem 42
Lage/Lagebeziehung 32-36, 357
Laplacescher Dämon/Geist 168f., 231, 233, 236, 260f., 276
Leben 1f., 8, 10, 116, 158, 248f., 258, 264f., 267f., 270f., 279, 281, 313, 334f., 338, 340, 363–366, 369, 372, 374, 379f.
–, ewiges 372
–sentstehung 11, 246, 258, 267
–sgestaltung 158
–sraum 116, 156, 258, 398
–swelt/lebensweltlich 2, 116, 156, 258, 383–386, 391, 393f., 396
Lebewesen 165, 246, 249, 251, 258, 261, 263f., 279f., 306, 340–342, 346, 367f.
Leere 14f., 19, 137f., 223, 255, 287, 345, 393
Lepton 207f., 212, 251, 344f.
Licht 52, 172, 177f.
Lichtäther 52, 54
Lichtquantenhypothese 177–179
Logos 269, 366f.
Lorentz-Kontraktion 56
Lorentztransformation 53, 55, 296
Lorenzattraktor 330

Machsches Prinzip 48f., 63, 66–68
Magnetismus 40, 51f., 306
Mannigfaltigkeit 15, 45f., 48, 57, 61, 79, 98, 101, 111, 149, 151f., 163, 167, 242
Masse 25f., 34, 61f., 70, 175, 271
–, schwere 59, 299
–, träge 59f., 173

Massepunkt 26, 36, 42, 50, 69, 171, 185f., 232, 325
Materialismus 193
Materie, dunkle 95, 225
Materiedichte 98f., 104, 107, 113, 225, 345
Materiemodell 80, 82–86, 90, 211, 213
Mathematik 15, 19f., 22, 42, 48, 64f., 104, 149, 198, 229, 231, 332-334, 391
– Grundlagenkrise der Mathematik 333
Matrizenmechanik 182f., 187
Maxwellscher Dämon 312–314, 338
Mechanik 22, 42, 48-50, 54, 168, 171f., 183, 315, 317f.
–, empirische 35
–, klassische 11, 20, 172, 182, 236, 301, 324, 326, 332, 348, 358
–, newtonsche 23, 36, 40, 73, 168, 170, 178, 182, 291, 293, 306, 325, 387
Mechanismus 240
Mehrdeutigkeit 392
Mensch 2, 249
– als Ebenbild Gottes 264
– Existenz des Menschen 7f., 116, 142, 228, 244f., 247, 250, 280, 368–372, 380, 393f., 396, 398
– Gottesverhältnis des Menschen 4, 7
– Gottesverständnis des Menschen 394–396, 398
– Orientierung des Menschen 2, 4, 6, 8, 12, 145, 156f., 254, 264, 277–281, 370, 378, 380, 393–395, 397
– Selbstauslegung des Menschen 4
– Selbstdeutung des Menschen 396
– Selbstgewißheit des Menschen 156
– Selbsttranszendenz des Menschen 137
– Selbstverhältnis des Menschen 4, 281
– Selbstverständnis des Menschen 1f., 4, 6–8, 368, 381, 391f., 394, 396, 398
– Stellung des Menschen im Kosmos 1, 3, 145, 250, 395
– Weltverständnis des Menschen 1f., 4, 115, 392, 394–396
Merkur 63
Meson 208f.

Separabilität/Separierbarkeit 10, 198, 201f., 204, 228, 230–232, 277f., 354f.
Singularität 69, 88–90, 98–103, 106f., 113f., 153, 174, 217, 223, 362, 373
– Anfangssingularität 88–90, 96–100, 102f., 106, 113, 214, 343
– Endsingularität 99, 102
Sinn 4, 6, 141, 143, 156, 264, 278–280, 367–372, 381, 391, 393f., 396f.
– des Kosmos 140f., 250, 362, 365, 368
–losigkeit 2
–perspektiven 395
–stiftung 250
Sonne 21, 28–31, 35, 63, 66, 74, 76, 120, 125f., 132, 284f., 288–290, 294, 326, 329, 338f., 345, 385
–nsystem 21, 29f., 73, 75, 127, 132, 243, 326, 329
Spiritualität 5
Spontaneität 114, 206, 212f., 219f., 222, 238, 257, 262, 309, 321, 338
Standardmodell 1, 9f., 42, 50, 71, 83f., 87, 93f., 96, 98, 106, 108f., 159, 214f., 218, 220f., 225, 244, 342, 344, 348, 361, 388
Steady-State-Theorie 106–109
Stetigkeit/Unstetigkeit 46, 60, 98, 174, 177, 180, 183–185, 191f., 195, 201, 228, 238–240, 261, 275, 332, 348
Strahlungsgesetz 177
Strahlungshintergrund (s.a. Mikrowellen- hintergrund) 85, 90f., 94, 97, 109, 217, 221, 226
Stringtheorien 213, 251
Subjekt/Objekt 231–233, 389
Superpositionsprinzip 186
Superraum 222f., 241, 255, 373
Symmetrie 35, 37, 47, 81, 86, 99, 162, 172, 207, 209, 213f., 219, 229, 238, 256, 262, 266, 278, 300, 304, 318, 321f., 339, 348
–brechung 211, 213, 219–222, 225, 257, 320, 343
–gruppen 213
–prinzipien 230, 242f., 251f., 255–257, 278, 344, 376
Synergetik 355
Systeme, offene 319f.

Tatsachenkonformität 383, 385f., 394f.
Teilbarkeit 165
Teleologie 125, 143, 204, 245
Theologie 4–7, 72, 119, 121, 125, 128, 135f., 139–141, 144f., 150, 159, 241, 253f., 259, 270, 277, 288, 371, 381f., 393–398
– als Orientierungsdisziplin 395
– und Naturwissenschaft 6, 158, 381f., 393, 395–398
Theorie über alles 71, 393, 397f.
Thermodynamik 10f., 132, 170–172, 240, 283, 300, 304, 308, 310f., 313, 315, 317–319, 323f., 334f., 342, 348f., 358f.
– Zweiter Hauptsatz der Thermodyna- mik 170, 311–318, 320f., 323f., 334, 337–339, 346, 349
Tod 299, 368, 398
Trägheit 26f., 34, 41, 59, 63, 66, 161, 173f., 260, 291, 320
–sbewegung 23f., 28, 33, 36, 41f., 49, 59, 62, 347
–sgesetz 36, 40–42, 49, 59f.
–skräfte 25
–ssystem 42
Translation 26, 35, 47, 287
Transsubstantiationslehre 25
Transzendenz 125, 137f., 157, 169
Trinität 126, 135, 273

Übernatur 158
Überwelt 124, 158
Umkehreinwand 315, 317, 338
Unbegrenztheit 45, 48, 78, 80, 87, 104, 114
Unendlichkeit 9, 14, 17, 30, 45, 70, 75, 81, 88, 104–106, 114, 126–129, 146, 154, 333, 364, 387
Universum
– Anfang des Universums 2, 102, 106– 108, 112–114, 135, 227, 340, 342, 346
– Flachheit des Universums 82, 88, 104, 110, 217, 219, 225
Unschärferelation 184, 188, 190, 210, 223, 233, 236, 301, 325
Urknall 1, 9f., 71, 87, 93–96, 98, 106, 108–110, 114, 136, 206, 213f., 216–221, 225f., 244, 247, 343, 345, 361, 384, 392

Hermeneutische Untersuchungen zur Theologie

Herausgegeben von Hans Dieter Betz, Pierre Bühler, Ingolf Dalferth, Dietz Lange

Alphabetische Übersicht

Asher, Jeffrey R.: Polarity and Change in 1 Corinthians 15. 2000. *Band 42.*

Askani, Hans-Christoph: Das Problem der Übersetzung - dargestellt an Franz Rosenzweig. 1997. *Band 35.*

Bader, Günter: Mitteilung göttlichen Geistes als Aporie der Religionslehre Johann Gottlieb Fichtes. 1975. *Band 15.*

– Assertio. Drei fortlaufende Lektüren zu Skepsis, Narrheit und Sünde bei Erasmus und Luther. 1985. *Band 20.*

– Symbolik des Todes Jesu. 1988. *Band 25.*

– Psalterium affectuum palaestra. 1996. *Band 33.*

Beutel, Albrecht: In dem Anfang war das Wort. 1991. *Band 27.*

Brush, Jack E.: Gotteserkenntnis und Selbsterkenntnis. 1997. *Band 36.*

Bühler, Pierre: Kreuz und Eschatologie. 1981. *Band 17.*

Donelson, Lewis R.: Pseudepigraphy and Ethical Argument in the Pastoral Epistles. 1986. *Band 22.*

Droge, Artur J.: Homer or Moses? 1989. *Band 26.*

Duchrow, Ulrich: Sprachverständnis und biblisches Hören bei Augustin. 1965. *Band 5.*

Ebeling, Gerhard: Theologie und Verkündigung. 1962, [2]1963. *Band 1.*

Evers, Dirk: Raum – Materie – Zeit. 2000. *Band 41.*

Fuchs, Ernst: Marburger Hermeneutik. 1968. *Band 9.*

Gogarten, Friedrich: Die Verkündigung Jesu Christi. [2]1965. *Band 3.*

Großhans, Hans-Peter: Theologischer Realismus. 1996. *Band 34.*

Grünschloß, Andreas: Der eigene und der fremde Glaube. 1999. *Band 37.*

Harrill, J. Albert: The Manumission of Slaves in Early Christianity. 1995, [2]1998. *Band 32.*

Heise, Jürgen: Bleiben. 1967. *Band 8.*

Holland, Glenn S.: The Tradition that You received from Us: 2 Thessalonians in the Pauline Tradition. 1988. *Band 24.*

Huppenbauer, Markus: Mythos und Subjektivität. 1992. *Band 31.*

Jeanrond, Werner G.: Text und Interpretation als Kategorien theologischen Denkens. 1986. *Band 23.*

Jüngel, Eberhard: Paulus und Jesus. 1962, [6]1986. *Band 2.*

Lange, Dietz: Erfahrung und Glaubwürdigkeit des Glaubens. 1984. *Band 18.*

Luibl, Hans Jürgen: Des Fremden Sprachgestalt. 1993. *Band 30.*

Mitchell, Margaret M.: Paul and the Rhetoric of Reconciliation. 1991. *Band 28.*

– The Heavenly Trumpet. 2000. *Band 40.*

Mostert, Walter: Sinn oder Gewißheit? 1976. *Band 16.*

Moxter, Michael: Kultur als Lebenswelt. 2000. *Band 38.*

Nestle, Dieter: Eleutheria. Band 1: Die Griechen. 1967. *Band 6.*

Plutta-Messerschmidt, Elke: Gerechtigkeit Gottes bei Paulus. 1973. Band 14.
Schindler, Alfred: Wort und Analogie in Augustins Trinitätslehre. 1965. Band 4.
Schneider, Norbert: Die rhetorische Eigenart der paulinischen Antithese. 1970.
    Band 11.
Schunack, Gerd: Das hermeneutische Problem des Todes. 1967. Band 7.
Stoellger, Philipp: Metapher und Lebenswelt. 2000. Band 39.
Thee, Francis C.R.: Julius Africanus and the Early Christian View of Magic. 1984.
    Band 19.
Thyssen, Karl W.: Begegnung und Verantwortung. 1970. Band 12.
Trumbower, Jeffrey A.: Born from Above. 1992. Band 29.
Weinacht, Harald: Die Menschwerdung des Sohnes Gottes im Markusevangelium.
    1972. Band 13.
Wendel, Ernst Georg: Studien zur Homiletik Dietrich Bonhoeffers. 1985. Band 21.

Einen Gesamtkatalog erhalten Sie gerne vom Verlag
Mohr Siebeck, Postfach 2040, D–72010 Tübingen.
Neueste Informationen im Internet unter http://www.mohr.de